2030 대담한 미래 2

2030 대담한 미래 2
미래의 기회와 전략적 승부

지은이 | 최윤식

1판 1쇄 인쇄 | 2014년 9월 1일
1판 7쇄 발행 | 2015년 3월 10일

펴낸곳 | (주)지식노마드
펴낸이 | 김중현
기획·편집 | 김중현
디자인 | 네오북
등록번호 | 제313-2007-000148호
등록일자 | 2007. 7. 10
서울특별시 마포구 동교동 204-54 태성빌딩 3층 (121-819)
전화 | 02) 323-1410
팩스 | 02) 6499-1411
홈페이지 | knomad.co.kr
이메일 | knomad@knomad.co.kr

값 28,000원

ISBN 978-89-93322-63-7 14320
세트번호 978-89-93322-64-4 (부가기호: 14320)

Copyright ⓒ 최윤식 2014
이 책은 저작권법에 따라 보호받는 저작물이므로 무단전재와 무단복사를 금지하며
이 책 내용의 전부 또는 일부를 이용하려면 반드시 저작권자와 (주)지식노마드의
서면 동의를 받아야 합니다.

* 잘못 만들어진 책은 구입하신 서점에서 교환해 드립니다.

주문·영업 관리 | ㈜북새통
전화 | 02) 338-0117
팩스 | 02) 338-7160~1

BRAVE NEW WORLD 2030

2030
최윤식 지음
대담한 미래 2

미래의 기회와 전략적 승부

nomad
지식노마드

프, 롤, 로, 그

대담한 미래 전략을 준비하자

〈2030 대담한 미래〉 1권은 앞으로 20년 안에 우리가 직면할 가능성이 높은 '미래의 위기와 위협'에 관한 예측이었다. 2권에서는 2030년까지 미래 변화에 의해 생길 새로운 기회와 전략을 이야기한다. 세계는 2020년 이후부터 글로벌 회복기에 들어갈 것으로 예측된다. 2025~2035년 사이에 글로벌 대호황기가 펼쳐질 가능성이 크다. 이 시기를 거치며, 지난 10년 동안 머릿속에만 존재했던 신수종 산업, 새로운 미래 기술이 우리 눈앞에 펼쳐지는 놀라운 미래를 경험하게 될 것이다. 이 과정은 융복합에서 시작되어, 경계의 파괴와 새로운 연결을 거쳐, 미래 산업의 새로운 경계가 구축되는 데로 나아갈 것이다.

- 2025년부터 세컨드 골디락스 시대가 열린다.
- 2020년 이후, 건강하게 오래 사는 산업으로 부의 중심이 이동한다.
- 2030년까지 본격적인 산업 간 경계 파괴를 선도하는 중심은 자동차가 될 것이다. 사람이 핸들에서 손을 떼는 순간 자동차는 제2차 공간 전쟁의 중심이 된다.
- 2030년부터 바이오 기술과 나노 기술이 생명과 물질의 경계 파괴를 시작할 것이다.

그런데 희망의 시기로 진입하기 위해서는 아시아 대위기라는 시련의 구간을 거쳐야 한다. 위기에서 생존하고, 힘을 비축하고, 전략적 틈새를 찾아 준비해야 한다. 필자가 예측하기에 2008년에 시작된 글로벌 위기는 아시아 대위기를 거쳐야 마무리 된다. 이 시기에 한국의 금융위기 혹은 제2의 외환위기 가능성, 삼성이 몰락하고 30대 그룹 중 절반이 탈락할 가능성, 중국이 가까운 미래에 최대의 경쟁자로 돌변할 가능성에 맞서야 한다.

1권을 출간한 이후 "미래를 너무 부정적으로 보는 것은 아닙니까?"라는 질문을 많이 받았다. 맞다. 미래는 부정적으로 보아서는 안 된다. 그렇다고 긍정적으로 보아서도 안 된다. 미래는 객관적으로 보아야 한다. 위기를 객관적으로 보면 패닉 상태에 빠지지 않고 그 속에서 기회를 발견할 수 있다. 기회를 객관적으로 보아야, 숨은 리스크를 피하고 최적의 타이밍과 전략을 찾을 수 있다. 긍정의 힘을 발휘해야 할 대상은 미래가 아니라 미래의 가능성에 대응하는 우리의 태도다. 이 두 가지를 뒤바꾸면 최악의 결과가 만들어진다.

절대 양보할 수 없는 마지막 무언가에 대한 신념을 잃지 않고 버티는 것과 아무리 가혹한 현실이라도 그것을 직시하고 받아들이는 것은 별개의 것입니다.[1]

미래를 준비할 때는 베트남에서 8년 동안의 포로 생활을 이겨내고 생환한 미 해군의 스톡데일 장군이 한 이 말을 명심해야 한다. 현실적 낙관론자가 되어야 한다. 미래는 객관적으로 보고, 미래의 가능성에 대해서는 긍정적으로 대응하는 사람이 '현실적 낙관론자'다. 현실적 낙관론자에게는 3가지 특징이 있다. 시대 통찰력, 전략적 대안, 행동하는 용기.

미래는 단순하지 않다. 한두 가지의 기술이나 사회경제적 변수가 미래를 만드는 것이 아니다. 한 분야만을 독립적으로 연구해서는 미래 발전의 방향과 속도를 알기 어렵다. 기술의 발전 뒤에는 경제적 힘이 작용한다. 경제의 변화 뒤에는 정치군사적 변수들이 있다. 글로벌 패권 뒤에는 각국의 종교적 성향이 영향을 미친다. 이처럼 세상은 복잡하게 얽혀 있다.

필자는 단순히 분야별 전망을 나열하기보다는 서로 영향을 주고받으며 변화하는 역학 관계가 어떻게 전개될지를 분석해서 미래의 위기와 기회를 예측하려고 노력했다. 구체적인 미래 변화의 다이내믹스를 알아야 어떤 전략을 세우고, 어떤 타이밍에, 어떻게 행동해야 할지 구체적인 판단 기준을 세울 수 있기 때문이다.

전략의 우수성은 예측 능력에서 나온다. 제갈 공명의 신묘한 전략도 예측의 탁월성에서 나온 것이다. 예측 능력은 세상의 복잡성과 역동적 관계를 주목하는 것에서 시작된다. 그 복잡성 속에는 사람의 본성도 포함시켜야 한다. 많은 사람이 새로운 기술이 미래를 만들 것이라고 착각한다. 그렇지 않다. 기술이 미래를 만드는 것이 아니다. 경제적 사건도 미래를 만들지 못한다. 기술, 경제, 환경, 사회, 법, 정치, 제도, 종교 등의 사건과 이슈들은 '미래의 다양한 가능성'을 만들어 낼 뿐이다.

다양한 가능성 중에서 사람이 무엇을 선택하느냐가 미래를 결정한다. 그렇기 때문에 미래 예측에는 반드시 사람을 변수로 넣어야 한다. 사람을 예측 변수로 넣지 않으면 '의미 있는 예측'이 되지 못하고 위험한 예측이 되고 만다. 기술의 미래를 예측할 때조차 경제, 사회, 패권, 정치, 문화 등의 관계를 고려하지 않으면 반쪽짜리 예측이 된다. 세상이 예측대로 돌아가지 않는 가장 큰 이유가 사람 때문이다. 사람의 본능, 탐욕, 비상식적인 행동들 때문이다. 따라서 세계의 새로운 중심지로 부상하고 있는 아시아인의 미래 선택을 이해하려면 동서양의 신화 층에 있는 독특한 정신 구조의 차이를 염두에 두어야 한다. 이제 학문으로 정착한 미래학은 예측에서 이런 변수까지 집어넣어 연구한다.

- 미래 산업에서 성공하고 싶은가?
- 2020년 이후부터 시작될 전 세계 호황기에 이전의 5년과 앞으로 5년 동안 잃어버린 부를 되찾고 싶은가?

• 현재의 한계를 돌파할 새로운 탈출구를 찾고 싶은가?

혁신도 예측에서 시작한다. 미래 산업 전쟁을 예측해야 한다. 미래 산업 전쟁은 2020년~2030년 사이의 10년 동안에 승부가 결정될 것이다. 이 전쟁에서 기선을 잡느냐 못 잡느냐에 따라서 선진 20개국의 순위가 바뀔 것이다. 한국의 상위 30위 기업의 순서가 요동칠 것이다. 아시아의 대위기와 미래 산업의 대변동을 통과하지 못하는 기업에게는 미래가 없을 것이다. 필자의 예측으로는 한국 30대 그룹 중 최소 절반은 그렇게 될 것이다.(필자는 〈미래학자의 통찰법(최윤식 지음, 김영사)〉에서 혁신과 창조의 시작이 예측에서 비롯된다는 것을 여러 기업 사례를 통해 증명했다)

미래의 희망을 얘기하는 책을 시작하며 다시 위기의식을 강조하는 데는 특별한 이유가 있다. 위기는 기회와 한 쌍으로 온다. 위기가 없으면 좋겠지만, 위기가 없다면 현재의 상태를 바꿀 기회도 없다. 이게 세상의 이치다. 1권을 낸 이후 "미래의 다양한 가능성을 예측할 뿐이라고 하시더니, 거의 예언 수준으로 맞추시는 것 같네요!"라고 농담 반 진담 반으로 얘기하는 독자들을 여러분 만났다. 필자의 예측 시나리오가 정확했다는 의미였지만, 맘 편히 받아들이기는 힘들었다.

무엇보다 삼성의 몰락, 한국판 잃어버린 10년의 가능성에 대한 필자의 경고가 점점 현실로 다가오고 있다는 것이 안타깝다. 희망적인 미래를 만들기 위한 새로운 선택과 미래 전략의 수립, 변화 노력을 제대로 하지 않고 있다는 반증이기 때문이다. 거듭 강조하지만 필자의 미래 시나리오는 예측이지 예언이 아니다. 미래 예측은 다양한 가능성을 제시하고 생각을 확장하도록 만들지만, 예언은 하나의 가능성에만 집중해서 믿느냐 아니냐의 선택만 강요한다.

예언은 사람들에게 공포나 환상을 줄 뿐이다. 이와 달리 예측은 미래에 발생할 수 있는 다양한 위기와 기회를 미리 알려서 더 나은 미래를 만들 수 있도록 돕는다. 또한 예측은 특정한 미래에 대해서 위기와 기회를 동시에 말한다. 그 어떤 어려운 상황에서도 위기와 기회를 함께 보도록 함으로써 맹목적인 환상이나 극도의 공포에서 벗어날 수 있는 길을 찾도록 돕는다. 아무런 준비 없이 금융위기나 잃어버린 10년의 상황을 맞는다면 공포에 빠질 수밖에 없다. 그러나 미리 예측할 수 있다면 위기 탈출의 해법을 찾고 새로운 기회를 발견하여 미래쇼크를 벗어날 길을 찾을 수 있다. 이것이 예측의 역할이다.

물과 더불어 사는 탁월한 수영 선수도 세 가지 조건만 갖춰지면 물에 빠져 죽을 수 있다. 술에 취하고, 무거운 추를 양 발목에 단 상태에서, 생각보다 거센 물결을 만나면 물에 빠져 죽을 가능성이 매우 높아진다. 한국 경제의 펀더멘털이 아무리 좋아도, 한국 내부의 정치와 사회 상황이 술에 취한 듯 어지럽고, 중국의 추격과 선진국의 반격이라는 무거운 추를 양 발목에 묶고 달려야 하는 상황에 빠졌을 때, 변화의 물살이 생각보다 빨리 움직인다면 '설마'라고만 생각하던 미래의 가능성이 얼마든지 현실이 될 수 있다.

최근 한국 정부는 상당히 위험한 선택을 했다. 곧 아시아 대위기가 오고, 미국의 전략적 전환이 시작될 것이다. 게다가 유럽의 디플레이션 국면도 아직 끝나지 않은 상황에서 미국과 유럽, 일본을 모방해서 양적 완화 정책을 선택했다. 매우 좋지 않은 시기 선택이다. 양적 완화 정책을 사용하려면 5년 전에 했어야 했다. 필자의 예측으로는 시기가 너무 늦었다.

임박한 위기를 피하기에는 너무 많은 시간을 흘려보냈다. 그러나 미래가 단 하나인 적은 결코 없다. 기회는 절대로 줄어들지 않는다. 단지, 기존의 익숙한 기회들이 사라지기 때문에 문이 닫히는 것처럼 보일 뿐이다. 2020년 이후 펼쳐질 대기회가 우리를 향해 다가오고 있다. 이순신 장군은 최악의 조건에서 명량의 바다라는 최적의 틈새를 찾아내고, 최고의 전략을 세워서 일거에 전세를 뒤집었다. 앞으로 20년의 미래 산업 변화는 우리에게 한 번의 좋은 선택으로도 대세를 바꿀 수 있는 거대한 변화의 기회를 줄 것이다. 개인, 기업, 나라 모두 지금부터 준비하면 된다.

경계가 무너지고, 새로운 경계가 만들어지는 대이동의 시기다. 이런 시기에는 미래 기회를 잡아서 대담하게 승부수를 띄워야 한다.

내가 미래를 만들면 미래는 나에게 행복과 부를 선물로 주지만, 미래가 나를 만들면 나에게 미래는 두려움과 고통뿐이다.

기억하고 감사해야 할 사람들이 있다. 우선, 책에 집중할 수 있도록 묵묵히 내조해준 아내와 4명의 아이들에게 감사를 전한다. 때로는 냉철한 비평가로, 때로는 자상한 격려자로 늘 옆에서 함께 하며 세심하게 글을 다듬어 준 김건주 이사에게도 감사한다. 그리고 수 년 동안 변치 않고 필자를 믿어주고 좋은 글이 나오도록 물심양면으로 도와준 지식노마드의 김중현 대표에게도 큰 감사를 전한다. 무엇보다, 필자의 예측에 관심을 가지고 귀를 기울여 준 독자들, 필자를 예언가로 보지 않고 미래에 대한 연구가로 보아 준 독자들에게 가장 큰 감사를 전한다.

2014년 8월 2일
한국뉴욕주립대 미래연구원에서
미래학자 최윤식

차례

프롤로그

1부 직면한 위기

1장 미래가 현실이 되기 전에 움직여라 019

아시아 대위기와 함께 세컨드 골디락스가 시작된다

2020~2035년 세컨드 골디락스가 열린다

미래가 현실이 되기 전에 움직여야 한다

미래는 사람이 만든다

2장 기회는 아시아 대위기와 함께 온다 033

2~3년 후, 아시아 대위기가 시작된다

아시아 대위기는 부채 축소의 과정이다

중국 경제, 몰락이 시작되나?

중국 경제 붕괴의 도화선은 부동산 거품 붕괴다

중국의 부동산 거품 붕괴를 압박하는 외부 요인들

2020년 이후, 일본의 뜻밖의 사태를 경계하라

■ 책 속의 책 1: 최경환노믹스와 삼성 위기, 그리고 기회의 대이동 083

3장 위기로 빠져드는 한국 107

미래 위기 지도

10~15년 안에 30대 그룹 중 절반 사라진다

한국은 15년 이내, 두 번의 외환위기를 당할 수 있다

2~3년 후부터 지자체의 부도 도미노가 시작된다

삼성의 위기 전개 시나리오

통신 3사 중 하나는 망한다

코스피는 1,000선까지 폭락할 수 있다

한국 부동산 시장은 최소 5~7년 더 침체된다

4장 위기의 해법을 찾아라 169

임박한 아시아 대위기, 단기 대응 전략

저성장을 선택해야 미래가 있다

중국에 관한 메타포를 바꿔라

2016년 이후, 미국 제조업의 반격이 시작된다

2016년 이후, 미국이 주도하는 기술 거품을 조심하라

미래 변화 지도

2부 전략적 승부 197

5장 20년 미래 전쟁, 승부수를 띄워라 199

승부는 5년 안에 결정된다

틈새에서 시작하라

생존 선택이 우선이나

[生存] 제1관문 : 치열한 경제 전쟁에서 살아남아라

[先占] 제2관문: 신산업 거품 전쟁과 특허 전쟁에서 유리한 고지를 선점하라

[先導] 제3관문: 경계 파괴 전쟁을 선도하라

[主導] 제4관문: 공간 전쟁에서 판을 주도하라

[看破] 제5관문: 미래 사람의 문제, 욕구, 결핍의 변화를 간파하라

오관육참 속에서 삼성이 사는 길

미래산업에서 승리하기 위한 3가지 능력

앞으로 20년, 미래 변화를 만드는 7가지 힘

6장 경제 통찰력을 기르는 3개의 지도를 가져라 247

[첫 번째 지도: 중앙은행] 중앙은행의 움직임을 주시하라

[두 번째 지도: 전환기] 디플레이션에서 인플레이션의 전환기를 주목하라

금융위기가 반복되는 이유

[세 번째 지도: 환율] 한국 경제 판의 요충지, 환율 지도를 읽어라

우리나라 환율의 미래

3부 미래 산업 전쟁 303

7장 미래 산업 변화의 큰 그림 305

미래를 향한 게임의 3가지 규칙

미래 산업 전개 지도

융복합에서 경계의 파괴와 완전한 재편으로

3D프린터가 이끄는 제3차 산업 혁명

로봇산업이 이끄는 제4차 산업 혁명

기존 산업을 회생시킬 새로운 영역: 물, 해양, 이야기 산업

8장 제2차 가상 혁명 349

디스플레이 혁명

그래핀 상용화가 가져올 혁신적 미래

3D 인터넷 혁명

가상과 현실의 경계를 파괴하는 제2차 가상 혁명

사물인터넷은 제2차 가상 혁명의 기초 환경이다

웨어러블 컴퓨터 기술은 생명체 간의 연결 시대를 열 것이다

생존을 위해 인공지능과 손잡다

9장 2030년을 향한 미래 전쟁 405

구글과 애플의 플랫폼 전쟁

건강하게 오래 사는 산업으로 부의 중심이 이동한다

미래의 의료산업, 이렇게 변한다

평균수명 120세 시대의 미래 라이프스타일

2020년 이후, 뇌신경공학 시대가 열린다

2020년 이후, 입는 로봇 시대가 열린다

50~60대가 자동차 혁명 주도한다

미래의 자동차는 사람의 뇌와 연결된다

우주여행과 우주산업 시대가 시작된다

에너지 회사는 '제조회사'가 된다

미래 농업은 도시에서 하는 기술산업이 된다

에필로그 476

■ 책 속의 책 2: 미래학 개론 477

미주 567

1부

직면한 위기

미래가 현실이 되기 전에 움직여라

BRAVE NEW WORLD 2030

아시아 대위기와 함께 세컨드 골디락스가 시작된다

역사를 거치며 어느 시대나 세계는 변해왔다. 하지만 지금의 변화는 이전과 다르다. 변화의 규모가 커지며 미래의 불확실성이 커졌다. 더욱이 변화의 속도가 빨라지며 위기도 빠르게 반복되고 있다. 옳다고 여겼던 성공 전략, 부의 위치, 세계에 관한 이해에 균열이 일어나고 있다. 좋은 기업, 좋은 직업, 좋은 투자처라 믿었던 것들에 대해서도 회의가 일어나기 시작했다. 산업 이동을 통한 노동 시장 변화와 실업 대란, 빈곤과 불평등으로 인한 지역 분쟁과 테러의 증가, 종교 간의 대립과 갈등, 문화 충돌 등, 지금 일어나고 있는 변화의 모습을 차근히 살펴보면 무엇 하나 쉬운 문제가 없다.[1] 세계 질서, 사회, 경제 구조에 새로운 변화가 일어나고 있기 때문이다.

위기와 도전이 먼저 눈에 들어오기 때문에, 그 이면에서 기회가 이동하고 있음을 놓치기 쉽다. 앞으로 20년에 걸쳐 역사상 유례없는 혁명적인 부와 성공의 기회가 몰려오고 있다. 그런데 기회가 이동할 때는 위기가 계속된다. 기회가 이동하면서 이전의 사고방식과 성공의 법칙, 부의 흐름을 사정없이 흩어버리며 크고 작은 여러 개의 폭풍우를 만들어내기 때문이다. 이런 폭풍우 때문에 기회가 사라지는 것으로 오해해서는 안 된다. 인류 역사에서 기회나 부가 축소되거나 사라진 일은 없다. 언제나 기회는 더 커졌으며, 단지 이동할 뿐이었다. 앞으로도 그럴 것이다. 지그문트 바우만은 불확실성, 머뭇거림, 통제력 결여, 불안감은 새로운 개인의 자유, 새로운 개인의 책임을 얻는 대신 치러야 하는 대가라고 했다.[2] 대가를 치를 준비가 되어 있는가? 그렇다면 여러분은 미래에 펼쳐질 기회의 대이동 물결에 올라탈 수 있다.

    기회의 이동은 3단계로 진행된다. 첫 번째 단계에서는 기존의 부와 기회가 사라지는 것처럼 보인다. 피어오르는 불확실성의 안개에 가려 새롭게 몰려오는 기회가 보이지 않는다. 점점 사라져가는 (과거의) 기회 때문에 두려움이 커진다. 가지고 있는 모든 것을 잃어버릴 것 같은 공포마저 일어난다. 지난 10년이 그랬다. 이런 상황은 2020년까지 계속될 것이다. 두 번째 단계에서는 안개가 서서히 걷히면서 예고되었던 기회들이 실체를 드러낸다. 그때가 되면 기회를 잡은 자와 기회를 잃어버린 자가 명확하게 구분된다. 2020~2030년 사이에 우리는 바로 이 두 번째 단계를 경험하게 될 것이다. 세 번째 단계에서는 새롭게 다가온 기회들이 현실에서 완전히 자리를 잡게 된다. 그때는 미래의 일로 예측되던 모든 것이 상식이 된다. 지금은 일상화된 모바일 환경에 대한 10년 전의 생각을 지금의 현실과 비교해보라.

대표적인 미래 변화의 사례 몇 가지를 살펴보자.(미래 산업의 자세한 변화 시나리오는 3부에서 다룬다) 2016년 이후 3D프린터를 통한 제조업 혁명이 일어나는 것을 시작으로, 2020년 이후에는 바이오 생명산업이 현재의 자동차산업 규모를 능가할 것이다. 빠르면 5년 늦어도 10년 이내에 3D프린팅 기술이 한 단계 더 혁명적으로 진보하고 가격이 하락하면서 개인이 자기 집에 공장을 소유하는 일이 벌어질 것이다. 제조업자와 소비자의 경계가 허물어지는 제3의 제조업 혁명이 일어나는 것이다. 전 세계 GDP의 85%를 담당하는 20여 개 국가가 10~15년 이내 고령화 국가가 된다. 이런 사회에서 가장 우선적으로 소비하는 제품과 서비스는 건강하게 오래 살게 해주는 것들이다. 바이오산업은 한국에도 내수와 수출 양쪽에서 최고의 가치를 창출하는 산업이 될 것이다.

2020년 이후 무인자동차 시대가 열리면서 자동차산업은 새로운 호황기를 맞이할 것이다. 선진국의 고령화 추세는 가정용 로봇 분야에서 혁신을 유도하게 된다. 가정용 로봇산업은 20세기 초 진행되었던 철도산업의 혁신과 비교될 정도로 강력한 기회다. 2030년이 되면 1인 1가구 로봇 시대가 열리게 된다. 인간을 닮은 휴머노이드를 비롯해 입는 로봇, 사이보그 장비, 애완용 로봇, 가사 도우미 로봇 등이 가정에서 다양한 역할을 보조하면서 1~2인 가구 또는 은퇴 후 40~50년을 살아야 하는 노인 가정에서 자식보다 더 든든한 반려자로 자리매김할 것이다.

바이오산업과 로봇산업은 2020년 이후 10년 이상 시장의 성장 모멘텀을 주도하면서 주식시장에도 광풍을 일으킬 것이다. 그 이후에도 정보통신 분야의 제2의 거품으로 불릴만한 가상현실과 유비쿼터스 기술의 혁신적 진보, 양자역학과 더불어 NT(나노 기술)산업에서 혁신적 기술의 진보가 이뤄질 것이다.[3] 가상의식, 가상국가, 가상기업, 가상학교, 가상가족 등 이전에는 존재하지 않았던 새로운 공간에서 만들어지는 변화의 물결도 미래 변화의 에너지로 작용하게 된다.

2020~2035년 세컨드 골디락스가 열린다

아시아의 대위기가 끝날 2020년 이후 전 세계는 최소 10~15년 동안 새로운 호황기를 경험하게 된다. 새로운 호황기를 주도할 나라는 미국이고 터전은 아시아가 될 것이다. 지금 진행되고 있는 세계적 금융위기는 고통스럽다. 그러나 2008년 시작된 위기가 세계의 축을 아시아로 움직이는 힘으로 작용하고 있다. 2016년 이후 5~10년 이내 아시아발 금융위기라는 늪을 통과해야 한다는 조건이 있기는 하지만, 크게 보아서 위기의 과정에서 아시아가 최대의 수혜를 보게 될 것이다. 위기는 산모의 고통과 같다. 아시아의 대위기는 세컨드 골디락스라는 기회를 낳기 위한 마지막 산통이다.

한국과 중국 일본을 비롯한 아시아의 발전과 아시아로의 세계 중심 이동은 단순한 유행이나 일시적 현상이 아니다. 아시아가 겪게 될 대위기 국면도 이런 흐름을 막을 수 없다. 중국이 미국을 추월하든 못하든 상관없다. 미국이 앞으로 5~7년 정도의 회복기를 지나 2020년 이후부터 10년 정도 G1의 위엄을 회복한다고 해도 아시아의 부상을 막을 수는 없다. 미국과 유럽이 선전하더라도 아시아의 시대를 조금 늦출 수 있을 뿐이다. 고령화되고 있는 미국과 유럽이 세계의 중심축 지위를 유지할 수 있는 기간은 최대 20년 안팎일 것이다. 반면 아시아 인구는 계속 증가하고 있다. 2020~2030년경이면 한·

중·일의 인구 증가세가 멈추겠지만, 다른 아시아 지역의 인구 증가가 아시아를 세계 중심으로 끌어올리는 동력으로 작동할 것이다. 한·중·일은 성숙한 기술과 경제력으로 이들의 성장을 지원할 것이다. 21세기말이 되면 세계 인구가 140억 명을 넘을 텐데 그 중 60~70%가 아시아인이다. 그리고 세계 경제 생산물의 60% 이상이 아시아에서 생산될 것이다.

2025년이면 세계의 부가 아시아로 이동하는 과정이 완료될 것이다. 2050년이 되면 아시아는 세계 정보기술산업의 절반 이상, 그리고 세계 수준의 첨단 군사력을 갖게 될 것이다. 500년 만에 세계의 중심이 다시 아시아로 오고 있다. 공간과 시간의 압축, 이동 속도와 지식 생산의 가속화는 세계를 더욱 빠르게 하나로 묶고 있다. 좀 더 좁혀진 세상은 미국을 중심으로 형성된 기존 서구권의 권위와 힘의 장벽을 허물어뜨리고 아시아로 향하는 세계 중심축의 이동을 더욱 빠르게 할 것이다. 그에 따라 기회가 미국과 유럽에서 아시아로 이동하고 있다. 이미 일부 영역에서는 아시아의 기술력이 세계를 이끌기 시작했다. 예전 기술과 산업은 한계에 도달했지만, 부의 대이동을 동반한 새로운 기술과 산업이 아시아에서 시작될 것이다. 부의 규모가 한국, 일본, 중국에서는 10년 안에 성장의 한계에 도달할 수 있지만, 아시아 전체로 보면 2050년까지 계속 증가할 것이다.

미래가 현실이 되기 전에 움직여야 한다

이미 기회가 움직이고 있지만 현실에서 체감하기는 쉽지 않다. 하지만 2020년이 되기 전에 독자들은 지금 일어나고 있는 변화를 온몸으로 확인하게 될 것이다. 다가오는 기회를 잡으려면 미래가 현실이 되기 전에 움직여야 한다. 기회가 모두의 것이 되어버리는 순간 나만의 기회는 사라진다.

필자는 전작 〈2030 대담한 미래〉(이하 1권)에서 한국과 아시아를 둘러싸고 전개되고 있는 위기에 관한 예측 시나리오를 발표했다. 많은 사람들이 '일어날 가능성이 낮다'고 생각하는, 즉 "설마~!"라고 생각하는 미래를 대담하게 예측해서 발표했다. '삼성은 빠르면 3년 안에 몰락하기 시작할 것이다', '한국이 2016~18년 사이에 제2의 외환위기를 맞을 수 있다', '중국이 50년 안에, 어쩌면 영원히 미국을 따라잡지 못할 수도 있다' 등 주요 내용을 접한 많은 사람들이 '충격적'이라는 반응을 보였다. 그러나 현상과 사건만을 좇으면 뜻밖의 미래처럼 보이지만, 현상을 만들어내는 근원적인 힘과 힘들 사이의 연관관계, 이치를 중심으로 세계를 보는 미래학적 방법론으로 보면 일어날 개연성이 높은 미래_{a Plausible future}가 되어가고 있다. 과거, 현재, 미래의 징후들을 논리적, 체계적, 생태학적으로 분석하여 볼 때, 논리적으로 타당하고 이치에 맞아 수긍할만한 미래가 되어가고 있다. 확률적으로도 51% 이상으로 발생 가능성으로 높아졌기 때문에 기본미래_{Baseline future}로 삼아야 된다고 판단해서 발표한 예측시나리오들이었다. 1권을 출간한 지 1년이 지났다. 그 사이 안타깝게도 우리 사회는 점점 더 위기로 빠져들고 있다. 어떤 이슈는 필자의 예측보다 더 빨리 현실이 되었다. 그 동안 필자의 예측 시나리오의 타당성에 공감하는 사람들은 늘었지만, 위기의 충격을 최소화하고 다음 기회를 잡기 위한 대책을 분명하게 세우고 단호하게 행동으로 나서는 사람과 기업은 아직 많지 않아 보인다.

상식적인 수준에서 생각하는 '설마~'라는 사건이 가진 세 가지 특징을 다시 한 번 깊이 생각해보자.

　　첫째, '설마'는 자주 일어나지 않는다. 그래서 '설마'다.
　　둘째, '설마'는 자주 일어나지 않지만, 조건이 갖추어지면 반드시 '한 번'은 일어난다.
　　셋째, 위기 영역에서 '설마'가 일어나면 사람을 잡는다.

　　세상에서는 '설마'에 해당하는 사건이 생각보다 자주 일어난다. 1970~1999년까지 불과 30년 동안 '설마'에 해당하는 IMF 구제금융 신청이 98번 일어났다. 1990년 10월 3일, 베를린 장벽이 무너지면서 갑작스레 발생한 독일의 통일, 1991년 12월 8일 일어난 소련의 붕괴도 일어나기 전까지 대부분의 사람들이 '설마~'라고 생각했다. 한국에서 1997년 발발한 국가 부도 사태 역시 일반 국민에게는 IMF에 구제금융을 신청하기 일주일 전까지만 해도 '설마'에 해당했다. 2000년 닷컴 거품 붕괴, 2001년 9월 11일 4대의 비행기로 미국 본토가 공격을 받아 3천 명의 사망자가 발생한 뉴욕 세계무역센터와 미국 국방성 테러 사건, 2003년 2월 18일 192명의 사망자 21명의 실종자 151명의 부상자를 낸 대구 지하철 참사도 '설마' 였다. 2008년 미국발 금융위기, 수많은 수출 기업을 단번에 쓰러뜨린 키코 사태, 2009년 4월 멕시코를 시작으로 전 세계를 공포로 몰아넣으며 28만 명의 사망자(국내 사망자)를 낸 신종 인플루엔자Influenzs A virus subtype H1N1 팬데믹 사건도 사람들은 '설마'라고 생각했다. 2010년 12월 튀니지에서 시작되어 중동 전역으로 번진 재스민 혁명, 2011년 일본의 후쿠시마 원전 붕괴 사태, 2014년 3월 러시아의 크림반도 전격 합병, 2014년 4월

16일 일어난 세월호 참사도 마찬가지였다. 이처럼 '설마'에 해당하는 사건은 조건이 갖추어지면 '반드시' 발생한다.

2030년까지의 미래는 불안과 희망, 위기와 기회, 두려움과 용기가 뒤범벅되어 나타나는 시기가 될 것이다. 그 안에 우리를 기다리는 또 다른 '설마'가 있다고 전제하는 것이 불확실성이 큰 미래를 대비하는 바른 자세다. 미국의 '설마', 유럽의 '설마', 한국의 '설마', 일본의 '설마', 중국의 '설마', 위기 영역에서의 '설마', 기회 영역에서의 '설마'가 우리를 기다리고 있다.

특히 위기 영역에서의 '설마'가 현실화되면 사람을 잡는다. 1997년 한국경제는 처참하게 무너졌다. 30대 그룹 중 17개가 사라졌다. 지금의 삼성만큼 잘 나가며 세계 경영을 부르짖었던 대우 그룹이 공중 분해되었다. 은행권에서 20만 명, 기업에서 100만 명이 한순간에 직장을 잃고 실직자가 되었다. 수십 년을 이어온 종신고용이 깨졌다. 부의 불균형 분배가 본격적으로 시작되었다.

'설마'는 기회 영역에서도 발생한다. 기회 영역에서 일어나면 세상을 깜짝 놀라게 한다. 엄청난 부를 창출하고 새로운 시장을 탄생시킨다. 누군가 변화의 영웅으로 부상한다. 스티브 잡스가 만든 '설마'가 바로 세상을 깜짝 놀라게 한 대표적 사례였다. 시장의 게임체인저가 되는 '설마'였다. 사람들은 그것을 혁신이라 부르기도 하고, 대단한 통찰력 또는 기회에 대한 동물적 감각이라며 부러워하기도 한다. 실상은 기회 영역에 존재하는 '설마'에 해당하는 일에 남들보다 더 깊은 관심을 가지고 먼저 들어가 본 것이다. 남들이 '설마'라고 할 때, "아니, 그럴 수도 있지 않을까?"라며 도전해 본 결과다.

탁월한 CEO, 위대한 국가 지도자, 통찰력 있는 리더는 '설마'를 늘

조심하고 경계한다. 남들이 '설마'라고 생각하는 미래에 관심을 두고 용기 있게 도전한다. 개인의 인생, 기업의 운명, 국가의 미래, 인류의 역사를 바꾸는 것은 '설마'에 속한 사건들이었기 때문이다. 반대로 어리석은 사람은 '설마'를 무시한다. 그래서 늘 위기에 휩싸이고, 자기에게 찾아온 절호의 기회는 언제나 날려 버린다. 그리고는 "세상에 정말 그런 일이 일어날 줄 누가 알았겠어?"라는 말만 평생 되풀이 한다. '설마' 하는 사건을 막는 유일한 방법은 늘 조심하고 경계하는 것뿐이다. 일어날 가능성을 늘 염두에 두고, 돌다리도 두드려보고 건너는 태도를 유지하는 것뿐이다.

1997년 IMF 구제금융 신청 사태가 벌어진 후, 25년경이 되는 시점(이번 정부 말~다음 정부 초)에 또 하나의 '설마'라는 사건이 일어날 가능성이 점점 커지고 있다. 그 일이 일어나지 않게 하려면 앞으로 2~3년이 중요하다. 필자는 5년 전부터 "대비하지 않으면 '설마'가 현실이 될 수 있다"고 경고해왔다. 한 번 당했으면 되었지, 두 번 당하지는 말자고 주장했다. 그러기 위해서는 미래를 근거 없는 낙관론으로 대하지 말고, 좀 더 냉철하게 예측해 보아야 한다. 외양간을 미리 고쳐두면 다시는 소를 잃지 않을 수 있다. 그렇게 대비할 때 비로소 '설마'는 '에이'라는 기우로 끝날 수 있다.

'설마'라고만 생각했던 미래 예측을 담은 1권이 출간된 후 수만의 독자가 읽었다. 가장 많은 피드백은 "두렵습니다. 그리고 동감합니다"였다. "이 책에서 다룬 예측처럼 미래가 현실이 된다면 큰일이 아니냐"는 반응이 많았다. 그리고 강연 뒤에는 거의 언제나 이런 질문이 이어졌다. "해법은 무엇입니까? 기회는 없습니까?"

필자는 이렇게 대답했다. "두려워하지 마십시오. 위기가 곧 최고의 기회입니다." "2020년 무렵, 산업 혁명 이후 최고의 기회가 옵니다."
"지금이라도 미래를 직시하면, 건국 이래 최고의 기회를 잡을 수 있습니다." "외양간을 미리 고쳐 놓으면 남들이 소를 잃어서 우왕좌왕할 때, 우리는 소를 몰고 나가 가장 먼저 밭을 갈 수 있습니다."

미래는 사람이 만든다

이 책은 '2030 대담한 미래' 시리즈의 두 번째 책이다. 이 책은 '위기 해법'과 '미래 기회'에 대한 이야기를 담고 있다. '2030 대담한 미래' 시리즈에 담긴 미래 예측은 2013년 8월 처음으로 발표한 것이 아니다. 2008년부터 강의, 예측 보고서, 저술을 통해 예측한 내용이다. 4~5년의 시간이 흐르는 동안, 최초 예측을 몇 배 더 확장한 시나리오다. 발표한 예측을 듣고 사람들이 대응하면서 새롭게 열린 가능성을 추가했고, 필자의 예측을 듣고 다양한 미래상을 조언해 준 독자들의 생각도 반영했다. 지난 5년 동안 나타난 새로운 기술 혁신과 사건들을 포함했다. 최초의 예측과 다른 방향으로 전개되는 미래의 힘과 속도를 찾아내서 최적화했다.

미래학자는 예언하지 않는다. 예언은 신의 영역이다. 미래학자는 일정한 시간(평균 5~10년 주기)이 지나면 자신의 예측을 재검토한다. 잘못된 것은 바로잡고, 예측 이후 일어난 응전과 도전을 고려하고, 새로 발견된 변화 동력 Driving forces 과 미래상 Image of futures 을 보충한다. 그리고 예측 작업을 반복한다. 바로 이것이 '시나리오 최적화 Scenario optimizing' 작업이다. 또한, 전문 미래학자 Professional Futurist 는 예측의 리스크를 줄이기 위해 하나의 미래가 아닌 다양한 미래 가능성들 Alternative futures 을 연구한다.

전작 〈2030 대담한 미래〉는 위기 가능성에 관한 미래 연구였다. 이 책은 미래 기회와 희망 그리고 전략적 미래 경영 시나리오다. 단순히 전작은 미래 위기를, 이 책은 미래 기회를 예측한 것이 아니다. 두 책은 다른 시나리오이고 또 다른 미래를 담고 있다. 전작은 "지금처럼 계속 한다면~" 어떤 위기가 미래 가능성들로 펼쳐질까를 예측한 것이고, 이 책은 "지금이라도 미래 준비를 잘한다면~" 어떤 또 다른 미래들Alternative futures이 펼쳐질까를 예측한 것이다.

이후에 출간할 세 번째 책에서는, 시간상으로는 2030년 이후 21세기 말까지, 공간적으로는 인류 전체의 또 다른 미래 가능성들을 다룰 예정이다. 그리고 '2030 대담한 미래' 시리즈의 마지막 책인 네 번째 책에서는 앞선 세 권에서 다룬 미래 위기와 기회의 가능성들을 기반으로 '2030 이후, 새로운 인간'의 모습을 예측해 볼 계획이다. 이렇게 출간되는 4권의 책을 모두 합쳐야 (신적 예언이 아닌) 필자의 (합리적 예측의 범주에서) 미래 시나리오들이 완성된다. 이렇게 진행되는 다양한 미래 가능성들에 대한 필자의 연구는, 예측한 사건이나 모습이 현실이 되지 않더라도 독자들이 미래를 통찰하는 데 크게 도움이 될 것이다.

미래학의 전제 중 하나가 "미래는 사람이 최종적으로 결정한다"이다. 미래는 사람이 만든다. 그래서 미래 예측에는 반드시 '사람'이라는 변수를 넣는다. 위기가 발생하면 우왕좌왕하는 사람, 용기를 내어 위기를 극복해 나가는 영웅, 탐욕에 사로잡혀 위기를 조장하는 불한당, 국가나 국민은 아랑곳하지 않고 자신의 기득권을 지키는 데만 골몰하는 사람, 위기 가운데서 기회를 찾아내는 사람을 예측 변수로 넣어야 한다. 사람을 변수로 넣으면 상식과 다른 미래 가능성이 나타난다. 이론의 세계에서는 '설마'가 없다. '설마'가 나타나면 이론을 전면 수정해야 한다. 하지만 현실에서는 탐욕 때문에 '설마'가 일어나고, 다양한 사람들 때문에 또 다른 미래가 발생한다. 배가 노후화되면 운행하지 않는 것이 상식이지만 탐욕에 휩싸인 사람들, 안전불감증에 빠진 사람들 때문에 '설마'라고 생각한 일이 현실이 된다. 갚을 수 없는 수준까지 빌리지 않는 것이 상식이지만 공짜라면 양잿물도 마신다는 속담 같은 일이 현실에서는 버젓이 일어난다. 돈을 빌리면 소비를 줄여서라도 갚아야 하는데 "못 갚겠다"고 버티고 "국가가 대신 갚아 달라"고 말한다. 현대 미래학은 사람들의 이런 태도와 행동 역시 예측의 중요한 변수로 고려한다.

  필자는 미래 예측에 현 정부의 정책과 국정 운영 전략도 반영했고, 미국, 독일, 중국 역사를 연구해 심리와 정치 패턴, 경제 패턴을 파악해 미래를 만드는 중요한 힘으로 적용했다. 한국 정치인의 행동 패턴도 고려해 그들이 국민의 발목을 어떻게 잡을지 역시 중요한 변수로 넣었다. 새로운 정치적 시도가 성공할지 실패할지도 생각했다. 인간의 탐욕이 경제 시스템을 어떻게 왜곡시키는지, 경제학 이론과는 전혀 다르게 이루어지는 경제적 행위도 시나리오에 반영했다. 지방 선거, 국회의원 선거, 대통령 선거 시기에는 어떤 말과 행동을 할지 프로파일링해서 예측에 포함했다. 종교적 믿음과 신념을 위해서는 자신의 생명도 버리고, 재물도 버리고, 상식 밖의 행동도 과감하게 할 수 있는 사람의 내면과 영성까지도 고려했다.

  사회, 기술, 경제, 환경, 정치, 종교 등의 이론적 기반 위에 현실에서 사람들은 어떻게 생각하고 행동하는지를 설득력 있게 구성하려 노력했다. 이처럼 미래의 경제를 예측할 때 경제 변수만으로 예측하지는 않는다. 경제에 영향을 미치는 사회 변수, 정치 변수, 종교 변수, 기술 변수, 심리 변수 등의 복잡한 관계를 고려해 예측해야 한다. 이렇게 복잡한 관계를 고려한다고 해도 결코 정확하게 미래를 예언할 수는 없다. 단순한 예측보다 좀 더 깊이 있고 다양한 통찰력을 제공할 뿐이다. 좀 더 다양하고 현실적인 미래 시나리오를 구성할 뿐이다. 이것이 인간의 예측 한계선 Limit of foresight 이다.

세상은 위기와 기회가 반복되는 것이 상식이다. 2008년 기준으로 그 앞의 10년은 호황기였다. 오르막이었다. 그러니 2008년 이후 10년은 내리막길인 것이 상식이다. 미래 연구는 미래를 객관적으로 보는 일이다. 오르막길이면 오르막길이라고 말해야 하고, 내리막길이면 내리막길이라고 말해야 한다. 올라갈 때도 함정이 있고, 구덩이가 있다. 내려갈 때도 마찬가지다. 내려갈 때는 속도 조절이 힘들기에 더 조심해야만 안전하게 내려갈 수 있다. 내리막을 지나고 나면 다시 오르막을 만나게 된다. 그것이 세상의 이치다.

2020년 이후 세계는 새로운 기회를 맞을 것이다. 그 전까지 내리막길이 좀 더 펼쳐질 것이다. 미국은 겨우 위기의 강을 건넜고, 유럽은 강을 건너기 직전이다. 그러나 아시아는 아직 위기의 강을 넘지 못했다. 따라서 강을 넘어야 한다고 말하는 것이 가장 양심적이다. 아시아만 예외적으로 초능력을 발휘해 물 한 방울 안 묻히고 순식간에 강을 건넜다고 말하는 것은 사기(?)다. 중국이 40~50년 동안 경제 성장하면서 단 한 번도 큰 위기를 겪지 않고, 즉 산업과 경제 등에서 구조조정이 없고, 부채 축소도 없이 탄탄대로를 갈 것이라고 말하는 것이야말로 가장 비현실적이고 위험한 거짓말(?)이다.

2장

기회는
아시아 대위기와
함께 온다

BRAVE NEW WORLD 2030

2~3년 후
아시아 대위기가 시작된다

2008년 시작된 글로벌 위기는 아직 끝나지 않았다. 2014년 현재, 절반 정도 지났을 뿐이다. 이제까지는 미국과 유럽의 위기였다. 앞으로 남은 절반은 신흥국과 동남아시아 그리고 한·중·일 아시아 중심 국가들의 차례다. 앞으로 2~3년간은 신흥국과 동남아시아에서 위기가 발발할 것이다. 인도, 인도네시아, 브라질, 터키, 남아공, 우크라이나, 러시아, 베네수엘라, 칠레 등이 1차 위험군에 속했다. 터키, 남아공, 칠레, 인도, 인도네시아 등은 외환보유액이 1년 정도의 단기외채와 경상 적자를 메울 수준에 불과하다. 헝가리, 브라질, 폴란드는 2년 정도 버틸 수 있다.[4] 이들 중 2~3 나라가 외환위기에 빠져도 크게 이상할 것이 없다. 미국이 양적 완화 정책의 축소를 발표하자마자 신흥국에서 두 달 동안 빠져나간 달러가 640억 달러가 넘는다. 만약 이런 추세가 지속되고 금리 인상까지 단행되어 신흥국 위기가 계속된다면 버틸 수 있는 나라가 그리 많지 않다. 2~3년 후부터는 한·중·일 아시아 삼국이 위기의 중심에 서게 될 가능성이 크다. '아시아 대위기'가 시작되는 것이다. 2008년에 시작된 전 세계 경제위기는 아시아 대위기가 끝나고 난 후에야 완전히 끝난다. 그 뒤에 10~15년 정도의 전 세계적인 대호황기가 시작될 것이다.

많은 사람의 생각과는 달리 아시아와 신흥국은 지난 5년간 금융위기를 잘 극복한 것이 아니다. 한국도 마찬가지다. 한국을 포함한 대부분의 아시아 국가는 수출 중심 경제 구조를 가지고 있다. 유럽과 미국이 주요 수출 대상국이다. 그런데 지난 5년 동안 미국과 유럽에 금융위기와 외환위기가 발발해 소비가 크게 침체되었다. 아시아 국가의 수출도 침체될 수밖에 없었다. 그런데 아시아는 무슨 수로 위기를 극복했을까?

한번 생각해 보자. 물건 많이 사는 단골 고객이 빚이 많아져서 소비를 줄였다. 그러면 가게의 매출이 줄어드는 것이 상식이다. 매출과 함께 수익도 준다. 매출과 수익은 줄지만 매달 지출해야 하는 경비는 그대로다. 결산해 보니 이익은커녕 적자다. 장사해서 돈을 못 버니 가계를 유지하기 위해 얻은 빚도 점점 커졌다. 빚에 대한 이자와 원금은 꼬박꼬박 상환해야 한다. 이 위기를 어떻게 해야 탈출할 수 있을까? 답은 둘 중 하나다.

첫째 다른 고객을 발굴하면 된다. 큰돈을 써주던 기존의 단골 고객을 대체할만한 새로운 거래처를 뚫어야 한다. 그래야 이자와 원금을 상환하며 생활할 수 있다. 2008년 이후, 아시아 각국의 수출품을 엄청나게 사주던 큰 단골 고객인 유럽과 미국이 빚을 갚느라 소비를 줄였다. 아시아는 미국과 유럽을 대신해서 큰돈을 써줄 새로운 고객을 발굴했나? 아니다.

일각에서 아시아의 수출 엔진이 꺼지고 있다는 경고가 나오기 시작했다. 월스트리트저널WSJ은 지난 수십 년 간 아시아 국가의 눈부신 경제발전을 이끌어온 동력을 제공하던 수출엔진이 서서히 식어가고 있다고 평가했다. 지금의 상황은 1997년 아시아 금융위기, 2001년 닷컴 거품 붕괴 시기의 수출 하락과는 차원이 다르다며, 특히 중국, 일본, 한국, 대만의 수출경쟁력에 문제가 발생했다고 지적했다. 중국은 낮은 성장률 시대를 대비해야 하고, 한국과 일본도 수출에 의존한 경제 성장 모델이 더는 유효하지 않다고 지적했다. 미국 경제가 회복되면 아시아 수출이 되살아나던 과거의 양상도 달라질 가능성이 크다고 예측했다. 미국인들이 부채를 축소하면서 아시아 국가에서 생산하는 전기전자 제품의 수요 자체가 감소했고, 더욱이 반

수명 다한 아시아의 수출 모델

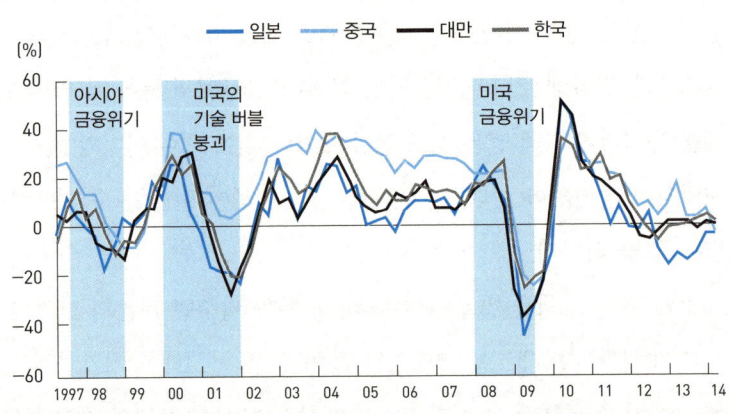

* 과거 위기 뒤에 빠르게 두 자릿수 성장률을 빠르게 회복하던 것과 다른 양상이 전개되고 있다. 4개국의 2014년 1분기 수출은 전년 동기 대비 2% 하락했다

출처 : Thomson Reuters, 〈Wall Street Journal〉, 'Asia's Sputtering Growth Engine', 2014년 4월 28일자에서 재인용

격에 나선 미국 제조업체의 선전으로 미국인들의 소비 욕구를 만족시키기 위한 아시아로부터의 수입 물량 의존도 예전처럼 높아지지 않을 것이라는 점을 근거로 들었다. 또한, 아시아 주요국의 임금이 크게 인상되어 미국 시장에서 가격 경쟁력도 약화되고 있다고 평가했다. 실제로 미국의 아시아 4대 국가 수입 물량은 2008년 금융위기 전에는 두 자릿수 상승률을 보였지만, 2013년은 전년과 비교해서 겨우 1%만 늘었을 뿐이다.[5] 앞 페이지의 그림은 1997년부터 2014년까지의 한국, 일본, 중국, 대만 등 아시아 주요 4개국의 수출 동향이다.

새로운 고객을 발굴하는 데 실패한 아시아는 위기 극복을 위해 다른 방법을 선택했다. 은행에서 돈을 더 빌려서 줄어든 매출과 순수익분을 충당한 것이다. 이 방법으로 가게가 문을 닫거나 경매로 넘어가는 금융위기를 넘겼다. 정확히 말해 위기를 극복한 것이 아니라 발등에 떨어진 불을 끈 것이다. 아래의 그림에서 파란 선은 아시아 전체의

아시아의 신용과 생산성(일본 제외)

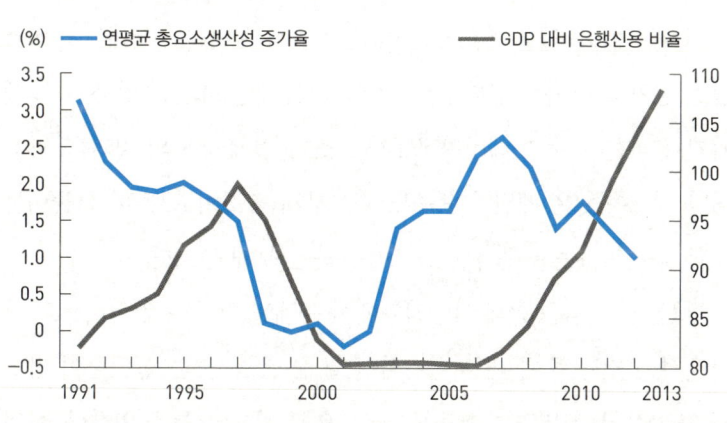

출처 : FT·HSBC, 〈헤털느성세〉, '빛 중독에 빠진 아시아, 황금시내 끝났나', 2014년 5월 13일자에서 재인용

총요소생산성 증가율이고, 검은 선은 GDP 대비 은행신용 비율을 나타낸다.

그림에서 보듯 2008년 이후 아시아는 부채를 급격하게 늘려서 발등에 떨어진 불을 껐다. 1990년대 중후반의 아시아 외환위기 시기보다도 부채 비중이 더 높다. 중국, 일본 등 아시아 대부분 국가의 부채가 늘었다. 한국도 지난 5년 동안 20% 이상 부채가 늘었다. 은행에서 돈을 더 빌려서 부족한 경비를 충당하고, 매달 밀려오는 은행 이자를 낸 것이다. 위기를 극복한 것이 아니라 카드 돌려막기를 한 셈이다. 카드 돌려막기의 끝은 무엇인지 우리는 잘 알고 있다. 이제 단기에 매출이 크게 늘지 않을 경우 결과는 다음 셋 중 하나다.

1. 파산이나 워크아웃.
2. 소비를 줄여 빚을 갚는다.
3. (심각해지면) 금융위기를 겪는다.

이자를 낼 수 없을 정도로 빚이 커지면 더는 빌리지 못하고 곧바로 갚는 절차를 밟아야 한다. 국가, 기업, 개인 모두 예외는 없다. 위의 세 가지 결과는 모두 디레버리징(deleveraging: 부채 축소)의 결과다. 파산이나 워크아웃은 채권자가 주도하는 부채 축소이고, 소비를 줄이는 것과 금융위기는 채무자 스스로 주도하는 부채 축소다.

파산_{Bankruptcy}은 중세 이탈리아에서 유래된 말이다. 정상적으로 장사해서는 빌린 돈에 대한 이자와 원금을 낼 수 없는 상인들이 자신의 좌판을 부숴버리는 행동_{Banca rotta}으로 부도_{不渡}를 선언했다. 상인들이 파산을 선언하면 채권자들은 상인의 남은 재산을 채권 비율에 따라서 나누어 갖고 기업을 청산했다. 이것이 파산 절차의 기본원리다. 기업을 청산해도 회수하지 못하는 채권은 고스란히 채권자와 주주의 손해로 남는다.

워크아웃은 (큰 손해가 예상되는) 파산을 진행하기 전에 법원과 채권자가 주도해 기업을 살리려는 마지막 시도다. 최악의 손해를 피하기 위해 법원과 채권자는 이자와 원금 상환을 동결하고 우량 자산을 팔아 재무 건전성을 높이고, 유능한 경영인을 세워 계속 장사하도록 해서 기업을 정상으로 되돌릴 기회를 만든다. 그래서 기업이 회생하면 큰 손해도 피하고 원금과 이자를 돌려받을 수 있다. 이런 과정을 법원이 주도하면 법정관리이고, 채권자가 주도하면 워크아웃(Work-out, 기업개선작업)이다. 이런 노력으로도 회생에 실패하면 해당 기업은 청산 절차(파산 절차)를 밟게 된다.

국가 차원에서 이자와 원금을 상환할 수 없는 상태가 되면 곧바로 외환위기가 발생한다. IMF(국제통화기금)와 채권자들은 빚을 완전히 청산하는 파산 절차를 밟을지, 워크아웃 절차를 밟을지 선택한다. 1997년 한국의 IMF 구제금융신청은 국가 차원의 워크아웃 신청이었다. 1998년 러시아가 채무불이행(디폴트)을 선언한 것은 파산 절차를 밟은 것이다. 1997년 한국은 IMF의 주도 하에 정상적으로 부채의 원금과 이자를 갚을 수준으로 경제를 개선하는 강력한 구조조정을 강제 당했다. 이처럼 강력한 구조조정이 끝나고 IMF에서 빌린 돈을 다 갚으면 국제 채권시장에 곧바로 복귀할 수 있다. 러시아는 파산 절차를 밟아 빚이 제로가 되었지만, 수 년 이상 국제 채권시장에 발을 들여 놓을 수 없었다. 국제적인 신용불량자가 되는 것이다. 실제로 러시아는 채무불이행 선언 이후 증시가 90% 이상 폭락하고, 채권은 휴지조각이 되었다. 소비를 줄여 빚을 갚으면 저성장이다. 그런데 소비를 줄이는 정도로 끝나지 않고 생존을 위해 일부 출혈을 감수해야 한다면, 즉 소비를 줄이는 선에서는 이자와 원금 일부를 상환할 수 없을 경우 차도 팔고, 집도 팔아 더 작은 집으로 이사해야 한다. 금융위기가 바로 이런 상황이다.

아시아 대위기는 부채 축소의 과정이다

빠르면 2~3년 후, 늦어도 이번 정부 말에서 다음 정부 초에 아시아 대위기가 시작될 것이다. 이때 아시아가 받게 될 경제적 충격에 비하면 2008년 이후 5년간 겪은 고통은 서막에 불과한 수준이다. 그런데 역설적으로 후대의 역사가는 아시아 대위기의 시기를 대담한 기회가 시작된 시간으로 기록할 것이다. 대위기와 대기회는 한 쌍을 이루어 온다. 경제위기를 겪으며 경제 규모가 축소되겠지만, 이때 부의 대이동이 이루어진다는 점을 놓치지 말아야 한다. 경제 규모 축소는 거품이 걷히는 과정에서 나타나는 자연적 현상이다. 겉으로 보면 거품이 걷히는 것이지만, 밑에서는 부의 대이동이 진행된다.

경제위기는 그저 위기일 뿐 사망선고가 아니다. 부의 상실도 부의 축소도 아니다. 신용창조에 의한 경제 성장 시스템에서 경제위기는 과도하게 부풀어 오른 거품을 적정 수준으로 걷어내는 과정이다. 몸무게가 너무 늘어 건강이 나빠진 결과로 몸이 아프면, 다이어트를 하고 느슨해진 생활 태도를 다잡고, 운동을 해서 건강을 회복하게 된다. 경제위기가 경제에 대해 하는 역할도 이와 비슷하다. 경제위기의 과정을 거치며 자연스럽게 부의 이동이 일어난다. 따라서 변화를 통찰하고 부가 이동하는 길목을 지키면 기회를 잡을 수 있다. 역사적으로 거의 모든 큰 부자가 이런 과정을 통해 큰돈을 벌었다. 대위기를 대기회로 바꾸었다. 지난 5년 미국과 유럽에서 이런 일이 반복되었다. 빠르면 2~3년 후 아시아에서도 이 과정이 전개될 것이며, 그때 기회도 함께 찾아올 것이다.

아시아 위기의 핵심 이슈는 부채 축소다. 수출 엔진의 약화, 아베노믹스의 후폭풍, 중국의 부동산 거품 붕괴와 과다한 그림자 금융 및 은행권 부실 대출 규모 등은 부채 문제를 더 크게 만드는 보조 동력들이다. 지난 5년 동안 아시아는 체질을 개선하지 못하고 몸에 지방이 더 쌓였다. 위기를 극복한 것도 선방한 것도 아니다. 체질 개선을 할 순번에서 1번이 미국이었고, 2번 유럽이며, 아시아는 3번일 뿐이다. 미국과 유럽이 금융위기에 빠진 상황에서 아시아까지 부채를 축소했으면 세계는 제2의 대공황으로 치달았을 것이다. 그래서 아시아가 부채를 늘려 미국과 유럽의 침체가 대공황으로 가지 않도록 최후의 보루 역할을 한 것이다. 미국과 유럽이 회복 국면으로 전환되면 아시아는 자의든 타의든 부채를 축소해야 한다. 부채 축소를 강을 건너는 것에 비유하면, 미국은 강을 거의 건넜고 유럽은 수심이 가장 깊은 강 중간을 넘었다. 아시아 삼국은 아직 강에 뛰어들지 않았으며, 일부 신흥국과 동남아시아 국가들은 등을 떠밀려 강에 풍덩 빠진 상태다.

다음 페이지의 그림은 아시아의 4가지 미래 가능성의 시나리오다.

2014년 현재, 아시아는 저성장과 저금리 상황에 놓여 있다. 아시아의 미래 시나리오는 4가지 가능성이 있다. 각국 정부가 바라는 최선의 시나리오는 저금리 상태를 유지하면서 미국과 유럽의 회복에 기대어 뚜렷한 경기 회복 국면으로 접어드는 것이다. 빚이 늘어서 원금 상환과 이자 부담이 늘었지만, 저금리가 유지되는 상황에서 경기가 회복되어 수출이 크게 늘면 충분히 버틸 수 있다는 계산을 전제로 한다. 불가능한 시나리오가 아니다. 그런데 조건이 있다. 다른 모든 조건이 지금보다 '절대로' 나빠져서는 안 된다.

미국이 계속 회복세를 이어나가야 하고 예전처럼 수출을 줄이고 정신없이 소비를 늘려 주어야 한다. 미국의 제조업은 중국과 아시아로 계속 이전해야 한다. 셰일가스와 셰일오일이 넘쳐나도 원유 수입을 늘려야 한다. 유럽도 1~2년 후부터 미국처럼 경기가 회복되고, 남유럽 국가들은 예전처럼 미친 듯이 부동산과 주식 등 자산 거품을 일으켜서 소비를 늘림으로써 아시아 각국의 수출을 회복시켜 주어야 한다. 세계 소비가 늘어야 신흥국의 원자재 수출이 예전처럼 호황을 맞게 되고, 이를 바탕으로 신흥국과 중국 등의 소비가 회복된다. 이 모든 조건이 함께 예전의 상태로 돌아가야 한다.

아시아의 미래 가능성, 4가지 시나리오

추가적인 조건도 필요하다. 중국과 한국은 2008년 이전과 같은 수준의 제조업 경쟁력을 유지한 채로 수출 호황 국면의 이득을 최대로 맛볼 수 있어야 한다. 그러기 위해서는 중국의 인건비가 더 오르면 안 된다. 현재의 고임금 근로자를 퇴출하고 저임금 농민공으로 대체해야 한다. 한국은 중국에 중간재 시장을 빼앗기지 말아야 한다. 일본은 아베노믹스가 성공해 경기가 되살아나고 미국과 유럽에 빼앗긴 제조업 경쟁력과 시장을 회복해야 한다. 여기에 더해서 미국은 10년 이내에 금리를 올리지 않고 제로 금리 수준의 초저금리를 유지해 주어야 한다. 미국은 인플레이션이 일어나서 경제가 위기에 직면해도 제로 금리를 유지해 주어야 한다. 이런 모든 미래의 조건이 충족된다면 아시아 국가들은 지난 5년 동안 늘어난 부채를 축소하지 않아도 된다. 이 최선의 시나리오를 기대하며 미래를 준비하는 것이 합리적이라는 생각이 드는가?

실제로 일어날 가능성이 가장 높은 시나리오는 이렇다. '세계 경제가 서서히 회복되면서 수출이 일시적으로 늘어나지만, 동시에 금리가 인상되어 수출 증대 효과를 상쇄해 버려서, 결국 이자 부담만 커지면서 금융위기 상황이 빠르게 전개되는 것이다.' 아시아는 부채 축소를 피할 수 없다는 것이 가장 가능성 높은 미래라고 필자는 예측한다. 2014년 현재, 신흥국이나 아시아의 약한 고리에 해당하는 몇몇 국가에서 부채 축소가 시작되었다. 한·중·일에서는 한국의 이번 정부 말부터 다음 정부 초 사이에 부채 축소가 시작될 가능성이 크다. 자칫 경기가 후퇴하는데 금리는 인상되는 최악의 시나리오가 아시아의 현실이 될 수도 있다. 중국은 금융권과 기업에서 부채를 축소해야 한다. 한국은 가계 부채를 축소해야 한다. 일본은 기업과 국가 부채가 위험 수위에 근접해 가고 있다. 2~3년 후 아베노믹스가 실패로 끝나면 일본에서는 부채 증가와 신용등급 하락, 잃어버린 30년을 여는 디플레이션이 시작될 것이다.

한·중·일 정부와 기업이 동남아시아나 중남미 국가에 비해서 금융 지식이 풍부하고 해외시장 진출도 활발하긴 하지만, 위기를 피할 수는 없다. 한·중·일 경제는 해외 의존도가 높고, 부채 규모와 타인 자본 의존도도 높다. 그래서 미국의 금리 인상이 시작되고, 환율이 크게 출렁이고, 유동성 문제가 발생하면 위험도는 순식간에 증가한다. 수출 증대로 기업 매출이 오르더라도 물가와 임금이 동반 상승하기 때문에 부채 문제를 해결하지 못한다. 기업 간에도 부의 불균형 분배가 심해져서 심각한 부채 문제를 안고 있는 기업은 실질적 개선을 이루지 못한다. 세계 경제 회복의 효과가 실제로는 나타나지 않는 것이다. 대부분의 기업은 장부상의 매출 숫자가 오르더라도 수익률 개선으로 이어지지 않은 채 도리어 금융 부담이 더 늘어나 위기에 빠져들 가능성이 커진다.

중국 경제, 몰락이 시작되나?

철옹성 같던 중국 경제에 이상기류가 나타나고 있다. 중국 경제의 미래에 관해 "중국 경제가 무너질 것인가?"라는 의문이 곳곳에서 대두하고 있다. 일부에서는 중국 경제가 붕괴 도미노 현상에 빠져들 수 있다고 예측한다. 필자가 예측하기에 단기적으로 급격히 붕괴할 가능성은 적다. 그러나 2~3년 후 부채 축소 압력으로 인해 발생하는 아시아 대위기에서 중국도 자유롭지 못하다. 중국의 내부적인 면으로만 본다면 10년 이내에 중국 공산당의 경제 운용에 최소 한 번의 큰 실수가 발생할 것이다. 이 실수는 곧바로 중국발 금융위기로 전이될 것이다. 중국이 금융위기에 빠진다고 해서 중국 경제가 완전히 몰락하지는 않는다. 위기 극복 후, 중국은 다시 성장할 것이다. 단 성장의 속도가 현저히 낮아질 것이다.(중국 소비 시장, 중국 주식, 중국 자산에 투자하고자 한다면 아시아 대위기가 끝나갈 무렵 새로 시작하는 것이 유리할 것이다)

중국이 위기에 빠질지 아닐지는 불확실성의 영역이 아니다. 불확실한 것은 시기와 규모다. 중국의 위기가 2~3년 후부터 시작될 아시아 대위기 국면에 중첩되어 나타날 것인지 아니면, 아시아 대위기 국면에서는 충격을 최소화하면서 막아내지만 이후 개별적으로 금융위기를 겪게 될지는 불확실하다. 규모 면에서는 아시아 혹은 세계를 대혼란에 빠뜨릴 규모일지 아니면 중국 내수시장에만 영향을 미칠 정도인지가 불확실하다.

중국의 위기를 발생시키는 요인은 두 가지다. 하나는 내부에서 '자연적으로' 발생하는 요인이고, 다른 하나는 외부에서 '인위적으로' 발생시키는 요인이다.

성장 시스템의 균형피드백

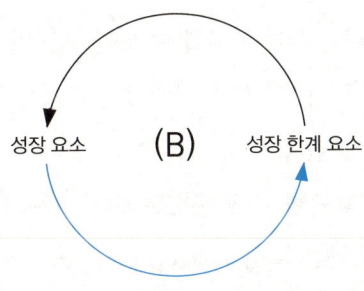

모든 시스템은 태어날 때부터 '성장 요인Growth factor'과 '성장 한계 요인Limit factor of growth'을 가지고 있다. 성장의 초기에는 성장 요인이 강하게 작동한다. 일정 시간이 지나면서부터는 성장 한계 요인이 강하게 작동한다. 성숙기에 접어들면 성장 한계 요인이 더 강하게 작동하면서 성장 요인의 힘을 상쇄시킨다. 성장 속도는 느려지고 마지막에는 성장이 멈춘다. 이때 시스템 변화에 성공하지 못하면 곧바로 쇠퇴기에 접어든다. 이것이 수천 년 동안 거스르지 못했던 세상의 이치다.

내부 요인 1. 부의 불균형 분배 심화

자본주의 시스템에서는 시간이 흐르면 자연스럽게 부의 불균형 분배가 일어난다. 따라서 점점 소수의 부자에게 쏠리는 부를 재분배하는 새로운 시스템(공평한 세금 제도, 노블레스 오블리주, 복지 제도 등)을 통해 개선하지 않으면 자본주의 시스템 자체가 붕괴하게 된다. 붕괴의 방식은 여러 가지다. 민주주의 체제에서는 정권 교체나 금융위기, 독재 체제나 왕조 체제에서는 혁명이나 민중 봉기 등의 모습을 띤다. 중국도 예외가 아니다. 부의 불균형 분배가 심화되면 중국 정부는 붕괴할 것인지, 새로운 시스템으로 전환할 것인지를 선택해야만 한다. 농경 시대에 제국이 몰락하는 데는 토지 제도의 문란이 공통된 조건이었다. 우리나라도 고려가 망할 때 토지 제도의 문란이 백성과 개혁 세력의 공분을 불러일으켰다. 산업시대 부의 불균형 분배는 농경시대 토지 제도의 문란과 같다.

중국의 부의 불균형 분배 정도를 보여 주는 첫 번째 지표는 '지니계수'다. 중국 정부가 발표한 지니계수는 2013년 기준으로 0.473이다.[6] 대부분의 중국인은 정부 발표 수치를 믿지 않는다. 체감 경기와 큰 차이가 있기 때문이다. 민간 발표는 어떨까? 2012년 12월, 중국 시난재경대가 발표한 지니계수는 충격적이다. 무려 0.61이다.[7] 미국 미시간 대학교 연구팀의 분석에 따르면 중국의 지니계수는 1980년 0.30에서 2010년 0.55로 크게 증가했다.[8] 2013년 기준으로 본다면, 좀 더 증가했을 것으로 추정된다. 전문가들은 지니계수가 0.4를 넘으면 심각한 수준으로 평가한다. 중국 정부의 발표를 믿어 주더라도 심각한 수준이다. 민간 발표가 맞다면 태평천국의 난이 일어난 때와 비슷하기 때문에 정권이 약해지면 곧바로 민란이 일어날 수 있는 상태다. 도시 간의 소득 격차에서도 중국의 지니계수의 수준이 잘 반영된다. 영국의 경제 예측 기관인 옥스퍼드 이코노믹스Oxford Economics의 분석에 의하면 2013년 기준으로 전 세계 경제력 기준 상위 50위 도시 중에 중국의 도시는 7개가 들어 있다.[9] 하지만 중국의 수많은 나머지 도시의 경제력은 가난한 나라들의 도시와 비슷하다. 상위 50위에 드는 도시들은 미국의 뉴욕 수준으로 잘 살지만, 나머지 도시들은 필리핀의 가난한 도시 수준이다.

부의 불균형 분배를 보여 주는 또 다른 지표는 '근로자 임금 비중'이다. 2012년 기준, 중국의 GDP 대비 임금 비중은 아프리카보다 낮은 8%였다. 선진국은 55%, 신흥국인 중남미는 33%, 필리핀 태국 등의 동남아시아는 28%, 중동은 25%, 가난한 대륙인 아프리카도 20%다. 중국 국민의 6억 명 정도는 가구당 하루 소득이 3달러가 안 된다. 4억 4,000만 명은 가구당 하루 6달러 미만이다. 전체 인구 중 13억 4천만 명이 아프리카인들보다 가난하게 산다. 실업자도 2억 명이다.

1920년대 말 대공황, 2008년 미국발 금융위기 당시 미국 상위 1%

의 부자들은 전체 소득의 23%를 가져갔고, 자산은 전체의 40%를 소유했다. 2012년 기준 중국은 상위 5% 정도가 연간 2만 달러를 벌고, 상위 0.4%가 전체 자산의 70%를 소유하고 있다.[10] 같은 기간 선진국은 평균적으로 상위 5%가 전체 자산의 50~60%를 소유하고 있다. 금융위기 발발 직전, 미국은 상위 10%가 전체 자산의 69%를 소유했다. 단순하게 수치로만 비교해보면 중국은 이런 나라들보다 10배 이상의 문제를 가지고 있는 셈이다. 극소수에게 자산이 집중되는 속도도 세계 평균의 2배가 넘는다.[11] 2013년 아시아-태평양 부자 보고서에 의하면 중국에서 백만장자의 숫자가 한 해 동안 14.3% 증가했다.[12]

중국인은 이런 부의 불균형 분배를 급격한 성장 과정에서 자연스럽게 발생하는 부작용 또는 어쩔 수 없는 세상살이의 한 과정으로 생각하는 경향이 있어서 다른 자본주의 국가의 국민보다 더 인내심 있게 대한다. 하지만 심각한 부의 불균형 분배와 2억 명이 넘는 실업 문제를 얼마나 더 견딜 수 있을까? 이들을 달래기 위해서는 2만 달러 정도의 연봉을 받는 6,000만 명에게서 세금을 더 거둬야 한다. 부동산 가격의 거품을 일으켜 신기루를 유지해 주어야 한다. 현재 중국의 금융권은 부자들의 자산(금융 자산, 부동산 자산, 기업 자산)을 기반으로 신용을 창조해 통화량$_{M3}$을 크게 늘림으로써 성장을 견인하고 있다. 이런 정책을 통해 빠른 성장을 지속할 수 있다는 믿음이 굳건해서 '중국판 드림'의 지속가능성을 보여 주어야 한다. 소수민족들에게도 독립하는 것보다 차라리 중국의 울타리 안에서 사는 것이 더 나은 생활수준을 보장받는 길이라는 믿음이 지속되어야 한다.

내부 요인 2. 미미한 국민의 저축 규모

갑부들의 저축을 빼면, 중국 국민의 1인당 평균 저축액은 미미하다. 중국 대학 평균 학비인 1만 2천 위안에도 못 미치는 1만 위안 미만이다. 찾아서 쓸 돈도 적고 GDP 대비 근로자의 임금 규모도 낮기 때문에 단기간에 내수 소비를 강력하게 끌어올리기 힘들다.

내부 요인 3. 1단계 제조업 성장의 한계 직면

제조업 발달은 3단계로 진행된다. 단계마다 성장의 한계도 있다. 그래서 성장의 한계에 도달할 때마다 강력한 구조조정과 주력 산업 교체를 통해 다음 단계로 올라가야 한다. 그렇지 않으면 매출 증가가 멈추고 근로자 임금도 인상할 수 없으니, 내수 시장의 성장도 함께 멈추면서 국가 성장도 멈춘다.

현재 중국의 제조업은 한국 등에서 중간재를 수입해 저렴한 노동력으로 조립해 세계 시장에 수출하는 1단계다. 그러나 1단계 제조업체들의 투자 및 경영 환경은 이미 2006년 이전부터 악화되어 왔다. 2006~2009년 사이에 달러 대비 위안화가 20% 평가 절상되어 수익률도 악화되기 시작했다. 2007년 여섯 번의 금리 인상이 단행되자 광둥성에서 30%, 장쑤성과 저장성에서는 각각 20%의 제조업체가

제조업 발달의 3단계

	기술과 노동력 수준	제품 수준	대표 국가
3단계	고도 혁신기술, 창의 노동력	부품, 소재 생산	미국, 일본, 독일
2단계	보편 모방기술, 숙련 노동력	중간제품 생산	한국
1단계	저급 습득기술, 단순 노동력	단순 조립형 제품 생산	중국

출처 : 중국 국가회계국, 〈China Journal〉, 2012년 6월호에서 재인용

파산했다. 2008년에는 노동계약법 개정으로 인한 임금 상승과 정부의 세금 징수 확대로 부담이 가중되었다. 2010년 7월 15일에는 철강 및 406개 항목 수출 환급세(17% 세금 혜택)도 폐지되었다. 2008년부터 현재까지 미국과 유럽의 경기 침체로 수출 환경도 불확실하다. 결국 2012년에 사상 처음으로 제조업체의 수출이 마이너스 성장을 기록했다.

미래는 어떻게 될까? 살아남은 제조업체들은 계속해서 금리 인상, 투자와 경영 환경의 악화, 임금 인상 등의 압력을 받을 것이다. 동남아 국가들이 중국의 임금 인상을 틈타 '세계의 공장' 자리를 넘보고 있다. 광둥성의 평균 급여가 2,500~3,000위안인데 비해 베트남은 1,000위안, 인도는 600위안에 불과하다.[13] 중국은 노동법 개정으로 근로자 최저임금이 매년 20%씩 상승했다. 일본과 유럽의 견제도 만만치 않다. 미국은 소비가 회복되더라도 당분간 수출 지향 정책을 계속할 것이다. 미국은 2009년 2월 '미국 회복과 재투자법American Recovery and Reinvestment Act of 2009'을 시행하고 7,870억 달러의 막대한 돈을 풀었다. 사회간접자본 건설, 의료보험, 재생에너지 개발 등에 자금을 수혈하고 일반 가정에도 세금을 감면해 주었다. 미국의 경제 활성화 정책은 중국에 진출한 기업이 미국으로 되돌아가는 데 큰 역할을 했다. 그런데 많은 미국 기업이 모국으로 되돌아간 데는 미국의 투자 환경이 좋아진 것도 작용했지만, 중국의 환경이 상대적으로 나빠진 것도 큰 이유가 되었다. 임금 상승, 품질 하락, 미국과 비교해서 1/4수준에 불과한 노동생산성, 납기 지연, 유통 구조 문제 등이 중국에 진출한 기업들을 힘들게 했다. 보스턴컨설팅은 앞으로도 중국에 있는 미국 기업 중 15% 가량이 본국으로 돌아가고 싶어한다고 분석했다.[14]

셰일가스, 셰일오일 등의 개발에 힘입어 앞으로 10~15년은 미국 제조업이 강세를 띨 것으로 예측된다. 미국의 수출이 증가하면 중국의 수출은 악영향을 받는다.

내부 요인 4. 과잉 생산 추세 지속
한 나라의 경제가 빠르게 성장하는 시기에는 과잉 생산이 중요한 성장 동력이 된다. 중국도 마찬가지다. 중국 성장률의 중요한 축을 담당하고 있는 지방 정부의 성장률은 과잉 생산과 금융 거품에 일정 부분 의존하고 있다. 그러나 과잉 생산은 후폭풍이 만만치 않다. 중앙 정부는 (분양되지 않는) 아파트와 상업용 건물을 지어서라도 경제 성장률을 끌어올리는 지방을 가장 우선으로 지원하고 있다. 도시화를, 경제 성장률을 유지하고 내수 시장을 활성화하기 위한 중요한 전략으로 구사하고 있다. 그 결과로 아파트 한 동 정도가 아니라 도시 전체가 유령 도시처럼 비어있는 경우도 있다. 이 정책이 바뀌지 않으면 건설과 기타 개발 사업에서 과잉 생산과 거품 경제, 금융 부실은 지속될 것이다. 중국은 2013년 1월 스탠더드앤푸어스S&P가 꼽은 세계 1위의 과잉 투자 위험 국가다.[15]

중국은 2~3억 명 이상의 농민공들이 추가로 도시로 들어올 것이다. 중국의 도시화는 2030년까지 안정적으로 지속되어 도시화율 60% 대까지는 무난히 도달할 것이다. 그런데 문제는 도시 주택 수요가 계속 부족할 것이라는 점에 있다. 중국의 주택 가격은 이미 농촌을 떠나 도시에 정착해 있는 2억 6,900만 명의 농민공들이 구매하기에는 너무나도 높다. 이들의 월평균 급여는 2,600위안(한화 약 45만 원)이다.[16] 기존의 2억 6,900만 명의 농민공과 추가로 유입될 2~3억 명의 농민을 도시에 수용할 수 있는 해법은 도시 빈민률을 더 높이거나, 부동산의 거품을 제거해 가격을 낮추는 것뿐이다.

내부 요인 5. 중앙 및 지방 정부의 지속적인 재정 적자

정부 재정이 적자로 돌아서는 이유는 크게 두 가지다. 하나는 법인세와 자산 시장에 기반을 둔 세금 징수액이 줄어들 때다. 다른 하나는 고령화와 부의 불균형 분배로 정부의 복지 비용이 급격하게 증가할 때다. 두 가지가 동시에 일어나면 정부 부채는 눈덩이처럼 불어나고 경제위기가 발생한다. 2010년의 그리스가 그랬다. 중국은 두 가지 요인이 당장 발생하지는 않는다. 2010년 기준 중국 정부의 재정 적자는 GDP 대비 2% 정도(1조 500억 위안, 원화 170조 원 규모)다. 과잉 생산을 위해서다. 2%대의 재정 적자를 발생시켜 만든 과잉 생산과 금융 거품으로 7~8%대 경제 성장률의 한 축을 지탱하는 전략이다. 과잉 생산과 금융 거품을 걷어낸다면 중국의 실질 성장률은 4~5%일 것이다. 과잉 생산과 금융 거품이 발생하면 그만큼 금융위기의 가능성이 증가하지만, 중국 정부는 충분히 통제할 수 있다고 믿고 있다.

통상적으로 재정 적자 수준이 GDP 대비 4%를 넘으면 위험하다. 중국은 아직 이 수준은 아니다. 그러나 미래는 다를 것이다. 10년 후부터는 재정 적자가 위험 수준인 GDP 대비 4%를 넘게 만드는 문제가 엄습할 가능성이 크다. 2013년에 이미 60세 이상 인구가 2억 명을 넘었다. 현재 노령 인구가 전체 인구의 14.8%다.[17] 80세 이상 고령자는 2,300만 명으로 연평균 100만 명씩 증가하고 있다. 만성질병을 가진 노인 환자가 1억 명이다. 독거노인도 1억 명이다. 전체 노인의 절반 이상이 정부의 의료 지원과 생계 지원을 받아야 한다. 정부의 재정

중국 지방 정부 부채 증가 추이

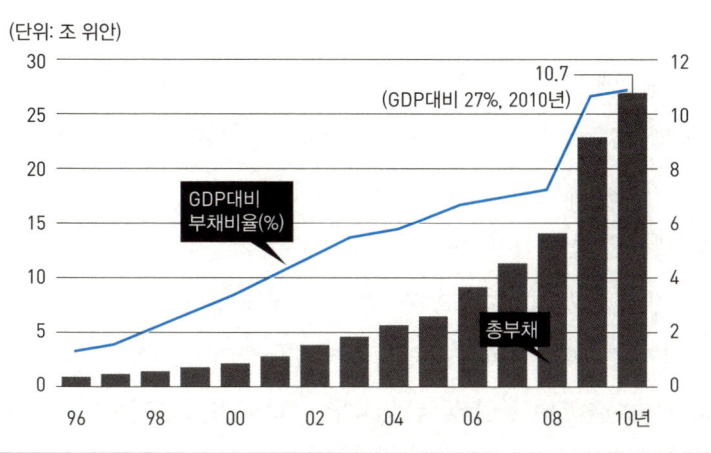

출처 : 중국 국가회계국, 〈China Journal〉, 2012년 6월호에서 재인용

부담이 커질 수밖에 없다. 2025년에는 60세 이상 노인이 3억 명을 넘을 것이다. 2030년이면 노인 인구 비율이 일본을 추월해 세계 1위가 될 것이다.[18]

내부 요인 6. 세계 2위의 부채 규모

정부 부채 규모가 GDP 대비 어느 정도일 때 금융위기가 발생하는지에 대해서는 전문가마다 의견이 다르다. 또한 내외부의 상황과 조건에 따라 다르기 때문에 정확하게 그 수치를 정하기는 어렵다. 하지만 대체로 GDP 대비 80%를 넘으면 위험 단계에 진입했다고 평가한다. GDP 대비 120%를 넘으면 위기가 터지는 것은 시간 문제로 본다.

2013년 6월 NAO National Audit Office[19]가 발표한 중국 정부 부채는 12.4조 위안, 지방 정부 부채는 17.9조 위안으로 총부채는 GDP 대비 53%인 30.3조 위안이었다.[20] 스탠다드차타드은행은 2013년 기준 지

방 정부의 부채만 최소 GDP 대비 40%인 3조 2천억 달러를 넘었다고 분석해 중국 정부의 발표와는 큰 차이를 보였다.[21] 파이낸셜 타임스FT 발표에 따르면 지난 2~3년 동안 중국 기업의 순수익 성장률은 제로였지만, 국가 부채는 GDP 대비 15% 증가했다.[22] 국가 부채는 양호한 수준이지만, 총 12조 1천억 달러에 달하는 기업 부채(2013년 기준), 개인 부채를 합친 총부채는 GDP 대비 250%에 달한다. 총부채 규모가 미국보다는 양호한 수준이지만, 부채의 상당 부분이 3년 만기 단기 부채다.[23] 부채의 총량도 문제지만 늘어나는 속도도 문제다. 2008년 이후 5년 동안 중국의 GDP은 82% 정도 증가했지만, 전체 부채는 3배 이상 증가했다. 이미 미국의 기업 부채 총량과 비슷한 수준에 이른 중국 기업의 현 부채 규모는 위험한 수준이다. 총량은 비슷하지만, GDP 대비 비율은 미국이 80%, 중국은 124%에 이른다. 규모뿐 아니라 증가세도 위험한 수준이다. 중국의 기업 부채는 중국 GDP 성장률보다 빠르게 증가하고 있다.[24]

내부 요인 7. 저출산, 고령화, 생산연령인구 감소, 베이비붐 세대 은퇴 시작
한 국가의 경제가 급격한 성장기를 지나 안정적인 성숙 단계에 들어가면 (시간의 차이는 있지만) 자연스럽게 저출산, 고령화, 생산연령인구 감소, 베이비붐 세대의 은퇴 등이 나타난다. 이런 현상들이 1인당 GDP 1~2만 달러에서 발생하느냐, 3~4만 달러에서 발생하느냐에 따라 그 이후의 전개는 매우 달라진다. 중국은 1인당 GDP 1~2만 달러에서 일어날 가능성이 크다. 선진국의 경제 성숙기에 나타나는 저출산, 고령화, 생산연령인구 감소, 베이비붐 세대의 은퇴 등 전형적 현상들이 중국에서는 벌써 시작되었다. 이런 현상이 발생하면 거시 경제 지표의 성장세가 둔화하고 잠재성장률이 하락한다. 이런 현상들이 발생하기 시작했는데도 거시 지표를 7~8% 성장의 높은 수준으로 유지하고 있다면 과잉 생산, 양적 완화, 거품 조장 등의 꼼수(?)를 동원했다고 봐도 된다.

중국 전체의 출산율을 정확히 집계하는 것은 어렵다. 대략 1.4~1.6명 수준으로 추정된다. 좀 더 정확한 집계가 가능한 베이징이나 상하이는 34년 만에 한 자녀 정책을 포기할 정도로 출산율이 낮아 0.7명이다. 2030년 이후에는 총인구가 감소한다. 중국사회과학원의 예측에 의하면 2028년이면 고령 인구가 미성년자보다 많아진다. 2036년이면 65세 이상이 20%를 차지하는 후기고령사회Post-aged Society 혹은 초고령사회가 된다. 이 시기 65세 이상 노인 인구는 3억 명을 넘어설 것이다. 55세 이상 은퇴자까지 합치면 5억 명에 이를 수

중국의 2050년 인구 피라미드

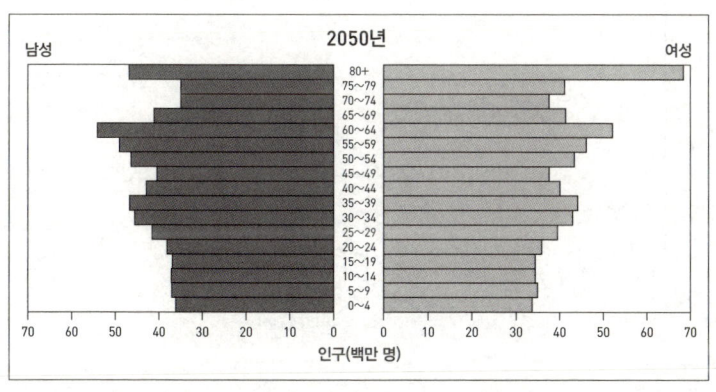

출처: u. s. Census Bureau, International Data Base.

있다. 중국은 2015년이면 18~65세 사이의 노동 인구 감소가 시작되고, 베이비붐 세대의 은퇴도 시작된다. 2035년이면 인구가 감소하기 시작해 2100년에는 5억 6천만 명으로 준다. 2035년에는 2010년에 비해 생산연령인구도 1억 8천만 명이나 감소한다. 2040년이면 인구의 절반이 50세 이상이 된다.

다음 그래프는 아시아 국가의 생산연령인구 Productive age population 비중 변화를 나타낸 것이다. 일본은 생산연령인구가 폭발적으로 증가했던 1960~1990년대 초까지 성장을 지속했다. 부동산 등 자산 가격도 상승했다. 내수 시장도 활력이 넘쳤다. 그러나 1990년대 중반부터 생산연령인구 비율이 급락하면서 잃어버린 20년을 맞았다. 인구 문제는 위기 탈출의 발목을 잡는 '늪'이다. 한국도 생산연령인구가 증가했던 1970년대 중반에서 2000년대 중반까지 높은 경제 성장률을 기

아시아 국가의 생산연령인구 비율

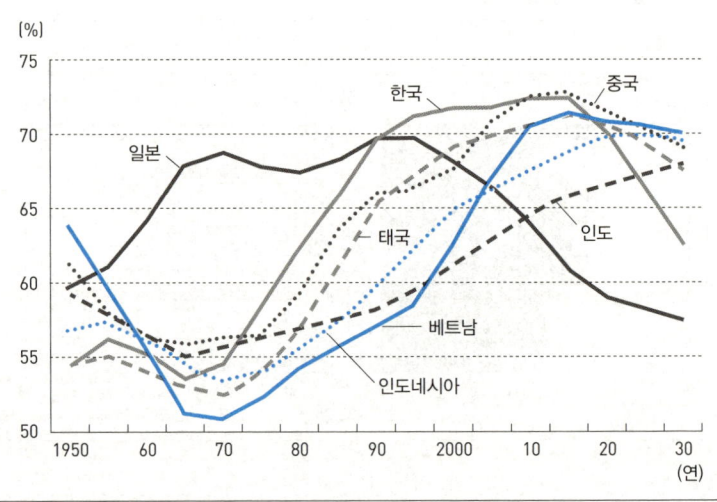

자료: United Nations, World Population Prospects : The 2010

록했다. 부동산 등 자산 가격도 계속 상승했다. 그러나 2015년경부터는 생산연령인구가 급격하게 감소 추세로 접어든다. 심지어 일본보다 곡선이 감소하는 기울기가 가파르다.

중국의 급격한 성장도 1970년대 중반부터 시작된 생산연령인구의 폭발적인 증가 추세와 맞물린다. 중국도 2015년부터 생산연령인구가 감소 추세로 돌아선다. 중국이 한국, 일본과 다른 점은 감소 추세의 기울기가 좀 더 완만하다는 것이다. 생산연령인구 감소가 주는 충격이 한국과 일본보다는 늦게 서서히 나타날 것임을 예측할 수 있다.

이제까지 필자가 분석한 자연적으로 발생하는 내부의 위기 요인 7가지는 중국의 성장에 제동을 거는 힘이다. 앞으로 중국의 미래를 예측할 때는 반드시 이 7가지의 힘을 변수로 넣어야 한다. 왜냐하면 7가지 힘이 거침없는 성장을 이끌었던 '증가형 강화 피드백 Reinforced Feedback'에 제동을 걸고 다른 방향으로 미래를 만드는 '균형 피드백 Balanced Feedback'으로 작동할 것이기 때문이다. 즉, 7가지 힘이 성장의 한계 요소로 작용한다는 말이다.

저출산, 고령화, 생산연령인구 감소, 베이비붐 세대의 은퇴, 정부 재정 적자 문제 등을 고려할 때 중국은 2020년 후부터는 지난 20~30년간의 추세와는 전혀 다른 대세 하락 국면이 시작될 가능성이 크다. 중국은 외환보유액이 4조 달러에 육박하고, 2011년 기준으로 100만 달러 이상 자산을 보유한 사람이 101만 명이며, 5,000만 달러 이상 자산을 보유한 초특급 부자도 5,400명이고,[25] 세계에서 가장 많은 초고층 빌딩을 보유하고 있으며, 세계 최대 내수 시장을 보유하고 있다. 그렇지만 성장을 제약하는 7가지 문제 역시 세계 최고 수준이다.

System Map

중국의 성장을 제약하는 7가지 요인들이 어떻게 경제 성장률 하락에 영향을 미치는지를 보여 주는 시스템 맵이다.

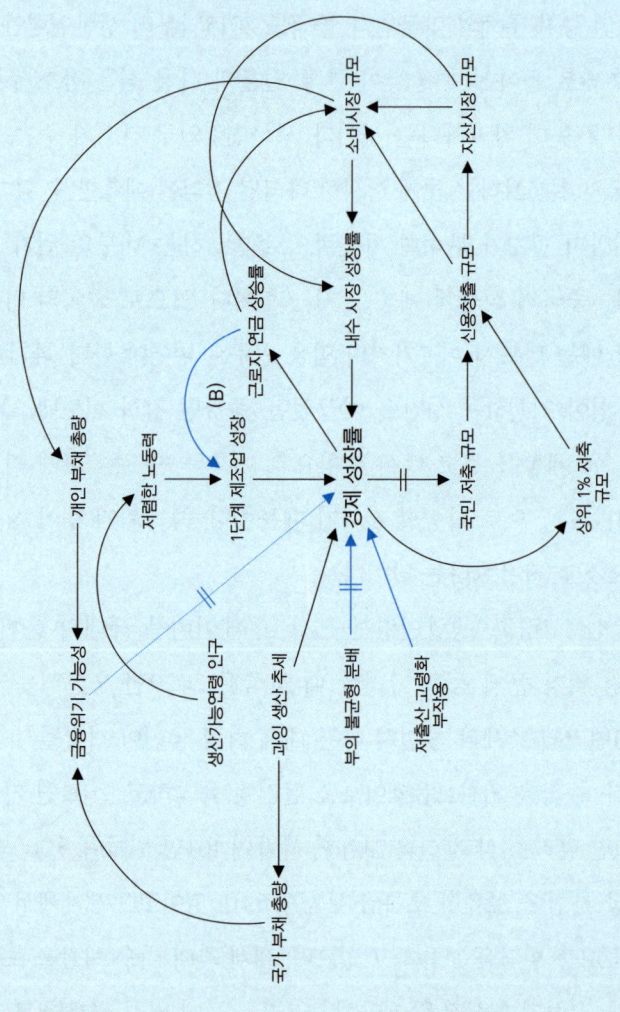

2020년경에는 성장률이 4~5%대로 하락하고, 2020~2025년경에는 부동산 가격이 대세 하락 추세로 전환되고, 기업 정부 금융권의 부채 위기 가능성이 커진다. 2030~2035년경에는 초고령화, 총인구 감소 등이 발생하면서 2~3%대로 성장률이 하락하고, 문제를 잘 관리하지 못할 경우 경제 쇠퇴기에 직면할 수도 있다.

중국 경제 붕괴의 도화선은 부동산 거품 붕괴다

경제나 사회의 붕괴에는 일시적 붕괴와 근본적 붕괴가 있다. 일시적 붕괴는 한두 가지 사건이 원인이 되어 일어난다. 이 경우 경제나 사회 시스템 자체는 아직 견고하기 때문에 심리적 충격이 해소되고 원인으로 작용했던 사건이 마무리되면 곧바로 회복된다. 그래서 일시적이다. 반면 국가 몰락까지 초래할 수 있는 근본적 붕괴는 경제나 사회의 기존 시스템이 성장의 한계나 지속가능성의 한계에 도달했을 때 발생한다. 그런데 근본적 붕괴를 초래하는 원인도 한두 가지 사건이다. 하지만 시스템 자체가 한계에 도달해서 발생하는 것이기에 요인으로 작용했던 사건이 해결되어도 붕괴가 멈추지 않는다는 점이 다르다. 최초로 작용했던 사건이 잇달아 다른 사건을 불러일으키며 붕괴의 도미노 현상이 일어난다.

근본적 붕괴가 시작되면 미래가 두 갈래로 나뉜다. 하나는 시스템이 완전히 붕괴해 경제나 사회가 몰락하는 길이다. 경제나 사회가 몰락 수준에 이르면 정치적 변화가 불가피해진다. 최악의 경우 국가가 몰락한다. 다른 길은 경제나 사회 시스템이 붕괴할 때, 정치권이 슬기롭게 사태를 수습해 붕괴 국면에서 새로운 시스템 구축의 긍정적인 에너지를 이끌어내는 것이다. 시스템 붕괴가 가져오는 실물 경제의 타격은 불가피하지만, 시스템 재창조에 성공하면 국가 몰락이라는 최악의 사태는 막을 수 있다. 나아가 시스템이 재가동되면 추가적인 성장까지도 기대할 수 있다.

　경제 충격이 요인이었던 소련의 붕괴는 정치권이 지리멸렬 하면서 국가 파산, 그리고 국가 몰락으로 끝이 났다. 1991년 부동산 거품 붕괴로 시작된 일본 경제 시스템의 붕괴는 국가 몰락(국가 파산)은 피했다. 새로운 경제 시스템으로 저성장을 선택했기 때문이다.[26] 중국도 곧 선택의 갈림길에 서게 된다. 이때 소련처럼 몰락할 것이냐 새로운 시스템 구축의 기회로 삼을 것이냐를 결정해야 한다. 그런데 이 선택을 강요하게 될 사건은 무엇일까? 공산당 독재에 대한 국민의 민주화 혁명은 아니다. 부의 불균형 분배에 따른 대규모 소요도, 1950년 무력으로 빼앗은 티베트의 독립운동도 아니다. 물론 이것들은 미래에 중국의 위기를 초래할 중요한 변수들이다. 그러나 단기적으로 중국의 몰락이냐 아니냐를 선택하게 강제할 핵심 요소는 아니다.

　단기적 미래 범주에서 중국의 능력을 시험대에 올릴 가능성이 가장 큰 사건은 '부동산 거품 붕괴'일 것이다. 부동산 거품 붕괴는 내수 경제에 큰 충격을 발생시켜 금융권, 기업, 개인의 대규모 구조조정을 불러온다. 이 사건을 잘 처리하지 못하면 민주주의 국가의 경우, 최악의 시나리오는 국가 워크아웃에 해당하는 IMF 구제금융 사태다. 그러나 독재 체제 국가에서는 정권 교체를 목적으로 하는 혁명이나 구소련처럼 국가 몰락으로 치닫는 도미노 현상이 발생할 수 있다. 중국은 자본주의가 작동하는 나라이지만 정치적으로는 공산당 독재 체제를 유지하고 있다. 중국 공산당의 통치력과 정치력을 변수로 넣어 예측해 보면 내일 당장 부동산 거품이 붕괴하더라도 소련처럼 국가 몰락 상황까지 이르지는 않을 것이다. 아직은 최악의 시나리오가 발생할 가능성이 매우 낮기 때문에 부동산 거품 붕괴가 발생하더라도 일시적인 경제 붕괴로 사태가 마무리될 가능성이 크다.

중국에서 최악의 시나리오가 발생하려면 부의 불균형 분배가 좀 더 커져야 하고, 관료들의 부정부패가 더 드러나야 한다. 민주주의에 대한 열망이 좀 더 높아져야 하고 중국 공산당의 통치 능력에 좀 더 틈이 벌어져야 한다. 시장 자유화가 더 커져야 하고 금융 개방이 더 필요하며 미국의 대 중국 경제 공격이 본격화되어야 한다.[27]

중국의 부동산 거품 붕괴 사태는 피할 수 없는 미래다. 중국에서 부동산 거품 붕괴가 발생하는 것은 확실성의 영역에 속한다. 부동산 거품 붕괴가 불확실하다고 전제하면 미래에 대해 잘못된 판단을 내리게 된다. 다음과 같은 불확실성 영역의 문제에 따라 미래는 달라질 것이다. "언제 터질 것인가, 어느 정도의 규모로 터질 것인가, 세계 경제에 큰 충격을 주는 경착륙인가 아니면 중국 내수 경제에만 영향을 주는 연착륙인가?"

대규모 부동산 거품 붕괴 사태는 빠르면 2~3년 후, 늦어도 5~6년 안에 일어날 가능성이 크다. 중국 스스로 거품을 걷어내든지 상황에 의해 어쩔 수 없이 거품이 붕괴하든지 상관없이, 미국과 유럽, 아시아 전체의 상황을 고려할 때 2020년 이전에 부동산 거품 붕괴 문제를 해결해야 한다. 물론 중국은 부동산 거품이 붕괴하더라도 소련과 달리, 일시적인 경제 붕괴 수준에서 사태를 수습하고, 정치적 변화로까지는 가지 않고, 새로운 경제 및 사회 시스템 구축의 기회로 삼을 가능성이 훨씬 더 크다. 중국 경제는 짧게는 3~4년, 길면 6~7년 정도 경기 침체를 거쳐야 한다. 2020년까지 중국 경제를 예측할 때는 이 변수를 반드시 고려해야 한다. 즉, 2020년까지는 중국 경제가 지난 20~30년처럼 거침없이 성장할 것으로 보아서는 안 된다. 주춤거리고 허둥지둥할 가능성을 반드시 고려해야 한다.

중국 부동산 시장의 현 상황을 분석해 보자. 중국 부동산 시장을 분석하기 위해서는 중국 경제의 근간을 형성하는 기업의 상황을 먼저 분석해야 한다. 이들이 부동산 개발과 투기의 중심에 서 있기 때문이다. 현재 중국은 제조업체를 비롯한 많은 기업의 경영 상황이 좋지 않다. 특히 민영기업의 상황이 좋지 않다. 광둥성 자료에 의하면 주강삼각주 민영기업의 72%가 적자다.[28] 이들이 현 위기를 극복하기 위해서는 1단계 제조업에서 2단계 제조업으로 전환해야 한다. 일부 기업은 저임금을 바탕으로 물건을 조립해 세계 시장의 공장 역할을 하던 제조업의 1단계 수준에서 벗어나 중간재 시장(2단계 제조업)으로 전환하는 데 성공해서 한국을 위협할 정도로 성장하고 있다.

하지만 대부분의 기업은 이런 전환에 최소 5~10년 이상의 시간이 더 필요하다. 관 주도의 경제 정책을 사용하고 있기 때문에 중국 기업이나 제조업 전체가 위기를 맞아 주저앉을 가능성은 적다. 2008년까지 중국은 자본주의를 받아들이면서 민간 주도 시장경제로 서서히 전환하고 있었다. 그러나 2008년 글로벌 위기 이후 중국 정부는 위기 탈출을 위해 관 주도를 강화하는 쪽으로 정책을 선회했다. 현재 상위 55개 기업 중 40개가 국유기업이다. 중국 기업의 60%는 공산당이 실제적인 소유주다. 그리고 정경유착 및 관치금융이 성행하고 있다. 4조 달러에 가까운 외환보유액을 앞세워 환율에 개입하고 글로벌 기업을 사들이고 있다. 상당수 기업은 음으로 양으로 지원하는 중국 정부의 이런 노력에 기대어 회생할 것이다. 문제는 위기를 탈출하는 데 걸리는 5~10년 정도의 시간이다. 중국 정부가 도와주더라도 그 시간 동안 자체적으로 버틸 수 있는 능력이 필수적이다.

세계 경제의 회복이 더디고 임금은 올라가고 수익률은 하락하는 상황에서 무엇으로 버틸 수 있을까? 답은 하나다. 정경유착을 강화하고 부채 차입을 늘리고 부동산 투기를 통해 생존을 모색하는 것이다. 생산 활동을 통해 돈을 버는 소득효과보다는 투자로 돈을 버는 자산효과에 집중하는 것이다. 당분간 중국 기업은 상품을 팔아 성장을 시도하기보다 부동산 투기에 뛰어들어 지속가능성을 높이거나 부를 축적하는 전략을 강화할 것이다. 우리나라 재벌이 너나없이 자신의 본업과는 상관없는 건설업에 뛰어든 이유와 비슷하다.

중국의 건설업체, 부동산 개발업체 숫자는 한국의 10배가 넘는다. 중국에서 돈을 버는 가장 빠른 방법은 제조업이 아니라 부동산 개발이라는 것은 누구나 아는 사실이다. 관료들과의 유착을 통해 싼값에 땅을 분양받아 개발해서 비싼 가격으로 분양해 막대한 이득을 챙길 수 있기 때문에 부동산 개발과 투기 유혹을 벗어나기는 힘들다. 중국 정부도 부동산 개발이 GDP 성장률 8%를 유지하는 데 큰 기여를 하고 있기에 과열상황을 강제로 식히기 어렵다. 오히려 적당히 부추기는 것이 낫다고 판단하고 있는 듯하다. 오늘 당장 거품 붕괴가 발생해도 전혀 이상할 것이 없는 중국 부동산 시장이 아슬아슬하게 버티는 데는 정부의 이런 작용이 있다.

그러나 빠르면 2~3년 후, 늦어도 5~6년 안에 이 전략은 한계에 봉착할 것이다. 이미 곳곳에서 중국의 부동산 거품이 꺼지기 시작하는 신호가 나오고 있다. 한때 부자 도시로 부러움을 샀던 3, 4선 도시(인구 150~300만 명의 도시) 중 하나인 네이멍구 자치구에 있는 어얼

뒤쓰 시는 부동산 가격이 2012년 1㎡당 1만 위안(170만 원)이었는데 2014년에는 2,000위안(33만 원)으로 폭락했다.[29] 2년 만에 5분의 1로 폭락한 것이다. 이렇게 부동산 거품이 꺼지자 지역은행의 부실 대출 규모가 증가하고 지방 정부가 재정난을 맞는 등의 후폭풍이 일어나고 있다.

1, 2선 도시들에서는 아직도 부동산 투기가 성행 중이긴 하지만 상황이 예전 같지는 않다. 지난 몇 년 동안 주택 거래가 가장 활발했던 노동절 연휴 기간인 5월 1~4일 기간에 중국의 54개 성시 城市의 부동산 거래량은 전년(2013년) 대비 32.5%나 감소했다. 처음 있는 일이다. 비싼 지역은 훨씬 더 줄었다. 베이징은 전년 대비 78.9%가 줄었고 항저우는 73.1% 선전은 63.2%가 감소했다.[30] 1선 도시에서 (아직도 가격이 높은 수준이지만) 가격 하락도 시작되었다. 중국 정부의 부정부패

중국 연간 주택 재고 추이

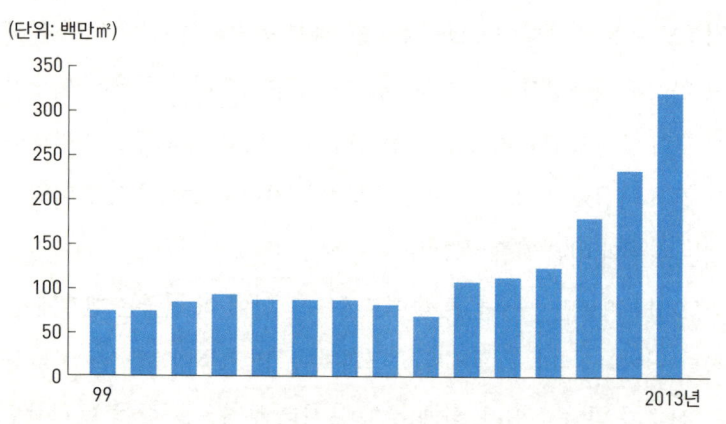

출처 : 중국경제데이터베이스, 〈서울경제〉, '중국 부동산 거품붕괴 이미 시작됐다', 2014년 5월 6일자 기사에서 재인용

척결 의지에 겁을 먹은 부자들이 급매물을 내놓은 것도 하나의 이유다. 그러나 근본적으로 비싼 지역은 이미 가격이 꼭짓점에 도달했기 때문에 베이징의 신규 주택 가격 상승률도 매달 낮아지고 수익률도 줄기 시작했다. 그러자 부동산 개발회사의 부도가 시작되었다. 한두 회사로 그치지 않고 부도 도미노 조짐도 보인다. 불패신화를 자랑하던 부동산 프로젝트 분야에서 실패 사례가 나오기 시작했다.[31] 연간 주택 재고 추이도 급격히 상승하고 있다. 2010년부터 주택 공급 과잉이 눈에 띄게 심각해졌다.

공급 과잉이 커져도 중국 정부는 은행의 지급준비율을 0.5% 낮추어 돈을 더 풀고 은행 부실을 숨기는 미봉책만 구사했다. 근본적 대책인 공급량 줄이기는 하지 않았다. 왜 그랬을까? 시진핑 정권이 들어서면서 중국은 경제의 부실과 거품을 인지하고 과감하게 구조조정하려고 했다. 리커창 총리가 밀어붙인 일명 '리코노믹스'가 그것이다. 경기 부양책을 축소하고 금융권의 부채 축소를 선제적으로 실시하며, 강도 높은 구조조정을 시행하는 것이 골자였다. 그 결과 2014년 1분기 성장률이 기대치 7.5%에 미치지 못하는 7.4%를 기록했다. 7.4% 성장률은 18개월 만에 최저치였다. 부진한 제조업도 탈출구가 보이지 않고 전망도 밝지 않았다. 일부에서 개혁 추진이 소비 침체로 이어져 중국의 성장에 큰 타격을 줄 수 있다는 우려가 쏟아졌다. 개혁과 부패척결이 추진되자 그림자 금융은 더 늘어났다. 부자들은 서둘러 부동산을 팔고 고급 소비재 구매를 줄이면서 몸을 사렸다. 정경유착, 관치금융, 관료부패 등이 중국 전역에서 만연했기 때문에 전국적인 소비 침체 현상이 발생했다. 소비 침체가 지속되자 기업의 위기가 발생했다. 소비와 투자가 줄자 성장률도 낮아지기 시작했다.

이렇게 성장률이 낮아지면 신용 거품이 붕괴할 가능성이 커진다. 경기 침체는 중국 공산당이 가장 무서워하는 상황이다. 개혁하지 않으면 부의 불균형 분배와 부패 문제를 해결할 수 없고, 개혁하자니 소비 침체라는 문제가 발생한다. 개혁의 칼을 빼 들었다가 진퇴양난에 빠졌다. 결국, 추가적인 경기 둔화가 두려웠던 중국 정부는 2014년 4월부터 슬그머니 세금 감면과 금융권의 지급준비율 인하를 통한 추가 유동성 공급, 건설 경기 부양책 등을 내놓고 있다. 강력한 개혁 정책과 구조조정 방침에서 한 발 후퇴한 것이다. 470만 채의 판자촌을 신형 주택으로 개조하기 시작했고, 2014년 한 해만 6,300억 위안 규모를 투자하는 철도 건설 계획을 승인했고, SOC와 에너지 시설에 대한 대규모 민간 투자를 개방하고, 120만 개 중소기업들에게 소득세 절반을 감면해 주었다.[32] 2008년 이후 원자바오 총리가 4조 위안을 퍼부어 중국 경제의 침몰을 막았던 정책으로 되돌아간 셈이다.

　중국 공산당에게 경제 성장률은 생명줄이다. 경쟁 성장률은 수많은 불만을 잠재우는 최고의 카드다. 그러나 세계 경제의 침체로 인한 수출 부진, 8%대마저 무너진 경제성장률의 하락, 부의 불균형 분배 등이 민심의 동요를 만들어 내고 있다. 단기적으로 이런 동요를 막을 수 있는 부동산 거품 촉진 정책은 피할 수 없는 유혹이다. 부동산 투기는 빠른 시간에 광범위한 거품을 만들어냄으로써 일시적으로 많은 국민에게 "부자가 되고 있다"는 환상과 "부자가 될 수 있다"는 신기루를 만들어줄 수 있다. 또한 짧은 시간에 지배권력층의 부를 극대화하는 좋은 수단이기도 하다.

　이런 상황에서 중국 정부가 문제를 해결하는 길은 무엇일까? 한 가지가 있다. 구조조정을 늦추고 과잉 생산을 유지하며 돈을 계속 풀어서 경제 성장률을 부동산 거품과 부채의 위험도를 넘어서는 수준으로 끌어 올리는 것이다. 중국 공산당은 이 전략이 성공할 것으로 확신하는 것 같다. 이 전략이 성공하면 실질 GDP 규모가 10~20년 이내에 미국을 추월하는 부수적 효과도 얻을 것으로 기대하고 있는 것 같다.

과연 이 전략이 성공할 수 있을까? 세계적 정보망을 가진 투자자들이 이 상황을 모를 리 없다. 뉴욕 주식시장에서 중국 부동산 업체의 인기가 시들해지기 시작했다. 월스트리트저널WSJ은 노무라증권의 분석 자료를 인용해 중국 부동산 거품 붕괴가 초읽기에 들어갔다고 보도했다. 노무라증권은 중국 부동산 시장 투자 규모가 감소 추세에 들어선 것으로 분석하고 있다. 실제로 지난 1/4분기 중국의 26개 성 중 4개 성에서 부동산 투자 규모가 감소했다. 노무라증권은 중국 부동산 시장은 국내총생산GDP의 16~25%를 차지하고 있다고 분석하면서 부동산 거품 붕괴가 시작되면 경제성장률도 중국 정부의 목표치를 밑돌 것으로 예측했다.[33] 최근 중국의 국내총생산 성장률이 하락 추세로 돌아선 원인은 세계 경제 침체뿐만 아니라 낮은 임금을 기반으로 한 중국의 노동집약적 제조업이 성장의 한계에 부딪혔다는 점과 함께, 부동산과 건설을 중심으로 한 과잉 생산 규모가 줄어들고 있는 것이 큰 이유다. 만약 중국의 부동산 거품 붕괴가 시작된다면 7~8%의 경제성장률은 기대할 수 없다.

월스트리트의 평가만이 아니다. 세계 20대 부자로 자산 310억 달러를 보유한 중국의 최고 부자 중 한 명인 리카싱 청쿵그룹 회장도 2013년 8월부터 자신과 일가친척이 소유한 부동산을 팔기 시작했다. 2013년 말까지 처분한 부동산이 410억 홍콩달러(약 328억 위안,

5조 3천억 원) 규모다.[34] 그가 소유했던 잉커중신 건물은 30%나 할인해 급매했다. 중국 부동산 시장의 미래가 밝고 고공행진을 계속할 것이라면 최고의 부자가 이렇게 행동했을까? 부동산 거품을 더 지속하면 그림자 금융(신탁금융)의 규모는 더 커지고, 은행의 부실 대출 규모도 커진다. 중국의 그림자 금융은 2010년 2조 5천억 위안에서 2014년 3월 11조 7천억 위안으로 4년 동안 4배 급증했다. 중국공상은행은 그림자 금융의 규모를 최대 20조 위안(약 3,250조 원, 중국 GDP의 약 30%)으로 추산했다.[35] 일부에서는 GDP의 최대 40%를 넘었을 것이라 분석하기도 한다.[36]

전문가들이 중국의 그림자 금융이 가져 올 최악의 시나리오를 점검하기 시작했다. 중국의 부동산 거품 붕괴 자체는 중국과 세계 경제에 최악의 시나리오가 아니다. 핵심 변수는 중국의 그림자 금융이 지금보다 더 커지느냐다. 이것에 따라 부동산 거품 붕괴에 따른 충격의 크기가 달라진다. 전문가들이 염려하는 최악의 시나리오는 그림자 금융 규모가 지금보다 더 커지고 정부가 통제에 실패하면서, 중국 경제가 마이너스 성장률을 기록함으로써 세계 경제에 큰 타격을 주는 것이다. 중국은 부동산 거품 붕괴를 피할 수 없다. 피할 수 있는 것은 부동산 거품 붕괴의 여파가 최악으로 치닫지 않게 하는 것뿐이다.

최악의 시나리오를 좀 더 살펴보자.[37] 그림자 금융의 규모가 지금보다 더 커진 상태에서 중국 정부가 금융과 경제에 대한 통제력을 상실한다. 이런 최악의 상황에서 부동산 거품 붕괴가 발생하면서 제3금융권이 붕괴하고, 이는 다시 그림자 금융 상품을 만들어 낸 제2금융권에 타격을 준다. 상황이 여기까지 전개되면 제1금융권도 부실을 피할 수 없다. 그러면 금융권은 부실을 해결하기 위해 대출을 축소하고 우량자산을 매각해 BIS 기준을 맞추어야 한다. 금융권의 이런 생존 노력의 부작용으로 기업과 가계는 유동성 위기에 빠지고 신용경색 상황을 겪게 된다. 금융권과 기업은 구조조정을 단행할 수밖에 없게 되므로 실업자가 크게 늘어나고 거의 모든 투자가 멈춘다. 내수 시장은 긴 침체에 빠지고 이는 다시 경제 전반에 충격을 준다. 이런 상황이 다시 부동산 거품 붕괴의 속도를 높이고, 그림자 금융의 연쇄 부도라는 악순환을 촉진한다. 이런 악순환이 길어지면 중국 경제는 마이너스 성장률을 기록하게 되고, 자산 시장이 붕괴하여 중국에 투자한 미국과 유럽 자본도 심각한 타격을 입으면서 전 세계로 위기가 급속하게 전이된다.

월스트리트저널은 2014년 5월부터 연말까지 만기 도래하는 중국의 신탁상품 액수를 4,200억 달러(2조 6,264억 위안, 424조 원) 정도라고 추산했다.[38] 현재로서는 대규모 채무불이행 사태가 일어날 가능성은 매우 낮지만, 그림자 금융의 규모가 중국 금융시스템에 큰 부담으로 작용할 가능성이 크다. 금융시스템이 안게 될 이런 부담은 중국 공산당이 부동산 거품 붕괴에 대응할 수 있는 정책의 운용 폭을 좁힌다. 중국의 부동산 가격은 오랫동안 상승해 왔다. 그 동안 몇 번의 부동산 거품 붕괴 위기가 있었지만, 그때마다 중국 정부의 지혜로운 대응으로 경제 충격이 크지 않았다는 평가도 있다. 그런데 이런 분석은 잘 따져 봐야 한다. 과거의 부동산 거품들은 중국 같은 공산당 독재 체제에서는 큰 충격을 주지 않게 관리할 수 있는 소규모였다. 소규모 붕괴나 침체가 있어도 세계 경제에는 큰 영향을 주지 않았기에 넘어갈 수 있었다. 그러나 앞으로 밀이질 거품 붕괴는 이전과는 차원과 규모가 다르다. 영향력도 심리적 충격도 다르다. 세계 경제와의 연관성도 다르다.

중국 공기업 영업이익, 제조업 구매관리자지수PMI, 소비자물가지수CPI가 2014년 1분기부터 소폭 반등했다는 긍정적 신호가 나왔다.[39] 하지만 이 지표들의 상승은 '리코노믹스'의 후퇴와 중국 정부의 의도적인 위안화 하락 정책 덕분에 나온 것이다. 중국은 수출 기업의 매출과 이익을 높이기 위해 2012년 말 이후 최저 수준까지 위안화 가치를 하락시켰다.[40] 현 상황에서 기업이 넘어가면 그들이 보유한 부동산 자산의 가격도 폭락한다. 부동산 시장을 떠받치기 위해서는 기업을 생존시켜야 한다.

모든 정책에는 득과 실이 있다. 기업과 수출을 살리기 위한 위안화 약세 정책은 달러 부채가 높은 항공회사나 부동산 개발회사에 타격을 준다. 크레디트스위스CS는 중국 부동산 개발업체가 발행한 채권의 90%가 달러 채권이어서 위안화가 5~15% 평가절하 되면 수익은 75% 감소한다고 분석했다.[41] 당장은 문제가 없지만, 달러 채권 만기가 돌아올 때 큰 부담으로 작용할 가능성이 있다. 위안화 변동성이 커지면서 파생상품과 환차손 위험도 커지고 있다. 위안화 변동성이 높아지면 환헤지를 걸어 놓은 중국 기업도 불안에 빠진다. 중국판 키코KIKO[42] 사태가 발생할 수 있다. 위안화 약세 정책은 미국과 유럽의 심기도 불편하게 한다. 위안화 약세는 주변국과 신흥국의 통화 약세를 불러와 미국의 무역수지 적자를 늘리는 빌미로 작용할 수 있기 때문이다. 가뜩이나 수출을 늘리고 무역적자를 줄이려는 미국을 자극해 미국발 환율 전쟁을 불러올 수 있다. 환율 전쟁이 일어나면 중국 금융시스템의 부담이 커지면서 부동산 거품 붕괴를 촉진하는 요인으로 작동할 수 있다.

주목해야 할 위험 요소가 더 있다. 중국은 지난 2010년부터 몇 가지 지표에서 급등세가 나타났다. 지난 4년 동안 그림자 금융 규모가 4배 상승했고 주택 재고도 크게 증가했다. 지방 정부의 부채 증가율도 2009년부터 급등했다. 이런 급등 상황은 반드시 눈여겨보아야 하며 시스템적으로 해석해야 한다. 이런 것들은 중국 정부가 기업과 부동산 시장을 필사적으로 살리는 과정에서 만들어진 결과들이다. 중국 관료나 기업인들은 부채를 과도하게 끌어 쓰는 것에 대해 큰 위험성을 느끼지 않는다. 자본주의가 본래 신용(부채)을 창조해 경제를 성장시키는 시스템이긴 하지만, 중국 정부나 기업이 부채에 대해 좀 더 관용적이고 대담한 태도를 보이는 것에는 문화적 영향도 크다.

장사하는 중국인들은 순자(荀子)에 나오는 '췬즈성페이이예 산자위우예(君子生非異也, 善假於物也)'라는 말을 가장 좋아한다. 이 말은 '군자란 태어날 때부터 특별한 게 아니라 사물을 잘 이용하는 것이 다르다'는 뜻이다. 장사하려면 자기 돈으로 자본금을 대는 사람보다 남의 돈을 빌려서 부채 경영을 하거나 심지어 남의 아이디어나 힘을 끌어다 자기 것으로 만들어야 한다는 교훈을 담고 있다. 중국에서 실제 남의 닭을 빌려 계란 장사를 하면서 밑천을 만든 사례가 비일비재하다. 물론 유교적 생각이 강한 베이징이나 산둥성 허난성 일부 사람들은 이를 민폐라고 여기기도 하지만, 대부분 중국인은 이를 훌륭한 장사 수완으로 생각한다.[43] 이렇듯 중국 정부나 기업인들이 위험한 수준까지 부채 규모를 키우고 전국적 투기 분위기를 별로 대수롭지 않게 여기는 데에는 이런 문화도 한몫 거든다. 중국 정부나 중국 전문가들의 자국 부동산 거품 상황에 대한 긍정적인 해석에 대해서는 이런 문화적 특성을 한 껍질 벗겨내고 받아들여야 한다.

호황기 때는 상식이 먹히지 않지만, 불황기 때는 상식적으로 생각하고 판단하는 것이 중요하다. 기회가 넘치는 호황기에는 상식으로 해석 불가능한 경제 현상들이 자주 일어난다. 무모해 보이는 투자가 커다란 결실을 낳기도 한다. 그러나 위기의 때는 거품이 걷히고 상식으로 해석 가능한 수준으로 경제가 되돌아간다. 지난 20~30년 동안 중국의 경제와 부동산 시장은 상식만으로 해석하기 어려운 기회의 시기였다. 그러나 앞으로는 상식에 따라 해석할수록 현명한 판단을 내릴 수 있는 시기가 될 것이다. 중국 정부가 지금이라도 은행의 구조조정과 부동산 거품을 걷어내는 정책을 편다면 대규모 경제위기는 당분간 발생하지 않을 것이다. 그러나 이런 상황을 무시하고 몇 년 더 부동산 거품을 지속시키면 대처할 수 있는 능력의 한계를 넘어서는 상태에서 거품 붕괴가 시작될 수 있다. 이것이 앞으로 5~10년 동안 중국의 미래를 결정할 중요한 모니터링 지표다.

거품은 미국, 영국, 독일, 일본도 통제하지 못했다. 물론 중국이 이들 나라보다 정치력과 경제 운영 능력이 좋아서 역사상 최초로 거품을 성공적으로 통제한 나라로 기록될 것을 기대할 수도 있다. 중국 곳곳에서 엄청난 돈이 유통되고, 세계 최고 수준의 마천루가 건설되고, 1~2천만 명이 사는 매머드 도시들이 건설되고, 몇몇 도시는 뉴욕과 런던만큼 잘 살기에 중국은 다르다고 생각할 수 있다. 그런데 상식의 잣대로 보면 지금 발전하고 있는 중국의 대도시들은 2008년 세계적 부동산 거품 붕괴 직전과 아주 비슷하다. 세계가 열광했던 두바이 신화를 돌아보자. 아무것도 없는 사막 위에 세계 최고의 도시를 건설한 두바이의 신화를 보기 위해 전 세계 순례자들이 몰려들었다. 진정 위대한 인간의 창조적 능력의 표상으로 칭송받았다. 그런 두바이가 부동산 거품 붕괴와 함께 많은 사람의 뇌리에서 사라지는 데는 그리 오랜 시간이 걸리지 않았다. 물론, 두바이는 위기를 겪은 이후에도 도시가 발전하고 있고 부가 늘어나고 있다. 하지만 예전처럼 두바이를 숭배하는 사람들은 없다. 그저 투자한 만큼, 노력한 만큼 성장하는 상식적인 수준의 발전이기 때문이다.

중국의 부동산 거품 붕괴를 압박하는 외부 요인들

지금까지 설명한 내부에서 자연적으로 발생하는 요인은 중국의 경제위기와 부동산 거품 붕괴를 압박하는 첫 번째 요소다. 그런데 요즘처럼 전 세계가 하나의 거대한 틀로 묶인 세계에서는 한 나라의 경제 운용이 자신만 잘해서 되지 않는다. 외부에서 발생하는 요인도 큰 영향을 미친다. 만약 2~3년 안에 외부에서 '인위적으로' 발생하는 요인이 중국을 압박한다면 중국은 경제 운용에 더 큰 차질을 빚을 것이다. 중국의 경제위기와 부동산 거품 붕괴를 압박하는 외부 요인들로는 어떤 것들이 있을까?

가장 먼저 생각할 수 있는 것은 유럽의 더딘 회복 속도다. 유럽은 앞으로 2년 정도는 더 침체기를 겪을 가능성이 크다. 그 후에도 완벽한 회복 국면으로 들어서기까지 2~3년은 더 필요하다. 두 번째로 생각할 수 있는 것은 신흥국과 주변 아시아 국가의 경제 상황이다. 미국의 양적 완화 정책의 축소, 중지에 따른 영향을 직접 받는 신흥국의 위기는 직접 중국에 타격을 주지는 않겠지만, 중국의 경제 회복 속도를 늦추는 역할을 한다. 세 번째로 생각할 수 있는 것은 미국의 금리 인상이다. 미국은 빠르면 2015년, 늦어도 2017년에는 기준 금리를 인상할 것이다. 기준 금리 인상 폭은 단기적으로는 2~3%, 3~4년에 걸쳐서는 4~5%까지 올릴 가능성이 크다. 최악의 경우 8~10%까지 올릴 수 있다.(80년대 초에 폴 볼커 미국 연준 의장은 인플레이션을 잡기 위해 기준금리를 15%까지 높였다) 미국의 금리 인상은 중국의 경제 운용 정책을 어렵게 만들 힘이다. GDP의 40%를 넘는 그림자 금융과 기업 부채에 압박이 가해질 것이다. 이는 부동산 거품 붕괴를 촉진하는 가장 강력한 외부 요인이다.

네 번째로 생각할 수 있는 것은 현재 환율 개입을 통해 중국 수출 기업의 활로를 열어 주고 있는 중국 정부의 환율 정책에 대해 미국이 압력을 행사하는 경우다. 미국은 경제 회복을 위해 최소 5~6년은 더 수출 지향 정책을 구사해야 한다. 유럽도 1~2년 후부터는 본격적인 회복을 위해 노력할 것이다. 당연히 수출에 드라이브를 걸 것이다. 미국과 유럽의 수출 확대 정책이 효과를 보려면 중국의 위안화 절상이 필수적이다. 미국과 유럽은 글로벌 무역 수지 불균형이라는 명분과 환율 조작국 지정이라는 압박 카드를 앞세워 위안화 절상 압력을 가할 것이다. 위안화 절상으로 중국의 기업이 압박을 받으면 받을수록 금융 부담은 더 커진다. 금융 부담이 커질수록 부채 축소 압력도 강화된다. 부채 축소 압력에 직면한 기업들이 생존을 위해 구조조정의 강도를 높이면 농민공의 고용과 근로자 임금에 문제가 발생한다. 이 문제를 해결하기 위해 중국 정부는 더 많은 돈을 풀어 내수 시장을 유지해야 한다. 이렇게 되면 자산 거품은 더 커지게 된다.

다섯 번째로 글로벌 자본의 금융 공격이 시작된다면 중국은 벼랑 끝에 몰리게 된다. 글로벌 금융 자본은 경제가 일정한 박스권 안에서 오르락내리락하는 미지근한 상태를 가장 싫어한다. 크게 잃을 상황도 아니지만, 큰돈을 벌 기회도 아니기 때문이다. 글로벌 자본은 금융과 자산 시장이 급등하거나 급락하는 상황을 가장 좋아한다. 급등이 예측되면 오르는 쪽으로 베팅하고 급락이 예측되면 급락을 부추기면서 폭락하는 쪽으로 베팅하면 된다. 오르든 내리든 방향성이 분명할 때 큰돈을 벌 수 있다. 지금까지 중국 경제에 대해 오르는 쪽에 베팅해서 큰돈을 벌 수 있었다. 이제부터는 언제 크게 내릴지를 놓고 베팅 타이밍을 저울질할 것이다. 그들은 중국 경제와 부동산 가격이 큰 폭의 조정 없이 계속해서 오를 것으로 생각하지 않는다. 글로벌 투기 자본은 중국에서 거주하기 위해 비싼 아파트를 산 것이 아니다. 시민권을 얻어 중국 사람이 되어 경제 활동을 할 목적으로 상업용 부동산을 산 것도 아니다. 주거용 부동산이든 상업용 부동산이든 투자 수익률이 최고가 되면 처분하는 것이 그들의 유일한 목적이다.

2020년 이후, 일본의 뜻밖의 사태를 경계하라

아베노믹스를 실시하고 있는 일본의 미래는 어떻게 될까?(자세한 것은 전작 '2030 대담한 미래' 참조) 아베노믹스의 성패는 일본의 미래 운명을 결정하는 매우 중요한 힘이다. 아베 정권은 자체적으로 1, 2단계는 성공한 것으로 평가한다. 1단계에 대해 노벨경제학상 수상자인 프린스턴대학교 폴 크루그먼 교수도 "아베노믹스는 결과적으로 정답이었다"고 평가했다.[44] 2008년 소니의 영업이익이 전년동기 대비 5.8배 증가했고, 샤프도 영업 흑자로 전환되는 등 대부분 전기·전자 업체의 이익이 증가했다. 대형 은행과 증권사도 실적이 개선되었고, 자동차 업계도 세계 경제 충격의 파고에서 벗어난 듯하다. 2014년 5월 현재, 아베 정권은 마지막 3단계 정책을 펼치기 시작했다. 법인세 대폭 인하와 외국으로 나간 기업의 리쇼어링Reshoring 유도, 강력한 구조조정

시행과 외국 인력 유치에 사활을 걸고 있다. 일명, 아베노믹스의 '세 번째 화살'이다. 첫 번째 화살은 양적 완화와 엔저 전략이었고, 두 번째 화살은 재정 지출 확대와 소비세 인상이었다. 이런 일련의 정책으로 기업의 경쟁력과 수익률이 높아졌다. 아베 정권은 이 기세를 놓치지 않고 법인세를 낮추어 기업 경쟁력을 더욱 끌어 올리려고 한다. 마지막 승부수다. 현재 35%에 달하는 법인세를 20%대로 떨어뜨릴 계획이다. 법인세를 낮추면 투자 확대를 유도할 수 있고, 기업의 원가 경쟁력을 추가로 확보할 수 있다. 아베 정권은 농업 개혁도 서두르고 있다. 기업이 농업법인을 100% 출자로 설립하게 허용해서 글로벌 경쟁력을 확보하겠다는 심산이다.

현재 일본 정부는 1,000조 엔이 넘는 재정적자를 기록하고 있다. 약 90조 엔의 정부 예산 중 20조엔 정도를 국채 비용으로 사용해야 국가 파산을 면할 수 있다. 일본 경제가 회복될 경우에도 부작용을 걱정해야 한다. 주가가 상승하고 장기 금리가 상승하면 은행과 투자자들은 상대적으로 이익이 낮은 일본 국채를 매도하고 주식과 부동산에 투자하려 할 것이다. 일본 국채를 매도하려는 세력이 커지면, 국채 이자를 인상해야 하기 때문에 GDP 대비 240%가 넘는 국가 부채의 부담이 매우 커진다. 실제로 일본 경제가 기지개를 켜자 일본의 10년 만기 장기 국채 이자도 상승하고 있다. 금리 리스크에 직격탄을 맞을 지방은행이나 제2금융권은 이런 변화에 상당히 민감하다. 일본의 금리가 1% 상승하면 은행과 제2금융권에서 6.6조 엔의 손실이 발생한다.[45]

일본 정부 입장에서도 경제가 회복되는 것은 좋지만, 금리가 상승하는 데 따른 국채 이자 지급 비용의 증가라는 부담을 피할 수 없다.

경제 회복에 따른 세수 증대로 상쇄할 수 있는 부분도 있지만, 높은 금리로 추가적인 장기 국채를 발행해야 하는 압박을 완전히 해소할 수준은 아니다. 결국 일본 국가 부채의 총량을 증가시키는 악순환의 고리를 더 심화시키는 상황에 빠지게 된다. 이렇게 되면 일본 국채에 대한 신뢰도가 낮아지면서 더 높은 금리를 지급해야 한다.

현재 아베노믹스의 첫 번째와 두 번째 화살의 효과가 시들해지고 있다. 일본 주가는 지난 해까지 56% 상승했지만, 2014년 들어서는 12% 하락했다. 추가적인 물가 하락은 막았지만, 근로자의 임금 상승은 두드러지지 않는다. 인플레이션을 고려한 실질 임금상승률은 오히려 1% 정도 떨어졌다.[46] 엔저 정책으로 수출 기업의 숨통이 트이고 10년 만에 최대 규모의 해외 기업 인수 합병이 진행되었지만, 에너지 비용 등의 증가로 인해 무역적자는 확연하게 개선될 기미가 보이지 않는다. 2013년 무역적자가 13조 7,488억 엔을 기록하는 등 무역수지는 21개월째 적자를 기록하고 있다. 수출에서 얻은 이익의 반대편에서 수입 물가 상승으로 받는 충격도 만만치 않다. 재정 적자도 증가하고 있고 정부 부채의 증가세도 계속되고 있다.

지난 18개월 동안 거둔 아베노믹스의 성적은 나쁜 편이 아니었다. 하지만 미래 전망에 대해서는 아직도 많은 전문가가 비관적이다. 일본이 살아남으려면 아베노믹스로 불을 지핀 경제가 기적적으로 회생해 기대보다 높은 성장률을 기록해야 한다. 또한, 이런 성장률이 일시적인 불꽃으로 끝나지 않고 최소한 10년 이상 장기적인 추세로 나아가야 한다. 일본에게 일시적 경제 회복은 큰 의미가 없다. 왜냐하면 시간이 지날수록 일본은 인구 구조, 생산연령인구, 내수 소비, 기업 경쟁력 등에서 현재의 위기보다 더 큰 위기 요인들에 직면할 것이기 때문이다. 현재 인구가 1억 2천7백만 명 정도인데 20년 후에는 전체 인구의 40%가 나홀로 가구이고, 2060년이 되면 전체 인구가 8천 6백만 명 수준으로 감소한다. 더욱이 전체 인구 중 65세 이상이 40%, 생산연령인구는 4천만 명 대로 준다. 이런 이유로 아베노믹스의 세 번째 화살에 외국인 인력 유치 정책이 포함되어 있다.

외국인 근로자 유치도 중요하지만, 관건은 강력한 구조조정의 성과이다. 일본이 잃어버린 20년을 맞이한 원인도 구조조정 실패 때문이었다. 기득권층과의 전쟁에서 실패해 강력한 구조조정을 포기했기 때문이다. 과연 미래의 일본은 어떨까? 필자는 1권에서 일본의 미래를 예측하면서 2020년 이후 일본이 IMF 구제금융을 신청할 확률이 70%라고 했다. 아베노믹스가 성공하기 힘들다고 보기도 했지만, 그 성공 여부와 상관없이 일본은 감당해야 할 경제적 짐이 너무 무겁다. 멀리 내다본다면, 2030년경 일본은 전격적으로 채무불이행을 선언하거나 영토전쟁을 일으킬 가능성이 크다.

일본의 근본적인 약점은 부채가 계속 늘고, 제조업 회생의 한계가 분명하며, 세계에서 가장 빠르게 고령화되고 있다는 것이다. 천연자원이 없다는 것도 큰 약점이다. 일본이 사우디아라비아처럼 천연자원이 풍부하다면 엄청난 국가 부채를 단번에 해결할 수도 있고, 생산연령인구가 줄고 급속하게 고령화되어도 부자 나라로 계속 살 수 있다. 천연자원의 확보는 일본이 제조업의 한계와 인구 감소, 급격한 고령화, 막대한 부채를 해결할 수 있는 새로운 돌파구다. 일본이 영토분쟁지역에 집중하는 이유가 여기에 있다. 분쟁지역에 풍부하게 매장되어 있는 천연자원을 확보하는 것은 일본의 미래 존망을 결정할 수 있는 열쇠다. 일본이 국제 여론의 비판을 무릅쓰면서도 미국과 손을 잡고 자위대의 역할을 늘리고, 군국주의 방향으로 가는 이유다. 자위대의 역할을 확대하면 영토전쟁에서 유리한 고지를 선점할 수 있을 뿐 아니라 일본 무역의 핵심 교역로인 해상 교통선의 안정적 확보에도 유리하다. 일본이 영토전쟁을 벌인다면 해상 무역의 길목인 호루무즈 해협, 말라카 해협, 남중국해에서 중국과의 충돌이 불가피하다. 이때 미국의 도움 없이는 해상 교역로 안정적인 유지가 불가능하다. 그래서 일본은 미국과 손잡고 육해공 자위대의 전력을 통합적으로 관리해 중국의 위협에 대응하려는 기조를 유지할 것이다. 그 정치적 결과가 군국주의다.

일본은 2014년 5월 15일 집단자위권 행사를 추진하겠다고 공식 선언했다. 미국은 환영했고, 중국은 즉각 반발했다. 한국은 어정쩡한

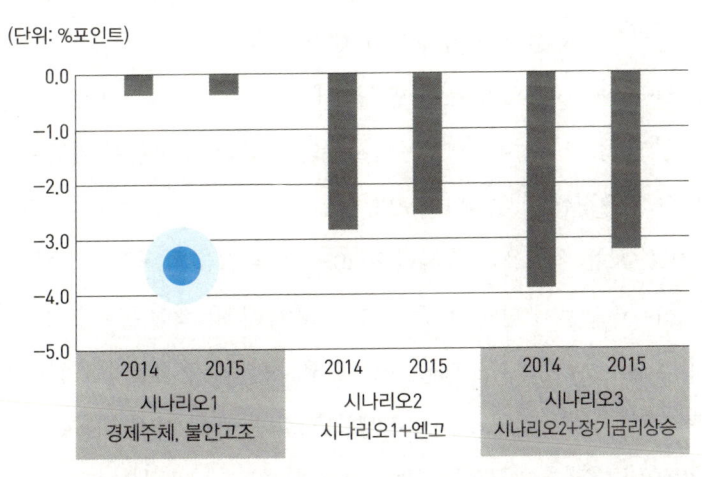

일본 아베노믹스 실패시 GDP 타격 예상치

출처 : IMF, 〈서울경제〉, '중국 경기둔화-아베노믹스 실패, 아태경제 위험 최대불안 요인', 2014년 4월 28일자 기사에서 재인용

태도를 보이며 허락 없이 한반도에 들어올 수 없다는 입장만 발표했다. 만약 일본의 우익 정치인과 시위대가 독도에 발을 디뎠다고 상상해보자. 의도적으로 한국 경찰과 마찰을 빚고 한국 국민과 충돌하는 모양새를 만들면서 우익 테러 단체가 상륙한다. 이럴 경우 이미 미국으로부터 묵시적 동의를 얻은 일본 정부는 자국민의 위협이 예상된다는 점을 빌미로 한국의 허락 없이도 해상자위대를 독도에 상륙시킬 수 있다. 미국과 관련된 분쟁이 있을 때에도 일본 해상자위대는 한국 영해에 마음 놓고 들어올 수 있다. 박용준 국방대학교 안전보장대학원 교수는 일본이 무력으로 독도를 도발할 경우 한국의 해군력으로는 하루를 못 버틸 것으로 평가했다.[47]

미국 입장에서는 급부상하고 있는 중국의 동아시아 영향력을 제어하기 위해 일본 자위대의 역할 확대가 필요하다. 중국의 군사력이 아직은 미군에는 미치지 못한다. 그러나 일본을 위협할 정도로는 성장했다. 겉으로 드러난 해군력은 일본을 앞선다. 미국은 계속해서 아베 정권을 지원할 가능성이 크다. 천연자원을 두고 날카롭게 대립하고 있는 동아시아의 영토 분쟁 지역에서 중국을 견제하기 위해 일본의 편이 될 가능성이 크다. 동아시아의 긴장감이 점점 더 커지는 것이 가장 유력한 미래 시나리오다.

이런 모든 상황을 종합하면 2020년 이후 일본은 어떻게 될까? 일본 시나리오를 구성할 때 중요하게 고려해야 할 핵심 동력은 경제위기, 저출산·고령화, 우경화, 자원 전쟁, 미국의 경제위기로 인한 일본의 역할 확대 기대, 미·중 전쟁 본격화 등이다. 아래 내용은 전작 〈2030년 대담한 미래〉에서 밝힌 일본의 4가지 시나리오다.

시나리오 1: 경제위기로 인한 파산과 정치적 혼란으로 인한 자멸. (뜻밖의 시나리오1)

시나리오 2: 경제위기로 우경화 되고, 자원 전쟁 등의 국제 분쟁 심화, 자위대 강화와 핵무장 등의 위협 지속. 여기에 경제위기 극복과 미중전쟁 심화라는 과제를 안고 있는 미국이 일본에 대해 재무장을 통해 중국을 견제해 주기를 바라는 의도가 크게 작용. (현재 진행 중인 시나리오)

시나리오 3: 뼈를 깎는 개혁 단행으로 몰락을 피함. (일본 국민의 민족성을 고려할 때, 가장 가능성 낮은 시나리오)

시나리오 4: 채무불이행 선언 후, 영토전쟁을 벌여 천연자원을 최대한 확보해서 극적으로 회생. (뜻밖의 시나리오2)

BOOK IN BOOK 1

최경환노믹스와 삼성 위기, 그리고 기회의 대이동
선대인이 묻고 최윤식이 답하다.

이 원고는 선대인경제연구소(http://www.sdinomics.com)의 SDI리포트 '〈이슈인터뷰〉 미래학자 최윤식 소장: 최경환노믹스와 삼성 위기, 그리고 기회의 대이동'에 소개된 내용입니다. '이슈 인터뷰'는 선대인 소장이 주요 경제 이슈에 대해 전문가들을 심층 인터뷰해 정리해 소개하는 리포트입니다.

> 본문에서 소개하는 중장기적 미래 예측 시나리오가, 피부에 와 닿는 현안과 어떻게 연관되어 있는지를 이해하는 데 이 리포트가 도움이 된다고 판단해서 〈책 속의 책〉으로 소개합니다. 인터뷰 느낌을 생생하게 전달하기 위해. 문장 교정은 본문과의 통일성을 유지하기 위해 필요한 최소한의 범위로 제한했습니다. 게재에 흔쾌히 동의해준 선대인 소장께 감사 드립니다.

선대인: 지금까지 〈2030 대담한 미래〉 등의 저서를 통해 한국의 부동산 거품이 붕괴할 가능성이 높고, 가계 부채 문제가 심각한 상황으로 치달을 공산이 크다고 전망했다. 최근에 최경환 부총리가 LTV(담보인정비율), DTI(총부채상환비율) 등의 주택 대출 규제를 푸는 등 대대적인 부동산 부양책과 경기 부양책을 내놓고 있다. 한국은행도 여기에 발맞춰 기준금리를 0.25% 포인트 낮췄다. 이 같은 정책 방향에 따라 당초 전망에서 달라진 건 없는가.

최윤식: 기본적으로 당초 예측했던 시나리오에서 달라진 것은 없다. 당초 예측 시나리오에서 현 정부가 풀 수 있는 규제를 모두 풀 것이라고 예측했는데, 지금 예측한대로 규제를 풀고 있다. 지금은 몇 가지 산업을 키우거나 몇 가지 소비를 촉진한다고 경제를 회복시킬 수 없는 상태다. 정부로서는 대형소비재의 소비를 촉진시킬 수밖에 없다. 자동차 한 대를 더 소비하게 해서 경제를 회복시킬 단계는 지났다. 한 사람이 자동차를 10대, 20대 사는 효과를 낼 수 있는 집을 사게 해야 시장에 돈이 풀린다고 정부는 판단한다. 그런 방향으로 할 수 있는 한 끝까지 가려고 정부는 모든 규제를 풀고 있다.

이번 정부가 경제 전체의 강력한 구조조정을 실시한다면 정권 연장을 포기해야 할 가능성을 높이게 되니 그렇게 하지 않았다. 그러면 갈 길은 이미 정해졌다. LTV, DTI 규제를 푼 것은 예측 시나리오 대로 가고 있다는 것을 보여준 것일 뿐이다. 오히려 예측한 대로 가고 있으므로 당초 예측한 시나리오의 가능성은 더 높아졌다. 그 시나리오에 비춰본다면, 2015년에 미국이 금리를 인상하면 그로부터 대략 1년 뒤인 2016~2017년 경에 우리나라에 경제 위기가 발생할 것이다. 가계 부채 문제가 도화선이 될 가능성이 높다. 그 사이 가계 부채는 지금보다 100조 원 이상 늘어나 있을 것이다.

한국 경제 위기의 시점을 미국의 금리 인상 후 1년 이후로 보는 이유는 무엇인가.

'금리 시차'가 있기 때문이다. 미국이 금리를 올린다고 당장 외국 자본이 빠져 나가지는 않겠지만 미국과 한국의 금리 차가 1% 내외로 줄어들면 국내에 들어와 있는 외국 자본이 빠져나가려는 움직임이 나타날 것이다. 미국과 우리나라의 금리차가 1.25~1.5% 포인트 정도로 좁혀지는 시점부터 외국 자본이 미국 등으로 환류하면서 그 영향이 나타날 것이다. 그렇게 보면 진짜 위기는 이번 정부 말에 올 것이다. 가계 부채가 많이 늘어난 상태여서 금리가 올라가면 가뜩이나 위험한데, 정치적으로는 정권 말이기 때문에 레임덕이 올 것이다. 심화되는 신흥국발 경제 위기가 더욱 더 우리의 발목을 잡을 것이다. 신흥국 위기는 이미 미국이 양적완화 축소에 들어가면서 시작됐지만 금리가 인상되면 더욱 타격이 커질 것이다. 경제 위기 이후 우리나라 수출이 미국이나 유럽에서 줄어든 것을 중국과 동남아에서 상쇄했다. 그런데 미국이나 유럽 경기가 살아나더라도 크게 선전하지 못할 것이고 중국과 동남아, 신흥국 등에 대한 수출 위기가 타격으로 다가올 것이다.

이번 정권 말이면 1차 베이비붐 세대(정리자 주: 58~63년생을 주로 지칭)의 은퇴가 끝난다. 이들 베이비붐 세대가 정년 퇴직 후 창업 자본을 늘리는 과정에서 가계 부채가 크게 늘고 있는데, 2~3년 후에는 가계 부채가 부실화되면서 문제가 더욱 확대될 것이다. 게다가 2~3년 후면, 대표적으로 삼성 리스크가 상당히 커지는 상황이 될 것이다. 삼성의 신용도, 한국의 국제 신용도에 문제가 생길 것이다. 삼성이 (다른 기업들의) 바로미터이기 때문에 삼성이 흔들리고 강력한 구조조정에 들어가면 다른 기업들도 같은 분위기로 갈 것이다. 거기에 가계 부채 문제가 대책 없이 커지고 있기 때문에 그것이 위기의 도화선이 될 것이다. 현 정부의 창조경제는 난항을 거치다가 아무것도 안 될 것이다. 당초부터 예측 시나리오를 그렇게 전개 했는데, 지금 그 상황으로 가고 있다.

현 정부가 이명박 정부에 이어 풀 수 있는 규제는 다 풀 것이라고 예상은 했다. 다만, 주택 대출 규제를 푸는 것은 '마지막 카드'라고 생각했는데, 개인적으로는 현 정부가 마지막 카드를 너무 일찍 썼다고 생각한다. 적어도 정권 중반을 넘어선 후반부에 사용할 것이라고 봤는데, 생각보다 일찍 나왔다. 이 부분에 대해 어떻게 보는가.

맞다. 이 카드가 나온다면 내년의 총선 카드라고 생각했다. 아니면, 대선 카드 정도라고 생각했다. 그런데 정부가 조금 일찍 꺼낸 것 같다. 이 카드를 일찍 썼다는 것은, 현 정부가 내부적으로 상당히 심각한 상황에 와있다는 뜻일 것이다. 정부도 충분한 데이터를 가지고 있으니까, 이 카드를 이렇게 써도 경제가 회복되지 않을 것이라는 점은 알고 있을 것이다. 그런데 정국 돌파의 카드가 없기 때문에 이 카드를 내놓은 것이다. 정부가 운, '혹시나' 하는 요행수를 기대하고 있는 것이 아닌가 싶다. 실제로 일본도 아베노믹스 카드의 약효가 이미 점점 떨어지고 있다. 그걸 봐도 이번 정부의 조치가 위험한 카드라는 것은 정부도 알고 있다고 봐야 한다. 1년 전까지만 해도, 아베노믹스를 그렇게 비판하던 정부가 지금 거의 똑같은 카드를 쓰며 따라가고 있다. 일본이 아베노믹스의 커다란 후폭풍을 예상하면서도 그 카드를 쓴 것은 일정 부분 운을 바라고 있었다고 볼 수밖에 없다.

정부가 쓸 카드는 아직 더 남아 있다. 바로 기준금리를 추가 인하하는 것이다. 그건 아마도 내년 총선 때까지 끌고 갈 카드로 남겨 둔 것 같다. 그러나 역시 효과는 없을 것이다.

한국의 위기는 금융 위기나 외환 위기가 될 가능성이 높다. 부동산 문제가 도화선이지만 근본 원인은 우리 사회 전반에 걸친 구조의 문제다. 대표적으로 삼성의 문제, 산업 구조의 문제인데, 이 문제부터 해결해야 한다. 경기부양책이 이론적으로 틀린 것은 아니라고 본다. 이 정부의 문제는 순서에 있다. 지금 할 수 있는 최선의 순서는 먼저 강력한 구조조정을 하고 가계 부채를 정리한 다음에 경기 부양을 하고 그때 부동산도 부양해야 한다.

이른바 '최경환노믹스'가 현상적으로는 일본의 아베노믹스를 따라 하는 것처럼 보인다. 하지만 한편으로 일본은 국가 부채는 늘어나고 있으나, 자의든 타의든 10~20년에 걸쳐서 장기침체가 이어지다 보니 부동산 거품을 빼고 기업 부실의 구조조정이 이뤄진 상태라고 할 수 있다. 아베노믹스에 여러 문제가 있음에도 불구하고, 비유하자면 일본은 메말라 있던 논에 물을 대는 것이라고 볼 수도 있다. 그러나 우리는 구조조정을 전혀 안하고 부동산 거품이 여전히 잔뜩 끼어 있는데 이렇게 다시 물을 대는 식의 조치를 취하면 결국엔 오히려 거품을 더 부풀리는 것이 아닌가.

그래서 이 정부의 패착은 잘못된 순서에 있다고 하는 것이다. 구조조정을 먼저 하고 부양책을 실시해야 하는데 그럴 경우 정치적 타격이 불가피하다. 하지만 정치적 인기를 잃는 대신 나라를 살릴 수 있다. 즉, 정권을 살릴 것이냐 나라를 살릴 것이냐를 선택하는 문제에서, 이 정부는 결국 정권을 택한 것이다.
최경환노믹스가 아베노믹스와 비슷하지만, 우리가 일본보다 더 위험하다. 말씀하신 것처럼, 아베노믹스는 구조조정을 어느 정도 한 상황에서 실시한 조치인데도 후폭풍을 크게 우려하고 있고 그 효과도 생각보다는 크지 않았다. 우리나라는 거품이 잔뜩 낀 상황에서 최경환노믹스를 실시한다면 단기간 효과는 아베노믹스보다 더 좋을 수 있다. 거품이 낀 상태에서 하는 것이니까. 그러나 문제가 생기면 아베노믹스의 실패보다 훨씬 더 큰 후폭풍을 맞게 될 것이다. 버블 붕괴에 대처하면서 동시에 구조조정도 함께 해야 하는 어려운 상황을 맞을 수 있기 때문이다.
인구구조가 받쳐줄 때는 버블이 붕괴해도 다시 일어날 수 있는 자생적 힘이 있다. 하지만 일본은 버블 붕괴가 베이비붐 세대의 은퇴와 맞물리며 '잃어버린 20년'을 맞았다. 버블이 붕괴된 뒤 일본의 베이비붐 세대가 7~8년 동안 실물경제의 침체 상황에서 부채를 정리하고 나니 본인들이 은퇴할 때가 돼버린 것이다. 우리나라가 지금 안고 있는 가장 큰 문제도 베이비붐 세대의 은퇴다. 우리나라도 구조조정을 하고 나면 베이비붐 세대의 은퇴, 그 뒤로 2차 베이비붐 세대의 은퇴까지 맞물려서 장기 침체로 갈 가능성이 높다. 우리나라 주식 시장은 10년 안에 3000포인트로 가지 못한다. 10년간 1000포인트 대 수준으로 갈 것이다.

일본에서도 1991년 부동산 버블 붕괴 후 주가도 폭락한 뒤 장기간 회복하지 못했는데, 일본에서 나타난 현상이 똑같이 되풀이될 것이라는 건가.

일본은 85년 플라자합의 이후 엔이 절상되었다. 엔고로 수출이 어려워지니 내수를 키우려고 했다. 내수를 키우는 데는 자산시장을 키우는 것과 소비시장을 키우는 두 가지 길이 있다. 그런데 소비시장으로는 내수를 빠르게 키울 수 없다. 소비시장을 키우려면 임금을 올려야 하는데, 임금을 아무리 많이 올려도 한 해에 5% 정도다. 명목임금이 5% 올라도 물가가 올라 화폐 가치가 하락하는 점을 감안하면 사실은 1~2% 오르는 것이다. 연간 1~2%씩 올려서는 소비시장을 단기간에 키울 수 없다. 그래서 소비시장 대신 자산시장을 키우는 방법을 선택했다. 그 결과 1985부터 1991년까지 6년 동안 부동산 가격이 폭발적으로 오르고 니케이 주가지수도 1만에서 4만으로 올랐다. 그때 일본의 은행들이 커지면서 세계 10대 은행 중 8개가 일본 은행이었다. 이와 같은 자산시장의 확장으로 수출 부진을 상쇄하면서 국부가 커진 것으로, 경기가 회복된 것으로 생각했다. 그러나 자산시장의 거품이 터지면서 니케이 주가지수가 6년 동안 4만까지 올라갔던 것을 그대로 반납했다. 그리고 20년 동안 침체했다.

한국과 일본이 완벽하게 일치하지는 않지만 중요한 힘은 비슷하다. 일본은 엔고 상황을 맞아 제조업을 중심으로 철저히 구조조정을 했어야 했다. 그런데 이걸 피하고 자산시장을 키웠다. 결국 버블이 붕괴하고 동시에 일본의 베이비붐 세대, 즉 '단카이 세대'의 은퇴가 겹치면서 침체가 길어진 것이다. 이 측면은 한국과 일본이 거의 유사하다. 일본은 갈라파고스 같은 섬나라 기질이 있고 우리나라는 좀 더 역동적이어서 다르다고 하는 사람들이 있는데, 아무리 역동적이어도 기본적인 구조 문제를 해결하지 못하면 결과는 비슷할 것이다. 현 정부가 창조경제를 강조하는데, 자금 등을 그 쪽으로 돌려 정부가 말하는 창조경제에서 부분적으로 성과를 낼지는 몰라도 다른 부문은 다 죽는다. 계좌 이체밖에 안 되는 것이다. 전체 부를 늘릴 수 없다. 우리가 아무리 역동적인 민족이라고 해도 구조조정을 하지 않고는 경제를 회복시키지 못한다. 자꾸 역동성을 이유로 일본과 다를 것이라고 하는 주장은, 굉장히 위험한 발상이다.

흔히 일본처럼 될까 걱정한다고 하는데, 개인적으로는 일본만큼만 되더라도 다행이라고 생각한다. 전반적 부동산 버블의 규모는 우리가 작을 수 있다. 그러나 기본적으로 상업용 부동산이 문제가 됐던 일본과 달리 한국은 주택 버블이 심하고 이와 연관된 가계 부채 문제가 심각해 가계 경제의 몰락이 훨씬 더 심각할 수 있다. 가계들의 벌어놓은 돈도 부족한데 일본보다 복지 수준이 더 낮고, 저소득층과 취약계층에 대한 사회안전망도 열악하다. 수치놀음 식 고용 통계가 아닌 실질적인 국내 일자리 상황을 보면 20년 침체를 겪은 일본보다 더 열악하다. 이른바 최경환노믹스도 일본식 장기침체를 피하겠다고 나온 것인데, 실제로는 일본 버블 붕괴와 이후 장기 침체를 불렀던 시기의 일본 경제정책과 더 닮아 있다고 보는데.

그렇다. 우리가 지금 하고 있는 것은 거품이 빠진 상태의 아베노믹스가 아니고 구조조정을 지연시키는 일본의 정책을 따라 하는 것이다. 일본의 아베노믹스는 거품이 빠지고 구조조정을 한 다음에 디플레이션 상황에서 하는 정책이다. 그런데 우리나라는 거품이 있는 상태, 아주 이상한 국면에서 실시하는 것이다.
지금 우리나라는 구조조정을 해야 한다. 구조조정을 한다는 것은 단기적으로는 저성장을 선택하는 것이다. 구조조정을 우리가 능동적으로 하느냐, 피동적으로 하느냐에 따라 그 충격은 매우 다르다. 지금 이대로 가면 우리나라는 피동적으로 구조조정을 하게 될 상황을 맞게 된다. 타의에 의해 구조조정을 하면 충격이 더 크다. 우리가 자율로 하지 못하는 대가로, 실제로 해야 할 구조조정의 폭에 더해 외국 투자자를 설득할 수 있는 쇼맨십까지 보여줘야 한다. 그러니까 충격이 더 커지는 것이다.
(이번에 위기가 발생하면) 1997년 외환위기보다 충격이 더 클 것이다. 1997년에는 상업 영역에서 구조조정을 했다. 금융권과 기업의 부채비율이 800%를 넘어서면서 구조조정을 한 것인데 그때도 충격이 굉장히 컸다. 150만명이 실직하면서 큰 내수침체를 겪었다. 그때는 상

업 영역, 기업 부문의 문제였으니까 그 정도에서 끝났다. 기업의 구조조정 선에서 끝난 것이다. 그러나 이번 위기는 개인, 가계 부문의 문제 때문이다. 그래서 가계가 직접 타격을 보게 된다. 가계가 타격을 입게 되면 상업 영역, 기업 부문도 따라서 구조조정을 해야 한다. 가계 부문과 상업 영역이 함께 구조조정을 해야 하는 상황을 맞게 되므로 충격이 굉장히 강력할 것이다. 중산층과 서민층이 직격탄을 맞을 것이다. 그래서 1997년보다 충격이 더 크고, 그만큼 고통의 시간도 길 것이다.

앞에서 금리 이야기를 했지만, 정부의 압력을 못 이겨 한국은행이 최근 기준금리를 낮췄다. 이에 따라 최근 언론 보도를 보면 시중에 2%대 예금 금리를 찾아보기도 힘든, 1%대 저금리 시대로 들어가고 있다. 이런 가운데 상당수 언론들은 저금리니까 집을 사야 할 적기이고, 경기 부양 측면에서 상당한 효과가 있을 것이라고 보도하고 있다. 또 실물경제 측면뿐만 아니라 심리적 측면에서 효과가 있을 것이라는 언론 보도도 나왔다. 이런 상황을 어떻게 읽어야 하나.

예전에 규제를 풀었을 때보다는 심리적 효과는 더 있을 것이라고 본다. 금리를 내리는 것은 실질적인 효과니까. 그래서 예전보다는 효과가 오래갈 수 있다. 그러나 금리가 내려간다는 것은 위기가 더 빨리 온다는 뜻이기도 하다. 미국과 우리나라의 금리 차이가 1%대 이하로 줄어들면 문제가 생긴다고 했는데, 기준금리를 내렸으니까 금리 차가 1%대 이하로 진입하는 시기도 그만큼 빨라지지 않겠는가. 또한 금리가 내렸으니까 예금 생활자들이 1%대의 저금리로 생활해야 하기 때문에, 길게 보면 이자 수입이 줄어 소비 축소가 일어난다. 단기간 부동산은 살릴지 몰라도 다른 소비의 축소를 초래할 수 있다. 만약 금리 인하가 불쏘시개 역할을 해서 경기를 원하는 대로 확 끌어 올리지 못한다면 위기만 더 앞당기는 꼴이 된다. 그런데 실제로 경기를 살리지 못할 것이라고 본다. 왜냐하면 금리를 낮춰줘도 사람들이 쓸 돈이 없기 때문이다. 이 시기에 저금리로 대출을 받은 사람들도 1~2년 안에 금리가 올라갈 텐데, 그때 빚을 감당할 수 있을까.

한국은행이 지금보다 기준금리를 더 내릴 것이라고 보는가.

지금보다 금리를 더 내리는 방향으로 가기는 하겠지만, 위험성을 아니까 많이 내리지는 못할 것이다. 아주 안전하게 봐서 내년 말에 미국 연준이 금리를 인상한다면, 내년 상반기 이후에 한 번 혹은 두 번 정도 선거용이나 정치적 목적에 따라 금리를 더 내릴 수는 있을 것이다.

말씀하신 대로 주택 대출 규제 완화와 금리 인하의 약발이 길어도 올 연말까지밖에 못 간다면, 연말 이후 부동산 시장은 어떻게 될까.

목 좋은 곳을 중심으로 상대적으로 낮은 분양가가 형성된 지역에서 일부 분양 시장이 달아오르는 게 소진되면 끝나지 않을까 본다. 분양 시장에서 갑자기 청약률이 수십 대 일, 수백 대 일로 높아지는 현상은 과거와는 달리 봐야 한다. 2000년대 초반처럼 전체 부동산 시장이 달아오를 때라면 몰라도, 분양가가 낮은 일부 지역을 중심으로 청약률이 높아지는 것은 오래가지 못한다. 그게 소진되면 끝날 것이다.

(정리자(선대인) 주: 부동산 시장 침체는 큰 흐름에서 여전한데, 올해 2000년대 이후 사상 최대 수준의 분양 물량이 쏟아지고 있다. 자금난에 시달리는 건설업체들이 정부의 부양책을 배경으로 해서 밀어내기 분양을 하고 있는 탓이 크다. 물론 언론의 선동보도 등 때문에 청약이 몰리기도 하고 일부 인기 지역은 분양이 호조를 보이기도 하겠지만, 2~3년 후 물량 폭탄으로 돌아올 가능성이 높다. 결국 이것이 부동산 침체를 가속화하는 요인으로 작용할 것으로 보인다.)

이제 삼성 얘기로 들어가보자. 우리 연구소도 삼성 독식 구조는 오래 지속되기 어렵다고 했지만, 최소장은 더 구체적으로 삼성의 추락을 강력히 경고해왔다. 실제로 지난해 말 이후 삼성의 실적이 매우 빠른 속도로 악화되면서 최소장의 예측이 예상보다 더 일찍 실현된 것으로 보이는데.

실제로 제가 예측한 내용은 대부분 예측했던 것보다 더 빨리 일어났다. 삼성도 마찬가지다. 그런데 삼성 스스로 실적이 하향곡선을 그릴 것이라는 걸 몰랐을까? 알았다고 본다. 언젠가는 고가 스마트폰 시장이 포화되고 가격 경쟁에 들어갈 것이며, 중국이 추격해올 것이라는 점을 이미 알고 있었을 것이다. 다만 삼성의 패착은 그 시기를 늦게 잡았다는 데 있다. 이런 시기가 왔다는 것에 삼성이 당황한 것이 아니나 생각보다 빨리 온 것에 당황한 것이다. 그 속도가 예상보다 빠르다는 점에서 삼성이 멘붕에 빠진 것이다.
삼성의 타임 플랜보다 더 빨리 왔기 때문에 신제품 개발이나 매출 감소를 상쇄하는 전략들이 위기 발생 이전에 실행되지 못하고 후행되고 있는 것이다. 여기서 미스매치가 발생했다. 그런데 삼성이 지금이라도 의사결정을 앞당겨야 하는데 이건희 회장의 건강 문제까지 불거졌다. 삼성의 문제는 이건희 회장의 건강 문제에서 시작해서 주식시장으로 옮겨갈 것으로 봤는데, 그 시나리오가 좀 더 빨리 찾아왔다. 삼성이 이 위기 상황에서 빠져 나올 확률은 10~20% 정도다. 앞으로 시장이 한 번 내지 두 번 정도 기회를 줄 텐데, 그 때 삼성이 시장을 완벽하게 설득 할 수 있는가가 관건이다.

지금 삼성 앞에는 두 가지 시나리오가 있다. 노키아나 소니처럼 그대로 주저앉는 시나리오가 있고, 몇 년 간 주저앉았다가 다시 올라서는 시나리오다. 한 번도 주저앉는 과정 없이 곧장 회복하는 시나리오는 없다. 전자의 가능성이 80~90%이고, 후자의 가능성은 10~20% 정도에 불과하다고 본다. 삼성이 기술 혁신으로 대응하는 전략을 쓰기에는 이미 너무 늦었다. 결국 지금 쌓아놓은 현금으로 버티는 파이낸스 전략이 삼성이 쓸 수 있는 가장 중요한 전략이다. 삼성은 위기를 현금으로 버텨내야 한다. 삼성이 추락하는 기간이 최소 2~3년에서 4~5년 정도 갈 것인데 그 기간에 생기는 위험, 주가 하락 등의 위기를 파이낸스 전략으로 메워야 한다. 하지만 그렇게 하기에는 현금이 모자란다.

삼성이 매출 규모를 계속 늘릴 수 있겠는가. 신산업 확장으로는 못 메울 것이다. 스마트폰 시장이 정체 되거나 중국에 그 시장을 뺏기면 어떻게 할 것인가. 웨어러블 기기 시장으로 커버를 한다고 하겠지만, 웨어러블 시장의 단점은 제품 가격이 너무 싸다는 것이다. 게다가 이미 수많은 대기업이 뛰어들어 가격 경쟁까지 치열해졌다. 삼성 스마트폰의 시장은 고가 시장이었는데, 웨어러블 제품은 누구나 만들 수 있고, 고가의 시장도 아니라 수익률이 현저하게 떨어진다. 삼성이 어느 정도 선전할지 모르겠지만, 그 시장에서 1등을 하더라도 그 기간은 스마트폰보다 더 짧을 것이고 수익률 면에서도 스마트폰 시장보다 낮을 것이다. 삼성은 웨어러블 시장에서 스마트폰 시장의 매출 감소 부분을 메워주거나, 더 늘어나길 기대하겠지만 기대만큼의 수익을 얻을 수 없다.

사물인터넷도 안 된다. 사물인터넷의 특성이 기존의 가전제품에 인터넷 기능이 들어가는 것인데, 삼성은 이미 그 시장에서 1등이다. 이미 냉장고, 세탁기를 잘 팔고 있다. 앞으로는 제품에 사물인터넷이 안 들어가면 못 팔게 된다. 그렇다면 삼성은 사물인터넷에서 잘해봐야 본전이지 시장을 더 늘릴 수는 없다. 그리고 사물인터넷 시장의 문제점은, 냉장고나 텔레비전에 사물인터넷 기능이 추가 됐다고 그 기능을 위해 제품을 당장 바꾸지는 않는다는 점이다. 기본적으로 냉장고나 텔레비전은 이사를 가야 바꾼다. 집안에 있는 모든 제품을 사물인터넷으로 바꾸려면 5년, 10년이 걸린다. 굉장히 속도가 느린 시장이다. 스마트폰처럼 1, 2년마다 교체되는 시장이 아니다. 그러니 삼성이 스마트폰 실적 감소에서 받는 충격을 사물인터넷 시장의 확대로 상쇄하기는 힘들 것이다.

결국 삼성은 벌어놓은 현금을 동원해 버티는 파이낸스 전략으로 가야 할 것이다. 더욱이 지금 삼성은 이건희 회장의 건강 악화로 인한 경영권 문제를 안고 있다. 차후에 삼성그룹 내에서 자금 문제가 생길 때 사업에 투자해야 할 상당 부분의 현금을 경영권 방어에 써야 한다. 게다가 이재용 부회장이 아직 리더십을 확보하지 못한 상태다. 이재용 부회장이 리더십을 장악하더라도 4~5년 이상이 걸릴 텐데, 그

때가 되면 이미 다가올 위기에 대응하기에는 너무 늦다.

삼성의 탈출구는 완벽하게 새로운 시장을 개척해서 스마트폰 시장을 대체할 가격 파괴 혁신이나 기술 파괴 혁신을 해야 하는데, 그 결정을 하기는 힘들고 이미 늦었다.

지금 상황에서는 (스티브 잡스 사후 애플의 CEO가 된) 팀쿡처럼 가기도 힘들다. 그저 있는 물건을 싸게, 더 많이 파는 전략을 써야 하는데, 그렇게 해서는 삼성이 위기를 극복하기 어렵다. 더욱이 지금 보유하고 있는 상당 부분의 현금을 경영권 방어에 써야 하는 상황까지 겹쳐서 삼성은 위기 대응에 실패할 가능성이 크다.

한국 경제가 외환 위기 이후 최근으로 올수록 삼성전자 의존도가 높았고 특히, 갤럭시폰 시장을 꼭지점으로 한 역삼각형의 산업 포트폴리오를 만들어왔기에 삼성의 위기가 경제 전반에 미칠 타격이 클 것이다. 그런데 최근 삼성에 상무로 재직하셨던 분을 만났다. 그 분은 삼성의 실력이 원래 이것밖에 안 된다. 삼성이 2008년 경제 위기 이후 환율 효과 덕을 본 것과 애플 따라잡기에 성공한 결과 최근 몇 년간 고성장 했지만, 결국 '삼성 거품'이 빠지며 예전 수준으로 돌아가고 있는 것일 뿐이라고 얘기하더라. 이런 시각에 대해서는 어떻게 생각하는가.

상당히 타당한 얘기다. 이제는 삼성 이후를 대비해야 한다. 앞에서 말한 여러 가지 상황이 작용하게 되면 주식 시장에서 거품이 빠진다. 2등의 거품이 빠질 때는 충격이 덜하다. 상대적으로 별로 관심을 갖고 있지 않기 때문이다. 그러나 1등의 주식이 빠질 때는 다르다. 모두

가 보고 있기 때문에, 실제보다 심리적 타격이 더 크다. 신용 평가 문제도 있고, 주가를 방어하기 위해서, 경영권을 방어하기 위해서 삼성은 상당 부분의 현금을 쓸 텐데, 그렇게 해서도 방어하지 못한다면 기업의 매출이 줄고 구조조정을 해야 하고 신용 문제가 생길 것이다. 삼성의 보유 현금이 우리가 보기에는 어마어마해 보이지만, 삼성의 규모를 생각하면 얼마 안 된다. 1~2년 휘청하면 그 보유 현금도 부족해질 수 있다. 그렇게 되면 삼성의 자금력에 대해서도 또 다른 평가가 나올 것이다. 그런 상황이 오면 손을 쓸 수 없을 만큼 자본시장, 자산시장의 충격이 매우 클 것이다. 단순히 거품이 빠져서 2등으로 주저앉는 게 아니라 날아가 버리는 문제가 생길 수 있다. 노키아나 소니가 2등으로 주저앉은 게 아니라 날아가 버렸다는 점을 기억해야 한다. 지금 상황에서는 삼성이 글로벌 1위를 했던 게 역설적으로 문제가 된다.

예를 들어, 반에서 2, 3등 하던 아이가 성적이 조금 떨어지면 그냥 그런가 보다 한다. 그런데 전교 1등 하던 아이가 성적이 떨어지면 난리가 난다. 본인도 놀라겠지만, 주변에서 더 걱정한다. 이렇게 삼성의 문제는 심리적인 면이 크다. 삼성이 실적을 못 내고 새로운 혁신을 못하면, 돈으로 커버해야 하는데 돈으로 다 커버 할 수 없게 되면 시장은 냉정해질 것이다. 그러면 삼성에 문제가 터질 것이다.

삼성 앞에 놓여 있는 두 가지 시나리오를 말씀하셨는데, 상대적으로 긍정적인 후자의 시나리오가 전개될 계기는 어떤 게 있을까.

앞에서도 말했지만, 지금 보유하고 있는 현금을 어떻게 효과적으로 운용해 4~5년 정도의 고비를 넘길 수 있느냐가 관건이다. 만약 4~5년의 고비를 넘기게 되면 이후 미국 경제와 세계 경제가 살아날 것이고 2020년 이후부터 세계 경제가 회복될 것이다. 우리나라 환율도 다시 수출 기업에 유리한 상황으로 돌아갈 수 있을 것이다.
2025년부터 2035년 사이에 '세컨드 골디락스'라고 해서 전 세계 호황기가 다시 올 가능성이 있다. 그리고 이때 미래형 산업들이 큰 시장을 만들 수 있다. 삼성의 장점은 미래형 산업에서 글로벌 수준의 기술력을 가지고 있다는 것이다. 그 시기가 올 때까지 파이낸스 전략으로 잘 넘기면 다시 올라갈 계기를 만들 수 있을 것이다.

말씀대로라면 삼성 위기에 더해 부동산과 가계 부채도 상당히 위험한 상태라서 향후 4~5년 간은 한국 경제에도 매우 험난한 시간이 될 것 같다. 이 시기에 한국은 어떻게 해야 하나?

어차피 굴곡의 시간을 통과해야만 한다면 강력한 구조조정을 해야 한다. 사실 2008년에 구조조정을 했어야 했다. 그 때는 국민적 심리에서 볼 때 세계적으로 다 구조조정을 하고 있던 때였으니까 고통이 크지 않았을 수 있다. 그 시기는 놓쳤지만 지금이라도 해야 한다. 그러면 저성장 국면 수준에서 커버할 수 있다. 그렇지 않으면 금융 위기로 갈 것이다.
위기대응 팀에서 제2의 외환위기로 갈 것인지 그 전 단계에서 막을 수 있을지 그 대응을 선택할 수 있다. 외환 위기는 인재다. 만약, 구조조정을 하면 저성장 국면이 4~5년이면 끝날 텐데, 구조조정을 회피하면 10년은 갈 것이다.

미래를 예측할 때 정부의 대응 등에 따라 상황이 달라지기도 하는데, 이미 설명하셨듯이 정부 대응에 대해서는 큰 흐름에서 기대할 것이 없어 보인다. 정부가 현명한 대책을 내놓지 않는다면, 가계라도 살고 봐야 하는데, 가계는 어떻게 해야 하나.

장기나 바둑을 둘 때 초기에는 다양한 수가 있으나 수를 두면 둘수록 선택지가 줄어든다. 그런데 지금 정부는 계속 악수를 두어서, 이제 남은 선택지도 별로 없다. 개인들은 의사 결정권자가 아니라서 힘이 없다.
그러나 개인에게도 두 가지 선택지는 있다. 다음 총선 때, 마지막 기회니까, 누가 정권을 잡든 구조조정 하라고 강력하게 압박해야 한다. 사실 지난 지방선거 때 했어야 했는데, 못했다. 개인이 할 수 있는 방법은 선거 때 압박하는 것, 강력한 의지를 보여주는 것이다. 그게 국민이 국가의 의사결정에 참여 할 수 있는 가장 큰 방법이다. 그리고 개인 차원에서도 준비를 해야 한다. 국가가 구조조정을 못한다면, 개인이라도 구조조정 해야 한다. 소비를 줄이고, 부채를 갚고, 불필요한 자산을 정리해야 한다.

1차 베이비 붐 세대는 그 사이에 계속 은퇴할 것이고, 그렇게 쏟아져 나온 사람들은 마지못해 자영업에 뛰어들게 될 텐데, 그들은 어떻게 해야 하나.

2020년까지는 섣불리 움직이지 않는 게 좋다. 은퇴하더라도 개인적으로 구조조정을 해야 한다. 창업은 안 하는 게 좋고, 창업을 하게 되면 적은 자본으로 굉장히 많이 준비해서 시작해야 할 것이다. 지금 상황에서 가장 좋은 선택은, 저임금을 받더라도, 재교육을 받아서라도, 재취업을 하는 게 좋다. 창업을 하면 잃을 가능성이 높고, 재취업을 하면 최소한 자산은 지킬 수 있다. 움직이더라도 적어도 4~5년 뒤에 움직이는 게 좋다. 그때 가면 경기도 일정하게 회복될 것이고, 부동산도 거품이 빠진 상태라서 그때 사는 것이 좋다.

가격이 떨어질 자산을 미리 사서 자본을 잠식당하는 것보다는 그걸 피해가는 게 좋다. 보통 이렇게 권유하면, 평생 이렇게 살아야 하냐고 묻는데, 아니다. 4~5년만 버티면 된다. 어차피 은퇴 후 40~50년 살아야 하는데, 남은 인생의 1/10 기간만 참으면 된다. 그 시간 동안 어떻게 생활의 우선순위를 바꿀 것인지를 고민해야 한다.

한편으로는 우리나라가 세계에서 가장 빠른 저출산 고령화 충격을 겪게 될 것으로 보인다. 그 충격은 2010년대 후반부터 거세 질 것이고 향후 4~5년이 지난 다음에도 여파가 지속될 텐데, 그래도 4~5년 이후에는 버틸만한 상황이 된다는 건가.

어차피 저성장 시대로 갈 텐데 거기에 맞춰 사는 준비, 즉 개인 차원의 구조조정을 하면 살기가 수월해진다. 앞으로 4~5년 동안의 전환기 과정을 잘 통과하라는 말이다. 그리고 또 하나 은퇴하더라도 20~30년 일할 기회를 찾으면 좋다. 우리나라는 기본적으로 내수 시장이 커지지 못할 것이다. 인구가 감소하고, 앞으로 14년간 2,000만 명에서 2,700만 명이 은퇴하게 되며, 은퇴자들은 평균 소비 규모를 이전에 비해 절반으로 줄이게 된다. 그러므로 물가 상승에 따른 화폐 가치 하락이라든지 환율 효과와 같은 '숫자 트릭'을 걷어내고 나면 내수 시장은 실질적으로 성장하지 못한다. 줄어든 시장을 내부에서 메울 수 없기 때문에 글로벌 시장, 최소한 아시아 시장으로 눈을 돌려야 한다.

지금 나오는 기술이나 미래에 나오게 될 기술들은 개인이 언어와 지역의 경계를 넘어 활동할 수 있는 기반을 만들 수 있다. 음식점이나 미장원 같은 생활 밀착형 서비스산업이라면 어쩔 수 없겠지만, 개인이라도 한국의 내수 시장만 바라보지 말고 기술적 혜택을 이용해 외부로 시선을 돌릴 필요가 있다.

예를 들면, 시간이 갈수록 가상공간이 현실과 굉장히 흡사하게 된다. 그렇게 되면 가상공간에서 구매와 활동의 영역이 넓어질 것이다. 또 언어의 장벽이 기술에 의해서 상당부분 해소될 것이다. 내가 굳이 일본어나 중국어를 하지 않더라도 가상공간의 기술이 그런 문제들을 해소해줘서 가상공간에서는 중국 시장이나 일본 시장에 진출할 수 있게 될 것이다. 가상공간이 시장을 넓혀준다.

또 하나 예를 들면, 3D프린터가 발전하면 제조업에 혁명이 일어나게 된다. 개인들이 서비스업에 몰리는 이유가, 개인이 제조업에 진입하기 어려운 측면도 있다. 개인이 좋은 아이디어를 가지고 있더라도 금형을 떠서 제품을 만들어서 출시하기까지 투자할 돈이 없기 때문이다. 그런데 3D 프린터가 발전하면 얼마든지 자기 집에서 물건을 만들어서 인터넷을 통해서 세계로 나갈 수 있다. 한국에서는 한 개를 팔던 제품이 세계 시장을 무대로는 30~40개를 사고 팔 수 있다. 거기에 필요한 자본도 클라우드 펀딩 같은 방법으로 얻을 수 있다. 이런 변화들이 개인에게 굉장히 많은 기회를 주게 된다.

물론 곧바로 되는 것이 아니라 상당한 수준의 재교육이 필요하다. 정부는 준비가 안 된 사람들에게 돈만 빌려주며 무턱대고 창업으로 밀어내는 대신, 많은 예산을 그런 쪽에 배정해 체계적인 재교육 기회를 마련해야 한다. 개인도 어차피 4~5년간 구조조정을 해야 한다면, 지금 공부하고 기술을 배우는 게 좋다. 그러면 자영업자들이 2020년부터는 지금보다 더 나은 상황에서 승부를 걸어 볼 수 있다.

최근 〈2030 기회의 대이동〉과 〈2030대담한 미래2〉라는 책을 발간했고, 이후에도 여러 권의 책이 나올 것으로 알고 있다. 어떤 내용을 다루고 있는지 소개해달라.

지난해 출간한 〈2030 대담한 미래〉 1권에서 2030년까지의 한국과 세계의 위기를 다뤘는데, 많은 분들이 "그러면, 기회가 뭐냐?"라고 물어 보셨다. 그에 대한 답을 최근 출간한 〈기회의 대이동〉과 〈2030 대담한 미래2〉에 담았다. 기회가 없어지는 것이 아니고 기회는 이동 중이다. 그러면 어떤 쪽에서 기회가 없어지고 어느 쪽으로 기회가 이동하느냐 하는 것을 쉽게 설명한 책이 〈2030 기회의 대이동〉이다. 〈2030 대담한 미래2〉에서는 앞으로 발생할 추가적 위기와 그 대응 방법을 제안하고, 2030년까지 펼쳐질 새로운 미래와 산업의 모습들이 어떻게 될지를 본격적으로 소개하는 예측 시나리오를 560페이지 분량으로 담았다. 〈2030 대담한 미래〉는 1권이 위기 측면에 중점을 두었다면, 2권은 미래의 산업 전쟁이 어떻게 전개되고, 어떻게 전략적으로 승부할 것인지를 예측하는 시나리오를 소개하고 있다.

기회의 이동이 일어나는 예를 든다면.

기존 산업에서 지난 10동안 예고편처럼 보여줬던 미래형 산업이나 신성장 산업들이 향후 10년에는 현실이 돼 시장이 만들어질 것이다. 그렇게 되면 기존 산업에서는 부가 줄지만, 기회가 새로운 산업과 시장으로 이동하면서 전체 총량은 늘어날 것이다. 인구구조가 변하면서 사람들이 무엇을 어떻게 소비하느냐에 따라 기회가 이동할 것이다. 그런 기회들이 어떻게 진화하는지, 기회의 이동이라는 '움직이는 과녁'을 맞추려면 어떻게 해야 하는지를 책에 담았다.

요즘 대다수 젊은이들이 대학에 들어가서 대학 생활 내내 준비하는 게 공무원 시험이다. 공무원은 원래 국민의 어려움을 해결하는 '서번트 리더십Servant leadership'이 필요한 직업이다. 그런데 모든 대학생들이 그런 사명감을 갖고 있는가? 실제 이유는 점점 평생직장 기회가 줄면서 가장 안정된 공무원 자리만 바라보고 있는 것이다. 경마장 말처럼 주위를 돌아볼 수 없게 시야를 가린 채 앞만 보고 달리고 있는데, 그런 시야에서 보자면 기회가 사라지는 것 같지만 실제로는 기회가 이동하는 것이다. 기회가 이동하고 있는 것이니 눈을 크게 뜨고 시야를 넓혀야 한다.

더구나 대학생들에게는 준비할 시간이 있다. 먼 미래가 아니라 2020년부터 2030년 사이다. 그 때가 되면 기회가 새롭게 커지는 영역에서는 인력이 부족해진다. 공무원 시험을 몇 년씩 준비할 열정이라면 미래형 신산업에 대해 공부해라. 지금도 ICT서비스 시장을 보면 쉬운 프로그램을 짜는 프로그래머는 많지만 고급 프로그래머는 드물다. 은퇴자들은 눈을 낮춰서 재교육을 거치면 중국과 가격 경쟁을 할 수 있다. 젊은이들은 눈을 낮출 게 아니라 눈을 돌려서 미래형 신산업에 대해 공부하면 된다. 지금 기회는 이동하고 있는데, 계속 그 자리만 보니까 없어지는 것으로 보인다. 정부도 자꾸 없어지는 측면만 본다. 기회를 만든다면서 사라지는 영역에 밑 빠진 독에 물 붓듯이 돈을 투자하고 있다.

우리나라는 아직 희망이 있다. 그런데 움직이는 기회를 보지 못하고 있다. 흔히 속도보다 방향이 중요하다고 말하는데, 맞는 말이지만 방향보다 더 중요한 건 통찰이다. 통찰을 못하면 방향을 상실한다. 그래서 지금 방향(을 강조하기)보다 미래 변화를 통찰해야 한다. 통찰하고 방향을 잡으면 속도는 얼마든지 낼 수 있다.

3장

위기로 빠져드는 한국

미래 위기 지도

다가올 미래의 첫 번째 기회는 단언컨대 아시아 대위기라는 폭풍우의 한가운데서 시작된다. 위기의 중심에서 기회가 싹 트기에 기회를 잡기 위해서는 대담한 판단과 행동이 필요하다. 다음 그림은 위대한 희망이 시작되는 위기의 전개 과정을 지도로 정리한 것이다. 낯선 길에서 발생하는 위기는 길을 잃는 데서 시작된다. 처음 가는 길에서 미래의 기회를 개척하기 위해서는 두 개의 지도가 필요하다. 하나는 '위기 지도'이고 다른 하나는 '변화 지도'다. 먼저 위기 지도는 2030년까지 한·중·일의 위기를 시계열로 정리한 것이다. (뒤에 살펴볼 변화 지도는 2030년까지의 글로벌 정세 변화의 가능성을 시계열로 정리한 것이다.) 위기 지도가 위기 자체를 없애지는 못한다. 하지만 위기를 헤쳐 나가고 생존하는 것을 돕는다. 경쟁자보다 먼저 헤쳐 나간다면 위기 속에서 기회를 잡을 수 있다. 변화 지도도 마찬가지다. 변화의 파도를 피할 수는 없지만, 방향을 예측하고 파도를 탈 수 있는 용기를 준다. 남들보다 파도를 잘 탄다면 큰 보상을 받을 수 있다.

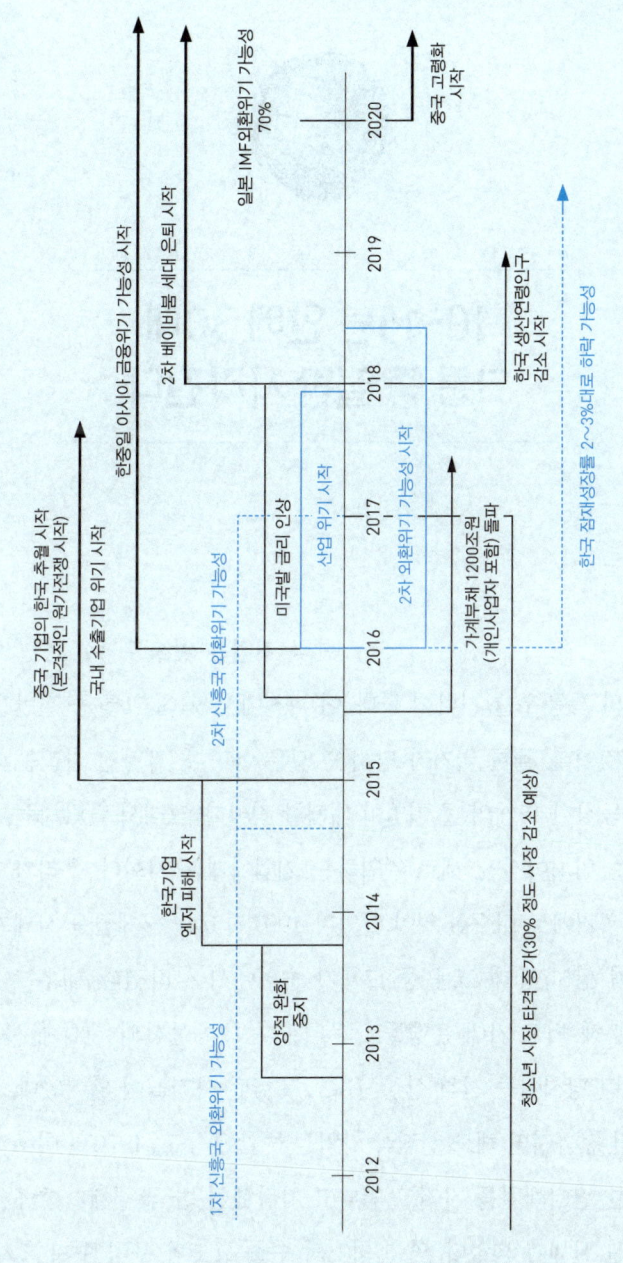

위기로 빠져드는 한국　109

BRAVE NEW WORLD 2030

10~15년 안에 30대 그룹 중 절반 사라진다

　　　　　　　한국 기업은 앞으로 10~15년 이내 두 번의 폭풍우를 지나야 한다. 이 과정에서 30대 그룹 중 절반은 사라질 것이다. 물론 국가가 망하는 것은 아니다. 사라진 자리는 다시 새로 등장한 15개의 큰 기업이 대체할 것이다. 그래서 탈락하는 기업에게는 위기이지만, 새로 진입하는 기업에게는 기회다. 우리가 기억하는 과거에도 비슷한 일이 있었다. 1997년 IMF 구제금융 사태가 발생하자 당시 30대 그룹 중 17개가 순위에서 사라졌다. 대우 그룹이 공중분해 되고 거대 은행들도 무너졌다. 대마불사의 신화에 사로잡혀 있던 당시에는 전혀 상상하지도 못했던 사건들이 일어났다. 불과 2~3년 전까지만 해도 선진국 가입을 눈앞에 두고, 1970년 이후 가장 탄탄한 펀더멘털을 가지고 있다고 자랑했던 한국 경제가 한순간에 난파선 신세가 되었다. 역대 최고의 수출 규모와 무역 수지 흑자, 사상 최대의 매출과 흑자, 곧 세계 일류 그룹의 반열에 오를 수 있다고 찬사를 받던 기업이 한순간에 무너졌다. 튼튼한 외환보유액을 자랑하며 위기에 빠진 동남아 국가에 달러를 지원하던 자만심(?)은 간데없이 IMF에 달러를 구걸하는 신세로 전락했다.

앞으로 일어날 30대 그룹의 절반을 날려버릴 첫 번째 폭풍우는 바로 한국의 제2의 외환위기 가능성이다.(1권에서 이 시나리오에 대해 자세히 설명했다) 이 시나리오는 3개의 시나리오로 구성된다.

시나리오 1. 선방하면 '저성장'이다.
시나리오 2. 현재 상황이 그대로 진행된다면 '금융위기'다.
시나리오 3. 금융위기의 규모와 금융위기가 발발할 때의 국가 위기관리 능력에 따라 '제2의 외환위기 발발' 가능성이 결정된다.

'제2의 외환위기 가능성' 시나리오를 발표하면서 한국 경제의 제로 성장이나 마이너스 성장에 대한 경고도 함께 말했다. 2013년 기준으로, 30대 그룹의 절반은 한 해 순수익으로 겨우 이자를 냈다. '좀비 기업Zombie company'이란 말이 있다. 회생할 가능성이 없음에도 정부 또는 채권단으로부터 지원을 받아 연명하는 기업을 영어에서 '되살아난 시체'를 뜻하는 '좀비'에 빗대어 부르는 말이다. 슬프게도 코스피 상장사 1,507개 중 38%가 한 해 순수익으로 이자도 내지 못하는 좀비 기업이었다. 겨우 이자만 낸 기업까지 포함하면 60%의 가까이 될 것으로 추산된다. 그것도 저금리 상황에서 말이다. 이런 상황을 빨리 탈출하지 못하면 금리가 오르는 순간 60%의 기업 모두가 좀비 기업이 될 수 있다.

주가는 코스피 2,000선을 자랑하지만, 30대 그룹 중 상위 3~4개 기업을 제외하고 계산하면 1,600선으로 주저앉는다. 착시 현상을 일으키는 상위 3~4개 기업을 제외하면 이미 제로나 마이너스 성장 국면에 진입한 상태다. 2013년, 한국의 500대 기업 중 ICT산업을 제외한 거의 모든 업종에서 순익이 감소했다. 금융, 조선, 기계설비, 석유화학, 건설 등에서 20조 원 가량의 순익이 전년 대비 감소했다. 500대 기업 전체 순익의 80%를 5대 그룹이 독식할 정도로 편중 현상은 더 심해졌다. 5대 그룹을 제외한 나머지 500대 기업은 매출이 평균 0.1% 줄었고, 영업이익은 -14.5%, 당기순이익은 -48.5%를 기록했다.[48]

사상 최대의 무역 수지 흑자라고 자랑하지만, 내용을 잘 들여다볼 필요가 있다. 소수 기업들의 선전, 수입 물가 상승과 내수 시장 침체로 인한 수입의 감소, 미국과 유럽 기업들의 고전, 환율 효과 등이 작용했기 때문이다. 자본 수지 흑자도 위기에 직면한 신흥국과 동남아시아 국가에서 잠시 피난 온 투자 자금의 유입이라는 일시적 효과를 감안해서 보아야 한다. 이런 요인들로 인한 숫자상의 착시 효과를 걷어내면 아무리 긍정적으로 보더라도 한국 경제는 2008년 이후 지난 5년 동안 제로 성장이다. 전체 기업 중 최소 3분의 1은 마이너스 성장을 기록했다. 앞으로 2~3년 이내에 탈출구를 찾지 못하면 10~15년 안에 30대 그룹 중 절반이 사라지는 것이 불가능한 시나리오가 아니다.

미래는 갑자기 오지 않는다. 이미 전조Futures signals가 시작되었다. 한국 기업사에 신화를 쓰며 30대 그룹에 진입했던 STX, 웅진, 동양 그룹이 사라졌다. 이것이 끝이 아니다. 한국GM, 효성, 부영, 한국가

스공사, 동부, 두산, 한진, 현대 등이 2012년 기준으로 연결부채 비율이 300%가 넘는다. 특히, 현대 한진 동부 두산 등은 좀 더 위험한 상태다. 빠른 속도의 구조조정이 필요하다. 위험에 직면한 기업들의 면면을 보면, 세계 경제 침체와 더불어 중국 제조업의 추격에 따라잡힌 조선과 건설업체가 큰 타격을 받았다. 이들 업종의 구조조정은 앞으로 5년 정도 더 지속될 가능성이 크다. 필자는 몇 년 전 한국의 건설업체 상위 100개 중 50개 정도는 부도가 날 것으로 예측했다. 현재 28개 정도가 부도가 났거나 워크아웃 중이다. 앞으로 더 진행될 것이다. 문제는 건설이나 조선업에 국한되지 않는다는 것이다.

석유화학 산업은 이미 시작되었다. 석유화학 산업도 건설과 조선업의 전철을 그대로 밟을 것으로 예측된다. 2~3년 후부터는 한국의 자랑거리인 전기·전자업종에서도 이런 사태가 시작될 것이다. 그 후로는 자동차산업에서마저 비슷한 일이 되풀이 될 것이다. 한국 기업과 경제의 강도 높은 구조조정은 앞으로 최소 5년 정도는 지속될 것으로 예측한다. 그나마 다행인 것은 정부가 선제적으로 구조조정을 압박하고 있다는 점이다.

이런 미래가 기다리고 있기 때문에, 한국 경제는 앞으로 5년 정도는 '선방해도' 저성장이다. 필자의 예측대로 2014~2015년 사이에 미국의 경제는 바닥을 찍고 회생할 것이다. 유럽과 중국 경제는 1년 반에서 2년의 시차를 두고 미국의 회복 국면을 쫓아갈 것이다. 그래서 2015년부터는 한국 수출 기업의 매출이 더 좋아질 것이다. 무역수지도 계속 선방할 수 있다. 그러나 이런 선방은 몇몇 기업에 국한된다. 오히려 한국 경제 전체에 대한 착시 현상을 강화시켜서 정부와 국민을 속일 것이다. 대부분의 기업은 구조조정 압박에 계속 시달려야 하고, 미국과 유럽, 중국의 회복 효과보다는 내수 시장의 침체 지속, 금리 인상과 수입 물가 상승 등의 악재에 더 시달려야 할 것이다. 그래서 내수 시장은 수출 상승세와는 관계없이 저성장이 계속될 것이다. 삼성전자가 스마트폰 한 대를 더 팔아도, 현대기아자동차가 자동차 한 대를 더 수출해도, 동네 빵집의 매출은 오르지 않는다. 98%의 중소기업에 다니는 근로자의 임금은 물가상승률을 이길 만큼 오르지 못한다. 수출은 늘고, 거시 경제 지표는 더 나아지고, 환율 효과로 GDP는 계속 느는데도 체감경기는 더 힘들어진다. 수출과 내수의 비동기화 현상이 최소 5년은 지속될 것이다. 일부 대기업과 나머지 기업의 비동기화 현상은 더 심해질 뿐이다. 대부분의 기업은 앞으로 5년 정도 저성장 국면이 지속되는 것을 최선의 시나리오로 잡고 대응 전략을 세워야 한다.

앞에서 제시한 3가지 시나리오에 새로운 시나리오를 추가해 보자. 바로 '한국 경제의 놀라운 회복 시나리오'를 생각해볼 수 있다. 그 내용은 다음과 같다.

- 최소 5년 동안 강력한 구조조정도 없고 망하거나 워크아웃 되는 기업이 없다.
- 제2, 제3금융권의 건전성이 기적처럼 좋아진다.
- 미국이 금리를 인상하지 않거나 인상하더라도 한국의 기업과 가계 부채 문제에 전혀 타격을 주지 않는다.
- 기업 부채와 가계 부채의 증가 속도를 능가하는 매출 성장과 임금 상승이 일어난다.
- 한국 기업들이 턱밑까지 따라온 중국 기업을 물리치고 미국과 유럽

시장에서도 본토 기업의 성장세를 추월하는 시장 점유율 상승을 기록한다.
- 한국 부동산이 급등해서 2008~2009년의 최고점으로 되돌아가 중산층의 자산 가격이 회복된다.
- 주가가 2,500선을 돌파해 기업이 투자를 획기적으로 늘리면서 청년 일자리를 두 배 이상 늘려 준다.
- 창조적 발상이 폭발해 매년 60~70만 명씩 은퇴하는 베이비붐 세대가 창업해 모두 대박이 난다.

이 모든 일이 5년 동안 벌어진다면 한국 경제는 단숨에 회복될 수 있다.

한국은 15년 이내, 두 번의 외환위기를 당할 수 있다

네 번째 시나리오가 가장 높은 가능성의 미래라고 생각하는 국민과 기업인이 얼마나 될까? 물론 가장 많은 사람이 희망하는 미래이며, 이론적으로 불가능하지는 않다. 인간이 탐욕을 부리지 않고 위기를 맞아 가장 현명하고 합리적으로 대응한다면 현실이 될 가능성이 있다. 한국 경제의 잠재력은 크다. 중국을 단칼에 베고, 몰락하는 일본을 넘어서고, 앞으로 5년 안에 유럽과 미국인의 콧대를 납작하게 만들고, 골드만삭스의 예측처럼 미국을 넘어서 세계 2위의 경제 강국으로 갈 잠재력 역시 충분하다. 그러나 그 잠재력을 현실로 만들어낼 수 있는 전략과 그것을 올바로 실행할 능력이 있을 때 비로소 잠재력은 현실이 된다. 우리의 아이들은 누구나 예외 없이 천재가 될 잠재력을 가지고 태어난다. 그러나 잠재력이 있다는 것과 그것을 꽃 피우는 것은 완전히 다른 문제라는 점을 부모라면 누구나 알고 있다.

한국 경제를 사람의 일생에 비유하자면, 지금은 잠재력 이야기나 하고 있을 나이는 지났다. 한국 경제는 성숙기에 접어들었다. 한창 성장하는 청소년기는 오래 전에 지났으며, 어떤 위기도 금방 씹어 먹을 왕성한 체력과 활력을 가진 20~30대도 아니다. 아무리 긍정적으로 보더라도 40대 중반을 넘어섰다. 조금만 일하면 체력이 고갈되고 크게 무리하면 며칠 앓아 누어야 하고, 책을 오래 보면 집중력이 떨어지고 눈이 침침해질 나이다. 기회보다는 위기가 더 산적해 있는 시기다. 다가오는 위기에 선제적으로 대응하지 않으면 혈압이 높아지고, 성인병이 엄습하는 시기다. 이런 단계에서 위기를 맞아 저성장이면 대단히 선방한 셈이다.

좀 더 냉정히 한국의 현재 상황을 인간에 비유하면 은퇴 준비와 빚 청산을 압박받는 시기다. 40대 전까지는 소비도 늘리고 빚도 늘려서 유형의 자산 규모를 늘린다. 소득도 빠르게 증가해서 빚이 늘어 금융 비용이 상승해도 여유가 있다. 사업에 실패해도 다시 재기할 수 있다는 자신감과 여유도 넘친다. 하지만 50대가 되면 그간 늘린 빚을 청산해야 하는 압박이 시작된다. 버는 돈보다 나가야 할 큰돈이 많다. 소득이 줄어들고 은퇴 후의 미래도 준비하기 시작해야 한다. 필자를 포함해 대한민국 사람이라면 누구나 네 번째 시나리오를 가장 선호하지만, 현실적으로 가장 가능성이 높은 시나리오는 두 번째(금융위기 가능성) 시나리오다.[49] 한국 경제는 시기를 아무리 늦춰 잡아도 앞으로 2~3년의 여유밖에 없다. 제2의 외환위기가 발생할 수 있는 1차 위험 구간은 이번 정부 말에서 다음 정부 초의 시기다. 이 시기에 아무리 선방을 해도 위기 자체를 피할 수는 없다. 이런저런 노력으로

1차 위험 구간을 넘어간다면 다음 정부의 중·후반기가 2차 위험 구간이 될 것이다. 현재 한국의 펀더멘털로는 다음 정부를 넘기기 힘들다. 지금부터라도 즉시 전반적 수술을 단행하지 않으면 오래 버텨도 다음 정부 내에 금융위기는 발발할 수밖에 없다. 그렇게 되면 저성장 국면이 몇 년 더 연장되고, 제2의 외환위기 가능성은 더 커진다.

많은 사람들이 '금융위기 가능성'보다 '외환위기 가능성'이란 말에 더 심각하게 반응한다. 외환위기를 나라가 망하는 것으로 착각하기 때문이다. 외환위기는 나라가 망하는 사태가 아니다. 외환위기는 흑자부도와 비슷하다. 펀더멘털이 좋고, 바이어가 살아 있어 제품이 잘 팔리고 있지만, 갑자기 현금 유동성에 문제가 생겨 만기가 된 어음을 막지 못하거나 은행이 요구하는 금융 비용을 일시적으로 감당하지 못하는 상황이 발생할 수 있다. 기업이 이런 상황에 빠지면 제1, 2차 금융권은 일단 발을 뺀다. 결국 사채 시장에서 돈을 빌려야 한다. 사채도 펀더멘털이 좋아서 빌려 주는 것이다. 외환위기는 달러 유동성에 문제가 생겨서 발생하는 국가 차원의 흑자부도 상황이다. 외환위기 발발은 경제 펀더멘털, 국가 자산 규모, 빌려온 돈보다 빌려준 돈이 많은 것 등과는 상관이 없다. 다만, 이런 요인들은 외환위기 극복과 관련되어 있는 변수다. 경제 펀더멘털이 좋지 못하고, 국가 자산이 부실하고, 빌려온 돈보다 빌려준 돈이 적다면 외환위기 극복 기간이 훨씬 길어지거나 위기 극복의 과정에서 더 많은 것을 내주어야 한다. 최악의 경우에는 나라가 망할 수도 있다.

달러 유동성 문제 때문에 발생하는 외환위기를 예측할 때는 외환보유액도 중요하지만, 무역수지와 자본수지의 '추세'가 가장 중요하다. 무역수지와 자본수지가 적자로 돌아서야만 문제가 발생하는 것이 아니다. 무역수지나 자본수지의 흑자 증가 추세가 줄어드는 것 자체를 신용평가회사들과 투자자들은 위기 징후로 인식한다. 흑자 증가에서 흑자 감소로 추세가 반전되는 순간부터 그들은 신용등급 조정의 카드를 만지작거리기 시작한다. 추가 투자에는 한없이 신중해지고, 투자된 자금을 회수해서 그간 벌어둔 이익을 극대화할 수 있는 방법을 심각하게 고려한다. 이것이 위기의 시작이다. 사태가 이 정도까지 진전되면, 그 동안 아무런 문제가 없던 영역에서도 위기가 또 다른 위기를 파생시키는 악순환의 고리가 작동하기 시작한다. IMF 구제금융 신청은 위기 전개의 마지막 결과일 뿐이다.

제2의 외환위기 시나리오는 어떻게 전개될까? 2~3년 후부터 시작될 것이다. 제2의 외환위기의 불은 미국이 붙일 것이다. 미국은 2015~2017년 사이에 금리를 올릴 것으로 예측된다. 금리가 오르기 시작하면 대략 3~4년 동안 지속해서 오르면서 한국에 영향을 줄 것이다. 한국의 가계 부채는 도화선이지 절대로 뇌관이 아니다. 가계 부채를 외환위기의 뇌관으로 보면 잘못된 분석을 하게 된다. 가계 부채의 적정 규모 등을 거론하는 등 쓸데없는 여유를 부리며 위기에 대해 잘못된 판단을 하게 된다. 뇌관은 가계 부채가 아니라 이미 성장의 한계에 이른 낡은 한국 사회 시스템의 한계 상황이다. 이 뇌관으로 불이 옮겨 붙으면서 한국 경제는 예상치 못한 곳으로 흘러가며 급격하게 기울게 된다. 일시적으로 생긴 위기 상황이 무역수지, 자본수지 문제로 옮겨 붙게 된다. 이 기간에 한국 기업의 수출 경쟁력이 한계치에 도달할 가능성이 크기 때문이다.

아시아에서 위기가 시작되는 시기에 미국과 유럽은 본격적인 회복 국면에 들어설 것으로 예측되기 때문에 한국을 포함한 아시아에서 미국과 유럽의 자금이 탈출할 가능성도 커진다. 삼성보다는 애플에 투자하는 것이 더 좋고, 한국의 상업용 부동산을 팔고 미국과 유럽의 부동산에 투자하는 것이 더 높은 수익률과 안정성을 보장한다는 분위기가 상식이 된다. 한국의 투자 회사도 국내 투자를 줄이고 미국과 유럽의 투자를 늘리게 될 것이다. 이는 곧바로 국가와 기업, 은행의 신용등급 하락으로 확산된다. 가계 부채(부동산)발 금융 부실이 발생하고 환율이 상승해 환헷지 리스크가 기업을 강타한다. 미국의 기준 금리가 인상되면 국내 기업과 개인은 기준 금리 인상분, 국내 리스크 헷지용 추가 이자 상승분만큼 금융 비용이 높아지고, 금융기관으로부터 원금 일부 상환이나 만기 연장 불가 압력을 받게 된다. 내수 시장은 더욱 침체되고 기업의 경영은 더욱 악화된다. 매출이 줄고 금리가 인상되면 수많은 기업이 파산하고 구조조정을 해야 한다. 실업률이 크게 증가하고 신규 취업도 줄어든다.

경제위기에 대처하는 과정에서 국가 부채는 더욱 증가한다. 외국 자본이 주식과 채권 시장에서 빠져나가면서 주식과 채권 시장이 폭락한다. 2013년 11월 13일 코스피지수가 2,000 정도를 기록했을 때의 코스피 시가총액 1,156조 3,891억 원에서 외국인이 보유한 주식의 시가총액은 412조 1,915억 원이었다. 35%를 넘는 비중이다. 코스피지수 2000을 기준으로 지수가 20% 하락하면 1,600선으로 주저앉으면서 순식간에 시가총액 200조 원 이상이 사라진다. 그 전에 외국인이 20% 정도(80~100조 원)만 주식을 매도해 달러로 바꿔서 한국 시장에서 빠져나가면 700~900억 달러의 외환보유액이 사라진다. 현재 3,500억 달러의 외환보유액 중에서 위기가 발생할 경우 즉시 현금화할 수 있는 규모는 50%인 1,700억 달러 정도다. 외국인이 주식을 팔아서 가지고 나갈 700~900억 달러를 빼면 달러 현금은 800~1,000억 달러로 줄어든다. 이 액수는 3개월 만기 단기부채 1,200억 달러를 방어하기에도 부족한 규모다. 외국인이 주식만 팔지는 않는다. 가장 먼저 채권을 팔아 달러로 바꿀 텐데 이 돈은 어떻게 조달할 수 있을까? IMF가 권장하는 최소 3개월의 수출입 보증을 위한 외환 1,200억 달러는 어떻게 준비해야 할까? 수출입 보증금이 부족하면 국제 거래에 문제가 생겨 무역수지도 나빠진다. 더욱이 급하게 진행되는 국내 위기와 아시아 대위기를 피하려고 유럽과 미국계 투자 자금이 추가로 한국에서 빠져나갈 수 있다. 1997년보다 외환보유액이 커졌지만 그때보다 달러 부채도 같은 비율로 커졌다. 절대 규모가 중요한 것이 아니라 비율이 중요하다. 비율을 가지고 분석하고 예측해야 하는데 액면 숫자로 눈속임을 하면 안 된다. 설상가상으로 이 시기에 1차 베이비붐 세대의 은퇴가 완료되어 은퇴자 수가 지금보다 증가하고 생산연령인구의 감소도 본격화한다. 후대는 이 상황을 '한국판, 잃어버린 10년'이라고 부를 것이다.

    가계 부채는 그 자체로는 작은 변수다. 단일 변수로만 보면 가계 부채 자체가 최악의 사태로 악화되더라도 국가가 파산하지는 않는다. 문제는 도미노 현상을 일으키게 될 시스템적 역학관계에서 만들어지는 파생 위험들이다. 이제까지의 성장을 이끌어준 시스템을 혁신하지 못한 상황에서는 나쁜 일이 겹쳐서 일어난다. 2~3년 후 미국의 금리 인상이 한국의 나쁜 일을 점화시킬 것이고, 지금 이 순간에도 계속 증가하는 한국의 가계 부채는 연쇄적인 도미노 현상의 시작점이 될 것이다. 물론 제2의 외환 위기가 발발하더라도 한국 경제는 3~4년 안에 이를 극복할 것이다. 1997년처럼 국민과 기업이 뼈를 깎는 노력으로 극복할 수 있는 기초체력을 가지고 있어서 나라가 망하지는 않는다. 그러나 그 과정에서 국민이 희생을 감수해야 하고, 정부 부채는 증가하며, 저성장이 고착화된다.

그런데 제2의 외환위기를 극복한 시점부터 한국은 단군 이래 한번도 경험하지 못한 문제에 직면하게 된다. 바로 고령화 문제다. 이는 정부 정책과 기업, 내수 시장에 큰 영향을 끼치게 된다. 차기 정부부터는 국민연금, 건강보험, 노령연금, 기타 복지비용이 크게 증가한다. 반면 저성장의 고착화로 정부와 지자체의 세수 부족 현상은 더 심해질 것이다. 그래서 제2의 외환위기 극복 이후 10년 이내에 제3의 외환위기에 직면할 가능성이 매우 크다. 확률적으로 70~80% 정도라고 예측한다. 이것이 현실화되면 '한국판, 잃어버린 20년'이다.

이런 위기를 극복할 방법은 무엇일까? 외교적 수단을 총동원해 미국의 금리 인상 시기를 늦추어야 한다. 이렇게 미국의 금리 인상을 늦추는 동안 최대한 빨리 도화선을 잘라야 한다. 해법은 '시간'이다. 시간을 벌어야 한다. 미국이 불씨를 던지는 시기를 늦추고, 안에서는 도화선을 가장 빠른 시간 안에 잘라서 최대한 많은 시간을 확보해서 그 동안 '뇌관(한국의 시스템적 성장 한계 요소)'을 제거해야 한다. 구체적으로 가계 부채와 기업 부채를 미리 줄여서 금융위기의 규모를 줄여야 한다. 금융위기에 대한 대응은 제2, 제3의 외환위기 가능성을 차단하는 가장 분명하고 시급한 장치다. 그리고 중국에 완전히 역전되기 전에 강도 높은 선제적 구조조정을 통해 기업의 체질을 개선하고 미래 산업 육성을 위한 투자를 촉진해야 한다. 점차 의문이 제기되고 있는 한국 기업의 대 중국 경쟁력에 대한 확신을 심어주고, 한국 기업의 미래 가능성을 분명하게 보여 주어야 한다. 이렇게 해야 제2의 외환위기를 촉발하는 중요한 요인인 한국 경제에 대한 외국 투자자의 불안 심리를 진정시킬 수 있다. 제3의 외환위기를 막는 가장 확실한 방법은 제2의 외환위기가 발발하지 않도록 하는 것이다.

2~3년 후부터 지자체의 부도 도미노가 시작된다

필자의 금융위기론(외환위기론)에 동의하지 않는 전문가들도 인정하는 점이 하나 있다. 부채 증가, 부동산 세수 하락, 법인 세수 하락, 중국의 추격 등의 문제가 개선되지 않은 상황에서 전격적으로 기준 금리가 인상되면 가계 부채에 위기가 발생한다는 것이다. 가계 부채는 현재의 초저금리 상황에서는 문제가 되지 않는다. 약간의 이자 상승도 위험은 아니다. 하지만 3~5% 정도 기준 금리가 인상되면 위기로 전환된다는 데 대부분 동의한다. 그렇다고 가계 부채를 줄이면 부동산 경기가 침체에 빠지고, 경제가 저성장의 늪에서 탈출하기가 더 힘들어진다. 그래서 일부 전문가들은 가계 부채를 줄이면 안 되고 큰 폭으로 금리를 인상하는 것도 위험천만한 발상이라고 손사래를 친다. 그들은 미국이 금리를 올리지만 않으면 문제가 없을 것이라고 말한다. 그들이 여러 이론적 근거를 제시하지만, 솔직히 말하면 미국이 금리를 올리지 않을 것에 운명을 걸고 있는 듯 보인다.

미국이 왜 금리를 크게 올려야만 하는지 앞서 설명했다.(더 자세한 것은 1권의 역사적, 이론적, 현실적인 근거 설명 참고) 양적 완화 정책의 축소나 중지 전략을 구사할 때도 보았듯이 미국은 신흥국의 위기를 고려하지 않는다. 그들의 위기는 미국의 책임이 아니라고 분명한 선을 긋는다. 기준 금리를 인상할 때도 같은 태도를 보일 것이다. 그러면 대안은 무엇일까? 가계 부채를 그만 늘리는 것이 우선이다. 다른 대안은 없다. 빚의 속성은 간단하다. 소비를 줄여 갚든지 아니면 빚 부담보다 더 많은 소득을 올려야 한다. 2~3년 안에 둘 중 어느 것이 더 실현 가능성이 높을까? 2~3년 안에 가계 부채 원금과 이자의 증가분을 감당할 수 있을 정도로 근로자의 임금이 획기적으로 오를까? 자산 가치가 오를까? 그럴 일은 없다. 물론 제3의 방법이 있긴 하다. 가계 부채 일부를 정부가 갚아주는 것이다. 그러면 정부 부채가 늘어난다. 이것이 빚의 속성이다.

스스로 부채를 줄이지 못한다면, 차라리 미국이 기준 금리를 빨리 올리는 것이 장기적으로 최선의 결과를 낳을 수 있다. 미국의 금리 인상이라는 외부적 압력으로 강제로 빚을 줄일 수 있기 때문이다. 금리 인상 시기가 늦어질수록 문제가 중첩되어 위기는 더 커지고 해법의 선택지는 줄어든다. 한국의 미래에는 가계 부채 말고도 피할 수 없는 문제들이 차례로 기다리고 있다. 이들 문제는 어떻게 해도 피할 수 없다. 미래 한국에 가장 필요한 대응 전략은 위기가 흩어져 발생하도록 관리해서 충격을 줄이는 것이다. 위기를 미봉책으로 미루고 미루다가 한 번에 몰려서 터지는 경착륙은 막아야 한다. 경착륙 할 경우 더 많은 중산층, 더 많은 기업, 더 많은 지자체가 타격을 본다. 더 많은 미래의 가능성을 잃는다.

부채와 관련해서 꼭 준비할 것이 하나 더 있다. 제2, 제3의 외환위기가 발발하기 전 또는 제2의 외환위기가 발발하는 과정에서 지자체의 부도 도미노가 시작될 가능성을 대비해야 한다. 국가 전체가 위기 상황에 빠지면 지자체가 어찌 될지는 불을 보듯 뻔하다. 국가 부채는 앞으로 10년은 더 버틸 수 있겠지만, 상당수의 지자체는 2~3년도 버틸 수 없을 정도로 막대한 부채를 짊어지고 있다. 그래서 국가보다 지자체가 먼저 부도가 날 수 있다. (1권에서 구체적 자료를 들어 지자체의 위험을 예측했는데, 결론은 중앙 정부의 부채보다 더 위험하고 가계 부채만큼 위험하다는 것이다.)

　기업의 매출이 당장 개선되지 않고 부동산 시장이 곧바로 불꽃처럼 타오르지도 않으며, 소비 시장도 빠르게 개선되기 어렵다. 그러니 지자체의 세수가 늘기 어렵다. 반대로 기초노령연금, 무상급식 등으로 지자체의 지출 항목과 비용은 갈수록 증가하고 있다. 현재 해당 지자체 공무원의 월급을 줄 돈마저 부족해 빚을 내거나 중앙정부에 손을 벌리는 곳들이 많다. 2012년 말 기준으로 전국 지자체의 부채는 지방 공기업 부채를 합하면 100조 원을 넘어섰다. 저금리 상황에서 겨우 버티는 지자체라면, 금리가 인상되어 이자 부담이 2~3배로 늘어난다면 어떻게 될까? 아마 늘어나게 될 이자를 내기 위해 지방채를 발행하는 것도 여의치 않을 것이다. 눈치 빠른 정부와 국회는 지자체 파산법을 제정해 중앙정부로의 도미노 현상을 차단하겠다고 나섰다. 2~3년 후부터 지자체의 부도가 실제로 발생하게 될 것이다. 지자체의 파산은 마지막 남은 평생직장이라는 공무원 사회에 파란을 불러올 것이다. 공무원이 평생직장이 되지 않을뿐더러 공무원의 처우도 지자체의 재정 건전성에 따라 크게 달라질 것이다.

삼성의 위기 전개 시나리오

1권에서 필자는 삼성 몰락 시나리오를 발표했다. 그 시나리오 발표 후 많은 사람에게서 같은 질문을 여러 번 받았다. "삼성에서 연락 안 왔어요?" 무언가 걱정하는 눈치였다. 물론 1권 출간 후 삼성에서 계속 연락이 왔다. 일부 사람들이 걱정하듯 필자에게 항의하기 위한 것이 아니라, 강의를 해달라는 요청이었다. 삼성은 세계적 기업이다. 그래서 필자가 지적한 위기를 스스로도 잘 알고 있다. 경고를 받아들이기에 위기 탈출의 희망도 찾을 수 있다. 필자는 몇 년 전 유명 ICT 기업에서 미래의 인터넷에 대해 강의하면서 그 기업의 몇 가지 위기 시나리오를 소개했다. 피드백은 "기분 나쁘다!"였다. 그 기업은 지금, 당시보다 더 큰 위기에 빠져 있다. 이처럼 위기 경고를 대하는 자세는 기업마다 다르다.

그런데 실제로 삼성의 위기가 시작되었다. '삼성전자의 미래는 이건희 회장의 건강과 직결되어 있다. ICT 산업처럼 변화가 빠른 영역에서 최고경영자의 능력은 거의 절대적이다. 회사의 명운을 건 혁신의 방향, 속도, 타이밍에 관한 결정은 창업자나 최고경영자만이 내릴 수 있기 때문이다. 현재의 제품과 서비스를 좀 더 훌륭하게 만드는 수준의 혁신은 사원들 차원에서도 얼마든지 가능하다. 하지만 피처폰에서 스마트폰으로 사업의 방향 자체를 바꾸는 수준의 혁신에 관한 의사결정을 창업자나 최고경영자를 제외하면 누가 할 수 있겠는가? 그래서 ICT 산업의 정상에서 수많은 적의 공격을 받고 있는 삼성의 경영에서 이건희 회장의 역할은 거의 절대적이라고 보면 된다.'[50]

삼성의 위기는 어떻게 전개될까? 지금까지 예측한 시나리오에 기반을 두고 삼성 위기 전개 시나리오를 전개해보자. 삼성 위기의 진원지는 크게 세 가지다. 하나는 이건희 회장의 건강 문제에서 시작되는 2~3년간의 내부 문제다. 두 번째는 앞으로 5~10년 동안 벌어지는 외부 상황의 변화다. 세 번째는 삼성의 현재 제품과 서비스가 맞닥뜨린 성장의 한계라는 문제다. 성장의 한계를 해결하지 않고 버틸 수 있는 시기는 불과 3~5년 정도다. 이 모든 문제는 거의 동시에 시작될 것이다. 첫 번째 내부 문제는 삼성이 통제하면서 해결할 가능성이 크지만, 나머지 두 개는 삼성이 잘한다고 통제하거나 해결할 수 있는 문제가 아니다. 글로벌 정세의 변화, 미래 산업의 방향과 속도에 큰 영향을 받으며, 때로는 운도 필요하다. 한국의 경제 상황, 한국 정부의 정책 성공 여부와도 연결되어 있다. 삼성 위기 전개 시나리오를 좀 더 구체적으로 살펴보자.

2014년

이건희 회장의 건강에 심각한 문제가 발생했다. 모두가 염려하던 일이 현실이 되었다. 이건희 회장의 건강이 회복되지 않으면 최악의 상황이 전개될 것이다. 회복된다 하더라도 삼성의 생존에 가장 중요한 시기인 앞으로 6~10년을 이건희 회장이 안정적으로 경영할 수 있을지 장담할 수 없다. 지난 수십 년 동안 삼성은 거듭 위기를 이야기해 왔다. 하지만 지금의 위기감은 이전의 모든 위기들을 합친 것보다 훨씬 크다. 더욱 치열해지는 글로벌 경쟁 속에서 미래 생존을 위한 최고 경영자의 도전적인 의사결정이 필요한 시기다. 그런데 경영권 승계 문제가 가장 시급하게 해결해야 할 과제가 되었다. 이건희 회장의 회복 여부와 상관없이 경영 승계를 위한 움직임을 계획보다 빨리 진행해야 한다. 이건희 회장의 갑작스런 공백은 세 자녀의 지배 구조뿐 아니라 삼성가三星家가 삼성 그룹의 전체 경영권을 안정적으로 유지할 수 있느냐의 문제를 삼성의 생존보다 더 급한 문제로 만들어 버렸다. 현재 계획대로 진행된다면 이건희 회장의 세 자녀가 삼성 그룹의 경영권을 지키는 데는 큰 문제가 없을 것이다. 하지만 외국 자본과 수많은 주주와 세 자녀의 경영 능력을 확신하지 못하는 일부 이사들과 국내외 언론을 설득하는 과제가 남아 있다. 이 문제를 해결하기 위해서 최소 2~3년 동안 집중해야 한다.

월스트리트저널은 이건희 회장 일가가 주식의 50%를 보유하고 있는 에버랜드를 상장해 경영권 방어를 위한 자금을 마련할 것으로 분석했다. 이건희 회장 일가는 에버랜드가 삼성생명 주식의 19.3%를 보유하고, 삼성생명은 삼성전자 주식의 7.6%, 다시 삼성전자는 삼성카드 주식의 37.5%을 보유하는 순환출자 방식으로 그룹을 지배하고 있다. 세 자녀가 이건희 회장의 주식을 상속받기 위해서는 50%의 상속세를 물어야 한다. 이를 위해서는 에버랜드를 상장해 얻은 차익을 이용해야 한다. 이런 틈을 타서 정부는 순환출자 구조를 해소하라고 압박할 가능성이 크다. 그런데 삼성 그룹의 핵심 회사인 삼성전자에 대한 이건희 회장 일가의 지분은 4.7%에 불과하다. 삼성전자가 자사주로 11%를 가지고 있고, 그밖에 삼성생명에 7.6%, 기타 계열사에 5.3%의 삼성전자 주식이 있다. 이것을 모두 합치면 이건희 회장 일가가 지배권을 행사할 수 있는 삼성전자 주식은 28.6%가 된다. 현 증권법에 따르면 자사주는 지주회사로 전환될 경우 지분 행사가 가능하다. 이건희 회장 일가는 삼성전자에 있는 60조가 넘는 보유현금을 활용해 자사주를 더 늘리고, 다른 계열사 주식을 팔고, 에버랜드와 삼성SDS 상장을 통해 마련할 자금으로 삼성전자 주식 보유를 늘릴 것이다. 이런 식의 시나리오는 성공 가능성이 크다. 그런데 이렇게 경영권을 방어하고 상속을 순조롭게 마무리하는 사이에 이건희 회장 일가는 미래 생존과 관련된 최대의 자원인 시간을 잃어버리게 된다.

창사 이래 최고의 위기에 직면하고 있는 삼성에게 시간은 생명이다. 생존과 위기 돌파를 위해 사용할 수 있는 시간은 6~10년이다. 그

중에서도 가장 중요한 결정은 앞으로 2~3년 안에 내려야 한다. 그런데 이 중요한 시기에 삼성은 경영권 방어를 위해 가장 중요한 역량을 집중하고 자금 여력을 총동원해야 한다. 또한 생존과 위기 돌파를 위한 아주 위험하고도 도전적인 결정을 이건희 회장을 대신해 세 자녀가 내려야 하는데 대부분의 언론과 전문가들은 이 부분에 대해 의문점을 품고 있다. 앞으로 2~3년 안에 경쟁자들을 놀라게 하거나 허를 찌르거나 판세를 뒤집을 정도의 도전적인 결정을 내리기보다는, 이건희 회장이 지금까지 만들어 놓은 삼성의 지위와 시장을 유지하는 쪽으로 가닥을 잡을 가능성이 크다.

이런 삼성의 움직임은 경쟁자에게는 새로운 기회다. 스티브 잡스 사후에 삼성이 그랬던 것처럼 말이다. 삼성과 전면전을 벌이고 있는 애플과 가까운 미래에 적으로 돌변할 가능성이 큰 구글, 반격을 준비하고 있는 노키아와 MS 연합군, ICT와 스마트 디바이스라는 새로운 시장으로 영역을 계속 확장하고 있는 아마존 등 미국 기업의 얼굴에 미소가 번지고 있다. 지난 10여 년 동안 삼성과 한국 기업에 밀리면서 치욕을 맛보았던 소니, 하드웨어와 소프트웨어를 통합해 애플과 구글을 넘어서기 위해 차근차근 계획을 진행하고 있는 소프트뱅크 등 일본 기업도 옛 영광을 회복할 마지막 기회가 왔다고 환호하고 있다. 턱밑까지 추격해 온 중국 기업은 삼성을 넘어설 기회가 생각보다 빨리 온 것에 흥분하고 있다. 이들은 그동안 삼성이 장악하고 있던 시장을 위협할 것이다. 2~3년간 경영권 방어에 총력을 기울여야 하는 삼성이 시장을 지켜내기는 쉽지 않을 것이다.

이건희 회장의 건강 문제가 초미의 관심사가 되고, 경영권 승계에 삼성의 역량이 집중되고 있을 때, 미국은 양적 완화 정책 축소 및 중지를 완료할 것이다. 유럽도 디플레이션을 막기 위해 마이너스 금리 정책을 꺼내 들었고, 곧 미국과 일본식 양적 완화 정책을 구사할 것이다. 미국, 일본, 유럽에서 풀린 돈이 한국 시장으로 유입되고, 동남아와 신흥국의 위기로 인해 한국으로 피신한 돈들 때문에 원화 강세 상황이 지속되면서, 최소 1~2년 동안 삼성의 순이익에 큰 타격을 줄 것이다. 2014년 현재 상황이라면 달러당 1,000원 선이 깨지는 것은 시간 문제다. 아베노믹스로 승부수를 띄운 일본은 엔저 정책을 더욱 거세게 밀어붙이며 삼성의 백색가전 시장을 압박할 것이다. 2~3년 안에 가시화될 중국 기업의 추격도 대비해야 하는 상황에서, 환율 방어 전략과 엔저를 앞세운 일본 기업의 추격을 뿌리쳐야 하는 새로운 과제가 등장한 것이다.

프리미엄 스마트폰 시장 전략과 다양한 크기의 스마트폰을 만들어 시장의 한계를 돌파하려는 삼성의 전략도 한계에 봉착하고 있다. 프리미엄 스마트폰 시장 자체가 삼성의 대응 속도보다 더 빠르게 성장 한계에 직면하고 있고, 스마트폰 시장이 중저가 제품 위주로 재편되면서 수익률에 문제가 생기고 있다. 스마트폰 시장의 성장 한계를 보완할 웨어러블Wearable 컴퓨터 시장의 성장은 더디기만 하다. 시장이 커진다고 하더라도 스마트폰보다는 가격과 순수익이 적다. 이런 한계를 보완해 줄 차세대 주력 사업들도 진행이 더디다. 삼성의 미래로 주목받는 의료 분야는 전통적인 강자들의 벽과 각종 규제 벽이 높고, 기술 추격 속도와 삼성 제품의 시장 점유율 성장도 생각보다 늦다. 이렇게 삼성은 미국, 일본, 유럽, 중국의 경쟁자들과 싸우면서 동시에 시장의 한계와도 싸워야 하는 이중고에 빠져들고 있다.

2015년

미국 시장이 살아나는 것은 삼성에 유리하다. 그런데 미국 시장의 회복은 삼성보다 미국 기업에 더 유리하다. 미국 기업은 강력한 구조조정과 인수합병을 통해 기업 체질을 개선하는 데 성공했다. 역사상 가장 많은 현금을 모아두고 있다. 오바마 정부가 적극적인 수출 지원 정책을 펴고 셰일가스, 셰일오일이 발굴되며 자원의 이점을 확보한 미국 기업들은 삼성을 본격적으로 압박할 준비를 완벽하게 갖추었다. 2008년 서브프라임 모기지 사태 이후 미국 정부와 기업이 힘을 합쳐 일본 자동차 기업을 역습해 2~3년 동안 추락시켰던 전략을 전기·전자 시장에도 구사할 태세다. 정부의 보이지 않는 지원에 힘입어 애플과 모토로라를 합병한 구글, 아마존, 노키아와 손을 잡은 MS 등 미국 기업의 포위 작전이 시작될 것이다. 애플을 비롯한 미국 ICT기업은 2014년 하반기와 2015년에 새로운 제품과 새로운 서비스를 내놓으면서 삼성을 압박할 것이다. 지금보다 더 빠른 속도로 변화하는 시장에 대응해야 하는 삼성에게 이건희 회장의 공백은 예상보다 크게 다가올 것이다.

삼성에게 지난 5년간의 싸움은 힘든 싸움이었다. 그런데 본격적인 싸움은 지금부터다. 환율 문제, 미국의 역습과 일본의 추격에 대응해야 하는데 내수 시장마저 삼성의 뒷덜미를 잡고 있다. 한국의 부동산 경기 침체로 인한 자산 가치 하락과 막대한 부채로 인한 금융 비용 부담, 그리고 정체되어 있는 소득 수준은 한국 국민의 소비력을 약화시켜 국내 시장에서 전기 전자 제품의 소비를 좀처럼 회복시키지 못하고 있다. 삼성이 원화 강세나 엔화 약세 등 단기적 위기를 극복하기 위해서는 미국뿐만 아니라 유럽과 신흥국 시장이 회복되어야 한다.

그러나 미국을 제외한 유럽, 중국은 저성장에 직면할 상황이다. 동남아와 신흥국에서는 금융위기가 계속되면서 수출을 통해 성장 속도를 유지하려는 삼성의 전략에 차질을 주고 있다.

미국의 소비가 살아나는 것은 삼성에게 잠시 숨통을 틔워 주는 것에 불과하다. 미국 시장이 살아나면서 미국 ICT기업의 경영 실적이 좋아질 것으로 예상되면 투자자와 주주들은 삼성에게도 비슷한 기대를 할 것이다. 그들은 삼성이 그동안 보여 주었던 성장 속도를 기대하고 있다. 그래서 미국 소비가 살아날수록 삼성의 경영진에게는 거센 매출 증가 압박이 가해질 것이다. 이런 상황에서 2015년 미국이 전격적으로 금리 인상을 추진한다. 유럽은 막대한 돈을 풀어 유럽 기업의 뒤를 받쳐준다. 동남아와 신흥국은 더 심한 금융위기 상황으로 빠져든다. 중국의 성장률은 좀처럼 나아지지 않고, 도리어 부동산 거품 붕괴의 조짐마저 보인다. 중국 정부의 강력한 부패척결 의지로 중국의 소비시장은 얼어붙기 시작한다.

2016년

중국 기업이 삼성의 기술력을 추월하기 시작한다. 지금까지 중국 휴대폰 기업은 중국 시장 성장에 기대어 매출을 증가시켜 왔다. 시장점유율을 높일 수는 있었지만, 물량 공세, 파격 할인, 막대한 보조금 지급, 초저가폰 판매 등의 전략을 구사했기 때문에 평균 영업이익률은 2% 정도에 불과했다. 중국 기업이 자국에서 다양한 혜택과 정부의 지원을 발판삼아 시장 점유율을 높이는 것만큼 삼성의 중국 시장 점유율도 상승했다. 고급 제품에서는 삼성의 기술력이 탁월했기 때문이다. 중국을 제외한 미국이나 유럽, 신흥국 시장에서도 중국 기업은 삼성의 벽을 넘지 못했다. 삼성보다 인지도가 낮고, 하드웨어와 소프트웨어를 연결하는 기술도 부족한데다, 자국에서와 같은 정부의 특혜나 지원을 받을 수 없었기 때문이다. LTE 등 빠르게 진보하고 있는 신기술 대응 능력도 삼성보다 낮았다. 중국 기업은 중국 시장 점유율 상승만으로는 세계 휴대폰 시장에서 삼성에 대응할 수 없다. 글로벌 단위에서 중국 기업은 결코 삼성의 적수가 되지 못했다.

그런데 이전과는 다른 상황이 전개되기 시작한다. 예상보다 빠르게 중국 기업의 기술 경쟁력이 상승해서 중국 내수 시장에서 기술력을 바탕으로 고급 제품 시장에서 삼성을 위협하기 시작한다. 미국과 유럽 등 선진국 시장에서는 중국 제품이 싸구려라는 이미지를 벗고, 동남아시아와 중남미 등 신흥국에서는 중국 제품의 인기가 크게 상승한다. 영업이익률도 높아진다. 이런 중국의 추격은 스마트폰에만 국한되지 않는다. 스마트안경이나 스마트워치는 삼성 제품과 비교해도 손색이 없을 정도다. 삼성이 기대했던 스마트홈 시장의 성장은 예상보다 더디다. 이런 상황 역시 삼성에게는 악재다. 스마트홈 시장에서마저 중국 기업이 삼성을 추격할 시간을 벌 수 있기 때문이다. 대부분의 영역에서 삼성은 가격 경쟁을 통해 중국 기업의 공격을 방어해야 한다. 마케팅 비용을 더 많이 지출해야 한다. 삼성의 성장에 큰 의문을 품은 외국계 주주들은 배당률을 높이고, 삼성이 자사주를 매입하여 주가를 방어하라는 압력을 가한다. 삼성은 쌓아놓은 현금을 혁신과 미래 경쟁력을 위한 투자와 연구 개발에 우선 투입하기가 힘들어진다. 삼성 제품에서 벌어들이는 순수익도 계속 줄고 있는 상황에서 이미 현금의 많은 부분을 경영권 방어와 승계에 사용한 상황이라 삼성의 현금 동원 능력은 약해져 있다. 이런 상황에서 애플과 구글은 스마트디바이스, 스마트홈, 무인자동차 영역에서 신제품을 내놓으면서 삼성의 제품보다 가격을 낮게 책정한다. 애플과 구글은 물론 중국 기업과도 경쟁해야 하는 삼성도 가격을 내릴 수밖에 없다. 매출 성장 속도를 예전처럼 유지하는 것은 포기할 수밖에 없고, 순수익이 줄어드는 것에 대한 긴급 대책이 필요해졌다. 주주와 투자자들은 삼성의 이런 상황을 거울 들여다보듯 자세히 알고 있는 것 같다.

  삼성이 승부수를 띄웠던 의료·바이오산업은 한국 정부의 뒤늦은 정책으로 속도감이 떨어지고, 내수 시장의 침체로 시장 형성도 더디다. 세계 시장도 본격적으로 형성되려면 2020년경이나 되어야 한다. 그때까지 삼성이 버틸 수 있을지 장담할 수 없다. 하드웨어 경쟁력이 추락하면서 바이오 생태계 시장을 노렸던 전략에도 수정이 불가피하다. 바이오 생태계를 지배하기 위해서는 OS, 디바이스, 콘텐츠 생태계 형성이 필요한데 아직 삼성은 OS와 콘텐츠 생태계 구축에서 괄목할만한 경쟁력을 확보하지 못했다. 유일하게 강점을 가지고 있었던 디바이스에서도 중국에 시장을 내주기 시작했다. 이처럼 삼성의 스마트디바이스의 미래 경쟁력에 대한 전망이 불투명해지면서 삼성을 중심으로 하는 연합전선에 균열이 생기기 시작한다. 스마트디바이스를 중심으로 바이오 생태계 구축을 시도했던 삼성의 전략에 큰 수정이 필요해졌다. 전통적인 의료 디바이스 시장에도 심혈을 기울였지만, 경제가 회복되면서 미국과 유럽 기업의 경쟁력이 더욱 강화되어 삼성이 이들과의 시장 격차를 줄이지 못하고 있다. 신약 개발에는 10년 이상 투자가 필요하고, 줄기세포 등을 활용한 재생치료 시장도 2025~2030년경이나 되어야 삼성을 먹여 살릴 만큼 큰 시장이 될 것이다.

2017년

이번 정부가 임기 말을 맞으면서 레임덕에 빠지고, 정치권은 대통령 선거에 집중하면서 정책이 먹히지 않는다. 야당은 정부의 무능을 비판하면서 여당의 정책과 엇박자를 내기 시작한다. 정부가 거의 모든 규제를 풀고 각종 지원책을 내놓고 저금리 대출을 유도하지만, 부동산 거품 붕괴가 본격적으로 시작되는 것을 막지는 못한다. 가계 소비가 급속하게 위축되고, 금융권으로 위기가 옮아붙으면서 금융 비용 상승이 삼성을 덮친다. 미국과 중국 기업에 대응하기 위해 더 많은 마케팅 비용을 지출해야 하고, 가격을 인하해야 하는 상황에서, 한국의 금융위기는 삼성에 큰 악재가 된다. 대선 주자들은 정부를 도와 위기를 극복하기보다는 자신이 정권을 잡으면 어떻게 할 것인지를 말하며 정부와 대립한다. 위기 극복이 지지부진한 사이 위기는 커진다. 한국의 금융위기 상황이 깊어지자 일부에서는 제2의 외환위기 가능성을 거론하면서 한국의 국가신용도 하락을 전망한다.

국제 신용평가사들은 이런 한국의 상황을 고려해 삼성의 신용등급에 대해 부정적으로 전망하기 시작한다. 주식 시장에서 삼성의 주식을 매도하는 외국인의 움직임이 가시화된다. 삼성의 주가는 지난 4~5년 동안 글로벌 1등이란 프리미엄이 붙으면서 거침없이 상승했다. 애플을 능가하는 기업이 될 것이라는 시장의 기대감이 전폭적으로 반영된 것이다. 하지만 5년이 지난 후 시장의 평가는 냉혹하다. 삼성은 여전히 빠른 추격자에 불과하다는 혹평을 쏟아낸다. 거의 고점에 오른 삼성의 주식을 팔고 본격적으로 상승세를 탄 미국 기업에 더 많은 투자를 하려는 속셈이다. 지난 몇 년 동안 삼성은 경영권 유지와 지배구조 안정화에 대부분의 여력을 사용하면서 시장이 원하는 위험하지만 도전적인 의사결정을 하지 못했다. 지난 5년 동안 웨어러블 컴퓨터, 바이오산업, 의료기기, 2차전지 분야에서 몇 가지 성과를 냈지만, 시장이 원하는 수준에는 이르지 못했다. 그 사이 중국 기업이 삼성의 신수종 사업 분야에서 어깨를 겨룰 정도로 올라왔고, 미국의 기업은 삼성과의 격차를 더 벌렸다. 일본 기업은 예전의 영광을 되찾지는 못했지만 여전히 삼성을 견제하는 수준에서 살아남아 있다.

2018년

새해가 되면서 대선 기대감으로 폭락을 모면했던 주가가 흔들리기 시작한다. 아시아 대위기 국면이 기정사실로 되면서 대부분의 아시아 주식 시장이 크게 흔들린다. 삼성은 두 배의 충격을 받는다. 삼성 몰락을 전망하는 전문가들의 경고가 여기저기서 터져 나온다. 골드만삭스 등 투자회사도 삼성 주가를 앞다투어 낮게 제시한다.

2020년

삼성을 견제했던 미국과 일본의 기업이 무인자동차, 로봇산업에서 가시적인 성과를 내면서 전통적인 ICT산업의 경계가 허물어지기 시작한다. ICT기업이라면 무인자동차와 관련 서비스, 로봇 제품과 서비스를 제공하는 것이 상식이 된다. 자동차, 로봇 같은 제품과 서비스를 팔아야 글로벌 1등 기업 답다는 평가를 받는다. 스마트폰, 스마트안경이나 스마트워치를 파는 것으로는 주주들의 기대를 충족하기 힘들다. 더욱더 많은 기관과 투자자들이 삼성 주식을 팔아야 한다는 신념을 갖게 된다.

삼성그룹은 2010년 5대 신수종 사업[51]을 발표했다. 태양전지, 자동차용 전지, 발광다이오드LED, 바이오, 의료기기에 2020년까지 총 23조 3,000억 원을 투자해 2020년에 50조 원의 신규 매출을 창출하겠다고 선언했다. 그런데 이건희 회장의 건강에 문제가 생겨 의사결정 속도가 늦어지면서 삼성은 초반 2~3년을 허비했다. 뒤늦게 전열을 정비하고 이건희 회장의 계획대로 밀어붙여 몇몇 가시적 성과가 나타났다. 하지만 삼성의 추락을 막기에는 역부족이다. 투자자의 이탈을 막기 위해 2020년 삼성 그룹이 달성해야 할 매출은 최소 480조 원에서 최대 560조 원이다.[52] 계획했던 신수종 사업에서 50조 원의 매출을 달성했지만, 그룹 전체 매출의 1/10에 불과하다.

 이 정도의 매출로는 주주와 투자자의 발을 붙들어 두기 힘들다. 투자자의 기대를 한몸에 받으며 현재의 삼성 주가를 만들어 온 IM(IT, 모바일) 사업부 전체 매출은 경쟁자에게 이리저리 치이면서 지난 몇 년 지지부진한 상태다. 한두 해는 매출이 감소하는 일도 벌어졌다. 당분간 중국과 아시아의 저성장이 지속될 여지가 있어 저가 공략으로도 오래 버티기 힘들 것이다. 시장 상황에 민감한 투자자들은 삼성이 총력을 기울여도 현재 매출 규모를 2~3년은 유지할 수 있겠지만 더 큰 성장을 기대하기 힘들다고 판단한 것 같다. 삼성의 주가는 3~4년 내 최고점 기준으로 1/20~1/40로 추락할 것이다. 일부 언론은 삼성 그룹이 공멸을 막기 위해 그룹을 3개로 분리할 준비를 시작했다는 기사를 내보낸다. 정부 관계자들도 그룹을 3개로 분리한 후 재기를 모색하는 것이 더 낫다고 평가하게 된다.

 여기까지가 삼성 위기 전개 시나리오다. 위기가 시작되더라도 삼성이 곧바로 몰락하지는 않는다. 위기가 시작된 후 짧으면 3년, 길면

5년의 시간은 있다. 1권에서 발표한 필자의 삼성 몰락 시나리오는 빠르면 3년, 늦어도 5년 이내에 삼성의 몰락이 시작될 것이라는 내용이었다. 몰락과 위기의 시나리오를 같이 보면 삼성의 미래는 지금부터 짧으면 6년, 길어도 10년 안에 결정된다. 이 기간에 위기 탈출에 실패한다면 삼성은 글로벌 1등 기업의 지위를 잃게 된다. 주식은 1/20이나 1/40로 폭락할 것이다. 상당수의 계열사를 매각해야 할 것이다. 비즈니스 역사를 분석해 본 결과, 삼성이 이 위기를 탈출할 가능성은 10~20%다. 그래서 정부도 대안을 마련해야 한다고 경고한 것이다.

통신 3사 중 하나는 망한다

그 동안 한국 경제의 미래에 대한 시나리오를 발표할 때마다 삼성전자가 그 중심에 있었다. 삼성전자가 가진 현실적 위치와 상징성 때문이었다. 이제 몇몇 기업에 관한 위기 경고를 추가하려 한다. 몰락을 거듭 강조하는 데는 이유가 있다. 몰락의 가능성과 몰락의 길을 시나리오로 정리해 두면 그 길을 피할 수 있기 때문이다. 몰락하지 않으려면 몰락을 가정해 보는 훈련을 반복해야 한다. 전쟁에서 살아남기 위해 수많은 모의 전투에서 죽음을 경험해 보는 것과 같은 이치다.

통신 기업 3사(SK텔레콤, KT, LG유플러스) 중 하나는 망한다. 저축은행은 한두 번의 구조조정을 더 거치고 완전히 재편될 것이다. 재편되는 과정에서 호시탐탐 금융권 진출을 노리는 기업에 인수 기회가 돌아갈 것이다. 건설사는 추가로 10~20개 정도가 파산할 것이다. 부동산 시장의 '본격적인' 거품 붕괴는 아직 시작되지 않았다. 석유화학 기업의 위기도 곧 시작될 것이다. 식품업계에도 광풍이 불 것이다. 전자산업은 5년 안에 중국에 밀리기 시작할 것이다. 삼성의 위기는 주식시장에서 시작된다고 예측하자 많은 이가 "현대기아자동차는 어떻게 되겠습니까?"라고 물었다. 현대기아자동차의 위기는 내수 시장에서 시작된다. 현대기아자동차는 삼성보다는 위기가 시작되는 시기가 늦을 것이다. 그러나 위기의 무풍지대는 절대 아니다.

10~15년 동안 한국 산업계에는 '사활을 건 구조조정'과 '파괴적 시장 개편'이 일어날 것이다. 10~15년이 지나면 지금과는 완전히 다른 새로운 산업 구조와 내수 시장이 형성될 것이다. 왜 이런 일들이 우리 앞에 놓여 있을까? 그 이유는 2030년까지 한국의 실질 내수 시장 규모가 20~25% 정도 줄고 2040~2050년까지는 30~40%가 줄기 때문이다.[53] 환율 효과, 화폐 가치 하락의 숫자 착시 현상을 빼면 한국의 실질 내수 시장은 지금부터 2050년까지는 줄어들 일만 남았다. 그래서 내수 시장에 매출의 대부분이 집중된 산업과 기업은 '의자 뺏기 게임'에 몰리게 된다. 의자는 2개이고, 플레이어는 3명이다. 3명 중 한 명은 아무리 능력이 뛰어나도 탈락할 수밖에 없다. 한 기업을 탈락시키지 않으면 3개 기업 모두 평균 30% 이상 매출 하락의 충격을 받는다. 공멸할 수도 있다. 이를 피하고 공존할 수 있는 다른 방법은 내수에서 잃게 될 30%의 매출을 해외에서 만들어 내는 것이다. 결국, 한국 기업의 해외 진출과 국내 산업 공동화 현상은 앞으로 가속화될 것이다. 한국 경제의 해외 의존도 역시 더 높아질 것이다.

코스피는 1,000선까지 폭락할 수 있다

주식 시장의 미래는 어떨까? 미국 경제 회복에 대한 전망이 나오자 코스피 2,300시대 이야기가 나왔다. 코스피 3,000시대를 열자는 구호도 등장했다. 불가능한 미래가 아니지만 10년 이내에 코스피 지수가 3,000까지 갈 가능성은 거의 없다. 가능성이 아주 낮은 시나리오다. 냉정하게 예측한다면 1,000포인트 근처로 폭락해 5~10년 정도 지속할 가능성에 대한 시나리오를 준비해야 한다. 필자는 3,000으로 올라갈 가능성보다는 1,000포인트로 폭락할 가능성이 확률적으로 높다고 예측한다. 금융위기가 발생하면 곧바로 코스피 지수는 1,000포인트 부근으로 폭락할 것이다. 그리고 부채 축소 압력, 금리 인상 부담, 부동산 침체 지속, 기업 순위 변동, 베이비붐 세대 몰락, 아시아 위기 여파 등이 영향을 미치면 최소 5~10년 정도 1,000포인트 부근을 벗어나기 힘들다.

아래 그림을 보자. 코스피지수는 1988년 무렵 처음 1,000포인트

1990년 이후 코스피 지수의 변화

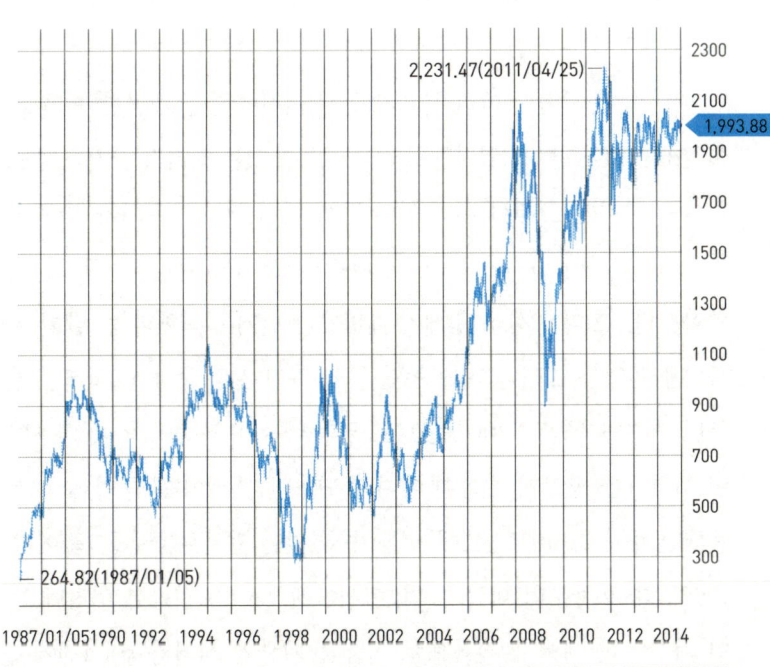

에 진입했다. 한국 경제는 88올림픽을 계기로 한 단계 성장했다. 외국 투자자의 관심도 높아졌다. 아시아의 네 마리 용이란 평가도 받았다. 1988년부터 2005년까지 18년 동안 한국의 1인당 명목 GDP는 6,000달러 대에서 17,000달러 대로 3배 가량 증가했다. 이렇게 1988년부터 2005년까지 한국 경제가 3배 가까이 성장하는 동안 코스피지수는 얼마나 올랐을까? 그림에서 보듯 1988년에서 2005년까지 코스피는 1,000포인트 대에서 제자리걸음을 했다. 700포인트를 평균으로 오르락내리락했다. 그 기간에 1,000포인트를 기록한 것은 3번 정도다.

주가가 펀더멘털을 충실히 반영한다면 2005년의 주가는 이미 3,000에 올랐어야 했다. 필자가 생각하는 펀더멘털과 주가의 상관관계는 두 가지다. 우선 펀더멘털이 좋다는 것은 본선에서 뛸 기회를 준다. 다른 하나는 펀더멘털이 좋다는 것이 해당 주가가 갑자기 상승할 때 수많은 사람이 따라 붙게 하는 심리적 요인을 제공한다. "드디어 펀더멘털이 반영되었다"는 말이 통할 수 있는 심리적 근거를 제공한다는 말이다. 그래서 18년 동안 꼼짝 않던 코스피 주가가 2005년 말~2008년까지 단 3년 동안 2,000포인트로 급등했을 때 사람들이 쫓아갔다. "드디어 한국 경제가 재평가를 받기 시작했다"는 말이 설득력을 얻었다. 그러나 18년 동안 꼼짝 하지 않던 주가가 2005년 말부터 단 3년 동안 2,000포인트로 급등한 이유는 한국의 펀더멘털이 재평가를 받았기 때문이 아니다. 단 3년 만에 18년 동안 오르지 못했던 주가 2,000포인트에 오를 수 있었던 원인은 금융 거품이다. 1990년대 후반부터 미국, 유럽, 아시아에 풀리기 시작한 엄청난 돈이 자산 시장에서 본격적으로 거품을 일으킨 시기가 2004년에서

2008년 사이다. 다음 도표는 각국의 금리 추이를 정리한 것이다.

미국과 유럽은 2004년까지 기준 금리를 계속 내리면서 엄청난 규모의 돈을 풀어 경제 성장을 촉진했다. 돈은 본래 저금리에서 고금리로, 투자 수익이 낮은 곳에서 높은 곳으로 이동한다. 그래서 미국과 유럽에서 아시아로 이동했다. 아시아도 금리를 내려 돈을 풀었지만, 미국과 유럽에서 돈이 흘러들어오고 돈을 투자한 효과(경제 성장률)도 미국과 유럽보다 더 높았기에 제로 금리까지는 내리지 않았다. 그런데 2004년부터 대세가 변하기 시작했다. 미국은 2004년부터 갑자기 금리를 인상했다. 유럽과 아시아는 2006년부터 금리를 인상했다. 이유가 무엇일까? 2004년부터 미국, 유럽, 아시아에서 주식과 채권, 부동산 시장 등 자산 시장의 거품이 급격하게 부풀어 올랐다. 해당 국가의 중앙은행들은 자산 거품과 인플레이션의 위기감을 느꼈다. 중앙은행이 자산 거품과 인플레이션을 막는 가장 강력한 정책은

주요국의 기준 금리 추이

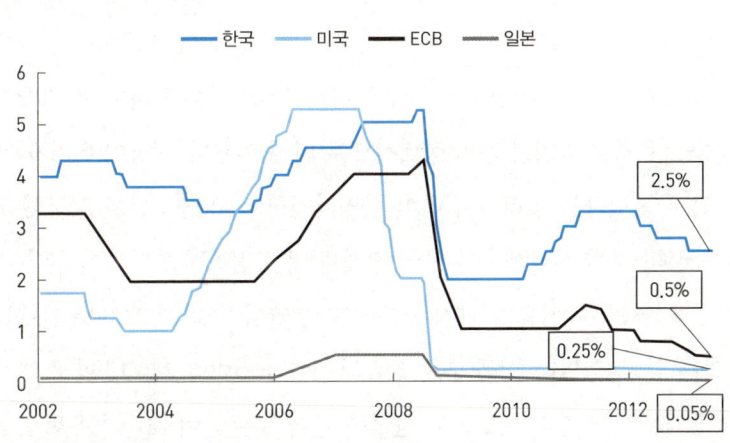

출처 : 국제금융센터

위기로 빠져드는 한국 **141**

금리 인상이다. 이것이 2004년부터 금리를 인상한 핵심 이유다.

미국, 유럽, 중국, 신흥국의 자산 시장도 대부분 이 시기에 폭등했다. 한국의 부동산 시장도 2004년부터 61개월 연속 상승했다. 18년 동안 꼼짝하지 않던 코스피지수를 2005년 말부터 단 3년 동안 2,000포인트까지 급등시킨 것은 펀더멘털의 변화가 아니라 돈의 힘이었다. 미국과 유럽도 돈이 많이 풀렸지만, 아시아 시장은 더 많은 돈이 넘쳐흘렀다. 넘치는 돈이 기업 투자보다는 자산 시장, 투자 및 투기 시장으로 흡수되었다. 한국에도 평균 이상의 돈이 몰려들었고 자체적으로도 엄청난 돈을 풀었다. 돈의 효과는 한국의 자산 시장을 2004년부터 강타하면서 주가를 2,000까지 끌어 올렸다. 2008년 미국발 금융위기가 발발하자 곧바로 1,000포인트까지 폭락한 것에서 주가 2,000이 거품이었다는 것을 확인할 수 있다. 물론, 1,000포인트로 밀린 코스피지수는 서서히 회복해 2,000선을 재탈환했다. 하지만 펀더멘털과는 상관없다. 주식 시장은 돈의 양과 심리적 모멘텀이 큰 영향을 미친다. 2008년에 폭락했던 아시아 시장에 돈이 더 넘쳤다. 미국과 유럽이 경제 회복을 위해 지난 5년 동안 천문학적인 규모의 돈을 풀었기 때문이다. 한국은 아시아 국가 중 좀 더 나은 경제력을 보유하고 있기에 돈이 상대적으로 더 들어왔다. 미국이 위기를 거의 극복했다는 심리적 위안이 반영되면서 2,000포인트를 회복했다. 한국의 자산 시장에서는 한국 경제에 대한 심리적 위기감이 없어 평균을 넘는 돈 거품이 아직 붕괴하지 않았다. 그래서 2,000포인트를 회복할 수 있었다. 거품 수준으로 되돌아간 것이다. 그런데 한국 경제에 대한 위기감이 대두하고 한국에 들어온 돈들이 미국과 유럽으로 돌아가면서 돈 거품이 빠지면 어떻게 될까? 답은 간단하다. 곧바로

1,000포인트 대로 밀린다. 그리고 위기를 극복하는 데 어느 정도의 시간이 걸릴지에 따라서 1,000포인트 대에서 탈출하는 기간이 정해진다. 일본은 1991년 부동산 거품 붕괴가 시작되면서 13년 동안 주택은 60%, 상업용 부동산은 85% 하락했다. 4만 포인트까지 올랐던 닛케이지수는 1만 포인트로 75%나 폭락해서 20년 동안 일어서지 못했다. 대세가 바뀌면 예전에는 경험하지 못했던 새로운 현상이 발생한다. 지난 20~30년 동안 만들어진 패턴과 전혀 다른 새로운 패턴이 만들어진다. 이것을 결정짓는 요소 중 하나가 부동산 시장의 대세 변화다. 부동산 거품 붕괴는 가계 부채와 동전의 양면처럼 연결되어 있다. 그리고 주식 시장은 가계의 소득 및 부채 능력과 연결되어 있다. 이런 식으로 부동산 시장이 주식 시장과 연결되어 있기 때문에 일본은 부동산 거품 붕괴 후 20년 동안 닛케이지수가 1만 포인트에서 일어서지 못한 것이다. 그런데 이런 현상은 2차 세계대전 이후 1990년까지는 일본 주식 시장에서 나타나지 않았던 전혀 새로운 패턴이었다. 한국 주식 시장도 이와 비슷한 시나리오를 준비해야 한다.

국민연금이 현재 30% 수준인 주식 투자 비중을 앞으로 5년 동안 35%까지 끌어 올린다고 발표했다.[54] 국내 주식은 20%, 해외 주식은 15%까지 늘린다. 국민연금이 투자하는 다른 자산에 비해 주식은 상대적으로 고위험-고수익 자산에 속한다. 국민연금은 예상 수익률을 5.8%로 잡고 있다. 주식 35%, 채권 55% 미만, 부동산 등 기타 자산 투자에 10%로 포트폴리오를 구성한다는 계획이다. 한국의 국민연금은 2047~2057년 사이 고갈이 예상된다. 수익률이 높으면 2057년까지 버틸 수 있고, 수익률이 낮거나 손해를 보게 되면 2047년에 고갈된다. 코스피가 1,000선으로 무너질 가능성이 예측되는 시나리오가 현실화될 경우 국민연금의 주식 투자 비중 확대가 어떤 결과를 낳게 될지 깊게 생각해 봐야 한다.

한국 부동산 시장은 최소 5~7년 더 침체된다

현재 국민의 최대 관심사는 "과연 집값이 오를 것인가?"이다. 필자는 한국 부동산은 3단계 버블 붕괴를 거쳐 가격이 정상화되는 시나리오가 가장 가능성 높은 기본미래라고 예측해왔으며, 이를 1권에서도 자세히 다뤘다. 그런데 현재 부동산 대세 상승론이 다시 힘을 얻어 가고 있는 분위기다. 그래서 다시 한번 간략하게 필자의 분석과 예측을 정리해 제시하고자 한다. 한국 부동산 가격의 미래는 아시아 대위기 국면이라는 변수를 집어넣어야 올바르게 예측할 수 있다. 이 변수를 집어넣으면 막 피어오르는 부동산 회복론과는 다른 미래 시나리오를 그릴 수 있다. 하지만 아시아 대위기론의 변수를 빼더라도 한국 부동산의 미래는 그다지 밝지 않다. 일시적인 약간의 회복 국면이 사이사이 나타나겠지만, 전국적인 수준의 대세 상승은 당분간 절대로 오지 않는다. 폭발적인 가격 상승 국면도 오지 않는다.

주택 가격에 영향을 주는 주된 요소는 '(투자 측면에서) 미래 가치'와 '수요 공급의 차이'다. 현재 부동산 대세 상승론은 다음의 세 갈래에서 제기된다. 지난 5년 동안 주택 가격이 하락해 지금 사면 미래 가치를 얻을 수 있다는 주장이 첫 번째, 둘째로는 오랫동안 주택 공급이 줄어들어서 이제는 공급 부족으로 가격이 오를 것이라는 논리, 셋째로는 5년 이상 가격이 하락했기에 상승할 시기가 되었다는 '가격 주기론'이 득세하면서 집값 상승의 기대를 부풀리고 있다. 정부도 각종 규제를 풀면서 기대치를 높이고 있다. 정말 오랜 침체기를 끝내고 이제는 상승할까? 계산은 그렇게 단순하지 않다. '가계 부채 위험도(개인들의 부채의 양과 질의 문제)'라는 새롭고 강력한 변수가 등장했기 때문에 계산이 복잡해졌다.

다음 도표는 주택 가격과 가계 부채 위험도 간의 복합적인 시스템적 관계를 보여 주는 그림 System map 이다.

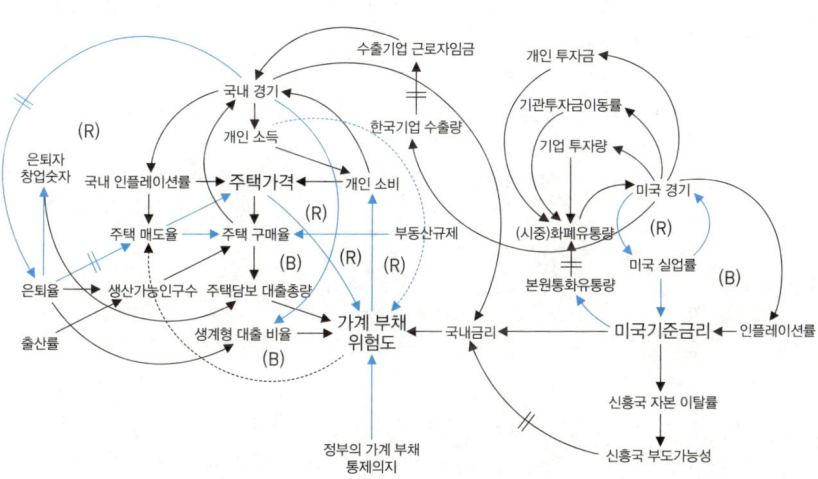

국내 상황을 그린 시스템 지도의 왼쪽을 확대한 아래 그림을 먼저 보자. 파란색 화살표는 변수의 양이 반대로 움직이는 것을 표현한다. 예를 들어 가계 부채 위험도가 증가하면 개인 소비는 (반대로) 줄어드는 관계를 파란 색으로 표현한다. 검은색 화살표는 변수의 양이 같은 방향으로 움직이는 것을 표현한다. 예를 들어 개인 소비가 줄어들면 국내 경기도 침체(줄어)되는 같은 방향의 변화는 검은색으로 표현한다. 이제 한 부분씩 살펴보자.

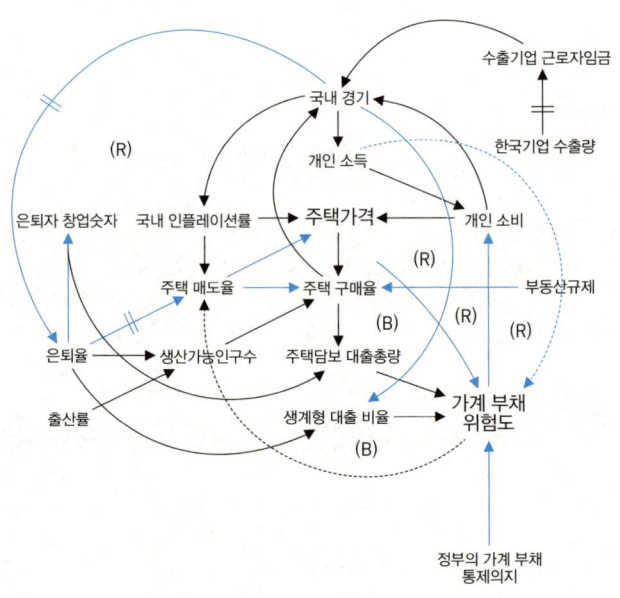

위의 그림은 몇 가지 피드백으로 분리될 수 있다. 정부의 가계 부채 통제 의지가 약해지면 가계 부채 위험도는 증가하고, (가계 부채 위험도가 증가하면) 개인 소비는 감소하고, (개인 소비가 감소하면) 국내 경기는 침체되고, (국내 경기가 침체되면) 개인 소득은 감소하고, (개인 소득이 감소하면) 다시 개인 소비를 감소시켜 주택 가격 하락에 영향을 미치게

> **시스템 맵의 기호 읽기**
>
> 시스템 맵에는 2가지의 기본적인 피드백이 있다. 하나는 '강화 피드백 Reinforcing feedback loop'이고 맵에 R로 표시한다. 다른 하나는 '균형 피드백 Balancing feedback loop'으로 맵에 B로 표시한다. 강화 피드백은 (+)로 나타내는 증가형 강화 피드백(예를 들어 마이크로 들어간 소리가 더 커져서 스피커로 나온다)와 반대로 (−)로 표시하는 감소형 강화 피드백의 2가지로 나눌 수 있다.
> 균형 피드백은 성장이나 변화에 저항하는 피드백, 또는 변화에 맞서 시스템의 '안정성'을 유지하기 위한 피드백이다(예를 들어 체온이 높아지면 땀을 배출해서 체온을 낮춘다).
> 화살표 중간의 ‖ 표시는 '지연시간'이 있음을 나타내는 표시다.(예를 들어 약을 먹은 뒤 약효가 나타나는 데까지는 시간이 걸린다)

된다. 그리고 주택 가격이 하락하면 가계 부채 위험도는 더욱 증가하는 순환고리가 만들어진다.

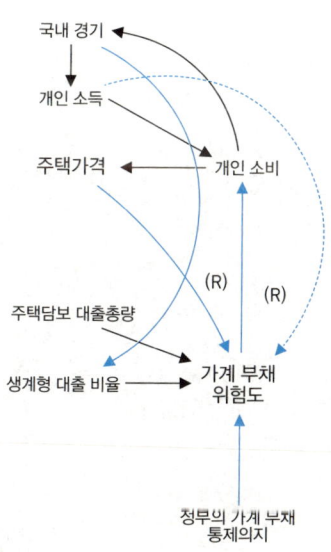

더불어 (개인 소비가 감소해) 국내 경기가 침체에서 빠져나오지 못하면 생계형 대출 비율이 높아져서 다시 가계 부채 (질적) 위험도를 높인다. 주택 담보 대출 총량이 느는 것도 가계 부채 위험도를 높여 위험을 가중시키는 순환고리feedback loop를 만든다.

현재 정부가 가계 부채 통제 의지를 약하게 보이는 것은 가계 부채 위험도를 강화할 수 있는 위험을 안고 시행하는 정책이다. 정부는 이런 위험을 어떻게 상쇄하려고 할까? 정부는 부동산 규제를 완화하면 (반대로) 주택 구매율이 높아질 것으로 보고 있다. 주택 구매율이 높아지면 국내 경기를 상승시키고, (국내 경기를 상승시키면) 개인 소득이 증가해 개인 소비를 늘리고, (개인 소비가 늘면) 국내 경기를 재차 상승시켜 (주택 담보 대출 총량이 증가하더라도) 가계 부채 위험도를 낮추는 선순환 고리가 만들어질 것으로 기대하고 있다.

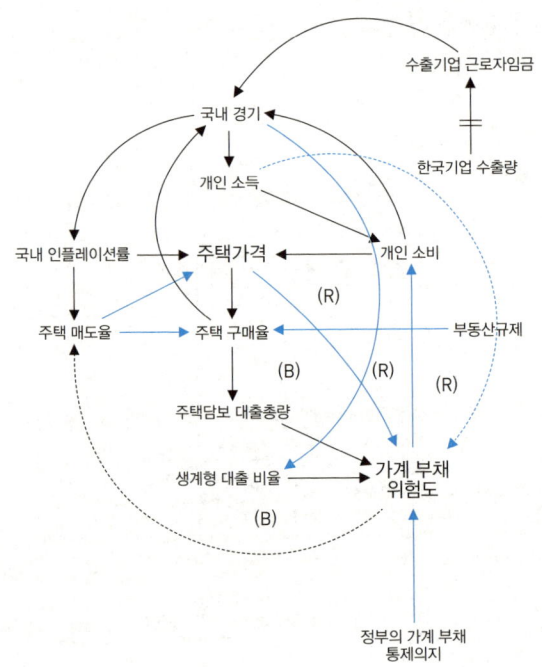

그리고 한국 기업의 수출이 늘어나면 수출 기업에서 일하는 근로자의 임금이 상승해 국내 경기가 상승하고, (국내 경기가 상승하면) 인플레이션율이 올라가면서 주택 가격을 다시 상승시키는 요인으로 작용할 것으로 기대하고 있다. 또한, 가계 부채 위험도가 하락하면 주택 매도율이 줄어들기 때문에 주택 가격 하락을 막아서 주택 구매율을 더욱 상승시킬 수 있을 것으로 기대한다.

결국 상승과 하락의 힘 겨루기는 '국내 경기'의 회복 여부에 의해 승패가 갈리는 것처럼 보인다. 하지만 이런 셈법은 다른 복병이 없다는 것을 전제할 때만 옳다. 그런데 이런 셈법을 무력화하는 강력한 두 가지 변수가 등장했다. 단기적으로는 미국발 금리 인상이라는 강력한 '불'이고, 장기적으로는 저출산·고령화라는 무시무시한 '늪'이다. 이 두 가지 복병은 정부의 전략을 무력화하는 맞불을 일으키고 발목을 잡아서 정부 전략의 성과를 더디게 만드는 늪으로 작용한다. 이 두 가지 복병을 더하면 아래와 같은 거대한 시스템 지도가 만들어지면서 복잡한 셈법이 그 모습을 드러낸다.

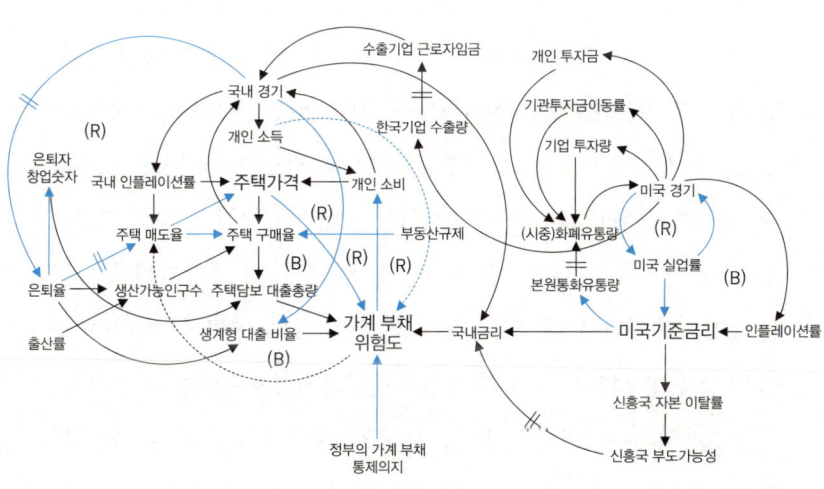

시스템적 분석을 기반으로 주택 구매에 큰 영향을 미치는 가계 부채의 양과 질에 대해 예측해 보자. 정부의 생각처럼 가계 부채의 위험도가 걱정할 정도가 아니라면 추가적인 주택 가격 상승이 가능하다. 그러나 위험도가 생각보다 높다면 지속적인 주택 가격 상승이 어려울 뿐만 아니라 국가적 위기로 전환될 수도 있다. 현재 '가계 부채 위험도(개인의 부채의 양과 질의 문제)'는 어느 정도가 될까? 가계 부채의 규모부터 살펴보자. 2013년 기준 가계 부채는 1,021조 원이었다.[55] 같은 해 한국의 GDP는 (2012년보다 3.0% 성장해) 1조 1,975억 달러(약 원화 1,270조 원)였다.[56] 가계 부채 1,021조 원은 GDP 대비 80% 수준이어서 금융위기를 불러일으킬 정도는 아니다. 필자는 1,021조 원(GDP 대비 80%)은 협의의 가계 부채 규모로 실질적인 개인 부채 규모는 이보다 크다고 본다. 하지만 협의의 가계 부채만 보더라도 매년 50~60조 원 정도씩 증가하는 현 추세가 계속되면 이번 정부 말에는 1,200조 원 (GDP 대비 90~95% 수준)을 돌파할 것이다.

2008년 미국에서 부동산 거품 붕괴가 발생했을 때 가계 부채의 규모는 GDP 대비 96%였다. 유럽 위기가 발발할 때 이탈리아의 가계 부채 규모는 GDP 대비 122%였다. 1991년 일본 부동산 거품 붕괴가 발생했을 때 가계 부채 규모는 GDP 대비 63.2%였다. 한국의 가계 부채 비율이 당장은 위기를 불러일으킬 정도는 아니지만 걱정하지 않아도 될 안전한 수준도 아니다. 한국의 그림자 금융의 규모는 1,561조 원으로 세계 7위다. 2013년 한 해 157조 원이 증가했다.[57] 1인당 GDP 순위가 33위인데 그림자 금융은 7위다. 정상이 아니다. 한국은행이 발표한 2013년 기준 금융법인의 금융 부채는 5,179조 원, 정부는 679조 원, 비금융법인은 2,212조 원, 가계 및 비영리단체는

1,219조 원, 국외 부채는 1,013조 원이다. 이 모든 것을 합친 한국의 총부채는 1경 원을 넘는다.[58] (한국은행과 통계청이 발표한 2013년 기준으로 부채를 뺀 한국의 국부 총 규모는 1경 630조 원이다. 그런데 토지 자산이 절반을 차지하고 있어서 부동산 거품이 붕괴하면 국부의 총 규모도 크게 줄 수 있다.)[59]

  가계 부채 규모를 좀 더 넓은 차원에서 평가하면 두 가지 항목이 추가된다. 하나는 150~200조 원 정도의 소규모 영세사업자의 부채이며[60], 다른 하나는 전국 아파트 전세 시가총액인 1,278조 원이다. 전세는 전 세계에서 우리나라밖에 없는 제도라 다른 나라는 가계 부채의 총량을 산출할 때 포함하지 않는다. 우리나라도 이런 관례를 따라 전세 자금을 가계 부채에 포함하지 않는다.(물론 전세자금 대출은 가계 부채에 포함되어 있다)전세 자금은 세입자에게는 부채가 아니다. 은행에서 빌린 돈이 아니라 10~20년을 모아서 마련한 자금이다. 하지만 집주인에게는 세입자가 나간다고 하면 언제든지 돌려주어야 할 부채다. 필자가 계산하는 광의의 가계 부채 규모는 (전세 시가총액의 20%만 포함할 경우) 1,500조 원 정도다. 광의의 가계 부채로 본다면 2014년 기준 한국의 가계 부채 규모는 GDP 대비 120%에 가깝다. 이번 정부 말 무렵이면 한국의 가계 부채 총량이 최소 1,800조 원~2,000조 원(GDP 대비 150~160% 수준)을 넘어설 것이다.

  가계 부채의 규모가 갖는 의미는 무엇일까? 금융위기 발발과 관계없이 (이번 정부 말 무렵) 협의의 부채 1,200조 원, 광의의 부채 최소 1,800조 원은 이번 정부 말부터 다음 정부까지 내수 소비를 크게 위축시키는 요인으로 작용할 것이다. 국제결제은행BIS은 '부채의 실질 효과The real effects of debt'에 관한 연구 보고서를 통해 정부 부채와 가계 부채는 GDP 대비 85%, 기업 부채는 90%를 넘어서면 경제 성상을 저해하는 효과가 발생한다고 분석했다.[61] 아래 시스템 맵은 개인이 빚을 낼 수 있는 여력, 국내 경기, 개인 소득과 소비가 어떻게 연관이 되어 있는지를 나타내준다.

개인이 소비를 발생시키는 데는 두 가지 방법이 있다. 하나는 '현재의 소득'(월급, 개인 사업 매출)이고, 다른 하나는 현재의 소득을 근거로 만들어진 '미래의 소득(부채)'이다. 부채는 미래의 소득을 미리 가져다 쓰는 것이기에 부채의 여력은 '현재의 소득 × 미래 소득 가능 연수'로 계산할 수 있다. 시스템 지도에서 보듯 부채의 여력이 감소하면 개인 소비량이 (같이) 감소한다. 개인 소비량이 감소하면 국내 경기도 침체된다. 국내 경기가 침체되면 기업의 매출이 줄어 월급(개인 사업자의 매출)이 줄어든다. 이는 다시 부채 여력을 감소시키는 악순환을 만들어 낸다. 개인 소득의 감소는 가계 부채 위험도를 (반대로) 증가시킨다. 이는 부채 여력을 감소시키는 쪽으로 영향을 미친다.

개인의 부채 여력과 국내 경기는 이렇게 순환하며 영향을 미치는 관계다. 악순환을 선순환으로 전환하려면 어떻게 해야 할까? 다음

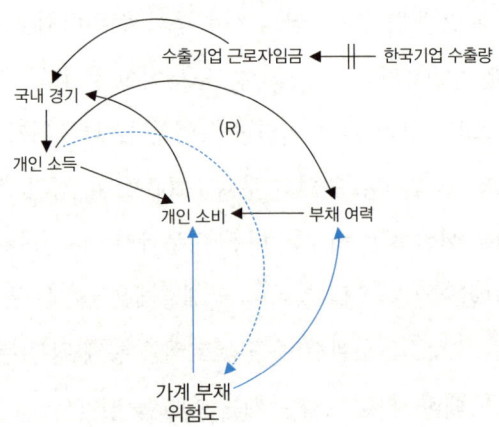

시스템 지도처럼 정부 지출과 기업 투자를 늘리고, 수출을 늘리고, 부동산 가격을 상승시켜 국내 경기를 살린다면 개인의 현재 소득이 증가해 부채 여력을 높이는 효과를 낼 수 있다.

지난 정부는 (중앙 정부, 공기업 등을 통해) 막대한 지출을 발생시켜서 국내 경기의 급격한 침체를 방어했다. 그 결과 국가 부채, 공기업 부채가 눈덩이처럼 불어났다. 이번 정부는 이런 결과에 대한 두려움이 있어 정부가 돈을 풀어 국내 경기를 살리는 전략을 사용하기가 쉽지 않다. 사상 최고의 현금을 보유하고 있는 기업은 국내 경기가 회복되는 기미가 보이지 않는 한 (정부가 압박해도) 투자를 늘리지 않는다. 하는 수 없이 정부는 부동산 규제를 완화해 (반대로) 주택 구매율을 높이고, 이렇게 주택 구매율을 높여 국내 경기를 상승시키고, (국내 경기를 상승시키면) 개인 소득이 증가해 개인 소비를 늘리고, (개인 소비가 늘면) 국내 경기를 재차 상승시켜서 (주택 담보 대출 총량이 증가하더라도) 가계 부채 위험도를 낮추는 선순환 고리를 만드는 쪽을 택했다. 그리고 미국과 유럽의 경제가 살아나서 자연스럽게 한국 기업의 수출이

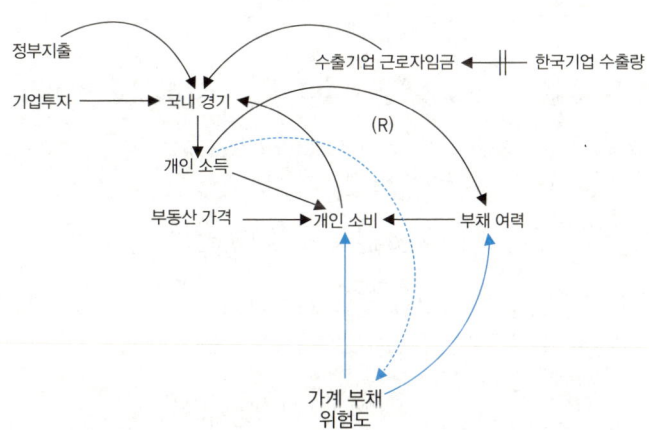

늘어나면서 수출 기업 근로자의 임금이 상승해 국내 경기가 상승하기를 기다리고 있다. 지금까지 설명한 모든 것을 하나로 묶어서 표시하면 다음의 시스템 지도가 만들어진다. 시스템 지도를 보면 '국내 경기'의 회복 여부가 개인 소득, 개인 부채 여력에 결정적인 영향을 주는 것을 확인할 수 있다.

우리가 안고 있는 2014년 기준 협의의 부채 1,200조 원, 광의의 부채 1,500조 원은 경기를 살려 부채 여력을 늘리지 못하면 앞으로 현재 소득만으로 소비를 지탱해야 할 국면으로 접어들 수 있음을 의미한다. 악순환이 3~5년 정도 지속되면 가계 부채의 질도 악화되어 금융위기로 전이될 수 있다.

현재 가계 부채의 질적 수준은 안심할 만할까? 2013년 말 기준

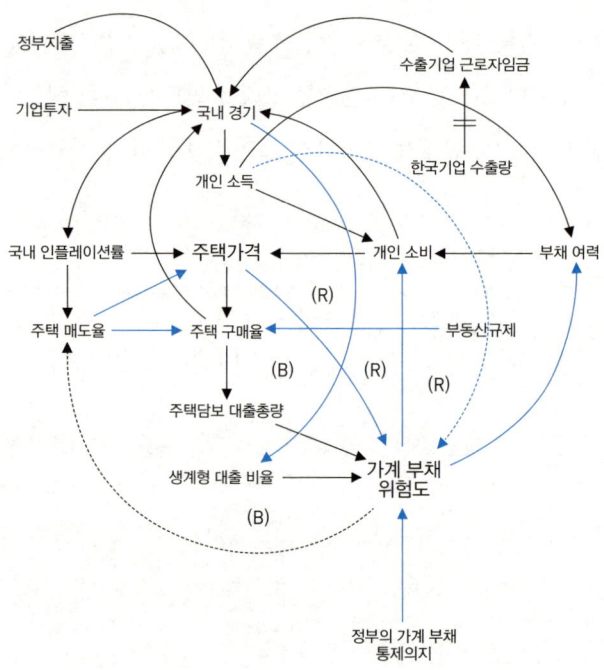

1,021조 원의 가계 부채 중 51.6%(528조 원)가 주택담보 대출이고, 42.6%(435조 원)가 신용대출이다. 미국과 유럽은 가계 부채가 지난 5년 동안 감소했지만, 한국은 계속 증가하고 있다.[62] 가처분소득[63] 대비 가계 부채 비율은 169.2%이다. 2008년 미국에서 (가계 부채로 인한) 금융위기가 발발했을 당시의 미국 가계 부채가 가처분소득의 142.4%였고, 2012년 OECD(경제협력개발기구) 평균은 134.8%다.

집값 하락으로 담보가치가 떨어지면서 수도권 아파트 대출의 70%(36조 원)는 LTV(담보 인정 비율)와 DTI(총부채상환비율)의 최저 기준인 50%를 넘어섰다. 집값 하락이 큰 지역에서는 70~80%까지 접근했다. 대출할 당시에는 LTV와 DTI 기준으로 주택담보 대출의 건전성이 유지되었지만, 집값이 하락하면서 담보가치가 떨어져 대출금의 부실 가능성이 커지고 있다.[64] 주택담보 대출 중 85.7%는 변동금리다.[65] 비은행 금융기관에서 빌린 가계 부채가 전체 가계 부채에서 차지하는 비중도 2009년 말 44.2%에서 2013년 말 50%를 넘어섰다. 은행의 높은 문턱을 넘지 못하는 저신용자의 부채 규모가 늘었다는 말이다. 2013년 기준으로 3곳 이상의 금융사에서 대출받은 '다중채무자(325만 명)'의 대출 총액도 313조 원 가량 된다. 소득의 40%를 원리금을 갚는 데 사용하는 과다 채무 가구도 전체 가구의 11.1%(전년 대비 2.4% 포인트 증가)다.[66] 은행권 대출은 2004년 270조 원에서 2013년 470조로 74% 증가했다. 같은 기간 비은행 금융기관 대출은 68조 원에서 199조 원으로 3배 가까이 증가했다. 가계 부채 총량 증가도 문제지만 리스크가 큰 비은행 금융기관 대출의 증가폭이 크다는 것이 더 심각한 문제다.[67]

2012년부터는 지방의 가계 부채가 큰 폭으로 증가했다. 2012년 수도권에서는 2조 6천억 원이 증가했는데, 지방은 그 6.7배에 해당하는 17조 6천억 원이 증가했다. 2013년에도 지방에서 21조 7천억 원(수도권 5조 6천억 원의 3.8배)이 늘었다. 문제는 지방 가계 부채의 60%는 제1금융권보다 금리는 높고 감독은 약한 제2금융권에 몰려 있어 양과 질이 모두 좋지 않다는 것이다.[68] 아파트 전세가 총액도 2013년 7월 기준으로 서울이 361조 원(2008년 말보다 59.6% 증가), 경기는 341조 원(74.3% 증가), 전국은 1,162조 원(69.6% 증가)이다.[69] 2014년 2월 기준으로 전국 아파트 전세 시가총액은 다시 1,278조 원으로 증가했다.[70]

2008년 금융위기 이후 60~80%까지 추가로 상승한 전세가는 거품가격이라 시장이 정상화되면 집주인이 되돌려 주어야 할 돈이기에 부채의 성격이 강하다. 이런 상황을 종합적으로 고려해보면 한국 가계 부채는 질적인 면에서 2008년 글로벌 금융위기 당시보다 더 나빠졌다. 현대경제연구원의 분석에 의하면 금리가 3%(현 2.5%)가 되고 가계 부채가 7% 더 증가하고 주택 가격이 2% 추가 하락하는 정도의 변화만 일어나도, 2011년 카드대란 직전보다 2배 더 위험한 상황이 된다.[71]

정부는 가계 부채의 47.2%는 소득 상위 20% 계층이 소유하고 있으며, 이를 소득 상위 40%까지 확대하면 전체 가계 부채의 70%를 이들이 보유하고 있기 때문에 위험하지 않다고 주장한다.[72] 정말 그럴까? 2012년 국세청의 자료에 의하면, 한국의 근로자 절반은 연봉이 1,500~4,000만 원이다. 44%가 3,000만 원 미만이다. 연봉이 1억 원이 넘는 사람은 3.6%(36만 명)다. 5,000~7,000만 원 사이는 14.4%다. 여성의 연봉은 남성의 절반에도 못 미친다.[73] 부채가 있는 가구 중 18.4%는 1년 이내에 원금 상환일이나 이자 납부일을 경과한 경험이

있었다.[74]

　서울의 총 주택 수는 대략 348만 호다. 이 중 아파트가 138만 호다. 서울 아파트는 2008년 3.3m^2 평균 매매가가 1,800만 원을 넘어섰고 2010년 2월 최고점인 1,840만 원에 이르렀다.[75] 중산층이 주로 사는 33평형 아파트의 평균 가격이 6억 원을 넘은 셈이다. 이 아파트를 매매가의 60%~80% 사이로 대출을 얻어 구매한다면 3억 6천만 원~4억 8천만 원의 원리금이 발생한다. 이자율이 5% ~ 8% 사이라면 매월 최소 150만 원~최대 320만 원의 이자를 내야 한다. 한국의 중산층 가정이 이 정도의 이자를 내면서 자녀를 교육하고 정상적인 소비 생활을 유지하려면 맞벌이를 해야만 가능하다. 더 큰 문제는 5년의 거치 기간이 끝나고 원금 상환이 시작될 때다. (최장 20년 원금 분할 상환을 하더라도) 초기에는 이자와 원금을 합쳐서 매월 최소 300만 원~최대 620만 원을 금융 비용으로 내야 한다. 연간으로 계산하면 최소 3,600만 원~최대 7,440만 원이다. 이 정도의 금융 비용을 내면서도 자녀를 교육하고 가정 경제가 파탄에 이르지 않으려면 실질 연봉이 최소 8,000만 원은 되어야 한다. 세전 연봉으로 계산하면 최소 1억 원이다. 이것이 서울에 살면서 안정적인 대기업에 근무하는, 신용등급 1~3등급의 중산층 샐러리맨이 소유하고 있는 33평형 아파트 가격의 진실이다. 연봉 1억 원을 넘는 사람은 36만 명(3.6%)인데, 서울에는 138만 호의 아파트가 있다.

　전문가들은 전국에서 640만 가구 가량을 실질적인 무주택 가구로 추정한다. 현대경제연구원은 2013년 기준으로 집 살 여력이 있는 무주택 가구를 144만 가구 정도로 분석했다. 반면 매도해야 할 주택의 물량은 주택 임대 사업자들이 보유한 134만 호와 다주택 보유자들이 소유한 410만 호를 포함해 총 544만 호로 추정한다.[76] 여기에 앞으로 2028년까지 은퇴가 끝나는 1, 2차 베이비붐 세대 가구 820만 호 중에서 20~30%는 주택을 매도하고 소형 주택이나 월세 또는 전세로 옮겨가야 한다. 나머지 70~80%는 주택연금에 가입하거나, 매도하지 않은 채 소비를 줄여서 부채를 갚아가면서 자기 집을 유지할 것이다.

2012년부터 스탠더드앤드푸어스 S&P와 무디스 등 세계 신용평가사들이 한국 가계 부채의 위험성을 경고하기 시작했다. 세계 경제는 당분간 저성장에서 벗어나기 힘들고 아시아는 이번 정부 말부터 본격적인 금융위기에 직면할 가능성이 크다. 한국은 소득보다 부채 증가 속도가 빠르고 2016년부터 생산연령인구가 감소한다. 당분간 청년 실업이 해결될 기미는 보이지 않고 질 낮은 일자리만 늘어나고 있다. 2015년에서 2017년 사이 미국이 금리를 인상하면 취약 계층이 가지고 있는 가계 부채는 부실화 가능성이 크다. 전체 가구의 25%를 차지하는 자영업자는 임금근로자와 비교해 상대적 빈곤율이 3배

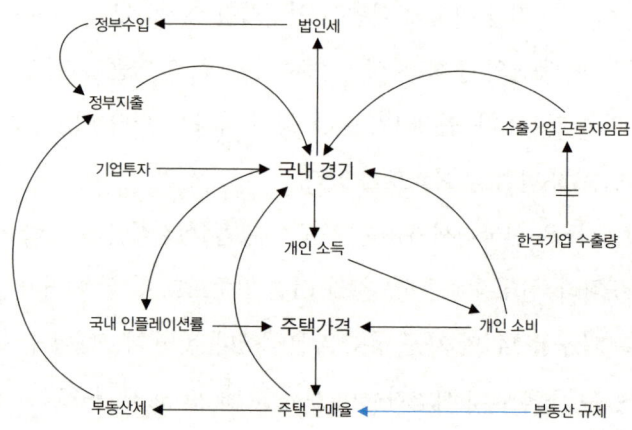

에 달한다. 은퇴를 시작한 베이비붐 세대의 30%가 빈곤층으로 전락하고 있다.[77] 베이비붐 세대의 은퇴가 계속될 것이기 때문에 자영업자의 몰락은 지속될 것이다. 현 시점에서도 가계 부채의 질이 문제이지만, 시간이 갈수록 가계 부채의 질은 더 악화될 것이다. 앞으로 3~5년 이내 이 문제가 큰 폭으로 개선될 가능성은 기대하기 어렵다.

앞으로 가계 부채의 양과 질이 조금만 더 악화되면 (정부가 부동산 규제를 완화해도) 집값은 회복되기 힘들다. 정부는 이 문제들을 호전시킬 능력이 있을까? 아래의 그림은 정부가 기대하는 시나리오다.

현 정부의 정책 방향과 전략은 어느 정도 경제학적 근거를 가지고 있다. 하지만 실제로 가계 부채의 양과 질을 호전시킬 기회를 잡기는 어려울 것으로 보인다. 앞서 언급했듯이 빠르면 1~2년, 늦어도 3~4년 이내에 정부의 셈법을 무력화하며 가계 부채의 양과 질을 악화시킬 강력한 두 가지 변수가 등장할 것이기 때문이다. 미국발 금리 인상과 저출산·고령화라는 변수 말이다. 이 두 가지 변수가 없다면 현 정부의 경제 전략은 성공할 가능성이 크다. 집값도 크게 상승할 것이다. 5년 동안의 기나긴 소비 침체의 시기도 곧 끝날 것이다. 하지만 두 가지 변수가 현실이 되면 미래는 전혀 달라진다. 두 가지 변수가 현실이 되는 것은 확실성의 영역에 속한다. 다만 언제 어느 정도의 영향력으로 발생할 것인지만 불확실할 뿐이다.

정부는 이 두 가지 변수에 대한 전략적 대안을 마련해야 한다. 그렇지 않으면 정부의 전략은 틀어질 가능성이 크다. 세상은 나만 잘한다고 되는 것이 아니다. 외부의 변화, 미래의 변화가 내 계산을 망가뜨리는 경우가 많다. 탁월한 전략가는 내 능력과 현재 상황만을 고려하지 않는다. 내 능력과 현재 상황 그리고 외부 변화와 미래 변화를 모두 계산에 넣는다. 미국은 지난 5년의 긴 경기 침체를 벗어나 2014~2015년 사이 전환기Turn around를 맞이할 것이다.[78] 전환기를 맞는다는 것이 완전히 회복세로 돌아선다는 것은 아니다. 바닥을 확인하고 그때부터는 회복을 위한 본격적인 전략을 구사하는 쪽으로 방향을 바꾸기 시작한다는 의미다. 미국은 현재 강한 자신감을 피력하고 있다. 흔들리지 않고 양적 완화 중지 정책을 계획대로 실행해나가겠다는 의지를 보이고 있다. 금리 인상에 대한 논의도 시작했다. 지난 5년 동안 줄곧 언급했던 실업률 6.5%라는 목표치도 폐기했다. 실업률 문제에 대해서 강한 자신감을 드러낸 조치다. 양적 완화 정책의 축소와 중지로 터키, 브라질, 인도 등 신흥국에서 경제위기론이 대두하고 우크라이나가 IMF 구제금융을 신청하는 일이 벌어져도 눈 하나 깜짝하지 않는다. 신흥국 위기는 미국의 정책과는 전혀 관계없는 해당 국가의 경제적 펀더멘털의 문제일 뿐이라고 일축하고 있다.

미국은 앞으로 6~7년 동안 4단계의 회복 전략을 구사할 것으로 예측된다. 미국의 4단계 회복 전략은 한국뿐 아니라 중국과 일본을 포함한 아시아와 신흥국 모두에 영향을 미치는 중대 변수다. 아시아의 대위기에도 큰 영향을 미치는 변수다.

1단계: 양적 완화 정책의 축소 및 중지
2단계: 기준 금리 인상
3단계: 은근한 보호무역주의 정책
4단계: (신산업에서) 기술 거품 유도

이 전략이 성공하면 미국은 세계 유일 강대국$_{G1}$으로 완벽하게 복귀하고 최소 10~20년은 독주할 가능성이 크다. 반면 (미국의 회복 전략이 성공하면) 2016~2025년 사이 한·중·일을 포함한 아시아는 경제위기에 빠질 가능성이 커진다. 이 시나리오가 현실이 되면 미국과 중국의 실질적인 경제 규모 격차도 더 벌어질 것이다. 한국은 1단계의 양적 완화 정책 축소와 중지 기간에는 큰 타격을 받지 않는다. 문제는 2단계부터다. 기준 금리 인상이 시작되면 한국 경제는 현 정부의 전략과 의도대로 진행되지 않게 된다. 미국의 기준 금리 인상은 '확실성'의 영역에 있다. 불확실성은 '언제 금리를 인상할 것인가, 어느 정도로 인상할 것인가'이다.

미국의 기준 금리 인상 폭은 1~2년 내 단기적으로는 2~3%까지 오를 것이고, 3~4년 후인 중장기적으로는 4~5%까지 올릴 가능성이 크다. 최악의 경우 시장 금리가 8~10%까지 오를 수 있다. 미국이 기준 금리를 3~5%까지 올리고 시장 금리가 7~10%까지 상승하면 2002년부터 10년이 넘게 미국과 유럽에서 흘러나와 한국으로 유입된 외국계 자금이 채권, 주식, 부동산 시장에서 빠져나가 미국과 유럽으로 되돌아갈 가능성이 크다. 유럽은 짧게는 1년 반, 길게는 2년 정도 시차를 두고 미국의 회복 추세를 따라갈 것이다.

미국이 기준 금리를 인상하고 시장 금리가 폭등하면 17조 달러가 넘는 미국의 국가 부채에 큰 문제가 발생할 것이라는 주장이 있다. 당연하다. 17조 달러가 넘는 국가 부채에 대한 이자 부담이 커지고, 가까스로 살아나고 있는 소비가 다시 위축되고, 자산 시장 상승에 부담을 줄 수 있다. 그러나 미래를 이렇게 단선적인 논리로 판단하면 안 된다. 금리를 인상한다는 것은 인플레이션이 발생하고 있다는 방증이다. 인플레이션이 발생한다는 것은 금리 부담을 일정 정도 상쇄시킬 수 있는 수준으로 화폐 가치가 하락한다는 의미이기 때문에 부채 원금에 대한 실질적인 부담도 함께 줄어든다. 인플레이션이 발생하면 금리를 인상해 돈의 유통량을 줄이더라도 소비할 사람들은 소비한다. 인플레이션이 일어난다는 것은 미국 경기가 좋아지는 것이기 때문이다.

미국 정부의 세수도 늘어난다. 정부가 발행하는 채권도 잘 팔리게 된다. 부채 상한선을 올리는 것은 의회에서 논의해 풀 수 있다. 부채 상한선을 추가로 올리더라도 미국 경기가 좋다고 예측되면 국가 신용도에는 큰 영향이 없을 것이다. 미국은 지난 수년 동안 금리 인상에 철저히 대비해 왔다. 단기 고금리 국채를 장기 고정 저금리로 바꾸는 정책을 거의 완료했다. 금리 인상으로 발생하는 부실에 대해서도 강력한 구조조정을 통해 대비했다. 금리 인상으로 작은 금융위기가 발생하더라도 급격한 신용경색은 발생하지 않을 것이다.

미국은 금리 인상으로 발생하는 문제에 다른 나라보다 훨씬 더 잘 준비되어 있으며, 후폭풍을 상쇄할 다양한 카드도 손에 쥐고 있다. 어쩌면 금리 인상이 미국에 더 유리하게 작용할 가능성도 있다. 미국이 기준 금리 인상을 통해 얻을 수 있는 최고의 결과는 중국, 러시아, 유럽 등 강력한 추격자들과 격차를 더 벌릴 수 있는 절호의 기회를 얻는 것이다. 금리 인상으로 자신의 한쪽 팔을 잃을 수 있지만, 상대방의 목숨을 빼앗을 수도 있다는 말이다. 한마디로 미국 입장에서 금리 인상은 해볼 만한 게임이다. 최고의 전략은 아니지만, 손해 보는 전략도 아니다. 기준 금리 인상의 결정에는 대개 경제적 고려가 우선이지만, 비정상적인 국면이나 위기 시에는 (미국 정도의 나라라면) 국제 패권과 장기적 국익도 중요하게 고려한다.

이번 정부 말과 다음 정부 초 무렵인 2016~2018년이면 정부의 정책을 틀어지게 하는 두 번째 변수도 발생할 것이다. 이 무렵 한국은 저출산·고령화 현상으로 인구 구조에 큰 변화가 생긴다. 생산연령인구의 감소, 베이비붐 세대의 몰락이 가져다주는 내수 시장 충격이 가시화된다. 인구 문제는 한순간에 국가 경제를 쓰러뜨리는 변수는 아니다. 정부 정책을 일순간에 무력화시키지도 않는다. 하지만 경제를 서서히 침몰시키고 정책 효과를 반감시키는 무서운 '늪'이다. 회복될 것 같은데 자꾸 발목을 잡아서 바닥으로 끌어내린다.

5년 주기설, 10년 주기설을 근거로 한 집값의 본격적인 회복 주장도 이 문제를 간과하고 있다. 2030년까지는 인구가 감소하지 않을 것이라는 통계를 들어 당분간 집값이 더 내려갈 가능성이 적다는 주장이 핵심이다. 물론 주택 거래에서 총인구는 중요하다. 하지만 집값 문제에서 총인구는 변수가 아니다. 2008년 기준 평균 가격 6억 원 정도인 서울의 33평형 아파트가 다시 활발하게 거래되려면, 그 정도의 돈을 주고 아파트를 살 수 있는 대상, 즉 생산연령인구의 숫자가 중요하다. 집값의 또 다른 변수는 국내 시장에서 유통되는 돈의 총량이다. 국내에서 유통되는 돈의 총량은 미국이 기준 금리를 인상하면 결정적인 변화가 일어난다. 정부가 막대한 양의 돈을 풀지 않는 한 통화량이 줄어들게 된다.

한국의 생산연령인구(15~64세)는 2016년부터 감소하기 시작한다. 주택 거래는 계속되어도 2008년 당시의 비싼 가격으로 집을 살 수 있는 사람이 통계상으로도 2017년부터는 감소한다. 생산연령인구 중 15~35세는 집을 살 수 없다. 55~64세는 현재 보유하고 있는 중대형 아파트를 판 뒤 삭고 싼 집으로 바꾸어야 한다. 6억 원이 넘는

33평형 아파트를 살 수 있는 연령은 40~55세뿐이다. 그래서 한국은 절대적 인구가 주는 2030년 이후부터 주택 가격이 하락하는 것이 아니다. 2017년부터 국내외 경제 상황과 상관없이 인구 구조만으로 하락의 힘이 작동한다.

다음 그래프에서 보듯 한국의 생산연령인구 감소 추세는 기울기가 일본보다도 크다. 그래프에서 보듯 일본과 중국의 경제가 성장하고, 주식과 부동산 등 자산 시장이 급성장한 시기는 생산연령인구가 급격하게 상승하는 시기와 일치한다. 일본의 잃어버린 20년이 시작된 시점도 생산연령인구의 감소 시기와 일치한다. 일본의 정책 실패는 무능력과 무지 때문이 아니라 생산연령인구의 감소라는 처음 겪는 사태에 대한 대응 전략이 없었기 때문이다. 한국 경제는 1970년대 중반부터 성장하기 시작했다. 그로부터 30년 이상 급격하게 성장한 시기는 생산연령인구의 급격한 성장과 정확히 일치한다. 이런 시기에 주택 가격이 폭락하는 경우는 수요와 공급의 부조화, 즉 일시적인 공급 과잉이 발생할 때뿐이다. 비싼 집을 계속 살 수 있는 생산연령인구가 계속 증가하는 시기에는 집값이 폭락해도 곧바로 회복되고 추가적 상승을 지속한다. 이런 시기의 주택 가격 변화는 5년 주기설, 10년 주기설로 잘 설명할 수 있다. 그런데 생산연령인구 감소기로 돌아서면 경제 성장률과 자산시장 성장률은 대세 하락기로 전환한다. 그래서 대세 성장기에 적용되는 5년 주기설, 10년 주기설은 들어맞지 않게 된다.

2004~2008년은 전 세계적으로 엄청나게 풀린 돈과 생산연령인구의 최정점이란 두 가지 조건이 합쳐져서 한국의 내수 시장, 주식과 부동산 등 자산 시장의 성장을 견인했다. 주식은 1,000포인트에서

4년 만에 2,000포인트로 급등했고, 부동산도 61개월 연속 상승하면서 2배 가까이 폭등했다. 자산 시장 폭등에 힘입어 내수 소비도 활황세를 보였다. GDP 성장률도 이 요소들의 영향을 크게 받았다. 중국, 미국, 유럽을 중심으로 전 세계의 소비 거품이 일어서 수출도 호황이었다. 2008년 이후 세계 시장에 어둠이 깔리고 자산 시장이 위축되자 한국은 4~5년 동안 생계형 대출, 공기업 대출, 정부 지출 등 빚으로 버텼다. 앞으로 3~4년 동안 마지막으로 남은 부채 여력을 모두 끌어 쓰면서 버틸 것이다. 그러다가 부채 축소 국면이 벼락처럼 도래할 것이다. 정부는 지금처럼 안간힘을 다해 자산 거품을 다시 일으켜서 경기를 회복시키려고 할 것이다. 그러나 실패할 것이다. 지금이라도 환상을 버리고 체질 개선과 구조조정을 통한 정상적인 경제 정책을 사용해야 한다.

아시아 국가의 생산연령인구 비율

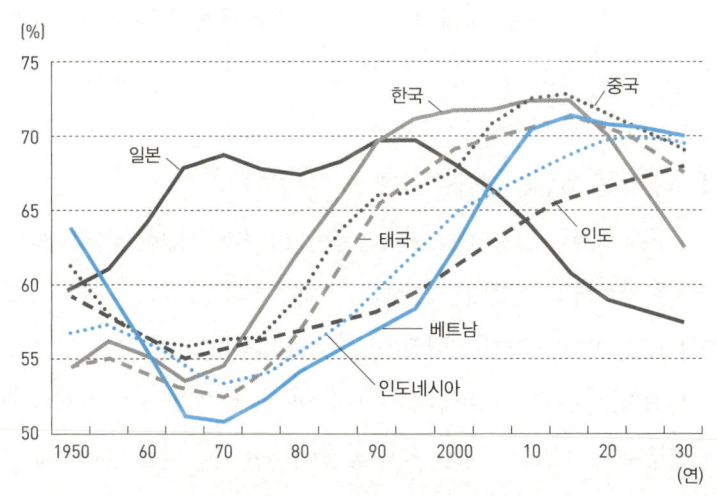

자료: United Nations, World Population Prospects : The 2010

투자 측면에서도 한국 부동산의 미래는 밝지 않다. 한국의 집값은 앞으로도 7~8년 이상 하락세를 지속할 것이다. 2008~2009년 기준으로 소형은 30~40% 하락할 것이고, 중대형은 40~60% 정도 하락한 후 멈출 것이다. 이미 이 가격 수준으로 떨어진 지역은 더는 하락하지 않을 것이다. 아직 이 가격으로 떨어지지 않은 지역은 앞으로 7~8년 동안 서서히 가격이 하락할 것이다.

주택이 거래되면서 국지적으로 가격이 상승하는 일이 벌어질 수 있다. 이는 거래가 이루어지면서 가격이 조정되는 과정일 뿐이다. 일부 분양 시장에서는 예전처럼 수십 대 일의 경쟁률을 보일 수 있다. 이것은 이미 분양가가 2008년의 정점에 비해 1/3~1/2로 하락한 신규 아파트이므로 실수요자가 몰려 경쟁률이 높은 것이지 부동산 투기 시대가 다시 시작되는 신호가 아니다. 이미 가격이 정상적인 가격까지 크게 하락한 곳은 물가 상승률만큼 집값이 서서히 오를 것이다. 전국으로 보면 어느 지역은 오르는 듯 보이고 어느 지역은 하락하는 것처럼 보인다. 기준은 명확하다. 한국의 주택 가격은 '정상적인 가격' (20~25년 동안 열심히 일하면 살 수 있는 가격)으로 회귀하는 중이다. 정부는 이런 추세를 막으면 안 된다. 막을 수도 없는 일을 막으려고 노력하느라 더 큰 위험을 대비할 시간을 잃게 된다.

정부가 관심을 가져야 할 것은 집값이 아니다. (집값이 하락하더라도) 거래를 활성화하는 데에만 중점을 두어야 한다. 그리고 미국이 금리를 올리면 아시아 경제가 어떤 영향을 받을지, 생산연령인구의 감소가 본격적으로 시작되면 국내 시장이 어떤 영향을 받을지, 가계 부채와 정부 부채가 견디기 힘들 정도로 불어나면 어떤 문제가 생길지 등에 관심을 가지고 선제적으로 대응책을 마련해야 한다.

현 정부의 정책이 빠르면 1~2년, 늦어도 3~4년 이내 복병을 만나 좌초하게 된다면 국민에게 일어날 수 있는 위기 가능성은 무엇일까? 미국이 기준 금리를 2015~2017년 사이 전격적으로 인상하면 무슨 일이 벌어질까? 미국의 시장 금리가 8~10%까지 오르면 한국의 금융시장과 자산시장에는 무슨 일이 벌어질까?

이번 정부 말에 1,800~2,000조 원까지 늘어날 것으로 예측되는 광의의 가계부채 중에서 20~30%가 부실 영향권에 들 가능성이 크다. 20%라면 대략 360~400조 원으로 한국 GDP의 30%가 넘는 규모다. 만약 가계 부채의 30% 정도가 부실에 빠지면 540~600조 원이 영향권에 든다. 한국 GDP의 40~45%에 해당하는 규모다. 그리고 총 부채원금(정부, 기업, 개인 부채 총량)에서 120~200조 원(한국 GDP의 10~15% 규모)의 추가적인 이자 부담이 발생한다. 이 정도의 위기가 발발하면 채권과 주식 시장에서도 개인의 손해가 이어질 것이다. 2013년 기준 한국 주식 시장 시가총액은 1조 2,500억 달러 정도다.[79] 2014년 3월 기준 채권 시장 시가총액은 1조 2,000억 달러 정도다. 미국이 금리를 인상하고 가계 부채에 불이 붙어 금융위기가 발발하면 주식과 채권시장에서 최소 시가총액의 10~20%는 타격을 본다.

광의의 가계 부채에서 360~400조 원, 금리가 3% 인상되었을 때 발생하는 추가적인 이자 부담액 120~200조 원, 주식과 채권 시장에서 사라질 250~500조 원. 이 세 가지를 합치면 730~1,100조 원 규모가 금융위기에 노출된다. 한국 GDP의 60~90% 규모에 해당하는 경제 충격이 시장을 강타할 수 있다는 말이다. 그렇게 되면 최소 저성장은 불을 보듯 뻔하고, 자칫 심각한 금융위기로 확대될 가능성이 크다. 여기에 아시아 대위기가 덮치면 한국 경제는 직격탄을 맞는다.

개인들은 어느 정도의 위기에 노출될까? 단순히 기준 금리 인상분 정도의 부담이 추가로 발생하는 데서 끝나지 않는다. 추가 리스크를 헷지하기 위한 추가 이자 요구, 추가 담보나 원금 일부 상환 요구, 만기 연장 불가 통보를 받을 수 있다. 내수 시장 침체로 인한 사업의 매출 감소와 순이익 감소, 자산의 담보 가치 하락까지 한꺼번에 몰려올 것이다.

가계 부채에서 발생하는 리스크, 자산 시장 충격, 금융권과 기업의 신용등급 하락, 국가 신용도 하락이 한국을 엄습할 수 있다. 당연히 자본수지는 지금과 전혀 다른 양상으로 돌아선다. 설상가상으로 2016~2018년 사이 중국이 한국 기업의 기술을 추월하면 무역수지 성장세도 감소한다. 이런 연쇄적인 충격이 낳을 또 다른 파급 위기는 무엇일까? 최소한 현 정부가 괜찮다고 둘러대는 수준은 절대로 아닐 것이다.

위기의 해법을 찾아라

BRAVE NEW WORLD 2030

임박한 아시아 대위기, 단기 대응 전략 4가지

임박한 위기에 대응하고 다가오는 기회를 선점하기 위한 개인, 기업, 국가 차원의 근본적인 전략은 2부와 3부에서 다룰 것이다. 그런데 근본적인 전략 못지않게 임박한 위기에 대한 단기적 대응도 중요하다. 수술실에 들어가서 근원적인 수술을 하기 전에 응급실이나 구급차 안에서 응급처치를 잘하는 것이 중요한 것처럼, 근본적인 위기 대응 전략을 구사하기 전에 발등에 떨어진 불을 신속하게 끄는 것이 필요하다. 필자가 제안하는 응급처치 전략은 다음의 네 가지다.

첫째, 현금 보유량을 최대한 늘려야 한다. 엄청난 규모의 위기를 눈앞에 두고 있다면 두 가지 힘을 준비해야 한다. 하나는 위기를 미리 준비하는 힘이고, 또 다른 하나는 위기를 견디는 힘이다. 다가오는 아시아 대위기 앞에서 현금 보유량을 최대한 늘리면 위기를 미리 준비하는 힘과 위기를 견디는 힘을 함께 축적할 수 있다. 2~3년 안에 최대한 많은 현금을 확보해야 한다. 앞으로 2~3년 동안 미국과 유럽에서는 기업이 현금을 풀어 투자할 것이다. 그러나 한국 기업은 현금을 최대한 많이 모아야 한다. 현금은 마치 대수술이 시작되기 전까지 생명을 연장해 주고 수술이 시작된 이후에도 수술이 마무리될 때까지 생명을 연장해 주는 '피'와 같다. 금융위기가 발발하면 평소보다 더 많은 금융 비용이 지출될 것이다. 짧게는 6개월, 길게는 2년 정도 평균보다 2~3배의 금융 비용이 지출될 것이다. 이 정도를 감당할 현금이 없으면 부동산, 공장, 기업 등을 헐값에 처분해야만 한다. 이 모든 것을 지킬 수 있는 힘이 바로 미리 확보한 '현금'에서 나온다.

둘째, 선제적으로 구조조정해야 한다. 구조조정은 지출을 줄여서 현금 보유량을 늘려 준다. 그리고 기업 체질이 개선되면 금융권의 평가도 올라간다. 금융권 평가가 올라가면 추가적 금융 비용 발생을 줄일 수 있다. 이렇게 현금 보유량을 늘리고 추가적인 금융 비용 발생 가능성을 낮춰야 생존할 수 있다. 나아가 미리 구조조정을 통해 체질을 개선해두면 위기 후 신속한 반격을 할 수 있다. 선제적 구조조정은 2보 전진을 위한 1보 후퇴라 할 수 있다.

셋째, 저성장 국면에 맞는 제품과 서비스를 준비해야 한다. 한국 경제는 선방한다고 해도 저성장이 5년 정도 지속될 가능성이 크다. 저성장 시기라 해서 반드시 매출이 감소하는 것은 아니다. 제대로 준비하면 매출을 끌어 올릴 수 있다. 저성장 국면에 맞는 제품과 서비스가 준비되어 있다면 위기가 최고의 기회가 될 수도 있다. 지난 5년 동안 캐주얼 SPA 브랜드인 유니클로UNIQLO는 글로벌 저성장 국면에서 매우 빠르게 성장했다. 저성장 시기에 가장 잘 어울리는 제품과 서비스를 제공했기 때문이다.

넷째, 위기를 끊임없이 모니터링해야 한다. 앞으로 2~3년은 기술개발보다 위기 모니터링이 중요하다. 특히 나와 관련성이 높은 위기 발생을 미리 포착할 수 있도록 끊임없이 '미래 위기 징후'를 모니터링해야 한다. 위기는 갑자기 다가오지 않는다. 반드시 관련 징후가 먼저 나타난다. 위기와 변화의 방향, 속도, 타이밍 등에 관한 끊임없는 모니터링이 중요하다. 당뇨병 환자가 혈당을 점검하듯 고혈압 환자가 혈압을 점검하듯 그렇게 모니터링해야 한다. 그렇게 하지 않으면 관리도 힘들고, 대응도 늦고, 잘못하면 목숨을 잃을 수도 있다.

저성장을 선택해야 미래가 있다

한국 정부는 어떻게 해야 할까? 다음 두 가지에 집중해야 한다. 구조조정과 부채 축소다. 구조조정과 부채 축소를 선택하게 되면 앞으로 3~5년 동안의 추가적인 저성장 국면은 불가피하다. 하지만 미래를 위해서는 저성장을 선택해야 한다. 그래야만 제2의 외환위기가 일어나지 않고, 아시아 경제위기 속에서도 버틸 힘을 만들 수 있다. 이렇게 하면 다음 정부 중반부터는 경제가 재도약할 기회를 얻을 수 있다. 아시아에서는 가장 먼저 미래 기회를 선점하는 나라가 될 것이다. 이런 전략의 중요성은 20세기 미국과 일본의 사례에서 확인할 수 있다. 차분하게 지난 세기에 벌어진 사건들을 돌아보자.

2008년 미국에서 금융위기가 발생하자 이제 미국의 시대는 끝났다고 평가하는 사람들이 많았다. 당시에 필자는 미국의 힘이 예전 같지는 않겠지만, 역설적이게도 위기의 주범인 미국이 글로벌 위기에서 가장 큰 이득을 볼 뿐만 아니라 글로벌 위기가 끝난 후에는 가장 강력한 국가의 위치에 올라설 것으로 예측했다. 미국은 지난 20세기 대공황을 시작으로 국가의 존망이 걸린 몇 차례의 위기를 맞았다. 그때마다 미국은 세간의 미국 몰락론을 비웃듯 회생했다. 미국 이전에 세계 패권은 영국에 있었는데, 제2차 세계대전이 끝난 후 빠른 속도로 미국으로 넘어갔다. 사실 영국은 19세기 중반부터 침몰이 진행되고 있었다. 그런데 패권은 제2차 세계 대전이 일어난 후에야 미국으로 넘어갔다. 영국에서 미국으로 세계 패권이 넘어가기까지 60~70년이란 시간이 걸렸다. 이것이 세계 패권의 특징이다. 19세기 대영제국에서 일어났던 쇠락이 지금 미국에서 벌어진다고 해도 다른 나라가 완전하게 패권 국가의 지위를 승계하기까지는 최소 수십 년이 걸린다. 미국의 시대가 곧 끝난다는 예측은 이러한 패권의 이동에 관한 역사적 이해가 부족한 견해다. 미국은 적어도 한두 번 이상 글로벌 수준의 위기를 스스로 극복할 수 있는 경제 역량, 산업 역량, 통치 역량, 소프트 파워를 가지고 있다. 현재 미국을 제외한 그 어느 나라도 이만큼의 역량을 갖추고 있지 못하다.

다시 과거로 돌아가 보자. 제2차 세계대전이 끝나자 미국과 유럽 등 승전국은 제2차 세계대전의 주범이었던 독일과 일본이 다시는 전쟁을 일으킬 만한 국가적 역량을 가질 수 없게 하려고 철저한 고립 정책을 폈다. 미국은 일본을 근대화 이전의 단계로 되돌려 놓았다. 일본의 공장을 전부 해체해 승전국으로 이전해 버렸다. 이전된 공장의 수가 1,100여 개나 되었다. 아예 기술 발전을 시도하지 못하도록 했다. 철강 생산량을 250만 톤으로 줄였고 자동차 생산도 금지했다. 일본을 산업국가에서 농업국가로 전락시켰다. 전쟁으로 많은 도시가 파괴되었지만, 미국은 도시 복구에 힘을 쏟지 않은 채 폐허를 그대로 내버려뒀다. 미국이 해상로를 차단하자 일본의 수산업은 괴멸되었다. 전쟁 배상금 명목으로 산업설비와 발전설비의 절반을 미국과 승전국이 가져갔다. 일본의 실질 GDP는 전쟁 발발 전의 62% 수준으로 하락했다. 광공업 생산량은 69%가 줄었고 농업 생산량도 1/3이 줄었다.[80]

그런데 1948년에 북한, 1949년에 중국에 공산주의 정권이 들어섰다. 미국은 전략적으로 매우 중요한 아시아 지역에 부는 공산주의와 사회주의 바람을 막을 장치가 필요해졌다. 결국 미국은 대일정책의 큰 틀을 수정한다. 1949년부터 미국은 일본의 경제 부흥을 적극적으로 지원하기 시작한다. 엔화 환율을 달러당 360엔으로 고정했다. 그러자 일본의 물가는 안정되었고 재정과 금융 시스템도 정상화되었다. 1950년 한국전쟁, 1965년 베트남전쟁이 발발하자, 미국은 더욱 적극적으로 일본을 지원했다. 전쟁에 필요한 보급품을 만들기 위한 공장이 일본 곳곳에 들어섰다. 1949년 이후 25년 동안 미국은 일본에 25,000여 건의 기술을 이전했다. 1950~1970년 사이에 미국이 일본에서 생산한 군수물자는 600억 달러가 넘었다.[81] 2차 대전 이후 파산 지경에 있던 기업들이 극적으로 회생했다. 1950년 8월 도요타 자동차는 10억 엔 상당의 군용 트럭 주문을 한 번에 받았는데 순이익이 2억 5천만 엔이었다. 미국의 이런 지원에 힘입어 1975년까지 도요타, 미쓰비시 등 많은 기업이 빠르게 성장했다.[82] 1955년부터 18년 동안 일본의 GDP 성장률은 두 자릿수를 기록했다.

그런데 미국은 한국전쟁과 베트남전쟁 이후 전쟁 후유증으로 경제가 휘청거렸다. 또 다른 위기가 미국에 다가온 것이다. 반면 일본은 성장을 계속했다. 미국에서 헐값으로 이전받은 첨단 기술과 전쟁

이후 태어난 베이비붐 세대의 풍부한 저임금 노동력, 달러당 360엔으로 고정된 엔화 약세로 무장한 일본 기업이 미국 시장을 본격적으로 공략하기 시작했다. 이제 일본의 함대와 폭격기가 아니라 일본의 기업이 미국을 공습했다. 전쟁 후유증으로 흔들리고 있던 미국의 전자, 철강, 반도체, 자동차 기업들이 일본의 경제 공습에 무너졌다. 저렴한 인건비를 앞세운 일본의 방직 기업과 화학섬유 기업은 미국과 전 세계 시장의 60%를 싹쓸이했다. 세계가 일본의 손 안에 넘어갈지 모른다는 예측이 곳곳에서 나왔다. 심각한 타격을 입은 미국 기업들이 파산하거나 생존을 위해 필사적인 노력을 기울여야만 했다. 미국의 자존심이었던 자동차산업마저 휘청거리기 시작했다. 실업률이 급상승했고 달러 가치는 하락했다. 다급해진 미국은 1974년 '슈퍼 301조'를 발동해 일본을 견제했다. 360엔에 고정되어 있던 엔저 정책을 강제로 폐지하고 변동환율제로 바꾸었다. 하지만 역부족이었다. 1980년대 들어 일본의 대미 수출은 더욱 급격하게 늘었다. 1980년 일본 자동차 기업은 미국 시장의 24%를 장악했다. 미국 자동차산업의 상징이었던 포드 자동차는 15억 달러 적자를 기록했고, 자동차산업의 심장부인 디트로이트 시의 실업률은 20%까지 치솟았다.

 1985년 일본의 GDP는 미국의 1/3 수준으로 올라서며 G2의 자리를 차지했다. 같은 해 미국은 429억 달러라는 엄청난 규모의 대일 무역 적자를 기록했다. 1985년 당시 라면이 120원, 짜장면은 600원으로 대략 지금 물가의 1/10이었으니 429억 달러라면 정말 어마어마한 규모였다. 미국의 신뢰도는 추락했고, 곳곳에서 미국의 시대가 끝이 났다는 예측이 나왔다. 일본에 쫓겨 시장을 내어주고 엄청난 무역적자와 재정적자가 쌓이자 미국의 국가 부채가 상승하고 달러 가치는 폭락했다. 일본 호텔에서는 달러 결제를 거부하는 일까지 벌어졌다.

1980년대 미국의 위기는 2008년 미국의 위기보다 더 심각했다. 하지만 미국은 강력한 구조조정과 부채 축소, 보호무역주의를 통해 위기를 극복해냈다. 백악관의 정치적 압력이 있었지만, 당시 FRB 의장이었던 폴 볼커는 달러 가치 폭락을 막기 위해 기준 금리를 15%까지 인상했다. 그러자 시장 금리는 20%를 넘어섰다. 기업과 개인 파산이 속출했다. 농업은 초토화되었다. 일본에 밀리고 있던 기업들은 구조조정과 부채 축소 과정을 견디지 못하고 쓰러졌다. 파산과 워크아웃이 곳곳에서 일어났다. 시장은 단숨에 얼어붙었다. 장기적 저성장이 미국을 강타했다. 금리가 인상되자 미국 밖에 있던 달러가 미국으로 들어오기 시작했다. 그렇게 달러 초강세 현상이 진행되자 미국 기업의 수출 경쟁력은 더욱 더 떨어졌다. 경제를 살리기 위해 소득세를 낮추고 재정적자 규모를 늘렸지만, 부채만 증가했을 뿐 무역적자는 줄지 않았다. 경제 문제가 심각해지자 백악관의 주인이 바뀌었다. 1985년 미국 전체 무역적자는 1,090억 달러까지 이르렀다. 재정적자는 1,000억 달러에 육박했다. 은행의 파산이 줄을 이었다. 채권과 주식 시장도 폭락했다. 엄청난 금융위기가 미국을 강타했다.

위기를 맞은 미국은 강력한 구조조정이라는 대수술의 길을 선택했다. 구조조정을 거쳐서 서서히 미국 기업과 산업 구조가 개선되기 시작했다. 대수술이 끝나고 미국 경제가 중환자실을 거쳐 회복실로 옮겨지자 상황이 달라지기 시작했다. 새로 들어선 정부는 경제위기를 수습하면서 무너진 기업과 농업을 되살리기 위해 보호무역주의 정책을 발동했다. 농업을 살리기 위해 대대적인 금융 지원을 시작했고, 우루과이라운드 협정 등 보호무역주의 정책을 통해 수출 길을 터주었다.

　1985년 미국 뉴욕에 위치한 플라자 호텔에 프랑스, 독일, 일본, 미국, 영국으로 구성된 G5의 재무장관이 모였다. 이곳에서 미국은 일본과 독일을 압박해 엔화와 마르크화를 20% 평가절상시켰다. 이렇게 플라자합의Plaza Accord가 발효되고 1주일 만에 엔화는 달러 대비 8.3%, 마르크화는 7% 절상되었다. 2년 동안 달러 가치는 20% 하락했다. 엔화는 달러당 242엔에서 130엔으로 상승했다. 미국 수출 기업의 가격 경쟁력은 20% 이상 높아졌다. 일본이 쌓아둔 달러 채무도 20% 이상 연기처럼 사라졌다.[83] 대수술은 힘들고 길었지만, 수술이 성공적으로 끝나자 미국 경제가 기적처럼 회생한 것이다.

　반면 일본의 상황은 반대로 흘러갔다. 엔화 가치가 상승하면서 수출 기업의 가격 경쟁력이 하락하고 일본 기업이 차지하던 시장을 한국 기업이 잠식하기 시작했다. 위기를 맞은 일본은 미국과는 다른 길을 선택했다. 유럽과 미국 간의 무역 마찰이 심해지고, 플라자합의로 엔화 가치가 상승하자 일본은 내수 진작 카드를 꺼냈다. 금리를 낮추어 돈을 풀었다. 당장 급한 불만 끄면 된다는 식이었다. 경제위기를 돈을 풀어 해결하려 한 것이다. 경제가 위기에 빠질 때 금리를 낮추어 시장에 유동성 공급을 늘리는 것도 틀린 전략은 아니다. 그런데 모든 정책은 상황에 맞아야 한다. 당시 일본은 돈을 풀어서 거품을 만들어 시장을 살리는 처방보다는 강력한 구조조정을 선택해야 했다. 구조조정을 통해 기업 체질을 개선하고, 선별적이고 적절한 투자와 추가적인 기술 개발에 집중해야 했다. 하지만 일본 정부와 국민은 2.5%까지 기준 금리를 인하하는 저금리 정책으로 금융 비용을 절감해 수익률 감소를 상쇄하고, 미국의 심기를 건드리기보다는 엔화 강세를 받아들임으로써 수입 물가를 하락시키고, 이를 통해 원가를 절감해서 위기를 극복하는 정책을 선택했다. 그와 더불어 성장을 극대화하기 위해 돈을 풀어 자산 거품을 일으켰다.

잘못된 정책을 구사하자 후폭풍이 일어났다. 내수 시장에서 자산 거품이 부풀어 오르기 시작했다. 자산 거품이 일어나자 내수 시장이 회복한 것처럼 보이는 착시 현상이 발생했다. 하지만 기업 경쟁력의 회복으로 임금이 상승하고 이를 통해 소비가 살아나 내수 시장이 살아나는 선순환의 회복이 아니었다. 개인과 기업은 금융과 자산 투기에 몰두했다. 일본의 대출 규모는 1980년대 초 GDP의 50%에 불과했지만, 1980년대 말에는 100%에 육박했다. 불과 5년 사이에 두 배로 늘어났다. 닛케이지수는 3년 만에 300% 상승하면서 세계에서 시가총액이 가장 큰 시장이 되었다. 일부에서는 드디어 일본 기업의 주가에 펀더멘털이 반영되었다며 환영했다. 일본 부동산 시장의 시가 총액이 미국 전체를 사고도 남을 정도로 폭등했다. 4년 만에 주택담보인정비율LTV도 100%를 넘었다.[84]

플라자합의 이후 달러 당 242엔이었던 환율은 계속 절상되어 1995년 4월에는 일시적으로 달러 당 79.75엔을 기록할 정도로 상승했다. 그 결과 달러로 표시되는 일본의 GDP는 계속 상승했다. 1986년 16,704달러였던 1인당 GDP가 1995년에는 42,336달러로 급등했다. 10년 만에 250% 가까이 상승한 것이다. 자산 가치도 계속 늘었다. 외화 자산은 1985년 플라자합의 전과 비교할 때 두 배 이상 증가했다. 은행의 수익도 계속 증가해 1988년 세계 10위권 은행 순위의 대부분을 일본 은행이 차지했다. 일본의 단기 대출 시장도 세계 최고 규모로 성장했다. 일본의 금융 자산이 커지자 미국 자산 시장에 대한 투자도 늘어났다. 1989년 소니는 컬럼비아 영화사를 34억 달러에 인수했다. 미쓰비시는 록펠러 센터를 14억 달러에 사들였다. 로스앤젤레스 다운타운의 절반이 일본 자금에 팔렸고, 하와이 투자 시장의 96%를 일본 자금이 휩쓸었다. 미국 전체 부동산의 10%가 일본 자본에 팔렸다.[85] 일본 기업은 투자와 기술 개발보다는 엔고 효과와 저금리로 풀린 막대한 돈을 지렛대 삼아서 미국과 유럽의 대기업을 인수합병하는 데 집중했다. 일본이 다시 회생하는 분위기였다. 전 세계 언론도 일본이 세계 경제 회복을 주도하고 있다고 찬사를 보냈다. 일본 정부도 자신의 선택이 성공적이었다고 생각했다.

그렇게 잘못된 정책의 착시 현상에 취해서 일본은 근본적으로 체질을 개선할 시간을 흘려보내고 있었다. 빚내서 벌이던 잔치가 끝나자 참담한 위기가 기다리고 있었다. 수술로 해결할 수 있었던 상황이 목숨을 걸어야 할 상황이 되었다. 달러 가치 하락과 부채 위기에서 벗어난 미국 경제의 반격이 시작되었다. 구조조정으로 체질을 개선한 미국의 제조 기업이 보호무역주의 정책을 앞세워 일본 기업에 빼앗겼던 시장을 하나둘 되찾아 나갔다. 수술 후 다시 태어난 미국 기업의 약진은 눈부셨다. 그에 따라 미국 경제도 서서히 회복되었다. 1980년대의 대위기를 극복하고 미국은 강력한 G1으로 복귀했다. 그 번영은 2008년까지 계속되었다. 반면 일본은 몰락하기 시작했다. 자산 거품이 붕괴하면서 부채의 역습이 시작되었다. 구조조정을 게을리 하고 투자와 기술 개발을 늦추었던 일본 기업은 세계 시장에서 미국의 반격과 한국의 추격에 포위되었다. 유럽과 미국 자본이 흔들리는 일본 경제와 금융을 공격했다.

결과는 참담했다. 대부분의 산업에서 중산재 시장을 내주었나. 일본 조선산업의 세계시장 점유율은 40%에서 8%로 추락했다. 1인당 GDP도 5만 달러를 정점으로 하락해 3만 달러 대로 떨어졌다. 닛케이지수는 75% 폭락한 채 20년을 헤맸다. 주식 시장이 무너지자 개인과 보험회사가 무너지고 증권회사들도 파산했다. 1995년 일본 정부가 발표한 불량자산은 50조 엔을 넘었다. 부동산 시장도 처참했다. 주택은 60%, 상업용 부동산은 87% 폭락했다. 주식과 부동산 시장에서 6조 달러가 한순간에 사라졌다. 부채 경영을 했던 기업이 1991~1996년 사이 연평균 14,000개씩 파산했다. 골프장 회원권 가격이 97% 폭락하는 등 레저산업도 타격을 입었다. 파산 도미노가 일본 경제를 강타했다.

이 시기 일본 경제가 입은 타격은 제2차 세계대전에서 일본이 입은 피해 규모와 맞먹는다는 분석이 나올 정도였다.[86] 세계 10대 은행 목록에서 살아남은 일본 은행은 단 하나뿐이었다. 사들였던 미국 부동산과 기업은 헐값으로 되팔아야 했다. 일본 기업은 살기 위해 공장을 해외로 이전해야 했다. 1985년 3%에 불과했던 해외 생산 비중이 1999년에는 14%에 이르렀다. 실업률은 계속 증가했고 고용은 정체되었다. '잃어버린 20년'은 이렇게 시작되었다. 저성장과 몰락을 막기 위해 일본 정부가 할 수 있는 일은 돈을 더 푸는 것뿐이었다. 열 차례에 걸쳐 총 130조 엔(1조 4천억 달러)을 풀었다. 엔고를 막기 위해 2007년 한 해에만 7조 6천억 엔을 풀었다. 기회를 놓친 정책은 효과가 없다. 기대했던 효과는 나타나지 않았고 부채만 증가했다. 현재 일본의 국가 부채는 GDP 대비 240%를 넘었다.

지금 한국과 중국이 그때의 일본과 비슷한 갈림길에 서 있다. 현재 한국 경제가 겪고 있는 어려움은 글로벌 위기로 인한 일시적 현상이 아니다. 1980년대 중반 이후부터 한국 경제는 일본과 비슷한 상황으로 치닫고 있다. 한국 기업을 향한 미국과 일본의 반격은 강력하고 중국의 추격은 거침없다. 점점 커지는 막대한 규모의 부채는 위태롭고, 주식 시장과 부동산 시장의 거품은 붕괴 직전이다. 세계 경제 침체의 여파가 더해져 여기저기 빨간불이 켜졌다. 게다가 원화 가치 상승 압력도 점점 높아지고 있다. 앞으로 2~3년, 한국 정부의 선택이 중요하다. 만약 일본과 같은 선택을 한다면 당분간 몇 년은 거시지표를 끌어올려 성장 신기루를 제공할 수 있을 것이다. 그 뒤 엄청난 후폭풍을 맞게 된다. 반대로 미국과 같은 선택을 한다면 단기적으로 대수술의 고통과 후유증을 앓게 된다. 최소 5년은 저성장에 빠질 것이고 구조조정을 선택한 정권은 인기를 잃어 상대 정당에게 정권을 내줄 위험도 감수해야 한다. 하지만 그 고통을 감내할 수 있다면 한국의 미래를 되살려내고 2020년 이후 다가올 세계 경제의 새로운 호황기에 최대 수혜국 중 하나가 될 것이다. 이렇게 하기 위해서는 당분간 원화 가치 하락을 유도해 수출품의 가격 경쟁력을 높임으로써 국내에서 벌어지는 구조조정과 부채 축소에서 발생하는 부작용을 상쇄할 힘을 마련해야 한다. 현재 수출이 흑자를 지속하고 있다는 사실에 안도하고, 내수를 증진하겠다는 의도에서 원화 강세를 용인한다면 반드시 문제가 발생할 것이다.

정부가 내수 진작을 위해 어정쩡한 자세로 원화 강세를 계속해서 용인한다면 단기적으로는 수출 기업이 타격을 받는다. 5대 그룹은 하청업체를 더 조여서 원가를 낮추고 해외 생산을 늘려 원화 강세에 대응할 수 있겠지만, 나머지 수출 기업은 직접적인 타격을 받는다. 원화 강세가 지속되면 수입 물가가 하락하기 때문에 약간의 내수 진작 정책을 실행함으로써 수출 기업의 손해를 내수 시장에서 상쇄할 수 있을 것이라 생각할 수도 있다. 하지만 큰 효과를 기대할 수 없다. 막대한 가계 부채의 부담, 세계 경제 침체의 심리적 효과, 대다수 기업의 매출 및 순익 하락, 근로자의 임금 정체 등 내수 증대를 가로막는 엄청난 걸림돌들이 놓여있기 때문이다. 일본의 비극이 플라자합의를 통한 강제적인 엔화 절상으로 수출 경쟁력이 약화되자, 일본 정부가 내수를 진작하기 위해 자산 시장과 금융 시장을 키우면서 잉태되었음을 기억해야 한다. '어설픈 수준의 수출과 내수의 균형' 정책이 결국 수출도 내수도 살리지 못했던 것이다.

지금 한국을 둘러싼 외부 상황은 1997년 외환위기 발발 때와 비슷하다. 그런데 한국 정부의 정책은 일본의 실패한 1985년 정책과 비슷하다. 원화 강세의 장점을 이야기하는 이들이 있다. 불황형 흑자는 큰 문제가 아니라는 주장도 있다. 2014년 6월 한국은행이 개최한 국제콘퍼런스에서 거시경제학자인 로버트 배로 하버드대학교 교수는 한국의 환율 급락이 큰 문제가 아니므로 오히려 더 용인해야 한다고 주장했다. 내수가 부진한 상태에서 경상수지가 26개월 흑자를 낸 것은 불황형 흑자가 아니라 수출성장률이 수입과 경제성장률보다 더 빨라서 생긴 상황일 뿐이라고 일축했다.[87] 행간을 읽으면 걱정할 일이 아니라 더 좋은 상황이라는 뉘앙스다. 한국은 내수와 수출이 균형 성장하고 있다는 발언이다. 환율 하락(원화 가치 상승)이 계속되는 것은 자유무역과 자유로운 자본 이동이라는 국제적 추세에 잘 맞는 정책이기 때문에 정부가 더 용인해야 하며, 한국 입장에서는 경상수지 흑자로 인해 환율이 하락하면 가계 소비 여력이 높아져 오히려 내수가 살아나면서 우려하던 모든 문제가 자연스럽게 해결될 것이라고 주장했다.

배로 교수의 주장은 일리가 있다. 그런데 놓친 것이 있다. 이론적으로는 경상수지 흑자로 환율이 하락하면 가계 소비 여력이 높아진다. 엄밀히 말하면 '가능성'이 높아진다. 그런데 동시에 다른 가능성도 높아진다. 바로 자산 시장의 거품 가능성이다. 지난 100년의 자본주의 역사를 돌아보면, 가계 소비 여력이 높아지면 건전한 소비를 촉진해 내수 시장의 성장을 견인하는 것보다 더 빠르게 자산 시장을 견인해 거품 소비를 일으키는 쪽으로 움직였다. 건전한 소비 증가 가능성이든 자산 시장 거품으로 인한 내수 성장 가능성이든 어느 쪽이든 좋다. 그런데 현재 한국은 이미 자산 시장에 거품이 엄청나게 끼어 있는 상황이라 환율 하락이 자산 시장을 획기적으로 끌어 올리지 못한다. 그렇다고 환율 하락이 근로자의 소득을 높이지도 못한다. 환율 하락으로 가계 소비 여력이 높아지는 것은 중산층이나 서민층이 아니라 일부 기업과 부유층에 국한될 것이다. 이런 상황에서의 환율 하락은 내수를 증진하기보다는 부의 불균형 분배를 가속화할 것이다.

한국 경제는 지금 시스템이 고장 나 있는 상황이다. 성장에 초점을 맞추기보다는 수술을 먼저 해야 한다. 수술 후에 다시 성장의 엔진을 켜야 한다. 몸이 아프면 아무리 급한 일이 있더라도 일을 멈추고 병원을 다녀와야 하는 것과 같다. 저성장으로 방향을 선택한다면 미국이 언제 금리 인상을 할지 면밀히 모니터링하는 것이 중요하다. 2015~2017년 사이로 예상되는 미국의 금리 인상 시기를 면밀히 관찰하면서 그 전에 가계 부채라는 도화선을 잘라야 한다. 도화선을 자르면 저성장 국면이 발생하지만, 한국 경제를 두 번의 외환 위기나 잃어버린 20년으로 몰고 갈 뇌관으로 불이 옮겨 붙는 것을 막을 수 있다. 거듭 강조하지만, 한국을 위기에 빠뜨릴 뇌관은 가계 부채 등 부분적인 것이 아니라 한국의 시스템적 한계 상황이다. 이 문제를 고려하지 않고는 어떤 진단이나 처방도 효과를 보기 어렵다. 다음 그림

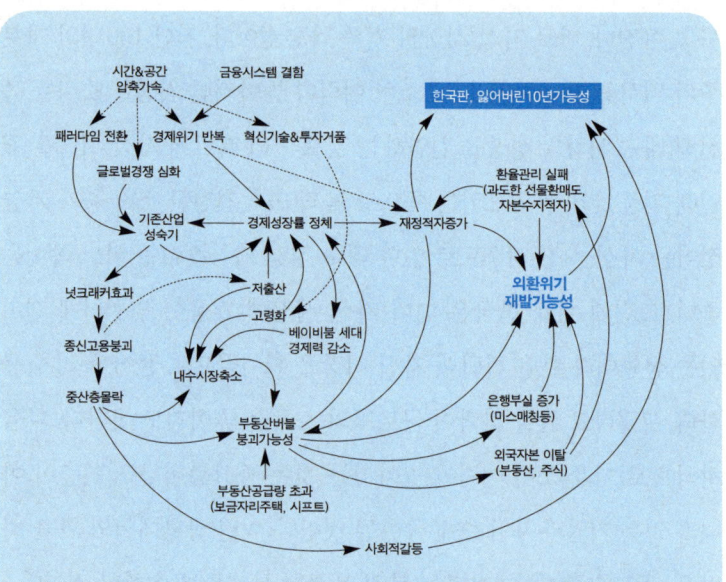

한국이 안고 있는 10가지 위기 유발 요인들은 하나씩 떨어져 있는 것이 아니다. 10가지 요인이 시간이 흐를수록 서로 연결되면서 부분의 합보다 몇 배나 큰 충격을 우리 사회에 준다. 이 점을 읽어냈기에 '잃어버린 10년'이라는 한국의 미래 시나리오를 도출할 수 있었다.

- **한국의 미래 위기 요인 10가지**

기존 산업의 성장의 한계	종신고용 붕괴
저출산	고령화
재정적자 위기 심화	경제성장률 저하
부동산 거품 붕괴	정부의 잘못된 정책
심각한 사회적 갈등	급격한 흡수통일의 위험

에서 보듯 기존 산업의 성장 한계와 종신 고용 붕괴, 저출산·고령화, 재정 적자 위기 심화, 경제 성장률 저하, 부동산 거품 붕괴, 정부의 잘못된 정책, 심각한 사회적 갈등, 급격한 흡수 통일의 위험이 서로 관계를 맺으면서 만들어내는 구조적 위기다.

강력한 구조조정과 시스템 재설계를 통해 이 뇌관을 해체해야 한다. 얼마나 빨리 뇌관을 해체하느냐에 따라 미래가 달라진다. 앞으로 15년 남았다. 첫 5년은 위기 대응과 뇌관 해체의 시기다. 그다음 10년은 미래 산업 선점과 지속가능성이 중심 과제가 되는 시기다. 지금부터 15년을 어떻게 보내느냐에 따라 전 세계 국가의 미래, 기업의 미래가 결정될 것이다.

중국에 관한 메타포를 바꿔라

지금까지 중국의 성장은 한국에는 달콤한 열매였다. 중국은 한국에게 가장 큰 시장이자 최고의 무역 상대였다. 중국은 미국보다 얻을 것이 더 많아 보였다. 일부에서는 미국보다는 중국을 선택하는 것이 국익에 더 도움이 될 것이라고 생각할 정도로 중국에 한국 경제의 미래가 있는 듯 했다. 그런데 5년 후 한국 경제의 최대의 적은 중국이 될 가능성이 크다.

현재 중국은 성장의 한계에 직면해 있다. 현재의 시스템을 가지고서는 40년 안에 미국을 추월하기 힘들다. 소련이나 일본처럼 영원히 미국을 추월할 수 없 가능성도 있다. 경제 규모는 앞으로도 계속 커지겠지만, 큰 규모의 부채 축소라는 난관이 기다리고 있다. 또한, 밖으로는 미국의 반격을 막아야 하고 안으로는 부의 불균형 분배와 뿌리 깊은 부패를 척결해야만 한다. 그래야 지금처럼 공산당 일당지배 체제를 유지할 수 있다.

중국은 앞으로 10년 동안 벌어질 미국과의 6가지 전쟁을 준비해야 한다 - 패권 전쟁, 무역 전쟁, 환율 전쟁, 원가 전쟁, 산업 전쟁, 인재 전쟁.[89] 이들 전쟁에서 승리하기 위해 중국은 어떤 선택을 할까? 무엇보다 한계에 도달한 노동집약적 산업에서 벗어나려고 할 것이다. 중국은 추가적인 경제 성장을 담보할 수 있는 새로운 시장이 필요하다. 중국이 원하는 시장은 중간재 시장이다. '현재' 한국이 가지고 있는 시장이자 '미래'에 한국이 확보해야 할 시장, 그것이 바로 중국이 노리는 시장이다. 그래서 중국은 살기 위해 반드시 한국을 칠 것이다. 현재 산업과 미래 산업에서 중국이 한국을 공격할 것은 확실성의 영역에 속한다. 한국의 시장을 빼앗아 갈 것도 확실하다. 불확실성은 언제 공격이 시작되고 어느 정도를 빼앗아 갈 것인가 뿐이다.

그렇다면 한국이 중국과의 싸움에서 승리하려면 어떻게 해야 할까? 무엇보다 중국에 관한 메타포를 바꾸어야 한다. 지난 20~30년 동안 한국은 중국에 관해 다음과 같은 메타포를 가지고 있었다.

- 이쑤시개를 팔아도 14억 개를 팔 수 있다.
- 한국에서 1등을 못해도 중국에서는 1등 할 수 있다.
- 공산당이 철저하게 계획 경제를 시행하는 중국은 상대적으로 안정적이다.
- 중국의 성장은 한국에 유리하다.
- 중국은 영원히 성장한다.

중국은 거대한 시장이었다. 아무리 사소한 것을 팔아도 중국에서는 부자가 될 수 있었다. 14억 명까지 증가한 인구를 상대로 이쑤시개를 팔아도 14억 개를 팔 수 있었던 거대한 시장이다. 중국 기업은 제품과 서비스 분야 모두 한국 기업보다 기술력이 낮다. 이런 약점을 파고들면 한국에서는 경쟁력이 부족해도 중국에서는 경쟁력을 가질 수 있었다. 공산당이 경제나 금융을 통제하기 때문에 작은 경제 충격은 있을지라도 다른 나라보다 상대적으로 안정적이었다. 다른 나라 같으면 벌써 부동산 거품 붕괴가 경제 전반을 강타했겠지만, 중국 공산당이 통제하고 있어서 큰 문제로 터지지 않고 관리되어 왔다. 중국의 성장은 한국에 절대적으로 유리했다. 한국에서 중간재를 수입하고, 한국의 제품과 서비스에 열광하고, 한류 바람이 불어 중국 관광객이 한국의 관광산업을 먹여 살리다시피 했다. 중국은 지난 20~30년간 무서운 속도로 성장했다.

이 5가지는 지난 20~30년 동안만 유효한 메타포였다. 앞으로는 달라져야 한다. 계속 5가지 메타포를 붙들고 있다가는 모든 것을 잃을 수도 있다. 메타포를 바꾸어야만 미래에도 계속 기회를 얻을 수 있다.

하나씩 생각해 보자. 앞으로도 중국은 거대한 시장이다. 경제 성장도 계속되고, 도시화도 더 진행되고, 근로자의 임금도 높아져서 중국 내수 시장의 물리적인 크기는 계속해서 커질 것이다. 그러나 미국의 서부 개척 시대처럼 깃발을 꽂기만 하면 자신의 땅이 되던 시기는 끝났다. 앞으로 중국 시장은 상대적으로는 큰 시장이 아니다. 체감하는 실제적인 시장의 크기는 다른 나라와 비슷해진다. 중국 시장이 한국 시장의 10배라면 경쟁자도 10배가 많아서 기업이 느끼는 경쟁 압력은 똑같다. 지난 20~30년은 시장이 커지는 속도보다 시장 참여자가 늘어나는 속도가 상대적으로 느렸다. 그래서 같은 노력을 했을 때 한국 시장에서보다 중국 시장에서 더 많은 것을 얻을 수 있었다. 그런데 지금 중국 시장은 경쟁자들로 넘친다. 앞으로는 시장이 커지는 속도보다 경쟁자가 늘어나는 속도가 더 빠를 것이다.

한국에서 1등을 못해도 중국에서는 1등을 할 수 있다는 생각을 완전히 버려야 한다. 2~3년 후면 중국의 제품과 서비스의 품질이 한국과 같아지거나 앞선다. 중국의 미래 산업은 이미 한국의 기술력을 추월했다. 오바마 대통령이 백악관에 입성하면서 미국의 미래라고 치켜세웠던 태양광 기업이 중국의 거센 추격을 견디지 못하고 파산했다. 몇 년 전만 해도 전 세계 태양광산업의 상위 10개 기업 순위는 미국과 유럽 기업이 나누어 가졌다. 그런데 지금은 중국 기업이 7~8개를 차지하고 있다. 중국은 기술력이 약한 나라가 아니다. 지난 5천 년의 역사에서 아시아의 기술 발전을 주도한 두 나라가 한국과 중국이었다. 중국은 500년 전까지만 해도 세계에서 가장 뛰어난 군사기술과 산업기술, 생활기술을 가지고 있었다. 지금 중국의 군사기술은 미국과 견줄 만한 수준에 근접했다. 유인 우주선을 띄우고 항공모함을 제작하는 중국은 미래형 산업에서 세계적인 수준의 기술을 보유한 나라다. 중국의 제품이 조잡하고 낮은 기술의 제품이라는 생각은 몇 년 후면 완전히 바뀔 것이다. 앞으로 한국에서 1등을 못하는 기업은 중국에서도 절대로 1등을 할 수 없다.

중국 공산당은 지금까지 해왔던 것처럼 앞으로도 철저하게 경제를 통제할 것이다. 시장 자유도가 큰 서방 국가나 한국, 일본보다 위기를 통제하는 능력이 나아 보일 것이다. 그러나 중국 공산당은 결코 경제의 신이 아니다. 경제의 기본 원리를 초월할 수 없다. 더욱이 중국 경제의 물리적 규모가 점점 더 커질수록 통제하기가 그전보다는 훨씬 힘들어질 것이다. 경제의 신이 아니기 때문에 중국 공산당은 최소 10년에 한 번은 실수를 할 수 있다. 한 번의 실수는 곧바로 1997년 한국의 외환위기와 같은 수준의 경제 폭풍을 발생시킬 것이다. 지금까지 큰 통제력으로 문제를 더 세게 누르고 더 많이 감추어 왔기 때문에, 강하게 누른 용수철일수록 더 높게 튀어 오르는 것 같은 현상이 경제에서 벌어질 것이다.

중국 경제의 성장에는 두 가지 면이 있다. 하나는 수출 기업이 성장하는 것이고, 다른 하나는 내수 시장이 성장하는 것이다. 중국의 수출 기업은 한국의 시장을 빼앗아 추가적인 성장을 꾀할 것이다. 중국 기업과 한국 기업은 세계 시장으로 통하는 외나무다리에서 만날 수밖에 없다. 중국은 한국의 시장을 빼앗지 못하면 경제 성장이 멈출 수밖에 없다. 한국이 전 세계 조선산업의 40%를 장악하기 전에는 일본이 그 자리를 차지하고 있었다. 백사장에서 시작했던 한국의 조선산업이 일본 조선산업의 세계 시장 점유율을 8%대로 주저앉히며 모든 것을 빼앗아왔다. 머지않아 한국의 조선산업이 중국에 의해 이런 상황에 빠질 것이다. 이미 조선과 건설에서는 이런 상황이 현실이 되고 있다. 나머지 산업도 시간 문제일 뿐이다.

이렇게 세계 시장에서 빼앗긴 부를 중국의 내수 시장을 통해서 만회하겠다고 생각할 수 있다. 한국의 시장을 빼앗은 중국 기업은 근로자의 임금을 높여줄 수 있다. 근로자의 임금이 높아지고 더 많은 근로자를 고용하게 되면 중국의 내수 시장은 지금보다 커질 것이다. 그러나 한국이 수출 시장에서 빼앗긴 부의 규모만큼 중국 내수 시장에서 만회할 수는 없을 것이다. 점점 커지는 내수 시상을 한국 기업이

몽땅 가져가도록 가만히 있을 중국이 아니다. 중국 기업들은 커지는 내수 시장을 향해 문어발식으로 사업을 확장할 것이다. 중국 공산당은 중국 기업의 기술력과 서비스 품질이 예전보다 높아졌기 때문에 마음먹고 밀어줄 수 있다.

중국은 영원히 성장하는 신화의 나라가 아니다. 그 어떤 탁월한 권력자, 제국, 기업도 피해갈 수 없는 법칙이 있다. "영원히 성장하는 것은 없고, 빨리 성장하면 그만큼 빨리 쇠퇴한다." 중국이 강력한 제국이고 돈이 많은 나라이긴 하지만, 이 법칙을 어길 수는 없다. 지난 20~30년 동안 중국은 영원히 성장할 것처럼 보였다. 그러나 앞으로는 중국도 영원히 성장하는 나라가 아님을 깨닫게 해주는 일들이 벌어질 것이다. 빨리 성장하면 빨리 쇠퇴한다는 말이 왜 진리인지, 중국을 통해 확인시켜줄 사건들이 벌어질 것이다.

이런 주장이 중국 시장을 포기하자는 이야기가 아니다. 앞으로도 중국 시장은 성공 신화를 만들 기회가 있는 매력적인 시장이다. 성공하기 위해서는 지난 20~30년을 지배했던 중국에 관한 5가지 메타포를 바꾸어야 한다는 말이다. 과거의 틀에 갇혀 있으면 앞으로 중국에서 살아남을 수 없다. 메타포를 바꾸어야 성공의 기회를 잡고, 성공 전략을 세울 수 있다.

2016년 이후, 미국 제조업의 반격이 시작된다

한국은 중국 외에 미국과도 전쟁을 치러야 한다.(여기에 한국 내부의 경제위기까지 더해진다면 그야말로 사면초가에 빠진다) 미국은 전통적 제조업 강국이다.[90] 미국 총생산에서 제조업이 차지하는 비중이 줄어들었다고 해서 미국의 제조업이 약해졌다고 평가하는 것은 옳지 않다. 미국의 제조업 매출은 여전히 세계 최고 수준이다. 2013년 기준 미국의 제조업 총 매출 규모는 중국에 이은 세계 2위다. 아주 근소한 차이다. 그런데 중국과 미국의 제조업은 질적 수준에서 격차가 있다. 중국이 조립품을 생산해 올린 매출이라면 미국은 첨단 제품, 부품과 소재 등을 생산해 올린 매출이다. 따라서 질적인 면까지 포함해서 보면 미국 제조업이 세계 1위라고 평가할 수 있다.

현재의 기술 수준 외에도 미국의 제조업이 가진 결정적인 힘이 또 있다. 미국 제조업은 1군이라고 할 수 있는 애플이 무너져도 곧바로 애플 같은 기업이 나온다. 정부가 개입하고 공을 들여 키우지 않아도 시장에서 애플 같은 기업이 순식간에 만들어진다. 물론 한국도 삼성이 무너지면 또 다른 삼성이 나올 수 있다. 하지만 시간이 걸린다. 미국처럼 곧바로 삼성을 시장에 내놓지는 못한다. 이것이 미국과 한국의 제조업 경쟁력의 차이다. 이 차이는 미국과 중국의 경쟁력에도 그대로 적용된다. 미국은 전통적 제조업 분야에서도 세계 최고이지만, 3D프린터를 비롯한 전기자동차, 무인자동차, 바이오산업, 나노산업, 로봇과 인공지능산업, 우주산업 등 미래형 산업에서도 세계 최고의 기술과 경쟁력을 가지고 있다.

셰일가스와 셰일오일은 세계 최고인 미국 제조업에 날개를 달아주고 있다. 미국의 셰일가스와 셰일오일 매장량은 사우디아라비아의 원유 매장량과 맞먹는 수준이다. 본격적으로 개발하면 미국의 에너지 비용이 획기적으로 줄어들어 물가를 안정시키고 제조업의 원가 혁신에 큰 도움이 될 것이다. 셰일가스와 셰일오일을 대량으로 생산하면 액화천연가스$_{LNG}$ 가격도 급락해 미국 제조업의 에너지 비용은 1/5수준까지 낮아질 것이다. 2008년 MBTU[91] 당 12~13달러였던 천연가스 도입 가격이, 셰일가스 생산이 급증한 미국의 경우 현재 3달러 선까지 하락했다. 반면 러시아산 가스를 사용하고 있는 유럽은 11~12달러, 중동과 아시아에서 천연가스를 수입하는 한국을 비롯한 아시아는 15달러 이상이다.[92] 천연가스 도입 비용 하락은 전기 발전 단가도 줄여서 가계와 기업이 지불하는 에너지 비용도 낮춘다. 가계와 기업의 에너지 비용이 낮아지면 물가가 안정되면서 소비가 살아나게 된다. IHS글로벌은 에너지 비용이 하락하면 미국 가계의 가처분소득이 곧바로 매년 수백 달러 증가하는 효과가 발생하고, 2035년에는 가구당 2,000달러까지 증가하는 효과가 나타날 것으로 예측한다. 이뿐이 아니다. 미국 제조업체는 원유 정제 과정에서 생산되는 나프타의 절반 가격에 불과한 셰일가스 기반 에틸렌을 원료로 사용해 석유화학 제품을 생산할 수 있기 때문에 생산 원가도 획기적으로 내릴 수 있다. 프라이스워터하우스쿠퍼스PwC의 예측에 따르면 2025년까지 미국 제조업체가 얻을 수 있는 원자재 및 에너지 비용 절감 효과가 매년 116억 달러 이상이다.[93]

    셰일가스와 셰일오일의 개발은 기업의 경쟁력 강화를 넘어 미국의 국가적 위상을 바꿀 수 있다. 미국의 석유 재고는 2014년 4월 기준으로 3억 9,770만 배럴로 1931년 이후 최대치다. 전 세계 셰일가스와 셰일오일의 95%를 미국이 생산하고 있는 현재의 추세라면 미국의 원유 생산량은 2~3년 후에는 사우디아라비아를 제치고 세계 1위가 된다. 일부에서는 미국을 이제 '사우디아메리카'로 불러야 한다고 주장할 정도이다.[94] 글로벌 위기를 거치며 미국의 경쟁국들이 긴 시간 금융위기와 사투를 벌이고, 미국의 경제가 회복되는 시점에 맞춰 유가가 고공행진을 한다면 미국의 수익은 막대해지지만, 한국이나 중국을 비롯한 경쟁국들의 비용 부담은 크게 증가할 것이다. 2016년 이후 미국이 '세계의 공장'으로 부활하는 미래를 대비해야 한다.

2016년 이후, 미국이 주도하는 기술 거품을 조심하라

경제가 바닥을 찍고 회복 국면으로 돌아서고 제조업 회복이 시작되면 미국은 이런 상승 추세에 쐐기를 박으려 할 것이다. 경제 회복과 완벽한 G1 복귀를 위한 미국의 마지막 카드는 '신기술 거품' 전략이다. 미국 경제가 회복되고 기업 투자가 살아나고 내수 소비가 회복되면 엄청난 돈이 시장으로 흘러들어 간다. 시장에 엄청난 규모로 쏟아져 들어온 돈은 높은 투자 수익률을 찾아 움직인다. 전통적인 제조업의 미래 기회와 소비재 산업의 수익률도 매력적이지만, 가장 매력적인 것은 3D프린터, 웨어러블 컴퓨터, 바이오산업, 무인자동차, 소프트웨어 등 미래형 신산업이 될 것이다. 1990년대 ICT 거품이 일어났던 것처럼 미래 기술에 대한 신기루가 사람들을 사로잡을 것이다. 기술 거품은 경제 충격을 주는 어두운 면이 있기는 하지만, 유동자금을 흡수하는 아주 좋은 이슈다. 창업을 활성화하고 일자리를 늘리고, 경제에 대한 낙관적 분위기를 만드는 데 적격이다. 거품이 붕괴하면 3~4년 정도 경제 충격이 일어날 수 있지만, 자금이 투자되는 만큼 기술 발전을 앞당길 수 있으며, 미래 산업의 시장을 선점하고 주도할 수 있다. 미국은 결코 이런 기회를 놓치지 않을 것이다.

　미국의 회복 전략과 자본의 이동이 서로 맞물리는 시점인 2016~2020년 사이에는 지난 10~15년 동안 미래형 산업이라고 이야기되던 기술이 상용화될 것이다. 본격적으로 미래 기술이 제품화되는 시기는 2020년 이후겠지만, 분위기는 2016년 이후 만들어질 것이다. 기술 거품의 역사를 보면 언제나 기술 거품이 시작된 시점부터 5~10년 이내에 주식 시장에서 기술 거품 붕괴가 일어난다. 거품이 붕괴되며 70~80%의 기술이 사라지고 기업이 파산한다. 이때 살아남는 기업과 기술은 거품 붕괴 후 2차 성장기를 이끈다. 필자는 이런 패턴을 기술 거품의 '쌍낙타봉 곡선'이라 부른다. 첫 번째 낙타봉에서는 기술 거품 붕괴가 일어난다. 두 번째 낙타봉에서는 거품 붕괴 후 살아남은 기술과 기업이 본격적으로 부를 창출하고 산업으로 완전히 자리매김 한다. 이런 패턴을 고려해 미래 산업 전략에서 타이밍과 속도를 판단해야 한다.

미래 변화 지도

미래 위기 지도에 이어 미래 변화 지도를 살펴보자. 다음은 한국을 중심으로 2030년까지 주목해야 할 미래 변화들을 시간 순서로 한눈에 보여 주는 미래 지도다.

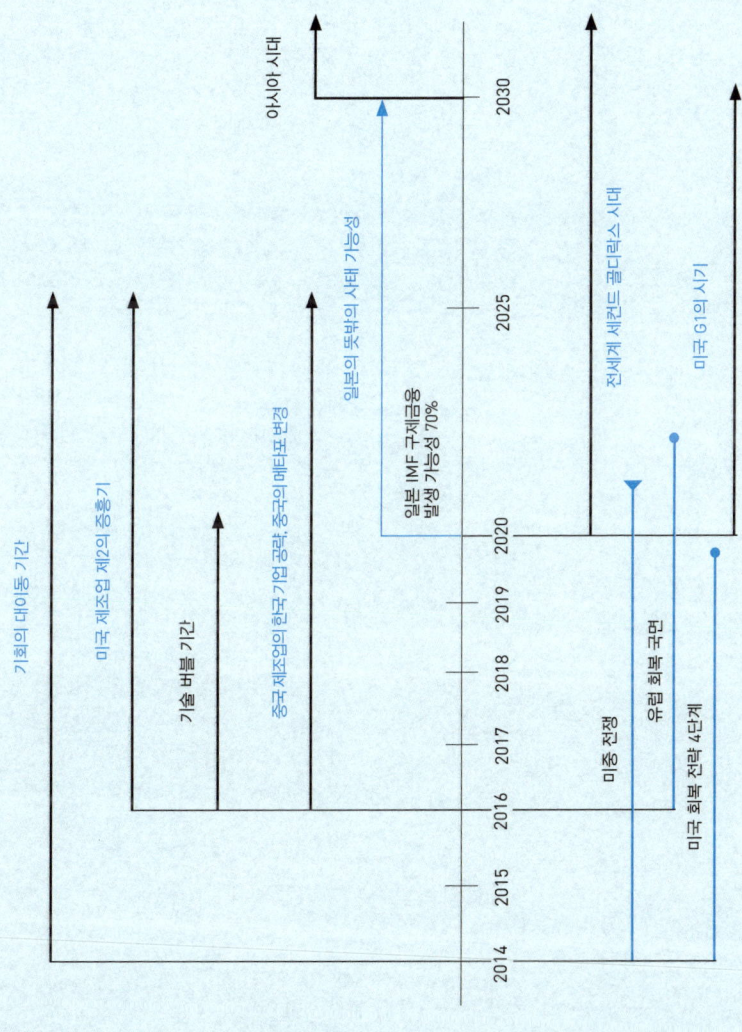

2부

전략적 승부

5장
20년 미래 전쟁, 승부수를 띄워라

BRAVE NEW WORLD 2030

승부는 5년 안에 결정된다

다가오는 20년간 미래 산업을 둘러싸고 전개될 상황을 표현할 가장 정확한 단어는 '전쟁'이다. 미래 산업은 선점 전쟁, 기술 혁신 전쟁, 판타지 혁신 전쟁으로 진행될 것이다. 기존 산업 역시 2008년 글로벌 위기로 인해 새로운 전쟁 국면에 진입했다. 바로 기존 산업의 탈환과 수성 전쟁이다. 한국은 수성해야 하는 처지라 잘해야 본전이고 삐끗하면 추락이다. 미국, 유럽, 일본 등에서 빼앗아 올 것보다 내주어야 할 것이 많다. 지난 20년 동안 한국은 일본을 넛크래커에 밀어넣은 후 전자, 조선, 건설, 석유화학 부문에서 승승장구했다. 자동차산업은 미국을 추월해 일본과 독일을 뒤쫓고 있다.

그런데 이제는 지난 20년 동안과는 다르게 상황이 움직이기 시작했다. 2000년 이후 한국에 세계 시장을 내어주며 수모를 겪었던 일본이 반격을 위해 움직이고 있다. 지난 20~30년 동안 한국과 사이좋은 동반자 관계를 맺으며 산업을 발전시켜 온 중국은 한국을 위협하는 가장 무서운 칼이 되었다. 한국이 턱밑에서 호랑이를 키운 셈이다. 중국 최대 자동차 기업인 상하이자동차 그룹은 2009년 272만 대 판매, 순이익 900% 증가라는 폭발적 성장을 기록하면서 피아트와 스즈키를 제치고 역사상 가장 빠른 속도로 글로벌 자동차 기업 톱 10에 진입했다. 중국의 다른 자동차 기업도 지난 5년간 금융위기를 틈타 '볼보', '허머' 등을 인수하며 경쟁력을 키웠다. 중국 경제가 한국의 경제 규모를 추월한 지는 오래됐다. 2~3년 후면 기술과 산업 수준에서도 한국을 추월할 것이다. 몇몇 분야에서는 전문가들의 예측보다 빠르게 한국의 산업을 앞섰다.

아시아 국가들 사이의 경쟁에서 한 발 뒤쳐졌다는 평가를 받았던 대만은 한국, 일본과 경쟁하기 위해 원수 사이였던 중국과 손을 잡았다. 중국은 1, 2, 3차 산업에서 동시에 한국을 압박하며 무섭게 올라오고 있다. 중국은 미래형 산업에서 세계적인 인재를 흡수하면서 이미 한국을 추월해 미국과 경쟁하고 있다. 중국에게 한국은 이미 경쟁 상대나 추격의 상대가 아니다. 거꾸로 한국이 중국을 따라가야 할 처지가 되었다. 중국뿐이 아니다. 아직은 한국의 좋은 수출 대상국으로만 여겨지는 동남아 국가들도 조만간 우리가 투자한 돈을 기반으로 한국의 강력한 경쟁자로 부상할 것이다. 중국이 한국이 키운 호랑이라면, 동남아 국가들은 한국이 키운 승냥이다. 일본은 자기 영역을 빼앗기고 와신상담 반격의 기회를 노리는 노회한 정적이다. 미국은 원기를 회복하고 있는 밀림의 사자다. 이런 국가들을 영원한 동반자로만 보는 순진한 시각을 버려야 한다.

보편기술로 중간재를 생산하는 한국의 기존 산업은 단기적으로는 중국의 추격, 일본의 반격, 미국의 견제에 협공당하고, 장기적으로는 동남아 국가에 살점을 뜯기는 신세가 될 것이다. 이런 진퇴양난의 형국에서 한국이 살길은 무엇일까? 미래를 위한 쉽지 않은 승부수를 띄워야 할 시점을 맞았다.

미국은 2014년부터 본격적으로 회복 전략을 구사하며 한국, 일본, 중국을 향한 대대적인 반격을 시작하고 격차 벌리기를 시도할 것이다. EU는 힘겹게 만든 연합의 구도가 흔들리는 위기까지 겪었던 터라 이제부터 회복이 관건이다. 그들도 살기 위해서는 미국, 일본, 중국, 한국, 아시아와 맞서 생존을 건 금융 전쟁, 비즈니스 전쟁을 벌여야 한다. 옛 소련의 명성을 되찾으려는 러시아는 이미 우크라이나 일부를 손에 넣었고, 중국과 손을 잡고 남진을 준비 중이다. 러시아는 미국을 견제하고 유럽에서도 영향력을 넓히고 싶어 한다. 러시아의 이런 계산이 중국과 맞으면서 손을 잡게 되었다. 중국과 러시아는 함께 미국과 일본을 견제하고, 유럽에서 영향력을 넓히려 할 것이다. 그 두 나라의 협력은 결코 한국에 유리하지 않다. 미국과 일본의 눈치를 봐야 하는 한국으로서는 그 두 나라와 협력하는 것이 부담스럽다.

2030년까지 한국을 둘러싸고 전개될 상황은 생존을 건 전쟁이 터질 수 있는 분위기다. 대공황과 제1, 2차 세계대전 이후 전 세계가 한꺼번에 이처럼 큰 위기를 맞은 적이 없었다. 앞으로 10~15년 동안 자칫 방심하다가는 한순간에 나락에 떨어질 수 있다. 그 어떤 나라도 예외가 아니다. 지금까지 잘해온 것만으로는 부족하다. 지금부터가 중요하다. 자칫 지금의 영광과 승리, 번영이 전설로만 남을 수 있다. 한국의 GDP 순위는 계속 추락 중이다.

미국과 유럽이 한국 견제의 칼을 빼들었다. 한국이 UAE 원전을 수주하자 프랑스는 원전의 안전성 순위를 매겨야 한다고 주장하고 나섰다. 미국도 한미 FTA에서 자동차 문제를 다시 다루어야 한다고 압박하고 있다. 일본은 경제산업성 내에 한국실을 설치했으며, 아베는 공공연하게 한국 타도를 외치고 있다. 중국은 턱밑까지 쫓아오고 있다.

주변 상황이 이렇게 급변하고 있는데도 한국은 비정상적으로 고공 행진하는 무역 흑자와 해외 언론의 찬사에 취해 있다. 최근 한국의 선전은 시설 투자나 연구 개발에 의한 근본적인 경쟁력 상승이 아니라 행운일 뿐이다. 미국과 유럽 기업의 혼란, 애플과 구글의 선전이라는 우산 아래서 부품을 공급하면서 얻은 매출, 글로벌 위기를 벗어나기 위해 엄청난 경기 부양책을 실시한 중국에 기댄 덕택이었다. 여기에 환율 효과라는 덤이 더해졌다. 국민은 더 힘들어지고 실질 물가는 하늘 높이 치솟는데, 1인당 국민소득은 20,000달러를 넘어 24,000달러를 돌파했다. 자신의 급여가 정말 20% 늘었는지 확인해 보라. 물가는 2%대를 유지하면서 환상적(?)인 안정세를 보인다. 그런데 정말 그러한지 장터에 가서 한번 확인해 보라.

새로운 정부가 들어섰지만 사회 갈등에 발목이 잡혔다. 지방선거, 재보선에 이어 총선을 치르다 보면 곧 다음 대선이 코앞이다. 눈앞의 표를 의식하느라 중장기적인 안목에서 정책을 이끌어가기 어렵다. 이런 식으로 현 정부의 남은 임기는 끝난다면 미래 변화의 초석을 놓을 첫 2~3년을 허비해 버릴 가능성이 크다. 그 어느 때보다 냉정해져야 한다. 아시아의 위기가 시작되고 있다. 기존 산업에서 탈환과 수성 전쟁이 벌어지고 있다. 본격적인 미래 비즈니스 전쟁이 우리를 조여

오고 있다.

　당면 위기를 탈출하기 위한 부채 조절이란 수동적 대책을 넘어, '새로운 부'를 만들어 위기를 돌파하려는 각국의 공세적 전략이 본격화되는 2014년 이후 이런 경쟁은 더욱 빨라질 것이다. 새로운 부의 전쟁을 촉발하는 나라는 미국이다. 유럽은 2~3년 후 옆에서 이를 거들 것이다. 아시아가 부의 전쟁의 최고 격전지가 될 것이다. 이 전쟁의 승부가 아시아 국가의 운명을 결정한다. 오바마 대통령은 2010년 1월 27일 국정연설에서 "5년간 수출을 2배로 늘려서 미국 내에서 200만 개의 일자리를 만들어 낼 것이다. 차입과 소비의 시대를, 국내에선 덜 소비하고 나라 밖으로 더 수출하는 시대로 바꾸는 새로운 성장과 번영의 토대를 놓아야 한다"고 선언했다. 아시아에 대한 선전포고였다. 미국의 이 무시무시한 선언은 앞으로 최소 5년은 유효하다.

　실제로 향후 6~7년 동안 벌어질 미국의 반격은 아시아에 가장 큰 영향을 미칠 것이다. 1980년 아시아의 수출 비중은 GDP 대비 20% 정도였는데, 30년이 지난 지금은 45~50%에 달한다. 반면 국내 민간 소비의 비중은 거꾸로 17~20% 가량 감소했다. 아시아 경제 규모가 그만큼 커졌다는 긍정적인 의미도 있지만, 주로 수출에 의존해서 성장했다는 의미이기도 하다. 최근 몇 년 동안 한국은 미국에 대한 수출 의존도를 상당히 줄이고 중국과 유럽 등으로 수출 다변화를 이루었다고 자랑(?)했다. 겉으로 보이는 숫자만 보면 맞는 말이다. 하지만 한국이 중국에 수출하는 부품이나 반제품은 중국에서 조립되어 미국으로 재수출된다. 이처럼 한국과 중국이 공급사슬로 엮여 있기 때문에 실제적인 대미 수출 의존도는 거의 줄어들지 않았다. 2008년 기준 중국의 미국 수출 비중은 21%에 이른다. 결국, 중국 수출이 타격을 받으면 그 여파가 중국을 거쳐 한국을 포함한 아시아 전체로 퍼지게 되어 있는 경제 구조다.

미국의 은근한 보호무역주의는 기존 산업에서 돈을 더 벌기 위한 움직임이다. 당분간 미국의 이런 움직임은 더욱 거세질 것이다. 미국의 제조업은 제2의 중흥기를 맞을 가능성이 크다. 환율 전쟁, 적절한 반덤핑 관세, 후발 주자들을 견제하려는 미국과 영국 중심의 새로운 금융 규제 표준 제정 등을 곁들이며 아시아를 압박할 것이다. 미국의 이런 움직임에 유럽은 찬성하면서 반사이익을 얻으려 할 것이다. 구체적으로 독일과 프랑스가 이런 움직임에 앞장설 것이다.

그러나 미국과 유럽이 기존 산업에 아무리 강한 드라이브를 걸어도 막대한 부채와 재정적자 문제를 가시적으로 해결하기에는 한계가 있을 것이다. 따라서 진짜 부의 전쟁은 기존 산업이 아니라 신산업에서 펼쳐지게 된다. 새로운 산업을 선점해 막대한 부를 끌어 모으기 위해 오바마 정부는 줄기세포 연구에 연방정부의 재정 지원을 허용하는 행정 명령에 서명한 지 오래다. 제2차 인터넷 혁명을 위한 인프라 투자에도 열을 올리고 있다. 미국의 신산업 전략이 성공한다면 앞으로 형성될 줄기세포 치료제와 관련한 엄청난 시장을 미국 기업이 싹쓸이할 가능성이 크다. 이뿐 아니다. 3D프린팅 산업의 60% 이상을 미국이 선점, 주도하고 있다. 독과점 수준이다. 앞으로 20년 동안 천문학적 규모의 부를 만들어낼 전기자동차 및 무인자동차산업, 바이오 생명산업, 차세대 에너지산업, 서비스 로봇 및 사이보그산업, 제2차 가상 혁명 관련 산업, 인공지능을 기반으로 한 사물인터넷, 양자역학을 기반으로 하는 나노산업, 우주산업 등에서 미국의 기술 및 시장 장악 능력은 독보적인 수준이다.

이들 분야에서 만들어지는 새로운 부로 미국은 재정적자 문제를 상당히 해소할 것이다. EU의 일부 국가도 미래형 신산업에서 한국보다 훨씬 앞선 기술력을 보유하고 있다. 일본과 중국도 같은 전략을 구사할 가능성이 크다. 이것이 20년 미래 전쟁의 실체다. 한국이 기존 산업의 수성에 성공할지 여부가 5년 안에 판가름이 난다. 미래형 산업의 선점 전쟁도 앞으로 5년 이내에 끝날 것이다. 그래서 남은 시간이 많지 않다. 지금 승부수를 띄우는 것이 절박한 이유가 여기에 있다.

틈새에서 시작하라

어디서부터 승부수를 띄워야 할까? '틈새'에서 시작해야 한다. 현재 한국의 역량은 미국, 유럽, 중국과 정면 대결을 벌이기에는 부족하다. 중국 삼국시대(220~280) 위魏와 오吳 사이에 끼어있던 촉蜀과 같은 처지다. 두 강대국의 틈을 노렸던 제갈공명의 지혜가 필요하다.

본격적인 미·중 10년 전쟁의 틈, 미국 동맹국과 중국 동맹국 사이의 한판 전쟁의 틈, 일본 위기의 틈, 아시아 위기의 틈을 노려야 한다. 2008년부터 시작된 글로벌 위기의 틈, 필자가 월드스패즘 World spasm 이라고 표현한 경련처럼 반복되는 세계적 위기에서 오는 혼란의 틈을 노려야 한다. 틈을 노린다는 것은 전략적 캐스팅 보트를 쥔다는 말이다. 미국이 구소련과 중국이 중심이 된 아시아의 공산화를 견제하기 위해 일본을 적극적으로 지원했던 것처럼, 한국은 본격적인 미·중 패권 전쟁, 무역 전쟁, 환율 전쟁, 원가 전쟁, 산업 전쟁, 인재 전쟁 등에서 전략적 캐스팅 보트를 쥘 수 있다. 좀 더 구체적으로 살펴보자.

첫 번째 노려야 할 것은 (작지만) '완충 지대'라는 틈새다. 일본은 아베노믹스가 성공하더라도 경제위기를 근본적으로 해결하기 힘들다. 경제위기가 급속히 커지는 것을 막는 정도일 것이다. 그래서 정치적 혼란이 계속된다. 일본의 민족성을 고려하면 단기간에 뼈를 깎는 개혁과 구조조정을 통해 완벽하게 체질을 개선할 가능성은 낮다. 근본적 해결이 불가능한 경제위기 때문에 우경화 성향 역시 수그러들지 않을 것이다. 생존을 위한 해양 진출, 해양 자원의 확보를 위한 자위대 강화 및 핵무장 등의 욕심을 갈수록 노골화할 것이다. 일본의 이런 미래 행동들은 국제 분쟁을 심화시키고 아시아의 군사적 긴장을 계속 증가시킬 것이다. 중국을 견제하기 위해 일본을 지원하는 미국의 태도 역시 중국이 무릎을 꿇지 않는 한 변하지 않을 것이다.

지난 20~30년보다는 분명 한국에 불리한 형국이다. 그런데 주변국의 미래 방향이 좀 더 명확해졌다는 유리한 점도 생겼다. 나를 알고 적을 알면 이길 방법을 찾을 수 있기 때문이다. 긴장이 높아지고 위험 요소가 많아졌지만, 특정 시나리오의 실현 가능성이 점점 더 높아지고 있다. 미·일의 협력 관계가 강화될수록 미·중의 불편한 관계도 심화되기 때문에 한국이 가지는 외교 및 투자 매력은 커진다. 왜냐하면, 관련된 모든 나라가 파국으로까지 치닫는 최악의 상황은 원치 않기 때문이다. 미국, 중국, 일본은 제3차 세계대전에 이를 정도의 파국으로 치닫는 충돌과 마찰은 피하고자 노력할 것이다. 그래서 완충 역할을 할 나라, 좀 더 안전한 투자 지대가 필요해진다. 영토 문제와 해양 자원을 놓고 일본과 중국, 중국과 동남아 국가들을 중간에서 조정할 국가가 필요하다. 일본과 중국은 분쟁 당사국이고, 미국은 한편에 치우지는 입장이라 조정자 역할을 하는 데 한계가 있다.

여기에 한국의 기회가 있다. 작은 틈새이지만 한국이 조정자 역할을 할 기회가 있다. 조정자 역할을 한다는 것은 사태를 한국에 유리한 방향으로 이끌어 갈 틈새를 확보할 수 있다는 말이다. 독도 영유권 문제, 이어도 문제, 해양 자원 개발권 문제, 중국 내 한국 기업의 지위 보장 문제, 대미 수출에서의 유리한 조건 확보 문제들에 대해 한국에 유리한 방향으로 이끌 여지가 아직은 있다. 이 외교적 틈새가 작지만 중요한 이유는, 한국 경제와 기업들에게 다음 단계의 성장을 준비할 시간을 좀 더 확보해 줄 수 있기 때문이다.

두 번째 노려야 하는 틈새는 위기 그 자체다. 앞으로 5년의 아시아 위기, 앞으로 10년 이상 펼쳐질 미국과 중국의 대결, 일본과 중국의 충돌이 빚어내는 위기들은 필연적으로 경제 및 산업 영역에서 심한 경련적 위기를 만들어 낼 것이다. 한국, 중국, 일본의 경제에서 금융 위기가 발발하면 부의 이동, 산업의 지각 변동, 시장 재구조화의 위기가 필연적으로 발생한다. 그런데 금융과 경제가 크게 흔들릴 때야말로 역설적으로 큰 부를 얻을 기회가 생긴다. 원하는 기업을 좀 더 싸게 구매할 기회, 좋은 조건에 비즈니스 교두보를 확보할 기회, 좀 더 좋은 조건으로 거래를 성사시킬 기회가 생긴다. 이것이야말로 매우 매력적인 틈새가 될 수 있다. 미국이 중국을 견제하는 과정에서 중국의 제조업이 2단계로 도약하는 동력이 약화되거나 시간이 늦춰지는 틈이 발생할 수 있다. 이를 잘 이용하면 한국은 생존을 위한 혁신과 시스템 재구조화의 시간을 벌 수 있다. 기존 산업을 구조 조정해 생존 가능성을 높이는 체질 개선에 성공하고, 무형의 생각의 힘을 유형의 부로 바꾸는 창조 경제에 성공하고, 부품과 소재산업, 미래 첨단산업으로 도약할 시간을 벌 수 있다.

단, 틈새를 내 것으로 만들기 위해서는 조건이 있다. 미래를 객관적으로 예측하고 세상 변화를 통찰할 역량이 있어야 한다. 틈을 노릴 때는 작은 틈새를 찾는 것이 중요하다. 또한 타이밍이 중요하다. 이 두 가지가 전략의 핵심이다. 두 가지 전략적 역량은 세상의 변화 흐름을 꿰뚫어 볼 수 있는 능력, 즉 통찰력에 의해 결정된다. 미국, 유럽, 중국보다는 상대적으로 약한 한국의 부족한 역량을 보완해 줄 무기가 바로 통찰력이다. 적의 움직임을 먼저 통찰하면 적의 힘을 이용할 수 있다. 변화를 먼저 통찰하면 변화를 이용할 수 있다. 미래 통찰력을 가질 수 있다면 상대적으로 적은 역량으로 효과를 극대화할 틈새와 가장 적절한 타이밍을 찾을 수 있다.

'완충 지대'와 '위기 그 자체', 한국은 이 두 가지 틈새에서 회생과 반격의 기회를 만들어야 한다. 그러면 2025~2035년 경에 본격적으로 열릴 세계적 세컨드 골디락스 시대에 좀 더 넓은 외교, 금융, 산업의 영토를 확보할 수 있다. 이 두 가지 틈새를 내 것으로 만들 수 있는 개인과 기업 역시 미국이 이끄는 세컨드 골디락스, 한·중·일과 아시아의 대위기 후 찾아올 미래 기회를 선점할 수 있다.

예를 들어 아시아 대위기 후 중동의 플랜트 건설이나 도시 건설 시장이 다시 열릴 것이다. 2020년 이후 아시아와 중동, 신흥국의 신도시 건설 시장이 재가동될 것이다. 아세안 국가들에서는 한국과 같거나 비슷한 라이프스타일의 변화가 일어나고 있다. 위기 뒤에는 웰빙, 친환경, 에너지 절감, 고가품 소비, 홈쇼핑, 온라인쇼핑, 건강 외모 강조, 신흥 부자 중심의 대형 몰 소비가 지속될 것이다. 아시아 시장에서 K-POP의 영향력은 당분간 확대될 것이다. 위기 때문에 주춤했지만, 한국 제품에 대한 좋은 이미지가 한류 열풍으로 전이되는 선순환 고리가 만들어지고 있다. 선제적 구조조정과 체질 개선에 성공하면 이 순환 고리는 좀 더 지속될 수 있다. 중국, 일본과의 경쟁에서 교두보를 마련하는 데 작지만 도움이 되는 흐름이다. 아시아의 다른 후발국들은 한국의 중간 발전 단계를 생략하고 직접 현대식 발전 단계로 빠르게 전환 중이다. 이것은 후발 주자의 지극히 정상적인 발전 방식이다. 이 과정에서 몇 번 경제적, 정치적 혼란이 발생하겠지만, 경제 자체가 완전히 붕괴할 가능성은 낮다. 힘들고 괴로운 경제적 충격이 반복되더라도 완만한 성장을 지속할 것이다. 그 결과 아시아의 경제적 규모는 계속 성장할 것이다.

아시아 시장이 커지면 중국에 쫓기고 미국, 일본, 유럽으로부터 심한 견제를 받고 있는 한국 기업이 숨통을 틀 수 있다. 더욱이 동아시아 바다에 묻힌 자원은 20년 안에 한·중·일을 제조업 강국일 뿐 아니라 자원 강국으로도 만들어 줄 것이다. 자원의 힘, 제조업의 힘, 우수한 인재로 무장한 아시아는 미래 산업과 미래 시장을 견인하는 힘을 가진 대륙이다. 한·중·일과 더불어 인도와 동남아를 경제 블록으로 묶으면 미국이나 유럽과 대등한 힘을 갖게 된다. 아시아의 가장 좋은 그림은 중국이 중간재의 전성기를 열고, 한국은 창조 경제와 부품 및 소재 중심의 고부가가치 산업으로 도약하고, 일본은 현재의 수준을 유지하고, 인도는 중국과 버금가는 새로운 큰 시장을 열어 아시아의 성장 여지를 좀 더 넓혀 주는 것이다.

생존 전략이 우선이다

그런 아시아의 황금기가 도래하기까지 한국이 살아남아야 기회를 잡을 수 있다. 즉, 생존 전략이 시급하다. 살아남기 위한 전략은 단순하다. 첫째, (아시아 대위기에 대응하기 위한) 선제적 체질 개선의 승부수를 띄워야 한다. 자신을 먼저 바꾸지 않으면 살아남을 수 없다. 둘째, 틈새를 노려야 한다. 두 가지 틈새에 관해 앞에서 이야기했다. 두 가지 틈새에서 회생과 반격의 기회를 만들어야 한다. 셋째, 20년 미래 전쟁의 지형도를 손에 쥐고 있어야 한다. 앞으로는 이전에 경험해보지 못한 종류의 어렵고 힘든 시기를 지나야 한다. 제대로 된 지도가 반드시 필요하다.

우리가 20년 미래 전쟁을 정확하게 예측할 수는 없지만, 20년 미래 전쟁의 지형도를 만드는 5가지의 요인은 예측할 수 있다. 〈삼국지연의〉에서 유명한 이야기 중 하나가 관우의 오관육참五關六斬이다. 조조 진영에 잡혀 있던 관우가 유비를 만나러 가기 위해 5개의 관문을 돌파하며 조조의 여섯 장수를 벤 이야기다. 우리 역시 미래를 얻기 위해서는 관우처럼 5개의 관문을 통과해야 한다.

> 200년 당시 조조는 자신에게 반기를 든 유비가 웅거하던 서주를 공격해 함락시킨다. 이때 패한 유비는 장비와 함께 몸을 피해 하북의 원소에게로 의탁하게 되고, 관우는 마지막까지 서주의 하비성을 지키다가 조조에게 3가지 조건을 걸고 항복한다. 즉, '조조가 아니라 한나라 황실의 천자에게 항복한다', '유비의 부인 등을 보호한다', '유비가 있는 곳을 아는 대로 다시 떠난다'의 3가지 조건이었다. 그 뒤 조조는 항복한 관우를 후하게 대접하고 편장군에 임명하는 등 회유책을 쓰지만, 관우는 조조 밑에 머물 생각이 없다. 백마 전투에서 원소의 장수 안량과 문추를 베는 등의 공을 이루어 조조의 호의에 보답한 관우는, 조조의 하사품에 봉인을 해서 돌려주며, "조조 공께서 저를 후하게 대해 주셨음을 잘 알고 있습니다. 그러나 저는 유비 장군에게 깊은 은혜를 받았기에 그를 배신할 수는 없습니다"라는 편지를 남기고 유비를 찾아 떠난다. 조조의 부

> 하 장수들이 관우를 추적하려고 했지만, 조조는 "사람에게는 각기 주인이 있으니 뒤쫓지 말거라" 하였다. 하지만 관우가 지나갈 다섯 관문을 지키고 있던 조조의 군사들은 미처 관우를 통과시켜 주라는 조조의 명을 받지 못하고, 관우의 앞길을 막아섰다. 이에 관우는 다섯 관문의 여섯 장수를 베고 유비와 상봉하게 된다. 이를 두고 관우가 다섯 관문을 지나면서 여섯 명의 장수를 베었다 해서 오관육참五關六斬이라고 한다.

[生存]

제1관문: 치열한 경제 전쟁에서 살아남아라

"이제는 칼과 창이 아닌 자본과 산업으로 전쟁하는 시대다. 경제 전쟁은 소리 없는 전쟁이며 투명 망토를 입고 오는 강력한 군대다. 경제 전쟁의 포탄에 맞아 쓰러지지 전까지는 쉽게 알아차리기 어렵다. 심지어는 경제적 충격을 당해 쓰러진 후에도 이것이 전쟁이었을 리가 없다는 착각에 빠지게 한다. 경제학 이론으로는 설명하기 어려운 상황이 곳곳에서 일어나는 이유가 여기에 있다. 경제 전쟁을 보는 눈이 없이는 결코 제국 간의 충돌과 패권의 향방을 예측할 수 없다."[1] 앞으로 우리는 경제 전쟁이란 표현이 조금도 부족하지 않을 위기를 겪게 될 가능성이 크다.

- 앞으로 5년, 환율이 흔들리고 금리가 출렁일 가능성이 크다.
- 지난 10년간의 투자 자금의 이동 경로에 이상이 발생할 가능성이 크다.
- 주식과 부동산 시장에서도 뜻밖의 사태가 발발할 수 있다.

- 미국의 4단계 경제 반격이 시작되면서 아시아 대위기 국면이 전개될 가능성이 크다.
- 한국은 금융위기 발생 가능성이 크다. 최악의 경우 제2의 IMF 외환위기로 갈 수 있다.

첫 번째 '생존'의 관문을 통과하는 데 필요한 핵심 능력은 경제 통찰력이다. 경제통찰력을 높이려면 나와 세상 사이, 나와 시장 사이, 나와 전문가 사이, 나와 글로벌 금융기관 사이의 '정보의 비대칭성'을 최대한 줄여야 한다. 불법으로라도 정보를 얻으라는 말이 아니다. 경제가 돌아가는 이치, 자산 시장이 움직이는 구조, 경제 뒤에서 판을 움직이는 주체의 목적과 행동 습관, 경제 활동을 하는 플레이어의 기본 전략과 행동에 관한 정보와 지식을 통찰하라는 뜻이다. 변화하는 글로벌 경제의 흐름을 빠르게 읽고 분석하는 능력을 기르고, 앞으로 벌어질 경제 전쟁에서 살아남을 수 있는 출구를 찾아내는 데 필요한 정보와 지식을 갖추어야 한다. 그러기 위해서는 무엇보다 거시적 측면에서 경제와 금융 판이 어떻게 돌아가는지 원리를 이해해야 한다. 경제 전쟁의 판 위에서 각각의 플레이어가 어떤 목적을 가지고 무슨 전략을 사용하는지 이해하고, 이들이 움직이면서 만들어내는 미래 신호를 읽을 수 있어야 한다.

경제 전쟁터에서는 현재의 상황과 미래의 흐름을 가늠할 수 있는 여러 가지 신호가 나온다. 경제 판이 어떻게 돌아가고 있는지 흐름을 알려주는 미래 징후, 각기 다른 목적과 이익 값을 원하는 플레이어들이 어떤 전략(행동)을 구사하고 있는지에 관한 미래 징후를 계속해서 보낸다. 이 모든 것을 무시하고 자기 생각만 하며 움직이는 것은 어리석고 위험하다. 음모론에 빠지거나, 상황 변화의 태풍에 밀려 칼 한번 휘둘러보지 않고 포기하기 쉽다. 혹은 돈키호테처럼 시장의 큰 흐름에 무모하게 대항하게 된다. 경제 전쟁에는 나름의 규칙과 구조가 있다. 워런 버핏처럼 경제 전쟁에서 승리하는 길을 아는 이들은 그 이치와 흐름을 늘 연구해온 사람들이다. 그들은 신중하게 시장이 보내는 미래의 신호를 모니터링한다. 이런 준비가 일반인과는 차원이 다른 수익률로 나타난다.

'지피지기知彼知己면 백전불태百戰不殆.' 상대를 알고 나를 알면 백 번 싸워도 위태롭지 않다. 손자병법에 나오는 전쟁에 관한 오랜 금언이다. 냉혹한 전쟁터에서 정보의 비대칭성은 곧 죽음을 의미한다. 전쟁의 이치, 구조, 흐름을 파악하지 못하면 패배를 피할 수 없다. 앞으로 벌어질 경제 전쟁에서 승리하기 위해서는 경제 판의 이치, 구조, 흐름을 파악하고 정보의 비대칭성을 얼마나 줄이느냐가 핵심이다.

경제 통찰력은 천재적인 경제학자만 가질 수 있는 능력이거나 신비한 예언적 능력이 아니다. 훈련을 통해 충분히 발달시킬 수 있는 인식 능력이다.[2] 통찰력은 예리한 관찰력을 가지고 사물의 본질을 꿰뚫어 보는 능력이다. 자신을 둘러싼 내적, 외적 전체 구조를 다양한 시점視點에서 조망하는 능력이다. 여기저기 흩어져 있는 정보들은 힘을 발휘하지 못한다. 정보와 지식의 연관성을 발견해야 한다. 과거와는 다른 맥락에서 생각하는 노력을 해야 한다. 이런 과정에서 통찰력은 자연스럽게 향상된다. (경제통찰력에 관해서는 6장에서 자세히 다룬다)

[先占]
제2관문: 신산업 거품 전쟁과 특허 전쟁에서 유리한 고지를 선점하라

두 번째 관문의 목표는 신산업 선점이다. 두 가지가 중요하다. 먼저 신산업 거품 전쟁에서 살아남는 것이고, 다른 하나는 신산업 특허 전쟁에서 유리한 고지를 선점하는 것이다. 2016년 이후 형성될 미국이 이끄는 기술 거품은 본격적인 미래 신산업 전쟁의 시작을 알리는 신호가 될 것이다. 경제 회복 추세에 쐐기를 박으려는 미국의 전략에서 신산업 거품 형성은 중요한 요소다. 첫 번째 관문인 경제 전쟁에서 유리한 고지를 선점한 미국이 두 번째 관문인 신산업 전쟁을 주도할 것이다. 신산업이나 신기술은 기술 거품 현상을 쌍으로 가지고 있다. 미래형 산업도 예외가 아니다. 기술 거품의 '쌍 낙타봉 곡선', 즉 첫 번째 낙타봉에서는 기술 거품 붕괴가 일어나고, 두 번째 낙타봉에서 거품 붕괴 후 살아남은 신기술과 기업이 본격적으로 부를 창출하며 산업으로 자리매김하는 패턴을 알아야 한다. 한국 기업은 이런 미래 패턴을 고려해서 미래 산업 전략을 펼쳐야 한다.

2014~2015년 사이 미국 경제가 회복의 방향으로 전환기를 맞고 2016년 이후 완연한 회복세를 보이게 되면 엄청난 투자금이 시장에 쏟아져 들어올 가능성이 크다. 지난 5년 동안 불을 끄기 위해 헬리콥터로 뿌렸던 4조 달러의 유동성, 미국 기업이 역사상 가장 많이 보유하고 있는 현금, 2008년 이후 투자처를 찾지 못해 방황하던 유동자금이 대기하고 있다. 이 돈들이 갈 곳이 많지 않다. 기존 산업과 원자재에 재투자하거나 신산업(신기술과 신에너지 포함) 거품에 투자하게 될 것이다. 기업이 살아나고 내수가 회복되면서 투자 분위기가 좋아지면 이 돈들이 순식간에 시장으로 흘러들 것이며, 여기에 개인들도

투자하기 위해 다시 빚을 내서 시장에 뛰어들게 된다. 정상적 수준보다 최소 50% 이상 과잉인 엄청난 유동성의 '규모'에, 빠른 유동 '속도'가 더해지면서 시장은 빠르게 과열될 것이다.

거품에 대해 생각해 보자. 거품이 만들어지는 과정이 완전히 무익한 것은 아니다. 거품은 경제 성장을 위해 악마와 손을 잡는 것과 같다. 거품이 없으면 투자 속도가 느려서 기술과 산업 발전이 빠르게 전개되기 힘들다. 거품은 신기술의 발전을 앞당긴다. 거품은 마치 사막의 신기루와 같은 역할을 한다. 사막의 신기루는 말 그대로 허상이다. 하지만 신기루가 있기 때문에 사람들이 마지막 희망의 끈을 놓지 않고 앞으로 나아간다. 기술과 산업 분야도 마찬가지다.

거품이 무엇일까? 왜 발생할까? 거품이란 상식적인 상품 가격과 비이성적으로 오른 가격 사이의 차이라고 할 수 있다. 칼 마르크스는 거품을 '상상에 근거를 둔' 가격이라고 표현했다.[3] 사람들이 관심을 많이 두는 제품이나 서비스가 공급량까지 부족해지면 상식적인 가격에, 상상에 근거를 둔 가격이 더해진다. 신기술이나 신산업은 이런 특성이 강하다. 특히 기존 산업이나 기존 제품과 서비스가 보편화되어 더 이상 큰 수익을 올리기 힘들다고 판단되는 시기에는 새로운 것에 대한 희망과 상상이 더 커진다. 필자는 2016년 이후가 그런 시기가 될 것으로 예측한다. 투자처를 찾지 못하는 많은 사람이 새로운 대상을 찾아내거나 만들어내서 자신의 상상을 덧씌운다. 미래에 대한 기대와 상상이 더해진 만큼 가격이 부풀어 오른다. 사람들이 환호하는 대상은 새로운 제품과 서비스, 기술이 만들어내는 수익이 아니다. 사람들은 부풀어 오르는 가격에 환호한다. 거품 자체가 상품이 되어 버린다. 제품과 서비스에 가격이 매겨지는 것이 아니라 거품 자체가 제품이 되어 가격을 밀어 올린다.

거품의 사전적 의미는 '액체가 기체를 머금고 부풀어서 생긴, 속이 빈 방울'이다. 속이 비었기 때문에 오랫동안 지탱할 수 없다. 시간이 지나면 반드시 터진다. 현재의 자본주의 사회에서는 물가에도 거품이 발생할 수 있고, 주식이나 부동산 등 자산 시장에도 거품이 발생할 수 있다. 금, 은, 석유, 광물 등 자원에도 거품이 발생할 수 있으며, 화폐를 포함한 다양한 금융과 통화 상품에도 거품이 발생할 수 있다. 미래 산업에 투자되는 돈들도 거품을 만들어 낸다. 거품은 시간이 지나면 반드시 터진다. 기술 거품이 일어날 때는 기술 거품이 시작된 시점부터 5~10년 이내에 주식 시장에서 기술 거품 붕괴가 일어난다. 정상적인 가격을 넘어 지탱할 수 없는 수준까지 부풀려진 가격은 '좀 더 늦출 수'는 있겠지만, 반드시 본래의 가치로 돌아간다. 우리는 이것을 '거품의 붕괴'라고 부른다. 모든 상품의 가격이 정상적인 수준으로 회귀하는 것은 좋은 일이다. 문제는 그 과정에서 심각한 부작용이 발생하면서 사람들에게 견딜 수 없는 고통을 준다는 점이다. 거품이 터질 때는 '펑'하는 소리와 함께 거품 파편이 이리저리 튄다. 경제 거품이 '펑'하는 소리와 함께 터지면 수많은 금융기관과 기업이 파산하고, 이 때문에 상품과 자산 시장에서 동반 붕괴 현상이 발생하면서 금융 시장과 실물경제에 후폭풍을 몰고 온다. 통화의 가치가 크게 출렁이고, 주식 시장은 폭락한다. 물가는 급격하게 상승하고, 수많은 사람이 직장을 잃는다.

산업 혁명은 본격적인 분업화를 통한 생산성 향상의 시대를 열었다. 그런데 분업화와 전문화에 적응할수록 사람들은 그 일밖에 못하기 때문에, 자신에게 필요한 대부분이 상품(제화외 서비스)을 스스로 만들지 못하고 구매에 의존해야 한다. 스스로 상품을 만들 수 있는 능력을 상실한 시대에는 구매 능력이 적으면 적을수록 적은 상품을 소유할 수밖에 없다. 애덤 스미스는 '빈부의 차이'를 인간다운 생활을 하는 데 필요한 필수품과 편의품, 오락품을 누릴 수 있는 능력의 차이로 보았다.[4]

화폐 인플레이션의 시대에는 원하는 상품을 모두 사기에 턱없이 돈이 부족한 것을 경험한 사람들이 욕망을 채우지 못하는 것을 원망하며 살아가게 된다. 그런데 욕망을 모두 채우려면 투기와 협잡밖에는 방법이 없다. 애덤 스미스와 칼 마르크스 모두 자신의 시대에 자본주의 사회가 시작하자마자 투기와 협잡으로 물들었다고 비판했다.[5] 투기와 협잡의 유혹에 많은 사람이 빠져들수록 거품은 더 크게 만들어진다. 거품이 커질수록 돈은 더욱 빨리 유통되고 더욱 많이 늘어난다. 당연히 경제성장률도 높아진다. 경제성장률을 끌어올리는 데 집착하면 할수록 거품의 유혹에서 벗어나기는 힘들어진다.

1970년대 이후 전 세계적으로 주가, 부동산, 통화, 원유와 원자재, 농산물의 가치 변동성이 상당히 컸다.[6] 이 기간 '과잉조정Overshooting'이라 불리는 과도한 통화 가치 상승과 '과도하락Undershooting'이라 불리는 과도한 통화 가치 하락이 반복적으로 일어나면서 각국의 통화 가치가 심하게 출렁이는 현상이 그 어느 때보다 빈번하게 일어났다. 금 가격도 1970년 초 온스 당 40달러였던 것이 달러화의 금 태환 포기 이후 1970년대 말에는 1,000달러까지 폭등했다. 1990년대 말에는 다시 283달러로 하락했다가, 2011년에는 2,000달러로 상승했다. 석유 가격도 1970년대 초에는 배럴 당 2.5달러에 불과했는데 2008년 150달러까지 치솟았다. 1980년대 후반에는 일본, 핀란드, 노르웨이, 스웨덴 등에서 주식과 부동산 시장에서 거대한 거품이 부풀어 올랐다가 1990년대로 넘어가면서 거품이 붕괴했다. 태국, 말레이시아 등 아시아 국가들은 1990년대 초 부동산과 주식 시장이 거침없이 폭등한 후 1990년대 후반에 들어서면서 엄청난 충격을 동반한 거품 붕괴로 이어졌다. 중국 대도시들은 지난 10년 동안 지가가 10배 상승했고, 쓰촨 성은 무려 100배나 상승했다. 한국도 앞서 분석한 것처럼 사정이 크게 다르지 않다.

칼 마르크스는 상품을 '인간의 온갖 욕망을 충족시켜 주는 물건'이라고 규정하면서 상품의 가치를 '사용가치'와 '교환가치'로 나눴다.[7] 애덤 스미스도 화폐를 구매화폐와 교환화폐로 구분했다. 구매화폐는 구매력을 갖는 화폐로 사람의 '노동'이 본원적인 구매화폐다. 이를 같은 값어치를 갖는 '교환화폐'로 전환해 실질적인 물건을 산다고 보았다. 애덤 스미스는 "물건의 실질가격은 모든 물품이 그것을 획득하고자 하는 사람에게 실제로 부담시키는 노고와 수고다…. 노동이야말로 최초의 가격, 즉 모든 것에 대해 지불된 본원적인 구매화폐였다"고 했다.[8] 애덤 스미스는 노동을 근거로 책정된 교환화폐는 '교환의 균일한 품질의 유지'가 가장 중요하다고 생각했다. 또한, 한 나라의 경제가 건전하게 운영되기 위해서는 교환화폐로 '실질가격'에 상품을 구매할 수 있는지가 아주 중요하다고 보았다. 애덤 스미스는 이 목적을 위해서는 조폐국이나 이런 기준을 지켜줄 수 있는 화폐 제도가 반드시 필요하다고 생각했다.

이들의 이론과는 다르게 거품 시기에는 상품 가치가 노동에 근거한 실질가격을 넘어서 터무니없는 수준의 명목가격을 갖게 된다. 상품의 '교환가치(교환화폐)'에 담긴 '모순'적 특성에 인간의 '탐욕'이 결합해 엄청난 거품을 만들어낸다.[9] 사용가치인 질적 가치는 거의 변하지 않지만, 인간의 탐욕 때문에 양적 교환가치가 상상에 의해 부풀려지면서 균일한 품질의 유지에 실패하는 것이 '거품'이다.

  아래의 그림을 보라. 신제품이나 인기가 많은 특정 상품에 대한 구매 욕구가 높아지면 (인기에 힘입어) 상품의 가격 상승 압력이 커진다.(최소한 가격이 내려가지는 않는다) 상품 가격이 내려가지 않고 계속 올라가면 점점 물가 상승 요인으로 작용한다. 인기 많은 상품의 가격이 점점 올라가면 기업은 신이 나서 상품 공급량을 늘린다. 그러면 시장에 상품의 공급량이 늘어나면서 자연스럽게 상품 가격에 대한 상승 압력도 줄어들게 되어 가격 안정이 이루어진다. 그리고 상품 가격이 너무 올라서 비싸다는 느낌이 계속 들면 자연스럽게 일부 사람들의 상품구매 욕구가 줄어들면서 소비도 줄게 된다. 이처럼 소비자와 공급자의 양쪽에서 벌어지는 서로 다른 마음에 의해 상품 가격은 '스스로' 적정 가격으로 수렴된다. 보이지 않는 손의 작용으로 시장이 스스로 '소비 선택의 최적조건 Optimal condition'을 찾아낸다.[10]

  애덤 스미스는 어떤 상품이 시장에까지 나오는 데 사용된 토지 지대, 노동 임금, 자산 이윤들이 자연율(통상적·상식적으로 인정되는 수준)

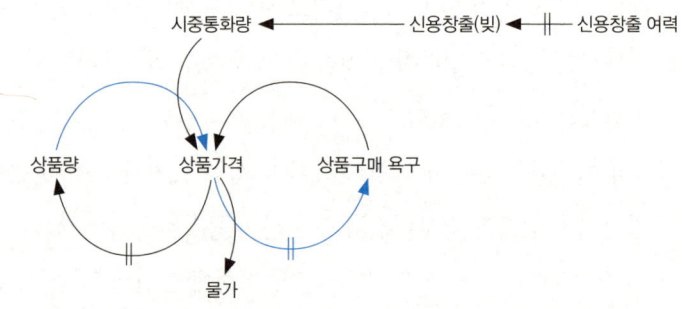

에 따라 산정된 가격보다 많지도 적지도 않은 가격을 '자연가격'이라고 했다. 애덤 스미스는 자연가격이 가장 좋은 값이라고 생각했다.[11] 애덤 스미스도 상품이 시장에서 때로는 자연가격보다 높거나 낮은 가격에 팔릴 수 있다는 것을 인정했다. 어떤 사람들은 원하는 상품을 구매하지 않고 지내기보다는 자연가격보다 더 비싼 가격을 주고라도 구매한다. '경쟁'이 발생하는 이유다. 시장에서는 상품이 부족하거나 경쟁자들이 돈이 많거나 충동적인 사치가 발생하면 '경쟁'이 일어나고, 이 과정에서 '자연가격'을 초과해 가격이 형성된다. 애덤 스미스는 이를 '시장가격'이라고 불렀다.

애덤 스미스는 언젠가는 시장에 반입된 모든 상품의 양이 자연스럽게 유효수요자와 정확히 일치하게 될 것이라고 주장했다. 이럴 경우 상품의 시장가격은 자연가격과 정확히 같아진다. '보이지 않는 손'에 의해 가격이 정확하게 자연가격으로 자연스럽게 회귀하는 것이다. "값은 끊임없이 중심을 향하고 있다"고 표현한 경제 원리가 이것이다.[12] 애덤 스미스는 모든 개별 상품의 시장가격이 끊임없이 자연가격으로 회귀하는 것이 주된 경제 현상이고, 가끔은 우발적인 사건이나 자연적 원인 혹은 특정한 행정상의 규제로 인해 상품의 시장가격이 자연가격보다 꽤 높게 유지되는 경우가 있다고 보았다.[13] 그러나 현실은 거꾸로다. 시장가격은 가끔 우발적 사건에 의해 자연가격으로 회귀하고, 대부분의 기간 동안은 자연가격보다 꽤 높은 상상의 가격이 유지된다.

신용창조 시스템에 의해서 미래의 돈을 얼마든지 끌어다 쓸 수 있게 되자 이런 일은 더 흔하게 발생하였다. 신용창조 시스템은 돈이 없는 사람들을 향해 "상품의 가격이 비싸더라도 (미래의 돈인) 빚을 끌이다 구매하면 된다"며 탐욕 본능을 자극했다. 이렇게 거품이 낀 상품은 더 높은 상상의 가격을 제시하는 사람들이 계속 만들어지는 한 사고 팔린다. 상품의 가치가 올라갈 때는 희한하게도 거품이 거품처럼 보이지 않고 실제 가치로 보인다. 거품 가격이 만들어질수록 화폐에 대한 수요가 증가하면서 시중 통화량도 빠르게 증가한다. 통화량의 증가는 큰돈이 들어가는 주식, 부동산 등 자산 시장과 자동차 등 대형소비재 상품의 가격을 먼저 상승시킨다. 금융 기업, 건설 기업처럼 대형소비재를 판매하는 기업의 매출이 증가하고 이는 노동자의 임금을 상승시킨다. 이는 다시 거품이 낀 상품을 구매해줄 수요를 창출하는 데 일조한다. 소득이 늘어난 것처럼 보이지만, 부채가 더 크게 늘어나고 원금과 이자를 갚기 위한 비용도 늘어난다.

그런데 구매한 자산이나 제품 가격이 올라서 부자가 된 것처럼 보

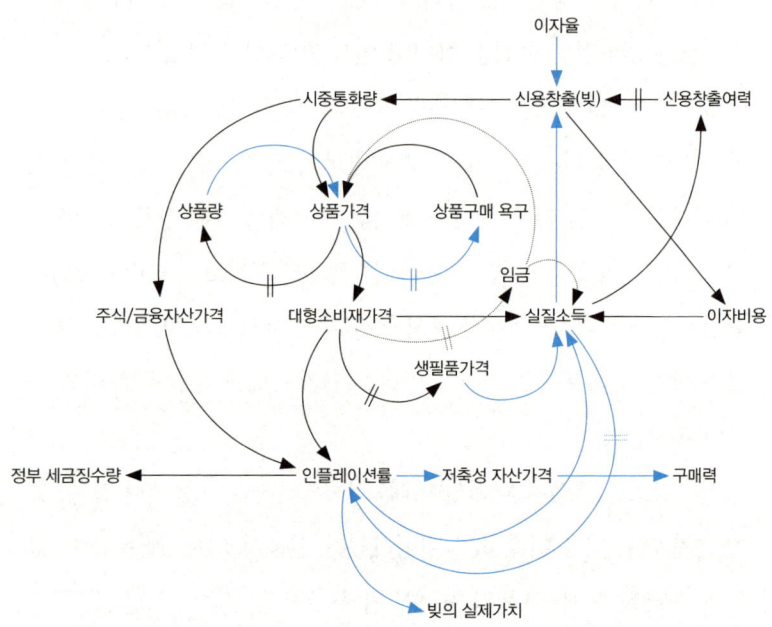

이던 사정이 바뀌어, 어느 순간부터 상상의 가격이 언제 터질지 모른다는 두려움이 생기고 점점 커지기 시작한다. 그래서 자신이 구매한 거품을 내다 판다. '펑'하고 터질 때까지 폭탄 돌리기가 이어진다. 터지는 순간 지금까지 얻은 그 이상으로 잃게 된다. 이런 악마의 베팅은 인간이 존재하는 한, 새로운 기술과 산업이 계속 만들어지는 한 영원히 반복될 것이다.

미국에서는 이미 셰일가스와 셰일오일을 중심으로 한 신에너지에서 거품이 생기기 시작했다. 2016년경이면 미래 기술에서도 거품이 생기기 시작할 것이다. 이런 악마의 거래 시스템을 바꿀 수 없다면, 생존을 위해서 거품 현상을 어떻게 다루어야 하는지에 초점을 맞추어야 한다. 앞으로 최소 5년을 예측해 보자. 2~3년 후부터 미국을 시작으로, 유럽 시장에 엄청난 규모의 돈이 흘러 들어가면 그 돈들은 투자 수익률을 따라 이리저리 이동할 것이다. 전통적인 제조업의 미래 기회, 소비재의 수익률도 매력적이겠지만, 더욱 매력적인 것은 3D 프린터, 웨어러블 컴퓨터, 바이오산업, 무인자동차, 소프트웨어 등 미래형 신산업이 될 것이다. 1990년대 ICT 거품이 일어났던 것처럼 미래 기술에 대한 신기루가 형성될 것이다. 다가오는 신기술(신산업) 거품과 신에너지 거품은 불확실성의 영역이 아니다. 불확실성은 그 시기가 언제이고 그 규모가 어느 정도이냐는 점뿐이다.

신산업 시장을 선점했다면 그 다음으로 신산업 특허 전쟁에서 유리한 고지를 선점해야 한다. 어떤 영역보다 기술 특허 전쟁은 선점의 효과를 가장 많이 보는 영역이다. 미국이 미래 신산업의 거품을 주도하는 목적은 미래형 기술 개발을 촉진하고 이 분야에 더 많은 벤처 기업이 뛰어들게 하기 위함이다. 기술 발달이 빨라지고 이제 기의 손에 잡힐 범위까지 다가온 미래형 신산업의 시장을 선도하겠다는 복안이 깔려 있다. 아직 시장이 영글지 않은 신산업에서 가장 중요한 제품은 기술 특허다. 특허 전쟁은 두 가지 목적이 있다. 하나는 후발 주자를 견제하거나 발목을 잡아 추격의 속도를 늦추는 것이다. 경쟁에서는 '시간'이 가장 중요한 무기다. 상대보다 빨리 움직이는 것도 방법이지만 상대가 늦게 움직이도록 하는 것도 방법이다. 특허 전쟁을 시작해 추격자나 경쟁자가 전진 속도를 늦출 수밖에 없도록 곳곳에 지뢰를 매설하는 것은 중요한 전략이다. 현재 진행 중인 애플과 삼성의 전쟁이 대표적인 예다. 특허 전쟁의 다른 목적은 기술을 상품으로 전환하는 데 성공하지 못할 경우에 대한 대비(보험)다. 개발한 기술을 상품화해 큰돈을 버는 것이 가장 좋지만, 상품화하지 못하더라도 특허만 손에 쥐고 있으면 큰돈을 벌 수도 있다. 한국이 스마트폰 시장에서 최강자로 군림하고 있지만 스마트폰 가격의 30%를 특허료로 지급하고 있는 것은 특허 전쟁의 이런 측면을 보여 주는 좋은 예다.

생존하려면 특허 전쟁에 뛰어들어야 한다. 한국은 전통적으로 기술을 선점하기보다 남이 만들어 놓은 기술을 활용해 경쟁자보다 더 좋은 제품을 만드는 데 주력했다. 일명 벤치마킹 전략이었다. 미래형 신산업에서도 한국 기업은 다른 나라보다 더 빨리 더 좋게 모방해 만드는 능력을 탁월하게 발휘할 것이다. 그러나 중국이라는 비슷한 능력을 갖춘 모방 숙련자가 나타났다. 그래서 예전만큼 이익을 얻기가 힘들다. 미래형 신산업에서는 기술 선점, 시장 선점, 상용화 선점에 나서야 한다. 선점의 효과를 손에 쥐어야 중국 기업과의 경쟁에서 유리한 고지를 점할 수 있다.

선점은 또 다른 선점을 낳는다. 네트워크 이론을 응용하자면, 시장에서 소비자들은 자신이 어떤 상품을 선택할 것인가를 결정할 때 '선호적 연결Preferential attachment' 방식을 따른다. 비슷한 A와 B의 두 가지 상품이 있다고 하자. 시장의 초기에 A가 B보다 두 배 많은 소비자를 가지고 있다. 그 이후부터는 B보다 연결 수가 많은 A에 계속해서 두 배 많은 새로운 소비자가 링크된다. 이것을 '네트워크 선호성' 원리라고 한다. 점심 식사하러 음식점 골목을 찾았다고 하자. 십중팔구는 같은 골목에 있는 비슷한 음식점 중 사람이 많은 음식점을 무의식적으로 '선호'하여 들어갈 것이다. 다른 음식점보다 사람이 더 많다(네트워크 선호도가 더 높다)는 이유만으로 그 음식점의 음식이 더 맛있으리라 추정하면서 말이다.

개개인의 선택은 예측하기 어렵다. 하지만 하나의 그룹으로서의 소비자는 일정한 패턴을 따르기 때문에 예측하기가 쉽다. 개개인이 일정한 그룹으로 연결되어 움직이기 시작하면 '유행'이나 '트렌드'라는 말이 붙는다. 이런 인기나 유명세를 탄 브랜드는 선호적 연결을 높이는 매력 포인트가 되어서 후발 주자의 시장 진입을 막는다. 많은 소비자가 링크된 상품은 인기 있는 것으로 인식돼 새로운 소비자를 끌어들일 가능성이 크다. 브랜드 가치가 높은 기업이 만든 상품이 그렇지 않은 기업의 상품보다 더 유리한 고지에 올라서게 된다. 시장을 지배하는 선호적 연결 법칙은 진입 순서가 빠른 상품이나 기업에 확실한 이점을 가져다준다. 이런 현상이 오랫동안 지속되면 선발 기업의 벽은 넘기 힘든 철옹성처럼 보이게 된다. 후발 주자의 진입은 불가능한 것처럼 보인다. 선호적 연결의 법칙은 시간이 지나면서 자연스럽게 부익부 현상과 80%의 수익을 20%가 독차지하는 80:20의 파레토 현상을 만들어 낸다.

[先導]

제3관문: 경계 파괴 전쟁을 선도하라

세 번째 관문은 경계 파괴 전쟁이다. 인류는 지금 200년이 넘도록 완전히 다르고, 전혀 관련이 없었던 것들을 물리적으로 결합linking, Bonding, Combination하고, 화학적으로 융합Convergence하는 경쟁에 돌입했다. 이것은 단순한 유행이나 몇몇 기이한 사람들의 놀이가 아니다. 성장의 한계를 돌파하는 도구이자 새로운 창조의 출발점이다. 미래형 산업의 대부분은 이런 결합과 융합 경쟁의 산물이 될 것이다. 누가 더 빨리 더 창조적으로 결합, 융합해 새로운 상품으로 재탄생시키느냐가 생존과 승리를 가름할 것이다. 지식의 융합United information, United knowledge, 기술의 융합United Technology, 산업의 융합United Business, 문화의 융합United Culture, 심지어 도시의 융합United City, 가상과 현실 공간의 융합United Space, 민족의 융합United Nation이 일어나면서 기존 경계들을 파괴할 것이다.

경제의 경계는 빠른 속도로 파괴되고 있다. 앞으로는 문화 경계, 학문 경계, 산업 경계, 언어 경계의 파괴가 진행될 것이다. 언어 경계의 파괴는 2020년경에 시작되어 2030년경이면 완성된다. 언어의 경계가 파괴되면 정보와 지식의 교류 속도가 더 빨라지면서 인류 문명의 발전 속도도 더 빨라진다. 그럴수록 경계의 파괴도 가속화된다. 인구의 팽창과 전 세계적인 고령화의 영향, 경제 경계의 파괴, 언어 경계의 파괴는 국경의 파괴에 다시 영향을 미친다. 젊은 세대에게는 태어난 국가의 의미가 기존 세대보다 크지 않다. 지금부터 태어난 아이들은 내가 있는 곳이 곧 내 국가라고 생각하게 될 것이다. 국경은 미래에도 오랫동안 지속될 것이지만 구속력이 예전보다 약화될 것이다. 좀 더 좋은 일자리를 제공하는 나라가, 더 적은 세금을 부과하는 나라가, 좀 더 밝은 미래를 약속해주는 나라가 조국이 된다. 머지않은 미래에 국가 간 경계는 존재하지만 거의 의미가 없는 시대가 올 것이다.

2020년이면 자동차와 컴퓨터의 경계 파괴가 시작되고 가상과 현실의 경계 파괴도 가속화될 것이다. 2030년이면 인간과 로봇의 경계 파괴가 시작될 것이다. 현실과 가상의 경계가 완전히 파괴되어 현실에 사는지 가상에 사는지가 큰 의미가 없어질 것이다. 2040년이면 인간과 신의 경계 파괴가 시작되고 현실 의식과 가상 의식의 경계도 파괴될 것이다. 실제 인간과 가상 인간(아바타)의 경계도 파괴되어 실제 인간은 죽어도 가상 인간이 영생하는 시대가 열리게 될 것이다.

경계의 파괴는 미래 산업 발전의 결과이며 동시에 미래 산업의 더 빠른 발전에 직접적인 영향을 주는 요인이다. 미래는 경계를 파괴하는 자와 그 밑에 굴복하는 자로 나뉠 것이다. 스스로 경계 파괴를 주도하지 못하면 남이 경계를 파괴할 때 피해자가 된다. 남이 규정한 경계에 의해 어느날 갑자기 자신의 영역이 없어지게 된다. 경계가 파괴될 때 새로운 업業이 생겨난다. 경계를 깬 사람이 새로운 업(새로운 산업)의 주도권을 잡는다. 파괴하는 자와 파괴당하는 자(따라가는 자)의 미래는 전혀 다른 모습이 된다. 경계가 깨질 때 기존 업의 본질도 바뀐다. 산업 전반에 걸쳐 업의 본질이 바뀐 뒤에는 산업 영역이 완전히 재편된다. 미래의 자동차는 전통적인 자동차에 ICT, 인공지능, 지식 생태계, BT, 신소재, 항공산업이 융복합되면서 완전히 재편될 것이다. 그렇게 되면 자동차산업의 업의 본질도 재구성해야 한다.

[主導]

제4관문: 공간 전쟁에서 판을 주도 하라

네 번째 관문은 공간 전쟁이다. 1권에서 삼성의 미래를 예측하면서 공간 전쟁에서 승리하는 것이 얼마나 중요할지 언급한 바 있다. 공간 전쟁에서의 승리는 삼성에만 중요한 사항이 아니다. 대부분 기업에 직간접적으로 중요한 요소가 될 것이다. 미래의 산업에서 융복합을 통한 경계의 해체와 미래형 산업의 재구조화의 기준이 되는 공간은 5개이다. 이 5개의 공간을 선점하는 자가 미래 산업을 선점하게 된다. 공간을 지배하는 자가 미래의 소비자를 지배하게 된다.

그 첫 번째 공간은 '손Hand'이란 공간이다. '손'을 지배하려면 세 가지 능력을 갖춰야 한다. 첫째는 디바이스다. 디바이스는 공간을 형성하고 공간으로 들어가는 문이다. 둘째는 운영체제다. 운영체제는 공간이, 경계의 해체와 융복합을 통해 새로운 구조화의 장이 되어 움직이도록 하는 기반이다. 마지막으로 가상 생태계를 지배해야 한다. 가상 생태계는 가상이 현실로 튀어나오고 현실이 가상으로 편입되는 새로운 환경 속에서 사람들을 연결하는 삶의 터전이다. 이는 후기정보화 사회의 중요한 특징 중 하나이다. 후기정보화 사회에서는 가상의 학교, 가상의 정당, 가상의 기업, 가상의 시장 등이 '3차원 지능적 모바일 네트워크' 안에서 만들어질 것이다. 현재의 앱스토어나 3차원 커뮤니티는 이 새로운 네트워크의 전조에 해당한다. 이 세 가지를 잡는 자가 '손'을 지배한다.

손 다음의 공간은 '자동차'다. 미래의 자동차는 전기자동차 기술과 무인자동차 기술이 결합하면서 3차원 지능적 모바일 네트워크의 대표적인 디바이스가 된다. 10년 이내에 곧바로 이 전쟁에 돌입하게 될 것이다. 자동차 디바이스 전쟁은 지금의 스마트폰 전쟁보다 더 크고 치열할 것이다. 세 번째 공간은 '집과 사무실'이고, 네 번째 공간은 '몸Human body'이며, 마지막 공간은 '길Way'이다.

미래 산업은 5가지 공간을 중심으로 형성될 가능성이 크다. 5가지 공간을 중심으로 새로운 산업의 경계가 규정될 가능성이 크다. 자동차가 바뀌면 자동차를 중심으로 직간접적으로 연결된 산업 또한 바뀐다. 집의 모습과 역할, 본질이 바뀌면서 집을 중심으로 직간접적으로 연결된 제품과 서비스의 업도 재규정될 것이다. 미래의 기술이 사람을 재규정하면 수많은 서비스도 따라서 역할을 조정해야 한다. 길은 도시의 젖줄이고, 도시와 도시를 연결하는 파이프다. 미래의 도시는 하나의 컴퓨터가 될 것이다. 길은 땅 위에만 있지 않고 하늘에도 바다속에도 땅속에도 존재하게 될 것이다. 우주에도 길이 생길 것이고, 현실보다 가상에 더 많은 길이 생길 것이다.

이렇게 5가지 공간의 변화는 모든 산업에 영향을 미친다. 5가지 공간을 지배하는 자가 새로운 개념 규정의 주도권을 쥐고 더욱 더 많은 소비자를 잡게 될 것이다. 이미 '손'을 지배하는 기업 밑으로 수많은 기업, 제품과 서비스가 줄을 서고 있다. 미래 자동차라는 두 번째 공간을 잡는 기업이 이와 비슷한 영향력을 발휘할 것이다. 미래의 집과 사무실은 건설업의 고유 영역이 아니다. 고유 영역이라는 생각을 바꾸지 못하면 기회는 줄어들고 결국 업을 누군가에게 빼앗길 것이다. 공간 전쟁에서 판을 주도하는 그룹에 들어가야 한다. 또는 공간 전쟁에서 판을 주도하는 기업과 손을 잡고 사업 영역을 스스로 파괴해야 한다. 다섯 가지 공간에 대한 새로운 틀을 잡고 새로운 규칙과 새로운 작동 방식을 만들어야 한다. 그렇지 않으면 신산업 시장에 발을 들여 놓기 전에 당신의 기업이 사라질 수 있다.

[看破]
제5관문: 미래 사람의 문제·욕구·결핍의 변화를 간파하라

마지막 관문은 미래 사람의 문제·욕구·결핍의 변화를 간파하는 것이다. 현재는 미래형 기술만 있지, 그 기술을 가지고 어떤 제품과 서비스를 팔아야 할지는 모호한 단계다. 스마트폰 다음 단계가 필요하다는 것은 알지만, 스마트폰 다음에 무엇이냐에 대한 답은 모른다. 미래를 선도한다는 것은 단순히 지금 있는 제품의 기술을 높이는 것이 아니라 지금까지 없었던 새로운 시장을 만들고 지배하는 것이다. 마지막 관문은 바로 미래 기술을 가지고 이런 차원의 제품과 서비스를 만드는 것이다.

기술 개발과 관련한 두 가지 질문이 있다. 하나는 "기술을 어떻게 더 발전시키느냐?"라는 질문이고, 다른 하나는 "미래 사회의 문제·욕구·결핍을 해결하기 위해 어떤 기술이 필요한가?"라는 질문이다. 전자의 질문을 더 많이 던지는 기업은 기술 혁신 기업이다. 삼성전자가 이런 기업에 속한다. 기술 혁신에 관심이 있는 엔지니어들은 제품이 시장에서 얼마나 많이 팔리는지보다 '최고의 기술'이 적용되었는지에 더 관심을 둔다. 자신들이 만드는 제품과 서비스에는 무조건 최고의 기술이 적용되어야 한다고 믿으며, 그런 제품과 서비스를 만들었다는 데 자긍심을 느낀다. 그런데 역사는 1등 기술이 시장에서의 1등을 보장하지 않음을 보여주고 있다.

반면 후자의 질문을 더 많이 던지는 기업은 비즈니스 혁신 기업이다. 애플이 이런 기업이다. 비즈니스 혁신에 관심이 있는 엔지니어들은 최고의 기술도 추구하지만, 시장에서 승리하는 기술에 더 관심을 둔다. 시장을 지배하는 제품을 만드는 데 어떤 기술이 필요한지에 관심을 둔다. 현재의 시장 혹은 미래의 시장에서 새롭게 나타날 문제·욕구·결핍을 해결하려면 지금까지 개발된 기술이나 현재 개발하고 있는 기술 중 무엇을 선택하는 것이 좋은지를 우선 생각한다. 시장을 지배하는 제품과 서비스를 위해서라면 기술을 다운사이징 하는 선택도 마다하지 않는다.[14]

미래를 지배하는 제품과 서비스를 개발하고 싶다면 기술의 미래가 어떨지에 관심을 두기보다는 부의 이동, 인구 구조의 변화, 미래 사회의 변화로 인한 미래 사람의 문제·욕구·결핍의 변화를 간파해야 한다. 사람들이 안게 될 미래의 문제·욕구·결핍을 파악하고 이를 해결할 제품과 서비스를 구상해야 한다. 기존 기술과 제품을 발전시킬 수도 있고, 기존 기술을 응용해 기존 제품을 파괴하는 새로운 컨셉을 만들 수도 있다. 새로운 기술, 미래형 기술을 활용해 제품과 서비스를 만들어도 좋고 기존 기술과 미래 기술을 동시에 사용해도 좋다.

미래 산업은 최신 기술, 미래형 기술을 사용하는 것에서 시작되는 것이 아니라 미래 사람들의 문제·욕구·결핍을 해결하는 데서 시작된다. 스티브 잡스가 피처폰 시대를 종식시키고 새롭게 스마트폰 시대를 열면서 사용한 기술은 전혀 새로운 미래형 기술, 전에 없던 새로운 기술이 아니었다. 10년 전에 개발된 기술이었지만 상용화에 실패한 기술, 한국이 개발했지만 글로벌화 하지 못한 기술, 여기에 몇 가지 새로운 기술을 합쳐서 인간이 오래 전부터 꿈꾸어 오던 미래를 실현해낸 제품이었다. 시장을 지배하는 기술은 최고의 기술이 아니라 인간을 이롭게 하고 새로운 미래로 이끄는 기술이다. 인간의 삶의 방식을 지금보다 더 발전시켜 주는 기술, 지금까지 꿈꾸었던 환상적 미래를 현실로 만들어 주는 기술이다. 한마디로 미래 인간의 문제·욕구·결핍을 해결해 지금보다 더 나은 미래를 열어가는 기술이다. 이것을 간파하는 자가 최종 승리자가 된다.

오관육참 속에서 삼성이 사는 길

미래 전쟁의 흐름에 구체적으로 어떻게 대응해야 할까? 한국의 대표 기업 삼성을 예로 생각해보자. 2030년까지 벌어질 미래 전쟁에서 삼성도 생존과 승리를 장담하기 어렵다. 앞에서 삼성이 다가오는 위기에서 탈출할 가능성은 10~20%라고 했다. 위기 탈출이 전혀 불가능하다는 의미가 아니다. 주사위를 열 번 던져 1~2번 성공할 정도의 낮은 확률이라는 의미다. 그 성공이 첫 번째, 두 번째에서 나오면 된다. 한 두 번의 탁월한 전략이면 반전할 수도 있다. 위기 탈출에 성공하면 삼성은 최소 10~20년은 글로벌 1등 지위를 유지할 것이다. 진정으로 애플을 누르고 글로벌 1등이 될 것이다.

탁월한 전략이란 기상천외한 전략이 아니라 맥을 정확하게 짚는 전략이다. 위기의 핵심이 무엇인지 정확하게 진단해내고, 근본적 처방에 모든 것을 집중하는 전략이다. 삼성의 몰락 시나리오가 현실화된다면 그 시작은 어디일까? 신수종 사업 발굴 실패일까? 아니다. 경영권의 승계와 상관없이 미래형 신수종 사업을 발굴하는 것은 충분히 가능하다. 패착을 둔다면 그 핵심 요인은 의사결정 수준에 있다. 삼성 위기의 핵심은 두 가지다.

첫 번째 의사결정은 지금부터 5년 동안 국내와 아시아에서 벌어질 금융위기에 얼마나 잘 대응하느냐와 관련되어 있다. 오관육참의 첫 번째 관문에 해당한다. 삼성이 금융위기로 무너지지는 않을 것이다. 하지만 위기에 잘 대응하지 못한다면 삼성이 미래 산업에 대응할 수 있는 시간에서 큰 손해를 보게 된다. 의사결정이 늦으면 늦을수록 시간 손해는 더 크다. 선제적 구조조정을 비롯해 그룹 전체가 서둘러 대비해야 할 이유가 여기에 있다. 그런데 앞으로 2~3년 동안 이건희 회장의 건강에 문제가 생기면서 경영권 승계와 방어를 위해 에너지를 집중해야 한다. 경영권을 성공적으로 승계하고 기업 지배력을 방어하는 데 성공하더라도 현상유지에 불과하다. 추가적 성장과는 관련이 적다. 지금의 지배력을 유지하는데 2~3년을 허비하는 것은 글로벌 위기와 경쟁 측면에서 보면 시간을 낭비하는 것일 뿐이다. 쳐들어오는 적을 향해 칼을 들고 뛰쳐나가야 할 상황에서, 내부 문제에 발목이 잡혀 싸울 진용을 짜느라 갑론을박하며 시간을 허비하는 셈이다.

하지만 삼성의 미래를 결정할 가장 중요한 의사결정은 따로 있다. 오관육참의 두 번째에서 다섯 번째 관문에 해당한다. 삼성이 5년 후에도 생존하려면 자기 파괴나 경계 파괴를 해야 한다. 둘 중 하나를 선택해야만 살 길이 열린다. 지금의 산업 구조나 제품군을 미래에도 유지하는 것은 인공호흡기를 통해 생명을 연장하는 것에 불과하다. 다른 기계 산업이라면 최소 15~20년은 이렇게 생명을 연장할 수 있다. 그러나 ICT산업은 그 시간이 5~7년에 불과하다. 삼성의 생존과 관련해서 주식 시장이 시그널을 줄 것이다. 2018~2020년 경 주주와 투자자가 삼성에 더 투자할 것이냐 아니냐가 관건이다. 시장에서 더 투자할 매력이 없다는 냉정한 판단이 내려지면 삼성의 몰락은 현실이 된다. 노키아, 모도로라, 야후, 소니 등이 그렇게 몰락했다.

삼성이 생존하기 위해서는 아무도 만들지 않았던 새로운 것을 만들어야 한다는 주장이 많다. 맞는 말이지만 굉장히 모호하다. 모호하기에 답이라고 하기 어렵다. 전에 없던 새로운 것을 만든다고 해서 생존이 보장되는 것도 아니다. 삼성이 살기 위해서는 좋은 제품이 아니라 시장이 원하는 답을 주어야 한다. 새로운 제품을 만든다는 목표가 틀린 것은 아니지만, 시간이란 변수를 넣고 생각하는 것이 더 중요하다. 시간이 무한정 주어진다면 새로운 것을 만드는 것을 목표로 잡아도 된다. 새로운 것을 만들다 보면 언젠가는 시장을 지배하는 대단한 물건을 만들어낼 수 있다. 역사적으로 보면 대략 1/1000의 확률이다. 1,000개의 새로운 것을 만들면 그중 하나는 시장을 지배하는 대단한 물건이 된다. 문제는 시간이다. 아무리 대단한 물건이라도 개발에 수십 년이 걸린다면 아무 소용이 없다.

삼성이 생존하기 위해서는 목표를 수정해야 한다. 애플이나 구글, 중국 기업이나 일본 기업보다 빨리 새로운 것을 만들겠다는 목표를 버려야 한다. 좋은 제품, 더 나은 제품, 전에 없던 새로운 제품을 만드는 것 대신 '시장이 원하는 답을 주는 것'을 목표로 삼아야 한다. 앞으로 5년은 '주식 시장이 원하는 답을 주는 것'을 전사적인 목표로 삼아야 한다. 모호한 답을 찾는 데 에너지를 사용하다가는 5년 안에 침몰이 시작된다. 주식 시장은 5년 후에도 삼성전자와 삼성 계열사 주식을 계속 보유해도 된다는 확신을 원한다. 목표는 성장도 애플을 이기는 것도 아니고 생존이다. 이렇게 목표를 정확하게 잡아야 전략이 분명해진다. 전략이 분명해질수록 생존 가능성이 높아진다. 삼성의 현재 역량을 고려할 때 생존 기간만 늘린다면 미래 산업에서 승부를 걸어볼 수 있다.

장에서 1등을 구가할 때 애플은 피처폰을 없애는 스마트폰을 출시했다. 그러자 사람들은 피처폰만 버린 것이 아니라 MP3, 내비게이션, DMB도 버렸다. 심지어 컴퓨터도 필요 없다고 생각하게 되었다. 피처폰을 없애는 제품을 만들자 새로운 시장은 피처폰 시장만이 아니라 MP3, DMB, 내비게이션, 컴퓨터 시장 일부 혹은 많은 부분을 흡수해 버렸다. 스마트폰 시장은 피처폰 시장보다 2~3배 커졌다. 피처폰 시절에는 휴대전화를 사용할 필요를 느끼지 못했던 여성, 청소년 심지어 유치원생까지 휴대전화를 사용하게 만들었다. 애플은 이 시장을 스스로 열면서 1등의 반열에 올랐다. IBM과 함께 개인용 컴퓨터의 시대를 연 스티브 잡스는 자신이 만든 컴퓨터를 없애겠다는 목표를 설정했다. 비록 생전에는 이 꿈을 이루지 못했지만, 잡스의 유지를 계승한 애플은 2014년 개발자회의에서 컴퓨터와 스마트 디바이스의 경계를 깨는 혁신에 성공했다. 그래서 애플의 컴퓨터는 IBM, HP, 델보다 더 오래 살아남을 수 있게 되었다.

 시장이 삼성에 원하는 것은 이런 수준의 '자기 파괴 혁신'이다. 2020년 전에 삼성은 현재 매출 1등인 스마트폰을 2등으로, 현재 2등인 반도체의 매출을 3등으로 내려앉혀야 한다. 그리고 1등의 자리에 '그 무엇'을 올려놓아야 한다. 이런 혁신이 가능할까? 불가능하지 않다. 이미 성공한 경험도 있다. 이건희 회장은 설탕과 옷을 팔던 기업에서 반도체를 선택하는 결단을 내렸다. 이제 이재용 부회장이 이런 선택을 해야 한다.

 마지막 세 번째 길은 '경계 파괴 혁신'이다. 구글과 아마존, 테슬라, 소프트뱅크의 전략이다. 구글과 아마존도 한때 성장의 한계에 직면하는 위기를 겪었다. 주가가 최고점에서 폭락했었다. 하지만 그들은 다시 일어났고 주가도 계속 상승하고 있다. 비결이 무엇일까? 구글은 검색엔진을 없애지 않았고, 아마존은 인터넷 서점을 없애지 않았다. 그들은 기존 산업에서 절대적 위치를 확고히 유지하는 전략을 사용했다. 매출이 늘지 않더라도 시장점유율을 빼앗기지 않고 수성했다. 그리고 '경계 파괴 혁신'을 선택했다. 투자자들이 왜 구글 주식을 던지지 않았을까? 답은 간단하다. 2014년에 구글은 가장 진보한 수준의 스마트 안경을 출시한다. 2017년을 전후해 가장 진보한 무인자동차를 상용화한다. 미래형 산업인 로봇에 대한 투자도 활발하다. 여기에 더해서 구글은 '자기 파괴 혁신'을 포함한 미래 전략을 수립해 실행하고 있다. 구글은 검색엔진을 없애버릴 인공지능 산업에서 최고의 역량을 보유하고 있다. 검색엔진이 필요 없는 시대가 곧 올 것으로 예측하는 미래학자가 많다. 검색엔진을 통해 정보에 접근하는 방식에서 벗어나 정보가 사람에게 찾아오는 시대가 될 것으로 예측한다. 검색엔진, 포털이 사라지고 인공지능이 그 자리를 대신할 것이다. 이 모든 제품과 기술에서 구글은 세계 최고다.

 삼성의 미래는 5년 이내에 내려야 할 두 가지 의사결정에 의해 결정될 것이다. 아시아 대위기에 선제적으로 대응하고 위기에서 탈출하기 위한 의사결정과 스마트폰 세계 시장 1등의 점유율을 기반으로 비즈니스 모델의 혁신을 시도하는 의사결정. 그리고 생태계를 만드는 세 가지 방법의 하나인 디바이스 점유율을 중심으로 경계를 파괴하는 비즈니스 모델을 만들어야 한다. 단말기 점유율이 떨어지기 전에 승부를 걸어야 한다. 애플식 자기 파괴 혁신이나 구글식 경계 파괴 혁신 중 하나를 선택해야 한다. 그것도 5년 안에.

 추가로 삼성이 생존할 수 있는 길을 찾아본다면 이건희 회장 이후

3~5년 이내에 3개의 그룹으로 나누는 것이다. 삼성은 그룹 전체 순이익의 90%를 차지하는 삼성전자, 삼성생명이 타격을 받으면 크게 흔들린다. 그러나 다가오는 아시아 대위기와 경제 전쟁에서 두 기업이 살아남을지 장담할 수 없다. 대비를 해야 한다. 3개로 나누는 것은 "영원히 성장하는 것은 없다!"라는 진리를 받아들여 새로운 성장의 과제를 자신이 아닌 다음 세대로 넘기는 것이다. 고 이병철 회장의 선택처럼 그룹을 다시 3개로 쪼개서 새로운 성장을 모색하는 것도 하나의 방법일 것이다.

미래 산업에서 승리하기 위한 3가지 능력

삼성을 비롯한 한국의 기업들이 미래 산업을 향한 패러다임 전환기에 살아남으려면 어떻게 해야 할까?(10~15년 이내에 30대 그룹 중 15개가 탈락하는 과정에서 발생하는 폭풍우를 헤쳐나가기 위한 미래 산업 패러다임 전환은 오관육참의 3~5차 관문에 해당한다)

 미래 변화의 방향은 이미 지난 10여 년 동안 정해졌다. 미래의 떠오르는 산업, 부가가치가 큰 직업, 유망 직종들이 무엇인지는 방향이 잡혔다. 앞으로 20년은 우리가 알고 있는 미래 변화가 현실이 되는 시대가 될 것이다. 미래 산업, 신수종 산업, 신성장동력 등 여러 이름으로 불린 것들이 우리의 손에 잡히는 미래가 될 것이다. 글로벌 금융위기가 끝나면 우리는 세상을 변화시킬 위대한 기술과 큰 기회들이 점차로 모습을 드러내는 과정을 보게 될 것이다. 산업의 대이동, 기회의 대이동의 시대를 앞두고 우리는 무엇을 준비해야 할까?

 다가온 미래 산업들은 세상을 변화시킬 놀라운 잠재력을 가지고 있다. 미래 산업들의 잠재력이 폭발하면서 2030년 이후 환상사회

Fantastic Society라고 불릴만한 놀랍고 경이로운 미래를 만들어갈 것이다. 미래 산업의 변화 가능성에 대응하기 위해서는 3가지 능력이 공통적으로 필요하다.

첫째, 인문학 능력이 중요하게 될 것이다. 인문학 능력은 단지 교양 차원에서 필요한 것이 아니다. 미래를 만드는 것은 기술이 아니다. 기술은 현재와 다른 새로운 미래 변화의 가능성을 만든다. 수많은 미래 변화 가능성 중에서 사람이 무엇을 선택하느냐에 따라 미래가 만들어진다. 인문학은 바로 '사람의 정신'과 '사람들의 연결(사회)'에 관한 지식이기도 하다. 따라서 인문학적 훈련을 통해 통찰력, 상상력, 연결력의 세 가지 능력을 길러야 한다. 이미 많은 전문가들이 통찰력과 상상력을 미래 인재의 필수 조건으로 꼽고 있다. 통찰력은 현상 이면을 꿰뚫어 보고, 변화의 흐름을 간파하는 능력이다. 상상력은 미래를 만들고, 사람들을 미래로 이끄는 능력이다. 스토리도 상상력이다. 새로운 미래를 창조할 정도의 감동적 상상력은 '스토리'를 통해 표현된다. 사람들은 가장 크게 감동을 주는 가능성을 미래로 선택한다. 따라서 사랑, 성공, 미래 희망과 판타지를 가장 잘 보여 주는 스토리로 포장된 기술이 인간의 선택을 받는다. 미래 시장을 지배하는 제품을 만들려면 기술은 숨기고 스토리를 드러내야 한다. 기술은 사람의 정신을 파고들기 어렵다. 사람의 정신을 파고드는 것은 스토리다.

스토리는 사람과 사람을 연결하는 도구이기도 하다. 연결은 미래 사회를 만들고 규정하는 특징이다. 우리는 지금 전 세계가 연결되는 시대를 살고 있다. 13억 명의 회원을 가진 페이스북을 활용하면 단 3번의 클릭으로 1억 명과 연결될 수 있다. 만약 당신에게 페이스북 친구가 100명이 있고, 그 100명에게 각기 100명의 친구가 있고, 그들도 또한 100명의 친구가 있다면 단 3번의 클릭으로 당신의 글이나 생각이 1억 명에게 전달된다. 그래서 초(超)연결사회라는 말까지 나온다. 미래 사회는 지금보다 더욱 연결도가 높아지고 복잡해지고 친밀해질 것이다. 미래 사회에서는 가상과 현실이 연결된다. 가상의 사람과 현실의 사람이 연결된다. 지구와 우주가 연결된다.

연결은 상상력을 확장하는 방법이기도 하다. 미래로 갈수록, 현실에서 사람과 사람을 연결하고, 가상에서 사람과 사람을 연결하고, 가상의 사람과 현실의 사람을 연결하며, 인공지능과 인간지능을 연결하게 된다. 이를 통해 인간은 개인적인 뇌의 용량과 사고의 한계를 극복할 수 있는 거대한 뇌를 만들어 상상력을 계속 확장해 갈 것이다. 미래를 만드는 재료인 판타지를 확장해 갈 것이다. 샘솟는 상상을 기반으로 미래의 다양한 가능성들을 창조할 것이다. 이런 능력을 가진 사람들이야말로 미래를 창조하는 선도자가 된다. 이런 이유로 미래에는 사람에 대한 지식인 인문학이 ICT와 더불어 모든 산업의 근간이 될 것이다.

미래를 위해 필요한 두 번째 능력은 경제(돈)에 관한 정보 능력이다. 미래 산업 전쟁은 치열한 경제 전쟁이란 판 위에서 벌어진다. 기술에서 승리해도 경제에서 패배하면 세상을 바꿀 수 없다. 경제는 사람의 연결, 사람의 선택, 사람의 움직임에 영향을 미치는 변수다. 기술의 발달은 경제 흐름의 영향을 크게 받는다. 가난한 나라에서는 기술 발달을 지속하기 힘든 이유가 여기에 있다. 같은 이유로 미래의 새로운 가능성을 만드는 신기술들은 대부분 선진국처럼 부유한 국가들이 주도하게 된다.

경제 상황이 기술을 선택하기도 한다. 기술을 담는 디자인도 경제의 영향을 받는다. 경기 침체기에 소비자들이 선호하는 디자인은 경기 호황기와는 다르다. 미래 산업에 잘 대응하기 위해서 뿐 아니라도, 미래로 갈수록 경제에 관한 정보 능력은 모두에게 필수적인 기본 능력이 될 것이다. 인류는 지금 100세 시대를 넘어 120세 시대를 향해 달려가고 있다. 그러면 사람은 건강하게 오래 사는 부류와, 병치레를 하며 오래 사는 부류의 둘로 나뉠 것이다. 또는 100세까지 넉넉하게 사는 부류와, 은퇴 후에 급격하게 경제적 기반이 무너지며 가난하게 사는 부류로 나뉜다.

평균수명 100~120세 시대는 직업이나 직장을 10번 이상 바꾸게 된다. 오래 살기는 하지만 불안이 커지는 시대다. 개인들이 느끼는 수많은 불안의 밑에는 경제적 능력의 차이가 존재할 것이다. 미래의 변화 가능성에 대응하기 위해서 반드시 경제(돈)에 관한 정보 능력이 중요한 이유가 여기에 있다.

셋째로 신기술 능력이 미래의 승패를 가를 것이다. 전통적인 산업이든 미래 신산업이든 신기술은 생존을 위한 기본적인 능력이 될 것이다. 전통 산업에서는 생존을 보장하는 최후의 보루가 될 것이며, 미래 신산업에서는 부의 선점에 유리한 고지를 장악할 수 있는 교두보가 될 것이다.

이미 세 가지 능력들을 가지고 있는 게임체인저들이 새로운 미래를 만들어가기 시작했다. 게임체인저들은 이런 능력들을 사용해서 신산업 버블 전쟁을 준비하고 있으며, 특히 전쟁에서 유리한 고지를 차지하고 추격자들을 향해 공세를 퍼붓기 시작했다. 산업의 경계를 파괴하며 공간 전쟁의 판을 주도적으로 짜나가고 있다. 미래 부의 대이동 길목을 선점하기 위한 경쟁은 이미 시작된 것이다. 이들이 만들어가는 세상은 어떤 모습이 될까? 이들이 우리에게 불어 넣는 상상의 미래는 어떤 모습일까? 이들이 대중을 감동시키는 스토리와 비전은 무엇일까? 이들이 제시하는 미래를 가능케 하는 기술은 무엇일까?

3부에서 이 질문들에 대한 답을 찾기 위한 미래 여행을 떠나보자.

- **앞으로 20년, 미래 변화를 만드는 7가지 힘**

미래 변화를 만드는 힘 1. Fantasy
미래 변화를 만드는 첫 번째 힘은 'Fantasy'다. 상식을 뛰어넘는 환상을 현실로 만드는 '환상적 기술Fantastic Technology'이 등장하면 사람들은 '판타지'가 현실이 될 것이라는 믿음을 갖게 된다. 자신의 가치와 신념을 구현할 수 있는 가상 세계를 '판타지' 속에서 실제화할 수 있다는 믿음을 갖게 된다. 이런 믿음은 '판타지'를 더욱 갈망하게 하는 순환작용을 만들어 낸다. 앞으로는 가상과 현실의 경계가 깨어져 하나의 공간에 존재하는 수준을 넘어 가상과 현실을 구별하는 것이 의미 없는 시대가 된다. 눈앞에 펼쳐진 시간이 현재인지 과거인지 미래인지, 눈앞에 펼쳐진 공간이 진짜Real인지 환상Fantasy인지, 함께 있는 사람이 '판타지' 속에 있는 사람인지 실제로 내 앞에 있는 사람인지 구별하는 것이 중요하지 않은 시대가 된다. 실제의 나와 가상의 내가 동시에 존재하는 시대, 먹는 음식이 실제 땅에서 재배된 것인지 기계나 실험실에서 만들어진 것인지 구별할 필요가 없는 세상이 도래한다. 'Fantasy'의 역 트렌드는 'Real'이다. 진짜를 뛰어넘는 판타지에 대한 갈망과 부정할 수 없는 수준의 확실한 진짜에 대한 갈망이 앞으로 20년간의 미래의 이슈다.

미래 변화를 만드는 힘 2. United
미래 변화를 주도하는 두 번째 힘은 'United'다. 서로 다른 무엇이 연결되거나 섞이는 것이 'United'다. 산업혁명과 함께 인류는 엄청난 발전을 경험했다. 그런데 일의 분리(분업)를 통한 전문화는 기계 동력을 통한 근력의 자동화(기계화)만큼 산업혁명의 핵심적 요소였다. 인류는 쪼개고 나누고 전문화하는 것으로 지난 200년 동안 눈부신 발전을 이루어냈다. 그런데 전문화를 통해 문명을 발전시키는 것이 한계에 이르렀다. 그래서 지식의 융합, 기술의 융합, 산업의 융합, 문화의 융합이 진행되고 있다. 도시의 융합, 가상과 현실 공간의 융합, 민족의 융합도 시도되고 있다. 융합은 한계 돌파의 도구이자 새로운 창조의 출발점이고 인류 문명 발전의 도구이자 변증법적 진화의 핵심 구조다. 'United'의 역트렌드는 '분리(分離, Separate)'가 아니라 '고유(固有, Character)'다. '융합을 통해 상향 평준화High Quality by United'된 비슷한 제품과 서비스가 보편화되면 역으로 자신만의 독특성, 브랜드 아이덴티티를 갖춘 제품과 서비스를 선택하는 현상이 발생한다. 한계를 뛰어넘기 위해 'United'를 시도하는 추세와 모든 것이 흔들어 섞이는 상황에서 자기만의 독특함, 브랜드 아이덴티티를 유지하고 부각하려는 갈망이 앞으로 20년간의 미래의 이슈다.

미래 변화를 만드는 힘 3. Technology revolution

미래 변화를 주도하는 3번째 힘은 'Technology revolution'이다. 앞으로 20년 우리는 지난 수천 년의 기술 발전 규모를 넘어서는 수준의 비선형적(非線型, Nonlinear)이며 퀀텀적Quantum 기술 도약을 경험하게 될 것이다. 쪼개고 나누는 전문화 시대에는 선형적linear이고 산술급수적(算術級數的, Arithmetic)인 발전이 주를 이룬다. 결합과 융합을 통해 새로운 하나로 재탄생시키는 'United' 과정을 통해 새로운 창조와 발전의 길을 여는 시대에는 새로운 기준이 만들어지면서 혁명적이고 기하급수적(幾何級數的, Exponential)인 발전이 종종 나타난다. 앞으로 20년은 이런 수준의 기술 혁명이 종종 나타나는 시대다. 'Technology revolution'의 역 트렌드는 '탈기술 운동'이다. 이제까지의 기준을 뛰어넘는 '기술 혁명' 추세를 피부로 느끼면 느낄수록 러다이트 운동과 같이 탈기술 운동이 거세질 것이다. 이 둘 간의 갈등이 앞으로 20년간의 미래의 이슈다.

미래 변화를 만드는 힘 4. Uncertainty

미래 변화를 주도하는 세 번째 힘은 'Uncertainty'이다. 앞으로 20년 동안 역사상 유례없는 최고의 불확실성 시대를 지나가야 한다. 불확실성이 높다는것은 예측하지 못한 일, 꿈에도 생각하지 못했던 일이 일어난다는 의미가 아니다. 불확실성이 높다는 것은 일어나지 않을 가능성과 일어날 가능성이 비슷한 상태를 말한다. 그래서 의사결정이 어렵다. 급격한 기술 발달과 글로벌 경쟁의 가속화는 기업에 기존 산업과 기준에 안주해서는 살아남을 수 없다는 메시지를 계속해서 던지고 있다. 그런데 새로운 산업으로 사업을 바꾸자니 문제가 있다. 엄청난 돈을 투자하고 인적 구조를 급격하게 바꾸는 의사결정을 하기에는 아직 새로운 산업의 규모가 기존 산업에서 벌어들였던 만큼 벌 수 없는 상황이다. 할 수도 없고 안 할 수도 없는, 빨리 들어가자니 돈이 되지 않고 늦게 들어가자니 선두를 빼앗길 것 같은 상황이다. 그래서 의사결정이 힘들어진다. 'Uncertainty'의 역 트렌드는 '확실성Certainty'이 아니라 '무관심Apathy'이다. 불확실성이 높아지면 사람들은 의사결정을 포기하고, 변화에 무관심해지는 역반응을 보일 것이다. 이 둘 간의 갈등과 유혹이 앞으로 20년간의 미래의 이슈다.

미래 변화를 만드는 힘 5. Risk

미래 변화를 주도하는 다섯 번째 힘은 'Risk'이다. 독일 사회학자 울리히 벡은 현대 사회를 '위험 사회Risk Society'로 규정한다. 산업혁명과 과학기술 발전이 현대인에게 전과는 비교할 수 없는 풍요로운 물질문명을 선물했지만 동시에 과거에는 접하지 못했던 새로운 위험에 직면하게 했다. '위험'이 일상화된 사회는 근대화의 딜레마다. 한국은 다른 선진국보다 더 빠른 속도로 경제 성장, 기술 발전을 이루었다. 당연히 근대화에 대한 반성과 성찰이 턱없이 부족하다. 설상가상으로 인터넷과 통신 기술, 미디어의 발달로 한국에서 발생하는 '위험'뿐 아니라 전 세계에서 발생하는 위험이 매일 다가온다. 지구 반대편 미지의 시골 마을에서 벌어진 충격적 사건이 빛의 속도로 전해진다. 위험에 대한 노출이 일상화되고 있다. '위험Risk'의 역 트렌드는 '안전Safety'이 아니라 위험 사회 극복을 포기하고 도피하는 것이다. 위험이 일상화되면 위험에서 도피하려는 역 트렌드가 발생한다. 이 둘 간의 긴장이 앞으로 20년간의 미래의 이슈다.

미래 변화를 만드는 힘 6. Ethic

미래 변화를 주도하는 여섯 번째 힘은 'Ethic'이다. 'Ethic'은 안전과 더불어 위험 사회를 극복하려는 자연스러운 행동이다. 위험이 증가하는 근본적 이유를 비윤리적 행위, 비정상적 상황, 부패와 부정에서 찾기 때문이다. 앞으로 윤리적 상처를 입은 기업은 소비자의 냉정한 심판을 받게 될 것이다. 가치Value가 제품과 서비스의 부가가치를 만들었듯 앞으로는 '윤리'가 제품과 서비스의 부가가치를 만들 것이다. 소비자는 제품과 서비스를 사는 것이 아니라 가치를 산다. 가치를 중요하게 여기지 않는 기업의 제품과 서비스를 사는 것은 질 낮은 가치를 사는 것을 의미한다. 곧 자신을 부끄러운 수준의 비윤리적 그룹에 몰아넣는 것을 의미한다. 'Ethic'의 역 트렌드는 '치밀한 위장Subtle tact, Subtle camouflage'이다. 위험 사회는 더 많은 사기, 더 치밀한 꾀, 더 교활한 위장이라는 역 트렌드를 낳는다.

미래 변화를 만드는 힘 7. Spasm
미래 변화를 주도하는 일곱 번째 힘은 'Spasm(경련)'이다. 앞으로 20년에 걸쳐 우리는 그 폭과 깊이를 가늠할 수 없는 위기가 중첩되고 불확실성은 갈수록 커지는 시기를 살게 될 것이다. 빚에 의한 성장이라는 '돈의 잘못된 사용방식'이 근본적으로 고쳐지지 않는 한 금융위기는 언제라도 반복된다는 것이 역사의 교훈이다. 급격한 기술 발달과 세계화로 시간과 공간이 빠르게 압축되는 시대이기 때문에 그 주기는 점점 단축될 것이다. 금융위기와 신기술 거품 때문에 앞으로 20년 이내 최소 다섯 번의 전 세계적인 경제 혼란이 올 것이다. 이 과정에서 세계 경제는 마치 롤러코스터를 타는 것 같을 것이다. 그리고 사회, 문화, 환경, 제도 등 모든 영역에서 새롭게 파생되는 변화로 인해 마치 경련이 일 듯 요동치는 시대가 올 것이다. 세계 곳곳에서 나타나는 복잡하고 심한 경련적 진폭 현상들은 필연적으로 국가나 기업내부에서도 극심한 갈등과 마찰을 양산할 것이다. 'Spasm'의 역 트렌드는 '통제Control'다. 경련이 일어나면 혼란, 파괴, 해체가 일어난다. 동시에 통제가 일어난다. 이해하기 힘든 통제 방식이 나타난다. 혼란을 해결하기 위해 근본적인 수술을 하기보다는 더욱 강력한 힘을 사용해서 통제를 시도하는 세력이 나온다. 그래서 경련기에 독재와 쿠데타, 테러가 더 많이 일어난다. 이 둘 간의 긴장이 앞으로 20년간의 미래의 이슈다.

경제 통찰력을 기르는 3개의 지도를 가져라

사물을 보기는 쉽지만 통찰하기는 어렵다. 통찰하지 못하면 현상과 부분에 생각이 갇혀 오류를 범하기 쉽다. 경제는 탐욕과 공포가 노골적으로 작동하는 영역이라 더 어렵다. IMF 외환위기와 인터넷 버블을 겪은 뒤에 찬란한 기회가 펼쳐지는 것을 경험한 사람들은, 다시 위기가 오면 반드시 기회를 잡겠다고 생각한다. 하지만 2008년 금융위기가 오자 대부분의 사람들이 공포에 얼어붙어 같은 실수를 반복한다. 혹은 위기에도 탐욕으로 맞서다가 큰 실패를 맛본다. 어떻게 경제를 통찰할 수 있을까? 핵심은 흩어져 있는 정보와 지식을 통합적으로 보고 이해하는 데 있다. 무엇보다 경제의 큰 틀을 이해하는 것이 중요하다. 그러면 마법을 부리지 않아도 경제나 투자 시장을 읽는 통찰력의 수준이 달라진다.

다가올 미래 경제의 큰 틀을 읽기 위해서는 세 장의 지도가 필요하다. 이제 필자가 설명하는 세 장의 지도 위에 방송, 신문, 책, 인터넷 등 매체에서 흘러나오는 정보를 올려놓고 분석해 보라. 퍼즐을 맞출 때처럼 전체 그림을 생각하는 것이 중요하다. 전체 그림 위에서 각각의 정보를 연결해 보자. 그러면 파편처럼 떠돌아다니던 정보가 서로 연관되고, 상호영향을 주고, 의미가 확장되면서 새로운 시점視點에서 조화롭게 연결되고, 재구조화되는 것을 경험할 수 있다. 이런 과정을 반복하면 현재와 미래의 경제나 경쟁 기업, 혹은 투자 시장의 움직임을 미리 포착할 수 있는 통찰력을 기를 수 있다. 스파이가 되지 않아도 경제통찰력을 갖게 되고, 정보의 비대칭성을 상당 부분 극복할 수 있다. 미국 CIA가 분석하는 정보의 90%는 보통 사람도 신문이나 인터넷 등을 통해 얼마든지 접근할 수 있는 정보라는 점을 되새겨보라. 문제는 기상천외한 비밀 정보가 아니라 보는 사람의 안목이다.

첫 번째 지도: 중앙은행
중앙은행의 움직임을 주시하라

사기史記, 한서漢書, 후한서後漢書와 함께 중국 전사사前四史로 불리는 삼국지에 관해 잠시 생각해 보자. 삼국지는 한漢 말기 무장이었던 동탁董卓이 낙양성에 입성해 13대 황제 소제小帝를 폐하고 9살에 불과했던 헌제(獻帝, 181~234)를 14대 황제로 옹립하고 정권을 잡는 사건으로 시작한다. 그 이후 제후들은 황제를 무시하고 제각기 실력행사를 한다. 조조도 황제를 옆에 끼고 승상의 자리에 올랐지만 220년 헌제의 황위를 빼앗고 위魏를 세워 스스로 황제의 자리에 올랐다. 221년 유비도 한漢의 정통성을 계승한다는 명분으로 황제가 되어 촉한蜀漢을 세운다. 손권도 이에 맞서 황위에 올라 연호를 황룡黃龍이라 하고 지금의 남경을 수도로 하여 오吳를 세운다. 하지만 삼국의 형국도 오래가지 못한다. 유비와 제갈공명이 죽고 난 후 263년 위군의 대규모 공격에 촉은 멸망한다. 제갈공명의 맞수로서 조조의 군사였던 사마의司馬懿의 일족은 조조의 아들 조예가 병들어 죽자 고평릉의 변란을 통해 권력을 탈취했다. 그리고 8살짜리 조방을 시작으로 조모, 조환 등 황제를 자신들 마음대로 옹립했다 폐위했다 하면서 황제를 손에 쥐고 무소불위의 권력을 휘둘렀다. 결국 사마의의 손자인 사마염(司馬炎, 236~290)에 이르러서 위의 마지막 황제인 조환을 겁박해 선위를 받고 국호를 진(晉, 혹은 西晉)으로 바꾸어 265년 스스로 황제의 자리에 올랐다. 그리고 280년 오의 항복을 받아 중국 대륙을 세 번째로 통일했다.

    삼국지의 처음과 마지막은 '황제만 잡으면 모든 것이 끝난다'는 동서고금의 진리를 확인시켜 준다. 고대 전쟁에서는 황제가 잡히거나 항복하면 모든 전쟁이 끝이 났다. 황제가 항복하지만 않으면 국토를 거의 다 점령했다 해도 전쟁이 끝나지 않았다. 황제의 역할이 그만큼 중요했다. 경제 전쟁도 마찬가지다. 경제 전쟁에서도 황제의 역할은 매우 중요하다. 경제 전쟁에서 황제는 중앙은행이다. 중앙은행은 경제 조정자 역할을 한다. 경제 전쟁에서 살아남으려면 중앙은행의 움직임을 주시해야 한다.

근현대 경제사에서는 중앙은행의 설립과 운영 주도권을 둘러싸고 정부, 금융자본, 기업 사이에 삼국전쟁 못지않은 치열한 전쟁이 벌어졌었다. 중앙은행을 장악하면 화폐 발행권을 손에 넣을 수 있기 때문이다. 화폐 발행권을 이용해 시장 통화량을 조정할 수 있고, 통화량을 조정하면 경제 전쟁에서 유리한 고지를 차지하여 손쉽게 승리를 얻을 수 있다. 나라의 뿌리는 백성이지만 권력은 황제에 있듯, 경제의 뿌리는 노동과 재화의 생산과 거래에 있지만 경제 권력의 중심은 돈(화폐)에 있기 때문이다. 그런데 중앙은행은 이런 막강한 권력인 돈(화폐)의 최초 발행자이자 최종 대부자 역할을 한다. 중앙은행이 조절하는 화폐의 수량 증감이 경제 전쟁의 방향을 큰 틀에서 조정한다. 그래서 최초의 거시경제 이론도 '화폐 수량설 Quantity theory of money'이다.[15]

한국 최초의 중앙발권은행은 1909년 11월에 설립된 구舊 한국은행이었다. 일제 강점기에 조선은행으로 이름이 바뀌었다가 해방 후 1950년 6월, 강력한 권한과 정치적 중립성이 보장되는 중앙은행을 설립해야 한다는 시대적 요청에 의해 현재의 한국은행이 설립되었다. 화폐의 발행과 통화신용 정책의 수립 및 집행 등을 담당하는 한국은행은 1본부 12국 2실 1원 1센터로 구성되어 있으며, 16개 지역본부 및 5개 국외사무소를 두고 있다. 한국은행은 통화 가치의 안정과

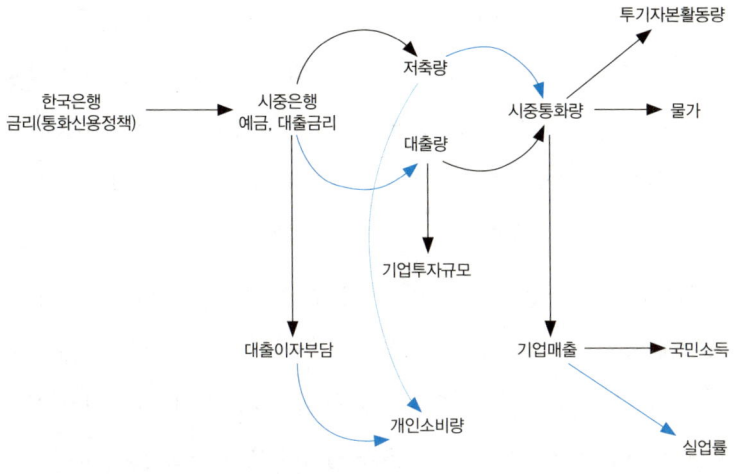

은행 신용제도의 건전화 및 물가안정에 의한 경제 발전을 위해 다양한 통화신용 정책을 구사한다. 한국은행의 정책에 따라 상업은행, 기업 투자, 개인 소비, 투기자본 활동, 물가, 국민소득 및 실업률 등 경제와 금융 전반이 영향을 받는다. 경제 성장, 국제수지, 금융 시장의 안정 등 국가의 핵심적인 경제 이슈들도 한국은행의 통화정책 성공 여부에 달려있다.[16] 이런 까닭에 한국은행을 경제조정자라고 부른다.

  중앙은행의 화폐금융 정책은 금융 시장에 단기금리, 장기금리 및 은행 금리에 순차적으로 영향을 미친다. 이런 금리의 변화는 기업 투자, 개인 소비 등 실물 경제 부문으로 파급된다. 만약 중앙은행이 화폐 공급을 축소하면 이는 곧바로 은행의 예금을 감소시킨다. 은행은 예금 감소에 대응하기 위해 대출을 줄이거나 채권 보유를 줄일 수밖에 없다. 이 과정에서 은행은 신용 위험이 낮고 유동성이 높은 국공채보다는 기업이나 개인의 신용 대출을 먼저 줄이게 된다. 이러한 은행의 대출 상환 압력을 받게 된 기업이 자본 시장에서 주식, 어음, 채권 등을 발행해 은행이 요구하는 수준의 대출 상환금을 마련할 수 없게 되면 실물 경제가 곧바로 심각한 타격을 보게 된다. 이런 상황은 개인에게도 마찬가지다. 신용이 취약한 개인은 은행이 대출을 회수하거나 추가적인 대출을 줄이게 되면 곧바로 자금 부족을 느끼게 되어 소비 활동이 위축된다.[17]

이처럼 중앙은행의 화폐 공급(신용 공급) 확대 또는 축소가 기업과 개인의 금융과 실물 경제의 생사를 좌지우지하는 체제를 '신용창조에 의한 경제 성장 시스템'이라고 한다. 2008년의 미국, 2010년의 유럽에서 발생한 위기는 적정 수준을 넘어선 통화 규모가 자산 시장으로 들어가 거품을 일으키고 막대한 부채를 만들어낸 데 그 원인이 있었다. 거품이 붕괴하자 신용이 경색되고, 부채 축소가 발생하면서 통화량이 감소하여 시장이 침체 되었다. 앞으로 5년 동안 벌어질 미국의 반격 1, 2단계(양적 완화 정책 축소 및 중지, 기준금리 인상)와 아시아 대위기 국면의 핵심도 같다.

앞으로 5년의 글로벌 경제 상황을 이해하려면 중앙은행의 움직임을 주시해야 한다. 특히, 미국 중앙은행인 FRB의 움직임을 철저하게 모니터링해야 한다. 그들의 변화 움직임이 경제 판을 바꾸는 열쇠다. 현재 금융위기는 신용창조에 의한 경제 성장 시스템의 사생아와 같다. 신용창조에 의한 경제 성장 시스템을 포기하지 않는 한 그 어떤 나라도, 그 어떤 천재적인 중앙은행의 수장도 금융위기의 가능성을 완전히 없앨 수 없다. 계속 신용이 창조되면서 부채가 증가하는 것을 통제하지 못한다면, 금융위기는 다소 발생 시간을 조절할 수는 있어도 피할 수는 없다. 아시아도 부채 조절에 성공하지 못하면 부채 축소 과정을 피할 수 없다. 부채 축소가 시작되면 단기적 신용 경색, 금융위기, 저성장이 필연적으로 발생한다. 그 과정은 순식간에 진행된다. 그래서 선제적으로 대비하지 않으면 빠져나올 수 없다.

중앙은행이 조정하는 '신용창조에 의한 경제 성장 시스템'의 '이치'와 '구조'가 어떠하기에 금융위기가 반복적으로 발생할까? 어떤 일이나 사물이 세상에 어울려서 존재하거나 움직이는 근본적 원리나 목적이 '이치'다. 이치는, 간단히, 말해서 "만들어진 취지가 무엇인가?"라고 할 수 있다. 시장에서 거래되는 재화와 서비스의 총합의 가격이 100이고, 화폐도 100만큼만 찍어서 유통시킨다면, 화폐는 '물물교환'을 좀 더 편리하게 할 수 있도록 만들어주는 도구 역할에 그칠 것이다. 하지만, 이런 '물물교환을 하는 수준'으로는 '탐욕'을 채우는 데 한계가 있다. 그래서 더 빨리, 더 많이 탐욕을 채우기 위한 목적으로 '미래'에 벌거나 세금으로 거두어들일 것으로 예상하는 돈을 '미리' 찍어 '오늘' 당장 사용하는 방법을 찾아냈다. 이것이 신용창조에 의한 경제 성장 시스템이 만들어진 이유다. 개인이 월급을 가불해서 쓰는 것과 근본 원리는 같다. 그런데 미래의 돈은 무한정 끌어 쓸 수 없다. 적정한 수준에서 조절해가면서 당겨 써야 한다. 그런데 탐욕이 절정에 이르면 미리 당겨오는 돈의 출처인 그 '미래의 시간'을 무한정으로 늘리는 위험한 행동을 한다. 이자를 감당하기도 힘들 정도로 원금을 늘린다. 후손이 벌어들일 소득까지 당겨서 쓴다. 이것이 신용창조 시스템이 갖는 위험한 부작용이다. 문제점을 수정해서 보완하더라도 지금의 시스템이 기본적으로 유지되는 한 시스템 자체가 가진 부작용을 피할 수는 없다. 다음의 세 가지가 대표적인 부작용이다. 첫째 미래의 돈을 미리 당겨서 사용함으로써 발생하는 '부채의 증가', 둘째 돈을 당겨쓰는 근본적인 출처인 미래를 무한정으로 늘림으로써 발생하는 '화폐 가치의 하락', 셋째 이 두 가지로 인해 필연적으로 발생하는 '금융위기의 재발'이다. 세 가지 부작용은 근대 유럽의 역사에서 지난 2010년까지 반복해서 발생했다.

이제 신용창조 시스템의 '구조Structure'를 살펴보자. 아래 그림은 중앙은행이 화폐를 발행하면, 시장에서 순차적으로 어떤 일이 일어나는지를 설명해 놓은 그림이다. 이 그림을 읽기 위해서는 몇 가지 원칙이 있다. 화살표의 방향은 영향을 주는 방향을 의미한다. 검은색 화살표는 '같은 방향' 즉, 증가에서 증가로, 혹은 감소에서 감소로의 변화를 의미한다. ('반대 방향' 즉, 증가에서 감소로, 혹은 감소에서 증가로의 변화를 의미하는 화살표는 파란색으로 표시한다.) 화살표의 굵기는 영향을 주는 힘의 크기를 의미한다. 굵은 화살표는 다른 것에 비해 좀 더 큰 영향을 준다는 의미다. 굵기의 차이에 너무 민감하게 반응할 필요는 없다. 가장 중점적으로 보아야 할 것은 화살표가 연결되어 '순환Feedback'하는 부분이다. 화살표 중간에 그어진 이중선은 영향을 주는 요인이 발생한 때로부터 효과가 나타나기까지 '지연Delay'시간이 있다는 의미다.

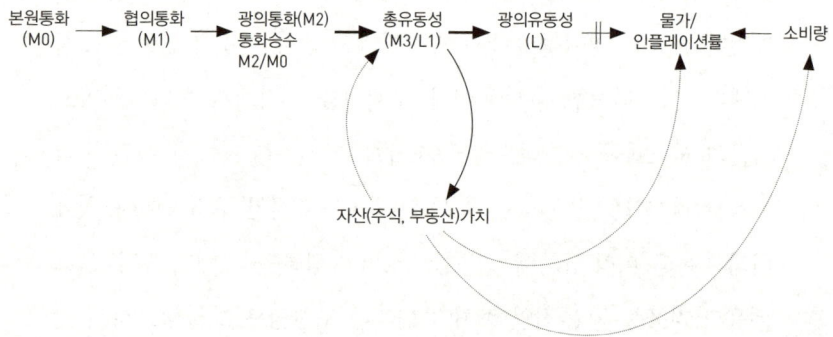

신용창조에 의한 경제 성장 시스템이 금융위기를 일으키는 조건은 세 가지다. 첫 번째는 중앙은행이 원인이 되는 경우다. 중앙은행(한국은행)의 첫 번째 일은 화폐(통화) 발행이다. 중앙은행이 윤전기를 돌려 '직접' 발행하는 통화를 '본원통화(本源通貨, Reserve base)'라고 한다. 본원통화는 상업은행으로 흘러들어가 대출, 유가증권 매입 등의 용도로 반복적으로 운용되면서 신용과 예금이라는 '파생통화'를 창출하는 기초가 된다. 중앙은행은 일정한 기준을 가지고 본원통화를 발행한다. '본원통화에 대한 수요'는 '상업은행이 보유하고자 하는 지급준비금'과 '민간시장의 현금에 대한 수요'의 합이다.[18] 이런 수요에 대해 중앙은행은 본원통화의 공급량을 자산과 대응해 신중히 조절한다. 중앙은행의 자산은 정부에 대한 대출, 상업은행에 대한 대출, 상업어음 재할인, 외환보유액 등으로 구성된다. 중앙은행은 본원통화를 자신의 자산과 비례하는 수준에서 공급한다. 그래서 (이론적으로 말하면) 본원통화는 중앙은행의 부채다. 만약 중앙은행이 부채를 다 갚으면 발행했던 돈을 모두 거두어들이는 것이기에 시중의 통화는 제로가 된다. 중앙은행이 자산의 범위 내에서 본원통화를 찍어내는 원칙을 지키지 않는다면, 로마 시대에 금이나 은의 함량을 속여 주화를 발행해 화폐 사기를 했던 것과 같은 행동이 된다.

두 번째는 정부가 원인이 되는 경우다. 국가가 미래의 세금을 지금 당겨서 쓸 요량으로 '지급요구수표(국채)'를 중앙은행에 담보로 잡히거나 시장에 유통해 현금으로 교환해 가는데 그 규모가 지나치게 커지면 문제가 발생한다. 사실 이것은 오래된 문제다. 12세기부터 국가와 중앙은행은 이런 방식으로 자주 돈놀이(?)를 했다.

세 번째 원인은 중앙은행에서 대출을 받은 상업은행이 '부분지급

준비금Fractional reserve' 제도를 활용해 통화승수를 과도하게 늘리는 경우다. 시중에 유통되는 통화의 총량은 본원통화량의 '통화승수배'로 결정된다. 통화승수배가 늘어나면 총통화공급량이 늘어나고 통화승수배가 줄어들면 총통화공급량도 줄어든다. 통화승수(Money multiplier, 通貨乘數)란 본원통화가 최종적으로 이것의 몇 배에 달하는 통화를 창출하였는가를 나타내주는 지표로 총통화량을 본원통화로 나누어서 산출한다.

다시 앞의 그림을 보자. 한국은행이 본원통화를 찍어내면 일부는 정부 발행 국채와 교환되는 방식으로 대출되어 정부의 통장으로 들어간다. 그리고 나머지는 상업은행에 대출해 준다. 이렇게 대출받은 돈을 가지고 상업은행은 개인과 기업에 신용대출을 한다. 이런 과정을 통해 상업은행에 흘러들어 간 본원통화, 정부가 직접 시장에서 재화와 서비스를 구매하면서 유통한 통화가 개인이나 기업을 통해 다시 은행으로 예금으로 입금된다. 상업은행은 이렇게 재입금된 예금과 중앙은행으로부터 대출받은 본원통화 중 일부를 지급준비금으로 남기고 나머지는 다시 대출한다. 이런 과정이 반복되는 것을 신용창조 과정(신용창조 시스템)이라 부른다. 이 같은 신용창조 과정이 반복되면서 시중에는 중앙은행이 윤전기로 돈을 더 찍어내지 않더라도 본원통화보다 몇 십 배 더 큰 규모의 돈이 유통되게 된다. 신용창조 시스템 속에는 M0, M1, M2, M3(Lf), L이 자리 잡는다. '본원통화(M0) + 추가로 즉시 현금화할 수 있는 화폐(요구불예금, 저축예금, 수시 입출금식 예금, 투신사 MMF)'을 협의통화(M1)라고 부른다. '협의통화(M1) + 예치기간이 정해져 있는 돈(만기 2년 미만의 정기예금, 금융상품, 어음, 금융채, 신탁형 증권저축 등)'을 광의통화(M2)라고 부른다. 한국은행은 매월 단위로 광의통화(M2)를 측정하고 통화량의 증감을 조절한다.

학자들은 대체로 광의통화(M2)까지를 안전자산으로 분류한다. M1은 결제 수단으로 기능할 수 있는 돈이고, M2는 저축 수단으로 기능하면서 위급할 때 약간의 이자 수익을 포기하면 곧바로 안전하게 현금화할 수 있는 돈이다. 즉, 이 정도까지는 건전하게 신용을 창조한 것이라 할 수 있다. 이 정도까지만 화폐량을 늘리는 선에서 탐욕을 통제하면 금융위기는 발생하지 않는다. 그러나 "공짜라면 소도 잡아먹고, 양잿물도 마신다"는 말처럼 인간의 탐욕은 끝없이 증식한다. 사람들은 현금통화, 은행 및 비은행 금융기관의 예수금, 어음, 금융채 등을 넘어, 만기 2년 이상의 정기예금과 적금, 금융채, 보험계약준비금, 양도성예금증서(CD), 환매조건부채권(RP) 등으로 통화를 늘려간다. 이것이 가장 넓은 의미의 통화지표로 규정된 총유동성(M3 혹은 Lf)이다. 여기에 정부나 회사가 발행하는 국공채와 회사채를 추가하면 광의유동성(L)이 된다.

글로벌 위기 발발 당시인 2008년 11월 말 기준 한국의 본원통화(M0)는 58조 원이었다. 하지만 협의통화(M1)는 322조 원, 광의통화M2는 1,427조 원, 총유동성(Lf)은 1,856조 원, 광의유동성(L)은 2,271조 원에 달했다. 최초 본원통화의 39배로 뻥튀기된 돈이 시중에서 돌아다니고 있었던 것이다. 대부분의 전문가들은 이 단계를 위험자산이 포함된 유동성이라고 본다. 금융위기가 발생하면 위험자산이 포함된 광의유동성(L)과 총유동성지표(M3/Lf)는 줄어들고, 안전자산으로 구성된 광의통화(M2)가 늘어난다.

이처럼 통화량의 변화를 살펴보는 일은 위기 징후를 파악하는 데 중요한 자료가 된다. 다음은 미국의 통화지표 변동 그래프다. 2008년 서브프라임 모기지 사태로 인해 금융위기가 발생하기 직전 M3가 줄고 M2가 늘기 시작했다. 불안전자산의 판매가 더 늘지 않고 줄거나 부실이 생겨 상각되기 시작했다는 의미다. 최상위의 정보력을 가진 사람들은 위기를 예감하고 안전자산으로 돌아서기 시작했다. 위기가 발발하자 그 속도는 더욱 빨라졌다. 대표적인 통화론자인 프리드먼 박사가 주장한 '신화폐수량설'은 이런 현상을 잘 설명해 준다. 프리드먼은 경제가 불안정해질수록 사람들은 위험자산(M3)을 줄이고 안전자산(M2)에 해당하는 눈에 보이는 화폐나 그에 준하는 유동성을 갖는 금융 상품의 수요를 늘린다고 설명했다.[19] 한국도 1998년 IMF 외환위기 발발 전에 통화량이 줄어들기 시작했고, 위기가 발발하자 위험자산의 규모는 더 줄고 안전자산인 M2 지표가 비정상적으

미국의 통화지표 변동

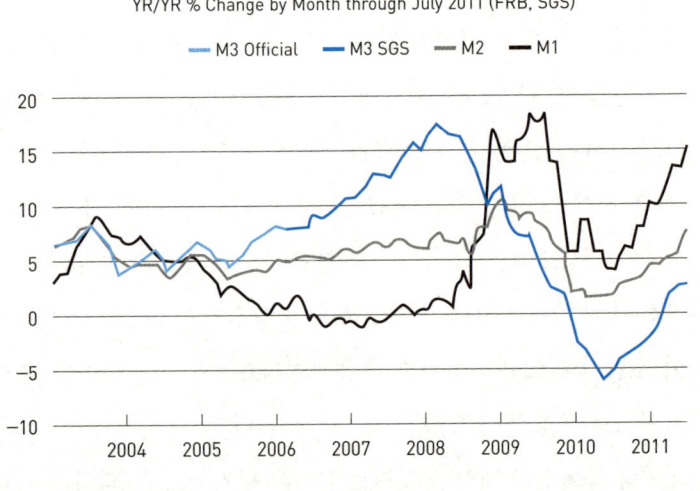

참고: Shadowstats.com, 2011.8.6.
최윤식, "그들과의 전쟁" 알키, 2012, p177. 재인용

로 상승했다.

뻥튀기된 돈은 다시 주식과 부동산 등 자산 시장에 들어가고, 투자회사들은 이런 자산을 다시 돈이나 다름없는 증권 즉, 파생상품으로 만들어 시장에 다시 유통시킨다. 개인과 기업도 자산 시장에서 이렇게 돈놀이를 하면서 계속해서 돈이 돈을 낳는 신화(?)를 써내려간다. 이렇게 만들어진 돈을 기반으로 개인과 기업은 재화와 서비스를 만들고 소비한다. 소비가 늘면 버는 돈은 더 많아진다. 이렇게 번 돈은 다시 은행으로 예금 되고, 그 돈은 다시 신용창조 과정을 거치며 계속 돌고 돈다. 더욱 더 개인 소득이 늘어나고, 기업 매출과 이익도 늘어난다. 주식과 부동산 가격도 오르고 경제성장률도 높아진다. 그러나 더불어 부채도 많아진다. 개인 소득과 개인 부채가 동시에 증가한다. 그러다가 어느 순간 부채를 더 늘릴 수 없을 때가 오면 문제가

IMF 당시 우리나라 통화지표

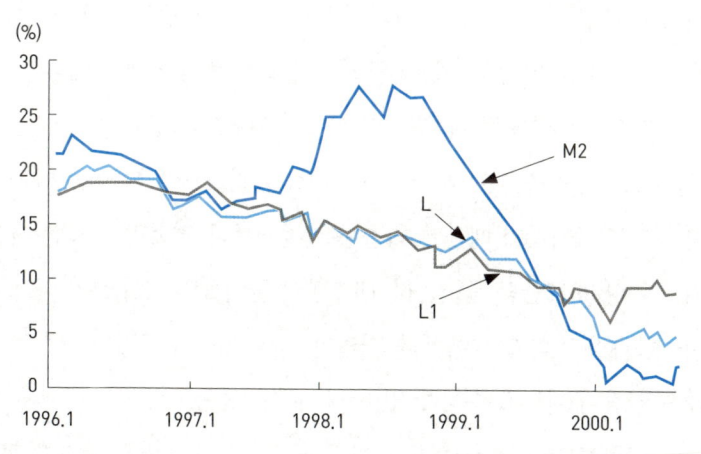

참고: 한국은행, 광의유동성 지표 신규 편제 결과, 〈조사통계월보〉, 2006.7
최윤식, "그들과의 전쟁" 알키, 2012, p177. 재인용

발생한다.

'중앙은행의 화폐 사기', '과다한 지급요구수표 발행', '과도한 통화승수' 이 세 가지가 금융위기를 일으키는 근본적인 원인이다. 이런 시스템에서 부자가 되려면 신용창조의 과정에서 남들보다 먼저 신용 대출을 받으면 된다. 부자들은 주로 협의통화(M1), 광의통화(M2)의 단계에서 신용 대출을 받는다. 일반인들은 총유동성(M3/Lf), 광의유동성(L)의 단계 혹은 그 단계를 넘어서 금융의 핵폭탄인 파생상품의 단계에 진입하거나, 제3금융권이나 사채 시장에서 돈을 예치하고 빌리는 등의 금융거래를 한다. 당연히 늦게 신용대출을 받을수록 가치가 더 떨어진 돈을 대출받기 때문에 더 큰 화폐 사기의 피해자가 된다. 그래서 금융위기가 발발하면 가장 큰 피해를 본다. 앞으로 5년 내 이런 일이 다시 벌어질 가능성이 커지고 있다.

중앙은행이 경제를 조절하는 통화 신용 정책의 가장 큰 무기는 '금리'다. 국제적으로 보면 미국 중앙은행이 기준금리를 올리면 기축통화국이 아닌 다른 나라들도 따라서 기준 금리를 올릴 수밖에 없다. 국내적으로 보면 한국은행이 금리를 올리면 시중은행의 예금과 대출금리도 오른다. 이렇게 되면 가계 부채 위험도가 증가한다. 예금금리가 오르면 저축량은 늘어나지만, 대출 금리가 오르는 만큼 대출이자 부담도 증가하기 때문에 대출량은 줄어든다. 저축량이 늘면 시중의 통화량은 그만큼 줄어든다. 대출량이 줄어들면 기업 투자 규모와 시중통화량도 함께 줄어든다. 기업의 자금 조달에 문제가 발생하고 내수 시장이 위축될 수밖에 없다. 줄어든 시중통화량으로 인해 물가가 하락하고, 돈의 총량이 줄기 때문에 먹잇감이 줄어든 투기자본도 활동량을 줄이게 된다. 주식, 채권, 부동산 등 자산 가격이 하락할 수밖에 없다. 자산 시장이 침체하고 개인 소비와 시중통화량이 줄어들어 기업 매출이 하락하면 국민소득은 감소하고 실업률이 증가하게 된다. 국가 신용도가 위협받을 수밖에 없다.

만약, 중앙은행이 금리를 내리면 지금 설명한 모든 과정이 같은 구조 안에서 반대로 돌아간다. 필자의 예측대로, 미국이 2015~2017년 사이에 금리를 올리면 이런 일이 자연스럽게 일어날 것이다. 그때의 상황에 따라서 한국은 저성장이냐 금융위기냐 아니면 외환위기까지 갈 것이냐가 판가름날 것이다.

중앙은행이 금리를 인상하면 시장에 주는 충격이 크다. 그래서 중앙은행은 금리를 인상하는 대신 다른 무기를 사용하려고 한다. 미국 FRB도 기준 금리를 전격적으로 올리기 전에 다른 무기를 먼저 사용해 경제를 통제하려고 할 것이다. 중앙은행의 또 다른 무기는 지급준비율 조절과 국공채 및 통안채(시중통화량 조절을 위해 한국은행이 발행하는 통화안정증권) 매매를 통한 공개 시장 조작 정책이다. 지급준비율을 높이면 기준금리를 올리는 것과 비슷한 효과가 발생한다. 가계 부채가 너무 많아서 금리를 올리면 가계의 이자 부담이 커지고 가계경제가 부실에 빠질 위험이 있는 등의 특수 상황 때문에 중앙은행이 금리를 올리지 못하는 경우 시중의 통화량을 조절하거나 투기적 화폐 수요를 줄이기 위해 빼들 수 있는 무기가 바로 '지급준비율 정책'이다.

지급준비율 정책을 사용할 수 없는 경우 통안채 매매를 통해 시중은행의 통화량을 직접 조절하면서 같은 효과를 거둘 수도 있다. 통안채 발행은 기준금리를 인상하지 않고 물가 인상을 방어하는 무기다. 통안채란 중앙은행이 시장의 유동성을 조절하기 위해 금융기관을 상대로 발행하는 채권이다. 중앙은행은 통화 안정을 위해 발행하는 증권인 일명, '통안채'를 은행에 주고 그만큼의 현금을 빌려서 한국은행의 금고에 그대로 보관한다. 은행에 돈이 많으면 은행은 낮은 이자율로 대출을 늘린다. 좀 더 낮은 이자율로 좀 더 큰돈을 빌리게 되면 사람들은 생계형 소비를 하기보다는 사치성 소비재를 구입하거나 주식과 부동산 등에 투자(혹은 투기)를 하거나 사업을 시작한다. 이런 소비 행위는 곧바로 물가 상승을 불러온다. 물가 안정은 경제발전에 중요한 조건이다. 물가에 대한 막중한 책임을 지고 있는 중앙은행은 물가 상승이나 인플레이션을 통제할 의무가 있다.

통안채는 환율을 조절하는 수단으로도 사용된다. 경상수지 흑자와 해외투자의 활발한 유입으로 국내로 들어온 달러화는 국내에서 사용하기 전에 먼저 원화로 환전해야 한다. 이 과정에서 중앙은행이 환율 폭락을 막으려면 원화를 찍어 달러를 사들인다. 이렇게 풀린 원화가 국내의 통화 안정을 해치지 않게 하려면 그만큼의 통안채를 발행해 다시 돈을 흡수하게 된다. 그러나 통안채는 만능 무기가 아니다. 통안채의 발행이 계속 늘어나면 중앙은행은 통안채의 이자 부담을 떠안아야 한다. 중앙은행의 이자 부담은 궁극적으로는 국가의 부담으로 전가되기 때문에 곧 국가 부채의 증가로 이어진다.

중앙은행의 또 다른 통화신용 정책은 화폐의 발권량 조절을 통해 경제를 직접 통제하는 것이다. 일부 경제학자들은 화폐는 교환수단에 불과하기 때문에 실물경제 부문에는 아무런 영향을 미치지 않는 '베일Veil'에 불과하다고 주장한다.[20] 필자는 이 주장에 동의하지 않는다. 본래 화폐는 물물교환 경제에서 발생하는 거래비용을 절감하는 '교환수단(결제수단)'이 주요 기능이었다. 하지만 '가치저장 수단(저축

수단, 투자수단)'과 '회계 단위'라는 두 가지 기능이 더 있다. 현대 자본주의 시스템에서는 후자의 기능이 더 강해졌다. 경제학자 케인스도 1930년대 대공황을 경험하면서 화폐는 단순한 교환수단이 아니라 불확실한 미래와 현재를 두고 심각하게 고민하는 인간의 마음과 연결되면서 '가치저장의 수단'으로도 사용된다고 했다.

중앙은행이 발권량을 늘리면 시중의 통화량은 증가한다. 이는 원화의 가치를 하락시켜 인플레이션을 촉진한다. 동시에 환율을 상승시켜 수출 경쟁력을 상승시키지만, 수입 물가를 인상시켜서 국내 물가를 상승시키는 빌미를 제공하게 된다.(통화량(M)과 물가(P)는 서로 비례관계에 있다. 경제학에서는 이를 화폐수량설 혹은 거래수량설로 설명한다. 통화의 공급과 인플레이션의 불안정화 효과를 설명하는 과정에서 어빙 피셔I. Fisher 는 "화폐의 수량(M)과 화폐의 거래유통속도(V)의 곱은 물가(P)와 상품의 거래량(T)의 곱과 같다. (MV = PT)"고 설명했다) 예를 들어, 한국은행이 발권량을 늘려 통화량이 두 배, 세 배로 증가하면 이론상 물가도 두 배, 세 배로 상승한다. 1885년 천문학자이자 대수학자였던 사이먼 뉴컴이 처음으로 주장한 공식에 대해 어빙 피셔가 〈화폐의 구매력The Purchasing Power of Money〉이라는 책에서 '화폐수량설'이라는 이름을 붙여 주었다.[21] 다음 그림은 지난 30년간 40여 개 국가에서 연평균 M3(광의통화) 증가율과 인플레이션의 관계를 보여준다. 통화량이 증가하는 것과 물가 혹은 인플레이션이 비슷한 수준으로 비례해서 상승한다는 것을 확인할 수 있다. 중앙은행이 발권량을 늘리면 기준금리를 조절하지 않아도 시장 금리에 영향이 미친다. 중앙은행의 발권량은 상품의 가격에도 영향을 미친다. 애덤 스미스도 같은 생각을 가졌다. "각 상품의 교환가치는 그것과 교환해서 얻을 수 있는 노동의 양이나 다른 상품의 양에 의해서 평가되기보다는 화폐의 양으로 평가되는 일이 많아진다"고 했다.[22]

중앙은행의 마지막 무기는 재할인율 정책이다. 재할인이란 상업은행이 고객의 약속어음을 할인해서 자금을 공급해준 후, 고객으로부터 받은 어음을 중앙은행에 제시해 할인받고 자금을 빌려 오는 것을 말한다. 만약 중앙은행이 재할인율을 낮게 책정하면 상업은행들의 (중앙은행으로부터의) 자금 조달 비용이 상대적으로 낮아져서 상업은행들의 차입이 늘어나고 시중에 유동성을 더욱더 공급하도록 유도하는 효과를 낸다. 만약, 중앙은행이 시중의 유동성을 흡수하고 싶다면 재할인율을 높게 책정하면 된다. 앞으로 5년 동안 중앙은행이 어떤 정책을 구사하는지 주목하고 추적해야 한다.

광의통화 증가율과 인플레이션

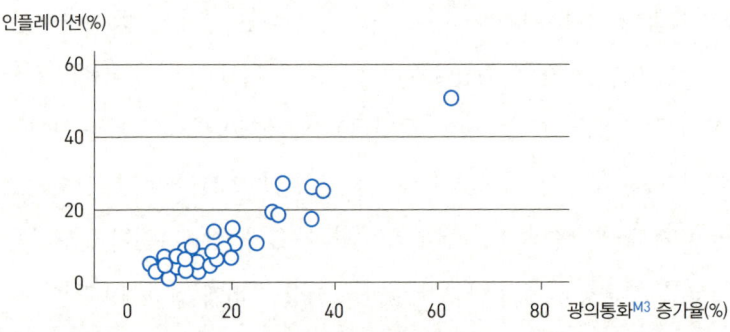

주 : 40개국의 지난 30년간 연평균 M3 증가율과 인플레이션률의 관계
참고 : The Economist, 'Running on M3,' 2006년 5월 23일

System Map

중앙은행의 정책과 경제 현상의 상관관계

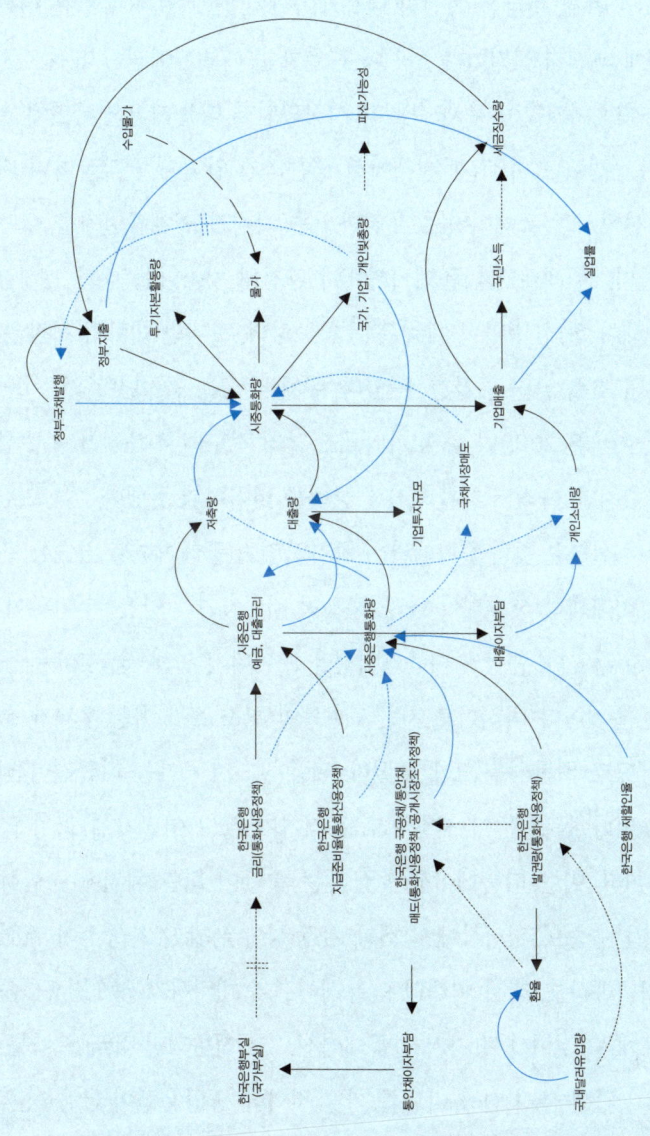

경제 통찰력을 기르는 3개의 지도를 가져라

두 번째 지도: 전환기
디플레이션에서 인플레이션으로의 전환기를 주목하라

2014년 현재, 미국은 여전히 디플레이션 국면에 있다. 유럽은 디플레이션에 빠지기 직전이다. 아시아는 현재는 디플레이션이 아닌 것처럼 보이지만 머지않아 부채 축소가 시작되면서 디플레이션 국면에 진입할 가능성이 크다. 경제 전쟁에서 생존하기 위해서는 각국마다 디플레이션에서 인플레이션으로 전환되는 시기가 언제쯤일지를 예측해야 한다. 전 세계가 디플레이션에서 완전히 벗어나는 때가 언제일지 예측해야 한다. 정확한 예측은 불가능하다. 하지만 대략의 시점은 이치와 구조를 알면 통찰할 수 있다. 현재 각국은 엄청난 양의 돈을 풀었다. 미국은 2008년 이후 거의 4조 달러 정도의 추가적인 유동성을 공급했지만, 아직도 디플레이션 상태를 벗어나지 못했다.

앞서 설명한 것처럼 화폐량이 증가하면 인플레이션도 비슷한 수준으로 비례해서 상승해야 한다. 하지만 지난 5년 동안은 이 이론이 들어맞지 않았다. 유럽도 디플레이션을 벗어나기 위해 몇 년 더 유동성을 늘릴 것이다. 아시아도 지난 5년 동안 최소 20% 이상 부채가 늘어날 정도로 유동성을 크게 늘렸다. 그럼에도 전 세계는 디플레이션 국면에 있다. 풀린 돈이 시장으로 흘러가지 않고 어딘가에 고여 있기 때문이다. 이는 디플레이션이 끝나는 순간이 되면 예전에 경험하지 못했던 수준으로 시장에서 화폐 유동성이 폭발할 가능성이 커졌음을 의미한다. 그래서 미래의 인플레이션에 대비하지 않으면 큰 손해를 보게 될 것이다. 갑자기 인플레이션으로 전환되면 각국은 이를 통제하기 위해 금리 인상 카드를 꺼낼 것이다. 중앙은행이 금융 충격을 두려워해서 기준금리를 인상하지 않더라도 시장 금리가 스스로 올

라갈 것이다.(이미 브라질 등 신흥국들에서는 이런 상황이 시작되었다)

　인플레이션에 대비하지 않으면, 금리 인상의 타격에 무방비로 노출된 개인은 소비여력 감소, 기업은 원가 상승의 위기에 급격하게 빠지게 될 것이다. 그만큼 생존 가능성이 더 낮아진다. 필자가 예측하기에 미국은 2015~2017년 사이, 유럽은 2016~2018년 사이가 될 가능성이 크다. 미국과 유럽은 인플레이션으로 전환되면서 곧바로 미래 기술과 셰일가스를 중심으로 한 에너지 분야에서 1차 거품이 발생할 가능성이 크다. 아시아는 2~3년 후에 디플레이션에 빠지면서 2020년 무렵이 되어야 디플레이션에서 탈출할 가능성이 크다. 자칫 잘못하면 아시아는 부채 축소 시기에 미국의 기술과 에너지 거품 붕괴의 영향까지 받아 이중의 위기에 빠질 가능성도 있다. 아시아가 디플레이션에서 탈출하는 것을 계기로 2018~2023년 사이에 전 세계적 차원의 2차 거품이 크게 일어날 가능성이 높다. 이런 다이내믹스를 고려하면 침착하게 위기를 사전에 대비하고 기회의 틈새를 찾아낼 통찰력을 얻을 수 있다.

　경기 침체Depression를 디플레이션Deflation의 직접적인 원인으로 생각하는 이들이 많다. 그런데 경기 침체와 디플레이션은 비슷하지만 다른 상황이다. 경기 침체는 영업 활동 저하, 수요를 초과하는 공급으로 인한 가격 하락, 실업 증가에 의한 구매력 감소, 재고 누적 등으로 발생하는 '저조한 경제 활동' 상황을 표현하는 용어다. 과잉생산이나 경기침체는 디플레이션의 원인 중 하나이지만 절대적이고 직접적인 관계는 없다.

　농산물 등 어느 한 분야의 침체나 가격 하락, 세월호 참사로 인해 소비가 일시적으로 저조해지는 상황 등을 두고 디플레이션이라고 하는 것은 잘못된 표현이다. 디플레이션은 경제 전반에 걸쳐서 상품과 서비스의 가격이 오랫동안 지속적으로 하락하는 현상이다. 디플레이션은 시장에서 통화량이 축소되면서 물가 전반이 하락하고 경제와 금융 활동이 침체하면서 개인, 기업, 정부 전반에 걸쳐서 불황이 장기화되는 현상이다. 일시적인 경기 침체 상황에 대해서는 경기 촉진 정책을 펴고 통화량을 늘리면 경기 회복 효과가 나타난다. 하지만 디플레이션 상황에서는 이자율을 최대한 낮추어서 시장에 통화를 공급하거나 혹은 빚을 더 많이 내서 소비하도록 해도 그 효과가 나타나지 않는다. 신용창조 여력이 거의 소진되어 개인이 빚을 낼 수 없는 상황이 되었기 때문에 신용 팽창 피라미드가 무너지고, 돈을 빌리는 사람보다 돈을 갚는 사람이 많아지며, 정부의 경기 부양 정책이 일시적 효과밖에 거두지 못하는 일이 장기간에 걸쳐 반복된다. 중앙은행이 초저금리로 통화를 계속 공급하더라도 돈이 은행에서만 돌 뿐(유동성의 함정) 시장으로는 흘러들어가지 않는다. 기업도 투자를 꺼리고, 개인도 대출할 여력이 없기 때문이다. 시장에서 돈이 부족하게 되면 돈의 가치는 오르고 상품의 가치는 하락한다. 돈이 부족해지면 상품 가격이 올라야 하는데, 희한하게 돈도 부족해지고 상품 가격(자산 가격 포함)도 하락하는 일이 동시에 발생한다. 이런 상태가 디플레이션이다.

 2014년 6월 현재 한국의 경제 상황은 경기 침체 수준을 넘어 디플레이션 초기 상황에 진입한 듯 보인다. 시장에서 돈이 돌지 않고, 개인을 대상으로 하는 신용창조 속도와 규모가 점점 줄어들고 있다. 정부가 경기 부양 정책을 내놓을 때마다 일시적으로 반짝 효과만 내고 곧바로 사그라지는 일이 반복된다. 전형적인 디플레이션 초기 상황이다. 아직은 부채 축소가 본격화되지 않아서 전반적으로 상품과 서비스 가격이 하락하는 상황이 시작되지는 않았다. 주식 및 부동산 등 자산 가격도 본격적으로 하락하지 않고 있다. 하지만 아시아 부채 축소 국면이 시작되면 금융 충격을 거쳐 본격적인 디플레이션 상황에 빠질 가능성이 크다. 이는 지난 2008년 이후 미국과 유럽에서 진행되었던 상황과 같다.

　디플레이션은 통화량 감소가 소득 감소, 실업 증가, (수요를 초과하는 공급이 아닌) 영업 활동 및 판매 저하로 인한 재고 누적, 투자 부진을 점점 강화하면서 개인, 기업, 금융권의 신용 위축을 불러와 오랫동안 경제가 침체되는 현상이다. 결국, 디플레이션은 통화량이 다시 증가해야 해결될 수 있다. 하지만 인위적으로 중앙은행이 통화량을 공급한다고 문제가 해결되지는 않는다. 시장이 다시 신용을 창조할 수 있는 상황이 마련되어야 한다. 그 조건은 두 가지다. 하나는 일부를 파산시키고 강력한 구조조정을 통해 개인이나 기업이 부채의 원금을 일부 상환해 다시 빚을 낼 수 있는(은행이 신용창조할 수 있는) 상황을 만드는 것이다. 다른 하나는 추가적인 신용 증가분을 만들 수 있을 정도로 소득이 빠르게 증가하는 상황을 만드는 것이다. 이를 위해서는 기업의 매출과 순이익이 빠르게 증가하는 국면이 되어야 한다. 이 두 가지 외에는 시장이 스스로 신용창조를 재개할 방법이 없다. 둘 중 하나가 이루어져서 시장에서 통화량이 스스로 증가하는 상황이 되면 디플레이션 국면에서 자연스럽게 탈출할 수 있다.

　정부가 물가 상승을 방조해 디플레이션 국면으로 진입하는 것을 잠깐 동안 막는 방법도 있다. 이것은 일시적인 꼼수일 뿐이다. 물가 상승을 장기간 방조하면 소득 증가가 정체된 상황에서 부채를 더 늘려 소비할 수도 없는 상황에 부닥친 개인들에게 추가적인 부담이 가해진다. 소비 여력이 현저히 저하된 소비자들은 미래에 대한 두려움마저 가중되면서 저축을 늘리고 소비는 더 줄이게 된다. 결국, 정부의 이런 꼼수는 오늘의 폭탄을 내일로 미룰 뿐이고, 도리어 추후 발생할 디플레이션을 강화하는 꼴이 되고 만다. 이런 상황에서는 정부가 아무리 거대한 규모의 경기부양책을 실시한다 해도 대부분 과잉투자로 평가될만한 비생산적인 곳에만 투자가 중복될 뿐, 정부가 노리는 통화재팽창Reflation은 쉽게 일어나지 않는다. 디플레이션 국면에 접어들면 수익률이 떨어지는 기업과 사업의 옥석이 분명히 가려지면서 부도가 나는 기업이 속출한다.[23] 엄청난 투자 금액이 들어간 대형 산업들의 과잉투자와 과잉부채의 위험 부담이 커지면서 신용등급이 하락하고, 이런 요인들이 경기를 더 하락시키고 주식 시장도 추가로 하락시키는 악순환을 만들어낸다. 최악에는 부채 디플레이션Debt-deflation마저 발생한다. 부채 디플레이션은 물가가 하락하는데도 명목금리가 마이너스로 떨어질 수 없게 되어 도리어 실질 금리가 상승하는 현상이다. 그러면 채무 부담은 더 커진다. 빚을 갚기 위해 담보물을 급매로 팔아야 하고, 이런 압력이 자산 가격을 추가 하락시키면서 물가도 더욱 하락시킨다. 금융권의 담보물 가치가 추가로 하락하면서 금융권의 위기도 심화된다. 시장에서 가뜩이나 돈이 말라버린 상황에서 실질 금리마저 높아지고 부동산과 주식의 가격이 하락하면 기업은 투자를 더욱 줄인다. 생산 감소 폭도 커진다. 설상가상으로 인플레이션 국면에서 만들어졌던 과잉생산과 과잉공급의 부작용이 터져 나온다. 그러나 기업이 지출해야 하는 근로자의 명목 임금은 물가 하락 폭만큼 낮출 수 없으므로 기업의 입장에서는 실질 임금이 높다고 느낀다. 기업은 고용과 생산을 줄여야 하는 압박과, 실질 금리 상승으로 인한 명목 부채의 실질 상환 부담이 더 증가하는 압박이 동시에 발생한다. 시간이 지날수록 기업의 대차대조표는 악화되고, 자산 가격 하락과 부도 기업의 증가로 부실채권이 급증해서 금융기관의 부실화도 커지게 된다. 이것이 앞으로 5년 내 한국 기업에 닥칠 위기의 본 모습이다.

만약, 이런 과정에서 미국의 자동차 빅3와 같은 대형 기업이나 리먼브러더스같은 대형 금융기관이 파산하는 것과 비슷한 일이 일어나면 급격한 신용경색Credit crush이 발생하여 심각한 금융위기가 발생하게 된다. 기축통화국이 아닌 한국 같은 나라들은 곧바로 외환위기 가능성에 빠진다. 투자자들은 소나기는 피하고 보자는 계산으로 투자금을 국외로 피신시킨다. 기업과 개인은 생존을 위해 필사적으로 빚을 갚기 시작한다. 부채 축소가 전반적으로 확산된다. 사람들이 빚을 갚으려고 하면 할수록 빚 갚기가 더 힘들어진다. 시중에는 더욱 더 돈줄이 메말라 돈을 구하기가 힘들어지면서 오히려 남아 있는 빚이 더 큰 부담이 된다. 결국, 상당수의 개인과 기업이 파산해야 회복할 수 있다. 이 과정에서 내수 경기가 심각하게 망가지면서 정부의 세금징수율, 경제성장률과 GDP가 큰 타격을 입게 된다. 이런 까닭에 누리엘 루비니 교수는 〈위기 경제학Crisis Economics〉이란 책에서 "디플레이션의 소용돌이가 모멘텀을 얻으면, 통화 정책은 더 이상 먹히지 않게 된다"고 경고했다.[24]

한국은 이런 상황에 빠질 수 있는 상당수의 조건을 이미 갖고 있다. 그래서 단 두 가지 사건만 발생하면 곧바로 이런 상황이 현실화될 가능성이 크다. 하나는 미국발 금리 인상이고 다른 하나는 2~3년

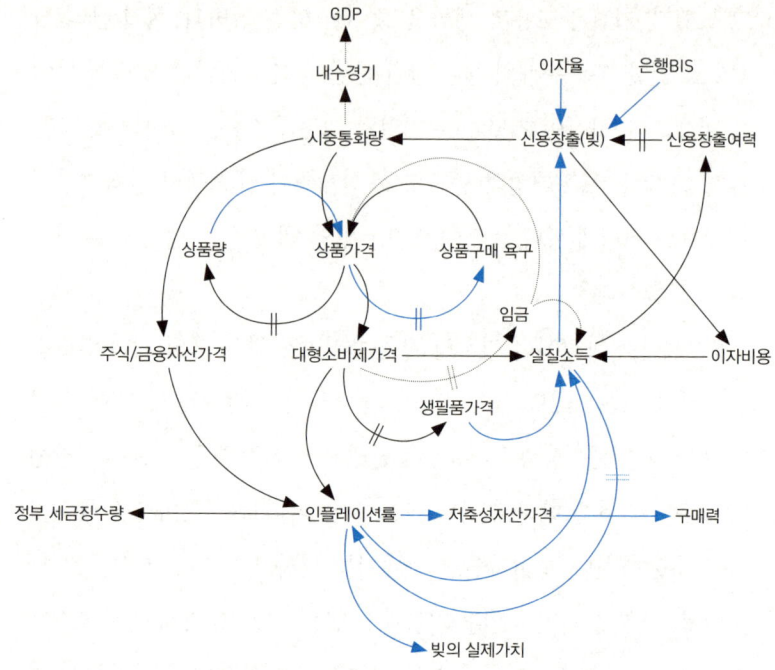

후 한국 기업의 대부분이 중국에 기술 수준이 역전당하는 상황이다. 이 모든 것을 정리해서 표현한 것이 위의 그림이다.

정부가 초저금리를 유지하고 통화량 공급을 인위적으로 늘려서 자산 가격이 상승한다고 예전처럼 주식과 부동산을 사려고 덤벼들면 안 된다. 인플레이션 기간에는 시중에 많은 돈이 풀려 과잉투자, 과잉설비, 과잉공급이 발생하면서 수익성이 낮은 사업과 부실기업도 생존하고 수익이 날 것처럼 보이는 착시 현상이 발생한다. 이자비용도 적기 때문에 많은 돈을 쉽게 빌려 큰 자본이 들어가는 항공, 조선, 철강, 전자 등의 산업에 대한 투자도 증가한다. 디플레이션이 발생하면 정반대의 상황이 벌어진다. 수익성이 낮은 사업, 부실기업, 부채가 많은 기업, 경기에 민감한 제품과 서비스, 큰 자본이 들어가는 산업과 기업이 가장 큰 타격을 받는다.

  디플레이션이 완전히 나쁜 것만은 아니다. 고도비만 환자가 다이어트 하는 것과 비슷한 측면이 있다. 일정 수준의 체중 감량이 필요하고 그 과정에서 고통이 따르지만, 살을 뺀 후에는 좋은 소식이 기다린다. 물가가 떨어지면 살림살이의 숨통이 트이고, 현금의 가치가 올라간다. 그래서 디플레이션이나 부채 디플레이션을 미리 감지하고 선제적으로 구조조정이나 체질 개선을 한 개인이나 기업은 상대적으로 더 큰 이익을 얻을 수 있다. 디플레이션 기간에 원자재 가격이 하락하고 생산 비용이 절감된다. 선제적 체질 개선 효과에 추가적인 비용 절감 요인이 더해지면서 회복 속도를 빠르게 해 준다. 이런 이유로 물가가 하락해 상품이나 서비스 가격은 하락하지만, 상대적으로 이윤 감소폭은 커지지 않는다. 상품과 서비스의 가격이 하락해 돈의 총량이 줄어들지만, 돈의 가치가 상승해 큰 손해가 아니다. 이런 이득을 얻으려면 아시아가 본격적인 디플레이션 국면에 빠지기 전에 선제적으로 대응해야 한다. 그러면 아시아가 디플레이션에서 인플레이션으로 전환될 때 최대의 이익을 얻을 수 있다. 당연히 미국과 유럽이 아시아보다 먼저 디플레이션에서 빠져나와 인플레이션 국면으로 전환할 때 발생하는 이득도 얻을 수 있다. 선제적으로 대응하지 않은 기업이 위기에 빠져 허둥대는 순간에, 미리 준비한 기업은 이중의 혜택을 누릴 수 있다는 말이다.

    경기 침체
      → 디플레이션
        → 부채 디플레이션

→ 경기 회복

　→ 인플레이션 및 투기 시장 활황

　　→ 기술 및 자산 거품 국면

　　　→ 기술 및 자산 거품 일시적 조정(일시적 거품 붕괴)

　　　　→ 호황기

이 순서를 기억하라. 경제 전쟁이 전개되는 미래 방향이다. 우리는 천 리를 단기필마單騎匹馬로 가면서 관우처럼 오관육참에 성공해야 한다. 경제 전쟁에서 오관육참에 성공하기 위한 가장 확실하고 강력한 무기는 '선제적 움직임'뿐이다.

인플레이션은 통화 공급과 신용 팽창의 합이 총생산보다 많은 경우 발생한다. 현재 전 세계는 인플레이션을 일으키기에 충분한 양의 통화가 공급된 상태다. 단, 이 돈들이 시장으로 흘러들어가지 않을 뿐이다. 시장에서 이제 투자할 시기라는 신호가 발신되는 순간 이 돈들은 빠른 속도로 시장에 흘러들어 가면서 신용 팽창을 가속화할 것이다. 미국은 아무리 성장 속도가 높아지더라도 총생산 성장률이 3~4%를 넘지 않을 것이다. 당연히 총생산 증가보다 통화 공급과 신용 팽창의 합이 더 빠른 속도로 증가할 것이다. 화폐 가치는 상승에서 하락으로 전환된다. 물가는 전반적으로 상승하게 된다. 디플레이션의 반대 국면이 전개되는 것이다.

비정상적인 초인플레이션을 제외하면, 인플레이션의 실질적인 원인이 신기술 개발 이후 곧바로 이어지는 과다한 자본의 투자, 베이비붐 세대의 시장 진입으로 인해 많은 신생 기업이 탄생하고 여기에 막대한 자본이 유입되는 것, 베이비붐 세대로 인한 갑작스러운 수요 폭발 등이라고 보는 견해가 있다.[25] 인플레이션은 경제가 급격하게 팽창할 시기에 이를 뒤따르는 수요 공급의 부조화와 새로운 기술, 장기 인프라, 비즈니스 모델에 대한 막대한 자본의 투입이 원인이다. 역시 통화 공급량과 신용 팽창의 속도를 증가시켜 주는 다양한 요인이 갖추어지면 자연스럽게 시장에서 발생하는 상황이다. 고전학파는 인플레이션의 궁극적 원인을 통화량 증가에서 찾는다. 하지만 유효수요이론 Theory of effective demand을 주장하는 케인스학파 등은 투자 증가나 정부 지출 증가 같은 실물 부문의 수요 증가에서 원인을 찾는다. 실물 부문의 수요가 증가하면서 사회적 총수요(소비 수요 + 투자 수요)가 사회적 총공급을 초과하면 인플레이션이 발생한다고 보는 것이다. 필자가 보기에 이 두 이론은 같은 구조에 대한 다른 설명이다.

물가가 얼마 동안 어느 정도 상승해야 인플레이션이라고 할 수 있을까? 학자마다 의견 차이가 있다. 일부 학자들은 연간 4~5%의 물가 상승이 일어나면 인플레이션이라고 간주한다. 중요한 것은 이런 구조로 인해 인플레이션이 발생하면 누가 가장 큰 손해를 보고 누가 가장 큰 이익을 보느냐이다. 인플레이션 시기는 통상 호황기이기 때문에 저소득층이라도 상대적으로 일자리를 찾기 쉽다. 디플레이션보다는 인플레이션 국면에 좀 더 많은 사람이 이득을 얻는다. 또 어떤 사람들이 이득을 볼까? 인플레이션이 진행되면 상품 가치는 올라가고 돈의 가치는 떨어진다. 가장 먼저 빚을 낸 돈의 구매력이 제일 높기 때문에, 가장 빨리 돈을 빌린 은행, 정부, 기업 등이 그 돈으로 가장 먼저 상품과 기타 실물 자산(땅, 건물, 원자재 등)을 사들여 다시 높은 가격에 팔 수 있게 되어 큰 이득을 본다. 그래서 인플레이션은 부의 불균형 분배를 촉진하는 상황을 만들기도 한다.

디플레이션이 부채를 가진 사람에게 큰 위험이지만, 인플레이션은 부채가 많은 사람에게 유리하다. 국가가 빚을 해결하기 위해 인플레이션 국면을 이용하는 경우도 있다. 인플레이션이 발생하면 빚의 실제적인 가치도 함께 하락한다. 1934년 루스벨트 대통령은 금 1온스당 20.67달러의 교환비율을 35달러로 하락시켰다. 달러의 가치를 무려 69%나 하락시키자 1907년과 1929년의 경제위기 때에 만들어졌던 엄청난 부채의 실질적인 가치가 마법처럼 줄어들었다. 미국이나 유럽이 비슷한 전략을 앞으로 10년 동안 전개할 가능성이 크다.

  부채 디플레이션에서 빠져나오면 경기 회복이 빨라질 것이다. 이 단계에서는 경기 회복을 유지하기 위해 과다한 통화량을 일부 흡수해야 한다. 이것이 금리를 올리는 이유다. 이 단계에 들어서면 달러 가치가 상승할 것이다. 하지만 통화량 일부를 회수하고 시장의 과열을 통제한 후에는 다시 금리를 전격적으로 인하해 적정한 수준의 인플레이션을 유지할 것이다. 미국이 원하는 것은 투자를 활성화해 소비를 촉진하고 경제 성장을 지속하기에 적정한 수준의 인플레이션이다. 17조 달러가 넘는 국가 부채의 실질적 부담을 줄이는 수준의 인플레이션을 의도하고 있다. 기술 및 자산 거품을 용인하는 것도 마찬가지 이유에서다. 이 단계에서 달러 가치는 다시 하락하고 금이나 자산 가치가 상승할 것이다. 물론 미국 경제팀이 신이 아니기에 일시적인 거품 붕괴도 발생할 것이다. 하지만 2008년 같은 대붕괴는 아닐 것이다. 이런 과정을 거쳐서 2025~2035년에 세컨드 골디락스가 펼쳐진다.

  디플레이션과 인플레이션의 국면이 순환하는 과정에는 현대의 경제·금융 전쟁에서 자주 사용되는 신용팽창과 신용수축이라는 장치가 있다. 겉으로 보기에는 디플레이션이 독이고 인플레이션은 유익인 것처럼 보이듯, 신용팽창은 유익이고 신용수축은 악이라는 느낌이 든다. 그러나 신용팽창과 수축은 때로는 당신에게 적이 되었다가 우군이 되었다가 하는 야누스같은 존재다. 둘 다 우군이기도 하고, 때로는 둘 다 적군이 되기도 한다. 신용팽창이란 신용창조와 같은 말이다. 은행이 예치된 돈을 고객에게 빌려 주고 그 돈을 다시 예금시켜 원래 예금의 몇 배의 예금으로 만들거나 몇 배의 대출을 만들어내는 일이다. 중앙은행의 본원통화에서 시작된 돈이 상업은행을 통해 시중에 흘러들어 가고 되돌아오는 과정에서 통화량이 늘어나는 상황을 신용팽창이라 한다. 그 반대로 시중에서 통화 공급이 줄어들 때가 신용수축 상황이다.

시장에서 신용팽창 시스템이 계속 작동하면 인플레이션이 발생한다. 그것뿐만이 아니다. 정상적이라면 적절한 수준에서 신용팽창과 신용수축이 반복되면서 경제가 균형점을 찾아가겠지만 현실은 다르다. 때때로 정상적인 인플레이션을 넘어서는 초인플레이션이 발생하거나 신용 붕괴 현상이 발생한다. 왜 일부 세력은 신용 붕괴가 일어날 정도까지 신용팽창이 진행되도록 용인하거나 의도할까? 왜 경제 파국까지 낳는 수준의 신용팽창이 필요할까?

앞서 설명한 것처럼 신용팽창이 발생하는 이유는 좀 더 많이 가지고 좀 더 잘 사는 데 필요한 행동(물품 구매, 노동 구매, 전쟁 등)을 향한 인간의 '탐욕'을 채우기 위해, 예상되는 '미래'의 소득이나 세금을 '미리' 당겨서 지금 돈을 찍어내기 때문이다. 신용팽창이 일어나는 만큼 현재의 경제도 같이 팽창한다. 이것도 경제 성장이라고 부른다. 하지만 미래의 돈을 현재로 끌어다가 이를 지렛대 삼아 경제를 성장시키는 방법이 아니라, 현재 우리가 가지고 있는 토지, 노동, 자본만을 가지고도 충분히 먹고 살만한 경제 성장을 이룰 수 있다. 하지만 인간의 탐욕은 건전한 방법 대신 탐욕과 투기, 협잡이 난무할 수밖에 없는 '과다한 신용창조'에 의한 경제 성장 시스템을 선택했다. 바로 투기 시장이다. 이런 식의 경제 성장이나 신용팽창을 원하는 사람들은 돈으로 돈을 버는 금융자본가와 일부의 탐욕스러운 정부다.

신용팽창을 통해 이익을 얻는 시스템에서는 '이자' 수익이 매우 중요하다. 고대로부터 금융자본가의 전형적인 비즈니스 모델은 왕실이나 정부에 돈을 빌려 주어 이자를 받고, 이웃에 돈을 빌려 주어 이자를 받는 것이었다. 은행업은 '3-6-3의 법칙'을 따른다는 말이 있다. 은행가들은 3%의 이자를 주고 돈을 빌려와서, 6%의 이자를 주고 이웃에게 빌려 준 후, 3시가 되면 골프를 치러간다는 말이다.[26] 그런데 인간의 탐욕은 이 정도의 이자 수익으로도 만족하지 못했다. 은행과 금융자본가들은 이자 수익과 관련한 비즈니스 모델을 극대화하려 한다. 그래서 신용팽창을 극대화하려 한다. 돈을 빠르게 회전시킬수록 통화의 팽창 규모가 커지면서 이자 수익이 늘어난다. 부수적으로 인플레이션이 일어난다. 물가가 오르면 금리가 오른다는 것은 상식이다. 물가가 4% 올랐다는 것은 시장에서 재화(상품과 서비스)의 가치가 4% 올랐다는 말이다. 이렇게 되면 국채, 회사채, 지방채 등에 투자한 사람이나 기관(은행)은 이를 상쇄할 만큼의 추가적인 수익이 필요하게 된다. 즉, 채권 이자로 4% 물가상승률 분에 1~2% 더 이윤을 붙여서 요구하게 된다. 이렇게 물가가 오르고 그에 따라 금리가 상승하게 되면 소비자에게 피해가 고스란히 전가된다. 이 정도가 신용팽창 과정에서 얻는 이득이다. 이를 잘 알고 있는 은행과 금융자본가들은 스스로 신용팽창을 조절해야 한다. 만약 이 수준을 넘어서서 신용붕괴가 발생하면 지금까지 얻었던 이자 수익의 몇 배를 잃어버린다.

그런데 왜 그들은 소탐대실처럼 보이는 행동을 할까? 신용이 붕괴하면 채무자와 채권자 모두 공멸하는데 왜 공멸을 불러오는 행동을 할까? 이것을 이해해야 앞으로 어떤 일이 추가로 벌어질지 예측할 수 있다. 19세기 중후반 무렵 금융자본가들은 안정된 이자 수익 이외에 또 다른 비즈니스 모델을 발견했다. 무한대의 화폐 공급과 제3국에 대한 거품 공격으로부터 얻을 수 있는 엄청난 수익을 찾아냈다. 그전까지는 아무리 이자 수익이 높다고 해도 화폐의 공급량을 무한대로 늘릴 수 없었다. 금융시스템이 붕괴하면 혁명이 발발하거나 뱅크런이 발생해 판 자체가 깨져 버릴 수 있었기 때문이다. 그러나 19세기 중후반에 금융자본가들은 우연히 화폐의 공급량을 무한대로 늘린 후(신용팽창을 무한대로 키운 후) 금융시스템이 붕괴하는 과정에서 생존한다면 이자 수익을 통해 얻는 것보다 더 큰 이득을 얻을 수 있다는 것을 깨달았다.[27] 화폐 인플레이션과 신용붕괴로 자신들도 빌려 준 원금의 일정 부분과 이자 수익에서 손해를 보지만, 우량자산을 헐값에 매우 쉽게 빼앗을 수 있어서 빌려 준 돈의 원금과 이자 손실을 몇 배로 보전할 수 있다는 것을 발견한 것이다.

19세기 중반, 국제화된 금융 자본가들은 자신들의 영향력 아래에 있는 미국 민간은행을 통해 신용대출을 빠르게 늘렸다. 낮은 금리와 문턱이 낮은 대출 조건을 통해 엄청난 양의 돈이 시중으로 풀려나갔다. 곳곳에서 자산 가격이 상승했고 소비가 늘었다. 사람들은 경제성장이 이루어진 것처럼 환호했다. 자산 가격이 상승하면 할수록 더 많은 사람이 부자가 되려는 마음에 신용대출을 늘렸다. 자산 시장의 거품은 점점 부풀어올랐다. 이런 상황이 극에 달했을 때 국제 금융자본가들은 미국 측 대리인을 통해 신용대출을 갑자기 그리고 아주 빠르게 회수하기 시작했다. 시중에서 통화량이 빠르게 위축되면서 1857년 미국 경제가 침체에 빠져들었다. 그러자 영국 자본가들은 미국 연방 국채의 46%, 각 주 채권의 58%, 미국 철도 채권의 26%를 헐값에 사들였다.[28] 미국 경제는 위기 발생 1년 후 곧바로 회복되었다. 국제적인 네트워크를 가진 금융자본가들이 경기 침체를 기회 삼아 헐값에 사두었던 미국 연방 국채와 파산한 기업의 채권은 구조조정과 경기부양책을 거쳐 다시 제값을 회복했다. 이 과정을 통해 금융자본가들은 엄청난 이익을 얻었다. 막대한 신용창조를 통해 자산 거품을 일으킨 후 급작스런 통화량 축소를 통해 파산한 기업을 말도 안 되는 헐값에 사들이는 일명 '양털 깎기Fleecing of the flock'라는 새로운 금융 전쟁 방식이 탄생하는 순간이었다. 그들에게 이 사건은 콜럼버스의 신대륙 발견 같은 엄청난 발견이었다.

그로부터 지금까지 금융자본가들은 다음과 같은 세 가지 강력한 비즈니스 모델을 갖게 되었다. 첫째 화폐 발행과 국채를 연동하여 정부로부터 영원히 이자 이익을 얻는 것, 둘째 지급준비금 제도를 활용한 대부업으로 이자를 챙기는 것, 셋째 통화팽창과 수축의 주기에서 발생하는 엄청난 금융위기를 이용해 약간의 대출 원금과 이자의 손실은 있지만, 우량 자산을 말도 안 되는 헐값에 구매해 더욱 더 많은 부를 취하는 것이다. 가장 위험하지만, 거품이 붕괴하는 위기에서 살아남기만 하면 세 번째 방식이 가장 큰돈을 버는 방법이다. 세 번째 전략을 제3국에서 실시할 때는 추가적인 전략이 필요하다. 국제적인 금융자본가들은 제3국에서 1차 경제성장이 시작되는 국면이라면 대

규모 차관을 조달해 준다. 성공적으로 자금 조달이 되면 해당 국가는 기초통화량이 빠르게 증가하면서 신용팽창이 일어난다. 더불어 기술 유입도 병행하면서 생산 과정의 혁신도 일으킨다. 이는 다시 경제성장에 대한 기대감을 증폭시키면서 외국 자본의 유입을 촉진하고, 은행 업무가 확장되면서 다시 통화 공급량이 증가하게 된다. 신용팽창은 더욱 더 크고 빠르게 일어난다. 다음 단계부터 무슨 일이 일어날지는 뻔하다.

20세기 초에 들어서자 국제적 금융자본가들은 투자신탁회사를 만들어 이런 행보를 더욱 더 대담하고 노골적으로 전개했다. 투자신탁회사는 상업은행이 각종 규제 때문에 하지 못하는 위험한 업무를 공식적으로 할 수 있다. 은행도 규제를 피하려고 투자신탁회사에 돈을 빌려 주고 그들이 자신을 대신해 리스크가 큰 증권이나 채권, 파생상품에 투자하게 한다. 이런 과정으로 자산 시장에 엄청난 돈들이 흘러들어 가면(신용팽창의 가속화) 서서히 투기 열풍이 일어난다. 시간이 지나면서 투기 광풍은 극에 달하고, 일명 '대중의 광기'라 불리는 거품의 꼭짓점에 도달한다. 바로 이때 거품 붕괴로 인해 돈을 날릴까 걱정하는 일부 현명한(?) 투자자들이 투신사에서 자금을 회수하면 곧바로 은행도 투자금 상환 독촉을 시작한다. 그러면 자금 여력이 상대적으로 취약한 투신사가 하나둘 자금 압박 위기에 빠지게 된다. 곧 거품 붕괴로 인해 증권, 채권, 파생상품 등의 가치가 하락하고 개인과 은행권의 투자금 상환 압력에 시달리는 몇몇 투신사가 곧 파산할 것이라는 소문이 시장에 돌기 시작한다. 시장은 공포 국면으로 돌변한다. 대출 금리는 폭등하고 긴급 구제금융의 투입이 절박해진다. 금융계의 공멸을 막으려는 움직임도 긴박하게 진행된다. 거대 투신사가 파산하면 아직 투자금을 회수하지 못한 은행과 증권사들이 도미노처럼 연쇄 파산할 수 있기 때문에 파산의 위기에 몰린 대형 투신사를 구해야 한다는 공감대가 사회와 금융권 전체에 퍼지게 된다. 살아남은 건전한 은행들도 큰 손실을 보게 되고, 설상가상으로 두려움에 떨고 있는 고객들이 계속해서 돈을 인출하기 시작하자 다가올 금융공황을 우려해 유가증권을 팔거나 우량 자산을 헐값에라도 매각해 현금 부족을 해소하려고 애를 쓴다. 당연히 자산 가격도 폭락하게 된다. 대부분의 은행은 대출할 여력도 대출할 의욕도 잃어버린다. 신용에 인색해진 은행들은 여신을 회수하려 하고, 추가로 대출 해주더라도 터무니없이 높은 이자를 요구한다. 주가는 곤두박질치고, 지방 정부도 돈을 새로 빌리지 않으면 몇 주 내에 파산할지 모르는 상황에 직면하게 된다. 자산 가격이 하락하면서 개인과 기업의 담보물 가치가 하락하여 돈을 빌리기가 더욱더 어려워지자 소비는 극도로 위축된다. 따라서 공황은 더욱 더 악화되고 장기화할 조짐을 보인다.[29] 이 것이 1907년 미국에서 발생한 20세기 최초의 금융위기였다. 2008년 서브프라임모기지 사태도 본질적으로 비슷했다. 정상적인 인플레이션과 디플레이션의 사이클 안에서 발생하는 위기를 증폭하는 것이 바로 이런 시스템이다.

1907년 11월 2일 토요일, J.P.모건은 2,500만 달러의 채무 때문에 파산 위기에 몰린 증권업체 무어앤드실리 Moore & Schley 를 구제하기 위해 은행과 투신사 사장들을 자신의 서재로 불러 모았다. 만약 무어앤드실리가 파산한다면 뉴욕 증시는 상상할 수 없는 후폭풍에 시달릴 것이 명백했다. '주피터'라는 별명으로 불린 일흔 살의 J.P. 모건은 간신히 파산을 면한 투신사와 은행의 사장들에게 두려워하지 말라고 자신감 있게 말했다.[30] 그리고 두 가지를 요구했다. 첫째 구제금융을 위해 2,500만 달러를 갹출할 것, 둘째 무어앤드실리가 보유하고 있던 우량 자산인 테네시석탄철강회사Tennessee Coal & Iron Company의 채권을 U.S스틸 사에 매각할 것. 아무도 그의 요구에 반대할 수 없었다. 이때는 중앙은행이 없었기 때문에 통화 부족 위기를 극복할 유일한 대안은 모건뿐이었다. 1893년 모건은 미국 재무부의 금 보유량이 위험한 수준으로 떨어졌을 때 혼자서 1억 달러어치의 금을 제공할 정도로 엄청난 힘을 가지고 있었다.[31] 극도의 불안감과 파산의 압력에 기진맥진해 있던 은행과 투신사 사장들은 합의서에 서명할 수밖에 없었다. 그리고 U.S스틸 사의 실제적인 소유주였던 J.P.모건은 겨우 4,500만 달러로 테네시 주, 조지아 주, 앨라배마 주의 석탄과 철광 자원을 장악하고 있던 테네시석탄철강회사를 인수할 수 있었다.[32] 그 당시 이 회사의 잠재적 가치는 10억 달러가 넘었다.[33] 그 뒤에도 모건은 금융공황을 헤쳐나가는 과정에서 수많은 기업을 인수합병하는데 깊이 관여했다. 언론에서는 J.P.모건이 세상을 재조직했다고 평가할 정도였다.[34] 하지만 당시만 해도 J.P.모건 사는 미국 최대 은행이 아니었다. 하지만 시장에서 얻은 매우 예외적인 권위의 후광으로 취약한 미국 금융시스템 속에서 반복적으로 발생하는 금융위기 때마다 그에게 사태 수습의 최고 책임과 막강한 권리가 주어졌다.[35] 모건은 이를 활용해 최대한 자신의 이익을 챙겼다.

  국제적 금융 자본가들의 이런 새로운 수익 모델은 자신들에게는 부의 극대화를 선물했지만, 일반인들에게는 심각한 부작용을 발생시켰다. 그래서 1907년 미국의 금융위기도 2011년 월가 반대 시위처럼 투신사에 대한 전국민적인 분노를 불러일으켰다. J.P.모건 덕택에 금융위기는 1년만에 극복할 수 있었지만, 생필품의 가격이 21%나 하락할 정도의 디플레이션이 발생하고, 기업 파산도 47%나 증가했고, 은행도 240여 개나 문을 닫았으며, 실업률도 8%로 올라갔기 때문이다.[36] 그리고 정부와 기업, 그리고 개인에게 더욱 더 규모가 커진 금융위기의 재발에 대한 두려움이라는 강력한 트라우마를 각인시켰다. 경제적으로 위험한 시기에 하나의 파산이 여러 개의 파산을 도미노처럼 유발함으로써 발생하는 거대한 금융공황에 대한 두려움이었다.

엄밀히 이야기하면 신용팽창과 신용수축은 둘 다 적이다. 오로지 금융자본가에게만 최고의 잔치일 뿐이다. 일반인들은 이런 사태가 일어날 가능성에 대비하는 수밖에 없다. 이런 역사적 사실을 살펴보면 아무리 본원통화를 고정하더라도 얼마든지 신용을 팽창시켜 갖가지 이득을 얻을 수 있다는 것과, 앞으로도 탐욕에 굶주린 인간은 계속해서 새로운 금융 상품을 만들어 내서 신용팽창을 계속할 것이라는 점을 알 수 있다. 아무리 M, M1, M2 등의 지표를 개발하여 측정하면서 시장의 통화량을 조절한다 할지라도 신용팽창시기에 유사화폐 대체 상품들이 더 많이 만들어지기 때문에 실질적인 총통화량을 통제하기가 쉽지 않다.

일부 경제학자들은 통화량 증가가 실물 거래와 연동되어 있는 한 극심한 인플레이션은 절대로 발생하지 않는다는 이론적 근거를 제공하면서 금융자본가들을 옹호하고 있다. 하지만 우리보다 힘이 센 이들이 운전하는 금융시장이니 이런 일은 앞으로도 계속해서 발생할 것이다. 이렇게 판이 돌아가는 이치와 구조를 바탕으로 필자는 2008년 서브프라임모기지 사태가 발발한 후 빠르면 4년 이내에 또 다른 위기가 발발할 가능성이 크다는 예측을 발표했었다. 2012년 유럽발 금융위기를 두고 한 말이었다. 그러나 이것이 끝이 아니다. 이런 일은 계속해서 발생할 것이다. 아시아에서 이런 일이 일어날 가능성이 커지고 있다. (무자비한 경제 전쟁에서 생존하려면 다음 그림으로 정리되는 신용팽창과 신용수축의 이치, 구조, 흐름을 읽어야 한다.)

디플레이션이 발생하는 경제판, 인플레이션이 만들어지는 경제판, 신용팽창과 신용수축의 사이클에 숨은 은밀한 움직임을 알면 그렇지 못한 이들보다 생존의 확률을 높일 수 있다. 위기 속에서도 새로운 기회를 만들 수 있다. 이것이 위기가 곧 기회라는 말의 진정한 의미다. 돈을 빌리는 시기와 기업의 자금 운용 전략, 상품 출시 시기, 마케팅 전략, 투자 시점, 회사를 팔거나 사는 시기 등 거의 모든 것은 경제통찰력과 연관된다. 이것을 알지 못하면 좋은 기술이나 아이디어가 있어도 큰 성공을 거두지 못한다. 재주는 곰이 부리고 돈은 다른 사람이 버는 일이 벌어진다. 성공을 거의 눈앞에 두었던 사람이 한 번의 광풍에 모든 것을 잃는 상황에 빠진다. 이런 판의 움직임을 모르는 이들은 자국 내의 인플레이션을 통한 실질소득 하락, 인플레이션을 통한 교묘한 추가 세금 징수, 미국과 같은 기축통화를 보유한 국가가 초저금리로 만든 인플레이션이 추가로 수입되어 금융시장에서 만들어지는 공격에 당하게 된다. 이것이 경제 전쟁이다.

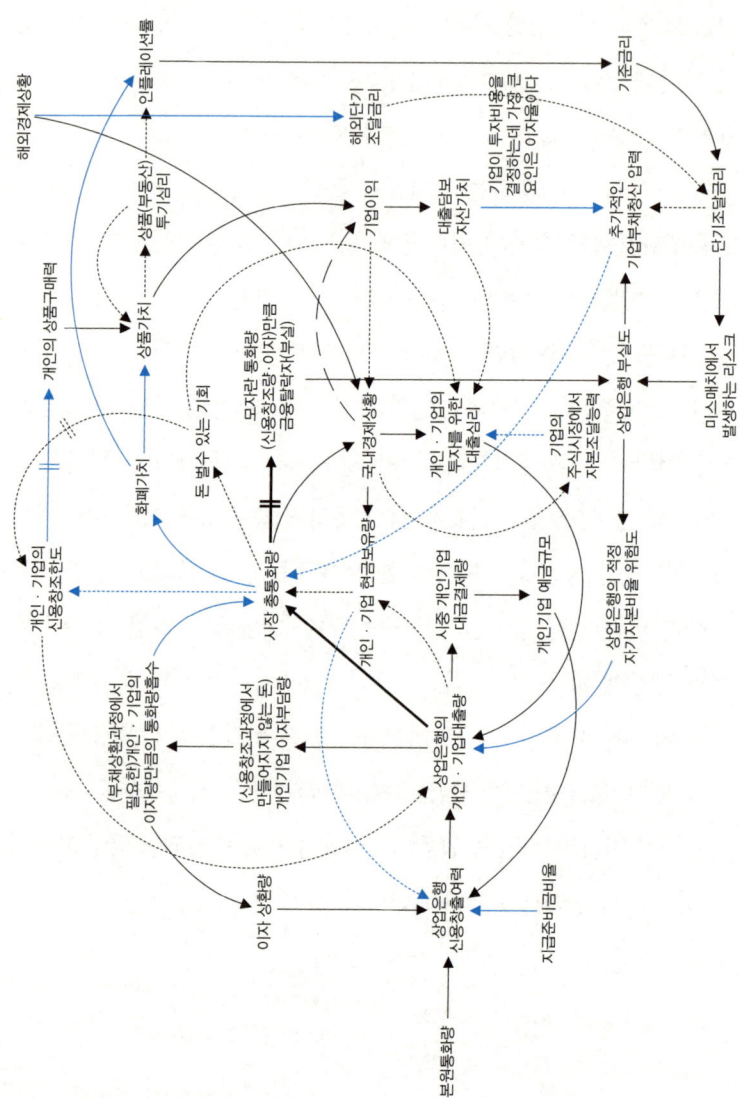

금융위기가 반복되는 이유

찰스 P. 킨들버거도 투기적 광기에서 비롯되는 거품과 금융위기를 분석한 〈광기, 패닉, 붕괴: 금융위기의 역사(굿모닝북스)〉라는 책에서 금융위기는 어쩌다 한 번의 실수로 발생한 희대의 사건이 아니라 다년생 식물처럼 역사상 계속해서 발생하는 질긴 존재라고 평가했다.[37] 필자도 2009년 출간한 〈2030년 부의 미래지도〉라는 책에서 서브프라임모기지 사태 이후로도 20년간 최소 4~5번의 금융위기가 재발할 것으로 예측했다. 1~2번의 자산 거품과 3~4번의 기술 거품이 번갈아 일어날 것이며, 일어난다면 이전보다 규모가 크고, 범위가 넓고, 충격도 클 것으로 예측했다. 금융위기가 반복적으로 발생하는 이유를 정리해보자. 이를 알면 단기적으로는 아시아 대위기 국면을 포함해 2030년까지 계속 발생할 금융위기의 신호Futures signals를 미리 포착할 수 있다.

첫째, '눈먼 자본Blind capital'이 계속 존재하는 한 금융위기는 반복된다. 월터 배젓Walter Bagehot은 '에드워드 기본에 관한 소론Essay on Edward Gibon'이라는 글에서 '눈먼 자본'이란 용어를 사용하면서 특정 시점마다 엄청난 금액의 멍청한 돈들이 꿈틀대는 욕망을 주체하지 못하는 멍청한 사람들에게 흘러넘쳐 들어간다고 했다. 이런 멍청하기 짝이 없는 천문학적인 투기 자금들은 종국에는 부지기수의 멍청한 사람들을 삼켜 버린 후 '패닉'만을 남겨 놓는다고 했다. 미국, 유럽, 아시아 경제가 필자가 예측한 시기에 다시 회복되고 호황 국면으로 들어가면 눈먼 자본들은 반드시 다시 만들어질 것이다. 자본이 눈이 멀게 되면 '흥분'을 불러온다. 그리고 흥분이 광분으로 더욱 더 타오르게 되면 비상식적인 상품과 이슈에 눈먼 자본들이 불나방처럼 달려든다. 흥분을 정당화해 줄 기술과 산업을 찾아 돌아다니게 된다. 17세기 네덜란드 사람들은 튤립에 흥분해 있었다. 희귀종 튤립 중 하나였던 비체로이Viceroy 한 그루의 가치는 계약 선급금으로 밀 2라스트Last, 돼지 네 마리, 양 열두 마리, 포도주 2옥스헤드, 버터 4톤, 치즈 수천 파운드, 침대 한 개, 의류 몇 벌, 은제 컵 하나였고, 튤립을 넘겨받을 때 완납 대금으로 2,500 플로린을 냈다고 한다.[38] 네덜란드의 경제가 폭발적으로 성장하면 할수록 눈먼 자본들의 규모도 커졌다.

둘째, 눈먼 자본이 인간의 탐욕과 연결되는 한 금융위기는 반복된다. 인간의 탐욕적 본성은 스스로 빠져나올 수 없을 정도로 깊은 부채의 구덩이를 만들어 자신과 타인을 그 구덩이에 함께 빠트린다. 애덤 스미스는 〈도덕심성론The Theory of Moral Sentiments〉에서 가만히 앉아서 자족했더라면 좋았을 위기 상황에서 경거망동함으로써 불행을 스스로 만드는 것이 인간이라고 지적했다. 그래서 아무리 형편이 좋게 보이더라도 탐욕을 경계하는 자세를 가져야 한다고 경고했다. 멀리 가지 않더라도 지난 10여 년간 경제가 호황기를 구가할 때 너도 나도 도에 지나친 금융 탐욕을 부림으로써 발생한 현재의 위기에 꼭 들어맞는 말이다. 그런데 문제는 호되게 당한 이후에도 이런 경거망동이 다시 반복된다는 것이다.

셋째, 눈먼 자본과 인간의 탐욕이 연결되는 시점에 분위기를 아주 좋게 만드는 모멘텀이 발생하는 한 금융위기는 반복된다. 2030년까지 이슈와 호재가 계속 쏟아져 나올 것이다. 새로운 미래형 기술과 산업이 출현하면서 엄청난 이슈와 호재를 쏟아 낼 것이다. 거품을 일으키기에 아주 좋은 시기다.

넷째, 눈먼 자본, 인간의 탐욕, 모멘텀에 '더욱 더 대단한 바보들The greater fools'이 올라타면서 점입가경을 이룰 것이다. 애덤 스미스, 존 스튜어트 밀, 어빙 피셔 등 경제학자들이 금융 시스템의 불안정성에 대해 말하면서 사용했던 과잉거래Overtrading, 급반전Revulsion, 신용경색Discredit이란 현상을 만드는데 일조한 이들이 바로 이들이다. 과잉거래에 불을 붙이는 사람들은 '꾼'들이지만, 과잉거래를 활활 타오르게 하는 장작더미 역할을 하는 사람들은 허영이라는 감정과 본능만으로 움직이는 '대단한 바보들'이다. 그리고 거품을 정점까지 끌어올리는 사람들은 '더욱 대단한 바보들'이며, 마지막으로 '더욱 더 대단한 바보'들이 시장에 올라타고 이들이 더는 매도할 사람을 찾지 못하게 되는 지점이 바로 대중의 광기가 끝나는 지점이다.

다섯째, 갈수록 세상이 더욱 더 복잡하게 연결되는 한 금융위기는 반복된다. 세상이 복잡하게 연결되면 될수록 금융위기도 반복적으로 그리고 더욱 더 빠르고 크게 일어난다. 자산 가치 하락, 은행 파산, 통화 가치 급락은 국가 간 기업 간 시장 간에 시스템적으로 서로 연결되고 있다. 한 국가의 위기는 유럽이나 아시아 등 한 지역을 넘어 전 세계적으로 충격을 준다. 그것도 아주 빠르게 말이다.

여섯째, '신용창조에 의한 경제성장 시스템'을 버리지 않는 한 금융위기는 반복된다. 근본적으로 시스템을 고치지 않으면 금융위기의 망령, 국가 부도의 유령에게 계속 쫓겨 다녀야 한다. 1980~1988년 미래연구회 의장을 맡았고 〈국가 부도〉라는 책을 쓴 발터 비트만Walter Wittmann은 우리는 지금 전 세계를 배회하는 '국가 부도'라는 유령에게 쫓기고 있다고 표현했다.[39] 우리는 근대, 절대주의 시대, 자유주의 시대, 제1, 2차 세계대전, 전후 시대, 1980년대와 1990년대, 그리고 2008년과 2011년…… 국가 부도의 유령에게 계속해서 쫓기고 있다. 다음은 찰스 P. 킨들버거가 언급한 10대 금융거품들이다.[40]

1. 1636년 네덜란드 튤립 거품
2. 1720년 영국 남해회사South Sea Company 거품
3. 1720년 프랑스 미시시피회사Mississippi Company 거품
4. 1920년대 말(1927-1929) 운하, 철도 등의 사회간접자본 시설에서 발생한 대규모 거품 발생 후 미국 주식 시장 붕괴
5. 1970년대 멕시코 등의 개발도상국에서 은행 부실 급증으로 인한 금융거품 붕괴
6. 1985~1989년 일본의 부동산과 주식 시장에서의 거품 붕괴
7. 1985~1989년 핀란드, 노르웨이, 스웨덴 부동산과 주식 시장에서의 거품 붕괴
8. 1990~1993년 멕시코에서 외국인 투자 급증에 따른 금융 거품
9. 1992~1997년 태국, 말레이시아, 인도네시아, 한국 등 아시아 국가에서 부동산과 주식 시장의 거품 붕괴 후 외환위기 발발
10. 1995~2000년 미국 나스닥 주식 시장에서의 거품 붕괴

이외에도 1970년부터 30년간이라는 짧은 기간 동안 전 세계에서 무려 98번의 크고 작은 금융위기가 발생했다. 2008년은 미국에서 금융위기가 발생했고, 2010년에는 유럽에서 위기가 발생했다. 5년 이내에 아시아에서도 발생할 것이다.

일곱째, 인간의 탐욕도 문제이지만 오만함도 큰 원인이다. 커다란 변화는 복잡한 요소들이 서로 무분별하게 발생함으로써 만들어지는 것이 아니다. 뜻밖에 간단한 요소 몇 개가 점점 성장하고, 복제되고, 진화하고, 연결되면서 장기간에

걸쳐 영향력을 발휘함으로써 발생한다.[41] 인간의 능력에 비해 세상이 너무나도 복잡해져 가는 만큼 인간의 '제한적 합리성'의 범위는 더욱 더 좁아진다. 이런 상황에서는 개인도 실수할 수 있고, 정부도 실수할 수 있고, 시장도 실패할 수 있다고 생각해야 한다. 하지만 인간의 오만함이 이런 식으로 판단하고 행동하지 못하게 한다. 이렇게 말한다. "우리는 다르다!" "이번은 다르다!" "우리는 지난 잘못에서 많은 것을 배웠다!" "실수를 반복하지 않는다!" "그런 일이 벌어지도록 그냥 놔두겠는가?"

여덟째, 눈먼 자본, 인간의 탐욕, 모멘텀, 더욱 더 대단한 바보들, 복잡하게 연결되는 세상, 인간의 오만함에다 '도덕적 해이'가 덧붙여지면서 금융위기는 반복적으로 일어난다.

아홉째, 이미 정상적인 화폐 가치의 범위를 넘어선 달러 본위제가 지속하는 한 금융위기는 반복적으로 일어날 것이다.

마지막으로, 아직도 해결하지 못한 중앙은행의 딜레마도 반복적인 금융위기의 원인이다. 금융위기가 발생했을 때 최종 대부자로서 기능해야 하는 것이 중앙은행이다. 그래서 중앙은행은 원칙과 전례를 깨면 안 되지만 원칙과 전례를 깨지 않는 행동이 종종 위기를 더욱 더 크게 만드는 딜레마에 빠진다. 찰스 P. 킨들버거 같은 학자는 국가나 중앙은행이 금융위기에 개입해야 한다거나 개입하지 말아야 한다는 두 가지 견해는 모두 잘못된 것이라고 평가한다.[42] 도대체 어느 장단에 춤을 춰야 할까? 우리는 아직 이 문제를 풀지 못했다.

이런 모든 것이 아직도 그대로이기에, 앞으로도 그대로일 것이기에, 금융위기는 반복적으로 발생할 것이다. 피할 수 없다면 즐기라는 말이 있다. 금융위기 자체가 즐길 일은 아니다. 그래서 이렇게 고쳐 말해야 할 것 같다. "피할 수 없다면, 대비하라!"

세 번째 지도: 환율
한국 경제 판의 요충지, 환율 지도를 읽어라

환율은 한국 경제 판의 요충지다. 앞으로 5년, 아시아 대위기 국면을 통과하는 데 중요한 무기가 된다. 환율에 대한 이해가 낮을수록, 대비책이 약할수록 생존 가능성이 낮아질 것이다. 점점 대외의존도가 높아지고 있기 때문에 환율에 대한 이해와 대처 능력은 더욱 중요한 무기가 될 것이다. 환율Foreign exchange rate이란 두 나라 돈의 교환비율이므로 그 나라 돈의 대외적인 가치를 보여주는 가장 확실한 척도다. 환율은 우리나라와 다른 나라를 이어주는 핵심 고리 역할을 한다. 환율 대응 능력 하나만으로 순수익을 늘렸다 줄였다 할 수 있다. 기업 하나를 들었다 놓았다 할 수 있다. 환율 대응에 실패하면 키코 사태와 같은 대란이 발생한다. 키코는 일정 환율 범위 내에서 환율 손실을 보상해주고, 그 이상이 되면 기업이 달러를 매입하여 되사주는 파생상품이었다. 그러나 당시 상품을 파는 은행과 상품을 사는 기업들 모두 미래의 환율 예측에 실패함으로써 수많은 중소기업을 파산으로 몰아넣었다. 심지어 잘 나가던 수출기업이 흑자 부도를 낸 경우도 많았다. 30대 그룹은 환율 대응 능력의 차이에 따라 성과에서 수천억 원에서 수조 원의 차이가 난다. 수출 경쟁력, 물가, 환차익과 환차손을 관리하는 환 헤지, 주식 및 부동산, 채권 가격 변화가 환율과 매우 밀접하게 연결되어 있다. 우리나라는 환율 상승이 유가 상승보다 물가에 미치는 영향이 4배나 높다.[43] 한국은 앞으로 중국과 기술력이 같아지거나 추월당할 것이 분명하다. 한국 기업은 생존을 위해 5~10년 이내에 사업 구조를 완전히 전환해야 한다. 5~10년의 변화 기간에 생존력을 높여 주는 것 중 중요한 것이 환율 대응 능력이다. 기술력이 같거나 추월당할 때 환율 대응력이 반격할 시간을 벌어주고 생존의 보루가 될 것이다. 그래서 환율의 이치, 구조, 흐름에 대해서 반드시 알고 있어야 한다. 앞서 설명했지만, 일본이 무너진 결정타가 환율이었다. 한국도 지금 환율의 위기가 시작되고 있다.

환율 변동은 자본수지와 경상수지에 달려 있다. 자본수지는 국가의 성장률, 이자 수익률, 환차익의 매력도 등이 총체적으로 반영된다. 한국의 매력도(신용, 미래 가치, 국내 노동 환경, 투자 환경, 내수 시장 여건 등)에도 큰 영향을 준다. 채무 변제 등의 요인은 자본 유출량에 부수적으로 관여한다. 경상수지는 한국 기업의 상품과 서비스의 국제적 기술과 품질 및 가격 경쟁력이 좌우한다. 이런 것들이 무역수지 흑자 규모를 좌우한다. 이 두 가지를 합쳐 보면 국내에서 노동과 투자 환경이 매우 좋고 기업에 대한 지원과 혜택이 많으면, 그리고 이를 바탕으로 품질 좋은 제품을 값싼 가격에 만들어 수출해서 막대한 무역수지 흑자를 계속 유지하면 환율은 낮아진다. 1970년 대 한국의 상황이 바로 이런 상황이었는데 이때의 환율은 달러당 304원이었다. 그리고 1981년 2차 오일쇼크 발발 전까지 달러 당 484원에 이를 정도로 안정적이었다. 하지만 1997년 외환위기가 발발하자 1,800원 선을 넘었

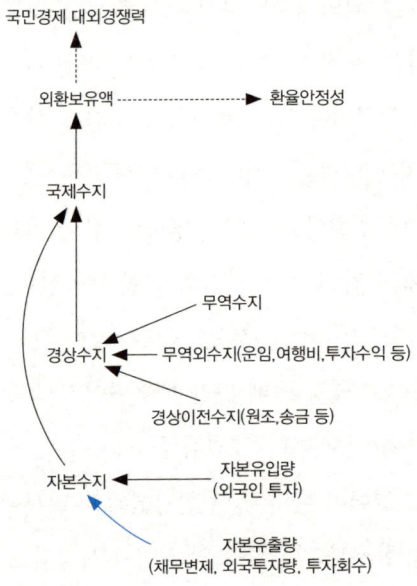

다. 수출이 줄고 재정 적자 규모는 커지고 해외로부터 들어오는 투자 자금과 차입 규모만 커지면 미래의 어느 시점에서 이자 지급과 원금 분할상환 능력에 대한 불신이 발생한다. 신규 차입이 이자 지급액 분보다 적을 정도로 자본 유입이 감소한다. 그렇게 되면 최소 외환보유액 규모인 3개월분의 수입액, 3개월 만기 외채, 1년 이내에 외국에 갚아야 할 단기외채, 자산 시장에서 외국인 자본들이 빠져나갈 때 이에 대응할 양의 달러 규모를 유지할 수 없게 된다. 만약 여기서 국가 신용도와 기업 신용도가 하락하면 신규 대출이 전격적으로 중단되면서 채무 불이행 사태에 빠지게 된다. 이는 곧바로 환율의 급격한 상승을 불러와서 수입 물가 상승을 촉진하고 이는 국내 경제 환경을 더욱 더 악화시킨다. 1998년 외환위기 때 우리나라의 모습이었다.

2009년 상반기에 평균 환율은 달러당 1,370원이었다. 2012~2013년에는 1,100~1,150원을 기록했다. 2014년 현재 1,000원 선이 무너지느냐 마느냐의 상황이다. 2008년 이후 이명박 정부 때는 환율이 수출증가율과 경제성장률에 아주 밀접한 영향을 주었다." 환율은 때로는 금융시장에서의 급격한 신용경색, 주식 시장의 폭락, 경기의 급상승이나 급하강을 불러온다. 통화량, 무역과 자본의 이동, 기업의 수익률, 실물자산 등에도 영향을 준다. 환율이 한국 경제 판의 요충지라고 말할 수밖에 없다.

이러한 영향력 때문에 각국 정부는 자국의 이익을 늘리기 위해 정책적으로 환율 조작을 끊임없이 시도한다. 힘이 있는 나라들은 다른 나라들의 환율에 직간접적으로 개입해 자국의 이익을 높이려고 안간힘을 쓴다. 그래서 환율 전쟁이라 부른다. 일본, 유럽, 중국이 미국과 환율 전쟁에서 유리한 고지를 점령했을 때는 번영을 지속할 수 있

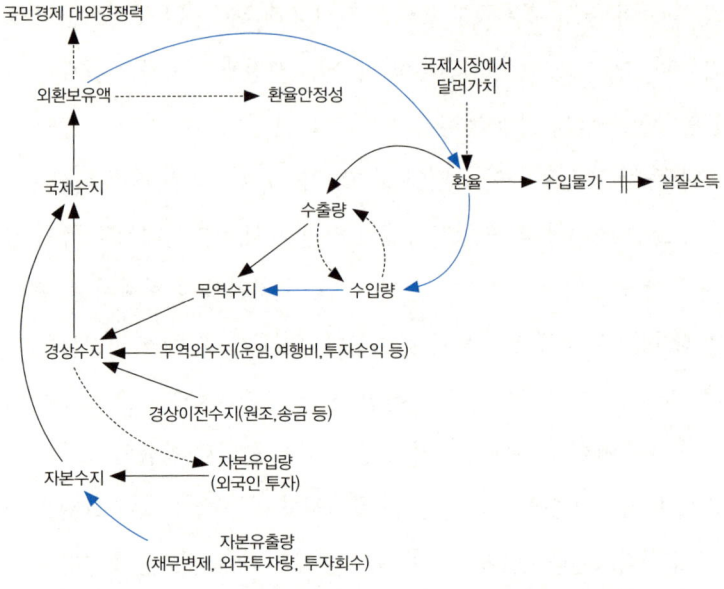

었다. 그러나 일본이 1985년 플라자 합의를 통해 환율 전쟁에서 패한 후 번영의 시대는 막을 내렸다. 중국도 환율이 계속 절상되면서 수출 경쟁력이 약화되고 있다. 2014년 한국도 마찬가지다. 글로벌 유동성이 커지면 커질수록 환율전쟁은 더욱 더 치열해진다.[45] 각국의 정부와 중앙은행, IMF도 투기 세력을 통제하지 못하고 있어서 환율전쟁은 정부, 핫머니, 기관, 기업 등이 서로 얽히고설켜서 전 세계적 놀음판으로, 혹은 치고박고 공격하고 방어하는 살벌한 전쟁터로 변하고 있다.

일부 학자와 전문가는 한국 경제를 움직이는 것은 환율이나 핫머니 같은 금융 세력이 아니라 한국 기업의 경쟁력이 핵심요인이라고 한다.[46] 일리 있는 말이다. 한국의 내수 시장에서 규모로 100조 원이 넘는 산업은 건설, 석유화학, 철강금속, 전기전자, 유통, 금융의 여섯 가지다. 수출 규모로 30조 원이 넘는 산업은 전기전자, 석유화학, 자동차, 철강금속, 해운물류, 전선의 여섯 가지다. 이런 데이터를 보면 당연히 한국경제는 이들 산업의 글로벌 경쟁력에 달려 있다고 볼 수 있다. 그러나 문제는 우리나라의 수출 종목은 이미 원가 경쟁의 시대에 접어들었기 때문에 환율과 유가의 움직임이 엄청나게 중요해졌고, 내수 시장 역시 환율과 기업의 수출경쟁력, 그리고 유가의 영향을 받는 물가와 경제 분위기에 큰 영향을 받는다. 만약, 환율이 급등하고 하루의 변동 폭이 2~3% 이상으로 커지는 일이 비일비재하면 외국인들은 환율 변화가 가져오는 기업의 실적 변화를 예측하기 힘들다고 판단하고 우리나라 주식 시장에 대해 나쁜 시각을 갖게 된다. 이런 현상이 오랫동안 계속되면 외국인 투자자의 태도는 점점 더 보수적으로 변하거나 아예 한국 시장에서 탈출해 버릴 수 있다.[47] 현재 전 세계 자본시장은 자본 자유화 정책으로 하나로 통합된 세계 자본시장화 되고 있다. 자본이 투자수익률이 높은 나라를 찾아 이리저리 움직이는 것이 점점 더 쉬워지고 있다. 한국에서 팔고 미국으로 가는 일이 오늘 삼성전자를 샀다가 내일 팔고 현대기아자동차를 사는 일만큼 쉬워지고 있다. 한국 자본시장 상황이 그다지 좋지 않고 더 나아가 예측할 수 없어지면 좋아질 때까지 기다리지 않고, 외국 자본들이 우리나라의 주식, 채권, 부동산 시장에서 빠져나가 다른 나라로 가버릴 것이다. 외환 시장의 규모가 커지면 커질수록 고용 창출, 채권 및 주식 시장의 발전을 자극한다.[48] 그러나 이런 긍정적인 기여에도 환율의 변동성이 커지면 커질수록 투기와 협잡의 가능성만 커지고 기업도 경영 전략을 수립하기가 어려워진다. 앞으로 최소 3~5년은 이런 상황이 전개될 가능성이 커지고 있다. 다음 페이지의 그림은 이 모든 요인들의 관계를 보여주는 환율전쟁의 지형도다.

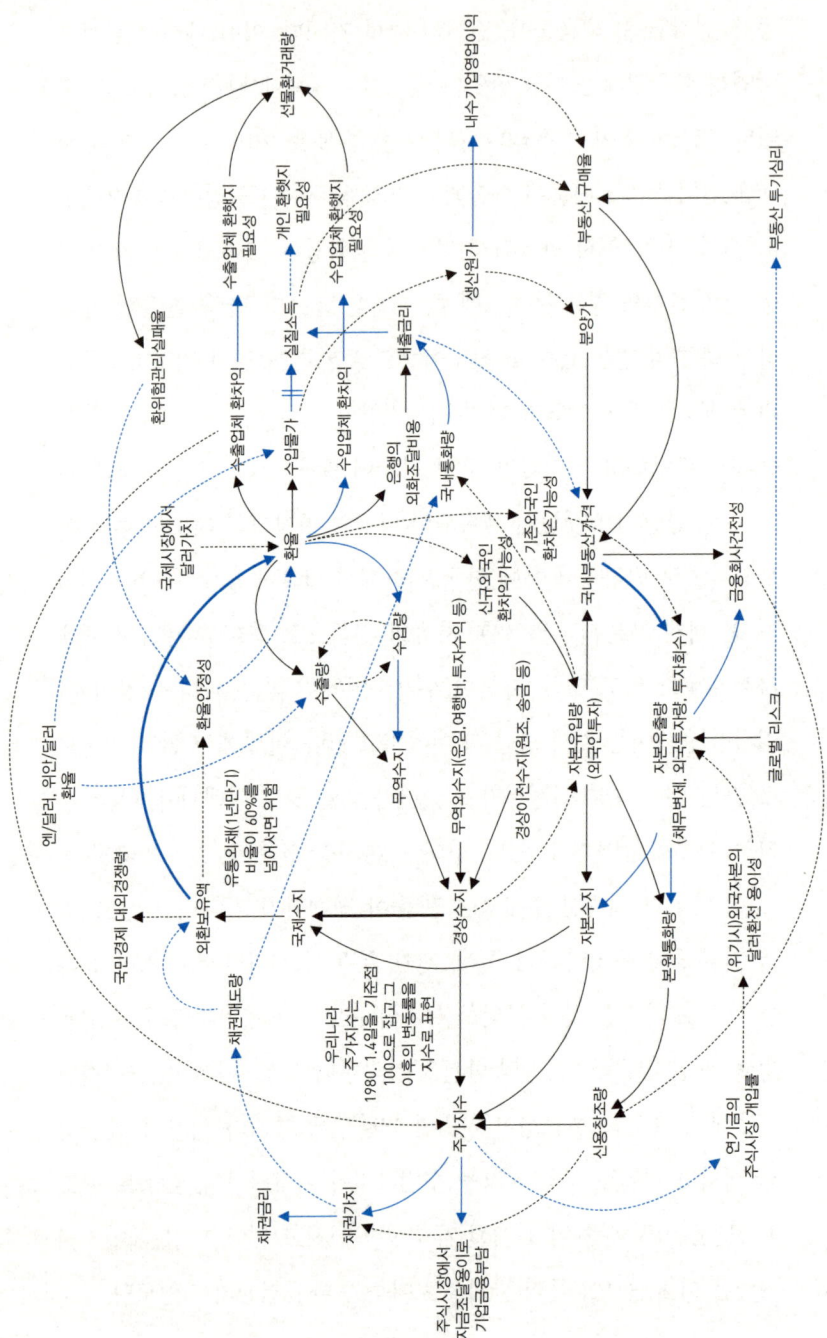

우리나라 환율의 미래

한국은 IMF 구제금융 역사상 가장 본받을만한 구조조정을 한 나라로 평가받았다.(1권에서 썼듯 필자는 이런 평가에도 불구하고 정부의 대응에 아쉬운 점을 느낀다) 이런 평가에도 기축통화국이 아니기에 2008년 글로벌 금융위기 속에서 엄청난 폭의 환율 등락 사태가 다시 벌어질 정도로 외환 시장이 크게 흔들렸다. 서브프라임모기지 사태가 벌어지자 수출이 급격히 위축되고, 외국인 투자자들이 한국에서 한순간에 60조 원(외환보유액의 25%) 정도를 빼나가면서 환율이 폭등했다. 현재도 글로벌 경제가 조금만 이상 징후를 보이면 원화 가치는 하루에도 큰 폭으로 흔들린다. 환율이 불안해지면 모든 경제활동이 혼란을 빚게 된다. 급등한 환율에 신속하게 대응해 구조조정을 할 수 있는 기업도 거의 없고, 급등한 환율이 언제 다시 제자리로 돌아올지 모르기에 미래 전략을 수립하기도 힘들다. 이런 상황이 반복되면 미래에 대해 장기투자할 수 없다. 무역도 큰 혼란을 겪게 된다. 우리나라처럼 수출의존도가 심한 나라에는 환율 안정이 무엇보다 중요하다.

우리나라 환율의 미래를 단순히 현재 몇몇 대기업의 수출 증대를 가지고 예측해서는 안 된다. 우리나라는 저출산 고령화 현상, 대기업의 다국적 기업화, 노동집약적 국내 산업의 국제 경쟁력 약화로 인한 내수 시장의 규모 위축이 구조화되어 가기 때문에 해외 의존도가 점점 더 커지게 되어 있다. 결국, 내수 시장보다는 수출 지향적 산업 구조가 강화될 수밖에 없다. 생존을 위해서 해외로 나가든지 해외에서 물건을 더 많이 팔아야 한다. 이미 우리나라는 수출의존도가 92%를 넘어섰다. 미래에는 수출의존도가 더 높아지면 높아졌지 낮아지지는 않을 것이다. 이렇게 되면 원자재 수입의존도 역시 높아질 것이다. 기후 변화, 2~3년 후부터의 미국과 유럽의 회복 가시화, 극심한 글로벌 경제 전쟁, 신흥국이 위기를 겪지만 장기적으로는 성장할 것이기에 그에 따라 곡물과 원자재 가격의 상승 가능성이 상존한다. 2009년과 2010년 전 세계적인 홍수와 기근으로 곡물 가격이 크게 출렁였다. 앞으로 10년 동안 본격적으로 중국과 미국 간 6대 전쟁이 벌어질 것이고, 동북아에서도 긴장관계가 더 높아질 것이기 때문에 원유, 광물 등 원자재 가격도 상당기간 매우 불안정할 것이다.

단기적으로는 한국의 수출 경쟁력이 갑자기 추락하지 않을 것이다. 수출이 현재의 역량을 2~3년 정도 유지할 때는 달러를 더 벌어들일 수 있다. 이것으로 원자재 수입 증가에 따른 달러 부족 현상을 어느 정도는 메울 수 있다. 하지만 바뀐 국제회계기준과 글로벌 경쟁에서 살아남기 위해 국내 기업은 해외로 생산기지와 계열사를 계속해서 이전할 것이다. 국내 물가가 계속해서 상승하고, 임금 인상 압력이 지속될 것이기에 기업이 한국을 탈출하는 공동화 현상도 일어날 것이다. 삼성은 국내보다 10배 큰 반도체 공장을 중국에 건설 중이다. 국내에서 새로 짓는 공장은 자동화 비율을 높이고 있다. 앞으로 수출 기업의 해외 매출이 국내 금융 시장에 예전처럼 큰 도움이 될지는 미지수다. 더욱이 세계 금융시장은 좀 더 개방적이고 공격적인 분위기로 전환되고 있다. 이런 추세가 계속되면 정부, 기업과 국민의 경쟁력이 약한 금융지식과 금융시스템이 빠르게 개선되지 않는 한 한국은 더 큰 리스크에 노출될 것이다. 즉 외국 자본이 훨씬 더 쉽게 우리나라를 공략할 수 있다. 그에 따라 또다시 수출로 받은 달러 대금을 환율 예측을 잘못해서 몇조 원씩 날려버리는 일이 반복될 수 있다. 게다가 우리나라 기업들은 경기에 민감한 산업에 속해 있기 때문에 앞으로 발생 가능한 금융위기, 경기 침체나 저성장, 그리고 반복되는 글로벌 위기 속에서 경기 부침이 심할 것으로 예측된다.

중장기적으로는 정부와 가계 부채의 증가가 환율에 큰 부담이 될 것이다. 정부, 가계, 민간, 기업의 부채를 합치면 총 4,000조 원을 넘는다. 연 5~6%의 이자율로만 계산해도 매년 200~240조 원의 이자를 금융 비용으로 지출해야 한다. GDP의 15~17%를 차지하는 규모다. 그 중 일부는 외국에서 빌린 돈의 원금과 이자로 나간다. 국내의 상황이 이렇게 되면, 국내 투자회사들도 국내 투자보다는 해외 투자 비중을 예전보다 높일 것이다. 몇몇 투자회사들은 이미 국내 투자를 줄이고 미국과 유럽 투자로 방향을 전환하고 있다. 국민연금도 미래의 연금 고갈 시점을 늦추기 위해 해외 투자 비중을 높일 것이다. 미래로 갈수록 열심히 일해서 돈을 벌어도 높은 금융 비용과 해외 투자 비중의 증가 때문에 자본수지에서 적자가 날 확률이 높다. 자본수지는 외국으로부터 자금을 빌려오거나 외국 주식이나 부동산에 투자하는 등 외국과의 자본거래로 발생하는 수입과 지출을 일컫는다. 이렇게 되면 대외적 신용 하락 부담이 발생하면서 국내 기업과 금융권이 해외에서 달러를 조달하는 조건이 점점 악화될 것이다. 조달 비용이 증가하거나 조달 규모가 예전보다 작아질 수 있다. 또한, 한국은 아직 부동산 거품 붕괴가 본격적으로 진행되지 않았다. 본격적인 부동산 거품 붕괴, 부채 축소가 진행되면 국내에 투자한 외국 자금의 이탈 가능성도 커진다.

필자는 2010년에 다음과 같은 예측을 발표한 바 있다. "우리나라 환율의 기본미래는 단기적으로는 무역수지 흑자를 기반으로 환율 하락이 예측된다. 하지만 현재와 같은 자유변동환율제를 고수하는 한 중장기적으로 우리나라 환율은 등락 횟수와 폭이 매우 커지게 될 것이다." 2014년 6월 현재, 한국은 환율 1,000원 선이 붕괴되기 직전이다. 1~2년 정도 하락 압력이 지속될 가능성이 크다. 그러나 2~3년 후에는 전혀 다른 방향으로 환율이 전개될 것이다. 현재 한국은 자유변동환율제를 취하고 있다. 이는 외환의 수급 상황에 따라 시장에서 완전히 자유롭게 환율이 결정되는 제도다. 이런 환율제도에서는 경제의 펀더멘털이 아무리 좋아도 달러의 수급 능력에 따라 환율이 좌우된다. 우리나라 경제의 안정성이 아무리 좋아도 2008년 서브프라임모기지 사태처럼 외국이 위기 상황에 빠지면 외환보유액의 몇십 퍼센트가 순식간에 줄어들면서 외환위기 발생 가능성이 급격하게 올라갈 수 있다. 이런 환율제도가 계속 유지되고 앞서 설명한 것처럼 국내 사정이 점점 악화된다면 환율은 장기적으로 대세 상승 쪽의 요인이 좀 더 우세하다.

이런 미래 변화에 대응할 수 있는 전략을 잘 세워야 한다. 앞으로 있을 한국의 금융위기 가능성과 아시아 대위기 국면 그리고 한국의 중장기적인 미래를 대비하려면 자유변동환율제도보다는 여러 통화를 조합해 새로운 합성통화 단위(혹은 계산 단위)를 만드는 방식인 '바스켓방식Basket method'으로 전환하는 것이 좋다고 생각한다. 통화스와프를 늘리는 것으로는 충분치 않다. 정부가 이런 방식의 전환을 신중하게 고려하지 않는다면, 기업이나 개인이 환율 변동성이 커지는 상황에 대해서 각자 준비해야 하는 부담이 커지게 된다. 바스켓 방식은 참가국의 통화 중 어느 한 나라 통화의 상대적 가치가 낮아지더라도 다른 통화의 상대적 가치가 상승하면서 서로 영향이 상쇄되어 비교적 안정을 유지할 수 있다. 물론 이런 방식도 완전하게 외환 위험을 피할 수 있는 장치는 아니다. 하지만 한국의 경제 구조와 외국 투자자들의 한국에 대한 선입견, 앞으로 벌어질 글로벌 경제의 불안정성 등을 고려해 볼 때 그나마 위기를 최소화할 수 있는 방식이다. 한국처럼 미래로 갈수록 생산연령인구가 줄고, 인구가 계속 줄고, 일자리의 안정성이 점점 더 줄어드는 상황에서 내수 경기를 그나마 뒷받침하기 위해서는 환율의 안정성이 매우 중요하다.

3부

미래 산업 전쟁

7장

미래 산업 변화의 큰 그림

BRAVE NEW WORLD 2030

미래를 향한 게임의 3가지 규칙

유토피아는 지금까지 인간들이 생각했던 것보다 훨씬 더 실현 가능성이 있다.[1] (러시아 철학자 니콜라이 베르자예프)

우리는 지금, 환상사회로 가는 길목에 서 있다. 환상사회로 가는 길목에서 후기정보화 시대를 지나고 있다. 앞으로 15년 동안, 인류의 더 나은 미래를 창조하고자 하는 게임체인저들이 3가지 중요한 변화들을 먼저 시도할 것이다. 그리고 2030년까지의 글로벌 트렌드를 형성할 것이다.[2]

첫째, 앞으로 15년 동안 제2차 기술 진화가 일어날 것이다. 제2차 기술 진화의 핵심 컨셉은 '경계 파괴를 통한 기술 및 산업의 진화'다. 18세기 중엽 영국에서 일어난 산업 혁명 이후, 인류는 기술과 산업 구조에서 엄청난 진보를 거듭했다. 기술의 진보와 산업의 전문화가 거의 모든 영역에 침투했다. 새로운 기술, 제품, 서비스의 발명과 보급은 인류의 진보를 촉진했다. 기계 동력이 인간의 근력을 대체하면서 생산성이 비약적으로 높아졌다. 기계 동력을 극대화 하고 자연에 대한 이해가 심화되는 과정에서 전문화의 속도는 시간이 갈수록 빨라졌다. 자연에 대한 깊은 이해, 기계 동력의 극대화, 인간의 능력을 전문화시키는 추세들이 서로 결합하여 문명의 발전을 촉진시켰다. 발전의 속도가 빨라질수록 변화의 속도도 빨라졌다. 공업화의 발전 속도가 빨라질수록 부의 증가 속도도 빨라졌다.

그 과정에서 그림자도 커졌다. 부의 증가 속도가 빨라지며 절대적 빈곤은 줄었지만, 부의 불균형 분배로 인한 상대적 빈곤은 더 커졌다. 전문화가 심화될수록 경계가 명확해졌다. 자기 분야에 대한 지식의 깊이는 더해졌으나, 자기 분야 밖의 영역에 대한 지식 수준은 낮아졌다. 21세기 초를 지나는 지금, 이런 한계가 절정에 달하고 있다. 부의 증가 속도가 느려졌고, 기술 발전은 한계에 직면하기 시작했다. 기술은 물론 경제와 사회의 성장도 한계에 직면하기 시작했다.

2008년 시작된 글로벌 위기를 겪으면서 산업 혁명 이후 만들어진 경제와 사회 구조에 대한 새로운 설계가 필요해졌다는 공감이 커졌듯이, 기술 발전에도 새로운 전환의 계기가 필요해지고 있다. 기존 산업과 기술 발전의 한계를 극복하기 위해 인간이 선택한 것은 산업 혁명 이후 만들어진 경계의 파괴를 통한 제2차 기술 진화다. 처음에는 자신의 영역과 전혀 상관없다고 여겼던 다른 분야들과 융복합을 시도하는 수준에서 시작했지만, 궁극적으로는 기존의 경계 자체를 완전히 파괴하고 새로운 경계를 만들어내는 쪽으로 전개될 가능성이 크다. 처음에는 전혀 관련이 없는 영역들의 정보, 지식, 기술을 물리적으로 결합Linking, bonding, combination하고, 화학적으로 융합Convergence하는 경쟁을 펼치겠지만, 시간이 지나면서 새로운 성장 동력을 확보하고 새로운 미래 산업을 형성하기 위해 기존의 산업이 가지고 있는 경계를 파괴하려는 시도가 시작될 것이다. 〈와이어드〉의 편집장 케빈 켈리Kevin Kelly는 이런 현상을 '테크늄Technium'이라고 불렀다. 테크늄은 기술을 비롯해서 문화, 예술, 사회제도 등의 유무형의 지적 산물들이 서로 융합되고 복합되는 상태, 즉 상호 연결된 기술계System of technology를 칭하는 그만의 독특한 단어다.[3] 수많은 전문가가 인정하듯이, 미래형 산업이라고 말하는 것들의 대부분은 이런 시도를 통해 형성되어 가고 있다.

두 번째 변화는, '가상과 현실의 공간을 파괴'하는 제2차 가상 혁명이다. 공간의 변화는 늘 사회 변화의 중요한 동력이었다. 콜럼버스의 신대륙 발견, 우주로의 공간 확장 등은 인류의 변화와 진보를 이끄는 큰 동력이 되었다. 인터넷과 컴퓨터가 발명되면서 현실에 존재하는 공간 외에 가상이라는 새로운 공간이 창출되었다. 가상의 공간이 탄생하자 인류 사회에 큰 변화가 찾아왔다. 삶의 방식, 경제 활동의 방식, 세계관 및 의식이 달라지고, 사회 구조와 정치도 달라졌다. 필자는 이것을 제1차 가상 혁명이라고 부른다.

앞으로 15년 동안 홀로그램, 가상현실, 지금보다 1,000배 빠른 통신 기술, 휴먼인터페이스, 웨어러블 컴퓨터, 3D그래픽과 3D디스플레이, 인공지능 등의 기술이 결합하면서 가상세계가 진일보하는 제2차

미래 산업 전개 지도

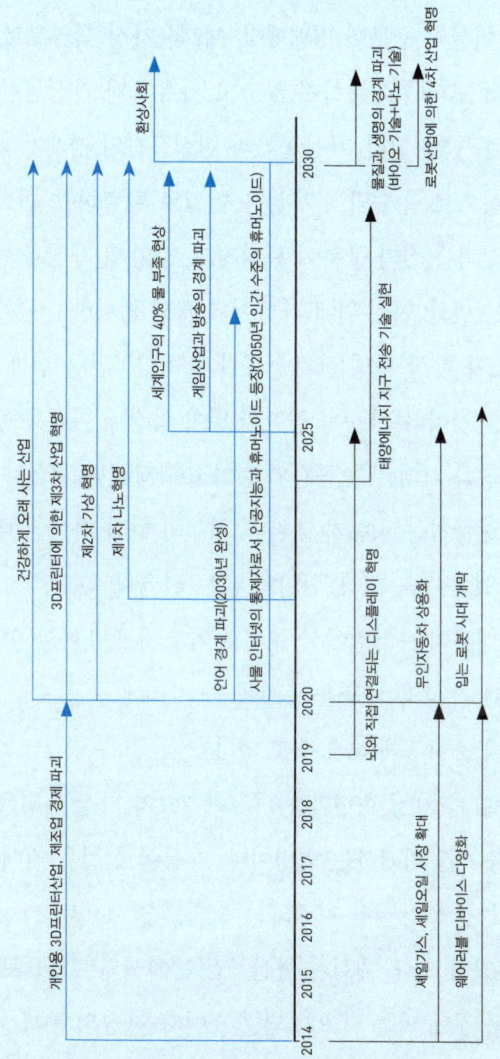

2030년 이후 환상사회가 도래하기까지, 산업의 경계를 파괴하고 산업 구조를 완전히 재편할 놀라운 미래 기술들이 펼쳐진다. 이제까지 공상이라고 생각하거나, 먼 미래의 일이라고만 생각했던 기술과 그로 인한 변화를 현실에서 하나하나 눈으로 확인하는 시대가 될 것이다. 미래 변화를 이끌어낼 기술과 그 영향을 이해하고, 미리 준비한다면 새로운 사업의 기회를 찾을 수 있고, 기존 산업을 회생시킬 수 있는 영역을 발견할 수도 있다.

가상 혁명이 일어날 것이다. 제1차 가상 혁명 때에는 모니터를 경계로 가상과 현실의 구분이 명백했다. 제2차 가상 혁명으로 스마트 폰이나 컴퓨터 모니터를 통하지 않고도 자유롭게 가상공간으로 들어가고 나갈 수 있게 된다. 가상공간과 현실공간의 경계가 파괴되면서, 현실은 가상으로 흡수되고 가상은 현실로 탈출하는 변화가 펼쳐질 것이다. 가상과 현실의 구분이 사라지고, 눈앞에 가상과 현실이 동시에 존재하는 변화, 현실 위에 가상이 겹쳐서 존재하는 변화가 일어날 것이다. 제2차 가상 혁명은 가상공간과 현실공간을 함께 더 풍부하게 만들어줄 것이다. 단순한 공간의 넓이 확장이 아니라 공간의 밀도와 질의 확장을 가져온다. 공간의 깊이도 확장된다. 현실과 환상이 한 공간 안에 존재하는 시대가 열린다. 현실의 나와 가상의 내가 동시에 한 자리에 있을 수도 있다. 현실의 나는 한국에 있으면서, 가상의 나는 지구 반대편의 브라질에서 실제로 가르치고 대화할 수도 있다. 현실의 사물과 가상의 사물을 동시에 한 자리에 놓을 수도 있고, 서로 다른 위치에 조화롭게 놓을 수도 있다.

그러나 제1차 가상 혁명과는 다르게 제2차 가상 혁명은 소프트웨어가 하드웨어를 지배하는 혁명이다. 가상이 현실을 지배하고, 가상의 지식이 현실의 상품을 지배하는 시대를 열 것이다. 가상공간 안에서의 활동, 권력, 명예, 재화가 현실공간 안에서의 그것들보다 더 강력한 영향력을 갖게 되는 시대가 되는 것이다. 가상의 존재가 현실의 존재를 지배할 것이다.

제2차 가상 혁명은 인공지능을 가진 가상의 세계와 내가 연결되는 미래다. 가상의 내가 현실의 나보다 더 나다움을 표현하고 내 꿈을 이루어 줄 수 있다. 현실의 언어보다 가상공간의 언어인 기계어(프로그램 언어)가 더 중요하게 부각된다. 영어 능력보다 프로그래밍 능력이 더 중요하게 부각된다.

제2차 가상 혁명은 언어의 경계, 지역의 경계, 산업의 경계, 존재의 경계를 파괴할 것이다. 그 결과 가상공간에서 사는 것이나 현실공간에서 사는 것의 구분이 전혀 중요하지 않은 시대, 즉 매트릭스의 시대가 열린다. 어떤 이들은 가상공간의 존재를 느끼지 못하고 평생을 현실에 사는 것으로 알게 되고, 어떤 이들은 그 반대가 될 수도 있다. 이런 세계는 생물학적 뇌 속에 가상의 공간과 생활을 직접 주사함으로써 충분히 가능하다.

환상사회로 가는 중간 과정에서 게임체인저들이 주도할 세 번째 변화는 제2차 지능 혁신이다. 앞으로 15년 동안 변화의 선도자들은 인식 로봇의 탄생, 인간 두뇌의 자동화, 지구의 컴퓨터화를 지향할 것이다. 컴퓨터와 인간 지능의 경계를 파괴하는 시도가 이루어진다. 기계와 인간의 지능을 결합하여 인류의 지능을 진일보시키는 대담한 기술적 시도를 감행할 것이다. 기계 지능과 인간 지능의 결합으로, 인류 전체의 지능 수준이 빠르게 높아지고 문명의 발전 속도도 빨라지게 될 것이다.

융복합에서 경계의 파괴와 완전한 재편으로

미래, 그 놀라운 변화의 시대가 시작되었다. 전 영역에서 변화가 진행될 것이다. 산업 영역도 예외가 아니다. 먼저 변화의 큰 그림을 살펴보자. 미래 산업의 놀라운 변화는 기존 경계의 파괴에서 시작해서 새로운 경계의 재구조화로 끝을 맺을 것이다. 예를 들어 2008년 금융위기 이후 주목받고 있는 공유경제도 경계 파괴에 한몫을 하고 있다. 공유경제는 이익의 극대화를 위해 달려가는 현대 자본주의가 낳은 부작용에 대항하는 새로운 흐름이다. '공유경제'란 용어는 2008년 하버드대학교 법학과 로렌스 레식Lawrence Lessig 교수가 처음으로 사용했는데, '물건을 소유하지 않고 여럿이 공유하여 사용하는 협력적 소비'가 널리 퍼져서 나타나는 경제 변화를 이르는 개념이다. 온라인에서는 피어 투 피어Peer to Peer 방식의 비즈니스 모델로 나타나기도 하고, 생산 시스템에서는 어떻게 좀 더 친환경적이고 지속 가능한 제품을 생산할 것인가에 응용되기도 한다. 공유경제의 세계 최고 권위자로 평가받고 있는 독일의 뤼네부르크대학교 사회학과 해럴드 하인리히Harald Heinrich 교수는 국내 모 언론과의 인터뷰에서 "공유경제의 궁극적인 목표는 기존 경제 질서의 파괴가 아니라 인간의 삶의 가치를 높이면서 동시에 환경을 보존하고 경제적 이득을 극대화하는 것이다"라고 말했다.[4]

대표적인 자동차 공유 서비스인 '우버Uber'와 '집카Zip Car', 빈방을 공유하는 서비스인 '에어비앤비Airbnb' 등 공유경제는 기존 경제 질서 속에 있는 비효율적인 부분이나 부작용을 무너뜨릴 수 있는 잠재력을 가지고 있다. 공유경제가 확산되는 과정에서 기존 경제 시스템은 변화를 맞을 것이다. 일정 영역의 기득권 파괴나 축소는 불가피하다. 우버는 창업한 지 4년 만에 37개국 140개 도시에서 서비스를 실행하고 있다. 이탈리아 밀라노에서는 택시 면허를 받는데 16만 유로(2억 2,000만 원)가 들고, 서울에서는 개인택시 면허가 6,000~7,000만 원에 거래된다. 기존 경제 시스템에서 이런 큰 비용을 지불하고 택시를 운행하는 사람들에게 우버는 파괴적인 서비스다. 2008년에 설립된 에

어비앤비는 이미 웬만한 호텔 체인 기업의 매출과 수익 규모를 넘어섰다. 에어비앤비의 기업 가치는 2억 달러인 인터콘티넨탈 호텔 체인보다 높은 16억 달러로 평가된다.

기존 경제 질서를 파괴하는 공유경제에 대항하는 움직임도 만만치 않다. 벨기에 법원은 우버 서비스를 불법으로 간주했고, 유럽 택시노조는 대규모 파업을 했다. 한국에서도 우버는 운수사업법 위반으로 고발되었다. 샌프란시스코에서는 에어비앤비가 빈방을 공유하면서 주택 재고를 감소시켜 임대료 상승을 부추긴다는 비판이 나오기 시작했다. 하지만 경계 파괴는 대세다. 시간이 지날수록 새로운 비즈니스 창출과 부의 이동이라는 새로운 기회를 만들어내면서 인류 전체의 경제 시스템을 더욱 발전시키고 부의 규모를 키울 것이다.

미국 시장조사 기관인 가트너는 2013년 전 세계 앱 시장의 규모가 250억 달러였다고 분석했다. 앱 개발이 새로운 일자리를 창출하는 영역이기 때문에 국가적으로 지원하는 추세다. 따라서 집카, 에어비앤비 등의 앱이 계속해서 출현해 기존 산업의 경계를 파괴할 가능성이 크다. 이미 우버에서 영감을 얻은 개발자들이 민간 조종사들의 비행기 중계 서비스인 에어풀러AirPooler라는 서비스를 개발해 미국 연방항공국FAA의 승인을 기다리고 있다. 이 서비스가 승인을 받으면 일반인들도 민간 조종사들이 운행하는 경비행기나 개인 항공기의 남은 좌석을 구입해 사용할 수 있게 된다. 융복합, 매시업의 경향도 경계 파괴의 시작을 알리는 신호탄이다. 경계 파괴 흐름을 촉진하는 융복합 시장은 2013년에만 20조 달러 규모를 넘어섰다.

경계 파괴는 새로운 연결을 촉진한다. 경계 파괴와 새로운 연결이 반복되면 기업 간의 경쟁이 네트워크 간의 경쟁으로 바뀐다. 삼성과 애플의 경쟁이 아니다. 애플 네트워크와 구글 네트워크의 경쟁이 중요해진다. 스마트폰 기업 간 경쟁이 아니다. 스마트폰, 의료, 건강, 지식, 엔터테인먼트, 금융, 제조, 교육 등 이전에는 서로 이질적인 것들이 연결되며 기존의 질서와 경쟁 구조를 파괴하고 재구축한다.

중국 최대 전자상거래 회사인 알리바바와 인터넷 회사인 텐센트는 자사의 SNS나 게임 플랫폼을 기반으로 현금 서비스 및 머니마켓펀드MMF 판매를 시작했다. 알리바바의 온라인 MMF 계좌 수는 출시 1년 만에 중국 전체 주식 계좌 수를 넘었다. 현금을 서로 주고받는 '위챗 훙바오' 서비스는 출시 2일 만에 2,000만 건의 거래에 1,800만 위안(30억 원) 가량의 거래액을 기록해 은행들을 긴장시켰다. 구글이나 애플도 전자화폐와 전자지갑 서비스 등 금융서비스로 사업을 확대하고 있다. 한국에서도 다음을 합병하면서 무서운 기세로 상승 중인 카카오가 연 300조 원 규모의 모바일과 오프라인 매장을 결합한 'O2O Online to Offline' 비즈니스에 뛰어들면서, 동시에 송금 서비스도 시작했다.

송금 서비스는 전통적으로 은행의 영역이었다. 다음카카오는 위치정보를 사용하여 사용자에게 택시를 보내주고, 사용자가 있는 곳 근처의 음식, 의류, 미용, 숙박 등의 오프라인 상점에 연결시켜주고, 매장에서 구매를 촉진하는 스마트한 정보나 할인 쿠폰을 제공하고, 고객이 물건을 구입할 때 곧바로 결제까지 가능한 일체의 서비스를 제공할 예정이다. 쇼핑하는 과정에서 돈이 부족하면 친구나 부모에게 곧바로 돈을 송금 받아 구매하게 한다는 전략이다. O2O와 송금서비스를 결합한 시스템을 구축하려는 의도다. 중국에서 이미 알리바바나 텐센트 등이 비슷한 서비스를 시작했기 때문에, 한국 업체로서는 미래의 생존을 건 대형 싸움터로 인식하고 있다. 한국 시장에서 이 서비스를 늦게 시작하면 중국 업체 또는 미국의 구글이나 애플에게 시장을 송두리째 내줄 수밖에 없다는 절박감이 깔려 있다.

이런 세계적인 움직임으로 인해 금융의 전통적인 강자인 은행도 큰 위기를 맞고 있다. 2013년 기준으로 고객들이 은행 점포를 통하지 않고 인터넷에서 금융 거래를 하는 비대면 금융 거래의 비중이 88%를 넘어섰다. 그 결과 2012년 기준으로 은행 점포 7,698개 중 10%가 마이너스 실적을 거두었다. 은행들은 2014년까지 총 200여 개의 영업점을 폐쇄할 계획이다. 한국은 고령화사회로 접어들면서 저축률이 더욱 줄어들고, 경제도 저성장 국면으로 진입할 것으로 예상되기 때문에 기존 금융권의 수익성이 크게 향상되기 어렵다. 여기에 ICT기업, 통신 기업 등 비금융 기업들이 지속 가능한 생존과 시장 확대를 위해 스마트 결제 서비스 및 기타 전자금융 서비스 시장에 본격적으로 진출하여 은행을 옥죄고 있다. 이처럼 경계를 먼저 파괴하지 않으면 앞서서 경계를 파괴한 자의 공격에 죽게 된다.

앞으로는 단순한 전문 지식의 경쟁이 아니라, 창조적 지식을 만들기 위한 확장성과 다양성 경쟁에서 비롯되는 경계 파괴를 둘러싼 경쟁의 시대가 펼쳐진다. 이런 상황에서는 기업 인수합병의 필요성과 압력이 증가한다. 조직 내에서 경계 파괴와 재창조에 방해가 되는 장애물을 제거하라는 압력이 커진다. 수시 채용, 글로벌 인재 유동성, 유연근무시간제, 스마트워크, 직급 축소, 호칭 파괴 등이 화두로 떠오르게 된다.

경계 파괴는 업의 본질 파괴라고도 할 수 있다. 경계 파괴와 새로운 연결의 반복은 업의 본질을 재설정하는 것으로 귀결된다. 업이란 사업의 본질과 특성이다. 이건희 회장은 업의 관점에서 볼 때, 석유화학산업은 인력 훈련, 호텔사업은 장치 산업과 부동산 감각, 보험업은 사람을 모집하는 것, 증권업은 상담을 잘하는 것, 시계는 패션 감각, 백화점은 부동산 감각, 백색가전은 조립 양산 역량, 반도체는 시간 관리 역량이 핵심이라고 했다. 신용카드 사업은 아무리 영업을 잘해도 채권 관리에 실패하면 망하기 때문에 외상 관리가 핵심이라고 봤다.[5] 사업에 성공하기 위해서는 직원들이 자기 회사가 하는 사업의 본질과 특성을 통찰하고 자신의 직급에 따라 적절한 직무를 수행해야 한다. 이는 미래에도 마찬가지다.

하지만, 우리 앞에 다가오는 미래는 기존 산업이든 미래형 신산업이든 경계가 파괴되고 재구성되는 과정에서 업의 본질에 큰 변화가 발생한다. 이를 간파하는 것이 사업의 승패를 좌우하는 중요한 열쇠다. 미래로 갈수록 그 흐름은 더욱 거세질 것이다. 미래는 바꾸는 자와 바뀌는 자로 나뉠 것이다. 미래는 경계를 파괴하고, 새로운 연결을 시도하고, 업의 본질을 바꾸는 자가 승리한다. 융복합에서 시작되어, 경계가 파괴되고, 새로운 연결이 시도되고, 업의 본질이 바뀐 뒤에는 산업의 영역과 형태, 참여자들도 완전히 재편된다.

마케팅의 천재라고 평가받는 세스 고딘Seth Godin은 이처럼 기존의 가치를 파괴하고 동시에 새로운 연결을 모색하는 경제를 '연결경제'라고 불렀다. (필자가 다가오는 미래에 대해 경계 파괴에 강조점을 두었다면, 세스 고딘은 새로운 연결에 관심을 둔 것이다) 세스 고딘은 연결을 가로막는 장벽들은 점점 사라질 것이며 연결이 많아질수록 새로운 기회가 열릴 것으로 예측했다. 이러한 시대에 중요한 것은 '지금 얼마만큼의 자산을 가지고 있느냐가 아니라 얼마나 과감해질 수 있느냐'라고 했다.[6]

새롭고 혁신적인 기술이 나올수록 이런 추세는 더 촉진될 것이다. 기존 산업의 새로운 발전을 이끄는 혁신적 기술과 전에 없었던 새로운 제품과 서비스를 탄생시키는 미래형 기술들은 업의 본질을 파괴하고, 바꾸는 힘이 있기 때문이다.

2020년이 되기 전에 경계 파괴의 시작을 알리는 신호탄은 3D프린팅 기술이다. 이 기술은 개인과 기업의 경계를 파괴할 것이다. ICT기술이 개인이 모든 정보에 접근할 수 있도록 정보 혁명을 일으켰다면, 3D프린팅 기술은 개인이 모든 것을 만들 수 있는 제조 혁명을 일으킬 것이다. 정보의 개인화 물결처럼 공장의 개인화 물결이 일어나면서 개인과 기업의 경계가 파괴될 것이다. 기업이 무엇인지, 개인의 한계가 어디인지 새롭게 규정해야 할 것이다. 어쭙잖은 기업보다 더 강력한 개인이 등장할 것이기 때문이다.

2030년까지 주목해야 할 미래 영역은 자동차, 인공지능, 로봇, 바이오 기술이다. 그 중에서도 본격적인 산업 경계 파괴를 선도하는 것은 자동차가 될 것이다. 2020년부터 무인자동차의 상용화가 시작될 것이다. 사람이 핸들에서 손을 떼는 순간 자동차는 업의 본질을 바꾸어야 할 정도의 혁명적 변화를 일으키게 된다. 무인자동차의 시대가 되면 자동차는 더 이상 기계장치가 아니다. 자동차는 사람과 연결되는 전기전자 디바이스가 된다. 제2차 공간 전쟁의 중심이 된다. 스마트폰의 등장으로 촉발된 제1차 공간전쟁은 손이었다. 제2차 공간전쟁의 터는 자동차, 집, 사무실이다. 미래의 집과 사무실은 컴퓨터화 된다. 전기전자 디바이스가 된 자동차는 집과 사무실을 연결하는 중심 공간이 될 것이다. 포털 공간이 되는 것이다. 전기전자 디바이스가 된 미래의 자동차는 궁극적으로 사람의 뇌와 연결되고, 사람의 몸과 연결될 것이다.

예를 들어 헬스 케어 서비스를 구현하는 데는 자동차가 최적이다. 스마트 안경이나 시계 등의 웨어러블 컴퓨터는 몸의 일부를 연결하는 데 한계가 있다. 집은 사람과 연결하기에 너무 크고, 사무실은 안정성이 떨어진다. 전기전자 디바이스가 된 자동차는 사람의 몸과 연결하기에 가장 적절한 사이즈이다. 웨어러블 컴퓨터와는 다르게 풀 사이즈 바디 체크가 가능하다. 매일 자가 진단이 가능한 디바이스다. 심박동, 혈당, 혈압 등의 다양한 신체 정보들을 자가 진단하고 즉시 의사에게 진단과 처방을 받을 수 있다. 현대인들은 하루에 2~4시간씩 자동차라는 공간에 의존해야 하기 때문에 가장 강력한 마케팅 공간이 될 것이다. 인간이 자동차 핸들에서 손을 떼는 순간 잠을 자고, 화장하고, 교육을 받고, 신문을 보고, 가상공간과 연결하고, 동영상을 보고, 쇼핑하고, 가상 여행을 하고, 통신하고, 게임을 하는 등 원하는 모든 것을 할 수 있는 최적화된 공간이 되는 것이다. 자동차 기업 밑에 스마트폰과 웨어러블 기업이 종속될 것이다.

미래의 자동차산업은 융합사고, 소프트웨어적 감성이 중요해진다. 먼저 미래의 자동차는 소재 혁명의 공간이 될 것이다. 나노 기술, 환경 기술이 접목되면서 형태의 변화를 이룰 것이다. 그리고 미래의 자동차 기업은 뇌신경공학자, 생물학자를 뽑아야 할 정도로 경계 파괴의 선도자가 될 것이다.

자동차의 변화와 맞물려서 집과 사무실에 있는 모든 사물이 인터넷으로 연결되어 컴퓨터화 되면 인류는 새로운 통제자를 원하게 될 것이다. 2020~2030년경이 되면 새로운 통제자가 등장할 것이다. 지금은 초기여서 많은 사람이 사물과 사물, 사물과 사람을 연결하는 것 그 자체에 관심을 둔다. 하지만, 연결의 복잡도가 비약적으로 증가하게 되는 2020년 이후가 되면 매우 복잡한 연결을 안정적으로 유지하고 통제할 수 있는 존재를 필요로 하게 된다. 새로운 통제자로 가장 유력한 기술은 인공지능과 휴머노이드 로봇이다. 인공지능은 연결되어 있는 모든 디바이스를 중앙에서 통제하는 역할을 할 것이고, 휴머노이드 로봇은 겉으로 드러난 모든 디바이스를 관리하는 집사 역할을 할 것이다. 결국 사물인터넷IoT, Internet of Things 사회의 승패는 인공지능과 휴머노이드 로봇에서 결판이 날 가능성이 크다. 사물인터넷, 인공지능, 휴머노이드는 사물과 사물, 사물과 인간의 경계가 파괴된 미래를 우리에게 선물할 것이다. 이들 기술이 합쳐져서 제3차 공간 전쟁인 몸, 길, 도시를 장악하는 새로운 게임체인저를 탄생시킬 것이다.

2030년부터는 바이오 기술과 나노 기술이 자연(물질과 생명체)의 경계 파괴를 시작할 것이다. 바이오 기술은 초기에는 질병 예방과 선제적 진단 산업에서 혁명을 일으키는 데 초점이 맞추어질 것이다. 그러나 시간이 지날수록 로봇산업과 융합되면서 사람과 로봇의 경계를 파괴하고, 나아가 신과 인간의 경계를 파괴하는 영역으로까지 발전하게 될 것이다. 예를 들어, 2030년 이후가 되면 고령화로 고생하는 수많은 노인, 장애인, 신체 이식과 육체적 능력 증진을 희망하는 사람들에 인해 인류의 1/10은 사이보그 인간이 될 것으로 예측된다. 인체 혁명 시대가 도래하는 것이다. 사이보그 인간이 되기를 싫어하는 사람들은 기계 슈트를 입고 살게 될 것이다. 추위와 더위를 막고 몸을 보호하는 단순한 기능의 옷 대신에, 기계를 옷처럼 입고 자신의 육체적·정신적 능력을 극대화하는 목적을 추구하게 될 것이다. 바이오 기술은 장기 복제는 물론이고 유전자를 분석해서 남은 생존 시간까지 예측할 수 있는 수준까지 발전할 것이다. 이 모든 기술을 손에 넣게 된 인간은 자신의 몸을 두고 신과 인간의 경계를 파괴하는 도전을 시작할 것이다.

나노 기술은 초기에는, 자동차의 몸체를 구성하는 강철판을 나노 기술로 재탄생시킨 천 소재로 대체하는 식의 소재 산업 혁명에 초점이 맞추어질 것이다. 그러나 시간이 지날수록 자연과 우주 안에 있는 물질의 특성을 변화시키고, 분자 단위에서 새로운 조합을 시도하면서, 전에는 없던 상상 속의 새로운 물질을 만들어내는 방향으로 발전한다. 인간이 물질과 생명체를 만드는 신의 영역에 도전하는 시대가 열리는 것이다. 이외에도 2030년 이내에 인류는 디스플레이 혁명, 디바이스 혁명, 에너지 혁명 등의 다양한 변화를 시도하면서 200년 이상 이어져 왔던 기존 산업의 경계를 모조리 파괴할 것이다.

2030년 무렵이 되면 국가 간의 동맹에도 큰 변화가 완성될 것이다. 미래학자 존 나이스비트는 중국, 아프리카, 남미로 이어지는 글로벌 남부 벨트의 새로운 연대가 서구사회 동맹과 충돌할 것으로 예측했다. 또한 '미래는 다중심적 세계가 될 것이며, 이런 세상에서 가장 중요한 플레이어는 도시가 될 것'이라고 예측했다. 나이스비트에 따르면 2030년 이후에는 국가간 경쟁이 아닌, 도시간 경쟁의 시대가 되면서 전통적인 국가간의 구별이 무의미해지고 새로운 경계가 형성된다.

이런 미래 변화의 가능성은 2025~2035년에 펼쳐질 제2의 글로벌 호황기와 맞물리면서 필자가 예측한 환상사회Fantastic society의 기반을 형성하게 된다. 2030~2040년 무렵 인류 문명을 한 단계 발전시키게 될 변화가 일어나 많은 사람을 놀라게 하고 열광시키는 환상을 경험하는 시대를 열리게 될 것이다.

3D프린터가 이끄는 제3차 산업 혁명

존 나이스비트는 "기술이 곧 우리 삶의 화폐다"라고 했다.[7] 이 말에 전적으로 동의하지는 않더라도 최소한, 기술이 부의 방향을 바꿀 힘이라는 점은 분명해 보인다. 기술이 본격적으로 부와 산업의 경계를 파괴한다는 것을 피부로 느끼게 될 시점은 대략 2020년이 될 것이다. 그러나 2020년이 되기 전에 그 변화의 서막을 3D프린팅 기술이 이끄는 제3차 산업 혁명에서 경험하게 될 것이다. 3D프린터와 관련된 하드웨어와 소프트웨어 기술의 60%를 장악하고 있는 미국은 이 기술과 관련 산업의 가장 강력한 게임체인저이자 추동자Driving forces이다. 대통령까지 나서서 '3D프린터가 이끄는 제3차 산업 혁명'을 홍보할 정도이다. 미국이나 오바마 대통령만의 희망에 그치는 것이 아니다. 〈르네상스 소사이어티〉의 저자인 랄프 얀센Rolf Jensen 같은 유럽의 미래학자도 제3차 산업 혁명을 이끌어 기존의 경계를 파괴하고 '평평한 세상(수평적 사회 및 기업 환경의 세상)'을 만들 가장 핵심적인 기술로 3D프린터를 주목한다.[8] 필자도 전적으로 동의한다. 이 기술이 만들어내는 가장 중요한 변화는 개인과 기업의 경계 파괴다.

3D프린터가 대중화되면 머릿속 아이디어를 컴퓨터로 재현해 곧바로 물건으로 만들 수 있다. 기술과 아이디어가 없어도 상관없다. 오픈소스로 공개된 아이디어나 소프트웨어를 약간의 저작료를 내거나 무료로 내려받아 사용할 수 있다. 친구 집에서 본 갖고 싶은 물건도 정확하게 복제할 수 있다. 친구나 친척에게 물건을 선물하는 대신 설계도만 이메일로 전송하면 된다. 하드웨어도 오픈소스로 공개되어 개인도 얼마든지 사용할 수 있다.[9] 필요한 하드웨어의 디자인 파일과 운영 소프트웨어가 무료로 공개된 것이 오픈소스 하드웨어다. 메이

커봇 사의 3D프린터는 오픈소스 하드웨어로 공개되어 있다. 로컬모터스 사가 공개한 오픈소스 하드웨어 자동차를 비롯해 오픈소스 잠수함, 오픈소스 로켓, 오픈소스 손목시계 등 다양한 하드웨어가 오픈소스로 공개된다. 2011년 기준 300개가 넘는 하드웨어가 오픈소스로 공개되었다. 이것을 내려받아 아이디어를 형상화할 수 있다. 그리고 개인화된 제조기계를 가지고 직접 시제품을 만든다. 아무리 복잡한 물건이라도 쉽게 제작할 수 있다. 물건을 조립하는 일도 사라진다. 일체형 완성품을 프린트하면 되기 때문이다. 시계와 시곗줄이 하나로 이어진 일체형으로 찍어낼 수 있다.

다양한 물건을 대량으로 생산하고자 한다면 3D스캐너, 레이저 커터와 몇 대의 3D프린터를 설치해 놓고 재고 부담 없이 필요한 양만큼의 제품을 필요할 때 생산하면 된다. 개인도 사람을 고용하지 않고 컴퓨터와 3D프린터 몇 대를 설치하면 집이나 창고를 공장으로 만들 수 있다. 고객이 물건을 주문한 후 제작해도 되므로 재고 부담도 없고 막대한 자본도 필요 없다. 물건 몇 개를 만드는 데 필요한 자본마저 없다면 크라우드 펀딩Crowd funding을 통해 미래의 제품 구매자에게 직접 필요한 만큼의 돈을 투자받으면 된다. 이런 현상을 두고 '마이크로팩토리Microfactory를 마이크로인베스트먼트Microinvestment한다'라고도 말한다.[10] 네트워크 기반 사회에서는 선택권과 판매 통로가 무한하게 확대될 수 있기 때문에 이미 오래전부터 예견된 현상이다.[11]

이는 새로운 경제 모델의 출현이다. 프린트한 제품은 유통회사를 거치지 않고 인터넷을 통해 세계에 직접 판다. 나아가 이런 자신의 아이디어를 인터넷에서 공동작업을 통해 발전시킨다. 그리고 다시 개인이 시장에 내다 판다. 제작, 유통, 판매 등을 특정 기업에 의존하거나 아웃소싱할 필요가 없다. 디지털 기술 그 자체가 과거 아웃소싱을 통해 했던 모든 일들을 처리해 준다. 이런 개인과 디지털 기술의 상호조합이 미래의 기업이다. 제조업의 진입 장벽이 완전히 허물어지고, 사물의 롱테일 법칙이 시작된다. 제조업의 민주화 혁명이다. 이런 새로운 프로세스에는 기존의 덩치 큰 기업이 끼어들 여지가 없다.[12] 10~20년 후 주인이 요구하는 사항을 3D프린터로 인쇄하기에 적절한 디자인으로 '컴파일'하는 알고리즘을 가진 인공지능과 광학 스캐너가 장착되어서, 물건이 인쇄되어 나오는 과정을 스스로 모니터링하면서 실시간으로 작업을 관리하는 '생각하는 3D프린터'가 결합하면 상상하는 거의 모든 물건을 직접 만들 수 있게 될 것이다.[13]

2005년 1월 미국 라스베이거스에서 열린 세계 최대 소비자 가전 박람회인 CES의 기조연설자는 빌 게이츠였다. 당시 빌 게이츠는 한국 중소기업이 개발한 MP3 플레이어인 '아이리버 H10'을 들고 나와 혁신적 제품이라며 격찬했다. 하지만 2008~2009년 스마트폰 혁명이 시작되면서 MP3 플레이어는 순식간에 사라져버린 대표적 제품이 되었다. 이명박 대통령이 한국이 따라가야 할 혁신적 제품과 서비스 모델로 격찬했던 일본의 게임기 회사 닌텐도 역시 스마트폰 광풍 속에서 쓰러져 가고 있다. 디지털카메라, 계산기, 녹음기, 다이어리, 시계도 격침되었다. 심지어 데스크톱 컴퓨터나 노트북도 오래 못 버틸 기세다. 세계적인 컴퓨터 기업이자 한때 혁신의 대명사로 불렸던 델과 HP도 컴퓨터 사업부를 거의 포기한 상태다. 스마트폰을 만드는 데 필요한 고속 칩마운터Chip mounter 시장은 호황을 누렸지만, 기존 전자제품을 만들 때 전자회로기판에 칩을 얹는 기계인 저속 칩마운터 시장은 반 토막이 났다.[14] 3D프린터는 이런 급격한 제조업의 변화를 가속화할 것이다. 2014년 현재 3D프린터를 사용해 1인 메이커(제조자)를 표방하고 나선 사람들이 이미 1억 3,500만 명에 이른다.[15] 3D프린터 산업은 연평균 90~100%씩 성장하고 있다.

섬광처럼 스치는 아이디어를 곧바로 물건으로 만들어 인터넷을 통해 세계 어느 곳에라도 팔 수 있는 시스템이 5년 이내 공짜로 설치될 것이다. 5년 이내에 거실과 사무실에 공짜로 설치될 3D프린터는 원하는 모든 물건을 3차원으로 인쇄해 주는 기계이자 공장이다. 프린터의 잉크 탱크에 액체 플라스틱에서부터 액체 금속 물질 등 원하는 재료를 집어넣고 원하는 모든 물건을 3차원으로 찍어내서 곧바로 사용할 수 있는 환상적인 기계다. 방식은 인쇄이지만 실제로는 물건의 제조나 제작이다. 모양은 프린터지만 실제로는 작은 공장을 책상 위에 들여 놓는 것이다. 여기에 나노 기술이 접목되면 3D프린터는 더욱 발전해 만능 물품 제조기계로 진화할 것이다. 마치 최초의 잉크젯 프린터가 나온 뒤로, 계속 기술이 발전하면서 놀라운 수준의 컬러 레이저 프린터가 나온 것처럼 말이다.

지금까지는 아이디어가 있어도 금형을 찍고 시제품을 만들고 대량으로 생산할 공장 설비를 갖춰야 했기 때문에 제조업은 개인에게 높은 장벽이었다. 하지만 3D프린터를 이용하면 TV에서 보거나 길거리를 걸어 다니면서 본 사고 싶은 제품을 집에서 직접 만들 수 있다. 세상 어디에도 없는 제품이나 몇몇 사람들에게만 기념으로 나누어 줄 수 있는 한정된 수의 복제품도 매우 낮은 비용으로 생산할 수 있다. 능력 있는 슈퍼 개인이 출현할 수 있게 만들어, 강력한 개인의 시대를 촉진하는 기술이다.

3D프린터는 인터넷에서 내려받거나 자신이 직접 창조적 아이디어

로 그린 3차원 설계도를 따라 한 층씩 원하는 소재를 쌓아 올려 완제품을 만드는 기계다. 당연히 원하는 것은 무엇이든지 맞춤형 제조가 가능하다. 아주 얇은 막(레이어)을 한 층씩 쌓아 올려 물건을 만들기 때문에 손으로 제작하는 것보다 정교하고 빠르다. 매우 복잡하고 불규칙한 모양도 짧은 시간에 인쇄해 사용할 수 있다. 바이오 잉크를 넣으면 장기를 인쇄해 이식할 수도 있고, 음식 재료를 넣으면 피자도 인쇄해 즉시 먹을 수 있다. 액체 금속 소재를 넣어서 아이언맨 슈트를 만들어 입고 다닐 수도 있다. 자동차 범퍼가 찌그러졌다면 대형 3D프린터로 인쇄해 장착하면 된다. 만약 구글이 조립형 스마트폰의 설계도를 인터넷에 무료로 공개하면 어떻게 될까? 3D프린터로 각각의 부품을 인쇄 조립해서 스마트폰을 직접 만들 수 있다. 무료로 공개된 설계도에 자신만의 창의적인 아이디어를 추가하면 스마트폰의 성능 향상은 물론 개성 있는 다양한 제품도 만들 수 있다. 가격도 상당히 저렴해진다. 3D프린터 잉크 비용만 있으면 된다. 만약 집에 있는 3D프린터의 성능이 낮다면 전문 업체에 선택한 설계도를 전송해 프린트한 후 드론(무인 비행체, 아마존과 도미노 피자는 이미 시험 배송에 성공했고, 실용화를 준비중이다) 배달부를 통해 전달받으면 된다.

가히 제3차 산업 혁명이라 부를만한 놀라운 미래 변화다. 개인과 기업, 서재와 공장의 경계가 완전히 파괴된다. 공장의 모습도 달라진다. 컨베이어벨트는 사라지고 3D프린터가 줄지어 놓일 것이다. 컨베이어벨트를 통과하면서 공정을 따라 제조하거나 조립할 필요 없이 3D프린터에서 모든 공정을 원스톱으로 처리할 수 있다. 제3차 산업 혁명은 지난 산업 혁명을 능가하는 거대한 미래 변화, 산업의 변화를 수반할 가능성이 크다. 미래의 공장에서는 3D프린터와 로봇이 인차고 최소한의 사람만이 이들을 관리 감독하게 될 것이다. 대신 많은 사람은 공장에서 일하기를 그만두고 자신의 공장을 갖게 될 것이다. 남의 물건을 만드는 것을 그만두고 자신의 물건을 만들어 파는 새로운 자급자족의 시대를 맞게 될 것이다. 자기 스스로 만든 물건을 인터넷 장터를 통해 전 세계 사람들에게 사고파는 시대가 되는 것이다. 2020년 이후가 되면 많은 사람이 스스로 디자이너이자 제조업자이며 무역인이 될 것이다.

학교의 교육도 바뀐다. 기업에 들어가 조직 생활을 하며 전문적인 일을 잘하는 방법을 가르치는 교육이 사라지지는 않겠지만, 스스로 디자이너가 되고 제조업자가 되고 사업가가 되고 무역인이 되는 방법도 가르치게 될 것이다. 개인이 작은 공장을 운영하면서 세계 시장에서 활동하는 데 필요한 다양한 지식을 가르치게 될 것이다. 어느 기업에 다니느냐보다 누가 창의적인 물건을 구상할 수 있는 능력이 뛰어난가가 더 중요해진다.

실리콘밸리의 3D프린팅 기업인 '낫임파서블랩Not Impossible Labs'은 전쟁으로 팔을 잃은 남수단 어린이들에게 100달러의 저렴한 비용으로 인공 팔을 만들어 무상으로 공급하고 있다. 한국계 미국인 그레이스 최가 개발한 200달러짜리 가정용 3D프린터 '밍크Mink'는 색조 화장품을 제조할 수 있다. '밍크'의 이미지 편집 프로그램을 통해 화장품 색상의 고유 코드를 분석하고 출력을 명령하면, 같은 색상의 립스틱, 아이섀도 등을 제작할 수 있다. DIY 화장품 시대가 열린 것이다.[16] 초콜릿, 버터, 케이크, 쿠키, 머핀 같은 디저트 음식을 만들어내는 3D프린터도 상용화를 앞두고 있다. '스트럭처3D STRUCTURE 3D'라는 벤처기업이 만든 디스커버리 The Discovery라는 압출기를 3D프린터에 연결하면 이들 음식을 만들 수 있다.[17] 팬케이크를 인쇄할 수 있는 3D 프린터도 공개되었다. 미국인 미구엘 발렌수엘라가 팬케이크를 좋아하는 딸들을 위해 다양한 디자인의 팬케이크를 인쇄할 수 있는 '팬케이크봇PancakeBot'이라는 3D프린터를 개발했다.[18] 3D시스템즈가 내놓은 '셰프젯'이라는 3D프린터도 설탕, 코코아 등의 식재료를 넣어서 초콜릿부터 과자, 케이크까지 인쇄한다.

스미소니언박물관 초상화 컬렉션에 역사상 최초로 3D프린터로 만들어진 오바마 대통령의 흉상이 추가된다. 3D프린팅 산업의 영역 확산 속도는 컴퓨터나 인터넷, 스마트폰의 발전 속도를 능가할 기세다. 단순히 일상용품을 만드는 데서 예술 작품이나 바이오 장기를 만드는 데까지 빠르게 확산 중이다. 노스캐롤라이나에 있는 재생 의료 기관인 웨이크 포레스트 배티스트 메디컬 센터 연구팀은 다양한 세포 형태를 복제할 수 있는 바이오 프린터를 개발했다. 이 프린터는 액체 플라스틱과 살아있는 세포를 번갈아 가며 층층이 인쇄하여 장기를 만들어낸다. 이 연구팀은 10년 안에 3D프린터로 장기를 인쇄해 사용하는 것을 목표로 하고 있다.[19] 한국에서도 3D프린터용 바이오 잉크를 개발하여 뼈, 연골, 지방을 인쇄하는 데 성공했다. 3D프린터를 산부인과에서 사용한다면 뱃속에 있는 태아를 3D프린터로 인쇄해 보여줄 수도 있다.

디지털 크리에이티브 에이전트인 카티 번Kati Byrne은 "우리가 창작하는 방법을 바꿀 수 있는 잠재력을 가졌다"는 말로 3D프린터가 가진 파괴적 힘을 평가했다.[20] 예술가 듀오 롭과 닉 카터 부부는 고흐의 '해바라기'라는 작품을 3D프린터로 만들어 유명세를 탔고, 캐나다 맥길대학교의 요셉 말로와 이안 해트윅은 3D프린터로 착용자의 움직임, 터치 등이 음악으로 바뀌는 악기를 만들어 '미래의 교향악단은 어떤 모습일까?'에 대한 질문을 하도록 만들었다. 건축가인 마이클 한스마이어와 벤자민 딜렌버거는 3D프린터로 만든 인테리어로 방 하나를 온통 채워서 '디지털 그로테스크'라는 작품을 만들었고, 쉐디 첸Xuedi Chen과 페드로 올리베이라 Pedro Oliveira는 스마트폰과 연결되어 개인 정보가 온라인에 노출될수록 투명하게 변하는 미래형 옷인 '엑스포즈x.pose'를 3D프린터로 만들어 공개했다. 영국의 예술가 아담 로우는 3D프린터로 투탕카멘의 무덤을 완벽하게 복제했다.[21] 미국의 3D프린터 제작 회사인 메이커봇은 당신이 사랑하는 사람에게 프러포즈할 때 필요한 보석 반지를 인쇄할 수 있는 소프트웨어를 공개했다. 이제는 전문적인 보석 가공 능력이 없어도 3D프린터로 결혼 반지를 직접 만들 수 있다. 메이커봇은 팔찌, 왕관, 모자 등 수 백 가지의 액세서리를 인쇄할 수 있는 설계도를 공급할 예정이다.[22]

프랑스의 벤처 회사인 드론Drawn은 갈라테아라는 가구 제작용 대형 3D프린터를 개발했다. 로봇팔 형태를 한 이 프린터는 대형 가구도 제작할 수 있다. 스포츠 용품업체 나이키는 2013년에 세계 최초로 3D프린터로 제작한 축구화 '나이키 진공 레이저 탈론'을 출시했다. 세계적인 스포츠카를 만드는 람보르기니는 새로운 자동차 개발에 3D프린터를 사용한다. 3D프린터로 프로토타입을 만들어 디자인과 성능을 테스트한 후 직접 생산에 들어간다. 이런 방식으로 제작 비용을 예전보다 1/10로 줄일 수 있었다. GE항공은 이미 20여 개의 엔진 부품을 3D프린터로 생산하고 있다. 3D프린터를 활용해 금형 제작 없이 곧바로 초정밀성을 요구하는 부품을 척척 만들어낸다. 물론 GE가 사용하는 3D프린터는 대당 가격이 80만 달러가 넘는 최첨단 프린터다. 이 프린터를 이용해 머리카락 굵기의 1/3 정도의 정밀도로 쇳가루를 분사해 레이저를 쏘면서 원하는 부품을 자라게Grow 한다. 20개의 개별 부품을 따로 제작한 후 용접해서 엔진 노즐을 만들던 방식에서 벗어나 3D프린터로 한 번에 전체 노즐을 인쇄하는 새로운 생산 방식으로 바꾸어서 안전성과 생산성 향상을 동시에 이루었다. 내구성이 5배 늘었고 부품 무게는 25%가 줄었다. 노동력도 절감되고 해외 아웃소싱도 크게 줄었다. 당연히 비용도 절감되었다. 이런 성과에 고무된 GE항공은 세계 최대 규모의 3D프린팅 공장을 설립해 연간 35,000~40,000개의 엔진 노즐을 생산한다는 1차 계획을 발표했다.

3D프린터는 발전할수록 지구에 존재하는 모든 것을 만들려고 할 것이다. 집안에서 사용하는 물건이나 먹는 음식을 뛰어넘어, 피부를 프린트하고 심장이나 방광 등 장기까지 프린트하는 쪽으로 기술을 발전시킬 것이다. 고령화 시대, 100세를 넘어 120세를 사는 시대를 좀 더 멋지고 행복하게 살기 위해 주기적으로 피부나 장기를 교환하려는 욕구가 늘어날 것이기 때문이다. 이미 디지털 사진을 기반으로 맞춤식 기도 부목을 3D프린터로 인쇄해 아이의 생명을 살리는 데 성공한 사례가 탄생했다. 2013년 3월 4일에는 3D프린터를 이용해 폴리머로 특수 제작한 두개골로 한 남자의 두개골 75%를 바꾸는 수술에 성공했다.[23]

3D프린터와 산업용 로봇이 결합하면 또 다른 차원의 발전이 가능하다. 스페인에서는 미니빌더스Minibuilders라는 3D프린터 로봇을 개발했다. 이 기계는 각기 다른 임무를 맡은 로봇이 협업해 3차원의 거대한 구조물을 프린트한다. 현재까지의 3D프린팅 기술은 크기에 크게

제약을 받았다. 집과 같은 거대한 구조물을 프린트하려면 3D프린터의 크기도 아주 커야 했다. 3D프린터 로봇은 프린터 크기의 한계를 극복할 새로운 대안으로 주목받고 있다. 3D프린터 로봇을 활용해 구조물을 인쇄하는 방식은 이론적으로는 전혀 물건 크기의 제약이 없다. 우주산업의 발전도 이끌 수 있다. 우주정거장이나 우주 탐사에 필요한 다양한 부품과 물건을 3D프린터를 통해 인쇄해서 사용할 수 있다. 무거운 물건이나 생활용품, 생존에 필요한 음식까지 담아서 가지고 다닐 필요가 없어진다. 다양한 3D프린터와 재료만 싣고 우주여행을 다니면 된다.

물론 암초도 있다. 3D프린터를 상용화하는 데 최대의 문제는 프린팅 속도와 재료비 부담이다. 5년 이내 3D프린터는 무료로 공급될 가능성이 크다. 속도 역시 그때쯤이면 상당히 만족스러운 수준으로 빨라질 것이다. 그러나 마지막 문제는 재료비다. 현재 세계적인 3D프린터 회사인 메이커봇의 주력 3D프린터에 넣는 재료는 가격이 1kg에 2,000~3,000달러 사이다. 3D프린터로 만드는 제품의 크기가 커질수록 많은 재료가 들어가므로 배보다 배꼽이 더 커질 수도 있다. 3D프린터 상용화의 최대 걸림돌이 하나 더 있다. 프린팅 작업 과정에서 공기 중으로 흘러나오는 미세한 가루다. 프랑스공대 그랑데콜INSA 연구팀은 '대기환경-3D프린터의 미세 입자 방출'이란 보고서에서 상온에서 작업할 경우에도 인체에 위험한 초미세 입자UFP의 배출량이 1분에 200억이라는 매우 높은 수치를 보이는 것으로 분석했다. 고온에서는 1분에 2,000억으로 10배나 높아진다. 흡연보다 위험한 수준이다. 초미세 입자는 폐로 들어가거나 뇌로 침투할 수 있는 위험성을 가지고 있다.[24]

하지만 위험 요인의 발견 때문에 3D프린터 산업이 좌초하지는 않는다. 머지않아 이런 위험성을 극복하는 기술이 개발될 것이다. 지금 우리가 생각해야 할 것은 3D프린터 산업의 현실성 여부가 아니다. 3D프린터가 상용화되면 어떤 산업이 타격받을지, 어떤 직업이 위험에 빠질지를 예측하고 대응책을 준비해야 한다. 3D프린터가 상용화되면 어떤 새로운 기회가 펼쳐질 수 있을까를 예측해보고 미래 변화의 길목을 지켜야 한다. 3D프린터 하드웨어를 제작하고 수리하는 것과 함께 새롭게 주목받게 될 가장 큰 시장은 소재 산업이다. 5년 이내에 3D프린터는 플라스틱, 유리, 강철, 티타늄 등 광범위한 재료를 사용할 수 있는 단계에 이를 것이다. 3D프린터 시장도 주목받을 것이다. 제품을 만드는 설계도, 디자인, 판매 시장(2D, 3D store)의 주도권을 누가 갖느냐를 놓고 치열한 경쟁이 벌어질 것이다.

로봇산업이 이끄는 제4차 산업 혁명

3D프린터가 제3차 산업 혁명의 주체라면 인공지능을 탑재한 로봇과 인간의 몸에 결합되는 사이보그 기술은 제4차 산업 혁명의 주체가 될 것이다. 인공지능, 로봇, 사이보그는 엔터테인먼트, 과학과 의학, 비즈니스, 생활 서비스, 산업, 국방, 우주 개발 등 광범위한 영역에 영향을 미치면서 제4차 산업 혁명을 일으킬 것이다.[25] 이런 혁명의 결과로 2030년 이전에 기존 제조업은 큰 변화를 겪게 된다. 우리에게 익숙한 방식의 제조업에서 사람이 하던 일자리의 상당수를 미래에는 3D프린터와 로봇에게 넘겨줄 가능성이 크다.

기업은 자동화 공장이나 3D프린터를 대량으로 들여 놓은 공장을 선호할 것이다. 중국이나 동남아처럼 임금이 낮은 나라에 공장을 짓기보다는 자국에 3D프린터, 빅데이터, 인공지능, 센서, 사물인터넷, 로봇공학을 활용해서 훨씬 생산성이 높은 공장을 지으려 할 것이다. 상대적으로 임금이 낮고, 풍부한 경험을 가진 50세 이상의 근로자만으로도 이런 공장을 운영할 수 있기 때문에 젊은이들의 고용에도 영향을 미칠 수 있다. 이런 미래에 대응하지 못하는 사람들이 늘어나면 실업률이 높아질 것이다. 선진국들은 한편에서 이런 분위기를 은근히 반길 수 있다. 자국의 청년 실업률이 개선되지는 않지만, 저출산으로 계속 줄어드는 생산연령인구의 부작용을 줄이고, 점점 늘어나는 50세 이상의 은퇴자에게 일자리를 만들어 줄 길이 열리기 때문이다. 이렇게 되면 선진국은 로봇이나 3D프린터, 사물인터넷, 인공지능 등의 기술을 활용하는 스마트 공장으로 추세가 바뀌고, 후진국은 스마트 공장을 운영하는 비용보다 적은 수준에서 근로자에게 임금을 주어도 운영할 수 있는 제품만을 생산하는 쪽으로 기울게 될 것이다.

이미 애플의 아이폰을 생산하고 있는 중국의 폭스콘Foxconn은 임금 인상, 수익률 감소, 노동 환경 개선에 대한 압력을 해결하는 방법으로 로봇을 적극적으로 도입하고 있다. 폭스콘이 조립한 아이폰6는 세계 최초로 로봇이 만들어낸 스마트폰이라는 평가를 받는다. 폭스콘은 아이폰6를 조립하기 위해 '폭스봇FoxBot'이라고 불리는 로봇 1만 대를 투입했다. 로봇 한 대의 가격은 중국 노동자 2명의 연봉 수준이다. 하지만 로봇 1대가 연간 3만 대의 스마트폰을 조립할 수 있기 때문에 새로운 로봇 생산 체계로 기업의 당면 문제를 해결할 수 있을 것으로 기대하고 있다. 폭스콘은 2014년 말까지 로봇을 100만대까지 늘릴 것이라고 한다. 2014년 초 기준으로 폭스콘은 120만 명의 근로자를 고용하고 있다.[26]

스위스 로잔연방공과대학EPFL의 바이오로보틱스 연구팀은 '룸봇Roombot'이라는 변신하는 가구 로봇을 개발했다. 하나의 룸봇은 가로, 세로, 높이가 각각 110mm 크기인 블록 2개로 이루어졌다. 룸봇은 3개의 모터, 커넥터Connectors, 그리퍼Grippers를 활용해 결합과 변신을 한다. 이런 블록으로 만들어진 룸봇 여러 개가 모여 서로 결합하면서 테이블이나 의자로 변신한다. 혹은 룸봇이 기존 가구에 부착되어 가구를 이동시켜 줄 수도 있다. 룸봇에는 인공 지능 신경망이 있어 주변 환경을 인지해 스스로 가장 적합한 상태로 변신하거나 작동할 수 있다.[27] 이제, 남편이 도와주지 않아도 여자들이 룸봇을 이용해서 이 방에서 저 방으로 무거운 가구나 짐도 손쉽게 옮길 수 있는 미래가 다가온 것이다.

전문가들은 글로벌 로봇 시장의 규모가 2025년에는 최대 4조 5천억 달러에 이를 것으로 예측한다. 미국에서는 서비스용 로봇이 시장을 이끌면서 연평균 15%씩 고속 성장할 것으로 예측된다. 특히 전문 서비스 로봇은 2016년까지 20%씩 성장하고 개인용 로봇도 25%씩 성장할 것으로 예측된다.[28] 일본에서는 간호 로봇이 연간 200~300%씩 초고속 성장할 것으로 예측된다.[29] 수술 로봇, 재활 로봇, 비침습 방사선수술 로봇, 병원 및 약국 로봇, 기타 의료 로봇 시스템 등 의료 로봇 시장만 본다면 2018년에 글로벌 시장 규모가 4조 원에 이를 것이다.[30] 중국도 베이징에 '로봇산업 클러스터'를 구축할 정도로 큰 기대를 하고 있다. 당연히 미래에는 중국이 세계 최대의 로봇 시장이 될 것이다.

구글은 실전 투입이 가능할 정도의 성능을 자랑하는 '아틀라스'라는 2족 보행 로봇과 최고 46km의 속도로 달리는 4족 로봇 '치타'

등 군사용 로봇을 개발한 보스턴다이내믹스를 인수했다. 구글은 7개의 로봇 기업도 추가로 사들였다. 구글은 앞으로도 최대 300억 달러를 투자해 로봇 관련 기업을 추가로 인수합병할 예정이라고 발표했다.[31] 구글은 로봇 기업을 빠르게 인수합병하면서 동시에 로봇 운영체제Robot operating system를 개발해 오픈소스로 무료로 제공하면서 로봇 생태계를 견인하겠다는 목표를 차근차근 진행 중이다. 구글처럼 영향력 있는 기업의 오픈소스 전략은 로봇의 발전 속도를 생각보다 빠르게 만들 것이다. 구글을 포함한 일부 기업이 조만간 로봇 개발 플랫폼을 오픈소스로 공개할 것이다. 그에 따라 로봇 개발 비용이 줄어들고 기술력은 향상될 것이다. 이미 과거 35만 달러를 넘었던 간병 로봇을 현재는 2만 5천 달러에 살 수 있다. 테슬라가 전기자동차 특허를 오픈소스로 공개해 시장을 넓히는 전략을 구사하는 것처럼 가까운 미래에 로봇 개발 플랫폼이 오픈소스로 공개되면 시장은 빠르게 커질 것이다.

미군은 곧 드론 전투병, 웨어러블 컴퓨터와 입는 로봇으로 무장한 군인, 휴머노이드 군인을 차례로 실전 배치할 계획이다. 미국은 10년 내 무기의 33%를 로봇으로 대체하겠다는 계획이다. 전쟁에 로봇을 보냄으로써 부담스런 여론을 설득하고, 미래형 군수산업의 새 지평을 열 셈이다. 제너럴모터스가 나사와 함께 만든 로보노트2Robonaut2는 최신 안드로이드 기술의 집합체다. 광범위한 센서와 정교한 다섯 손가락을 가진 손을 갖추고 있으며, 우주정거장을 청소하거나 인간의 우주 작업을 돕는 보조 역할을 수행하고 있다. 케네기멜론대학에서는 'HERBHome Exploring Robotic Butler'라는 이름의 요리와 청소 등의 집안 일을 하는 집사 로봇을 개발 중이다. 유럽연합EU이 투자해 개발 중인 '지라프플러스Giraffplus'는 움직이는 화상 전화기 로봇이고, 독일 기업 프라운호퍼 IPA사가 개발한 'Care-O-bot3'는 스마트폰 앱으로 조종해서 필요한 물건을 꺼내 가져오게 하는 기능, 화상 회의, 경찰 호출에 특화된 로봇이다. 미국 조지아공대에서 만든 '코디Cody'는 노인의 목욕과 안마를 돕는 로봇이고, 일본에서 개발해 미국과 유럽에 판매되고 있는 '파로Paro'는 애완용 물개 로봇으로 노인의 정서 생활과 치매 예방 및 치료에 도움이 되는 로봇이다. 2014년 도쿄박물관은 오사카대학의 로봇 전문가인 히로시 이시구로 교수가 개발한 오토나로이드와 코도모로이드라는 로봇 도우미를 고용했다. 이 두 로봇은 인간과 모습이 같고 유창한 일본어를 구사한다. 일본은 군사용 로봇에서는 미국보다 기술이 뒤지지만, 상업용 로봇과 휴머노이드 로봇 분야에서는 앞서 있다. 한국도 2010년 초 미래형 로봇 개발의 로드맵을 발표했다. 2018년까지 농업, 의료, 문화, 홈서비스, 교육, 해양, 건설, 교통, 사회 안전 등 8대 분야에서 미래형 로봇을 출시하겠다는 계획이다.

　3D프린터 산업을 미국의 미래라고 치켜세운 버락 오바마 대통령은 재선 후 제조업의 생산성 향상과 새로운 시장의 형성을 기대하며 인공지능과 로봇산업을 부각시키고 있다. 중국 시진핑 국가 주석도 제12차 5개년 계획(2011~2015)에서 로봇산업을 미래의 국가경쟁력으로 지목했다.[32] 미국전기전자공학회IEEE가 발간하는 기술 전문 잡지인 〈스펙트럼〉에서는 앞으로 50년간 미래를 만들어가는 데 가장 크게 영향을 미칠 기술을 열거하면서 대부분을 인공지능과 로봇의 연관성을 설명하는 데 할애했다. 미래의 로봇은 빨래를 세탁기에 넣고 건조된 세탁물을 말리고 다 마른 세탁물은 예쁘게 개어 벽장에 넣어

줄 것이다. 노인의 음성과 신체 상태를 분석해 적절한 간병이나 응급 조치를 하고, 소파에 누워있는 남편에게 물을 떠다 주고 리모컨을 찾아서 갖다 줄 것이다. 주말에는 대청소를 하고 화초에 물을 주고 애완견에게 밥도 줄 것이다. 어른이 외출한 후 아이들과 보드 게임도 하고, 책도 읽어 주고, 안전을 지켜 줄 것이다.

로봇이 스마트 기기와 연동되면 새로운 홈네트워크 환경이 만들어진다. 로봇이 스마트 기기와 연동되어 학습 도우미 역할을 하면 기존 사교육 시장에 큰 변화가 일어날 것이다. 어학 기능에 게임 기능을 결합한 대화형 로봇이 아이의 교육 상대가 되면 컴퓨터를 이용하는 것보다 훨씬 재미있게 어학에 몰입할 수 있다. 결국 일류 수준의 사교육 교사와 학원만 살아남을 수 있다.

이러한 계획과 예측 정보들을 고려할 때 로봇산업은 기존 컴퓨터 산업과 유사한 속성을 지니게 된다. 로봇의 운영체제os와 이를 기반으로 형성될 플랫폼을 장악하는 기업이 수많은 애플리케이션과 비즈니스 생태계를 좌우할 힘을 얻을 것이다. 로봇과 스마트 기기들이 융합하고 서로 연동되면 인간에게 요구되는 역할과 능력도 변할 것이다. 육체적인 능력과 단순 반복적인 사무직 업무는 물론, 디자인 등 지능적이고 예술적인 인간의 영역까지 로봇이 하나둘 침투해 들어오면서 사람의 역할이 위협받기도 하지만, 한편으로는 긍정적인 자극도 받게 된다. 사람은 로봇과 구별되는 이전보다 더 창의적이고 경험이 필요한 역할과 능력을 요구받을 것이다. 이에 따라 학연, 지연, 혈연에 의한 성공보다는 창의적 문제해결력 중심의 능력주의 사회로 흐름이 바뀔 수 있다.

한편 로봇이 생활을 지원하고 지적인 일에 치중하게 되면 신체 활동이 둔화되어 비만 인구가 증가할 것이다. 이는 다시 다이어트 산업의 확대로 이어지는데, 이 분야 역시 로봇이 많은 역할을 하게 될 것이다. 편의성은 일종의 중독이다. 편리하고 단순 반복적인 일에서 벗어난 사람은 자신의 의미를 찾으려 노력한다. 하지만 일상생활의 많은 부분을 로봇에게 맡기고 온라인 활동에 치중하면서 개인화된 생활 방식에 익숙해진 사람들은, 일부러 노력하지 않는 한 지금보다 오프라인 상에서의 대인관계와 사회 활동 비중이 줄어들 가능성이 높다. 이는 다시 정서 불안과 정체성 혼란 등으로 연결될 수 있다. 의식적으로 신체적인 활동, 오프라인 만남을 위해 노력하지 않는다면 위험하다는 의미이다. 사람과 닮아가는 로봇의 지능과 외모에 끌리고 온라인 커뮤니티 활동에 매진하다 보면 자기만의 세계에 빠져들게 된다. 이런 상황이 되면 로봇이 추천하는 상품을 사게 되어, 로봇을 광고의 플랫폼으로 이용하는 산업이 부상하게 될 것이다. (물론, 로봇 덕택에 생긴 여가의 증가로 다양한 활동을 추구하게 된다면 이러한 정서불안과 관련된 문제의 많은 부분이 해소될 가능성도 있다)

휴머노이드 로봇의 파생 산업이 사이보그 산업이다. 사이보그 기술은 로봇의 기능 일부를 사람에게 이식하거나 착용하게 함으로써 인간의 물리적·신체적 한계를 극복하려는 목적을 가진다. 그래서 사이보그 기술을 생체전자공학(바이오닉스)이라고도 부른다.[33] 고령 사회가 되면 사이보그 기술에 대한 수요가 크게 늘 것이다. 사람이 늙으면 신체 기능의 일부가 저하된다. 하지만 허약해진 신체 일부를 사이보그 기술을 활용해 보완하면 젊을 때보다 더 나은 신체적 능력을 발휘할 수 있다. 인공 망막이나 인공 눈 기술을 활용하여 시력을 젊은이보다 좋게 만들고, 완전히 시력을 상실한 사람도 세상을 볼 수 있게 된다. 인간이 소리를 듣기 위해서는 만개가 넘는 육모 세포가 필요하다. 사이보그 기술을 활용하면 약 18개의 인공와우로 청력을 회복할 수도 있다. 현재 이 기술은 3~5세 이내에 수술을 받아야 완전한 청력을 회복할 수 있다는 단점이 있다. 5세가 넘어가면 효과가 확연하게 떨어진다. 미래에 기술이 발달하면 시술이 가능한 연령대도 점점 높아질 것이다. 인공 팔, 인공 다리도 속속 등장하고 있다. 인간 힘의 최대 200배까지 힘을 발휘할 수 있는 '입는 로봇'도 넓게 보면 사이보그 기술에 포함된다. 현재의 사이보그 기술들은 초기 단계로서 아직은 연구실에서만 존재한다.

  사이보그 기술은 몸의 외부에 장착할 수도 있고, 몸 안에 심을 수도 있다. 몸 안에 삽입해 장기의 기능을 대체하거나 뇌를 조절할 수도 있다. 뇌심부자극술이란 치료법이 대표적 예이다. 가슴 부위에 작은 컴퓨터를 달고 컴퓨터에 연결된 전선을 뇌에 이식해 이를 통해 뇌를 자극, 조절하는 기술이다. 파킨슨병을 앓고 있는 사람들에게 본격적으로 시술되고 있는 일종의 사이보그 기술이다. 현재까지 미국에서만 2만여 명이 시술받았는데, 치료 후 걷고 달리고 춤까지 춘다. 아직은 초기 수준이라 시술 대상에 한계가 있지만, 인간이 뇌의 영역까지 통제할 계기를 마련했다는 점을 주목해야 한다. 이제 기술의 발전만 남아 있을 뿐이다. 사이보그 기술은 ICT, 기계공학, 뇌공학, 신경공학 등 다양한 학문과 기술이 융합되고 있기 때문에 가능한 미래 기술이다. 2030년 이후가 되면 인공지능을 탑재한 다양한 로봇이 일상생활 깊숙이 침투하여, 근무 환경과 일 처리 방식을 크게 바꿀 것이다. 이런 기술을 이용해서 인간은 로봇의 일부 기능을 몸에 장착하는 '사이보그' 기술을 활용할 것이다. 필자의 예측으로는 2040년

경이면 10명 중 한 사람은 사이보그가 될 것이다.

로봇과 사이보그 산업은 21세기 융복합 기술의 쾌거다. 자녀 중 선천적으로나 후천적으로 시력이나 청력을 상실하거나, 손과 발을 사용할 수 없어서 휠체어에 의지해 살아가야 한다면, 혹은 부모가 남은 인생을 가족도 알아보지 못한 상태로 침대에 누워 지내야 한다면 휴머노이드 로봇이나 사이보그 기술의 도움을 요청하게 될 것이다. 이 점에서 의료산업을 크게 주목해야 한다. 미래의 의료산업은 단지 의학에 기반한 산업이 아니라, 바이오산업, 로봇산업, 사이보그산업, 나노산업, ICT산업이 융복합되는 새로운 산업으로 발전해 갈 것이다. 의료산업에서는 보조 기구를 넘어서 사이보그 기술, 뇌 인터페이스의 응용 기술이 큰 역할을 할 것이다. 이처럼 인간 생활에 혁명적인 변화를 가져오기 때문에 제4차 산업 혁명이라고 평가할 수 있는 것이다.

기존 산업을 회생시킬 새로운 영역

새로운 영역 1: 물산업

시간이 갈수록 물을 둘러싸고 벌어지는 전쟁은 치열해진다. 물을 가진 자가 세상을 지배할 것이라는 예측까지 계속해서 나올 정도다. 지구에 존재하는 물 중에서 먹을 수 있는 물은 불과 3%다. 이마저도 기후변화와 환경파괴로 줄어들고 있다. 비가 내리는 패턴이 급변해서 담수가 줄어들고 사막화 현상이 확산되며, 무분별한 도시 개발로 지하수가 오염되고, 인구 증가로 식수 및 공업용수가 빠르게 소진되고 있다. 이런 현상이 계속되면 분명 빠른 시일 내에 급격한 물 부족 현상이 발생해 물을 차지하려는 싸움이 빈번해질 수밖에 없다. 물 문제가 국가 간 평화를 위협하고 급기야 제3차 세계대전을 일으키는 촉매제가 될 가능성이 크다. 한편 이런 현상을 활용한 새로운 비즈니스의 가능성도 빠르게 열리고 있다.

　물의 지배력에서 벗어 날 수 있는 사람은 없다. 사람이 밥을 먹지 않고는 최대 40여 일을 살 수 있지만, 물을 마시지 않고는 3일을 살기 힘들다. 부유하든 가난하든, 강대국이든 약소국이든 물을 마셔야 살 수 있다. 물은 인권과 연결된 문제이고, 엄청난 부와 연결된 문제이며, 국제적 안정과 연결된 문제다. 물을 석유나 금보다 과소평가해서는 안 된다. 현재 식수 부족으로 고통 받는 사람들이 11억 명이 넘었고, 식수 오염에 의해 매일 6,000명의 아이가 죽는다. 2030년경이면 전지구적으로 도시에 50억 명의 인구가 몰리게 되어 물 부족은 더욱 더 심해질 것이다. OECD는 2030년 경이면 전 세계 인구의 절반이 신선하고 깨끗한 물의 부족 때문에 큰 불편을 느끼게 될 것으로 예측했다.[34] 2050년 경이 되면 39억 명이 물 부족으로 고통받게 될 것으로 예측된다.

　스탠더드앤드푸어스 S&P는 물산업 관련 기업 50개로 만든 '글로벌 워터 인덱스 S&P Global Water Index'가 주식 시장 평균 수익률보다 높았다고 평가했다.[35] 2008년 기준으로 프랑스, 독일, 스페인, 브라질 등은 이미 세계 5대 물 기업을 가지고 있다. 브라질, 우루과이, 아르헨티나, 파라과이 지하에 있는 과라니 대수층에 있는 지하수는 전 세계 60억 인구가 매일 100L씩 2백 년을 마실 수 있는 양이라 이들 국가가 미래 물산업에서 강력한 주자로 떠오를 가능성이 크다. 중동은 석유를 수출해 부자 나라가 되었지만, 미래에는 물을 수출해 부자 나라가 되는 현상이 일어날 것이다.

물 서비스 산업이 커지는 것은 세계적인 추세다. 센 강변에는 유럽 최초로 100개의 생수 중 하나를 골라 마시는 워터 바Water Bar가 등장했다. 부산에도 블루베리, 석류, 아사히 등 보통 사람은 이름도 들어 보지 못한 물을 파는 워터 바가 등장했다. 파는 물의 국적도 한국산에서부터 브라질의 아마존까지 다양하다. 관련된 스토리도 다양하다. 한니발 장군이 로마 군대를 무찌르고 먹었다는 물, 몇 만 년 전 만들어진 빙하로 만든 물 등...... 믿기 힘들지만 비싼 생수는 한 병에 2만 원 가까이 된다. 수돗물보다 무려 5,000배 비싼 것도 있다. 현재 전 세계 생수 시장 규모는 수백억 달러를 넘어 매년 빠르게 성장하고 있다. 중국에서는 물산업이 매년 20~30%씩 성장하고 있다. 2014년 한국의 생수 시장 규모도 6,000억 원을 넘어섰다. 이제 한국에서도 기름값보다 물값이 비싸지기 시작했다.

이것은 무엇을 의미할까? 기존 산업이 미래 인류의 문제를 해결하는 산업과 결합하여 새로운 활로를 열 수 있다는 말이다. 플랜트와 물의 만남을 보라. 해양 담수 플랜트는 바닷물을 파이프를 통해 육지로 끌어들인 다음 증발기에서 수증기를 만들어 담수로 만드는 기술이다. 중동처럼 물을 구하기 힘든 나라들에는 식수는 물론이고 사막을 낙원으로 만드는 마법이자 생명과 같은 기술이다. 한국의 두산중공업은 최고 수준의 플랜트 기술과 증발기 기술을 기반으로 세계 담수 플랜트 시장에서 부동의 1위를 고수하고 있다.

담수화 기술을 필요로 하는 곳은 중동 국가들만이 아니다. 물 부족 현상이 갈수록 심해지면서 코카콜라, 구글, 포드자동차, 네슬레, 엑손모빌 등 제품 생산에 막대한 양의 물이 필요한 기업들도 담수화 기술에 큰 관심을 보이고 있다. 파이낸셜타임스는 지난 3년 동안 이런 기업이 물을 확보하기 위해 투자한 돈이 840억 달러에 달한다는 분석을 내놓았다. 포천 500대 기업의 70%는 물 관리가 기업 경영과 밀접하게 연결되어 있다고 응답했다. 신흥국들도 도시 개발, 식량 확보, 산업 발전을 위해서 농업용수, 식수, 산업용수 등에서 막대한 양의 물이 필요하다.[36]

바닷물을 끌어들이기 힘든 내륙지방에서는 버려진 하수를 재처리해 사용하는 재활용수 시스템이 주목받을 것이다. 재활용수 시스템은 도시에서 사용되는 물의 양을 획기적으로 줄여준다. 미래에는 대형 건물이나 마을마다 미생물을 이용하거나 화학적으로 처리하는 기술, 혹은 나노 단위의 초정밀 미세 막 필터를 갖춘 박막Membrane 기술을 활용한 재활용수 시스템이 설치되어, 버려지는 하수나 빗물을 편의점에서 사서 먹는 생수 수준으로 깨끗하게 재처리해 사용하게 될 것이다. 재처리해 사용하고 남은 물은 다른 빌딩, 다른 기업, 다른 마을에 팔게 될 것이다. 설치 비용보다 더 크게 비용을 절감할 수 있고, 물을 팔아 이윤을 남길 수 있는 등 경제적 유익을 보장하는 기술만 확보된다면, 너도나도 물 사업에 뛰어들 것이다. 쓰고 남은 에너지를 파는 것처럼 쓰고 남은 물을 파는 시대가 다가오고 있다.

물 부족이 점점 심해지는 미래에는 탄소 발자국처럼 물 발자국 Water footprint 지표를 도입해 물에 대한 통제와 사용을 관리하게 될 것이다. 미래에는 모든 제품과 서비스에 탄소 배출 비용을 물리듯, 물 사용에 지불하는 비용이 모든 제품과 서비스에 포함되어 계산될 것이다. 상수도 서비스가 민영화된 나라에서는 절수 제품이 큰 인기를 끌고 있다. 현재, 중국은 한 사람이 일 년에 700~800톤을, 한국은 1,170톤을, 미국은 2,500톤을 사용한다. 21세기 말에 이르면 지구의 인구는 140억 명을 돌파할 것이다. 기후 변화 때문에 강수량이나 담수량은 거꾸로 줄어들기 때문에 심각한 물 부족이 예상된다. 미래에는 지구온난화의 주범인 이산화탄소보다 더 중요한 것이 물이 될 가능성이 크다.

만약 미래에 제3차 세계대전이 일어난다면 인류 전체가 공멸하고 지구를 포기해야 할지도 모르는 참담한 결과를 몰고 올 핵전쟁이 될 것이다. 이런 핵전쟁을 불사할 수도 있는 유일한 이슈가 물이다. 물산업이 석유처럼 국가의 전략적 품목이 될 것은 분명하다. 이미 싱가포르 같은 도시국가에서는 오래 전부터 국가 주도하에 지멘스, 콘젠, 니토덴코 등 세계적인 물 관련 기업과 협력하여 물에 대한 연구를 해오고 있다. 물에 대한 여러 가지 첨단 기술도 확보했고, 물산업을 국가의 전략적 산업으로 육성하면서 아시아의 물산업 강국으로 도약할 준비를 하고 있다. 미래형 신산업인 물 관련 산업은 2012년 기준으로 반도체 시장의 2배가 되는 5,000억 달러(600조 원)로 성장했고, 앞으로 20년간은 세계 경제 성장률보다 2~3배 이상 성장할 것으로 예측된다.[37]

새로운 영역 2: 해양산업

미래에는 바다가 우주만큼 중요해진다. 우주 개발은 아주 먼 미래다. 우주 여행이 시작되어도 우주정거장에 머무는 수준일 것이다. 반면 바다는 우주보다 훨씬 가깝고, 우주보다 확실하게 손에 잡히는 미래다. 미래에 대한 거시적 담론을 제시하는 미국 예일대 교수 폴 케네디 박사는 〈21세기의 준비 Preparing for the 21c〉라는 저서에서 인류의 미래를 좌우할 3가지 항목으로 다국적 자본 Multicapital, 대중매체 Mass-media,

그리고 바다Marines를 거론했다.

　인류의 미래 생존과 번영의 측면에서, 바다의 가치와 잠재력은 우주 못지않게 무한하다. 미래의 바다는 인류의 문명 발전에 걸림돌이 되고 있는 에너지 및 광물 자원 고갈 문제를 해결해 줄 것이다. 심해 광산업은 이미 시작된 미래다. 2014년 4월 25일 캐나다의 광산 기업인 노틸러스 미네랄스는 세계 최초로 심해 광산 채굴 허가권을 받았다. 노틸러스 미네랄스는 파푸아뉴기니 연안에서 30km 떨어진 비스마르크 해에서 20년간 금, 은, 구리, 아연 등 금속 광물을 채굴할 수 있게 되었다. 회사 측은 연간 130만 톤을 채굴할 수 있을 것으로 전망하고 있다.

　공해 상에서 심해 자원을 선점하기 위해 각국의 심해 탐사 면허 신청도 빠르게 늘고 있다. 2010년에 8건에 불과했던 공해 탐사 면허 발급이 2013년에는 17건으로 늘었다. 태평양 남서부 섬나라인 바누아투는 자국 영해에서 145건의 탐사 면허를 발급해 주었다.[38] 선진국들이 투자해서 자국 영해에서 자원을 발견하고 채굴할 경우 가난한 섬나라에 불과한 국가의 미래가 바뀔 수 있다는 기대 때문이다. 육지에 있는 자원이 고갈되고 가격이 상승할수록, 심해 채광 기술과 로봇 기술이 발전할수록 해양자원의 매력은 더욱 높아질 것이다.

　다양한 광물이 녹아있는 마그마가 수천 년에서 수 만년 동안 차가운 바닷물과 접촉하면서 굳어지는 과정을 통해, 육지보다 10배 이상 농도가 높은 광물을 퇴적시키며 형성된 해저 열수광상(해수 표면에서 1,400~3,700m 아래)에는 첨단 산업의 비타민이라고 불리는 희토류에서부터 부의 상징인 금과 은, 석유와 가스 등이 매장되어 있다. 그 매장량은 밝혀진 것보다 아직 밝혀지지 않는 것이 더 많다. 미국 국립

해양대기청NOAA의 분석에 의하면 금의 경우 70억 명의 사람에게 4kg 씩 모두 나누어줄 양(돈으로 환산하면 150조 달러 가량)이 매장되어 있다.[39] 바다가 인류에게 주는 혜택은 또 있다. 지구에 존재하는 생물종의 80%가 서식하는 바다는 인류의 생존과 지속 가능성을 이루어줄 해양생명공학 발전의 장이다. OECD의 분석에 의하면, 글로벌 해양생명공학 산업의 규모는 현재 연간 20~30조 원 정도다. 하지만 연평균 10~12% 성장률을 보이고 있다.[40]

새로운 영역 3: 이야기산업

중국 송나라의 수도였던 항저우는 2,300년의 역사를 가지고 있다. 항저우에는 관광객에게 인기가 높은 송성테마파크가 있다. 송나라 시대 거리와 도시의 모습을 그대로 재현한 공원이다. 철공소, 식당, 술집, 시장, 주거 공간 등이 빼곡하게 들어서 있고, 송나라 당시의 공연이 길거리에서 재연되고 있어 관광객의 눈길을 사로잡는다. 또한, 매일 송나라 시대의 재미있는 이야기들이 공연으로 펼쳐진다. 송나라 시대 관리였던 왕원외는 나라에 큰 공을 세워 사위를 선택할 수 있는 권한을 받았다. 왕원외는 딸에게 비단 공을 던지게 해 제일 먼저 잡는 사람을 사위로 삼았다고 한다. 일명, '왕원외의 사위 고르기'라는 이야기다. 송성테마파크에서는 이 이야기 속에 관광객을 참여시켜 흥미를 배가하고 송나라 문화에 깊숙이 빠져들게 한다. 역사 속에서나 볼 수 있었던 이야기를 실제 상황처럼 생동감 있게 직접 체험할 수 있게 한 것이다. 매일 공연하면서 매회 만석을 자랑하는 '송성천고정宋城千古情'이란 극도 유명하다. 이 가무극歌舞劇은 항저우의 역사, 문화, 풍속, 전설, 민담, 영웅 악비 장군의 전쟁 이야기 등을 재미있게 엮어서, 300명 이상 출연하는 대형 군무와 극, 서커스 등으로 재현한 것이다.

항저우에서 가장 유명한 관광지인 서호西湖도 밤이 되면 놀라운 이야기 무대로 변신한다. 이태백이 놀고 갔다는 서호는 낮에는 관광객에게 아름다운 호수의 자태를 뽐내지만, 밤에는 환상적인 이야기 쇼인 '인상서호印象西湖'라는 실경수상實景水上 뮤지컬이 펼쳐진다. 중국의 유명한 감독인 장예모와 판웨, 왕초우거가 천년 전 선비를 사랑한 백사白蛇가 도를 닦아서 인간으로 변했다는 서호의 유명한 전설 백사전을 기초로 만든 이 뮤지컬은, 2007년 초연을 한 후 매년 십만 명 가까운 관객을 불러 모았다. 호수 위에 무대를 만들었는데, 관객들은 배우들이 호수를 실제로 걸어 다니는 것으로 착각할 정도로 정교하게 만든 뮤지컬이다. 이 뮤지컬 하나로 항저우를 찾는 외지 관광객이 45% 이상 늘었고 공연 수익은 연간 120억 원을 넘는다.[41]

이 모든 성과의 뿌리는 항저우의 옛이야기다. 스토리가 부를 창출하는 전형적인 사례다. 아름다운 자연, 문화재, 옛 이야기를 서로 엮어서 새로운 부가가치를 창출해 도시를 키우고 나라를 키우는 시대가 되었다. 이야기 역량은 콘텐츠산업의 경쟁력을 키우는 핵심이다. 2011년 기준으로 도요타 자동차는 매출 2,321억 달러에 영업 이익을 66억 달러 기록했다. 그러나 콘텐츠 기업인 월트디즈니는 매출은 380억 달러에 불과했지만 영업 이익은 도요타보다 많은 75억 달러를 기록했다. 콘텐츠산업은 타 산업 분야로의 확장력도 좋고, 세계화 물결을 타고 해외 시장으로 진출하기도 상대적으로 쉽다. 2010년 엔터테인먼트와 미디어산업의 전 세계 시장 규모는 자동차산업과 비슷한 1조 4,200억 달러였다.[42] 출판, 만화, 음악, 영화, 애니메이션, 게임, 방송 등 콘텐츠의 창작과 플랫폼, 부가서비스, 유통, 소비, 하드웨어 등을 모두 포함한 시장이다. 하나하나로 보면 작아 보이지만 좋은 이야기로 매우 큰 경제 효과를 낳을 수 있는 것이다.

8장

제2차 가상 혁명

BRAVE NEW WORLD 2030

디스플레이 혁명

　　　　　　　　　　구글이 만든 스마트안경인 '구글 글래스Google glass'가 화제다. 720p HD급 동영상을 촬영할 수 있고, 눈앞 2.4m 거리에서 25인치 HD 대형 모니터 화면이 펼쳐지는 것 같은 느낌을 준다. 오디오에는 골 전도 변환기Bone conduction transducer를 사용하고, 802.11b/g 무선와이파이와 블루투스 기능을 탑재했다. 내장 스토리지가 16GB이며, 구글 클라우드 스토리지를 사용할 수 있다. 온종일 사용 가능한 용량의 배터리를 탑재했고, 블루투스 기능이 있는 모든 전화기와 동기화할 수 있다. GPS 기능을 사용해 위치 정보를 사용하고 실시간으로 SMS 메시지 전송도 가능하다.

　인간의 오감 중 가장 많은 정보를 받아들이는 것이 시각이다. 시각은 인간 두뇌의 능력과 가장 밀접하게 연결되어 있어서, 모든 사고와 판단 그리고 행동의 출발점이다. 우리는 스마트폰을 통해 세계의 변화를 보여주는 각종 정보에 접근하고 지구 반대편에 있는 사람들을 본다. 그래서 스마트폰을 세상을 보는 눈이라고 한다.

구글 글래스는 이처럼 눈을 대신하는 스마트폰을 실제의 눈 위치로 옮겨놓는 디바이스다. 스마트폰을 보지 않아도 세상의 변화를 눈으로 보고 지구 반대편에 있는 사람을 눈앞에서 보게 만들어준다. 스마트폰보다 더 직관적으로 세상을 볼 수 있게 한다. 구글 글래스를 끼고 하늘을 보면 날씨 앱이 가동되어 날씨 정보를 보여준다. 스마트폰에 있는 내비게이션 앱을 시작하지 않더라도 길거리나 자동차에서 도로를 쳐다보면 길 안내 정보가 도로 위에 겹쳐 나타난다. 운전하면서 화면과 길을 번갈아 보아야 하는 불편함이 사라지는 것이다. 구글 글래스를 끼고 사람을 보면 그 사람에 대한 정보가 옆에 뜬다. 스마트폰이나 컴퓨터 화면을 띄워놓고 어색하게 영상통화 할 필요가 없다. 앞에 있는 동료를 보면서 동시에 그 옆에 화상을 띄워놓고 같은 시선에서 영상통화를 할 수 있다. 마치 영상 속의 동료가 바로 옆에 있는 것처럼 말이다. 구글 글래스에 떠 있는 각종 영상이나 정보는 실제 시야를 방해하지 않을 정도로 세심하게 배려했다. 너무 커서 시야를 방해하지 않도록 하되, 너무 작아 보기 어렵지도 않다. 그래서 가상의 정보나 영상이 실제로 앞에 있는 것 같은 느낌을 들게 만들었다. 지능형 음성 인식 기능을 사용해 말로 스마트 안경을 조작할 수 있고, 눈짓으로도 조작할 수 있다.

스포츠용품 전문업체인 오클리도 '에어웨이브Airwave'라는 제품을 내놓으면서 구글을 맹추격 중이다. 이는 스키, 스노보드, 수영, 축구 등 스포츠를 즐기면서 동시에 스마트 안경을 통해 각종 정보를 파악하고 상황에 더 정확하게 대처할 수 있도록 만든 스마트 고글이다.

사용자의 눈앞 1.5m 부근에 14인치 정도의 모니터를 띄워준다. 스마트 고글을 쓰면 음악을 들으면서 운동할 수 있고, 외부의 온도와 날씨, 점프의 체공 시간, 이동 거리 등을 보여 준다. 여럿이 함께 사용하면 네트워크 기능을 통해 서로 통신하면서 운동할 수도 있다. 수영을 즐기는 사람들을 위한 '인스타비트Instabeat'라는 디바이스도 있다. 수영용 고글에 부착해 사용하는 것으로 심박 수 측정, 수영 시간, 호흡 횟수, 각종 기록 등이 디스플레이 된다. 너무나 강력한 기능을 가지고 있어 사생활 침해라는 의심을 받지만, 대안 기술을 계속 개발 중이다.

안경은 시계보다 더 중요한 패션 아이템이다. 시력 보완보다는 패션을 위해 안경을 착용하는 사람도 많다. 구글도 이런 측면을 적극적으로 반영해 2014년부터는 패션 아이템이 될 수 있도록 기능과 더불어 디자인을 향상시키고 있다. 스마트 시계보다 스마트 안경이 더 많은 사람의 사랑을 받을 가능성이 크다. 구글의 공동 창업자 세르게이 브린은 이 안경을 만들기 위해 오래 전부터 연구를 직접 지휘했다. 양손을 스마트폰이나 컴퓨터에서 자유롭게 하고, 인간의 시각을 통해 가상과 현실을 동시에 인식할 수 있으며, 음성 인식과 자동 통번역 기술을 탑재해 언어의 장벽을 뛰어넘는 세상을 만들겠다는 그의 비전이 담긴 제품이다. 음성언어를 문자로 변환해 주면 청각 장애인도 소통의 장벽을 극복할 수 있다. 기술이 발달해 스마트 안경과 뇌신경공학이 연결되면 시각 장애인도 스마트 안경을 통해 세상을 볼 수 있는 기적 같은 일이 현실이 될 수도 있다.

2020년 이후, 스마트 안경은 인간을 스마트폰과 컴퓨터에 묶여 있는 시각적 굴레에서 벗어나게 해 줄 것이다. 스마트폰과 컴퓨터는 가방이나 사무실 책상에 둔 채로 거리를 활보하거나 자동차를 운전해도 스마트 안경이 필요한 모든 정보와 연결해 줄 것이다. 손을 사용하지 않고도 음성과 눈짓, 생각으로 가상 세계와 현실 세계에 있는 사물과 디바이스를 조작하는 인터페이스가 구현될 것이다. 디스플레이 혁명이라고 해도 과언이 아니다.

디스플레이 혁명에 힘입어 2020년 이전에 3차원 커뮤니티 시대가 열린다. 세컨드라이프 같은 3D로 만들어진 '가상 세계'가 안경을 통해 눈앞에서 펼쳐지게 된다. 스마트 안경을 착용하면 집, 사무실, 길거리, 자동차 안에서 가상과 현실의 경계가 파괴되면서 두 세계가 동시에 눈앞에 떠 있는 시대가 열린다. 현실공간에 존재하는 건물에 들어간 후 친구를 만나다가 곧바로 가상공간에 존재하는 건물로 들어가 다른 고객을 만나는 세상이 열린다. 현실공간의 커피숍에 들어가서 가상공간에 들어가 금융거래를 하거나 프랑스 파리로 연인과 여행을 갈 수도 있다.

스마트 안경은 가상을 우리의 눈과 뇌에 주입하는 디스플레이 기술의 시작을 알리는 제품이다. 미래 디스플레이의 최종 목표는 디스플레이의 존재를 못 느끼게 하는 것이다. 크게 3가지 방식으로 가능하다. 하나는 안경이나 콘택트렌즈 방식을 통해 눈앞에 가상의 글씨, 이미지, 동영상 등이 떠 있게 하는 것이다. 현재 4~25인치의 크기에 갇혀 있는 가상의 화면이 우리 눈이 볼 수 있는 시각의 전체 범위를 꽉 채운 듯 보이는 것이 미래 디스플레이 기술의 목표다.[43] 일명 '아이맥스 효과'다. 이를 위해 구글 글래스는 모니터 화면을 없애고 모든 가상 정보를 눈 앞에 그대로 올려놓았다.

미국 캘리포니아에 있는 디스플레이 반도체 기업 '오스텐도테크놀로지Ostendo Technologies'는 최대 인치당 5,000픽셀의 3차원 홀로그램 영상을 공중에 만들어주는 콩알만한 크기의 초소형 프로젝터를 개발했다.[44] 홀로그램을 통해 디스플레이의 물리적 한계를 극복하려는 시도다. 가상의 아바타나 영상 및 이미지, 가상의 사물이 좁은 모니터를 빠져나와 눈앞에서 실제 크기로 보이도록 하는 기술이다. 가상의 아바타가 손바닥만한 크기에서 벗어나 눈앞에 서 있는 180cm 크기의 친구와 같은 키로 옆에 서 있도록 하는 기술이다. 홀로그램은 가상을 현실로 직접 튀어나오게 만들어 경계를 파괴하는 기술이다. 미래 스마트폰 디스플레이의 중요한 전환점도 홀로그램이 될 것이다. 화면의 크기를 수십 인치로 키우거나 화면 속 내용을 입체적으로 보여 주기에는 홀로그램이 최적의 기술이다.

아마존은 3D 안경이 없어도 3차원 이미지를 볼 수 있는 스마트폰을 개발했다. 미래의 스마트폰은 여기서 한 단계 더 나아가 모니터 속에, 그리고 모니터 밖에 3차원 입체 이미지를 만들어내는 쪽으로 발전할 것이다. 홀로그램은 가상의 영상을 만드는 것이기 때문에 손으로 만져서 물리적으로 촉감을 느끼거나 잡을 수 없는 것이 상식이다. 하지만 이런 한계도 돌파되고 있다. 이미 개발된 기술 중 하나는 홀로그램 물방울을 손 위에 떨어뜨리면 물방울의 촉감까지도 느끼게 만들어준다. 가상의 영상이 이미지뿐 아니라 촉감까지도 전달하게 되면 가상과 현실의 구별이 사라지게 된다. 지구 반대편의 브라질에서 공연하는 K팝 가수가 홀로그램으로 서울에 있는 내 눈앞에서 동시에 공연할 수 있게 된다. 교실 안 학생은 실제 사람이지만, 교수는 홀로그램으로 와 있을 수도 있고, 그 반대도 가능하다. 어쩌면 교수와 학생 모두 홀로그램으로 와 있을 수도 있다.

디스플레이 존재를 못 느끼게 하는 또 다른 방법은 시각의 범위와 비슷한 크기의 실제 디스플레이를 설치해 '아이맥스 효과'를 줌으로써 디스플레이의 존재를 잊게 만드는 것이다. 스마트 안경의 도전에 맞서는 물리적 모니터의 대응책이다. 미래에는 집에서는 100인치가 넘는 스마트TV나 벽지 스크린으로, 자동차에서는 썬팅되어 있는 OLED를 이용한 투명 스크린으로, 길거리에서는 스마트 안경이나 스마트 렌즈로 완벽한 3차원 영상과 HD급 오디오 사운드로 게임을 하는 시대가 올 것이다.[45] 눈에 착용한 스마트 안경, 집이나 사무실의 100인치가 넘는 엄청난 크기의 모니터에 가상의 아바타나 동영상 화면이 뜨게 될 것이다. 외국에 가 있는 자녀의 모습을 몇 인치의 작은 화면으로 눈을 찌푸리면서 볼 필요가 없다. 지구 반대편에 있는 실물 크기의 자녀와 유리창을 사이에 두고 대화하는 것처럼 느끼게 될 것이다. 200인치가 넘는 모니터가 설치된 PC방이 생기면서 실물과 같은 크기로 모든 것을 즐기는 시뮬레이션 방도 등장할 것이다.

이렇게 되면 TV의 개념도 새로 정리할 필요가 생긴다. 2020년 이후 미래의 TV는 100~200인치가 넘는 크기가 대세가 될 것이며, 단순히 방송을 시청하는 도구를 넘어서서 가상의 세계로 몸 전체가 들어가는 통로, 커뮤니케이션 통로, 여행을 위한 공간 이동 통로, 원격 의료 디바이스가 될 것이다. 2020년경이 되면 자동차나 집의 유리창에 붙일 수 있는 투명 디스플레이가 상용화될 가능성이 크다. 고려대학교와 카이스트 공동연구팀이 투명 반도체 트랜지스터 소자로 주목받는 '비정질 금속 산화물 반도체'의 안정성을 획기적으로 높여 투명 유기 발광 다이오드OLED에 접목함으로써 차세대 투명 디스플레이 개발을 한발 앞당겼다.[46] 2020년 글로벌 투명 디스플레이 시장 규모는 30조 원까지 성장할 것으로 예측된다.

 사람의 눈에 가상의 디스플레이 효과를 내주는 장치들과 경쟁해야 하는 미래의 디스플레이는 크기를 키우는 것 외에도 어떤 형태로든 만들 수 있는 유연성을 갖추게 될 것이다. 2014년 일본의 샤프는 LCD 패널을 원하는 모양으로 자유롭게 만들 수 있는 '자유형 디스플레이Free form display' 기술을 개발했다고 발표했다.[47] 샤프는 2017년이면 대량생산이 가능해, 디자인이 중요한 자동차 내부나 다양한 모양의 디스플레이가 필요한 웨어러블 컴퓨터에 적용할 수 있을 것으로 전망했다. 앞으로 1~2년 이내 꿈의 소재라고 주목받아온 그래핀 소재의 플렉서블 디스플레이도 터치스크린 분야에 혁신을 가져올 것이다. 2025년경이면 그래핀 디스플레이 안에 반도체와 컴퓨터 기판 회로를 삽입할 수 있게 되면서 컴퓨터 분야에도 혁신이 일어날 것이다. 현재 그래핀 기술은 최대 50인치 디스플레이를 만들 수 있는 단계까지 와 있다.

 휘어지는 디스플레이의 상용화를 앞당길 기술들도 속속 개발되고 있다. 2014년 6월 25일 광주과학기술원의 신소재공학부 연구팀은 유기반도체Organic semiconductor의 성능을 획기적으로 높이는 기술을 발표했다. 유기반도체는 실리콘, 갈륨, 게르마늄 등의 광물처럼 반도체의 성질을 가진 유기화합물을 총칭하는 말이다. 반도체는 전기전도가 잘 되는 도체와 전기전도가 되지 않는 부도체의 중간 상태다. 순수한 상태에서는 전기전도가 되지 않는 부도체이지만, 불순물을 첨가하거나 빛 등을 조작하면 전기전도가 가능한 도체로 변하는 물질이다. 유기화합물은 유리처럼 전기가 통하지 않는다. 하지만 유기화합물 중에 빛이 닿으면 전기전도가 가능한 물질이 있다. 이런 유기화합물을 사용해 만든 것이 유기반도체다. 유기반도체는 실리콘이나 갈륨보다 반도체로서의 특성은 낮지만, 제조가 쉽고 생산 단가가 저렴하다. 사업적 목적에 따라 여러 가지 화합물과 합성할 수도 있다. 이런 특성 때문에 유기반도체를 활용해 태양전지를 만들거나 휘어지는 디스플레이를 만들려는 시도가 진행 중이다. 반도체 속의 전자가 원활하게 이동하려면 유기 분자가 규칙적으로 정렬되는 것이 중요하다. 유기물의 특성상 분자 배열이 무질서한 유기반도체를 고성능 유기 전자소자로 사용하는 데는 큰 어려움이 있었다. 광주과학기술원의 신소재공학부 연구팀이 개발한 기술은 상온에서도 자유롭게 유기 분자를 제어할 수 있어서 플라스틱 기판에 유기반도체를 적용하는 것이 가능하게 만들었다. 이 기술을 적용하여 차세대 유기전자소자를 활용한 휘어지는 디스플레이나 웨어러블 디바이스의 상용화를 앞당길 수 있게 되었다.

궁극적으로 미래의 디스플레이는 뇌에 가상 세계를 직접 주사해 뇌로 사물을 보게 만들어주는 기술을 최종 목표로 나아갈 것이다.

그래핀 상용화가 가져올 혁신적 미래

디스플레이 혁명을 거론할 때 빠지지 않는 것이 그래핀이다. 그래핀 Graphene 은 흑연의 영어 철자 'graphite'와 탄소이중결합을 가진 분자를 뜻하는 접미사 '-ene'를 결합해 만든 용어다. 그래핀은 연필심으로 쓰이는 흑연이 주재료다. 흑연은 화학 조성이 거의 순수한 탄소로 되어 있어 다이아몬드와 성분은 같지만, 결정구조가 달라 동질이상 同質異像 관계에 있고 모스 경도 Moh's hardness 가 1에 불과할 정도로 매우 연하다.(북한의 흑연 생산량은 남한보다 조금 많다. 남북한 총생산량을 합치면

세계 1위의 생산국이 될 것으로 추정된다)

  2004년 영국 맨체스터대학교 연구팀이 상온에서 연필심으로 쓰이던 흑연에서 완벽한 2차원 구조의 새로운 물질, 즉 그래핀을 분리해내는 데 성공했다. 연구팀은 탄소가 6각형의 벌집 모양으로 층층이 쌓인 흑연 결정구조에서 스카치테이프의 접착력을 이용해 얇게 한 겹을 떼어냈다. 2차원 평면 형태의 그래핀은 원자번호 6번인 탄소로 구성되고, 두께는 0.2nm(1nm는 10억 분의 1m) 즉 100억 분의 2m 정도로 엄청나게 얇은 나노 물질이다. 그래핀은 물리적·화학적 안정성이 매우 높은 미래형 신소재다. 구리보다 100배 이상 전기가 잘 통한다. 반도체의 소재로 쓰이는 단결정 실리콘보다 전자의 이동 속도가 100배 이상 빠르다. 최고의 열전도성을 자랑하는 다이아몬드보다 2배 이상 열전도성도 좋다. 탄성도 뛰어나 늘리거나 구부려도 전기적 성질을 잃지 않는다.

  이런 특성 때문에 그래핀은 차세대 신소재로 주목받는 탄소나노튜브와 함께 '꿈의 나노 물질'이라고 평가된다. 그런데 그래핀은 탄소나노튜브보다 균일한 금속성을 갖고 있어 산업적으로 응용할 가능성이 훨씬 더 높다. 그래핀은 실리콘을 대체할 차세대 반도체 소재로 사용되고, 마음대로 휘어지는 디스플레이를 만드는 데 사용될 것이다. 아직 양산 기술이 완성되지 않아 산업적 응용까지는 시간이 걸릴 것이다. 하지만 메탄, 수소, 아르곤 가스를 혼합해 1,000도 이상으로 가열해서 니켈 촉매 위에 탄소 원자를 넓게 붙이는 '화학증기증착법' 등이 개발되어 2020년 이전에 최소 30인치 이상의 그래핀 디스플레이를 상용화할 가능성이 크다.

  지금은 스마트폰의 크기를 키우는 것이 대세다. 하지만 30인치 그래핀이 상용화되면 다시 소형화에 대한 욕구도 생길 것이다. 그래핀이라는 신소재를 이용하면 평소에는 시계 크기로 줄여 손목에 차고 다니다가, 필요하면 스마트폰 크기로 늘리고, 연인과 카페에 함께 있을 때는 30인치 TV 크기로 좀 더 늘릴 수 있기 때문이다. 50~100인치의 대형으로 그래핀을 양산하는 체제가 완성되면 집, 사무실, 자동차 등에서 필요한 다양한 터치스크린을 제작할 수 있고, OLED나 투명 전극을 대체해 '투명 플렉서블 디스플레이' 시대가 열릴 것이다. 현재의 패널 방식 태양 전지를 대체하는 차세대 태양 전지 분야에도 적용될 수 있다. 심지어 구리나 인듐 같은 소재를 대체할 수도 있어서 구리 전선을 사용하지 않아도 된다.

3D 인터넷 혁명

미래 인터넷 혁명은 어디까지 진전될까? 한국에서는 1994년 KT가 '코넷'이라는 서비스를 출시하면서 인터넷이 상용화되기 시작하였다. 당시 인터넷 평균 속도는 9.6kbps였다. 2013년 한국의 인터넷 회선의 서비스 속도는 1994년보다 1만 배 넘게 빨라진 100Mbps다. 2014년 말이면 1Gbps 서비스가 시작되어, 20년 만에 10만 배 이상 빠른 인터넷 서비스 시대가 열린다. 2020년경이면 지금보다 1,000배 빠른 인터넷 환경이 구축된다. 이제 인터넷 통신 속도는 텍스트와 이미지로 구성된 2차원 평면을 벗어나 3차원 공간으로 진화할 준비가 된 셈이다. 실제로 세계적 기업들은 3차원 가상공간을 구현하는 새로운 인터넷의 시대를 준비 중이다.

애플은 2013년 프라임센스PrimeSense라는 이스라엘 기업을 3억 4,500만 달러에 인수했다. 이 기업은 3D증강현실, 3D가상현실 및 증강현실, 3D동작을 감지하는 칩 기술을 가진 기업이다. 애플은 이 기업을 인수함으로써 마이크로소프트의 3D동작 인식 기술인 키넥트Kinect, 페이스북이 인수한 오큐러스 리프트Oculus Lift의 가상현실 헤드마운티드 디스플레이HMD 기술과 경쟁할 수 있는 기술을 확보했다.[48] 애플, 마이크로소프트, 페이스북, 구글, 퀄컴 등 세계적인 ICT기업들은 3차원 가상공간을 기반으로 한 미래형 서비스라는 방향으로 움직이기 시작했다. 3차원 가상공간에서 펼쳐질 게임, 커뮤니티, 스포츠, 원격교육, 원격진료 등 미래형 서비스의 주도권을 잡기 위한 본격적인 준비에 돌입했다.

 3차원 기술은 가상공간만이 아니라 스마트 홈이나 스마트 자동차에도 접목되는 개념이다. 3차원 가상공간이 활성화되면 가상학교, 가상사무실, 가상편의점, 가상쇼핑몰 등이 지금보다 훨씬 더 활성화된다. 미래 도시는 현실에서만이 아니라 가상공간에도 속속 들어설 것이다. 지형과 크기에 제한받지 않는 가상 도시는 현실 속 도시만큼이나 경제 및 사회에서 중요한 역할을 할 것이다. 2020~2025년 사이 현실보다 더 현실 같은 미래 도시를 가상공간에서 만나게 될 수 있다. 현실에서 하는 일의 대부분을 똑같이 할 수 있고, 현실에서는 먼 미래에서나 가능한 일을 당장 구현할 수 있는 가상 도시가 다가오고 있다.

 지금도 사람들이 많은 시간을 인터넷이란 가상공간에서 보내고 있지만, 2020~2025년 사이에는 더 많은 사람이 가상공간에서 일하고 놀고 경제활동을 하게 된다. 개인에게 가상도시의 매력은 현실보다 더 뛰어난 자신을 실현할 수 있고, 현실에서는 불가능한 다양한 모습과 인격을 가진 또 다른 자신으로 살아갈 수도 있다는 점이다.

원하는 다양한 모습으로 수많은 인생을 경험할 수 있고, 매력적이고 강력한 자신을 보여줄 수 있다. 다양한 가족의 모습을 경험하고, 현실의 아내나 남편과 이혼하지 않고도 가상공간에서 또 다른 결혼생활을 경험할 수도 있다. 안전하고 은밀하게 일탈을 경험할 수도 있고, 가상의 도시나 국가에서 정치인으로 살아가면서 세상을 바꾸는 권력자가 될 수도 있다. 현실에서 구매할 수 없는 물건과 서비스도 구매할 수 있다.

가상현실로 만든 도시이기 때문에 진짜는 아니라고 생각할지 모른다. 그런데 아니다. 휴먼인터페이스나 햅틱 기술 그리고 미래의 새로운 기술들이 이런 편견을 깨뜨릴 것이다. 가상이지만 현실처럼 진짜로 느낄 수 있게 된다. 가상의 물건을 만지더라도 현실의 물건처럼 느끼게 만들어 줄 것이다. 가상도시에서 가상협력자와 맺은 계약이 현실에서도 유효한 세상이 될 것이다. 가상도시의 가상연구실에서 제품을 디자인하고, 가상쇼핑몰에서 판매한 물건이 현실의 집에 배달되는 일이 벌어지는 것이다. 가상국가에서 경제활동을 통해 번 돈을 현실세계의 화폐로 전환해 부를 축적할 수도 있게 된다. 우리는 이미 가상화폐인 비트코인이 현실에서도 사용되는 상황을 보고 있다. 가상국가를 만들고 가상국가에서 통용되는 가상화폐를 만들어 유통 관리하는 사람들이 현실의 은행을 대체할 날도 머지 않았다. 현실의 도시나 국가에서는 민주주의 체제에서 살지만, 가상국가에서는 사회주의 체제에서 살 수도 있다. 자신이 원하는 새로운 이념이나 경제 체제를 만들어 살 수도 있다.

가정용 컴퓨터와 네트워크의 성능이 지금의 슈퍼컴퓨터 수준으로 발전하면 가상도시와 아바타는 영화 수준의 몰입감을 줄 수 있게 된다. 현실보다 가상세계에서 사는 것이 더 재미있고 몰입의 즐거움을 줄 수 있다. 가상의 아바타도 키보드나 마우스로 조종하지 않고, 몸 전체나 생각으로 조종하게 된다. 가상세계 속 새로운 가족, 새로운 직장과 친구를 만나는 것이 설레는 시대, 더 많은 사람을 더 다양한 공간에서 더 다양한 모습으로 만나는 시대, 현실도시와 가상도시가 동시에 존재하는 미래가 다가오고 있는 것이다. 100~120세로 인간의 평균수명이 늘어나고, 기술 발달이 가속화되면 몇 세대를 걸쳐야 체험할 수 있는 삶의 모습을 단 한 세대에 경험할 수 있게 된다. 여기에 수많은 인생을 동시에 살 수 있는 가상공간이 더해지면, 미래에는 선조들이 수백 년 수천 년에 걸쳐 경험한 것을 한 사람의 생애 안에서 모두 경험하게 될 것이다.

가상과 현실의 경계를 파괴하는 제2차 가상 혁명

'가상공간Cyber space'이란 용어는 미국의 SF 작가인 윌리엄 깁슨William Gibson이 1984년 〈뉴로맨서Neuromancer〉라는 소설에서 처음으로 사용했다.[49] 가상공간은 컴퓨터와 인터넷만을 의미하지 않는다. 제1차 가상 혁명을 통해 가상공간은 사람들이 사는 비트Bit로 구성된 생활공간이자 존재의 가치를 논하는 형이상학적 공간이 되었다. 앞으로 10년 이내에 우리는 디스플레이 혁명에 통신 속도의 혁명적 진화, 3차원 인터넷, 컴퓨터 성능의 놀라운 발전 등이 결합하면서 가상과 현실의 경계가 완전히 파괴되는 제2차 가상 혁명 시대를 맞게 될 것이다.[50] 세계적인 미래학자 앨빈 토플러가 〈미래쇼크〉에서 언급한 '모의 환경Simulated environment'이 현실이란 경계를 깨고 나와 우리의 삶 속에 완벽하게 융합되는 시대가 열리게 된다.[51] 제2차 가상 혁명은 ICT

산업의 또 다른 진보가 만들어낸 자연스러운 산물이다.

앞으로 10년 이내에 컴퓨터, 모니터, 키보드, 데이터, 네트워크, 사물과 사람, 공간 등의 모든 것에서 변화가 일어날 것이다. ICT 세계에서 10년이면 매우 긴 시간이다. 스마트폰이 세상을 혁명적으로 변화시키는 데 5년밖에 걸리지 않았다. 인터넷 포털 회사인 다음이 창립된 것이 1995년이었다. 인터넷이 우리 삶에 본격적으로 영향을 미친 지 20년밖에 되지 않았다는 말이다. 애플 설립연도가 1976년이니, 개인용 컴퓨터 혁명도 38년밖에 되지 않는다. 지금부터 앞으로 10년 동안 일어날 ICT의 변화는 지난 30년의 ICT 변화와 맞먹는 속도를 보일 것이다. 필자의 예측으로는, 2020년 전에 컴퓨터가 손톱 크기로 작아져 사물과 사람 속으로 들어가고,[52] 연산칩은 종이 한 장 가격으로 싸져서 주변에 있는 모든 기기에 넣을 수 있는 준비가 될 것이다.[53] 모니터는 아이맥스화 되고, 기계지능을 가진 가상공간과 인간지능을 가진 현실공간의 경계가 파괴되어 한 장소에 두 공간이 동시에 존재하게 될 것이다. 인간의 몸이 키보드와 마우스를 대체하고, 지구에 존재하는 모든 움직임과 생체 신호까지 데이터가 되는 시대가 될 것이다. 2020년경에는 인터넷에 35ZB(제타바이트: 10의 21제곱) 규모의 데이터가 축적되고, 스스로 자신의 데이터를 업데이트하게 될 것이다.[54] 사람과 사람, 사람과 사물, 사물과 사물, 도시와 도시, 가상과 현실이 연결되면서 지구 전체가 컴퓨터화 되는 시대가 될 것이다. 이것이 제2차 가상 혁명이다.

제2차 가상 혁명을 다른 모습으로 표현하면 사람과 사람, 도시와 도시, 나라와 나라가 3차원 지능형 네트워크로 연결된 사회3D intelligent network society다. 우리의 몸과 주변 사물에 컴퓨터가 삽입되고,

지능을 가진 3차원 가상공간이 대세가 되면서, 그 백그라운드에 빅데이터, 인공지능, 예측 기술이 결합되어 가상과 현실이 동시에 한 공간에 존재하는 새로운 사회다.[55] 온몸으로 몰입하게 해 주는 가상 시뮬레이션 기술을 통해, 제한된 현실의 체험을 넘어서는 가상 체험이 오래된 실재實在: Ancient reality처럼 느껴지고, 눈앞에서 가상과 현실이 상호작용하는 광경이 펼쳐지고, 인공성人工性이 실제와 교묘하게 결합된 제품과 서비스가 판매되고, 가상과 현실의 사람, 물건, 서비스, 아바타가 초고속망으로 연결되어 커뮤니케이션하고, 가상의 몰입만으로도 현실에서의 삶과 부의 변화와 발전이 가능해지고, 지구 어디에나 원하는 시간에 원격현전遠隔現前, Telepresence(미디어에 의해 현재 존재하는 공간을 초월하여 그곳에 존재하는 것같은 느낌)이 가능해지는 시대가 된다.[56] 유비쿼터스 컴퓨팅의 아버지라 불리는 마크 와이저Mark Weiser 박사가 예측한 미래, 즉 "미래의 컴퓨터 사이언스Computer Science는 보는 시각적See 기능, 복잡성을 스스로 아는Know 기능, 나노 기술이나 병렬 시스템으로부터 무언가를 추출해 스스로 구축하는Build 기능, 인터넷이나 채널을 통해 연결하는Tie 기능, 그리고 인간의 오감 요소와 상호작용하는Interface 기능, 보이지 않게 적응하는Fit 기능으로 발전"[57]하는 미래가 펼쳐진다.

 미디어에 자주 소개되는 미래의 제품인 스마트 모바일, 웨어러블 컴퓨터, 사물인터넷, 증강현실, 홀로그램, 3D입체, 초고속 3D네트워크 기술, 위치 추적 기술, 인공지능, 가상현실, 클라우드 컴퓨팅 기술, 유비쿼터스 기술, 휴먼 인터페이스 기술, 지금보다 1000배 빠른 통신 기술 등이 급속히 융합된다. '현실이 가상으로 흡수되고, 가상이 현실로 탈출하면서' 가상과 현실의 구분이 파괴되는 새로운 미래가 다가오고 있다. 이런 환경에서 새로운 미래형 산업이 다수 탄생할 것이다. 컴퓨터와 스마트폰의 혁명에도 아직 적응하지 못한 이들에게는 가상과 현실의 경계 파괴란 매우 낯선 미래다. 하지만 이미 뇌 자체가 디지털 세계로의 몰입이 자연스럽고 가상세계까지 인지 능력이 확장된 10대 이하의 세대에게는 자연스러운 세상이며 열광하는 세상이 될 것이다.[58] 제2차 가상 혁명은 가상공간에 빠진 이들을 현실 세계로 나오게 하는 혁명이 아니라, 현실세계가 그들을 위해 더욱 가상화되는 혁명이다. 어떤 이들은 컴퓨터와 기술이 만든 이런 미래에 분노할 수도 있다.[59]

가상과 현실의 경계 파괴는 실제로는 착시 기술이다. 가상과 현실은 엄연히 구별되어 있지만, 인간의 눈과 뇌는 가상과 현실의 경계가 파괴되어 하나로 통합된 것처럼 보게 된다. 제2차 가상 혁명은 최종적으로는 지구 자체가 컴퓨터화 되면서 인간이 컴퓨터 속에서 사는 매트릭스 같은 세상을 지향한다. 가상과 현실의 경계가 파괴되면, 내가 정보를 찾는 것이 아니라 정보가 나를 찾아온다. 가상의 정부, 가상의 정치, 가상의 기업, 가상의 학교, 가상의 사회가 만들어지고 이들이 현실세계와 절묘하게 결합된 사회가 만들어질 것이다. 10년 이내에 가상사회를 완벽하게 구현할 기술이 개발되면 영화 '아바타'처럼 가상의 나와 현실의 내가 서로 연동되는 사회가 될 것이다.

한국은 제1차 가상 혁명 시대에 승자 그룹에 속했다. 미국은 가상 혁명의 길을 열었고, 인도는 미국 ICT산업의 수혜자가 되었으며, 중국은 엄청난 인구를 바탕으로 커다란 시장과 강력한 영향력을 가진 나라로 성장했다. 돌아보면 제1차 가상 혁명의 시작은 초라했다. 가상세계라고 부르기 민망할 정도였다. 초기의 가상 세계는 텍스트Text

속에만 존재했다. 가상의 세계를 '글자'로 전달하고 구성했다. 그 후 가상세계는 '이미지'라는 옷을 입으면서 비상했다. 글자와 이미지로 구성된 가상세계는 비약적인 속도로 현실세계의 사람들을 흡수했다. 정지된 이미지가 움직이는 이미지로 진화하고, 가상의 아바타를 만들고, 수많은 사람이 동시에 접속해 현실에는 존재하지 않았던 새로운 세상, 판타지 세상을 창조했다.

게임 영역이 3차원 가상공간으로 가장 먼저 진화했다. 글자와 이미지로만 구성된 가상공간이, 움직이는 3차원 가상공간으로 진화하자 엄청난 변화가 이루어졌다. 자신의 분신인 아바타를 통해 끝없는 가상공간을 마음껏 달리거나 날아다닐 수 있는 환상이 펼쳐졌다. 글자나 이미지만으로 구성된 2차원보다 더 강력한 감정이입이 이루어졌다. 가상공간에서 현실공간보다 더 큰 집을 짓고, 사업도 하고, 교육도 받고, 정치 활동도 하고, 게임도 하는 신기한 일이 벌어졌다. 새로운 세상의 가능성이 펼쳐졌다. 린든 랩이 2003년 개발한 3차원 가상 세계인 세컨드라이프에서는 가상의 물건을 팔고, 현실의 물건을 중개하고, 기업이 사원을 교육하고, 함께 모여 연구하고, 가상공간으로 여행을 다니고, 위험하고 비용이 많이 드는 실험을 안전하게 할 수 있게 되었다.

3차원 가상사회에서는 프로그램된 대로 움직이지 않는다. 3차원 가상사회를 구축하는 회사는 그 공간에서 사람들이 어떻게 사는지 관여하지 않는다. 상상하는 모든 것을 할 자유가 주어진 3차원 가상사회에서 사람들은 자기만의 자동차나 비행기를 타고 다닐 수 있다. 새로운 가족을 만들어 살 수도 있고, 가상의 아바타끼리 결혼할 수도 있다. 가상의 가족, 가상의 친구, 가상의 주민과 더불어 현실과는 전혀 다른 삶을 살 수 있다. 현실세계보다 더 많은 돈을 벌 수도 있다. 교수가 될 수도 있고, 나이트클럽을 운영할 수도 있으며, 부동산 개발업자가 될 수도 있다. 멋진 호수가 딸린 아름다운 별장을 지어 다른 사람에게 팔 수도 있다. 패션 사업을 할 수도 있고 리조트 사업을 할 수도 있다. 그러나 아직까지는 가상사회와 현실사회는 모니터를 경계로 명백히 분리되어 있다. 대부분의 사람들이 가상공간보다는 현실공간이 삶과 세상의 중심이라고 생각한다.

가상과 현실을 파괴하는 시대를 완성하기 위해서는 가상의 물체에 오감을 연결해야 한다. 앞에서 살펴본대로 스마트 안경은 가상을 우리의 눈과 뇌에 주입하는 디스플레이 기술의 시작을 알리는 제품이다. 홀로그램도 가상과 현실을 파괴하는 시대를 만드는 중요한 기술이다. 이런 기술을 기반으로 휴먼 인터페이스Human interface 기술이 발전하면 가상과 현실의 경계 파괴가 완성될 것이다. 휴먼 인터페이스 기술은 키보드가 아니라 말이나 몸, 몸짓, 표정을 사용해 컴퓨터를 조작하고 데이터를 입력하는 새로운 기술이다. 이는 사람과 사물, 사람과 컴퓨터 사이에서 사람의 신체 자체가 통신 인터페이스가 되는 미래형 기술이다. 현재 연구되고 있는 휴먼 인터페이스 기술은 컴퓨터가 사람의 생각이나 감정을 이해하고 양방향 커뮤니케이션을 하는 단계다. 휴먼 인터페이스 기술은 디스플레이 장치, 센서와 가상현실 기술이 발전하고, 카메라나 웨어러블 컴퓨터처럼 입출력 장치가 다양해지면서 대중화에 가까워지고 있다.

필자의 예측으로는, 이 기술 역시 2020년경이면 친숙하게 사용하게 될 기술이다. 이 기술은 사물인터넷, 게임, 가상현실, 홀로그램 디스플레이 등의 영역에 다양하게 접목되어 사용될 것이다. 마이크로

소프트가 출시한 키넥트는 카메라로 사람의 동작을 인식해 각종 스포츠, 댄스, 레이싱, 퀴즈 게임 등을 집안에서 여러 사람과 즐길 수 있게 해 준다. 2020년경에는 지금보다 1,000배 빠른 통신 기술이 상용화되고, 100인치가 넘는 대형 디스플레이, 가상모니터, 가상현실 기술이 접목되면 우리 사회에 상당히 크고 다양한 변화를 몰고 올 것이다. 그때가 되면 집, 사무실, 학교, 피시방, 노래방 등에서 지구 반대편에 있는 친구나 동료와 네트워크 시뮬레이션 구현이 가능해진다. 특히 피시방이나 노래방은 시뮬레이션 룸으로 바뀔 것이다. 비용 문제로 가정에 스크린 골프 시스템을 구축하지 못하는 이들을 위해 스크린 골프장이 생기듯, 집안에 네트워크 시뮬레이션 룸을 설치하지 못한 이들을 위한 공간이 만들어질 것이다. 대형 스크린, 홀로그램 기술, 강력한 홈시어터 시스템, 1,000배 빠른 네트워킹 장치, 인공지능 컴퓨터, 화상회의 장치, 동장 인식 센서, 휴먼 인터페이스 장치 등을 설치하고 사람들을 불러 모을 것이다.

이런 장비를 갖춘 네트워크 시뮬레이션 룸에서 온몸을 사용해 축구나 테니스 게임을 할 수 있고, 실물 크기의 3차원 모형을 가상공간에 떠워놓고 온몸을 이용해 이리저리 돌려보거나 작동해 보면서 실시간으로 회의나 연구, 실험을 할 수도 있다. SNS와 실시간으로 연결된 상태에서 네트워크 스포츠, 음악 대회, 댄스 경진 대회 등을 하거나 가상공간으로 여행하는 일도 가능해진다. 새로운 네트워크 스타가 탄생하고, 가상 코치와 학원도 등장하게 된다. 미국에 있는 친구와 함께 노래를 부르고 춤추는 상황이 SNS에 실시간으로 중계되고, 여기에 아프리카에 있는 친구가 '좋아요'를 누르며 들어와서 아프리카 전통춤을 가르쳐주면서 더불어 파티를 즐길 수도 있다. 미래의

SNS는 친구를 찾고 대화하고 사진이나 동영상을 공유하는 것을 뛰어넘어 친구의 신체적 능력을 알려주고, 그 능력을 배우고 싶은 사람을 친구로 맺어 주고, 가상공간에서 실제로 이야기하고 배우고 놀 수 있게 해줄 것이다. 자신의 신체적 능력을 좋아하는 팔로어가 많으면 자신의 아바타나 몸에 광고를 유치해 일정 수준의 부를 창출할 수 있다. '피지노믹스Physinomics: physical + economy'의 시대가 열리게 되는 것이다.

카메라가 달리고 인공지능이 추가된 컴퓨터가 감정 상태도 인식할 수 있기 때문에 '디지털 감성 도우미'와 같은 새로운 비즈니스도 가능해질 것이다. 컴퓨터가 사용자의 기분이나 감정을 인식해 가장 적합한 음악, 음식, 옷, 영화, 게임 등을 추천해 줄 수 있고, 좋은 상담자가 되어 줄 수도 있다. 감정 상태를 네트워크를 통해 친구에게 보낼 수 있고, 집에 두고 온 강아지의 움직임과 표정을 분석해 먹이를 줄 수도 있다. 정밀하게 표정을 인식한 컴퓨터가 감정을 그대로 가상공간의 아바타에 반영해 이모티콘을 사용하지 않고도 감정을 마음껏 표현하면서 상대방과 대화할 수 있다.

휴먼 인터페이스 기술을 역으로 이용하면 사용자의 행동이나 감정을 분석해 정신적·육체적 상태를 진단할 수 있다. 현재 스크린 골프장에서 카메라가 골퍼의 스윙을 분석해 스윙 궤적과 중심 이동, 공이 날아간 거리, 홀컵과의 거리 등을 보여주는 것에 비유할 수 있다. 미래에는 인공지능 컴퓨터가 의사나 심리 상담사를 도와 환자의 심리 치료에 도움을 주게 된다. 광장공포증이나 대인기피증이 있는 환자가 집 안팎에서 하는 행동을 분석하고 적절한 진단을 내려, 단계별 행동치료 프로그램을 환자의 집으로 전송해 줄 수 있다. 집 안의 네트워크 시뮬레이션 장치를 통해 게임 형태의 치료 프로그램을 제공하고 의사나 심리 상담사가 얼굴을 보고 치료하는 효과를 낼 수 있다. 집안에서 치료와 게임이 결합된 가상 행동 심리 진단 프로그램인 '데라테인먼트Theratainment: therapy + entertainment'를 적용할 수도 있다. 질병에 대한 사회적 편견이나 병원가기를 두려워하는 사람들에게도 거부감 없이 진단받을 수 있는 새로운 의료 문화를 구현할 수 있게 되는 것이다. 2020년경이면 가상의 이미지가 현실에 매우 가까워지면서 프로그램 개발자의 역할이 엔터테인먼트에서 의료까지 광범위하게 확장될 수 있다.

교육 시장에도 혁명적인 변화가 일어난다. 글이나 이미지, 소리만으로 가상교육을 하던 한계가 사라지게 된다. 현재의 기술 수준에서는 가상교육이 편리한 점이 있지만, 효과 면에서 얼굴을 맞대고 하는 교육의 장점을 따라가기 어렵다는 평가가 있다. 하지만 미래에는 대면 교육을 하는 것처럼 가상공간에서도 온몸을 사용하여 교육할 수 있다. 오히려 현실공간에서는 구현할 수 없던 다양한 배경 상황을 가상공간이 제공해 주기 때문에, 가상공간이 현실공간보다 더 효과적일 수도 있다. 뛰어난 신체적 능력과 재능을 가진 최고의 교육자가 자기 집 안에 있으면서도 공간의 한계를 뛰어넘어 전 세계 어느 곳과도 연결하여, 온 몸을 이용해 교육할 수 있게 된다.

미래의 다양한 기술들이 구현된 설비를 가정이나 사무실에 설치하게 되면 수천 킬로미터 떨어진 사람들이 공간의 장벽을 뛰어넘어 협업하고, 학습과 훈련을 하고, 게임을 하고, 일하고, 실험하고, 사이버 섹스를 할 수 있는 시대가 열린다. 인공지능 기술이 조금 더 발전하게 되면, 구글 같은 기업이 방대한 데이터를 기반으로 죽은 부모

님도 다시 불러서 재생해 주는 서비스를 제공할 수도 있다. 2014년 2월, 페이스북은 창립 10주년을 기념해 사용자들이 중요한 순간을 회고할 수 있도록, 지난 중요한 이벤트를 사진이나 비디오로 보여 주는 회상 서비스를 제공했다. 이 서비스가 시작되자 벌린이란 미국인은 2년 전 21세의 나이로 숨진 아들의 비디오를 보여 달라고 요청했다. 페이스북은 아버지의 간절한 요청을 들어주었다. 페이스북은 아들의 페이스북 계정에 있는 데이터를 기반으로 비디오를 제작해 아들의 삶을 추억하도록 해 주었다. 벌린을 포함해 70만 명이 이 비디오를 시청했고, 많은 이가 벌린을 격려했다.[60]

2020년 이후가 되면, 개인의 정보를 데이터베이스로 만들어 둔 구글이나 페이스북 같은 기업이 산 사람이든 죽은 사람이든 상관없이 만나고 싶은 사람들을 언제든지 생생하게 느끼며 만날 수 있게 해 주는 기술을 확보할 것이다. 소셜 커뮤니티도 현실과 가상이 혼합된 '3차원 지능형 오감五感 커뮤니티'로 진화할 것이다. 다음 페이지의 그림은 휴먼 인터페이스 기술이 영향을 미칠 사회 변화를 간략하게 예측한 내용이다.

기술의 발전으로 데스크톱 컴퓨터가 사라지는 시대, 가상과 현실의 구별이 파괴되는 시대, 지능형 컴퓨터와 지능형 네트워크가 통합되는 시대, 가상공간이 나의 욕구를 알고 스스로 나에게 맞춰서 접속해 오는 세상을 머지않은 미래에 맞이하게 될 것이다. 지능형 3차원 네트워크 환경에서 전 세계 사람들이 자동차, 집, 사무실, 거리 등 어느 곳에서든지 빈틈없이 굳건하게 연결되는 단계가 완료되어 가상공간이 24시간 나의 몸에 밀착되어 존재하는 시대가 펼쳐질 것이다. 이런 사회에서는 원하는 정보가 스스로 나를 찾아오게 된다. 시시각

2015년 휴먼인터페이스 기술이 이끌어낼 사회 변화

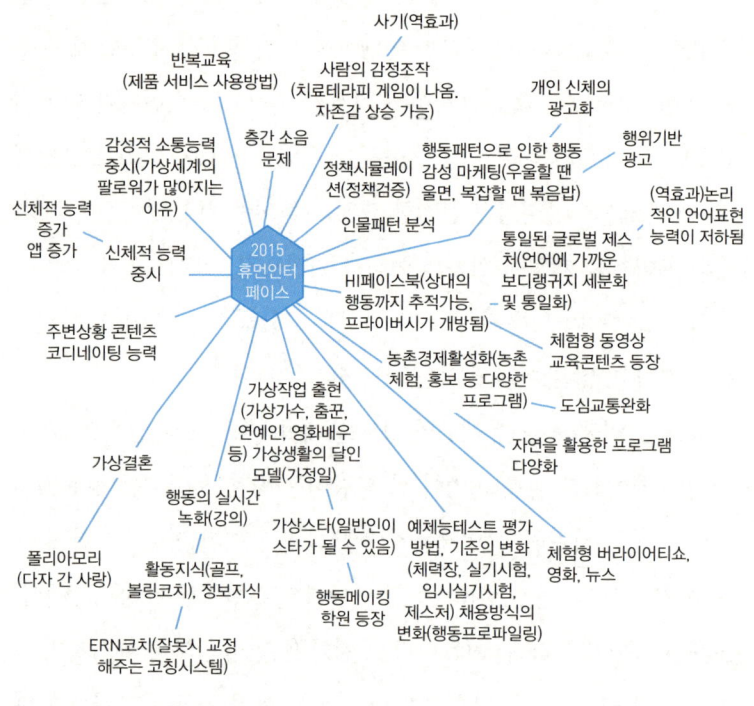

각 변하는 나의 목적에 최적화된 정보 Just-in-purpose를 최적의 시간 Just-in-time에 자동으로 받아 볼 수 있다. 이런 환경이 구축되면 기존의 포털, 스마트폰, 검색이 사라지고, 그것을 대신할 수많은 창의적 산업이 새로 태동하게 될 것이다. 이런 미래에는 일하는 방식도 3가지로 확대될 것이다. 현실공간에서만 일하기, 현실 공간에서는 의식주를 해결하고 가상공간에서 일하기, 가상공간과 현실공간을 넘나들면서 일하기.

사물인터넷은 제2차 가상 혁명의 기초 환경이다

사물인터넷이란 개념을 처음으로 만든 사람은 현재 벨킨 청정 부문 사장으로 있는 케빈 애쉬튼 Kevin Ashton 이다. 그는 화장품 가게에서 립스틱을 찾다가 제품을 찾는 시간과 노력을 줄여줄 새로운 방식을 떠올렸다. 사물 하나하나에 인터넷을 연결해 서로 정보를 주고받게 하면 되겠다는 발상을 한 것이다. 1999년, 그는 전자태그 RFID, 센서, 눈에 보이지 않을 정도의 작은 컴퓨터 등을 모든 물건에 탑재하는 사물인터넷 시대가 열릴 것이라는 주장을 해 주목받았다.[61] 사물인터넷 혹은 만물 지능 기술은 제2차 가상 혁명과 밀접한 연관을 맺고 있다.

제1차 가상 혁명 시대에는 인터넷과 컴퓨터로 대표되는 ICT산업이 하나의 별도 산업으로 존재했다. 그러나 제2차 가상 혁명에서는 ICT가 모든 산업의 기초 인프라가 된다. ICT분야에서 새롭게 대두하고 있는 사물인터넷 기술은 모든 사물을 연결하는 단계이며 동시에 모든 산업을 연결하기 전前 단계다. 지구에 존재하는 모든 사물과 존재를 네트워크로 연결하는 사물인터넷은 소통 혁명을 일으키는 동력이다. 또한, 사물들이 인간이 원하는 대로 움직이도록 하는 기술이다. 인간이 명령하는 것을 그대로 따르는 수준을 넘어서 인간의 명령을 예측하고 스스로 인식해서 인간에게 맞추어 움직이는 시대를 여는 기초 기술이다. 사물인터넷은 인간이 사물을 좀 더 똑똑하게 사용할 수 있게 해준다. 예를 들어 냉장고 속에 있는 소고기를 언제 어떻게 먹어야 하는지를 잘 판단할 수 있는 사람의 똑똑함을 사물에 주입할 수 있다. 그러면 사물이 주인에게 이런 정보를 기억해 최적의 시점을 알려 준다. 자동차 바퀴가 도로와 대화하고 지구상의 모든 것이 사람을 중심으로 사람이 원하는 대로 맞추어서 움직이게 해주는 꿈을 실현해 주는 기술이다. 최소한 당신의 집, 자동차, 당신이 소유하고 있는 물건들은 그렇게 작동할 것이다. 궁극적으로는 지구 자체가 '똑똑한 지구'가 된다.

사물인터넷 시대는 지금보다 1,000배 빠른 통신 속도와 초소형 컴퓨팅 기술에 의해 실현된다. 인텔은 웨어러블 컴퓨터 시장과 사물인터넷 시장을 공략하기 위해 '에디슨'이라는 초소형 컴퓨터를 개발하여 보급하고 있다. 에디슨은 SD카드 크기의 초절전형 컴퓨터다. 에디슨은 22nm(나노미터) 400MHz 속도의 저전력 쿼크 시스템온칩SoC, 내장 그래픽과 램, 무선랜과 블루투스가 탑재되어 있고, OS로는 리눅스를 사용하는 완성형 컴퓨터다. 이밖에 연결 센서, OS, 인공지능 비서, 빅데이터, 소프트웨어(앱), 콘텐츠 시장이 연결된 서비스가 사물인터넷 환경을 형성한다. 사물인터넷의 목표는 현실의 모든 것을 연결하는 것이다. 이 목표가 실현되면 모든 존재가 연결된 현실을 다시 가상과 연결하는 새로운 목표를 향해 나갈 것이다. 한편 모든 사물이 연결되고, 사물과 사람이 연결되는 시대가 완성되면, 인류는 그 다음 목표로 모든 산업과 모든 존재를 연결하는 시대로 나아가려 할 것이다. 연결은 필연적으로 기존 경계의 파괴, 그리고 새로운 경계의 형성을 낳는다.

사물인터넷의 가장 큰 효과는 '속도'와 '정확도'다. 오랫동안 세계 최고의 공항서비스로 평가받고 있는 인천공항의 예를 들어 보자. 인천공항에서 하루 평균 항공기에 실리는 수하물은 11만 개다. 유럽 최고의 공항들에서 지각 수하물(시스템 오류로 다른 항공기로 짐이 잘못 배달되거나 해당 항공기에 실리지 않는 수하물)은 10만 개당 20개 정도다. 그런데 인천공항은 지각 수하물이 10만 개당 1개에 불과하다. 사물인터넷 시스템이 만들어낸 성과다. 인천공항의 수하물 처리 시설은 축구장 20개 넓이며, 수하물이 운반되는 통로 길이는 88km에 달한다. 모든 수하물에는 전자태그가 부착되어 있고, 수하물을 운반하는 컨베이어 벨트에는 3만 5,700개의 지능형 센서, 1만 4,500개의 모터가 달려 있다. 이 모든 것이 서로 네트워크로 연결되어 통신하면서 일사불란하게 움직여 최단거리를 찾아 수하물을 목적하는 항공기에 운반한다. 만약 수하물이 폭주해 운송 라인에 정체가 발생하면 사물인터넷 기반 시스템이 자동으로 우회로를 찾아 화물을 운송한다. 가장 빠른 속도와 가장 정확한 운반이라는 놀라운 성과는 이렇게 만들어진 것이다.[62]

미래에는 일반 공장에서도 이런 방식이 구현될 것이다. 일명, 스마트 공장이다. 2014년 한국 정부는 2020년까지 1조 원을 투자해 1만 개의 중소 제조업체 공장을 스마트화한다는 계획을 발표했다. 2020~2030년경이면 현재의 공장 자동화 단계를 넘어 기계끼리 서로 대화하고, 로봇이 사람 대신 기계를 조작하고, 자재 하나하나에 지능형 센서가 붙어서 통신하고, 인공지능 컴퓨터 공장장의 지시를 받는 미래형 공장이 현실화될 것이다. 사람은 디자인과 연구 및 최종 품질 검사만 하면 된다. 좀 더 나아가면 미래형 공장과 화물정보망이 연결되면서 공장과 화물차, 대리점과 소비자가 서로 대화하는 것도 가능해진다. 사용자의 패턴을 자동으로 인식해 최적 온도를 구현해주는 에어컨이 만들어지고, 집에 있는 모든 제품, 가스 및 전기, 수도 등이 관리회사와 연결되어 주택 및 도시 관리의 효율성을 증대시킬 것이다. 당신이 사무실에서 나오면 엘리베이터가 와서 대기하고, 당신이 집에 도착할 무렵에 맞추어 집안 조명이 켜지고, 보일러가 작동해 목욕물을 데워 놓는 것이 현실이 된다. 냉장고가 우유, 채소, 달걀, 고기 등의 신선도를 매일 체크하고, 부족한 품목을 찾아 자동으로 주문해준다. 스마트 공장, 스마트 사무실, 스마트 홈, 스마트 물류 등이 가능해진다.

사물인터넷 시대에는 소통의 방법도 크게 변한다. 소통 방법이 바뀌면 전통적인 통신과 커뮤니케이션 산업은 타격을 입고, 새로운 커뮤니케이션 산업이 등장할 것이다. 미래에는 사람과 사람의 소통 외에도 사람과 사물, 사물과 사물 사이까지로 소통 영역이 확장된다. 소통해야 하는 사물과 존재들이 무한하게 늘어난다. 전 세계의 모든 것이 통신의 대상, 연결의 대상이 된다. 미래의 새로운 소통 관계 속에서 새로운 통신 비즈니스가 생긴다. 사람과 사람은 전화를 사용하면 되지만, 사람과 사물의 소통, 사물과 사물의 소통은 다이얼을 누르는 방식으로는 불가능하다. 새로운 통신 방식, 새로운 통신 기업이 필요해진다. 기존 통신 기업은 새로운 통신과 소통의 시대에 맞추어 변화를 시도해야 생존할 수 있다. 미래의 이런 변화를 선점하려는 새로운 전쟁은 이미 시작되었다. 구글이나 페이스북, 라인과 카카오는 글로벌 통신 기업, 소통 기업으로 성장할 것이다. 그 외에도 이미 많은 가입자를 보유하고 있는 트위터 등 SNS 서비스 업체나 게임 업체도 이와 비슷한 서비스를 내놓을 것이다. 시간이 갈수록 기존 대형 통신사의 수익 모델은 큰 위협을 받게 된다. 그에 따라 당연히 부의 재편도 이루어질 것이다.

시장조사 기관인 가트너는 글로벌 사물인터넷 시장이 2014년 2천억 달러 규모에서 2020년이면 1조 달러 가량으로 성장할 것으로 예측했다. 전문가들은 사물인터넷 연관 산업으로 범위를 확장하면 글로벌 시장 규모가 2020년에 대략 14~22조 달러일 것으로 예측한다. 사물인터넷 시장이 이 정도로 커진다면, 새로운 통신 방식이 적용되는 시장도 커질 것이다. 사물인터넷을 사무실에 적용하면 스마트 사무실이 되고, 집에 적용하면 스마트 홈이 된다. 구글이나 애플도 스마트 홈 시장에 뛰어들 준비를 하고 있다. 애플은 iOS를 이용한 홈 자동제어 서비스, 스마트 스피커나 디지털 자동 온도조절 장치 등의 스마트 디바이스를 개발한다는 계획이다. 구글은 스마트폰으로 전기, TV, 오디오, 전자레인지, 가스기기, 이산화탄소 농도 등 집안에서 일어나는 모든 일을 감지하고 통제하는 시스템을 개발하는 네스트Nest라는 기업을 32억 달러에 인수했다. 시장조사 업체 ABI리서치는 2019년이면 글로벌 스마트 홈 사업의 시장 규모가 60억 달러를 돌파할 것으로 예측했다.[63]

사물인터넷 기술을 기반으로 하는 제2차 가상 혁명은 경계의 파괴만 선도하는 것이 아니라, 새로운 경계도 창출한다. 앞으로 벌어질 제2차 가상 혁명의 시대에는 ICT를 기본적 인프라로 하되, 가상과 현실이 융합된 공간에 다른 산업을 얼마나 창조적으로 융합해 새로운 경계를 형성하느냐가 중요하다. 2020년 이후가 되면 더욱 발전한 ICT를 중심으로 의료, 금융, 통신, 방송, 자동차, 조선, 건설, 섬유, 환경 등 전혀 다른 이종 산업 분야들 간의 접목이 활발하게 이루어질 것이다. 대표적인 굴뚝 산업인 조선 기업이 무선인터넷망을 이용해 생산성을 높이고 있고, 자동차 기업이 모바일 기술을 활용해 자동차 원격 점검, 차량 도난 방지, 긴급구조 통신, 원격 시동 등의 기능을 시도하고 있다. 미래의 자동차는 완전한 ICT의 집합체로서 사람과 기계를 연결하는 디바이스가 될 가능성이 크다.

사물인터넷 시대의 위험도 있다. 몇 년 전 미국 고속도로의 한 표지판에 "앞에 공룡이 있으니 주의하세요"라는 문구가 나타나 운전자들을 황당하게 만든 사건이 있었다. 해커가 중앙 교통통제 시스템을 해킹해서 벌인 일이었다. 2013년 텍사스에서는 해커가 유아용 비디오 모니터 기기를 해킹해 아이들에게 욕설을 퍼부은 일도 있었다. 러시아에서는 중국산 다리미와 전기 주전자에 스파이칩이 삽입된 것이 발견되었다. 해커가 마음만 먹으면 다리미를 통해 악성 코드나 스팸 문자를 발송할 수 있고, 무인자동차를 자기가 원하는 곳으로 납치할 수도 있고, 사용자의 정보를 불법으로 수집할 수도 있다.[64] 2020년이면 총 500억 개의 사물이 연결된다. 계속해서 빠른 속도로 사람과 사람, 사람과 사물, 사물과 사물, 도시와 도시가 연결될 때 가장 우려되는 것은 보안이다. 보안에 작은 구멍만 생겨도 도시 전체를 마비시킬 수 있다. 그러나 이런 문제로 인해 사물인터넷의 발전 속도가 후퇴하지는 않을 것이다. 인류가 어느 시대에나 직면했던 이런 범죄와 안전의 문제로 인해 기술 발달이 늦추어진 적은 없다. 새로운 환경에 맞는 사회 시스템, 교육, 문화, 기술 등을 통해 관리할 차원의 문제로 보아야 한다.

웨어러블 컴퓨터 기술은 생명체 간의 연결 시대를 열 것이다

사물인터넷과 더불어 제2차 가상 혁명을 완성할 기술이 웨어러블 컴퓨터다. 사물과 사물이 연결하는 데는 사물인터넷 기술이 필요하다. 사람과 사람 간의 생각을 연결하려면 SNS가 필요하다. 사물과 사람을 연결하기 위해서는 웨어러블 컴퓨터가 필요하다. 이미 스마트 안경, 스마트 시계 등을 시작으로 웨어러블 컴퓨터 사업의 미래 가능성이 뜨겁게 달아오르고 있다. 비즈니스 전략 차원에서 웨어러블 컴퓨터는 어떻게 접근해야 할까? 먼저 2020년까지 웨어러블 컴퓨터 기술의 발전을 예측해 보아야 한다. 더 나아가 2020년 이후 웨어러블 컴퓨터 기술의 가능성도 예측해 보아야 한다.

2012년 웨어러블 기기는 150만 대가 판매되었다. 불과 1년 후인 2013년에는 317% 성장한 620만 대의 웨어러블 기기가 출하되었다.[65] 2020년까지도 웨어러블 컴퓨터 기술은 스마트 안경이나 스마트 시계 혹은 스마트 액세서리 등 초보적 수준에 머물 것으로 예측된다. 겉보기에 스마트폰의 아류亞流, Epigone나 연장선상의 제품 정도로 인식되는 수준일 것이다. 하지만 웨어러블 컴퓨터 기술의 목표는 여기에서 멈추지 않는다. 2020년 이후 미래의 웨어러블 컴퓨터 기술은 인간의 몸 안과 밖을 연결하고, 심장을 사물과 연결하고, 뇌를 다른 생명체의 뇌와 연결하고, 다른 사람의 정신과 몸에 연결하는 것을 목표로 하게 될 것이다.

사람과 사람의 육체와 정신 데이터를 연결하기 위해서는 웨어러블 컴퓨터가 필수적인 기술이다. 지구에 존재하는 사물과 생명체 간의 완벽한 연결이 이루어지려면 사물인터넷과 웨어러블 컴퓨터 기술의 결합이 필수적이다. 2020년 이후 좀 더 발전된 웨어러블 컴퓨터 기술은 인간을 가상세계와 아바타에 완벽하게 연결해 주고, 사람의 안과 밖을 연결하면서 사람 자체가 컴퓨터가 되는 시대를 열어 줄 것이다. 사람의 몸이 스마트 디바이스가 되는 길이 열리는 것이다. 상상에서만 가능했던 지구의 모든 존재가 새로운 단계의 연결을 경험하는 시대가 오게 된다.

웨어러블 컴퓨터 기술은 현재 어느 정도까지 와 있을까? 2014년

브라질 월드컵, 프랑스와 온두라스의 조별리그 E조 1차전 후반 3분. 프랑스의 카림 벤제마의 슛이 포스트를 맞고 나오면서 온두라스 골키퍼 노엘 바야다레스에게 흘러갔다. 재빠르게 공을 쳐 냈지만 산드로 리치 주심은 골을 선언했다. 초당 500장을 촬영하는 7개의 초고속 카메라와 칩을 넣은 공 그리고 주심이 가지고 있는 웨어러블 디바이스가 결합된 최첨단 골 판독 시스템은 정확히 골로 판정했다. 프랑스 관중은 환호했고, 온두라스 응원단은 심한 야유를 보냈다. 그러나 전광판을 통해 그래픽으로 골을 명확히 확인해주자, 온두라스 응원단도 어쩔 수 없게 되었다. 웨어러블 컴퓨터가 어떻게 우리 삶에 적용되는지를 보여주는 단면이다. 브라질 월드컵 개막을 알리는 시축도 첨단 기술의 현주소를 보여주었다. 하반신 마비 환자인 줄리아노 핀토는 최첨단 헬멧을 머리에 쓰고 전혀 사용하지 못하는 하반신에 로봇 다리를 착용했다. 그리고 생각으로 공을 차라는 명령을 내렸다. 전 세계로 생방송된 이 장면은 척추 손상 장애인들에게 놀라운 희망을 안겨 주었다. 유럽 축구 리그에서는 아틀레티코 마드리드의 헤르만 부르고스 감독이 구글의 스마트 안경을 착용하고 자신과 상대 팀의 정보와 실시간 경기 진행 정보를 받아보면서 경기를 지휘하기도 했다.

시장조사 기관인 주니퍼리서치는 2018년에 웨어러블 디바이스 판매량이 2014년의 10배 수준인 1억 3천만 대에 이를 것으로 예측했다.[66] 웨어러블 컴퓨터 기술의 응용 분야는 매우 다양하다.

- 머리에 쓰는 헬멧
- 손에 차는 스마트 시계

- 손가락만 움직이면 글씨를 입력하고 화면을 조작할 수 있는 손에 끼는 키보드
- 얼굴에 쓰는 스마트 안경
- 다리에 입는 로봇
- 치아 사이를 깨끗이 닦으라고 잔소리하는 칫솔
- 전화가 오면 반짝반짝 빛나는 스마트 손톱
- 몸의 상태를 알려 주는 양말
- 길 안내하는 신발
- 노인이 쓰러진 것을 가족이나 의사에게 알려 주는 슬리퍼
- 수화手話를 통역해 주는 반지나 장갑
- TV나 컴퓨터 등의 디바이스를 자유롭게 조정할 수 있는 모션링
- 팔이나 등에 붙여 놓으면 몸에 바이러스가 침투했을 때 자동으로 알려 주는 전자피부
- 인터넷에 연결되어 갈아줘야 할 때를 알려주는 기저귀
- 기분에 따라 그림이나 색깔이 변하는 티셔츠
- 통신용 구리선을 집어넣은 실로 짠 옷

미래의 웨어러블 컴퓨터를 착용하고 탄소나노튜브 섬유로 만든 방탄 속옷을 입으면 강력한 전투병이 될 수도 있고, 똑똑한 첩보원이 될 수도 있다. 이런 장비와 옷은 총기 사고가 빈번한 미국 학교에서 아이들을 보호하거나, 묻지 마 범죄가 발생하는 위험사회에서 개인을 보호하는 새로운 대안이 될 수도 있다. 미국은 정부의 주도 하에 56개 기업과 국립연구소가 공동으로 미국 특수부대원들이 입을 '탈로스TALOS; Tactical Assault Light Operator Suit'라는 아이언맨 슈트를 개발 중이

다. 웨어러블 컴퓨터를 단순히 안경이나 시계 수준으로 보아서는 안 된다. 미래 사회에서 자신과 아이들을 보호하는 '위험 예방 및 대응 산업', 물리적으로 약해진 신체의 기능을 강화하는 산업으로까지 커질 잠재력이 있다. 보험업계도 웨어러블 컴퓨터 기술을 주목하고 있다. 이유는 간단하다. 실시간으로 가입자의 상태를 파악할 수 있기 때문이다. 집, 사무실, 자동차, 길거리 등 어느 곳 어떤 순간에 있어도 파악할 수 있다. 이렇게 되면 보험료 산정을 1년에 한 번 하지 않고, 매일 자동으로 재산정할 수도 있다.

2014년 현재, 살아있는 사슴벌레 같은 곤충이나 나뭇잎에 센서를 부착해 공기 오염도를 측정할 수 있는 생체 표면 전자회로 기술이 개발된 상태다. 이 기술을 웨어러블 컴퓨터에 적용하면 우리가 착용한 옷이나 모자 등이 스스로 사무실, 집, 자동차, 거리 등에서 알레르기 유발 물질, 미세먼지, 황사, 방사능, 각종 화학물 오염 등을 실시간으로 모니터링할 수도 있다. 수집한 환경 데이터들을 관련 기업이나 국가 연구기관으로 보낼 수도 있다. 그러면 미세 먼지 오염이 심한 곳, 악취가 심한 강기슭, 모기나 파리가 많은 지역, 차가 많은 도로, 사람이 밀집된 거리 등을 실시간으로 파악해 신속하게 대처할 수 있다. 2014년 6월 한국전자통신연구원ETRI은 휘거나 말아도 되는 얇고 투명하고 힘의 세기까지 측정할 수 있는 촉각 센서를 개발했다. 비닐처럼 유연한 특성을 가져서 장갑, 양말, 옷, 피부 등 어느 곳에도 붙일 수 있는 장점이 있다. 90%의 광투과도를 가지고 있어서 플렉서블 디스플레이와 웨어러블 컴퓨터에도 사용할 수 있다. 로봇과 결합하면 인공피부로 사용될 수도 있다. 스마트폰에 접목하면 입력 장치의 혁신을 가져올 수 있다. 게임기에 붙이면 좀 더 깊고 넓은 압력을 표현할 수 있다. 한국전자통신연구원ETRI은 2년 정도면 상용화가 가능할 것으로 예측했다.[67] 구글은 당뇨병 환자를 위해 콘택트렌즈에 LED 조명, 무선 칩, 포도당 센서를 부착하여 자동으로 혈당을 체크해주는 스마트 콘택트렌즈를 개발했다.[68]

웨어러블 컴퓨터의 보급이 대중화되면 사물들의 이동 속도와 정확도만 높아지는 것이 아니다. 사람의 이동 속도와 정확도도 높아진다. 2025년경이면 공항에서 발권과 출국 수속이 쇼핑몰 계산대를 지나는 것처럼 편리하고 빨라질 것이다. 당신이 누구인지 곧바로 판별이 가능한 생체 인식 기술, 스캔하는 모든 물질의 화학적 성분까지 알려주는 초정밀 분자 스캐너 기술이 이런 미래를 가능하게 해 줄 것이다. 분자 스캐너는 식품을 스캔하면 영양 정보는 물론이고 과일의 경우 얼마나 익었는지까지 파악해 준다. 닭을 튀기는 데 사용하는 기름이 얼마나 더러워졌는지도 알려주고, 당신이 먹는 약의 성분을 파악해 주고, 당신의 손에 쥐어져 있는 비아그라가 진짜인지 가짜인지도 알려준다. 분자 스캐너는 검색의 범위가 넓어서 검색대에서 50m 반경에 있는 모든 수하물과 사람을 초 단위로 검색할 수 있다.

은행의 풍경도 바뀐다. 미래에는 통장을 개설하기 위해 은행 지점을 방문할 필요가 없다. 가까운 카페나 3차원 가상공간에서 은행 직원을 만날 수 있다. 통장 개설이나 대출에 필요한 서류, 사진, 서명도 전부 디지털화되거나 생체 인식 기술로 대체된다. 은행 직원은 어느 곳에서든지 금융 정보에 접근할 수 있어 상담과 서비스를 즉석에서 할 수 있게 된다. 지난 100여 년 동안 오프라인 지점을 중심으로 이루어졌던 금융 서비스가 10년 이내 혁신적으로 바뀌게 된다. 은행들은 앞으로 유지 비용이 많이 드는 오프라인 지점을 축소해갈 것이다.

일부 남아 있는 오프라인 지점도 지역 주민을 위한 커뮤니티 공간으로 바뀔 것이다. 오프라인 은행에는 현금자동입출금기, 무선인터넷, 책상과 의자만 있게 된다. 지점장의 방, VIP응접실, 길게 펼쳐진 은행 창구와 직원들의 모습은 사라진다. '은행이 없는 은행'이 미래 은행의 모습이다. 가상공간이든 현실공간이든 언제 어디서나 고객을 만나 즉시 금융 서비스를 제공할 수 있게 된다. 고객이 은행을 찾아가는 것이 아니라 은행이 고객을 찾아다니는 시대가 오고 있다. 미래의 은행은 지점이 아니라, 직원이 은행 업무 단위가 된다.

이런 변화에 대응하기 위한 교육이 필수다. 미래의 은행 직원은 금융 행정 업무에서 벗어나 금융 및 재무 상담은 물론이고 인생 설계 코칭도 해야 생존할 수 있다. 단순한 금융 및 재무 서비스는 2030년 이후가 되면 금융 서비스 로봇으로 대체될 수 있다. 현금자동입출금기도 현저히 줄어들게 될 것이다. 금융 서비스가 더욱 디지털화되면서 스마트 디바이스와 SNS 등을 통한 금융 거래가 활발해질 것이다. 신용카드가 현금 사용을 대체한 것처럼, 미래에는 홍채, 지문, 손바닥 등 신체 일부분이 신용카드를 대체할 것이다. 모바일 은행, 금융 서비스 로봇, 3차원 가상 은행, 생체 인식 금융 거래 등 새로운 모습이 10년 이내에 우리 앞에 다가올 미래다. 오프라인 지점이 하나도 없는 디지털 은행도 생겨날 것이다. 디지털 증권사가 출현한 지는 이미 오래인 것을 생각해보라.

2020년이면 웨어러블 컴퓨터가 서로 연동하고, 기타 지능형 사물들과 통신하면서 사용자의 몸뿐 아니라 주위 상황도 동시에 인지해 데이터를 생산하게 될 것이다. 즉, 웨어러블 컴퓨터 기술과 사물인터넷이 대중화되면서 '어웨어러블Awareable 시대'가 열리게 된다. 이런 미래가 되면 사람이 많이 모이는 공항이나 쇼핑몰 등의 장소에서 아무리 사람이 많아도 나와 주위 상황을 인지해 '나에게 가장 알맞은 것'이 무엇인지를 제시해 주는 개인맞춤형 서비스가 가능해진다.

웨어러블 컴퓨터가 발전하기 위해 해결해야 할 가장 큰 문제 중 하나가 배터리다. 2014년부터 다양한 종류의 스마트 안경, 스마트 시계가 상용화되지만, 한결같이 배터리 용량의 한계로 하루 정도 밖에 사용하지 못한다. 우리 몸에 착용하는 웨어러블 컴퓨터의 숫자가 많아질수록 배터리 문제는 더욱 큰 걸림돌이 될 것이다. 이것이 해결되지 않으면 사람들은 웨어러블 컴퓨터를 호기심 차원에서만 사용하지 스마트폰처럼 일상화하지는 않을 것이다. 그래서 일부에서는 2018년까지 웨어러블 기기 보급대수 1억 7천만 대에 시장 규모는 300억 달러에 불과한 걸음마 단계에 머물 것으로 예측한다. 2012년의 스마트폰 판매 대수 23억 대, 매출 규모 1,680억 달러와 비교하면 20% 미만에 불과하다.[69]

필자의 예측으로는 2020년 이후가 되면 배터리 문제를 완전히 해결하는 다양한 기술이 출현할 것이다. 2014년 7월 울산과학기술대학교 조재필 교수팀은 나노 기술을 활용해 두께 1mm에 10분 만에 고속 충전되고, 자유롭게 휘어지는 2차전지 기술 개발에 성공했다.[70] 2014년 한국의 KAIST 신소재공학과 이건재 교수 연구팀도 현재보다 효율이 40배가 높은 나노 발전기를 개발하는 데 성공했다. 나노 크기의 물질에 미세한 압력을 가하거나 구부림 현상을 반복하는 것만으로 전기가 생산되는 '압전 효과'를 이용한 것이다. 이 기술은 움직임 자체로 전기를 생산하기 때문에 따로 배터리를 장착하지 않아도 되어 반영구적이다. 지금까지 개발된 나노 발전기는 에너지 효율이 낮고 제작 공정이 복잡해 상용화가 까다롭고 제조 비용도 높았다. 조재필 교수 연구팀이 유연한 플라스틱 기반 위에서 나노 발전기를 대량으로 만드는 기술을 개발하는 데 성공함으로써 바람, 진동, 소리, 심장 박동, 혈액 흐름, 근육 수축과 이완처럼 미세한 움직임으로도 에너지를 만들 수 있게 되었다.[71] 이런 기술에 광합성이 가능한 나노 입자를 섞은 염료나 페인트 등을 발라 태양광 전기를 얻을 수 있는 기술이 합쳐지면 우리의 몸 위에 부착된 다양한 웨어러블 컴퓨터들에 충분한 전기를 공급할 수 있게 된다.

사람의 체온을 전기로 바꾸어주는 기술도 주목을 받고 있다. 2014년 한국의 KAIST 조병진 교수팀이 자유롭게 휘어지고 가공이 쉬운 유리섬유로 팔에 두를 수 있는 열전소자熱電素子를 개발했다. 열전소자는 열에너지를 전기 에너지로 변환시키는 소재다. 연구팀은 가로 세로 각 10cm의 밴드형 열전소자에서 외부 기온이 20도일 때 피부 온도 36.5도와의 차이를 이용해서 약 40mW의 전기를 생산하는 기술을 개발했다. 이 정도 전기 용량이면 몸에 부착하는 웬만한 반도체 칩들을 모두 작동시킬 수 있다. 밴드를 가로 세로 50cm×100cm 크기로 만들면 휴대전화를 사용할 수 있는 약 2W의 전력 생산이 가능하다. 유리섬유로 만든 열전소자라서 대량생산도 수월하다.[72]

모든 사람과 사물이 인터넷에 연결되고, 방대한 데이터가 생산되어 당신이 읽고 관리해야 할 데이터가 늘어날수록 필수적으로 부각되는 욕구가 기기 간의 호환성과 데이터의 원활한 흐름이다. 이 욕구를 충족시키기 위해서는 클라우드 서비스가 매우 중요하다. 2020~2025년경이면 사물인터넷 환경과 더불어 3차원 가상공간과 스마트 홈, 스마트 사무실, 스마트 자동차, 스마트 거리Smart street에서 지구 반대편에 있는 사람 또는 주위에 있는 사물들과 소통하면서 자유롭게 일하는 스마트 워킹이 가능해지고, 신체의 움직임과 생체 데이터를 기반으로 맞춤형 서비스를 받을 수도 있다. 이런 변화에 따라 클라우드 서비스의 중요성은 더욱 커진다. 미래의 클라우드 서비스는 단순하게 데이터를 저장하는 수준을 넘어설 것이다. 클라우드 인텔리전트라는 말이 생길 것이다. 지금은 저장 공간이나 속도가 업체 간의 역량을 판단하는 기준이지만, 조만간 인공지능 기능이 핵심 기술로 부각할 것이다.

저장 공간에 인공지능이 결합되면서 데이터를 보관하는 수준을 넘어서서 데이터를 스스로 분석하고 상황을 예측하고 행동을 조언하는 똑똑한 저장 공간이 될 가능성이 크다. 클라우드 시장의 규모도 빠르게 성장할 것이다. ICT와 스마트 기술의 핵심 경쟁우위 요소 중 하나가 클라우드 서비스이기 때문이다. 데이터는 미래 사회의 부를 생산하는 에너지가 되고, 모든 기기와 사물이 클라우드 컴퓨터를 경유해 사용자에게 전달된다는 것을 잘 알고 있는 글로벌 기업들은 연간 수억에서 수십억 달러를 클라우드 컴퓨팅 기술과 환경에 투자하고 있다.

웨어러블 컴퓨터의 마지막 종착지는 인간의 뇌와 연결되는 것이다. 인간의 뇌는 현실과 가상을 구별하지 못한다. 뇌의 이런 특성을 이용한 것이 가상현실VR 기술이다. 현재의 기술은 뇌의 다양한 신호를 컴퓨터에 입력하는 것이 가능한 단계까지 발전했다. 뇌-컴퓨터 인터페이스 기술이나 뇌파를 감지하는 특수 모자를 사용해 뇌와 컴퓨터가 서로 통신할 수 있는 단계가 곧 실현된다는 의미다. 인간의 뇌는 차가운 것을 만지는 것과 딱딱한 것을 만질 때 반응하는 부위가 다르다. 이런 종류의 정보를 컴퓨터에 저장한 후 역으로 사용하면 가상의 촉감을 뇌에 전달할 수 있다. 물론 뇌는 가상의 감각인지 실제적 감각인지 구별하지 못한다. 그래서 진짜처럼 느낀다. 가상의 아바타나 물건에 촉감 정보를 연결해 놓고 휴먼 인터페이스 기술이나 뇌파 감지 장비를 사용하면 우리 뇌는 가상의 물건을 실제처럼 느낀다. 3차원을 넘어 4차원으로 발전하면서 현실과 가상의 공간적 경계가 깨지는 순간이다. 뇌에 직접 가상을 주사하는 수준의 가상현실 기술을 사용하지 않더라도 헤드마운트디스플레이HMD를 통해서 얼마든지 가상의 사람이나 물건을 실제처럼 연출할 수 있고, 가상공간에서 쇼핑과 운동, 게임을 즐길 수 있다. 이것이 뇌-컴퓨터 인터페이스가 웨어러블 컴퓨터와 연결되는 10년 후의 미래 모습이다.

이처럼 엄청난 변화를 이끌 동력인 웨어러블 컴퓨터 시장에서 애플, 구글, 삼성뿐만 아니라 인텔 등 미국 기업, LG 등 한국 기업, 소니 등 일본 기업, 화웨이 등 중국 기업이 거의 모두 참여하여 치열하게 경쟁할 것이다. 스마트폰에서 애플과 삼성에 밀린 기업들은 입지를 만회하기 위해 필사적이다. 스마트폰을 만들었던 기업뿐 아니라, SK처럼 통신 기업, 인텔처럼 CPU를 만들던 기업과 다양한 아이디어로 무장한 개인도 뛰어든다. 2030년이면 한국의 시장 규모만 30조 원으로 성장할 것으로 예측된다.

웨어러블 컴퓨터 시장에서 성공하기 위한 비즈니스 전략은 무엇일까? 필자의 견해로는, '록인Lock-in 전략'이 핵심이 될 것이다. '연결'에서 가장 중요한 것은 '개인 정보 보호'와 '안전'이다. 이 두 가지를 얻는 가장 기본적인 단계는 '한 기업의 제품을 사용하는 것'이다. 10년 이내에 우리는 최소 10개 이상의 웨어러블 컴퓨터를 몸에 입게 될 것이다. 가장 기초적 수준에서 사물과 사람이 연결된다. 사람과 사람 간의 연결도 단순히 정보나 생각의 연결 수준을 넘어, 직접 몸과 정신이 연결되는 단계가 시작된다. 사람의 몸과 컴퓨터화된 자동차, 집의 연결이 가능해진다. 이런 상황에서 몸에 입은 다양한 웨어러블 컴퓨터 장치들이 서로 다른 기업의 제품이라면 어떻게 될까? 호환성 문제뿐 아니라 정보 보호와 데이터 공유 면에서도 불편함과 불안감을 느끼게 된다. 물론 한 기업의 제품을 사용하더라도 안전과 개인 정보 보호를 완전히 보장할 수는 없다. 그러나 서로 다른 기업 제품들을 사용할 경우 그 위험은 더욱 커진다. 한 개인이 서로 다른 OS를 사용하거나 서로 다른 생태계, 서로 다른 데이터베이스를 사용할수록 위험성은 커진다. 개인 정보 보호와 안전을 위해서는 일부분 폐쇄형 구조가 필요하다. 서로 다른 기업 제품들로는 폐쇄형 구조를 갖추기 힘들다.

개방형 구조를 갖춘 구글의 안드로이드 진영보다 폐쇄형 구조를 갖춘 애플의 iOS 진영이 보안에 좀 더 유리하다. 실제적 안정성은 뒤로하고라도 최소한 심리적 안정성은 더 높일 수 있다. 스티브 잡스는 이런 미래를 예측하고 있었다. 그래서 완전한 개방형 체제를 시도하지 않고 개방과 폐쇄의 절묘한 균형점을 찾으려 했다. 잡스의 이런 전략은 디바이스 판매에도 큰 이득을 가져다주었다. 잡스 이후에도 애플은 OS, 디바이스, 생태계를 하나로 묶는 록인 전략을 유지하고 있다. 애플은 미래에도 이 전략을 강화할 것이다. 더 많은 디바이스가 우리의 몸과 연결될수록 애플의 록인 전략은 더욱 강력한 효과를 발휘할 것이다. 미래의 사용자들은 애플의 제품을 선택하는 순간 애플이 검열하고 엄선한 애플만의 콘텐츠, 앱, 액세서리를 안전하게 사용하게 된다. 나아가 애플이 계속 내놓을 미래의 건강 및 연결 서비스도 다른 기업의 제품과 서비스보다 상대적으로 안전하게 사용하게 된다. 이런 서비스를 받으려면 애플의 스마트폰을 산 고객은 스마트 안경과 시계 등도 애플의 제품을 사는 것이 더 유리하다고 판단할 것이다. 애플의 생태계에 록인되는 것이다. 록인 상황이 계속될수록 애플의 비즈니스 안정성은 커지고, 이를 바탕으로 소비자에게는 애플로 인해 느끼게 되는 가치를 계속 높일 수 있게 된다. 선순환이 일어나는 것이다. 소비자들도 디바이스를 바꾸는 시점이 오더라도 자신이 사용하고 있는 다른 디바이스들과의 연동을 고려해야 하므로 다른 기업 제품을 구매하기가 더 힘들어진다.

다른 기업의 한 가지 제품이 애플보다 기능이나 서비스가 더 낫더라도 생태계 전체로 보면, 가치 총량에서 차이가 크게 나기 때문에 벗어나기가 힘들다. 애플이 뛰어난 디바이스를 계속 내놓는다면 애플의 생태계에서 빠져나갈 이유가 전혀 없다. 자신의 수많은 디바이스들이 애플의 생태계에 연결될수록 편리함, 안전, 보호, 즐거움이 배가된다고 생각하기 때문이다. 지금도 애플의 고객들 중에는 이런 록인 현상이 강하게 존재한다. 미래에는 자동차, 의류, 집, 인공지능, 모자, 운동화, 안경, 운동기기, 건강 및 금융 서비스 등 일상에서 사용되는 대부분의 제품과 서비스가 애플의 생태계로 흡수될 가능성이 크다. 모두 '록인 전략' 덕택이다.

생존을 위해 인공지능과 손잡다

2014년 7월, 30년 앙숙이었던 애플과 IBM이 전격적으로 제휴를 맺었다. 애플의 음성 인식 서비스인 '시리'와 IBM의 인공지능 '왓슨Watson'을 결합해 미래 시장을 선점하겠다는 계산에서다. 시리가 왓슨의 도움을 받으면 인지 능력이 대폭 향상되면서 훨씬 더 똑똑한 인공지능 비서가 될 가능성이 크다. IBM은 애플이 가지고 있는 방대한 소비자 정보를 왓슨이 사용할 수 있어 예측 능력을 한 단계 끌어올릴 수 있다.[73]

인공지능 컴퓨터의 첫 단계는 '상황인식 컴퓨팅Contextual computing' 기술이 될 것이다. 예를 들어 당신이 미국 LA로 여행을 갔다고 하자. 그곳에서 연락하면 도움을 얻을 수 있는 사람을 스마트폰이 자동으로 추천해 준다. 스마트폰 속에서 작동하고 있는 상황 인식 기능이 있는 인공지능이 지리적 상황을 인식하고 전화번호부, 이메일, SNS, 캘린더, 앱 등을 분석하는 알고리즘을 가동해, LA 여행에 도움을 줄 최적의 친구, 동료, 상사 등을 우선순위별로 추천해 주는 것이다. 당연히 그 사람과의 친밀성이나 업무적 유익 등을 모두 고려해서 말이다. 먼 미래의 일이 아니다. 교통 상황을 인식하고 최적으로 길을 알아서 추천해주는 내비게이션은 이미 실용화되었다.

상황 인식 컴퓨팅 기술 다음 단계는 스스로 판단하고 예측하여 행동을 제안하는 인공지능이다. 완벽하지는 않지만, 인간의 두뇌가 하는 인식 작용 일부를 수행하는 기계를 만들려는 시도는 오래전부터 있었다.[74] 인공지능을 최초로 시도한 사람은 수학자 앨런 튜링이었다. 1930년, 영국이 독일과의 전쟁을 준비할 무렵 튜링은 블레츨리 파크에서 암호를 해독하는 일을 맡았다. 당시 독일군은 '에니그마'라는 기계를 가지고 해독 불가능한 수준의 암호를 만들었다. 에니그마는 수천만 가지의 경우의 수를 가지고 암호를 생성했다. 영국군이 독일군의 암호 하나를 푸는 데는 아무리 빨라도 수십 일이 걸렸다. 이런 속도로는 전쟁에서 승리하기가 어려웠다. 그래서 앨런 튜링은 에니그마라는 암호 기계가 만든 암호를 해독하는 새로운 기계를 만들었다. 사람이 하면 수십 일이 걸릴 암호 해독을 단 10분 이내에 끝내버리는 놀라운 능력을 보여준 이 기계에 '폭탄Bomb'이란 이름이 붙여졌다. 튜링이 개발한 암호 해독 기계는 톱니바퀴와 스위치들을 연결하는 데만 16km가 넘는 전선이 쓰일 정도로 복잡한 구조를 가졌다. 이 일을 경험한 튜링은 전쟁이 끝난 후 기계가 할 수 있는 일의 한계가 무엇인지에 대해 궁금증을 갖기 시작했다. 1950년에 튜링은 사람을 흉내 내는 기계에 대한 논문을 썼다. 인공지능의 탄생이었다.

인공지능의 발전은 초기에는 지지부진했다. 많은 사람들이 인간을 닮은 인공지능의 출현하려면 수백 년이 걸릴 것이라고 생각했다. 하지만 컴퓨터의 기능이 급속하게 향상되고, 뇌신경공학이 발전하여 인간의 뇌에 대한 이해가 깊어지면서 인공지능은 새로운 발전의 전기를 맞았다. 인간이 뇌와 지능에 대한 이해가 깊어지고, 생각과 의식에 관련된 비밀에 접근하면 할수록 인간을 완벽하게 모방하는 인공지능의 출현 가능성이 커질 것이다. 인공지능이 자신이 하는 말이 무슨 뜻인지 인간처럼 완벽하게 이해하지는 못할지라도, 철저한 논리적 결합과 방대한 데이터 및 경험의 축적 덕분에 미래의 인공지능은 인간의 두뇌를 확장해주는 수준으로 발전할 것으로 예측한다. 이미 그 전조는 시작되었다.

2011년 IBM의 데이비드 페루치가 이끄는 팀이 만든 인공지능 왓슨이 미국에서 가장 오래되고 유명한 퀴즈 쇼인 '제퍼디 쇼'에서 세계를 놀라게 했다. 퀴즈 문제가 어렵기로 유명한 이 쇼에서 왓슨은 두

명의 인간 출전자를 누르고 우승했다. 왓슨과 대결한 두 명 중 한 사람은 5번이나 우승해 320만 달러라는 역대 최고의 상금을 기록한 브래드 러터였다. 이 사건은 몇 가지 논란에 불을 지폈다. 하나는 오랜 과학 기술자의 꿈 중 하나인 인공지능의 새로운 가능성을 보여 주었다는 것이다. 다른 하나는 왓슨을 비롯한 전 세계의 다양한 인공지능이 정말 사람과 같이 자율적으로 생각하고 판단하는 능력을 갖췄느냐, 아니면 그런 것처럼 보이도록 흉내내는 것에 불과하냐 하는 논란이었다.

왓슨은 현재까지 가장 정교하게 발전된 인공지능이다. 왓슨은 2억 페이지에 달하는 정보를 3초 만에 검색할 수 있는 슈퍼컴퓨터였는데, 제퍼디 쇼에 출연해 인간과 대결하기 위해 4년 동안 퀴즈를 푸는 방법을 배웠다. 1라운드에서는 브래드 러터와 같은 실력을 발휘했지만, 2라운드에서는 압도적인 상금 차이로 우승하면서 방청객과 수백만 명의 시청자들을 흥분시켰다. 오래 전에도 인공지능 컴퓨터는 세계 최고의 체스 선수를 이겨 세상을 놀라게 했다. 체스의 수를 계산하는 것은 수많은 논리적인 경우의 수를 연산하는 능력과 직결되기 때문에 컴퓨터의 속도가 빨라지면 당연히 인간의 능력을 능가할 수 있을 것이라는 데 동의할 수 있다. 그러나 2011년의 왓슨은 달랐다. 왓슨이 사람들을 놀라게 한 핵심은 인공지능 컴퓨터가 동음이의어나 복잡한 논리구조를 포함한 인간의 자연어를 이해했다는 점이다. 또한, 2억 페이지에 달하는 방대한 데이터에 가장 빠르고 효율적으로 접근하기 위해서 필수적인 다차원적인 사고를 했다. 전문가들은 이런 왓슨의 능력을 예전과는 전혀 다른 새로운 방식의 기계 지능 접근법이라고 평가했다.

인공지능이 인간의 두뇌를 완벽하게 닮게 될 시기는 먼 미래일지 모르지만, 인간의 삶에 들어와 함께 생활하면서 인간의 능력을 확대하는 데 도움을 줄 시기는 임박했다는 증거가 세계 곳곳에서 나오고 있다. 영국 에섹스대학교의 오웬 홀랜드 Owen Holland 교수가 연구 중인 인체를 흉내 내는 로봇인 '에케 로봇'도 그중 하나다. 홀랜드 교수는 인간의 지능이 단독으로 작동하지 않고 인간의 근육이나 신경 등 몸의 모든 영역과 연결되어 작동한다고 보았다. 마치 심장이나 근육이 뇌가 아닌 자체 내에 무언가의 행동을 기억하고 있고 이것이 다시 뇌와 연결되어 상호작용하듯 말이다. 이런 가설을 자신이 개발하고 있는 인공지능에 접목했다. 인간의 뇌를 닮은 인공지능이 되기 위해서는 '시각'의 역할이 중요하다는 것도 밝혀냈다. 인간의 시각은 지능의 핵심 요소 중 하나다. 인간은 시각을 통해 대부분의 정보를 받아들인다. 시각을 통해 세상을 봐야 정보가 입력되고, 판단할 영역이나 기준점이 형성된다. 시각으로 본 형상을 기초로 새로운 상상의 이미지를 만들어 조작할 수도 있다. 이 모든 것이 지능이 작동하는 방식 중 하나다. 이런 방식이 인공지능의 연구에 접목되고 있는 것이다.

이미 우리는 수많은 사람 중에서 특정한 사람을 발견하고 추적할 수 있는 능력을 갖춘 CCTV와 소프트웨어를 가지고 있다. 아직은 싸움과 장난을 구별할 정도의 판단력은 가지고 있지 않지만, 그 정도 역량을 갖춘 인공지능이 탑재된 로봇의 개발은 시간 문제다. 현재의 인공지능 학자들은 기계가 사물이나 말의 의미나 맥락을 이해하는 방법을 배우도록 하는 데 깊은 관심을 두고 있다. 앞으로 인간의 시각 처리 방식을 이해하고 재현하는 기술이 더욱 향상되고, 인간 뇌의 구조와 작동 방식, 지능과 학습의 발전 단계, 언어 형성과 습득 방식,

신경과 근육의 작동 및 이것들이 뇌와 연결되는 구조에 대한 이해가 깊어질수록 인공지능에 대한 연구는 발전할 것이다. 이 모든 데이터의 처리를 인간의 생각이나 반응 속도보다 빠르게 할 수 있는 수준으로 컴퓨터 처리 속도가 발전하면 인공지능의 성능도 달라질 것이다.

필자는 2020~2025년 사이에 인간은 더 나은 문명 발전과 지속 가능한 생존을 위해 인공지능과 손을 잡는 시대가 펼쳐질 것으로 예측한다. 또한, 앞으로 20~30년 이내에 집에 있는 수많은 사물과 기계를 통제하고, 리모컨을 가져다주며, 설거지를 돕는 등 사소한 일상생활을 도와줄 수 있는 기능은 충분히 가능하며, 아이들에게 책을 읽어주고 수학 문제 풀이도 가르쳐 줄 수 있는 인공지능이 상용화될 가능성도 있다고 예측한다. 물론 깊이 있는 추론이나 직관을 요구하는 명령을 완벽하게 수행하는 인공지능을 곁에 두려면 상당한 시간이 필요할 것이다.

잠시 과거로 눈을 돌려 인간의 근육을 대신했던 기계들을 생각해 보자. 산업 혁명 이후 기계가 인간의 근력을 대신하기 시작한 지 200년이 넘었지만, 공장에 있는 기계들은 인간이 뼈와 근육을 사용해서 할 수 있는 수만 가지 행동 중 하나 혹은 몇 가지만을 할 뿐이다. 그것만으로도 인간의 일터, 생산성, 직업과 작업의 방식이 혁명적으로 바뀌었다. 인간은 정말이지 멍청한 수준의 기계를 활용해서 근력의 극대화에 성공했다. 인공지능도 비슷할 것이다. 두뇌가 할 수 있는 한두 가지의 일만 잘해도 인공지능이 필요하다. 멍청한 수준의 인공지능이라도 두뇌 능력의 극대화에 이바지할 것이다. 인공지능은 멍청하더라도 인간이 똑똑하기 때문이다. 인간은 동물의 지능에 불과한 인공지능이라도 어떻게 활용할지를 잘 알고 있다. 적절하게 그 수준에 맞춰 활용하면 자신에게는 큰 도움이 된다는 것을 알고 있다. 인공지능이 놀라워서 세상이 바뀌는 것이 아니라, 인간의 지능이 놀라워서 세상이 바뀌는 것이다. 전체적으로 멍청하고 무능하지만, 특수한 일에서는 인간을 능가하는 기계가 있었듯이, 특수한 영역에서 인간보다 빠르고 냉철하게 사고하고 판단을 내려 줄 인공지능이 필요한 시대가 오고 있다.

가장 가능성이 높은 시나리오는 상당한 수준의 성능을 갖춘 인공지능을 출시하는 것이 아니다. 갓난아이처럼 최소의 기본 기능과 함께 학습하는 기능만 갖춘 인공지능 로봇이 출시될 가능성이 크다. 사람들은 이런 로봇을 구매해 자신이 원하는 일을 하는 데 특화된 인공지능 로봇으로 성장시킬 것이다. 다른 기능이 필요하면 그쪽으로 학습시키거나, 새로운 로봇을 사서 그 기능에 특화할 것이다. 학습을 통해 반응하고 균형을 잡는 법을 배우고, 주인이 원하는 행동을 하는 데 필요한 데이터도 축적할 것이다. 인간과 상호작용하며 의사소통하는 나름의 방법도 만들어갈 것이다. 훈련을 통해 데이터가 축적될수록 다양한 가능성 중에서 어떤 것을 선택해야 할지에 대한 최적의 판단을 할 가능성이 점점 높아진다. 인간이 경험을 축적해 응용하는 것처럼 말이다. 이렇게 학습하며 성장한 로봇 여러 대가 당신을 도울 수 있다. 로봇과 로봇의 협력으로 단일 로봇의 단점을 보완하고, 당신의 놀라운 지능과 지혜가 인간보다 단순하고 저급한 로봇들의 능력을 어떻게 유용하게 사용할지를 판단할 것이다.

인공지능 로봇이 독자적으로 인간을 돕는 것이 아니라, 인간과 상호 연관을 맺으면서 인간의 능력을 극대화하는 쪽으로 전개될 가능성이 크다. 인공지능 로봇 상용화의 첫 단계에서는 인간이 로봇에게

숨을 불어넣고, 기초 훈련을 하고, 단순한 임무를 부여하고, 생존의 이유와 방향을 정해주면서 자신을 섬기게 할 가능성이 크다. 로봇에게 일을 시키는 것보다 로봇을 키우는 재미에 초점을 맞출 가능성이 크다. 로봇이 움직이고, 자신의 훈련에 반응해 행동하고 성장하는 즐거움이 로봇 구매의 목적이 될 것이다. 인공지능 로봇이 집안일을 얼마나 잘하느냐, 침입자를 얼마나 잘 방어하느냐 등은 그 다음의 문제가 되는 것이다. 빠르면 2050년경이면 감성지능 수준을 넘어 인간과 비슷한 수준의 인식 능력을 갖춘 인공지능 탑재 로봇이 등장할 수도 있다.(만약, 로봇이 가족으로 인식되기 시작하면 인간은 로봇 인권에 대해 고민해야 할지도 모른다. 일부 어리석은 인간이나 무자비하고 폭력적인 인간보다는 똑똑한 로봇에게 투표권을 주는 것이 낫다는 주장도 나타날지 모른다. 19세기 미국 남부에서는 흑인은 영혼이 없다고 여기는 인종차별이 팽배했다. 우리는 성차별, 동물 학대 등을 둘러싼 논란을 겪어 왔다. 미래에는 기계 차별이라는 새로운 논란이 일어날 수도 있다)

　인공지능 분야에서 세계 최고의 기술을 보유하고 있는 IBM의 기술은 슈퍼컴퓨터 기술과 슈퍼컴퓨터의 핵심 장치인 칩 기술에서 비롯된다. 슈퍼컴퓨터는 인공지능 기술의 발전뿐 아니라 첨단 산업 기술의 발전을 이끄는 핵심 요소이다. 한 개에 1~2억 원을 호가하는 자동차의 안전을 테스트하는 더미를 대체하는 것에서부터, 기후 변화 예측, 신종 바이러스 분석, 자동차나 비행기 설계 및 성능 시뮬레이션, 우주 물리학 등 고난도 기술 개발 영역에서 첨병 역할을 한다. 기존 산업 발전부터 첨단 미래 산업 개척까지 적용되는 슈퍼컴퓨터는 이미 일상생활의 작은 영역까지 깊숙이 들어와 있다. 인라인스케이트를 설계하고, 감자 칩 모양을 설계하고, 최적화된 캔이나 녹즙기를 디자인하고, 애니메이션 영화를 제작하는 데도 쓰인다. 슈퍼컴퓨터는 국가나 기업의 기술 경쟁력 향상에 없어서는 안 될 중요한 도구다. 미래 인공지능 기술의 경쟁에서도 슈퍼컴퓨터는 매우 중요한 역할을 할 것이다. 미래에는 빅데이터를 기반으로 한 예측 산업이 부각될 것이다. 소비자 행동 및 구매 패턴 예측, 전염병 발병 예측, 기후 변화 예측, 범죄 예측, 교통 변화 예측 등 다양한 예측 서비스가 제공될 것이다. 정확한 예측도 중요하지만, 속도도 중요해진다. 그래서 슈퍼컴퓨터 성능의 차이가 예측 서비스의 핵심이 된다.

2011년에 인간의 신경세포를 모방해 256개의 디지털 뉴런을 보유한 칩을 개발한 IBM은, 2014년에는 인간의 혈액체계를 모방해 액체를 활용한 3차원 칩을 개발했다. IBM은 1kW의 전력으로 100억 개의 뉴런과 100조 개의 시냅스를 작동할 수 있는 칩을 개발 중이다. 퀄컴이 개발한 새로운 칩인 '제로스$_{Zeroth}$'는 인간의 신경세포를 닮은 뉴럴프로세싱유닛$_{Neural\ processing\ unit}$으로서 사용자 행동의 미래를 예측하고 패턴을 분석할 수 있는 능력을 갖추었다.

2014년 개봉한 SF영화인 '트랜센던스$_{Transcendence}$'는 인간의 뇌가 인공지능 컴퓨터에 업로드 되는 시대를 배경으로 한다. 윌과 에블린 부부는 역사상 인류가 발견해 축적해온 모든 지식과 지적 능력을 초월하고, 고도의 인지 능력까지 보유한 슈퍼컴퓨터 '트랜센던스'의 완성을 꿈꿔왔다. 이 목적을 위해 부부는 후원금 모금을 위한 강연회를 연다. 그런데 기술의 발전이 인류를 몰락시킬 것이라고 믿는 반$_{反}$과학 단체인 'RIFT'는 인공지능 분야의 과학자들을 살해한다. 이 과정에서 윌 역시 방사능이 묻은 탄환에 총상을 입어 한 달밖에 살지 못하는 시한부 인생이 되고 만다. 원숭이의 뇌 정보를 슈퍼컴퓨터에 업로드하는 기술을 확보한 에블린은 윌이 죽기 전 윌의 뇌 정보를 '트랜센던스'에 업로드한다. 에블린은 남편의 죽음을 받아들이지 못하고 트랜센던스를 남편으로 여기며 산다. 천재 과학자의 뇌와 슈퍼컴퓨터가 결합되어 만들어진 초지능 슈퍼컴퓨터인 트랜센던스는 전 세계의 엄청난 데이터를 빨아들이고 온라인에 접속해 자신을 계속 복제하면서 진화를 거듭한다. 이런 놀라운 능력으로 처음에는 불치병을 고치고 혁신적인 기술을 개발하지만, 결국 인류에게 가장 위협적인 존재로 발전한다.

미래의 이런 모습은 영화 속에만 있지 않다. 뇌 전체를 시뮬레이션하는 것은 아주 먼 미래의 이야기이지만, 뇌 일부를 시뮬레이션하는 것은 1950년대부터 시작되었다. 미 국방성 방위고등연구계획국 DARPA 안에 있는 IBM의 다멘드라 모다 박사가 이끄는 연구팀이 블루진 Blue Gene을 사용해 시냅스 인지 컴퓨팅 프로젝트를 진행 중이다.[75] 현재는 슈퍼컴퓨터로 뇌를 시뮬레이션해 뇌 원리를 모방한 고성능 칩셋을 개발하는 1단계를 완료한 상태다.[76] 트랜센던스와 같은 수준까지 가는 것은 먼 미래이긴 하지만 불가능한 것은 아니다. 미래학자 레이 커즈와일은 인간 뇌의 스캔과 시뮬레이션 기술을 기하급수적으로 개선되고 있는 기술 중 하나로 평가한다. 컴퓨터 기술의 발전으로 뇌 스캔의 시공간적 해상도와 대역폭도 매년 2배씩 증가하고 있다. 1990년 이래 인공지능과 로봇공학 프로그램의 역량도 매년 2배씩 증가하고 있다. 레이 커즈와일은 이 정도의 속도라면 2025~2030년 사이에 나노 기술이나 양자역학 등을 적용한 슈퍼컴퓨터의 능력이 인간 뇌를 업로드해 시뮬레이션 할 정도까지 발전해 인간 뇌의 패턴 인식, 지능, 감정 같은 능력에 대한 획기적인 이해가 가능해질 것으로 예측한다.[77] 뇌에 대한 완벽한 이해가 이루어진 다음에는 뇌의 재창조가 가능해진다. 레이 커즈와일은 2045년경이면 이런 일이 가능해질 것으로 예측한다. 그는 이 시기를 특이점_the Singularity_이라고 불렀다.[78] 특이점이란 이런 놀라운 기술이 현실이 되면서 모든 분야에서 기술 변화의 속도가 매우 빨라지고 그 영향이 깊어지면서 인간 수명부터 삶과 죽음의 의미와 형태, 비즈니스 모델까지 인간 전반의 생활에 되돌릴 수 없는 변화가 일어나는 시기를 말한다.[79]

현재, 인공지능 분야에서 선두를 달리는 IBM의 뒤를 구글, 애플, 마이크로소프트 등이 바짝 쫓고 있다. 2012년 6월 구글은 컴퓨터 간의 '신경망_Neural networks_' 이미지 인식에 성공했다.[80] 인공지능 분야에서 구글은 데이터를 일일이 입력하지 않아도 인간의 두뇌처럼 사물을 인식해내는 '딥러닝' 기술에서 세계 최고다. 2012년 1,000만 마리의 고양이 얼굴을 인식한 후 사람처럼 가장 예쁜 고양이를 평가하는 데 성공했다.[81] 페이스북도 2013년 9월 인공지능연구그룹_A.I research group_을 만들어 경쟁에 뛰어들었다. 2014년 현재 인공지능 기술의 수준은 사람의 언어를 분석하고 대화하는 데까지 발전했다. 인공지능 기술은 20~30년 안에 인간과 함께 게임을 하는 상대가 되고, 일과를 옆에서 친절하게 도와주는 비서가 되고, 자녀의 공부를 돕는 교사가 되고, 초콜릿 복근을 만들거나 다이어트를 돕는 운동 코치가 될 정도로 발전할 것이다.

구글의 인공지능 사업을 총괄하고 있는 레이 커즈와일은 2029년이면 희로애락_喜怒哀樂_을 표현하고 농담도 건넬 수 있을 정도의 감성지능을 가지고 사람과 관계를 맺는 컴퓨터가 등장할 가능성이 크다고 예측했다. 그는 이런 정도의 지능을 갖더라도 기계가 인간을 대적해

싸우지 않을 것이며, 인간과 인공지능이 서로 협력해 더 나은 미래를 만들 것으로 예측했다. 나아가 2030년 경이면 현재의 컴퓨터가 혈액세포만큼 작아져서 몸이나 뇌 일부에 삽입될 것으로 예측했다. 사실, 이 모든 계획이나 상상은 구글의 목표일 것이다. 구글은 창업자 래리 페이지의 지시로 인공지능 분야 최고 권위자 중 한 사람인 레이 커즈와일을 기술이사로 스카우트하고, 네스트랩스와 딥마인드 등 인공지능 소프트웨어 개발 기업을 인수하면서 '인공지능 맨해튼 프로젝트'를 진행 중이다.[82] 구글은 무인자동차, 로봇, 미래형 컴퓨터와 예측시스템, 차세대 SNS나 검색엔진 등에 자신의 인공지능 기술을 접목하려는 계획을 가지고 있다.

인텔에서 최고기술책임자 CTO를 지냈던 저스틴 라트너 박사도 30년 이내에 인간과 비슷한 인공지능이 등장할 것으로 예측했다. 사람을 닮은 인공지능을 만들기 위해서는 아직 풀어야 할 난제가 많다. 예를 들어, 1969년 존 매카시와 패트릭 헤이즈가 제시한 개념인 '프레임 문제 Frame problem'가 있다. 인공지능의 능력이 유한하다는 전제 하에서, 현실에서 일어날 수 있는 모든 경우의 수를 완벽하게 대처할 수 있는 프로그래밍은 불가능하다는 것이다. 따라서 프로그램된 틀을 벗어나면 결정을 내릴 수 없어서 작동이 멈추거나 에러를 낼 수 있다. 로봇 청소기가 벽면, 가구, 문턱, 카펫 등은 인식하지만, 애완견의 대변은 인지하지 못해서 밟고 지나간 후 방에 흔적을 남기는 식이다. 낮은 수준의 인공지능이 가미된 로봇 청소기에는 대변을 피해가야 할 장애물로 인식하지 못하고 쓰레기로 인식해 밟고 지나가고, 대변이 더럽다는 정보가 없는 상태라서 구석구석에 묻히고 다니는 것이다.[83] 물론, 좀 더 비싼 인공지능이 탑재된 로봇이라면 이 정도의 문제는 일으키지 않는다. 하지만 그런 로봇도 프레임의 한계를 가지고 있다. 미래의 인공지능이 성공하려면 인간이 불편함을 느끼지 못하는 수준까지 프레임의 한계를 높이는 것이 관건이다. 이런 문제를 해결하는 방법으로 인간처럼 프레임을 학습하는 방법을 다양하게 시도 중이다.

인간에게 불편함을 주지 않을 수준으로 인공지능이 발전하려면 방대한 정보를 얼마나 잘게 쪼개고, 쪼개진 정보들을 다시 재조합하고 패턴화해서 미래를 예측할 수 있는 능력이 결정적으로 중요하다. 이를 위해서는 몇 가지 기술이 필수적이다. 예를 들어, 인공지능은 패턴 인식을 위한 뉴런 기반의 인공신경망 기술, 대량의 데이터를 분석하기 위한 데이터 마이닝 기술, 프레임의 한계를 극복하는 데 필요한 기계 학습 기술, 인간의 언어를 이해하고 소통하기 위한 자연어 처리 기술, 스스로 환경의 변화를 인식하고 그에 대응하는 행동을 시도하는 과정을 반복하면서 새로운 학습을 하는 지능형 에이전트 기술이 필요하다. 엄청난 데이터를 보관할 수 있는 저장 장치, 지금보다 수만 배 이상 빠른 통신 기술도 필수적이다.

이외에도 뛰어난 인공지능 기술을 개발하려면 인지 과학이 기반이 되어야 한다. 정보 처리 기술을 혁신적으로 향상시킬 양자 컴퓨터 기술도 인공지능 발전에 기여할 것이다. 양자 컴퓨터는 전자나 광자 같은 양자Quantum를 이용해 0과 1을 동시에 표현하는 큐트비트 방식으로 정보를 처리하는 기술이다. 양자물리계에서는 빛에 입자와 파동이 중첩되어 '얽힘' 현상을 보인다. 양자 컴퓨터는 이런 중첩된 성질을 활용해 정보를 처리한다. 빛을 이용한 양자 컴퓨터는 연산할 때는 파동을 이용하고, 전송할 때에는 입자를 이용한다. 이런 특성 때문에 0과 1을 따로 순차적으로 처리하는 현재의 컴퓨터보다 연산 속도가 획기적으로 빨라진다. 현재의 슈퍼컴퓨터가 수백 년 걸려 처리하는 문제를 양자 컴퓨터는 수 분 안에 처리할 수 있다.

미래학자 제임스 마틴은 인공지능이 인간의 지능과 같아질 것이라는 오랜 명제와 기대는 구태의연한 생각이라고 평가한다. 오히려 '인간과 같지 않은 지능NHLI: Non-Human-Like Intelligence'이 21세기 인공지능을 설명하는 새로운 개념이 될 것으로 예측한다. 인간의 지능을 흉내 내는 데 목표를 두지 말고, 컴퓨터의 장점을 특화된 방향으로 발전시켜 인간의 지능을 다른 방식으로 뛰어넘으면 된다는 것이다. 인간이 인지할 수 없는 패턴을 인지하고, 인간이 배울 수 없는 것을 배우고, 인간이 탐구할 수 없는 영역을 탐구하고, 인간이 할 수 없는 행동을 수행하고, 인간에게는 전혀 기대할 수 없는 의외의 특성이 나타날 수 있는 새로운 지능을 갖게 하자는 것이다.[84] 어떤 방향으로 인공지능이 발전하든 관계없이 레이 커즈와일, 제임스 마틴, 필자와 같은 상당수의 미래학자는 이 모든 환경이 20~30년 안에 만들어질 것으로 예측하고 있다.

IBM, 구글, 애플, 페이스북 등 관련 기업들은 인공지능 기술을 가지고 범죄 예측, 교통 예측, 날씨 및 기후변화 예측, 재난 예측뿐만 아니라, 인공지능 비서, 인공지능 교사, 인공지능 세일즈맨 등 다양한 분야로 진출할 야심을 품고 있다. 시장조사 업체 BCC의 분석에 의하면 2012년 음성 인식 기술 시장 하나만 해도 530억 달러 규모였으며, 2017년에는 1,130억 달러로 증가할 것이라고 한다. 미래의 인공지능 시장 규모는 상상을 초월할 것이다. 사물인터넷의 시대에는 인공지능의 성능에 따라 희비가 엇갈리게 될 것이다. 시간이 갈수록 사물을 인터넷과 연결하는 것의 진입 장벽은 낮아질 것이다. 웨어러블 컴퓨터를 만드는 것도 진입 장벽이 낮다. 개인도 충분히 수준 높은 웨어러블 디바이스를 만들 수 있다. 그래서 사물을 인터넷에 연결하는 기술만으로는 경쟁 우위를 갖기 힘들다. 수익률도 그다지 높지 않기 때문에 규모의 경제를 이루거나, 맞춤형 시장을 만들어 생존하는 정도에 머물 것이다.

결국, 사람과 사람, 사람과 사물, 사물과 사물이 연결되는 시대에는 인공지능 기술이 최종적인 성능을 좌우한다. 플랫폼 역할을 할 인공지능 기술을 장악하는 기업이 사물인터넷 시장의 절대 강자가 될 것이다. 스마트폰에서 OS를 장악하는 기업이 권력과 부를 지배하듯이, 사물인터넷 시대에는 인공지능을 장악하는 기업이 패권을 차지할 것이다. 집 전체, 도시 전체, 지구 전체가 컴퓨터화 되는 미래에는 인공지능의 성능에 따라 집, 도시, 지구의 작동 효율성은 물론이고 인간의 삶의 질도 달라질 것이기 때문이다.

9장

2030년을 향한 미래 전쟁

BRAVE NEW WORLD 2030

구글과 애플의 플랫폼 전쟁

미래 산업 변화의 과정에서 구글과 애플은 어떤 서비스를 제공하게 될까?(필자는 2010년 발간한 《10년 전쟁(알키)》에서 이런 변화를 예측하고 구글과 애플의 미래 제품과 서비스를 예측한 바 있다. 그 내용을 간추리고 업데이트해서 소개한다) 우선, 구글은 2020~2025년경이면 기본적인 헬스케어 서비스를 넘어 전염병이나 질병을 사전에 예방하기 위한 클라우드 기반의 바이오 정보 서비스를 제공할 가능성이 크다. 사용자가 위치한 지역에서 발병한 전염병이나 재해 관련 정보를 제공하거나 사용자의 생체 정보에 기반을 둔 맞춤형 의료 정보를 제공할 것이다. 전염병이나 자연재해가 발생할 조짐이 보이면 구글의 검색 엔진은 사용자의 위치와 전염병이나 자연재해 발생 위치를 분석하고 '구글 어스'를 통해 어느 장소에서 문제가 생겼는지, 그 장소와 사용자의 위치가 얼마나 가까운지를 파악해 사용자에게 실시간으로 경고 메시지를 보낼 것이다. 또한 어떤 곳으로 대피해야 하는지, 어떤 조치를 취해야 하는지에 대한 정보를 실시간으로 제공할 것이다. 신체적 위험을 사전에 파악해 안전을 보장하는 서비스가 제공되는 것이다. 물론 서비스는 무료로 제공될 것이다.

구글은 2010년 12월 17일, 인체 곳곳을 샅샅이 뒤질 수 있는 보디 브라우저를 세상에 내놓은 바 있다. 앞으로 구글은 구글폰이나 안드로이드 기반 스마트 디바이스에 생체 인식 칩을 장착해서 사용자의 생체 정보를 분석하여 건강을 점검할 수 있고, 만일 건강에 이상이 생기면 '보디 브라우저'를 통해 자신의 몸 어느 부위에 이상이 있는지를 알려주고 문제가 생긴 부분을 주변의 어떤 병원에서, 어떤 민간요법으로, 어떤 음식으로, 어떤 운동으로 치료할 수 있는지에 관한 정보를 제공하는 서비스를 무료로 제공하게 될 것이다. 이러한 미래형 서비스를 통해 구글은 사용자에게 질병이나 전염병, 각종 재해에 관한 정보를 알려 사용자들의 삶을 안전하게 보호해 주고, 더 나아가 건강과 관련된 유용한 정보를 제공함으로써 사용자를 더욱 끌어들이려 할 것이다. 물론 수익은 건강 관련 업체의 광고로부터 창출된다.

이런 서비스가 더욱 확장된다면 특별한 서비스도 제공할 수 있다. 게놈 정보를 이용한 매칭 서비스다. 5년 후면 100달러 이하로 유전자 분석 서비스를 받게 된다. 정보 보호 동의 사인을 받고 구글에 게놈 정보를 제공하면 과거에는 상상할 수도 없었던 서비스를 받게 될 것이다. 구글은 게놈 정보를 데이터베이스화해 새로운 매칭 서비스를 만들어 낼 것이다. 구글에 유전자 정보를 제공하게 되면 자신의 유전자 정보와 유사한 정보를 가진 다른 사람의 다양한 정보를 매칭시켜 자신이 원하는 취향대로 애인을 찾을 수 있다. 자기 지역에 있는 자신과 유사한 질병을 앓고 있는 사람들과 만나 정보를 공유할 수 있고, 자신과 유전자 족보가 가까운 사람도 찾을 수 있는 디지털 족보 서비스도 가능해지며, 자신과 비슷한 체형, 얼굴 특징, 심지어 걸음걸이까지 유사한 사람을 찾아낼 수 있다. 구글은 사용자가 보유한 유전자 정보를 활용해 부가가치를 창출할 수 있게 도와주는 서비스도 제공할 것이다. 개인이 특정 질병에 대한 전문가이거나 특정 신체와 관련된 분야의 전문가일 경우 자신의 몸에 대해 유사한 궁금증을 가진 사람들을 대상으로 다양한 유형의 정보 콘텐츠를 생성해낼 수 있다. 이를 통해 광고 수익을 올리거나 개인 유통기업으로서 돈을 벌 새로운 기회를 만들 수 있다.

구글의 전형적인 서비스 전략 패턴은 뛰어난 컴퓨팅 기술을 활용해 정보를 수집하고 연관화시켜 사용자의 패턴을 파악한 후, 사용자의 패턴과 적합한 정보를 매칭하는 서비스를 무료로 제공하는 것이다. 그리고 매칭시킨 정보를 바탕으로 사용자가 새로운 부가가치를 만들어 낼 수 있는 환경을 만들어주는 것이다. 그래서 구글은 미래의 헬스케어 시장에서도 무료 전략을 구사할 가능성이 크다. 구글 어스를 무료로 배포해 수많은 써드파티의 참여를 이끌어 냈던 것처럼, 위험 예측 정보 서비스 제공 및 유전자 정보 매칭 서비스 역시 구글 어스나 보디 브라우저와 같은 개방형 플랫폼을 기반으로 무료로 제공함으로써 다양한 써드파티를 참여시켜 의료 시장에서 또 다른 혁명을 일으킬 것이다.

그렇다면 애플은 미래에, 특히 앞으로 5~10년 이내에 펼쳐질 바이오 전쟁에서 어떤 서비스와 상품을 출시할까? 미래의 애플은 헬스케어 산업과 관련해 지금처럼 편리하면서도 획기적인 사용자 경험$_{UX}$을 제공할 가능성이 크다. 필자가 애플을 프로파일링한 결과, 애플은 미래에도 현재의 애플식 비즈니스 생태계를 기반으로 사용자가 생활 속에서 의료 및 건강 관련 상품, 정보, 서비스를 편리하게 이용할 수 있도록 맞춤형 정보를 추천한 다음, 편리하고 환상적인 체험을 통해 구매로 자연스럽게 연결시키는 헬스케어 생태계를 확장할 것이다.

가장 가능성이 높은 것은 음성, 지문, 표정 등을 자동으로 인식하는 바이오 생체 인식 기능이 애플의 스마트 기기 및 이들 기기와 일체화된 애플의 iOS에 탑재되고 여기에 헬스 케어 관련 3D가상스토어 및 시뮬레이션 서비스가 추가된 플랫폼을 구축할 것이다. 이러한 기반 위에 건강 진단, 의료, 건강 상품 쇼핑, 뉴스, 테라피, 각종 엔터테인먼트 관련 앱과 콘텐츠 및 관련 액세서리 등을 생태계에 편입함으로써 편리함$_{Convenience}$과 즐거움$_{Fun}$을 감성적으로 느끼게 할 것이다. 이를 달성하기 위한 핵심 기술은 3D인터페이스$_{UI}$, 앱$_{App}$이며, 3D 기반의 SNS도 중요한 역할을 할 수 있다.

구글과 비교하여 애플은 감성적인 체험과 직관적인 디자인 및 다양한 앱과 액세서리가 주는 오락적인 기능을 강조할 것이다. 필요하다면 웨어러블 컴퓨팅 디바이스 몇 개를 직접 제작하여 판매할 것이다. 하지만 미래에도 애플은 이 모든 서비스와 기능에 필요한 하드웨어와 소프트웨어를 자신들이 직접 구현하지는 않을 것이다. 수많은 개인과 기업이 이 부분에 상상력을 발휘해 다양한 소프트웨어와 하드웨어를 만들어 애플의 생태계를 더욱 더 강화하도록 만들 것이 분명하다.

애플의 미래 서비스 기술을 부문별로 좀 더 자세히 들여다보자. 미래형 아이폰에는 생체 인식 기능이, 애플이 자체 개발한 3D UI(인터페이스)와 결합해 모든 디바이스에 기본 기능으로 탑재될 것이며, 이는 보안 및 개인 인식 기능과 함께 개인의 동의 하에 피부의 촉감과 표정, 스트레스 수준 등 비언어, 감각 정보로 파악 가능한 건강 정보를 최대한 수집할 길을 열어 줄 것이다. 애플의 음성명령 인식 프로그램도 마찬가지 역할을 할 수 있다. IBM의 왓슨과 서비스 제휴를 맺은 애플은 자신들이 수집한 고객 정보를 바탕으로 개발자들이, 왓슨의 탁월한 인공지능 서비스를 결합해 경쟁자와 차별화되는 메디컬 앱을 제작할 수 있게 환경을 제공해 줄 것이다. 예를 들어, 개발자들은 좀 더 상세한 사용자의 건강 정보를 수집하며, 클라우드 상에서 이 모든 정보에 잘 맞는 가장 가까운 병원, 약국, 건강식품과 건강용품 전문점 및 헬스센터 등을 연결하여 추천하는 앱 등을 개발할 수 있다.

이와 함께, 현재 애플이 특허를 가지고 있는 3D 가상스토어가 상용화되면 가상 헬스케어스토어 Virtual healthcare store 가 입점하고 아바타와 가상현실 기술을 바탕으로 쇼핑할 수 있는 서비스가 만들어질 것이다. 이때 아바타는 개인의 건강 정보를 가지고 있는 가상 소비자로서 기본적인 신체의 컨디션이 아바타의 표정과 몸짓으로 표현되고 아바타를 클릭하면 제공에 동의한 자세한 건강 상태 정보가 나타나, 입점된 상품과의 적합도를 시각적으로 보여주는 기능이 제공될 수 있다. 이 기술은 차세대 인터페이스인 음성 인식과 모션 캡처 기술의 정밀도를 높임으로써 그날의 기분, 컨디션과 생체 정보를 손쉽게 아바타로 이전시킬 수 있게 해준다. 애플은 이미 감각적인 2D브라우징 기술을 활용해 지문과 안면 움직임을 통해 생체 정보를 수집하는 기술을 가지고 있으며 삼성 등 스마트 기기 제조 경쟁업체보다 센서 기술이 뛰어나다. 이런 점을 미루어 볼 때 3D와 아바타 기반의 차세대 인터페이스 기술에서도 시장을 선도하려고 노력할 것임을 충분히 예측할 수 있다. 애플의 이러한 건강 정보와 3D인터페이스의 결합 서비스는 헬스케어 시장을 넘어 맞춤형 의류, 미용 시장으로 생태계를 확장할 수 있다. 예를 들어 애플이 자체 개발한 유명 패션 대여 앱을 활용해 개인의 신체와 건강 특성에 맞는 맞춤형 의류를 찾아줄 수 있다. 또한, 애플의 비즈니스 패턴과 최근의 행보로 미루어 볼 때 자체 특허를 낸 아이그룹i-group형 SNS를 통해 유사한 건강 정보를 가진 사람끼리 추천 상품 정보를 교환하는 서비스를 도입할 가능성도 있다.

애플은 이미 스마트 자전거를 통해 개인 주행 이력 정보를 조회하고, 주행 코스를 지도 위에 표시하고, 이를 다른 주행자들과 공유하는 기능을 구현하고 있다. 2015년에는 4세대 통신 기술로 인해 3D기술의 발달이 시작될 것이다. 차별화되고 감성몰입적인 서비스를 선도해왔던 애플의 특성상 SNS 서비스도 3D로 진화시킬 가능성이 높다. 이와 함께 증강현실, 시뮬레이션 기술 등을 활용해 아바타로 건강상품을 체험한 결과를 보여준 후 구매의사를 결정하는 식으로 엔터테인먼트 기능을 최대한 활용할 가능성도 높다. 애플은 디바이스의 센서 기술에서 앞서 있다. 인터페이스로 자체 특허 개발한 3D스피시즈Spieces는 안경 형태로 되어 있어서 3D시뮬레이션 게임이나 증강현실 등을 활용하는 데 큰 가능성을 가지고 있는 기술이다. 3D스피시즈의 경우 얼굴 안면의 생체 정보를 인식하는 기능까지도 결합할 수 있다. 결국, 애플의 헬스케어 및 건강 정보를 활용한 맞춤형 서비스는

3D가상스토어, 3D SNS, 3D안경 및 스마트 기기의 3D UI 기반 위에서 제공될 가능성이 높다. 사물인터넷 기술까지 애플의 생태계 속에 집어넣으면 애플의 서비스는 더욱 똑똑하고 강력해질 것이다.

애플은 정보 기기를 기반으로 한 인터페이스와 OS 등 플랫폼을 만드는 업체로서의 정체성을 가지고 있다. 따라서 직접 헬스케어 비즈니스에 뛰어들기보다는 헬스케어 관련 서비스를 최적으로 잘 제공할 수 있는 생태계를 조성해 사용자들을 록인하는 전략을 구상할 것이다. 애플은 이해관계자들과 광범위한 네트워크(콘텐츠 개발업체, 광고주, 광고업체 등과)를 구축함으로써 강력한 콘텐츠 서비스 플랫폼을 구축하려는 성향을 가지고 있기 때문에 클라우드 기반의 바이오기술 BT with Cloud 시장에서도 헬스케어 및 관련된 건강 정보 생태계를 중심으로 플랫폼을 확장하려는 전략을 펼칠 것으로 예측된다. 애플 내부에서의 자체적인 혁신 노력도 게을리 하지 않을 것이다. 아바타와 시뮬레이션 기술 등을 활용해 사람들의 감성을 자극하려면 공학적인 사고와 함께 인문사회 및 예술적 감성을 발휘하는 능력이 반드시 필요하다. 애플은 자체적인 연구개발 투자에 집중하면서, 이 과정에서 과학자, 엔지니어들뿐 아니라 예술가 성향을 가진 다양한 성향의 개발자들로 조직을 구성하고 이들이 서로 부딪치는 환경을 조성함으로써 창의적인 아이디어를 얻으려는 경향을 가지고 있다. 이를 종합해 볼 때 애플은 생체 인식 기능이 탑재된 하드웨어와 소프트웨어, 3D UI 및 가상스토어, 시뮬레이션 기술 등을 활용하여 헬스케어 서비스를 제공할 가능성이 크다.

이런 기반들이 구축되면 애플은 자신의 폐쇄형 오픈 생태계를 확장하는 전략을 쓸 것이다. 앱과 SNS를 통해 수집한 정보를 서비스와 연결하기 위해 3D인터페이스를 활용해 가상헬스스토어Virtual Health Store를 초기 화면에서 바로 접근할 수 있게 할 것이며, 건강 의료 포털을 보다 적극적으로 생태계 안에 끌어안을 가능성이 높다. 또는 직접 건강 의료 포털에 투자할 가능성도 크다. 일단, 애플의 서비스에 접근하면 게임, 시뮬레이션, 증강현실을 이용해 직접 체험할 수 있는 영역을 넓혀서 구매 확률을 높일 것이다. 이 모든 서비스는, 애플의 3D안경, 스마트 TV, 스마트 자전거 등 앞으로 개발될 모든 디바이스와 기존 i시리즈 스마트 기기 등을 연결하여 클라우드 환경 내에서 최적으로 서비스되도록 할 것이다.

애플의 특성상 새로운 의료용 디바이스의 직접 개발에 투자할 가능성은 높지 않다. 오히려 기존의 아이패드, 스마트폰, 스마트 TV, 사물인터넷 기능이 있는 디바이스를 통해 건강 및 의료 관련 솔루션을 서비스로 제공하는 개념이 애플다운 사업 모델이다. 기존 스마트 기기 외의 하드웨어 업체를 활용한다면 의료기기보다는 생활 속에서 볼 수 있는 다양한 운동화, 의류, 자전거 등의 기기를 액세서리로 활용하여 생체 정보를 수집하거나 생체 정보를 활용하는 일을 할 가능성이 매우 크다. 이미 애플은 스마트폰과 연동해서 이동 거리나 심박 수 등을 측정할 수 있게 만든 나이키 운동화 등을 통해 이러한 사업의 초기 단계 모습을 보여준 바 있다.

애플의 입장에서는 기존 iOS나 별도의 생체 인식 프로그램을 업데이트한 유전자 분석 키트를 만들어서, 이를 별도의 의료기기 없이 기존 스마트 기기 인터페이스에 연결한 클라우드 컴퓨팅 플랫폼 위에 얹어 가려고 할 것이다. 그래야 애플의 생태계가 계속 확장되기 때문에 그 동안 애플이 보여준 비즈니스 행동 패턴과 잘 들어맞는다.

이러한 애플의 서비스가 제공되는 형태를 예를 들어보면 다음과 같은 모습이 될 것이다. N스크린 기반 위에서 거실에서 사용자가 3D 안경을 통해 스마트 TV의 프로그램을 3차원 영상으로 관람하면, 자동으로 건강 정보를 인식하고, SNS를 통해 추천이 들어온 서비스가 손에 들고 있는 아이패드에 표시되고, 이를 클릭하면 해당 서비스를 지금 체험할 것인지 또는 3D시뮬레이션 광고를 볼 것인지를 물어온다. 이러한 서비스의 종결 지점에는 생체 정보를 활용한 애플의 보안 시스템이 있다. 제품 구매 결제 시 안심하고 구매할 수 있도록 생체 인식 기술을 통해 보안 기능을 강화하는 것도 애플이 생태계 확장에서 중요하게 생각하는 전략이다.

건강하게 오래 사는 산업으로 부의 중심이 이동한다

새로운 기술이 의료산업과 연결되면 어떤 미래가 펼쳐질까? 2020년 이전에 가장 먼저 다가올 의료 혁명은 질병 진단의 개인화 서비스가 될 것이다. 스마트폰, 웨어러블 컴퓨터, 빅데이터 분석 기술, 5세대 통신기술, 진단 센서, 유전자 분석 기술이 결합하면서 의료 검진 기술에서 첫 번째 의료 혁명이 시작될 것이다. 앞서 예측한 신기술들 덕분에 우리는 5년 이내, 건강 검진을 위해 따로 시간을 내서 병원에 방문하지 않아도 되는 시대를 맞을 것이다. 기존처럼 1~2년에 한 번이 아니라 매일 자신의 웨어러블 컴퓨터를 통해 혈중 포도당 수치, 산소 농도, 심전도, 혈압, 호흡 수 등을 체크해 개인용 의료 데이터베이스를 만들어서 주치의나 생명보험사에 보내게 될 것이다. 암, 심장마비, 뇌졸중 등의 전조를 파악하기 위한 화학적 지표 검사도 매일 하게 된다. 이렇게 매일 체크한 건강 정보를 기반으로 음식부터 운동에 이르기까지 코칭을 받고 건강보험료도 산정된다. 이런 기술에 유전자 분석 서비스를 접목하면 더욱 밀도 높은 건강 관리 서비스가 가능해진다. 유전자 분석을 통해 일생에 걸쳐 겪게 될 위험이 있는 수천 가지 질병의 가능성을 미리 확률적으로 알 수 있다. 가족력을 연구해 질병을 예측 하는 방식과는 비교할 수 없을 정도의 정확성과 정밀도를 가지고 예측할 수 있다.

애플과 구글이 이런 서비스를 곧 시작할 태세다. 구글의 헬스케어 플랫폼인 '구글핏'은 다양한 디바이스와 앱을 통해 수집된 사용자의 식습관, 음식의 열량, 영양 정보, 생리 주기, 운동 정보, 생체 신호 등의 건강 정보를 모아서 관리하고 분석함으로써 이상적인 건강 코칭을 제안하는 기능이 핵심이다. 애플도 비슷한 서비스 플랫폼으로 '헬스키트'를 선보였다. 헬스키트는 아이클라우드와 연결되어 지속적으로 데이터베이스를 구축하고 빅데이터를 분석할 수 있는 강점을 가지고 있다. 시장조사 기관인 플런켓 리서치는 2013년에 세계 헬스케어 시장 규모가 6조 1,500억 달러를 기록했다고 분석했다. ICT, BT, NT 기술의 발달로 2023년경이면 모바일 헬스 기기의 세계 시장이 450억 달러로 성장할 것이다. 특히 건강 상태를 매일 점검하는 장치는 2013년 3억 7,200만 달러에서 2023년이면 160억 달러까지 성장할 것으로 예측된다.[85] 2020년 이후에는 단순히 혈압이나 심박 수를 모니터링 하는 수준을 넘어 가정에서 모바일 기기를 통해 암을 진단하고 유전자 정보를 읽고 분석하는 시대가 열릴 것이다.

미국에서는 FDA의 승인을 받은 의료기기인 '스카우트'라는 센서가 주목을 받고 있다. 스카우트를 이마에 10초 동안 대고 있으면 심박 수, 혈압, 혈중 산소 농도 등 신체 신호를 기록해 스마트폰으로 부내서 15개의 질병을 분석한다. 스카우트는 SF영화 '스타트랙'에서 맥코이 박사가 가지고 있었던 만능 의료진단기를 연상시킨다. 워싱턴대학교에서 만든 스피로스마트SpiroSmart라는 앱은 사용자가 스마트폰에 내장된 마이크에 대고 숨을 불면 만성폐색성 폐 질환, 낭포성섬유증 등 폐 관련 질환을 5.1% 정도의 오차 범위에서 진단할 수 있다. 이 정도면 상당히 높은 정확도다. 한국보건산업진흥원은 2014년 한국의 스마트 헬스케어 시장 규모를 3,000억 원 정도로 예상했다.[86] 한국에서도 피 한 방울로 15분 이내에 암을 95% 확률로 진단하는 전화기 크기의 휴대형 센서가 개발되었다. 피를 분석해 암을 진단하는 기존 진단기의 정확도가 50%인 것과 비교하면 괄목할만한 진보다. 정확도를 획기적으로 끌어 올린 비결은 DNA를 기반으로 한 센서에 있다. 연구진은 16개의 진단용 DNA를 바이오칩에 심어서 16개의 암 표지 물질을 측정할 수 있었다. 암 관련 단백질과 결합하는 성질이 있는 염기서열이 있는 특정 DNA를 진단에 활용한 것이다.[87]

   ICT 영역의 발전과 더불어 유전자 분석 기술의 발전도 주목해서 보아야 한다. 매년 유전자 정보의 양은 2배씩 증가하고 있다. 이런 추세라면 2020년경이면 100만 종이 넘는 생명체에 대한 유전자 염기서열 정보를 축적할 수 있다. 2030년이면 지구에 존재하는 모든 생명체의 유전자 정보를 데이터베이스화할 수 있다. 유전자 정보가 디지털화 되면 유전자에 대한 이해가 높아진다. 유전자에 대한 이해가 높아질수록 유전자 조작이나 합성 기술도 발전할 것이다. 유전자를 재설계하는 것은 기본이고 새로운 유전자를 설계해 인공유전자를 만드는 것도 가능해진다. 유전자 변이 식물, 곡물, 생명체의 출현이 늘어나면서 식량 부족 문제를 해결할 수도 있다. 인공 생명체를 만드는 것이 새로운 산업이 되면, 급속한 고령화 현상에 직면하고 있는 G20 국가들에서 건강하게 오래 살기 위해 유전자 분석 및 치료, 합성 기술에 대한 관심이 높아질 것이다. 그러나 돌연변이가 나타날 위험이 커지면서 생태계 파괴와 새로운 질병의 출현 위험도 커지게 된다. 인공 복제의 안전성 논란은 물론, 비윤리적 유전자 조작, 맞춤형 아기 탄생 등 심각한 윤리적 논란도 계속될 것이다.

한국은 2009년에 세계에서 4번째로 인간 유전자 분석에 성공해서 인간 게놈 지도를 완성했다. 2020년 전에 유전자 분석을 통한 질병 예방과 진단에 관련된 보편적 의료 서비스를 민간이나 국가적 차원에서 시행할 것으로 예측된다. 개인의 유전자 지도를 분석하면 수 천 가지 질병 가능성에 대한 통계적 분석과 예측을 할 수 있다. 날로 늘어가는 건강보험 비용을 줄일 수 있는 방안 중 가장 확실한 방법이 유전자 분석을 통한 선제적 예방이 될 가능성이 크다. 아이가 태어나는 순간 유전자를 분석해 앞으로 100년 동안 살면서 언제 어떤 질병에 걸릴 확률이 얼마나 되는지 알려주는 예측 정보가 만들어진다고 생각해 보라.

질병에 걸릴 가능성을 낮추기 위한 다양한 시도가 곧바로 시작될 것이다. 유전자를 직접 건드려 조작하는 것은 알 수 없는 숨어 있는 위험의 발생 가능성 때문에 당분간 꺼릴 것이다. 그러나 체질 개선, 면역력 증진 치료와 관리, 식이요법 등을 활용해 안전하게 유전자 구조를 바꾸는 시도는 얼마든지 할 수 있다. 의사나 의료 자재 공급자는 방대한 정보를 활용해 환자에게 가장 적합한 치료법을 제안할 수도 있다. 신약을 개발하는 것도 가능하다. 이런 활동을 통해 질병 발병 확률을 낮추거나 늦출 수 있다. 병이 커지기 전에 완전히 치료할 수도 있다. 20~30년 후가 되면 유전자 배열 구조를 바꾸어 질병의 발생 가능성을 근본적으로 차단하려는 시도가 실현 가능해질 것이다.

유전자 코드를 해독하고 조작하는 기술이 발전하면 인간은 더욱 많은 질병을 통제할 수 있다. 인간과 같은 생명체는 유전자를 구성하는 핵산과 유전자들에 의해 규정되는 단백질에 의해서 생명 현상을 발현한다. 생명체는 움직임이 전혀 없는 상태에서 컴퓨터 부팅과 같은 부트스트랩 코드Bootstrap code로 단백질을 기동起動시켜 스스로 활력을 얻는다. 부트스트랩이란 '시스템이 부팅될 때 그 자체의 동작에 의해 특정의 상태로 자동으로 이행되도록 한 설정'이다. 유전자 안에 설정된 부트스트랩 코드에 저장된 정보는 파손되거나 삭제될 수 있다. 외부에서 침투한 바이러스에 의해 감염될 수도 있고 인위적으로 조작해서 편집할 수도 있다. 이 코드가 손상되면 인간의 건강에 문제가 생긴다. 이 코드를 분석하여 안전한 상태에서 유전자 가위 등을 가지고 편집과 수정이 가능한 수준까지 기술이 발달한다면 질병을 막기 위한 좋은 코드 설계가 가능해진다.

조심스럽게 선별된 유전자를 조절하고 통제하면 인간 몸 안의 나쁜 생화학 반응이나 감염으로부터 발생하는 질병을 통제할 수 있다. 인간의 몸에서 알레르기 반응이나 질병을 유발했던 유전자를 치료하는 의약품이 다른 건강한 유전자에 손상을 가하는 것을 추적하여 해법을 찾을 수도 있다. 반대로 특정한 환자의 유전자와 일치하는 약물을 결합할 수도 있다. 이런 기술을 약리유전체학Pharmacogenomics이라 한다. 약리유전체학은 유전인자의 개별성을 분석하고 맞춤형으로 작용하는 의약품을 연구하는 학문이다.[88] 약리유전체학이 발전할

수록 질병이란 과녁의 중심을 정확히 맞추는 기술이 계속 출현할 것이다. 기술이 발달할수록 당연히 비용은 절감된다.

  2012년 스탠퍼드대학교 마이클 스나이더Michael Snyder가 이끄는 연구팀은 DNA, RNA, 단백질, 항체, 대사물질, 분자신호 등 4만여 종의 표지 물질(어떤 것의 존재나 행방을 추적하는 데 사용하는 물질)을 추적해 방대한 데이터베이스를 구축하는데 성공했다. 세계 최초의 '개인 체학體學 프로파일iPOP; Intergrative Personal Omics Profile'의 구축이었다. 이 프로파일이 있으면 개인에게 질병이 생길 때 분자 단위의 변화를 추적해 가장 적절한 약물, 운동 또는 식이요법 등의 치료 방법을 선택할 수 있다. iPOP은 질병을 유발하는 원인을 분자 차원에서 경로를 파악하기 때문에 맞춤형 표적치료제를 개발할 수 있다.[89] iPOP 구축에는 오랜 시간이 걸리지만, 한번 구축되면 빠르고 강력한 컴퓨터 분석을 통해 암과 같은 질병에 대한 개인별 맞춤 표적치료제를 개발하는 시간과 비용을 현저히 줄일 수 있다. 치료 효과도 혁신적으로 개선된다.

  2014년 현재, 한국을 중심으로 1,000km 이내의 지역에 사는 노인이 5억 명이 넘는다. 2020~2030년경이 되면 G20 국가 대부분이 고령사회가 된다. 미국은 2014년에 의료보험 가입을 의무화하는 '건강보험개혁법', 일명 '오바마케어'라고 불리는 법안을 시행한다. 이 법안의 전격적인 시행으로 미국 정부와 의료계에는 의료비를 줄여야 한다는 절체절명의 목표가 생겼다. 대안은 무엇일까? 유전자 분석을 통한 예방 의학과 조기 검진, 단백질 복제약Biosimilar과 저가 의약품 시장의 확대, 원격 의료, 줄기세포 기술을 활용한 의료 혁신 등이다. 시장조사 기관인 IHS는 2018년이면 320만 명이 원격 의료 서비스를 이용하여, 미국의 시장 규모가 2013년의 2억 4,000만 달러에서 그

8.3배인 20억 달러로 급성장할 것으로 예측했다. 한국생명공학연구원은 2019년이 되면 단백질 복제약 시장도 240억 달러 규모로 성장할 것으로 예측했다.[90] 2014년 6월 26일 영국 에이버태이대학교 연구팀은 줄기세포 기술을 활용해 스스로 분당 30번을 뛰는 지름 1mm의 작은 심장을 만드는 데 성공했다. 2014년 5월 미국 정부의 치과연구팀은 충치 부위에 레이저 빔을 쪼여서 치아 속 줄기세포를 깨워 활성화하는 기술을 개발했다. 이 기술이 상용화되면 썩어서 재생할 수 없었던 치아 상아질을 재생할 수 있게 된다. 이런 기술들이 발달하면서 줄기세포와 직간접적으로 연관된 시장은 10년 이내에 수천억 달러 규모로 성장할 것이다. 그런데 역설적이게도 각국 정부가 의료비 지출을 줄이기 위한 노력을 하면 할수록 인간의 평균수명은 연장되고, ICT BT NT를 기반으로 한 의료 혁명이 빨라지면서 새로운 의료시장이 출현한다. 그에 따라 부의 중심도 건강하게 오래 사는 것을 가능하게 하는 제품과 서비스 시장으로 이동한다. 정부의 고육책이 나비효과를 일으키는 셈이다.

미래의 의료산업, 이렇게 변한다

2020~2030년 사이에 병원의 미래도 크게 바뀔 것이다. 한국을 포함한 선진국에서는 인구 감소와 지역 개념의 파괴, 글로벌 경쟁의 심화로 영세한 병원이 설 자리를 잃게 된다. 대형 병원도 안심할 수 없다. 기술 발달이 철옹성 같던 의료산업의 경계와 장벽을 허물어뜨릴 것이기 때문이다. 특히 양자이론과 컴퓨터공학의 발전이 의학의 급속한 발전과 경계 파괴를 이끌 것이다.[91] 아무리 큰 병원이라도 획기적인 변화를 시도하지 않으면 위험에 직면하게 된다. 의료 분야도 다양

한 미래 기술 및 미래 산업과 융복합 되고 음식과 레저까지 결합하는 시대가 올 것이다. 임상 의료에서 맞춤 의료로 전환되고, 발병 후 치료에서 수십 년간의 질병 발병을 예측해서 사전에 예방하는 쪽으로, 그리고 의사의 일방적 치료에서 환자 스스로 진단하고 예방과 치료에 적극적으로 참여하는 의료산업으로 변화될 것이다. 개인은 집에서 가까운 병원이 아닌 세계에서 가장 뛰어난 의사에게 언제 어디서나 직접 진료를 받게 될 것이다. 맞춤 의료, 스마트 의약품, 예측, 사전 예방, 자가 진단, 환자 참여, 글로벌 의료 서비스, U-헬스, 자기 재생 치료라는 새로운 개념이 미래 의료산업의 핵심이 될 것이다.[92]

2050년이 되면 중국의 65세 이상 인구가 4억 3천만 명이 된다. 한국과 일본은 인구의 절반이 은퇴자가 될 것이고, 미국도 고령화를 피할 수 없다. 이렇게 선진국들이 고령화사회에 접어들면서 미래 의료산업에서는 예방, 지속 가능한 건강, 언제 어디서나 가능한 맞춤형 치료 등이 최고의 화두가 될 것이다. 2020년 이후 유전자 분석 기술뿐 아니라 ICT 기술의 혁신적 발전으로 스마트 디바이스와 무인자동차를 활용한 개인화 의료 기술의 혁신이 시작될 것이다. 청진기가 발명된 1816년 이후 200년이 지난 2016년경이면 청진기를 대신하는 새로운 기술이 등장할 것이다. 스마트 디바이스, 웨어러블 컴퓨터, 모바일 기술, 클라우드 컴퓨팅, 빅데이터, 인공지능이 결합해 새로운 형태의 디지털 의료기기들이 출현할 것이다. 스마트폰은 개인화 의료 기술의 혁신을 주도하는 장치로 진화할 것이다. 스마트폰이나 웨어러블 컴퓨터에 '심박동 곡선 측정' 프로그램을 설치하면 전 세계 어디에 있더라도 환자를 진찰하고 상담할 수 있다. 스마트폰으로 통화하고 문자 보내듯 심장박동, 혈압, 체온, 산소포화도 등 바이탈 사인을 확인할 수 있게 되어 미국에서만 한 해 70만 명이 심장마비로 사망하는 현실을 변화시킬 수 있다.

제2차 가상 혁명, 미래 자동차, 집과 사무실의 스마트 공간화 등의 미래 변화는 의료 서비스를 이용하는 고객의 접근 형태를 변화시킬 것이다. 인텔의 초소형 컴퓨터, 반도체, 초고속 통신, 유전자 해독, 스마트 디바이스, 3D프린터, 재생의학, 사물인터넷 기술, BT, 뇌신경공학, 사이보그, 장기 복제·배양, 유전자 분석 기술 등이 결합하면서 SF 영화에서나 가능했던 최첨단 미래형 의료산업이 시작될 것이다. 또한 건강, 여행, 환경 등 생명산업과 연관되어 의료산업의 영역을 넓혀줄 것이다. 2020년 무렵 맞춤형 의료 시대가 열리는 것을 시작으로 의료산업의 혁명이 본격적으로 시작될 것이다.

이러한 미래의 변화를 가능하게 해주는 기술에 대해 알아보자. 인간의 몸은 셰퍼드처럼 1조 분의 1단위 농도의 냄새를 맡는 능력은 없지만, 기술을 활용해 당뇨, 유방암, 간질 등 질병을 감지하는 초소형 탐지 장치인 분자 스캐너를 개발했다. 인간은 생명을 창조하는 신은 아니지만, 생명의 설계도인 유전자 지도를 손에 넣었다. 2020년경이면 몸 밖에서는 분자 스캐너를 사용하고 몸 안에는 염색체 전체를 검사하는 유전자 분석 기술을 사용할 것이다. 유전자 분석 기술은 자기 몸에 대한 설명서다. 현재와 같은 속도로 컴퓨터 연산 기술이 발전하여 2015년이 되면, 10달러만 지불하면 단 1분 만에 3기가바이트(백과사전 급 서적 1천 권 정도의 정보)를 담은 유전자 지도를 얻을 수 있게 된다. 유전자 지도는 질병과 관련된 미래를 훔쳐보는 망원경이다. 몸속에 있는 몇 개의 나쁜 유전자를 고쳐 신이 정해준 운명을 바꿀 가능성을 열어주는 판도라의 상자다.

DNA의 분자 구조가 처음으로 밝혀진 것은 1953년이었다. 그 후 1990년, 인간이 가진 유전자의 위치와 염기서열 전부를 파악하는 것을 목표로 '인간 게놈 프로젝트Human genome project'가 시작되었다. 처음 이 연구를 시작할 때는 전문가들조차 수십 년 안에는 불가능하다는 우려와 비판의 목소리를 냈다. 하지만 10억 달러의 예산을 투입하고 6개국 1,000여 명의 과학자가 참여하여 결국, 불가능을 뚫고 13년 만인 2003년에 30억 개의 인간 유전 암호 전체를 해독하는 데 성공했다. 인간 게놈 지도의 완성은 유전자를 조작할 수 있다는 첫 번째 신호이자 생명공학 혁명의 시대를 여는 기반이 되었다.

생명공학 혁명은 의학에서부터 식탁 위 음식까지 우리의 삶 전반을 바꿀 이슈다. 현대 의학은 지금 3단계 발전기에 진입했다. 의학 발전의 첫 번째 단계에서는 세균이란 개념을 도입해 위생 상태를 개선했다. 두 번째 단계는 항생물질을 도입해 예방 접종과 복잡한 수술이 가능하도록 한 것이다. 세 번째 단계는 유전자 분석을 통해 생명 연장의 가능성을 연 것이다. 인간 유전자 지도를 가지면 수많은 질병에 대한 확률적 예측을 통해 좀 더 확실한 예방 의학을 발전시킬 수 있다. 또한, 암과 같은 무서운 질병이나 난치병을 극복하는 새로운 접근법 개발이 가능해진다. DNA 돌연변이로 만들어진 암이나 수많은 난치병 환자의 유전자 지도를 파악하고 이를 정상적인 유전자 지도와 비교 연구하면 새로운 질병 치료법을 개발할 수 있다.

원한다면 완벽한 유전자를 가진 아이를 만들 수도 있다. 공상과학 영화의 한 장면이 아니다. 생명공학은 질병의 근본 원인이 무엇인지 밝혀낼 기술을 찾아냈다. 최초에는 13년에 걸쳐 분석한 유전자 지도를 2015년이면 단 1분 안에 분석할 정도로 컴퓨터공학도 빠르게 발전하고 있다. 이런 기술 덕택으로 질병 극복과 관련된 기술의 발전 속도가 1년에 2배씩 빨라지고 있다. 생명공학과 컴퓨터공학 기술이 발전하면 단순히 질병의 예방과 치료가 아니라 인간 종種 자체의 획기적인 개량改良까지 가능해진다. 2008년 5월 1일, 미국은 유전자 정보를 가지고 사람을 차별하는 것을 금지하는 법안을 만들었다. 유전자 분석 시대가 본격적으로 시작되면 보험회사는 물론 사람들 사이에서도 유전자 차별이나 유전자 프라이버시 문제가 생길 수 있음을 예측한 법안이다.[93] 그 만큼 유전자 분석 시대는 이미 우리 옆에 와 있다.

유전자 분석 다음 단계는 유전자와 세포에 대한 방대한 데이터와 지식을 기반으로 장기를 만들어 내는 것이다. 유전자 지도 분석과 더불어 단일염기 다형성 SNP; Single Nucleotide Polymorphism 연구도 수천 가지 질병을 극복할 수 있는 길을 열어준다. 이 기술들은 알레르기부터 암까지 생명을 위협하는 각종 질병에 대한 예방과 안전한 치료라는 개인별 맞춤의학을 가능하게 한다. 인간의 평균수명이 100세를 넘어 120세 이상 증가하게 만들어줄 기술이다. 개인별 맞춤의학이 실현되면 심각한 약물 부작용에서도 벗어날 수 있다. 1994년 자료에 의하면 미국에서는 정신질환에서 암에 이르기까지 다양한 치료 과정에서 매년 220만 명이 심각한 약물 부작용을 겪고 있다. 그 중 10만 6천 명은 사망에 이른다. 같은 약이라도 유전자 특성에 따라 부작용이 크게 발생할 수도 있고 거의 없을 수도 있다.[94]

단일염기 다형성은 유전자 지도 분석 과정을 통해 발견한 것으로 개개인의 다양성을 만드는 원인으로 밝혀진 요소다. 인간은 아버지와 어머니에게서 각각 반반씩 염색체를 물려받아 23개의 염색체를 재구성한다. 염색체 속에서 유전을 담당하는 DNA는 A, T, C, G의 4종류 염기를 조합해 쌍을 이루는 과정에서, 1천 개의 염기마다 한 개 정도씩 변이를 만들어낸다. 평균 0.1% 범위다. 이것을 단일염기 다형성이라 한다. 인간의 몸에는 30억 개의 염기가 1천 페이지짜리 책 23권 분량만큼 배열되어 있다. 이 중에서 대략 300만 개가 단일염기 다형성이다. 같은 부모에서 태어난 자녀지만 유전적 차이가 나는 이유가 여기에 있다.

전문가들은 사람들 사이에 특정 질병에 잘 걸리거나 반대로 저항력이 좋은 차이를 만드는 원인을 알려주는 핵심 요소로 SNP를 지목한다. 미국 국립보건원 암연구소의 생물학자 오브라이언 박사는 '에이즈 저항 유전자 연구In search of AIDS-resistance genes'라는 논문에서 일부 코카서스 인종의 1%는 선천적으로 'CCR5'라는 유전자가 변형되어 만들어진 '델타32Delta32'라는 에이즈 저항 유전자를 양쪽 부모로부터 물려받아 태어난다고 주장했다. 질병 감염이 개인이 물려받은 유전적 성향SNP과 절대적으로 연관되어 있음을 처음으로 밝혀낸 연구다. 오브라이언 박사가 발견한 '델타32'라는 유전자에는 에이즈 바이러스가 달라붙을 수 있는 수용체가 없다. 따라서 이 유전자를 가진 사람은 절대로 에이즈에 감염되지 않는다.[95] 이 특성을 이용하면 에이즈를 정복할 새로운 방법을 개발할 수 있다.

글로벌 제약기업인 스위스의 노바티스Novartis 사는 1985년부터 15년 동안 10억 달러 가까운 돈을 투자해 유전자 분석에 기반한 골수성 백혈병 치료제인 글리벡을 개발했다. 유전자 분석 결과, 부모에게서 물려받은 기형 염색체가 만성 골수 백혈병을 일으키는 단백질을 만들어내면서 질병을 일으킨다는 사실이 밝혀졌다. 이 단백질에는 작은 구멍이 있는데 특정한 세포가 이 구멍에 끼워지면 암세포 증식이 시작된다. 몇 개의 화학약품을 조합해 만든 글리벡은 이 기형 단백질의 구멍을 차단해 암세포 증식을 막아 준다. 당연히 기존 약보다 효능이 뛰어났다. 항암제 부작용도 현저히 적었다. 2001년 5월 글리벡은 FDA의 승인을 받았다. 모든 환자에게 효능이 있는 것은 아니지만, 새로운 치료법의 미래를 상징적으로 보여 준 중요한 사건이다.

미래에는 경험치를 바탕으로 하는 귀납적인 임상의학보다는 SNP 연구를 통한 질병의 극복과 맞춤형 의학이 대세가 될 것이다. 태어나는 순간부터 자신의 유전자 지도를 파악하고 SNP 특성을 분석해서, 자신의 유전자에 적합한 식품이나 약물을 조언받게 될 것이다. 종합 감기약은 사라지고 표적 감기약이 판매될 것이다. 유전자 분석만으로 정확한 진단이 가능하므로 복잡한 알레르기 검사를 할 필요가 없어진다. SNP 특성을 활용해 각종 암을 빠르고 정확하게 진단하는 DNA칩도 다양하게 만들어질 것이다. 알레르기나 감기 같은 현재 질병뿐 아니라 미래 질병에 대한 사전 예방도 맞춤형으로 가능해진다.

이런 기술의 발달에 따라 부의 중심도 맞춤의학으로 옮겨갈 것이다. 미국의 한 제약회사가 개발한 장 궤양 환자에게 효과가 뛰어난 신약은 한 번 투여할 때마다 350만 원을 지불해야 한다. 스위스 로슈Roche 사는 미래 가능성이 있는 신약을 개발하는 기업을 인수하거나 그들과 제휴해 세계 1위 암 치료제 기업으로 등극했다. 신약 개발은 연구개발부터 시작해 특허, 임상, 대량생산 체제 구축, 판매까지 전체 프로세스를 완결하는데 5~10억 달러가 든다. 더욱이 이 정도의 돈을 투자해야 하는 신약 개발의 성공 확률은 10%를 넘기 힘들다. 이런 위험성 때문에 제약 벤처 기업들은 로슈와 손을 잡는다. 벤처 기업은 투자 부담이나 실패 위험성을 줄이고, 로슈는 하나의 신약이 성공하면 엄청난 수익을 보장받을 수 있다. 노바티스가 1조 원을 투자해서 개발한 글리벡은 투자 비용을 1년 만에 완전히 회수하고, 매년 수조 원의 매출을 올린다. 신약의 특허권은 20년간 지속된다. 노바티스는 특허권이 풀리기 전까지 한 알에 32달러라는 높은 가격으로 약을 판매한다. 노바티스는 엄청난 돈을 투자해 미국에 최첨단 암 연구 센터를 세우고 각종 암 치료제를 개발 중이다.[96] 신약 개발은 거대한 투자가 필요하지만, 성공하면 적어도 투자비용의 수십 배를 회수할 수 있다. 황금알을 낳는 거위가 따로 없다. 신약의 효과가 뛰어날수록 가격은 천정부지로 치솟는다. 의학이 병원의 울타리를 벗어나 세계 각국의 거대 기업이 호시탐탐 노리는 대규모 신성장 동력으로 발돋움하는 징조가 곳곳에서 보이는 이유다. 이 분야를 선도하는 나라는 미국이다. 미국은 생명공학 분야에서 세계 최고의 능력을 갖추고 있다.

  치료를 위한 유전자 분석과 조작에는 몇 가지 위험이 있다. 암을 공격하는 단백질을 세포에 전달하는 과정이나 유전자의 특정 부위를 절단해 유전체를 교정하는 과정에서 돌연변이가 발생할 수 있다. 한국 연구팀은 이런 위험을 줄이기 위해 세포 내로 자동으로 들어가는 RNA 유전자 가위(인공 제한효소) 기술을 개발했다. 유전자의 특정 부위를 절단해 유전체를 교정하기 위해서는 유전자 가위 기술이 매우 중요하다. 기존에는 유전자 가위를 세포 내로 전달하기 위해 플라스미드Plasmid(미생물에서 볼 수 있는 염색체 외의 유전 인자로서 원형의 DNA 분자)를 이용했다. 그러나 플라스미드 자체가 DNA의 일종이기 때문에 세포의 유전체에 들어가면 돌연변이 가능성이 있었다. 한국 연구팀이 새로 개발한 기술은 플라스미드를 이용하지 않고도 자동으로 유전자 가위가 세포 내로 들어가도록 하는 기술이기 때문에 돌연변이 문제를 해결할 실마리를 찾은 셈이다. 이 기술은 유전자 치료제 개발을 한 단계 진보시키는 기술로 평가받고 있다.[97]

선천적으로 질병 대응 유전자가 결핍된 사람들을 위해 인공으로 유전자를 만들거나, 가지고 있는 유전자를 치료 또는 변형할 수 있는 인공 단백질을 만들어 삽입할 수도 있다. 우리 몸에 있는 호르몬과 효소들은 단백질로 구성되어 있다. 단백질은 아주 작은 기계처럼 작동한다. 그러나 우리 몸 안의 단백질 기계는 온도가 내려가면 얼어버리고 올라가면 익어버린다. 그래서 단백질보다 단단하고 견고한 물질로 인공 나노 단백질 기계를 만드는 시도를 할 수도 있다.[98]

미국 스크립스연구소의 플로이드 롬스버그 박사팀은 인공으로 만든 염기 2가지(X, Y)를 생명체에 존재하는 염기 4가지(A, T, G, C)에 섞어서 인공 DNA를 만들고 대장균 세포에서 복제하는 데 성공했다.[99] 연구팀이 복제한 대장균은 지구에 존재하지 않은 DNA를 가진 첫 생물이 되었다.[100] 이 기술은 새로운 약물 개발에 응용될 수도 있으며, 내 몸에 없는 특정 질병에 대응하는 단백질 생산 유전자를 인공으로 만들어낼 수도 있다. 하지만 인공 염기 X, Y를 추가함으로써 생명체를 구성하는 필수 아미노산도 20개에서 172개로 늘린 셈이기 때문에, 좀 더 먼 미래에 지금까지 존재하지 않았던 새로운 생명체를 만들 가능성을 연 기술이기도 하다.

2040년 이후에는 자기 복제가 가능한 제2세대 단백질 기계나 인공 유전자가 만들어질 수도 있다.[101] 이는 나노 기술이 결합되면 가능해진다. 2013년 12월 전남대학교 박테리오봇 융합연구단은 박테리아와 약물을 결합해 대장암, 유방암, 위암, 간암 등을 진단하고 치료하는 의료용 나노 로봇을 세계 최초로 개발했다. 연구팀은 인식, 운동, 치료 성능을 갖는 직경 3마이크로미터(1마이크로미터는 백만분의 1m) 크기의 박테리아를 유전자 조작을 통해 독성을 제거하여 약물 전달체로 사용했다.[102] 지금은 박테리아를 사용했지만, 먼 미래에는 분자 엔지니어가 설계한 분자 단위의 인공 기계를 만들어 사용하게 될 것이다.[103] 나노 기술을 이용하면 나노 로봇뿐 아니라 치료용 인조 실을 만들 수도 있다. 막스플랑크 고체물리학 연구소는 나노 굵기의 미세한 실을 양탄자 형태로 짠 인조 근육을 연구 중이다.[104] 나노튜브들이 전기 장력을 받으면 전하의 밀어내는 힘에 의해 나노 실이 늘어나면서 인조 근육이 움직이게 된다. 인조 근육은 인간의 근육을 대체할 수도 있고, 휴머노이드 로봇이 사람처럼 움직일 수 있는 근육을 만드는데도 사용될 수 있다. 독일 양모연구소는 나노 실을 상처 난 피부나 장기 속에 주입하면, 세포의 받침대 역할을 해 세포가 잘 자랄 수 있도록 도울 것으로 기대하고 있다.[105]

이런 기술들이 축적되면서 머지않은 미래에 맞춤형 정밀 의학이 가능한 시대가 열린다. 맞춤형 정밀 의학은 생명을 연장하는 데 1등 공신이 될 것이다. 이런 기술 외에도 생명을 100세 넘게 유지할 수 있는 여러 연구가 진행되고 있다.

노화에 도전하는 의료 기술들

과학자들은 노화의 원인이 무엇인지를 찾고 있다. 현재까지 드러난 연구에 의하면 노화의 원인은 유전자 속에 있다. 세계에서 가장 장수하는 오키나와의 100세가 넘는 노인들에게는 질병에 강한 'DR1'이

> DNA 분자는 이중나선으로 꼬인 긴 가닥으로 되어 있다. 이중 나선 구조의 사슬은 뉴클레오타이드Nucleotide라는 좀 더 작은 분자들로 구성된 고리들이 연결되어 있다. 뉴클레오타이드는 A, T, G, C라는 4가지 염기로 분류된다. 게놈은 뉴클레오타이드들의 전체 서열이다.
> DNA에는 단백질을 재조립하기 위해 세포가 지켜야 할 매뉴얼이 포함되어 있다.[106] 인공 DNA를 만들었다는 것은 몸 안에서 자체적으로 생산하지 못하는 단백질을 인공으로 만들어내고, 인공으로 만들어낸 유전자가 복제 배양되는 길을 열었다는 것이다. DNA는 이중나선이 풀려 각각 한 가닥의 사슬로 나뉜 후, 분리된 가닥에 뉴클레오타이드가 A에는 T가 G에는 C가 결합하는 식으로 자기 짝을 찾아 결합해 두 개의 새로운 DNA 분자로 복제된다. 플로이드 롬스버그 박사팀은 인공 염기 X, Y를 DNA 복제 과정에 삽입시켜 새로운 염기 짝을 엮어 인공 DNA를 만든 것이다. 연구팀은 이렇게 만들어진 인공 DNA를 대장균에 주입해 대장균이 자기 복제하는 과정에서 인공 DNA가 복제되도록 하는 데 성공했다.

라는 면역 유전자가 공통으로 존재한다. 122세까지 살았던 프랑스의 잔 깔망Jeanne Calment 할머니도 알츠하이머를 억제하는 유전자를 가지고 있었다. 전문가들은 100세가 넘는 노인들은 알츠하이머, 백내장, 동맥경화 등을 억제하는 유전자를 가진 것으로 분석했다.[107]

자연적 노화는 어떻게 진행될까? 늙는다는 것은 어떤 이유에서든지 세포 분열 능력이 저하된다는 것이다. 우리 몸은 손상된 세포가 생기면 계속해서 새로운 세포를 증식시켜 대체한다. 어린아이와 젊은이들은 세포 분열이 활발하지만, 나이가 들수록 세포 분열이 저하되고, 종국에는 분열이 멈추면서 죽음에 이르게 된다. 캘리포니아대학교의 레너드 헤이플릭Leonard Hayflick 교수는 세포의 분열 횟수에 한계가 있다는 점을 발견했다. 쥐는 15~20번 분열하고, 인간의 배아세포는 50~70번 분열한다. 갈라파고스 거북은 125번 분열하면서 최대 175년까지 살 수 있다.[108] 세포가 분열될 때마다 염색체의 끝 부분에 달린 단백질 성분의 핵산서열인 텔로미어Telomere의 길이도 짧아진다. 그리고 맨 마지막 매듭만 남게 되면 세포 복제가 멈추어 죽게 된다. 텔로미어가 세포 시계인 셈이다. 따라서 세포 분열 횟수를 늘리거나 텔로미어의 생존 기간을 늘린다면 노화를 늦출 수 있다.

스페인 국립암연구소의 마리아 블라스코 교수는 2012년에 바이러스를 이용해 쥐에게 외부에서 인위적으로 텔로머라제Telomerase(텔로미어의 길이를 신장시키는 효소)를 주입해 수명을 40% 연장하는 데 성공했다.[109] 텔로미어의 길이를 영원히 길게 할 수는 없지만, 인위적으로 줄어드는 속도를 늦출 수는 있다는 기대를 갖게 하는 실험이었다. 텔로머라제를 체세포에서 인위적으로 작동하게 함으로써 노화를 늦출 수는 있지만, 그에 따른 문제도 있다. 아직은 텔로머라제를 활성화시키는 것이 암 세포를 자극하지 않는다고 확신할 수 없다.[110] 암세포는 증식할 때마다 텔로미어를 계속 생성해내는 텔로머라제라는 효소를 만들어낸다. 인간의 5번 염색체 속에도 텔로머라제가 들어 있다. 하지만 인간의 몸속에 있는 텔로머라제는 생식세포의 무한증식에만 관여한다. 후손에게 짧아지지 않은 텔로미어를 물려주어야 하기 때문이다. 그러나 인체를 구성하는 60조 개의 체세포에는 텔로머라제가 작용하지 않는다. 만약 불완전한 체세포가 세포 자살을 하지 않고 텔러머라제가 달라붙어 세포의 무한 복제가 일어나면 암이 되기 때문이다.

현재까지 전문가들이 밝혀낸 노화를 일으키는 원인은 텔로미어를 포함해 9가지 정도다. 그 중 활성산소가 노화에 관여한다는 연구 결과는 널리 알려져 있다. 우리가 숨을 쉴 때 들이마시는 산소는 인체가 에너지를 생산하는 데 중요한 역할을 한다. 호흡을 통해 세포들에 전달된 산소는 미토콘드리아와 화학반응을 해서 에너지를 생산하지만, 그 과정에서 2~5%가 불완전하게 연소되어 여분의 전자 하나를 얻어 인체 내부를 돌아다니는 활성산소_{Superoxide}(과산화물)가 된다. 불안정한 분자 상태인 활성산소가 세포의 핵으로 들어가서 안정 상태로 돌아가려고 여분의 전자를 던져 버리는 과정에서 DNA가 피해를 입는다. 활성산소는 뇌경색, 당뇨, 백내장 등 질병 유발에도 관여하지만, 대체로 노화에 직접적인 영향을 준다. 활성산소에 의해 피해를 입은 DNA는 손상된 곳을 복구하는 효소를 생산해 대응하지만 완벽한 복구는 어렵다. 그래서 활성산소에 의한 피해와 복구가 반복되면서 DNA 내부에는 아주 작은 피해들이 서서히 쌓여간다. 인체 세포 안에 있는 23개의 염색체 쌍 중에 17번째에는 세포의 이상 증식이나 치명적인 돌연변이를 막아주는 'P53'이라는 감시 효소가 있다. 이 효소는 손상과 복구를 반복해온 세포가 어느 순간에 이르러 도저히 피해를 복구할 수 없는 수준이라고 판단되면 몸 전체에 피해를 주지 않기 위해 파괴 효소에 DNA를 자르라는 최종적인 명령을 내린다. 세포를 자살시키는 것이다. 이런 세포 사멸 현상이 뇌부터 각종 장기에 이르기까지 몸 전체에서 서서히 진행되는 것이 노화다.

노화의 원인을 찾았으니 당연히 노화를 늦추는 방법을 찾을 수 있다는 것이 학계의 희망이다. 예를 들어, 21번 염색체 속에는 활성산소가 지닌 전자를 제거해 DNA의 피해를 감소시킴으로써 세포의 감소를 늦추는 효소가 있다. 슈퍼옥사이드디스뮤타제_{SOD, Super Oxide}

Dismutase, 카타라제Catalase, 글루타치온Glutathione, 페록시다제Peroxidase 등의 분해 효소다. 이런 효소들은 모든 사람에게 있다. 하지만 사람마다 작용하는 강도가 다르다. 장수하는 사람들은 보통 사람들보다 더 강하게 작동한다. 인위적으로 노화를 늦추려면 이런 효소들이 더욱 강하게 작동하는 방식을 알아내면 된다.

동물들은 평상시에 섭취하는 열량보다 30~40% 적은 열량으로 살아가도록 강요받을 때 대다수의 노화 관련 질병(암·심장질환·당뇨병·알츠하이머병 등)에 저항력을 지니게 되며, 수명이 30~50% 연장된다는 사실이 약 70년 전에 발견되었다. 하지만 열량 제한으로 노화를 늦추기 위해서는 늘 배고프게 살아야 한다는 문제가 있다. MIT 생물학과의 레너드 궈렌테 교수는 효모 세포에 Sir2라고 불리는 유전자의 복제본을 투입했을 때 수명이 30% 연장된다는 사실을 발견했다.[111] Sir2 유전자를 포함한 '시르투인Sirtuin'이라는 유전자가 열량 제한의 효과를 나타낸다는 사실이 입증된 것이다. 따라서 시르투인의 활동을 촉진하는 약을 개발하면 적게 먹거나 금식하지 않고도 노화를 늦출 수 있다.

이런 방법들을 통해 노화를 늦추면 노화로 인해 발생하는 질병의 발병과 진행 속도로 함께 늦출 수 있다. 단순히 생명 연장만 가능한 것이 아니라 건강하게 오래 사는 것이 가능해진다. 이런 연구 외에도 미래의 의학 기술과 바이오생명공학, 생체전자공학 기술들이 현재의 치료법을 획기적으로 개선하는 것은 시간 문제다.

앞으로 10~20년 후면 인간을 괴롭히는 질병의 상당수가 정복 가능한 영역으로 들어오다. 현재도 RNA 간섭 방법을 활용해 암세포만을 골라 공격하는 유전자 치료법이 시도되고 있다. 이 새로운 치료법이 성공하면 암 환자의 치료와 생존 가능성을 크게 높일 수 있다. 인간의 세포 안에는 '전령 RNA Messenger RNA' 유전자가 있다. 전령 RNA 유전자는 단백질 생산 공장에 정보를 전달하는 기능을 한다. 암세포에도 전령 RNA가 있다. RNA 간섭 방법을 이용한 유전자 치료법은 'RNA 간섭 방해 유전자'를 암이 발생한 세포에 침투시켜 암세포의 메신저 RNA와 결합시키는 것이다. 그러면 암세포의 정보가 단백질 생산 공장에 전달되지 못하는 효과가 일어나 암이 스스로 사멸하게 할 수 있다.[112]

유전자 연구와 뇌 연구가 결합하면서 뇌 질환에 대한 획기적인 치료법도 속속 등장하고 있다. 2014년 7월, 한국 정부의 지원을 받은 경상대학교 연구팀이 치매 치료 원천 기술을 개발했다. 담뱃잎에서 추출한 단백질을 배양해 치매에 걸린 쥐에게 주사했더니 부작용이 전혀 없이 치매를 유발하는 물질이 없어지고, 끊어진 뇌신경 고리가 연결되는 놀라운 일이 벌어졌다. 이 기술은 치매의 초기부터 말기까지 효과를 보였다. 앞으로 5년 후면 이 제품이 상용화될 것이다. 전문가들은 5년 후 치매 치료제의 전 세계 시장이 10조 원 정도가 될 것으로 예측한다.[113]

신에게 도전하는 줄기세포 연구

줄기세포 연구의 발전도 건강하게 오래 사는 시대를 촉진할 것이다. 골수 같은 성인의 몸 한 부분에서 줄기세포를 추출해 자체적으로는 줄기세포가 없는 심장 같은 장기에 이식해 손상된 세포를 대체하는 연구가 활발하게 진행 중이다. 이 기술이 성공하려면 골수 안에서는 백혈구로 자라도록 프로그램된 줄기세포가 심장에서는 심장 세포로 자라나도록 유도하는 기술이 반드시 필요하다. 심장에 이식한 줄기세포가 심장 세포가 아닌 다른 세포로 성장하면 큰일이다. 이런 연구가 진행될수록 하나씩 해결의 실마리를 보이고 있다. 텍사스 심장 연구소의 에머슨 C. 페리 박사팀은 이 기술을 사람에게 적용해 효과를 내는 데 성공했다.[114] 줄기세포 연구의 궁극적인 목표는 원하는 장기를 자유자재로 생성하는 것이다. 다른 사람의 장기를 이식하거나 무균 돼지 등을 사용해 이종장기를 배양하는 것은 어느 정도의 리스크가 존재한다. 이식에 적합하지 않을 수도 있고, 성공적으로 이식하더라도 면역거부 반응을 일으킬 수 있다. 최근에 이런 면역거부 반응을 극복하기 위한 여러 연구가 어느 정도 성과를 내고는 있지만, 가장 안전하고 좋은 방법은 자신의 줄기세포를 사용해 장기를 배양해 이식하는 것이다. 이 기술이 보편화되면 인간의 생명이 획기적으로 연장된다.

줄기세포를 가지고 장기를 복제하기 위해서는 분화 능력이 가장 좋은 배아줄기세포를 사용해야 한다. 피부 등 일부를 제외한 대부분의 장기에는 줄기세포가 없다. 그러나 1998년, 미국 위스콘신대학교 연구팀이 인간의 몸속에 모든 장기로 분화할 수 있는 만능줄기세포인 배아줄기세포가 있다는 것을 밝혀냈다. 배아줄기세포는 무한 증식과 모든 장기로의 분화 능력을 갖추고 있는 생명의 근간이다. 그러나 이를 추출하기 위해서는 여성의 난자를 사용하기 때문에 심각한 윤리 문제와 직결된다. 현재의 기술 수준으로는 환자의 몸에 주입될 때 면역거부 반응을 일으킬 가능성도 크다. 또 다른 문제도 있다. 배아줄기세포는 모든 장기로 분화할 수 있기 때문에 실험용 쥐의 몸속에 삽입하면 신경, 뼈, 근육, 장기 등 다양한 세포가 한꺼번에 만들어진다. 만약, 신경에 배아줄기세포를 주입하면 신경세포도 만들어지지만 동시에 뼈나 근육, 다른 장기가 동시에 분화해 생성되기 때문에 큰 문제가 생긴다.

이런 문제를 해결하기 위해 전문가들은 '역분화 줄기세포(유도만능 줄기세포)' 기술을 시도하고 있다. 분화가 끝난 체세포에 세포 분화 유전자를 주입해서 분화 이전의 상태로 되돌림으로써 배아줄기세포의 기능을 하도록 하는 기술이다. 이 기술은 여성의 난자를 사용하지 않아도 되고, 환자 자신의 체세포를 줄기세포로 역분화하기 때문에 면역거부 반응을 일으킬 확률도 크게 낮춘다. 올챙이를 대상으로 이 기술을 활용한 연구에서 일본 도쿄대학교의 야마나카 신야 교수 팀은 완벽한 눈과 심장을 만드는 데 성공했다. 이 기술의 가능성을 인정받아 2012년, 야마나카 신야 교수는 노벨 생리학 의학상을 받았다. 현재 일본에서는 유도만능줄기세포iPS Cell, induced Pluripotent Stem cell(역분화줄기세포) 치료의 임상연구가 승인되어 파킨슨병, 제1형 당뇨병, 심장병, 시각 질환 같은 질병에서 효과를 발휘하고, 신장 조직의 생성과 간의 싹Liver bud을 만드는데도 성과를 내고 있다.[115] 하지만 이 기술도 종양 발생 가능성이 크고 분화 효율이 떨어져서 비용이 많이 든다는 단점이 있다.

성체줄기세포Adult stem cell는 배아줄기세포의 윤리적 문제를 피해갈 수 있는 또 다른 대안이다. 대표적으로 제대혈(탯줄 혈액)이나 골수, 혈액 속에 있는 줄기세포가 바로 이것이다. 과거에는 성체줄기세포는 오직 해당 조직의 세포로만 분화한다고 알려졌다. 하지만 골수에 있는 줄기세포가 모든 장기는 아니더라도 백혈구, 신경 등 몇몇 다른 조직이나 장기로도 분화할 수 있다는 것이 밝혀졌다.[116] 나아가 2001년

5월 4일, 성체줄기세포도 모든 세포로 분화될 잠재력을 가지고 있다는 연구 결과가 의학전문지 〈쎌Cell〉에 실리면서 새로운 희망을 불러일으켰다. 한국의 가톨릭 의대 연구진도 골수에서 추출한 성체줄기세포를 가지고 대퇴골두무혈성괴사증(엉덩이뼈와 이어지는 허벅지뼈의 윗부분이 피가 돌지 않아 괴사하는 병) 환자를 치료하는 데 성공했다. 미국 플로리다대학교 연구팀은 성체줄기세포를 가지고 인슐린을 분비하는 췌장 세포를 만드는데 성공했다. 이외에도 연골세포, 심근세포 등으로 분화시키는데도 성공했다. 런던대학교의 알렉산더 세이팔리안 교수팀은 코 모양을 본뜬 주물에 줄기세포를 넣어 배양한 코 얼개를, 팔목에 이식해 피부 세포가 덧입혀지게 하는 방법을 사용해 인공 코를 만드는 데 성공했다. 연구팀은 이 기술을 코뿐 아니라 얼굴 전체 부위를 재생하는 데 접목할 계획이다.[117]

미국 에모리대학교 의대 윤영섭 교수는 2025년경이면 이러한 줄기세포 기술을 활용해 손상된 심장의 근육과 혈관 세포를 치료하는 기술이 상용화될 것으로 예측했다. 윤 교수는 줄기세포를 이용한 심혈관 질환 치료 분야만 해도 250조 원 규모가 될 정도로 미래의 줄기세포 치료 시장의 규모가 어마어마하게 성장할 것으로 예측했다. 윤 교수는 "줄기세포 치료 연구에서 줄기세포를 얻거나 만드는 연구는 전체 연구의 10%밖에 안 된다. 진짜 문제는 줄기세포를 어떻게 분화시키느냐 하는 것이다. 현재 연구의 90%가 분화 방법 및 이를 인체에 적용하는 방법을 개발하는 것이다. 배아줄기세포나 역분화 줄기세포에 다양한 첨가물을 집어넣어 심근, 뇌, 간, 혈관 등의 세포로 분화시켜야 하는데, 원하지 않는 세포가 30~70% 정도 들어 있다. 이걸 없애는 것이 주요 연구 과제다"[118]라고 말했다. 윤 교수는 현재의 기술 추세는 배양한 줄기세포를 장기에 안착시키는 것에서, 종양 발생을 피하거나 줄기세포의 생존 가능성과 효과를 높이기 위해 외부에서 직접 조직을 만들어 이식하는 쪽으로 방향을 바꾸고 있다고 한다.[119] (일부에서는 줄기세포 기술이 인간의 생명을 연장하는 뚜렷한 성과를 내는 것은 2040~2050년경이 되어야 할 것으로 예측한다)

모든 장기를 인공으로 배양하는 것은 이제 시간 문제다. 피부, 신장, 연골, 기도, 혈관 등의 장기를 인공으로 배양하는 기술도 이미 임상시험까지 마친 상태다. 3D프린터 기술이 더욱 발전하면 복잡한 장기도 인공으로 만들어내게 될 것이다. 비상시를 대비해 자신의 장기를 미리 만들어 보관해 두는 시대가 2030년 즈음에 열릴 것으로 예측된다.

현재와 같은 추세로 생명에 대한 인간의 통제와 지배력이 커진다면, 22세기 들어서는 신과 인간의 경계가 파괴될 수도 있다. 이미 현재까지 개발된 기술로도 수명을 쥐는 3배, 모기는 4배, 선충류는 6배로 늘리는 데 성공했다.[120]

인간의 노화와 죽음에 대한 이해와 연구도 분자 수준에서 가능해진 상황이다. 세계 최대 논문 및 특허 데이터베이스를 보유하고 있는 국제 금융정보 서비스 회사인 톰슨로이터가 지난 2년간의 과학기술 특허 및 논문 발표 추세를 분석했다. 자료를 분석한 지적재산 및 과학 담당 분석가들은 2025년이면 인간 유전자와 돌연변이에 대한 이해가 확대되어서 치매, 신경 퇴행성 질환의 진단 기술이 발전하고 그 예방 및 치료 가능성도 커질 것으로 전망했다. DNA, RNA 등의 특성에 대한 연구가 발전하여 단백질 합성 경로를 파악할 수 있게 되면 유전자 변형 기술이 향상되어, 인체가 인슐린을 자체적으로 생산하지 못하는 제1형 당뇨병인 '소아 당뇨병', 제2형 당뇨병, 근육 위축, 신진대사 관련 질병 등도 예방과 치료가 가능한 질병이 될 것으로 예측했다.[121]

평균수명 120세 시대의 미래 라이프 스타일

의학과 기술의 혁명적인 발전이 인간의 수명을 기대 이상으로 빠르게 늘리고 있다. 100년 전 한국인의 평균수명은 28세였지만 1960년에 50세로 늘어났고, 2014년 현재 우리는 100세 시대를 상식처럼 받아들이고 있다. 이미 일본은 100세 이상의 노인이 5만 명을 넘었다. 이 모든 것이 사회 발전, 생활수준의 향상, 의학과 기술 혁신의 결과다. 앞으로 20~30년은 지난 20년의 기술 발전보다 더 빠른 발전이 이루어질 것으로 예측되므로, 2040년경이면 120세를 인간의 평균수명으로 받아들이게 될 것이다.

건강하게 오래 살 수 있는 시대가 오면 사람들의 의식도 달라진다. 생활방식도 달라진다. 2030년에는 일흔 살도 노인이라 불리지 않게 된다. 100세 시대에 노인은 최소 80세 이상을 의미하게 된다. 2030년의 70세는 사회적으로 지금의 50~60세 정도로 인식될 것이다. 신체 능력이나 건강 상태도 50~60대 수준을 유지할 것이다. 개인들의 노력과 바이오산업의 발달에 따른 의학적 보조 덕분에 '70대는 한창 활동할 나이'라는 사회적 인식이 강해진다. 앞으로 60~70대는 '신중년'으로 불리게 된다. 일에 대한 개념도 달라진다. '은퇴'라는 개념 자체가 사라질 것이다. 100세 시대에는 최소한 80~85세까지는 일하게 된다. "40~50대가 내 연봉의 절정기였다"는 정도의 생각을 가질 따름이다. 나이 들면서 연봉이 낮아지더라도 큰 문제는 아니다. 50대까지는 자녀양육비와 세금 등의 지출 비중이 높지만, 그 이후는 경제적 책임이 가벼워질뿐더러 사회적 지원도 받기 때문이다. 신체적인 약화는 로봇, 인공지능, 사이버 기술, 사이보그 기술 등으로 얼마든지 보완할 수 있다.

2030년 이후, 시니어의 최대 관심은 '사회에서 어떤 가치 있는 일을 할 것인가'가 될 것이다. 시니어들은 자신의 행복을 위해 윗세대를 돕거나 아랫세대에 지혜와 경륜을 나누는 등의 활동을 활발하게 하게 된다. 사회적 기업이나 비영리단체를 조직해 사회의 기틀을 유지하고, 사회 안의 위험 요소를 관리하는 역할도 담당하게 될 것이다. 이 모두가 일이자 봉사이며 즐거운 놀이라고 생각하게 된다. 일이 곧 여가인 시대가 온다. 하지만 은퇴를 미리 준비하지 못한 사람들은 생계에 도움이 되는 일의 비중을 늘려야 한다. 80세까지 무슨 일을 할 것인지 미리 준비하는 것이 사회 일반의 분위기가 될 것이다. 2030년에는 대학생의 절반 이상은 30대 이후의 학생이 될 것이다. 인생 후반 전에 자신이 하고자 하는 새로운 일을 준비하는 사람들이 그만큼 많아지는 것이다.

건강하게 오래 살게 되면 두려운 미래의 가능성도 함께 열린다. 인간 복제의 가능성이다. 1996년, 인류 역사상 최초로 복제 생명체가 탄생했다. '돌리'라는 양이었다. 교황청은 즉각 생명 복제의 위험을 경고했다. 이탈리아와 아르헨티나는 복제 실험을 즉각 금지했다. 미국의 클린턴 대통령도 인간 복제 금지법안에 서명했다. 2014년 현재, 인간은 수많은 동물을 복제하는 기술을 확보했다. 최고의 유전자를 가진 종자들을 원하는 만큼 복제할 수 있는 기술이 개발되었다. 이제 '어떤 동물이 복제하기 힘든가?'를 질문하는 것이 더 쉬운 질문이 되었다. 인간 복제 금지 법안만 없어진다면 곧바로 인간도 복제하는 시대가 열릴지 모른다. 지구 어디에선가 인간 복제 연구를 진행하는 과학자가 있을지도 모른다. 인간 복제에 대한 명분이 만들어지는 22세기의 어느 날, 자기와 똑같은 유전자를 가진 인간을 만들거나 자기보다 더 뛰어난 유전자를 가진 복제 인간을 만들 수도 있을 것이다.

> 전문가들이 예측하는 바이오생명공학 신기술 실용화 시기
> - 2015년 인공 허파나 인공 신장 생산, 나노 기술을 의약품의 수준까지 응용
> - 2017년 두뇌 세포의 생산 가능
> - 2017년 개인별 질병 지도 완성
> - 2019년 근육 생산
> - 2020년 혈관 속을 자유자재로 이동하는 나노 로봇
> - 2020년 유전자 치료 보편화
> - 2025년 줄기세포의 의료 서비스 상용화
> - 2027년 뇌 분석이 완료되어 뇌 지도가 만들어짐
> - 2027년 인공 장기 이식의 대중화
> - 2032년 아기의 유전자를 디자인하는 시대
> - 2055년 척수의 메커니즘 규명

2020년 이후, 뇌신경공학 시대가 열린다

1, 2차 세계대전을 거치며 뇌를 다친 군인들을 치료하는 과정에서 시작된 뇌 연구는 그 발전 가능성을 미루어볼 때 아직 태동기에 불과하다. 현재 이루어지는 뇌 연구는 크게 3개 분야로 나눌 수 있다. 신

경생물학적 구조와 인지 및 사고 등 정신 활동을 연구하는 '뇌과학' 분야, 뇌 질병을 연구하는 '뇌의약학' 분야, 뇌의 인지 구조와 작동 방식을 공학적으로 응용하는 '뇌공학' 분야. 하지만 미래에는 심리학, 언어, 마케팅, 교육, ICT를 포함한 거의 모든 학문과 산업 분야에 뇌 연구가 융합될 것이다. 20세기가 컴퓨터와 인터넷이 발전을 주도한 시대였다면, 21세기는 뇌신경공학Neuroengineering이 문명 발전을 주도할 것이다.

20세기 후반 정보 혁명이 일어나면서 '신인류'란 단어가 등장했다. 그전까지 생각해온, 인간이 가질 수 있는 정보와 지식의 한계를 뛰어넘은 새로운 세대가 출현했기 때문이었다. 21세기는 인간의 능력을 극대화하는 시대다. 최고의 유전자를 가진 인간을 복제하는 단계에 이르기 전에 기억력, 근력, 질병 대응력 등 인간의 각종 능력을 극대화하는 시도가 이루어질 것이다. 인간은 유전자 분석 및 조작, 이종 장기 배양, 줄기세포, 사이보그, 입는 로봇, 인공지능 등의 기술을 활용해 '슈퍼맨'에 도전할 것이다. 2030년 무렵이면 이런 도전에서 획기적인 발전이 이루어질 것이다. 2030~2040년 이후에는 생명공학 혁명이 일어나면서 생물학적 한계를 극복한 미래의 신인류가 등장할 것이다. 뇌 연구는 21세기 인간의 시도 중 가장 놀라운 도전이다. 뇌에 대한 탐구 성과가 커질수록 관련 기술은 퀀텀점프할 것이다. 치매나 알츠하이머 등 뇌신경 질환의 예방과 치료를 통해 인간의 생명을 연장하는 것은 뇌 연구 성과의 시작에 불과하다. 가상의 나를 영생하게 만들어 주는 기술, 뇌 구조를 모방한 신개념 컴퓨터와 인공지능, 뇌와 연결된 미래형 자동차와 비행기 개발까지 엄청난 잠재력을 내포하고 있기 때문이다.

뇌신경공학 발전 역시 건강하게 오래 사는 미래의 신인류 출현에 이바지할 것이다. 미국과학재단NSF은 뇌공학이 2040년경이 되어야 활발해질 것으로 예측하지만, 상당수의 뇌공학자는 그 시기가 앞당겨질 것으로 예측한다.[122] 필자도 2020년 이후 뇌공학이 크게 주목받으면서, 이 분야에서 국가 간, 기업 간 경쟁이 시작되어 2040년이 되기 전에 큰 시장을 형성할 것으로 예측한다. 한국 정부도 2017년까지 한국인의 특성에 기반한 치매 발병 예측 및 조기 진단 시스템을 구축할 계획을 세웠다. '한국인 표준 치매 예측 뇌 지도' 작성 프로젝트다. 정부는 60~80대 3,000명의 MRI, PET(양전자단층촬영) 뇌 이미지를 확보해 각 연령별로 정상인, 치매 전조가 보이는 환자, 치매 발병 환자의 뇌 구조를 표준화할 계획이다. 이 뇌 지도가 구축되면 2017년부터, 65세가 되면 치매 예측 조기 진단 서비스를 받을 수 있다.

　유럽연합은 뇌의 작동 원리를 파악하기 위해, 슈퍼컴퓨터에 인간의 뇌를 그대로 구현해 시뮬레이션하는 프로젝트에 앞으로 10년 동안 10억 유로를 투입할 계획이다. 뇌 신경계에 있는 뉴런들 사이의 연결 전체를 커넥톰Connectome이라 부른다. 뇌를 시뮬레이션한다는 것은 커넥톰 지도를 컴퓨터로 완성한다는 말이다. 인간의 유전자와 경험이 커넥톰 형성에 영향을 준다. 그래서 커넥톰은 평생에 걸쳐 변화하면서 다양한 정신세계를 만든다.[123] 이 커넥톰을 컴퓨터 시뮬레이션으로 복원하면 뇌 기능에 대한 다양한 변화를 예측할 수 있고, 뇌 질환의 메커니즘도 파악할 수 있다. 미국도 비슷한 프로젝트에 10년 동안 45억 달러를 투자할 계획이다. 인간의 뇌를 컴퓨터에 가상으로 구현하게 되면 동물 실험 없이 뇌 질환을 연구할 수 있고, 인간처럼 사고하는 인공지능 컴퓨터의 탄생도 앞당길 수 있다. 대부분의 전문가는 이 계획이 10년 안에 실현되기 어렵다고 본다. 그런데 앨런 뇌과학연구소는 쥐의 뇌를 컴퓨터 시뮬레이션으로 재현하는 데 이미 성공했다.

뇌 연구는 다양한 기술과의 결합을 목표로 한다. 미국 오하이오주립대학교 웩슬러 메디컬센터는 뇌에 컴퓨터 칩을 삽입해 팔다리가 마비된 척추 부상 환자를 치료하는 수술을 세계 최초로 시행했다.[124] 뇌에 삽입된 칩이 몸을 움직이도록 하는 뇌의 명령을 수신한 후 컴퓨터 신호로 변환해 팔과 다리에 달린 전기장치로 전달한다. 그러면 신호를 전달받은 전기장치는 팔과 다리 근육에 전기 자극을 주어 팔다리를 움직이게 한다. 이렇게 뇌에 컴퓨터 칩을 심는 기술이 입는 로봇이나 사이보그 기술과 결합하면 근육 반응을 하지 못하는 환자도 로봇 팔과 다리를 움직이거나 입는 로봇을 작동할 수 있게 된다.

2020년 이후, 입는 로봇의 시대가 열린다

기술에 대한 두 가지 견해가 있다. 하나는 '기술은 신체의 연장이다'라는 관점이다. 이 관점에서 기술은 인체 기관의 기능적 연장이며 첨단화다. 기술은 인간의 신체나 정신과 결합해 유기체를 이룬다. 신체적으로 단점이 많은 인간이 기술을 신체 연장의 도구로 삼아 자연과 동등하거나 그것을 넘어서는 압도적 지위를 얻는다.[125] 기술 낙관론자들이 여기에 속한다.[126] 마티아스 호르크스 등 기술 낙관론자 혹은 기술 옹호론자들은 인간의 능력과 선한 합의에 의해 통제되는 기술이 멋진 신세계를 선물할 것으로 예측한다.[127] 일본 로봇 및 오토메이션학회 회장을 지낸 나고야대학교 후쿠다 도시오 교수는 로봇 같은 기술은 인간의 경쟁자나 적이 아니라 인간과 상생하면서 인류의 한계를 넓혀준다고 주장한다. "깊은 바다, 화산, 우주는 인간의 세계가 아니었다. 하지만 로봇이 그 속으로 들어가 인간에게 그 세계를 열어 주고 있다. 우라늄을 만지는 매직 핸드 Magic Hand를 아는가? 인류가 이런 극한의 세계까지 간 데에는 로봇의 힘이 크다. 인간과 로봇이 만나 인간의 세계가 심해와 화산까지 확대되는 것이다. 이것이 인간과 로봇의 상생의 원리다."[128] 언론 인터뷰에서 그가 말한 로봇에 대한 견해다.

기술에 대한 다른 견해는 '기술은 신체의 치명적 파괴다'라는 관점이다. 기술은 기능적 매체가 아니라 신체와 정신을 파괴하고 조각내고 절단하는 야만적이고 폭력적인 매체다. 기술은 죽음의 연장이라는 기술에 대한 경멸로 이어지기도 한다.[129] 러다이트 Luddite 운동가들이 대표적이다. 그들은 기술이 인간을 종속시키며 인간이 누리는 수많은 행복을 파괴하고 절단낼 것이라고 주장한다. 테크놀로지가 가진 숨겨진 욕망과 파괴적 힘을 두려워하고 경계한다. 기술이 인간을 해방한 것이 아니라 인간을 더욱 옭아매고 있다고 본다. 기술이 계급 간 착취 도구가 되는 것에 주목한다.[130] 2020년 이후 입는 로봇의 시대가 열리면 본격적으로 로봇 기술이 인간의 몸에 덧입혀지고 침투할 것이다. 그러면 기술에 관한 오랜 논쟁이 다시 치열해질 것이다.

영화 '엣지 오브 투모로우'에 나오는 엑소슈트 Exsosuits와 같은 최첨단 전투복을 군인들이 실제로 장착하는 날이 머지않았다. 미국에서 개발한 블릭스 BLEEX라는 입는 로봇을 착용하면 지치지 않고 시속 16km의 속도로 계속 달릴 수 있으며, 200kg이 넘는 물건을 들거나 던질 수 있다. 한국도 최대 120kg까지 들 수 있는 입는 로봇인 '하이퍼'를 개발했다.[131] 입는 로봇은 '외골격 로봇'이라고도 불린다. 현재 개발된 입는 로봇은 자동차 한 대와 맞먹는 가격으로 비싸고, 전원을 연결해야 사용할 수 있기 때문에 그 활용도에 부정적인 태도를 보이는 이들도 있다. 그러나 머지않은 미래에 가격은 저렴해지고 무선 충전이 가능하며, 충분히 큰 배터리 용량을 갖춘 입는 로봇이 개발될 것이다.

2012년, 미국 펜실베이니아대학교 기계공학과 학생들이 작고 가벼우면서 성능이 향상되고 제조 가격도 크게 낮춘 타이탄 암Titan Arm이란 외골격 로봇을 개발했다. 제작팀은 사용자의 편의성을 고려해 기존 외골격 로봇보다 얇고 가볍게 만들었다. 수백kg의 무게까지 들 필요는 별로 없기 때문에 파워는 좀 낮추었다. 전력 소모가 줄어서 한 번 충전으로 24시간 사용할 수 있게 만들었고, 가벼운 소재를 사용하고 타이탄 암의 중량을 허리, 팔 등에 적절히 분배해 사용자의 무게 부담도 줄여서 환자들이 사용하는 데 큰 도움이 되도록 만들었다. 3D프린터를 활용하면 환자의 몸에 좀 더 적합한 로봇의 개발도 가능해진다.

입는 로봇의 절정은 무엇일까? 필자는 인공지능을 장착한 무인자동차가 될 것으로 예측한다. 미래 자동차는 더욱 더 인간의 신체를 연장하는 강력한 도구로 발전할 것이다. 가까운 미래에 실현될 전기자동차와 무인자동차를 거쳐서 먼 미래에 사람의 뇌와 연결되는 자동차까지 발전하면서 자동차는 인간 신체의 연장으로서의 도구가 될 것이다. 그에 따라 자동차를 신체와 정신을 파괴하고 조각내고 절단하는 야만적이고 폭력적인 매체로 여기며 반박의 목소리도 따라서 커질 것이다.

50~60대가 자동차 혁명 주도한다

2020년 이후의 미래 자동차는 운송 수단이 아니다. 미래 자동차는 건강하게 오래 살기 위한 가장 중요한 도구가 될 것이다. 휴대 전화 시장을 대체한 스마트폰의 주된 기능이 소통과 엔터테인먼트가 되고 전화는 보조 기능이 되었듯, 자동차가 가진 안전하게 목적지까지 이동하는 기능은 부수적 기능이 될 것이다. 이런 자동차 혁명을 주도할 세대는 50세 이상이 될 것이다. 앞으로 10~15년 이내에 가장 큰 구매력을 가진 선진국들 대부분이 고령화사회에 돌입하고, 인구의 40~50%가 50세 이상이 될 것이다. 경제적 여력이 줄어드는 50세 이후의 세대, 그리고 고령화에 따라 안전 문제가 가장 중요해지는 65세 이상의 소비자를 만족시키는 요소는 자동차의 힘, 스피드, 디자인이 아니라 높은 연비, 친환경 기술, 주행 안전성, 무인 운전 기능, 건강 관리 등이다.

필자는 2030년 이전까지 가장 많은 변화와 혁신이 적용될 대상 중 하나로 자동차를 꼽는다. 미래의 자동차는 몇 단계를 거치면서 하늘을 나는 자동차로까지 발전할 것이다. 공상과학 영화에서나 봤던 놀라운 일이 미래에는 현실이 된다. 하늘을 나는 자동차를 가까운 대형 전자제품 판매장이나 자동차 대리점에서 구매하게 될 것이다. 미래 자동차는 환상을 현실로 만들어주는 꿈의 디바이스가 될 뿐 아니라 산업 경계를 파괴하는 결정적인 전자제품이 될 가능성이 크다.

가장 먼저 화석 연료 자동차에서 전기자동차로 전환될 것이다. 하이브리드 자동차는 브릿지 단계 기술에 불과하다. 결국 전기자동차가 대세가 될 것이다. 화석 연료 자동차는 후진국에서나 사용할 것이다. 전기자동차는 전기를 주 에너지원으로 사용한다. 따라서 전기 생산(공급) 방식이 더욱 다양해질 것이다. 플러그인으로 충전하든지, 수소 등을 변환해 전기를 만들든지, 달리는 동안 바람을 이용해서 전기를 추가 생산하든지, 자동차 몸체에 바르는 태양열 집열판을 사용하여 전기를 생산하든지, 도로에 전기 충전기를 설치하든지, 소형 원자로를 달고 다니는 등의 다양한 방법이 시도될 것이다. 그러나 이런 모든 방식의 궁극적인 목적은 전기다.

테슬라의 최고급 전기 스포츠카인 로드스터는 시속 $100km$까지 도달하는 데 4초 밖에 안 걸린다. 전기자동차가 화석 연료 자동차와 비교하여 성능이 떨어진다는 기존 관념을 깨뜨렸다. 플러그인으로 충전하는 데 3시간 30분 걸리고, 한번 충전으로 $400km$를 주행할 수 있으며, 최고 속력은 $250km/h$다. 테슬라는 실리콘밸리에 있다. 엘론 머스크가 5,500만 달러를 투자해 세운 기업이다. 테슬라가 로드스터를 기획하고 개발하는 데는 5년밖에 걸리지 않았다. 테슬라 자동차에서 가장 비싼 부품은 배터리 팩이다. 전체 자동차 가격의 1/3에 해당하는 3만 5천 달러다. 2012년 출시한 로드스터는 2014년 5월까지 6,500대가 판매되었다. 성능은 최고였지만 비싼 가격 때문에 전기자동차 시대를 열지는 못했다. 이를 의식한 듯 2017년에는 3만 5천 달러짜리 전기자동차를 판매하겠다고 발표했다. 가격을 낮추기 위해서 알루미늄 대신 철을 사용하고, 배터리 생산 비용을 낮추고, 배터리 장착 비율을 최대한 낮추어 기존 모델의 반값에 보급할 예정이다. 20분 만에 배터리 절반 정도를 급속으로 충전할 수 있는 충전소를 미국 전역에 설치하고 무료로 충전하도록 하겠다는 내용도 발표했다.

현재 자동차 시장에서 전기자동차가 차지하는 비율은 1% 정도다. 테슬라는 이 시장을 적극적으로 키워나갈 속셈이다. 업계 선두인 테슬라는 전기자동차의 시장 확대와 기술 진보를 앞당기기 위해 자신이 보유한 특허를 공개했다. 구글이 안드로이드 OS를 공개했던 것처럼 오픈 소스 전략을 사용해 전기자동차 시대를 앞당김으로써 기존 자동차업계와의 특허 전쟁에서 우위를 차지하겠다는 계산이다. 테슬라는 중국이란 거대한 플레이어와 손잡고 전기자동차 시장을 빠른 속도로 키우는 것도 염두에 두고 있다. 2014년 애플의 최대 하청업체로 유명한 중국 폭스콘이 독자적으로 전기자동차 산업에 뛰어들겠다는 계획을 발표했다. 폭스콘은 테슬라와 협력해 15,000달러 정도의 저가형 전기자동차를 개발하여 대량생산할 계획이다. 자신이 중심이 되어 전기자동차를 대량 생산하는 것에서 방향을 전환한 것이다. 대량생산 역량과 시장을 모두 가진 중국과 협력해 전기자동차 시장을 빠르게 키운 후, 구글처럼 핵심 기술의 주도권을 유지하면서 전기자동차 생태계로 눈을 돌리겠다는 계산이다. 나아가 무인자동차 등 차세대 자동차 시장에까지 영향력을 확대해 구글이나 애플과 어깨를 나란히 하려는 의도다.

   전기자동차의 배터리 충전 속도는 5년 안에 획기적으로 빨라질 것이다. 2014년 4월, 성균관대학교 이효영, 윤여흥 교수 연구팀은 기존 분말 형태의 수평 구조 그래핀보다 1,000배 빠른 충방전 속도를 내고 3배 큰 저장 용량을 갖는 수직형 슈퍼 커패시터 기술을 개발했다. 슈퍼 커패시터는 2차 전지를 대체할 차세대 에너지 저장 장치가 될 것으로 기대된다.(연구팀은 전해질 이온이 전극 물질에 많이 흡착될수록 많은 전기를 흘려보내는 원리를 적용한 수직 구조체의 환원 그래핀 플레이크 필름 전극을 만들었다)[132] 전기 충전 방식은 2020년경이 되면 5분 내 급속 충전 하는 기술이 나올 것이다. 급속 충전 기술이 상용화되고 전기를 저장하는 배터리의 용량, 크기, 수명이 지금보다 10배 이상 향상되면 전기자동차는 대세 전환점을 맞게 될 것이다. 배터리 용량, 성능의 발전과 더불어 페인트처럼 칠하는 태양광전지 기술이 더해지면 전기자동차의 발전을 가로막는 최고의 장벽이 사라지게 된다. 2014년 6월 토론토대학교 연구팀에 의해 지붕에 칠해 태양광전지를 만드는 입자가 개발되었다. 태양광을 흡수하는 감광성 나노 입자는 광전변환 효율이 8%까지 나와서 현재의 솔라 패널을 대체할 수 있다.[133] (현재 솔라셀 방식 패널의 광전변환 효율은 10%이다) 이 입자는 나노 입자이기 때문에 잉크나 페인트에 섞어서 지붕이나 자동차 등에 칠하면 그대로 태양광전지판이 된다.

  이런 기술과 더불어 3D프린팅 기술이 좀 더 향상되면 전기자동차는 어디서나 쉽게 수리하고 튜닝 할 수 있는 조립 제품이 된다. 전기자동차는 엔진이 필요 없기 때문에 덩치가 큰 가전제품의 영역에 들어간다. 전기자동차 산업은 미래에는 기계산업이 아닌 ICT·전자산업으로 재편성될 가능성이 크다. 미래의 전기자동차는 바퀴가 달린 대형 컴퓨터가 된다. 인공지능 컴퓨터가 스스로 차를 운전해 주고, 생체인식 시스템이 탑재되어 주인이 아니면 문을 열어주지 않는다. 운전자의 신체 반응을 모니터링 해 가장 안전한 주행 상태를 제공하고, 운전자의 기분에 따라 자동차 색깔도 바꿔주며, 자동차의 구동 소리도 할리 데이비드슨 오토바이 소리부터 페라리 스포츠카 엔진 소리까지 운전자 취향에 맞게 제공할 것이다.

  '퀀트 e-스포츠리무진Quant e-Sportlimousine'이라는 소금물로 달리는 전기자동차가 2014년 7월, 독일 뮌헨에서 시험 운전에 성공했다. 이 전기자동차는 독일 리히텐슈타인에 있는 나노플로우셀AG 사의 연구개발센터와 자동차부품 업체인 보쉬가 함께 만들었다. 시속 $100km$에 도달하는 시간이 2.8초이고 최고 속도는 $380km/h$다. 테슬라의 전기자동차보다 뛰어나다. 1976년 나사NASA가 개발한 나노플로우셀 nanoFLOWCELL 배터리에 바닷물 같은 소금물을 산화 환원시켜 만든 전기를 저장하는데, 한 번 충전으로 $600km$를 달린다. 기존 리튬이온 배터리보다 5배 이상 우수한 성능이다.[134] 전기자동차의 현재 발전 속도를 가늠할 수 있는 바로미터라 하겠다. 자동차의 발전은 여기가 끝이 아니다. 형태, 소재, 관련 기술 등 전 영역에서 놀라운 혁명이 계속될 것이다.

미래의 자동차는 사람의 뇌와 연결된다

2050년이면 자동차가 20억 대를 넘을 것이다. 미래 자동차는 무인자동차 기능과 하늘을 나는 기능을 갖추어야 하므로 역사상 가장 안전한 차가 될 것이다. 제2차 가상 혁명, 휴먼 인터페이스, 그래핀, 바이오생명공학 등 미래 기술의 대부분이 자동차와 연결되어 시장을 형성할 것이다. 2020년 경 무인자동차 시대가 열리면 'ICT분야 3차 혁명'이 일어난다. IT분야 1차 혁명은 컴퓨터와 인터넷의 발명이었고, 2차 혁명은 스마트폰이 이끌었다. 3차 혁명은 무인자동차와 3차원 가상기술이 이끌 것이다. 미래의 자동차는 제조 혁신, 기능 혁신, 소재 혁신, 개념 혁신이 이루어지는 핵심 디바이스가 될 것이다. 미래 자동차산업의 경쟁자는 ICT 기업과 항공사가 될 것이고, 미래의 자동차 기업은 뇌신경공학자, 생물학자, 로봇공학자, 의학자, 나노공학자들을 채용할 것이다.

미래의 거리에는 똑똑한 버스가 운행된다. 버스 창문에는 가고자 하는 곳의 정보와 볼거리가 제공될 것이다. 과거의 버스 안내원이 사라진 것처럼 미래에는 기사도 사라지고, 인공지능과 교통관리국이 가장 안전하고 효율적으로 승객을 목적지까지 데려다 줄 것이다. 먼 미래의 이야기가 아니다. 지금도 적외선 카메라나 레이더로 사물을 탐지하고 반응하는 기술이 장착된 자동차가 있다. 자동 주차 시스템은 물론 자동 정속주행 시스템이 설치된 자동차도 있다. 일정 수준의 주행 속도를 지정하고 차선 이탈 경보 버튼을 눌러 놓으면 앞차의 속도에 따라 자동차가 스스로 속도를 높이고 줄이는 것은 물론, 차선을 이탈할 경우 핸들에 경고 신호를 보내 운전자의 안전을 돕는다.

구글, 테슬라, BMW, 벤츠, 닛산 등은 5년 이내에 무인자동차를 출시하겠다는 목표를 가지고 있다. 한국은 제도에 막혀 무인자동차 개발이 앞으로 나가지 못하고 있다. 자동차 관리법 27조의 '임시운행허가' 제도에는 연구 목적 차량의 도로 주행을 일반 차량에만 허가하고 있다. 자동차관리법 별표 6-2에는 아예 자율조향장치(자율주행차)는 설치할 수 없다고 규정하고 있다. 그런데 미국은 네바다, 플로리다, 미시간, 캘리포니아 주가 무인자동차 운행 면허를 발급했다. 도요타의 프리우스를 개조한 무인자동차를 선보여 세상을 놀라게 했던 구글은 2014년 5월, 직접 만든 2인승 무인자동차를 선보였다. 다른 회사의 자동차를 사용하지 않고, 직접 자동차 전체를 제작한 구글의 2인용 프로토타입 모델은 액셀러레이터, 브레이크 페달이 없고, 구글이 개발한 지도 정보와 GPS, 교통 정보를 활용해 수 킬로미터 앞 도로 상황까지 파악하면서 스스로 길을 예측하여 달리는 성능을 보여주었다. 어린아이가 손을 들거나 교통경찰이 수신호를 보내는 것도 인식한다.

2017년, 구글의 무인자동차가 상용화되면, 운전 과정의 안전은 물론이고 바쁜 시간 주차 걱정도 없어진다. 운전자가 차에서 내려서 건물 안으로 들어가면, 자동차가 스스로 주차장을 찾아간다. 캘리포니아 주는 무인자동차 시대를 준비하기 위해 관련 제도를 빠르게 정비하고 있다. 사고가 나면 운전자에 책임을 물어야 하는지 제조회사에 물어야 하는지 등과 같은 새로운 이슈에 대한 법적 검토와 제도를 준비하고 있다.[135] 독일의 다임러 사도 2025년이면 무인 운전이 가능한 트럭을 상용화하겠다는 계획을 발표했다. 2014년 7월, '퓨처 트럭 2025' 모델이 아우토반에서 시속 85km의 속도로 무인 주행하는 데 성공했다. 중국 최대 검색 기업인 '바이두'도 구글처럼 무인자동차를 개발하겠다고 선언했다. 바이두는, 완전한 무인자동차는 아니지만, 자동화 기능을 상당히 발전시킨 자체 모델을 개발해 베이징에서 운행하는 데 성공했다고 발표했다.[136]

미래의 자동차는 궁극적으로 사람의 뇌와 연결될 것이다. 2014년 5월 독일 뮌헨공대는 7명의 조종사에게 특수 모자를 씌운 후 생각만으로 비행기를 조종하는 시뮬레이션 실험을 했다. 뇌파를 읽어낸 특수 모자가 컴퓨터에 정보를 보내면 알고리즘이 작동하면서 비행기를 조종하는 것이다. 실험 참가자 7명 중 한 명은 비행기 조종 경험이 전혀 없었다. 그런데 생각만으로 비행기를 조종하는 수준이 조종사 면허를 취득할 수 있을 정도로 훌륭했다.[137] 베를린자유대학교에서는 운전자의 뇌파를 자동차가 감지하고 해석해, 차량 안의 필요한 장치들에 신호를 보내는 기술인 '브레인 드라이버 Brain Driver'를 연구하고 있다. 이런 기술이 좀 더 발전하면 비행기 조종사들의 부담을 줄여주고 안정성은 높여줄 수 있다. 더 나아가 일반인도 손쉽게 비행기를 조종할 수 있게 된다. 미래에 하늘을 나는 자동차가 상용화되면 인공지능이 조종하는 방식과 사람이 생각으로 조종하는 방식이 병행될 수 있을 것이다.

2040년 이후, 전기자동차에 수직 이착륙 및 항공 주행 기능이 더해지면서 하늘을 나는 전기자동차 시대가 열릴 것이다. 이미 미국에서는 1~3억 원 정도 가격에 하늘을 나는 자동차가 판매되고 있다. 미국 에어로펙스Aerofex는 무게 140kg 내에서 사람이나 짐을 싣고 지상에서 3m 위로 공중 부양해 최대 45마일 속도로 1시간 15분 정도 하늘을 나는 것이 가능한 개인 자가용 바이크인 '호버바이크'를 개발했다. 2017년에 85,000달러에 판매하겠다는 계획까지 발표했다.[138] 미국 항공자동차 전문회사인 '테라푸지아Terrafugia'도 하늘을 나는 전기자동차 'TF-X'를 개발 중이다. 이 회사는 2006년 세계 최초로 하늘을 나는 자동차를 개발한 회사다. 이 회사가 개발한 1세대 버전은 평소에는 날개를 접고 자동차처럼 주행하다가 100m가량의 활주로만 보장되면 날개를 펴고 하늘을 날 수 있다. 가격은 28만 달러 정도이고 2015년부터 개인에게 판매된다. 차기 버전으로 개발 중인 'TF-X'는 수직 이착륙이 가능하고 한 번 충전으로 804km 주행이 가능한 4인승 플러그인 하이브리드 자동차 겸 비행기다. 현재 연구 속도를 감안할 때 8~12년 이내 개발이 완료될 것으로 예측된다.[139] 바이퍼 에어크래프트라는 회사도 한 시간에 50갤런 정도의 연료로 800km를 날 수 있는 개인용 인공지능 제트기인 '바이퍼 팬제트'를 연구 중이다. 판매 가격은 4~5억 원 정도다. 하늘을 나는 1인용 비행기도 등장할 것이다. 미국의 제트팩인터내셔널이라는 벤처회사는 2030~2040년에 상용화를 목표로 수직으로 이착륙할 수 있고 10분에 수십km를 이동할 수 있는 1인용 제트팩을 개발 중이다. 1인용 헬리콥터처럼 작동하면서 집에서 직장을 교통체증 걱정없이 이동하게 해주는 것이 목표다.

'보잉팬텀웍스' 같은 회사나 연구기관은 조종 훈련을 받지 않아도 개인용 비행기를 안전하게 조종할 수 있는 기술을 개발 중이다. 이들은 하늘에 도로를 설계하고, 설계된 도로와 안전 운행 규칙, 운행 위치와 날씨 등까지 고려해 가장 안전하게 이착륙할 수 있는 시간과 경로 등을 프로그래밍해서 지상에서 자동차를 운전하는 것보다 쉽게 비행기를 운전하는 것을 목표로 하고 있다. 이런 기능을 가진 개인용 비행기들은 사물인터넷과 인공지능 등의 기술을 기반으로 하늘에서 서로 대화함으로써 안전성을 한 단계 높여 줄 것이다. 하늘에서는 땅 위의 도로보다 더 넓은 공간을 확보할 수 있기 때문에 더 쾌적하고 안전하게 운행할 수 있다.

바다 속을 비행하는 자동차도 가능하다. 호크스 오션 테크놀로지라는 회사는 하늘을 나는 자동차처럼 바다를 운항하는 자동차를 개발 중이다. 단순히 바다 위를 떠다니는 자동차가 아니다. 개인용 잠수함인 '슈퍼 팰콘'을 개발 중이다. 린스피드라는 회사도 제트 엔진과 프로펠러 등을 갖추고 바다나 강 속을 달리는 '스쿠버'라는 이름의 자동차를 개발 중이다. 현재 이 회사가 만든 프로토타입 모델은 물속에서 3시간 정도를 달릴 수 있다.[140]

2030~2040년경이 되면 땅 위를 주행하는 무인자동차, 하늘을 나는 개인 비행기, 바다 속을 운항하는 개인용 잠수함이 합쳐진 미래형

자동차가 현실화될 것이다. 이런 꿈의 기술이 현실화되면 집에서 출발한 자신의 차를 타고 땅을 달리고 하늘을 날고 바다를 건너 일본이나 중국을 손쉽게 다녀올 수 있게 된다. 톰슨로이터는 지난 2년 간 과학기술 특허 및 논문 발표 추세를 분석하여 미래 자동차와 관련한 예측을 발표했다. 2025년경이면 새로운 배터리 기술과 경량화 물질의 개발로 수직 이착륙이 가능한 상업용 항공기가 발전한 리튬이온 배터리, 가역적 수소 저장 장치, 연료전지, 박막전지 등을 장착한 전기 항공기로 전환되고 상용화가 가능할 것으로 예측했다.[141]

우주여행과 우주산업 시대가 시작된다

인공지능 무인자동차, 하늘을 나는 비행기 시대가 시작되는 것도 놀랍지만, 2020년 이후에는 우주를 여행하는 상품이 출시될 것이다. 버진 그룹은 '스페이스십2'라는 우주여행선을 만들어 3번의 시험 비행을 성공적으로 마치고 미국 연방항공청으로부터 민간 우주여행산업 승인을 받았다. 버진 그룹은, 2014년 말이면 여행객들이 우주 공간에서 5분 정도의 무중력 상태를 체험하고 지구로 귀환하는 여행 서비스를 내놓을 예정이다. 이미 디카프리오, 레이디 가가, 스티븐 호킹 등이 25만 달러짜리 우주여행 티켓을 산 것을 비롯해 700장의 티켓을 판매한 상태다.[142]

전기자동차회사 테슬라의 회장이자, 영화 '아이언맨'의 실제 모델인 엘론 머스크Elon Musk가 설립한 민간 항공우주사업 회사인 '스페이스X'도 수직 이착륙 유인 우주선을 공개했다. 1971년 남아프리카공화국에서 태어난 엘론 머스크는 미국에서 물리학과 경영학을 전공했다. 그 후 스탠퍼드대학 박사 과정에 입학했지만, 이틀 만에 그만두고 세 가지의 꿈을 위해 달리기 시작했다. 첫째, 인터넷으로 세상을 변화시키겠다, 둘째로 에너지산업의 미래를 바꾸겠다, 세 번째는 민간 우주산업의 개척자가 되겠다는 것이다. 엘론 머스크는 개인적으로 자신의 마지막 생애를 화성에서 끝내고 싶어 할 정도로 우주산업에 관심이 많다.[143] 스페이스X는 2012년부터 무인 우주왕복선 '드래곤'을 띄워 국제 우주정거장 화물 운송 서비스를 시작했다. 2016년경에는 7명의 사람과 4톤의 짐을 싣고 지구에서 국제 우주정거장을 왕복하는 민간 우주 택시 사업을 시작할 예정이다.[144]

민간 우주여행을 포함한 우주산업은 매년 20%씩 성장하고 있다. 우주산업은 반도체 산업을 능가하는 규모로 성장할 것이다. 그래서 미국, 일본, 유럽 각국은 우주산업의 행보를 빠르게 하고 있다. 중국은 역사상 두 번째로 유인 달 우주선 발사와 우주정거장 건설을 진행 중이다. 2012년, 중국은 무인우주선 창어3호를 달에 착륙시켰다. 2017년 이전에 반드시 우주인을 보내 달 위를 걷게 하고, 2020년 이전에는 독자 기술로 우주정거장을 건설하려고 한다. 중국의 이러한 행보는 미래형 산업에 대한 선점 효과를 겨냥할 뿐 아니라 달에 매장된 에너지원을 둘러싼 자원 전쟁에서 유리한 고지를 선점하고, 미래의 우주 전쟁과 우주 관광산업을 대비하는 등 다양한 목적을 갖고 있다.

유럽도 2025년까지 화성에 유인 우주선을 보내기 위해 8억 5,000만 유로를 투자할 계획이며, 앞으로 몇 년간 최소 20여 개의 인공위성을 쏘아 올려 오차 범위 1m 안의 위치 정보를 실시간 제공하려고 한다. 일본도 달 착륙 무인탐사기를 5년 후에 발사하고, 인도는 2016~2017년 사이에 탐사기를 달에 보낸다는 계획을 세우고 있다.

화성에 무인 탐사선 5대를 착륙시킨 미국은 2030년이면 화성에 유인 탐사선을 보낼 수 있을 것으로 예상하고 있다. 미국 국립학술원 산하 국가연구위원회NRC는 화성과 관련된 장기 계획을 발표했다.

- 100년 후에 화성에 기초 거주지 건설
- 200년 후 온난화를 일으키는 프레온 가스를 활용해서 물과 대기층 형성
- 600년 뒤 화성에서 자체적으로 산소를 만들어내고 지구에서 미생물과 녹조, 이끼류를 공수해서 토양을 조성해 식물 배양
- 1,000년 뒤 간단한 산소통만을 메고 화성에서 걸어 다닐 수 있는 환경을 조성하고 원자력 발전소를 건설해서 도시 개발 시작

위원회는 미래 인류의 생존을 위해서 화성 개척이 우주 개발의 가장 중요한 목표라고 선언하고 앞으로 50년간 400조 원을 투자할 계획이라고 발표했다.[145]

일련의 우주 개발 계획과 관련 기술은 간단한 노하우에서부터 우주 장비, 우주 자원 등 거의 모든 것이 미래형 비즈니스와 연결되어 있다. 우주를 두고 펼쳐지는 전쟁은 여기가 끝이 아니다. 미국항공우주국NASA은 공상과학 영화에서 종종 등장하는 '워프' 기술에 기반을 둔 'IXS 엔터프라이즈'라는 우주선을 개발 중이다. '워프 항법Warp navigation'은 공간을 일그러뜨려서 두 점 사이의 거리를 단축하는 방법으로 빛보다 빠른 속도로 이동할 수 있다는 이론적 기술이다. 스타트랙Star trek이란 영화에 워프 드라이브 시스템을 장착한 USS 엔터프라이즈라는 우주선이 등장한다. 이처럼 영화에서나 가능한 우주선

을 미국이 직접 만들고 있는 것이다.

　물론, 나사가 개발하고 있는 우주선은 워프 기술과는 약간 다른데, 1994년 물리학자 미구엘 알쿠비에레가 발표한 '워프 주행: 상대성 하에서의 초고속 여행'이란 논문을 발전시킨 기술을 이용한다. 알쿠비에레는 엄청난 중력으로 인해 시공간이 사라지는 지점인 중력 특이점을 이용하면 시공간의 수축과 확장이 가능하고, 이를 이용하여 항성 간 이동 속도를 획기적으로 높일 수 있다는 이론을 주장했다. 나사 연구진은 이 이론을 응용해서, 우주선 뒤편에 인위적으로 중력 특이점을 만들면 시공간이 순식간에 사라졌다가 곧바로 다시 채워지면서 엄청난 속도로 우주선을 앞으로 밀어내는 추진력을 얻을 수 있을 것이라는 영감을 얻었다. 빛의 속도를 추월하는 기술은 불가능하지만, 공간을 조작해 같은 효과를 얻으려는 시도다. 이론으로만 가능한 이 기술이 성공하면 4.3광년(약 40조km, 지구에서 화성까지의 거리의 53만 배)의 거리에 있는 행성 알파센타우리까지 2주만에 도착할 수 있다. 태양계 내에서 가장 먼저 달에 도달하는 것처럼, 알파센타우리는 인류가 태양계 너머를 여행할 수 있다면 가장 먼저 가볼 수 있는 행성이다.

　문제는 공간을 수축하고 확장하는 데 필요한 에너지를 어떻게 얻느냐이다. 이론적으로 이 정도의 에너지는 목성이 만들어내는 에너지 총량과 맞먹는다. 현재 기술로는 당연히 불가능하다. 연구팀은 막대한 에너지를 만들 방법과 동시에 워프 항법에 필요한 에너지의 양을 줄이는 방법도 연구하고 있다. 연구팀은 '워프 버블'을 만드는 데 필요한 에너지를 줄이기 위해서는 우주선을 타원체로 하는 것이 중요하다는 것을 발견했다. 이 프로젝트를 지휘하고 있는 화이트는

1942년에 최초로 개발된 핵 반응로는 전구 하나를 밝히기에도 부족한 0.5W 전력을 생산했지만, 1년 뒤에 마을 전체를 밝힐 1~4MW를 생산하는 핵 반응로를 만들어냈던 사실을 예로 들면서 인류가 언젠가는 워프 기술을 성공시킬 것이라고 주장했다.[146] 이외에도 태양 돛과 반물질反物質, antimatter이 만나면 엄청난 크기의 에너지를 발생시킬 수 있는데, 이 에너지를 활용해 먼 우주까지 갈 수 있는 우주 탐험의 신기원을 열기 위한 기술도 연구 중이고, 매우 긴 시간의 우주여행을 위해 필수적인 냉동 수면 기술도 연구 중이다.

에너지 회사는 '제조회사'가 된다

전통적인 에너지산업에 변화를 강요하는 요인은 '기후 문제'와 '글로벌 패권 문제'다. 기후 문제는 시간이 갈수록 인류 생존에 중대한 영향력을 발휘할 것이다. 전문가들은 10년 후 기후 변화로 150~300조 원의 손해가 발생해 재보험회사들이 파산을 걱정하게 될 것으로 예측한다. 한국도 2020년 경이면 1년에 3개월은 심한 가뭄이 발생하고, 30일 이상 폭염이 지속되면서 연간 1만 명의 사망자가 발생할 수도 있다.[147] 이런 위협은 지구온난화로 인한 기후 변화 때문에 생긴다. 2020~2030년까지 에너지산업은 기후 문제와 좀 더 밀접하게 연결되어 움직이게 될 것이다.

여기에 더해 조지 프리드먼은 새로운 에너지 문제가 글로벌 패권과 밀접하게 연결되어 있다고 분석한다. 중동과 러시아 등은 전통적인 에너지원인 석유와 천연가스를 기반으로 미국의 패권에 도전하는 발판을 마련하고 있으며, 미국의 강력한 경쟁자로 부상한 중국의 성장과 쇠퇴를 결정하는 데는 에너지 문제가 매우 중요하다. 프리드먼은 다음 10년이 기후 문제를 포함해서 인류의 미래를 결정지을 글로벌 패권 문제를 해결하는 데 가장 중요한 골든타임이 될 것이며, 새로운 에너지 구축이 문제를 해결하는 첫 단추가 될 것이라고까지 했다.[148]

여러 이유 때문에 에너지산업은 점점 더 중요한 변화를 맞게 될 것이며, 어떤 방식으로든 미국을 포함한 선진국들이 앞으로 10~20년 이내에 자신들에게 유리한 새로운 에너지산업 구도를 만들기 위해 치열하게 경쟁할 것이다. 조지워싱턴대학교 빌 할랄 교수가 운영하는 테크캐스트(www.techcastglobal.com)는 기후에너지산업의 미래를 다음과 같이 분석하고 시장 규모도 함께 예측했다.[149] 기후에너지산업이란 환경 생태계를 복원하고 유지해 저탄소 녹색성장을 가능케 하는 데 도움이 되는 산업을 한데 묶은 개념이다. 저탄소 장치 생산부터 물을 절약하고, 오폐수를 재처리하며, 빗물을 받는 저류조 기술이나, 바다의 심층수 개발 및 담수화 산업, 친환경 농업, 물을 적게 사용하는 새로운 종자GMO 개발, 전기 효율성을 높이는 기술, 기타 녹색산업 및 친환경 에너지산업 등이 여기에 속한다.

2025년, 대체에너지, 미국 시장 규모 750조 원

2022년, 기후 조절 산업, 세계 시장 650조 원

2022년, GMO, 세계 시장 550조 원

2024년, 유기농, 세계 시장 460조 원

2019년, 녹색산업, 세계 시장 610조 원

2024년, 리사이클링산업, 세계 시장 470조 원

2025년, 스마트 그리드로 스마트 도시화, 세계시장 620조 원

2026년, 담수화산업, 세계시장 580조 원

이런 움직임에 대응하기 위해 호주 정부는 세계 최초로 기후에너지부를 설치해 미래에 대해 적극적으로 대응하고 있다. 덴마크는 2050년 이전에 화석 연료를 전혀 사용하지 않는 것을 목표로 관련 산업을 육성하고 있다. 기후 변화는 자체로도 새로운 미래 산업에 대한 욕구를 만들어내지만, 에너지 문제와 연결되어 더 큰 새로운 미래 시장을 창출할 것이다. 미래의 기후에너지산업에서 유리한 위치를 차지하려면 당연히 국가 차원에서 기후 변화 및 신재생에너지 혹은 자연에너지 시장을 늘리는 데 정책의 중점을 두어야 한다.

앞으로 10년 이내에 에너지산업에서 일어날 다른 두 가지 중요한 변화가 있다. 첫 번째는 화석 연료 시대에서 천연에너지 시대로 바뀌면서 에너지 사용 방법이 달라지는 것이다. 두 번째는 셰일가스와 셰일오일의 대규모 개발이다. 먼저 화석 연료 시대에서 천연에너지 시대로 바뀌면서 어떻게 에너지 사용 방법이 달라질지부터 살펴보자.

여전히 무언가를 완전히 구매해 소유하는 것이 대세다. 하지만 정보화 시대와 공유경제 시대를 거치면서 사람들은 제품을 완전히 구매하여 소유하지 않고 일정 기간 빌려 사용하는 구매 행위에 친숙해지기 시작했다. 부의 불균형이 심해지면서 임금도 빠르게 증가하지 않고, 제품의 교체 수명이 짧아지고, 신기한 제품과 서비스가 빠른 속도로 만들어지고, 온라인과 오프라인에서 다양한 매체들이 구매 욕구를 자극하는 시대를 살아가는 사람들에게 가장 현명한 소비 방법은 소유보다는 접속일지 모른다. 지금도 물건을 소유하기보다는 임대료를 내고 여러 제품을 접속해 사용하는 것이 미덕이 되어가고 있다. 우크라이나 수도 키예프에는 '인간 접속' 서비스가 있다. 외로운 사람에게 친구, 애인, 남편이나 아내 등 가족을 몇 시간이나 며칠 동안 빌려주는 서비스다. 애인을 빌려달라거나 부모를 빌려달라는 요청을 받으면 회사는 각종 시뮬레이션 훈련을 통해 숙련된 직원들을 보낸다. 자동차를 빌려 사용하듯 사람도 빌려 사용하게 된 것이다.

생존을 위해서는 에너지가 필수적이다. 미래는 에너지도 정보에 접속하고 제품과 서비스에 접속해 사용하듯 비슷한 구매 형태를 취할 가능성이 크다. 2014년 현재, 세계 석유 수요의 약 60%가 수송용 연료에서 나온다. 중국과 인도 그리고 개발도상국들은 인구가 계속 늘고 도시화가 진행되면서 수송용 연료 소비도 증가할 것이다. 하지만 바이오 에탄올, 연비를 획기적으로 향상시킨 자동차가 보급되면서 인구 증가와 도시화 속도 대비 석유 소비의 증가 속도가 과거보다 점점 낮아질 것이다. 선진국들은 고령화가 진행되면서 노인들이 무료 대중교통을 더 많이 사용하고, 자가용 자동차의 운행 거리나 횟수는 줄어들 것이다. 노인 외의 사람들도 저성장에 맞추어 연비가 좋은 차를 선호하게 된다. 이런 요인들로 인해 화석 연료 사용 총량이 줄어들 수도 있다.

미래의 사람들은 자동차를 포함한 각종 운송수단, 집, 사무실에서 소비하는 에너지를 석유회사나 전력회사에서 구입하지 않아도 된다. 에너지 생산 기계를 구입하면 에너지의 원천인 자연에 직접 접속해 원하는 만큼의 에너지를 뽑아 쓸 수 있다. 지금까지 인류가 사용했던 에너지는 땅속 깊은 곳에 묻혀있어 개인은 도저히 채굴할 엄두를 내지 못했다. 채굴하더라도 사용할 수 있도록 가공해야 하는데 이 역시 개인은 할 수 없었다. 하지만 미래는 달라진다. 태양, 바람, 지열,

강, 바다 등 우리 주위에 늘 존재하는 자연의 힘을 에너지로 바꾸어 쓰는 기술이 계속 발전하고 있다. 미래의 개인은 에너지 생산 기계를 통해 자연에 플러그인 해 스스로 필요한 에너지를 생산하고, 자기가 사용하고 남은 에너지는 이웃이나 전력회사에 판매하게 될 것이다.

이런 미래 변화가 현실이 되면 에너지 회사는 어떻게 바뀔까? 물론, 인간이 석유에서 완전히 탈피하는 것은 100년 이내에 불가능하다. 석유 매장량은 아직도 충분하고, 우리는 석유를 가공해 만들어내는 화학제품들에 포위되어 있다. 기존 에너지 회사들은 석유를 정제하고 가공하는 기술을 계속 발전시켜 환경친화적 에너지라는 평가를 받기 위해 노력할 것이다. 하지만 미래 변화의 큰 추세를 바꿀 수는 없다.

앞으로 에너지 회사는 에너지를 수입해 정제, 가공해서 판매하는 사업보다는 에너지 접속 시대에 대응하는 사업 전략을 준비해야 한다. 에너지 생산 기계를 만드는 것이 에너지 회사의 주된 업무가 될 가능성이 크다. 에너지 회사들이 제조회사가 되는 셈이다. 기존의 에너지 회사들은 판매량이 줄어드는 만큼 에너지 접속 인프라를 제공하는 쪽으로 사업 방향을 수정해야 한다. 석유를 공급하는 회사들은 규모의 경제를 이루어야만 생존할 수 있다. 수많은 석유회사가 인수합병의 소용돌이에 휩싸이게 될 것이다. 1886년, 칼 벤츠가 말없이 달리는 마차를 만들겠다는 꿈을 품고 자동차를 만들기 시작한 후 자동차산업은 놀라운 발전을 이루었다. 하지만 자동차산업에 속했던 3,000개가 넘는 자동차 회사들은 우여곡절을 겪으면서 글로벌 톱 10 중심으로 모아지고 있다. 산업의 변화, 경제위기와 극심한 경쟁, 새로운 기술 발전을 거치면서 규모의 경제에 성공한 기업들만 생존하게 된 것이다. 미래의 에너지 회사들도 비슷한 운명을 겪게 될 것이다.

전통적인 에너지산업은 특정 공급자가 석유나 천연가스 등의 에너지를 시추하여 생산한 것을 소비자에게 팔았다. 가격도 공급자가 결정하고 부도 공급자가 가져갔다. 개인은 스스로 에너지를 만들어 팔 수 없다. 유사 에너지를 만들어 팔면 위법이다. 그러나 개인이 직접 자연에 접속해 친환경 에너지를 생산해 사용하는 시대가 오면 큰 변화가 일어난다. 집에 태양열판을 설치하거나 칠하는 것만으로 에너지를 생산할 수 있다. 마을에 풍력 터빈을 돌리는 데 필요한 인프라를 구축해 마을 전체가 에너지를 자급할 수 있다. 물론 인프라 설치비용이 들어가지만, 초고속 인터넷망을 설치하면서 돈을 내는 것처럼 최초에 인프라를 설치하면 끝이다. 설치한 인프라를 통해 원하는 시간에 원하는 만큼의 에너지를 접속해 사용하고 판매할 수 있다.

에너지 프로슈머 시대가 열리는 것이다. 많은 사람이 이런 방식으로 에너지를 소비하고 생산하는 것에 열광할 것이다. 개인이 최적 에너지에 접속해 생산함으로써 기존 에너지 독점기업들이 가졌던 영향력과 부의 일부도 이전되는 새로운 경제 패턴이 탄생할 것이다. 정보를 독점하고 의도에 따라 공급했던 시대가 컴퓨터와 인터넷 혁명으로 와해되었듯이 소수가 에너지를 독점해 권력과 부를 장악해오던 질서에도 균열이 발생할 것이다. 자유롭게 정보에 접근하게 되면서 개인이 정보를 활용해 새로운 비즈니스를 만들어내는 현상이 발생했듯이, 에너지에 자유롭게 접근하게 되면서 개인도 에너지를 활용해 새로운 비즈니스를 만들 수 있게 된다.

앞으로 10년 이내에 에너지산업에서 일어날 중요한 두 번째 변화는 셰일가스와 셰일오일의 대규모 개발이다. 환경 문제와 채굴 비용 문제로 관심 밖이었던 셰일가스와 셰일오일이 드디어 수면 위로 부상했다. 환경 문제는 여전하지만 오일 가격이 상승하고 셰일가스 채굴 비용이 낮아지면서 미래 에너지산업의 판을 흔들 변수로 떠오르고 있다. 이미 셰일오일의 생산단가는, 생산 지역과 기술 수준에 따라 약간의 차이는 있지만, 배럴당 25~50달러 정도로 낮아졌다.[150] 그 선두에 미국이 있다. 2014년 7월, 미국 정부는 오일쇼크 이후 40년간 금지했던 원유 수출을 허가했다. 우선 비정제유 수출만 허락했지만 결국 정제유 수출까지 허가하게 될 것이다. 미국 브루킹스연구소는 2015년부터는 최소한의 공정을 거친 초경질유의 수출이 하루 최대 70만 배럴에 이를 것으로 예측했다. 셰일가스 업체가 매일 생산하는 300만 배럴 중 상당 부분이 여기에 포함될 것이다. 셰일가스를 추출할 때 석유도 함께 나온다. 이렇게 추출된 원유는 96%가 경유나 초경질유로 가공된다. 미국이 원유 수출을 재개하면 세계 석유 시장의 판도에 큰 변화가 생길 것이다. 현재 석유 시장의 판도는 미국이 원유 수출을 금지한 지난 40년 전의 법 체제 아래에서 형성된 것이다.

중국도 셰일가스 채굴에 박차를 가하고 있다. 중국은 셰일가스 매장량이 미국의 2배로 세계 최대의 매장량을 자랑한다. 중국 정부는 자국에서 소비되는 천연가스의 1/3을 셰일가스로 대체하겠다는 목표를 세웠다. 하지만 중국이 셰일가스를 채굴하려면 큰 장벽을 넘어야 한다. 미국은 셰일가스가 채굴하기 쉬운 800~2,600m 아래 지층에 있다. 하지만 중국의 셰일가스는 대부분 물이 부족한 서부 지역에 게다가 1,500~4,000m 지하의 단단한 지층 속에 있어 물로 지층을 분쇄하기가 쉽지 않다. 미국은 가스정당 개발 비용이 260만 달러에 불과하지만, 중국은 평균 1,000만 달러에 이르고 채굴되는 가스의 질도 낮다.[151] 그래서 시노펙(중국석유화공) 등 중국 에너지 회사가 셰일가스 상용화에 성공했지만 미국의 셰일가스 경쟁력을 따라잡으려면 5~10년 정도는 걸릴 것으로 평가받는다.

한국은 에너지의 97%를 수입에 의존한다. 그것도 대부분 중동에서 수입한다. 셰일가스 혁명으로 에너지 패권이 중동에서 미국으로 넘어가는 시대가 온다. 중국, 아르헨티나, 알제리, 러시아, 미국, 캐나다 등이 셰일가스와 셰일오일 5대 강국에 든다. 중동은 셰일층이 없어서 셰일가스나 셰일오일을 생산할 수 없다. 중국과 러시아는 채굴기술이 미국에 크게 뒤처져 생산량은 많아도 질이 떨어진다. 미국이나 중국이 셰일가스 채굴로 에너지 경쟁력을 갖게 되면, 이는 곧바로 두 나라의 제조업 경쟁력으로 연결된다. 셰일가스에 대응해야 하는 한국의 석유화학 회사들도 문제지만, 미국과 중국의 제조업체와 경쟁해야 하는 한국의 자동차, 철강 등 대부분의 제조업체도 그 유탄을 맞게 된다.

석유산업은 어떻게 될까? 많은 사람이 생각하는 것만큼 석유 시대의 종말이 빨리 오지는 않는다. 인류는 계속해서 석유를 사용할 수밖에 없다. 석유 의존도를 낮출 뿐 절대로 단기간에 석유에서 해방될 수는 없다. 필자는 에너지산업 영역에서 석유의 생존 기간이 최소 50년, 길게는 100년은 더 갈 것으로 예측한다. 지구에 존재하는 석유의 양은 아직 충분하다. 예전 기술로는 생산성이 낮았던 광구에서도 기술이 발달하고 석유 가격이 높아지면서 더 많은 석유를 추가로 채굴할 수 있게 된다. 셰일오일도 엄청난 양이 매장되어 있다. 현재 인류의 석유 의존도는 너무 높다. 먹는 알약 하나도 석유가 없으면 만들 수 없을 정도다. 이산화탄소 문제와 환경오염 때문에 석유 사용을 줄이고 에너지 효율을 높이고 이산화탄소 배출량을 줄이는 방향으로 자구책을 강구할 것이다. 하지만 석유는 당분간 에너지 황제 자리를 고수할 것이다.

석유를 제외한 다른 에너지의 미래는 어떻게 될까? 2050년까지 전 세계 에너지의 30%를 10~15가지 신재생 에너지로 대체하는 타협이 이루어질 것으로 예측된다. 어떤 신재생 에너지를 사용할 것인가는 어떤 에너지가 자신의 집, 자신의 동네, 자신의 지역, 자신의 나라에 맞는가에 따라 달라진다. 사막에서는 태양열, 바닷가에서는 풍력, 아일랜드같이 화산이 많은 곳에서는 지열을 사용할 것이다. 결국, 신재생 에너지 산업은 완전한 인공 태양이나 최적의 수소에너지 활용 기술이 나오기 전까지는 석유처럼 전 세계적으로 사용하는 범용에너지가 나오지 않을 것이다.

기존의 화석 연료 사용 때문에 생기는 부작용을 바꾸는 방법이 또 하나 있다. 기존 에너지를 스마트하게 사용하는 것이다. 즉 석유를 잘 쓰든지, 전기의 효율성을 높이는 것이다. 현실적으로 보면 친환경 에너지로 넘어가기보다는 에너지를 효율적으로 사용하는 쪽의 산업적 효과가 더 크다. 현재 전 세계 신재생에너지 시장 규모는 전체 에너지 시장의 3~4%다. 이 정도 비중에 불과한 신재생 에너지 분야에 엄청난 부를 쏟아 부어 100% 성장한다 해도 6~8%로 비중을 늘릴 수 있을 뿐이다. 그래서 일부에서는 기존 에너지 사용의 효율성을 10% 올리는 것이 지구온난화 문제 해결이나 산업적 측면에서도 유리하다고 주장한다. 한국도 초창기에는 신재생에너지 연구와 촉진에 중심을 두었다가 지금은 에너지를 스마트하게 사용하는 방향으로 중점을 옮겼다. 물론 이 분야에서도 새로운 부의 기회가 생긴다. 신재생에너지산업에서도 실제로 돈을 버는 것은 신재생에너지산업 관련 소재를 만드는 회사가 될 것이다. 결국, 신재생에너지산업은 에너지산업이 아니라 소재산업이나 제조업이라는 말이다. 미래 에너지산업은 제조업이 될 것이라는 예측을 명심해야 한다.

에너지 관련 주요 예측 연표
- 2020년, 세계 탄소 시장 규모가 약 3조 1천억 달러로 성장한다.
- 2020년, 아프리카 식량 생산량이 절반으로 줄 가능성 크다.
- 2024년, 태양에너지를 가공해서 지구로 전달하는 기술이 가능해진다.
- 2025년, 세계 인구의 40%가 물 부족 현상을 겪을 가능성이 크다.
- 2040년, 북극의 빙하가 거의 사라져서 살인적 폭염이 2년에 한 번꼴로 발생한다.
- 2050년, 최소 2억 명의 환경난민이 발생한다.
- 2050년, 전 세계 태양광 발전이 전체 전력 발전량의 25% 정도를 담당한다.
- 2090년, 한국에서 4계절이 완전히 사라진다.

이런 상황에서 한국 석유화학산업의 미래는 어떻게 될까? 석유화학산업은 나프타 등 석유 제품, 천연가스를 원료로 한 플라스틱 등 합성수지와 나일론, 합성섬유 등 330여 개의 각종 기초 화학제품을 생산한다. 2013년 기준으로 한국의 석유화학 품목 수출액은 484억 달러, 수입액은 170억 달러였다. 나라별 수입 비중은 일본이 39.5%인 67억 달러, 미국 15%, 중국 10% 정도이다. 수출은 중국이 235억 달러(48.6%)로 가장 많은 비중을 차지하고 미국, 인도, 대만, 일본, 베트남, 홍콩, 인도네시아, 태국, 터키 등이 각각 2~5% 내외를 차지한다.[152] 중국 수출 쏠림이 심하다. 한중 FTA가 발효되더라도 단기적 이익이 있을 뿐, 중국의 석유화학 품목 기술 경쟁력이 커질수록 시장을 빼앗길 일만 남았다. 셰일가스와 셰일오일 시장이 커지면 한국은 정유, 석유화학 업종의 정제 마진이 축소된다. 여기에 신재생에너지나 전기 자동차의 보급이 확대되고 석유 사용의 60%를 차지하는 수송 수단의 연비가 향상되면 어려움이 배가될 것이다.

앞으로 10년 동안 한국의 석유화학 회사들을 위협할 경쟁자는 셋이다. 풍부한 자원을 가지고 빠르게 석유화학 기술을 습득 중인 중동, 40년 만에 석유 수출을 재개한 미국, 원유-정제-화학-물류의 전 과정을 수직 계열화하는 데서 나아가 석유화학 관련 기계 설비의 제작까지 계열화하고, 내수 시장에 집중하는 전략을 사용하기 시작한 중국이다. 중국은 곧 조립 수준의 제조업에서 탈피할 것이다. 2~3년 후면 한국과 경쟁하는 대부분의 제품과 서비스에서 기술력이 우리와 같아지거나 뛰어넘는다. 석유화학산업도 예외가 아니다. 한국의 석유화학산업 수출의 48.6%를 차지하고 있는 시장인 중국의 관련 산업 발달은 한국 석유화학 회사들에 치명타다.

미국과 중국의 본격적인 패권 다툼도 한국에는 불리하게 작용한다. 패권 다툼의 여파로 석유에서 가스 시대로의 전환 가능성이 커지고 있다. 그에 따라 석유화학 시대에서 가스화학 시대로 중심축이 기울게 되는 것도 한국에는 부담이다. 중국 못지않게 중동과 러시아를 견제하려는 미국의 전략 때문에 셰일가스와 셰일오일 시장은 생각보다 빠르게 형성될 것이다. 미국과 미국의 우방들이 전통적인 석유와 가스 의존도를 낮추면 한국에는 불리하다. 중국도 미국의 견제에서 벗어나기 위해 2015년 이후 셰일가스 채굴을 늘리면서 석유화학 강국으로 발돋움할 기세다. 설상가상으로 한국 내부에서는 1부에서 언급했던 위기가 곧 들이닥칠 것이다. 그런데 지금은 보이지 않는, 가장 무서운 미래의 적이 있다. 바로 G20 국가들의 은퇴자들이다. 전 세계 GDP의 80~85%를 생산하는 G20 국가들이 앞으로 10년 이내 고령사회로 진입하면 엄청난 수의 은퇴자가 양산된다. 그들은 남은 50년의 생존을 위해 자신의 수송수단과 집에서 연료 소비를 철저히 줄이게 될 것이다.

현재 한국은 중동산 오일을 정제하는 방법에 80% 이상 의존하고 있다. 이런 상황에서 셰일오일, 셰일가스를 수입해 가공하는 데 필요한 투자 부담이 만만치 않다. 지금 투자하더라도 당분간 매출과 영업이익 감소를 피할 수 없다. 한국의 석유화학산업은 이미 성숙기에 접어들었기 때문에 충격이 만만치 않을 것이다. 중국은 석탄과 셰일가스, 셰일오일 중심의 발전 계획을 세우고 있고, 미국은 셰일가스와 셰일오일을 자체 수급하게 되며, 중동은 원유만 파는 전략에서 정제 석유 제품과 석유화학 제품을 생산하는 쪽으로 전략을 전환 중이다. 한국 기업은 사방의 시장 감소 위협에 고스란히 노출되어 있다. 생존의 길은 하나다. 앞으로 3~5년 동안 강도 높은 구조조정을 해야 한다. 그리고 앞서 예측한 것처럼 제조업으로 변신하기 위한 시도를 해야 한다. IBM이 하드웨어 회사에서 소프트웨어 회사로 변신한 것처럼 석유화학산업은 제조업으로 변신해야 한다. 나아가 미래형 산업과의 융복합을 시도해야 한다.

미래 농업은 도시에서 하는 기술산업이 된다

미래의 농업은 농경 시대의 패러다임에 묶인 1차 산업이 아니라 바이오생명공학과 로봇산업에 기반을 둔 기술산업이 될 가능성이 크다.[153] 세계적인 기업들은 이런 변화를 이미 눈치채고 있다. 화학제품, 섬유, 플라스틱, 건축 및 가정용 생활용품을 생산하는 세계적인 종합화학회사인 듀폰은 알짜 석유회사인 코노코를 매각하면서까지 농업 및 생명과학회사로의 변신을 시도 중이다. 이를 위해서 종자회사와 식품회사를 계속 인수하는 등 공격적인 M&A도 불사한다. 듀폰은 200년 넘게 지속적으로 대규모 투자를 해오며 전 세계에 150개의 연구개발센터를 보유할 정도로 과학과 기술 역량을 쌓아온 회사다. 이런 회사의 역량을 기반으로 한 분명한 미래 전략에 입각해 추진하는 변신 노력이다.

1998년, 듀폰의 본사가 있는 델라웨어 주 윌밍턴 시에서 채드 할리데이 회장은 전문가들과 함께 미래 변화를 연구하는 포럼을 열었다. 당시 듀폰은 주력 업종인 섬유산업의 성장 정체와 중국의 빠른 추격에 선제적으로 대비하기 위해 미래 산업으로의 신속하고 확실한 전환 필요성을 느끼고 있었다. 이 포럼에서 경영진은 다가오는 미래에 식량 문제가 가장 큰 인류의 과제이자 앞으로 회사의 100년을 책임질 비즈니스 기회라는 것을 포착했다. 회장과 이사들의 미래 통찰력이 돋보이는 장면이다. 21세기 말이 되면 지구의 인구는 140억 명을 돌파할 것이다. 주로 남반구에서 인구가 폭발적으로 증가하면서 신흥국과 아프리카 등 개발도상국들에게는 식량 확보가 최우선 과제가 될 것이다. 평균수명 100~120세 시대를 맞게 될 선진국들에게는 건강하게 오래 사는 것이 최고의 화두가 될 것이다. 인구가 늘어나면 식량 문제만이 아니라 환경 문제도 크게 부각된다. 친환경 바이오 연료가 주목을 받을 것이 분명하다. 이 모든 것을 충족시켜 주는 산업이 듀폰이 선택한 농업과 생명과학이다.

듀폰은 1998년 포럼 이후 구체적이고 체계적인 변화를 지속적으로 추진해왔다. 현재 듀폰은 화학과 섬유산업 세계 1위라는 철옹성을 스스로 열고 나와서 농업과 생명과학을 중심으로 하는 회사로 구조를 재편하는 데 성공했다. 1802년 미국 최초의 화약 제조회사로 시작했던 듀폰은 나일론을 개발했고, 섬유의 반도체로 불리는 스판덱스 원료인 라이크라를 개발했다. 이처럼 튼튼한 과학과 기술 역량을 가진 듀폰은 기존의 1등 자리에 안주하지 않고, 스스로 자기 파괴 혁신과 창조적 경계 파괴 혁신을 동시에 진행하면서 또 다른 변신에 성공했다.

듀폰은 농업과 생명과학 사업에 진출하겠다는 미래 성장 전략과 맞지 않는다는 이유 하나로 전체 매출의 20%를 차지하고 있는 기능성 화학제품 사업을 분사할 계획이다. 기존의 잘 나가고 있는 주력 사업을 과감히 포기하는 것은 웬만한 결단력과 미래 통찰력 없이는 불가능하다. 이 회사는 미래 전략 포럼이 끝난 다음 해인 1999년 회사 매출의 절반을 차지했던 알짜 석유회사인 코노코를 매각하고 그 돈으로 종자회사인 파이오니어를 인수했다. 1935년 나일론을 개발한 이후 줄곧 회사의 주력 사업이며 전체 매출의 25%를 차지했던 섬유 사업 부분도 과감하게 매각하고 농약 전문 화학 기업인 그리핀과 식품첨가제 기업 솔래 등을 사들였다.[154] 당연히 그때마다 매출이 급감했다. 하지만 듀폰은 미래 생존과 지속가능성을 높이기 위해 파격적인 행보를 멈추지 않았다. 이런 변화는 삼성 그룹이 삼성전자를 매각하고 로봇 회사나 바이오 회사를 인수하는 것과 비슷한 수준의 결단이다. 2013년, 듀폰의 총매출 357억 달러에서 1위는 농업으로 117억 달러, 기능성 화학제품이 67억 달러로 2위, 기능성 소재 부문이 64억 달러, 안전과 예방 부문이 38억 달러, 영양과 건강이 34억 달러, 전자통신이 25억 달러, 산업생명과학이 12억 달러를 기록했다.

이제 농업도 변신해야 한다. 농업을 농경시대 패러다임에 묶인 1차 산업으로 여기면 미래는 없다. 농업 생산물들을 단순하게 가공하는 수준에서 활로를 모색하는 것도 한계가 분명하다. 농업의 기능을 단순하게 인간의 생존을 위한 식량 공급으로만 생각해서는 세계 시장에서 밀린다. 농업 기술의 개발과 투자를 단순히 60대가 넘은 고령 농업인의 생계를 유지해 주는 목적으로만 보아서는 안 된다. 140억 명까지 늘어나는 세계 인구, 갈수록 강화되는 환경 이슈, 100~120세까지 건강하게 오래 살려고 모든 노력을 기울일 것이 분명한 선진국 국민을 대상으로 하는 최첨단 미래형 산업 중 하나가 생명과학과 결합된 농업이고 유전자에 기초한 농업이 될 것이다. 살충제와 비료에서부터 종자에 이르기까지 생명과학의 복합체가 미래의 농업이다.[155] 미래의 농업은 먹는 것을 벗어나 입고 바르고 치료하는 산업으로 변화될 것이다. 집이나 자동차를 굴리고 암을 치료하고 유전자 분석에 기반을 둔 과학적 먹을거리로 인간의 생명을 연장시키는 핵심 산업으로 부각될 것이다. 미래는 누에고치로 고막을 만들고 인공 뼈를 만드는 시대이기 때문이다.[156]

현재 기술은 이미 몇*cm*의 흙만 있어도 식탁에 필요한 농작물을 기를 수 있는 수준까지 발전했다. 기술이 좀 더 발전하면 2020년경에는 거주하는 집의 옥상, 거실 한 켠, 베란다, 아이들이 독립해서 비어 있는 방 등에서 최첨단 장비를 이용해 단위면적당 놀라울 정도의 생산량을 보이는 종자를 심어 농산물을 재배하는 도시 농업이 가능해질 것이다. 강이 흐르는 도시나 마을에서는 바지선을 띄워 수경재배 기술로 도시 주민 전체가 먹을 정도의 채소를 생산할 수 있게 될 것이다. 강이 없는 도시에서는 건물 옥상이나 슬럼가가 된 오래된 아파트나 집을 개조해 도시농업을 할 수 있게 될 것이다.

햇빛이 들지 않는 실내에서도 LED나 특수조명을 천장과 벽에 설치해 천연 태양광과 같은 효과를 내고, 최첨단 농업 기술과 기기를 활용하여 쌀이나 밀에서부터 각종 채소와 식물을 재배할 수 있는 기술이 속속 등장하고 있다. 빛을 내는 식물을 심어 실내 조명을 자연스럽게 만들 수도 있다. 자동제어, 센서, 광원, 전자태그 등의 기술을 저렴하게 사용해 식물의 생육을 제어하고 농작물이 자랄 수 있는 최적의 환경을 집안 어디에든 만들 수 있다. 단위면적당 최소한의 물을 사용하면서도 생산성은 크게 높인 종자를 이용하면 1년에 4모작을 할 수 있다. 지금보다 1,000배 이상 빠른 모바일 통신망을 이용하여 센서와 카메라를 연결하면, 도시 중심에서 살면서 외곽 지역의 슬럼가에 집을 구해 '스마트 원격농장 아파트'를 만들 수도 있다. 먼 거리에 떨어져 있어도 토양 온도, 습도, 빛의 양, 산소량, 급수량 등을 스마트폰으로 확인하고 제어할 수 있기 때문에 시골로 내려가 농사를 짓지 않아도 될 것이다. 귀농이란 말이 없어지고 대신 집안에서 농사 짓거나, 가격이 크게 떨어진 부동산을 구매해 임대 수익보다 더 많은 수익을 올리는 도시 농업가가 되는 길을 선택하는 시대가 열릴 수 있는 것이다.

에필로그

이제까지 예측한 2030년을 향한 미래 변화로 만들어질 세상이 좋은지 아닌지의 가치 판단 문제와는 관계없이 인류는 그런 미래를 향해 나아갈 것이다.

그래서 질문을 이렇게 바꿔야 한다.

"미래의 변화를 가치 있게 만들려면 어떻게 해야 할까?"

사람들의 필요를 현실화시킬 수 있는 힘을 가진 한에서만 이론은 그 사회적 생명력을 가진다는 점을 역사는 냉정하게 보여주고 있기 때문이다.

간디의 이 한 마디를 가슴에 새겨두고, 미래를 생각할 때마다 떠올리자.

"나 스스로가 먼저 세상에 일어날 그 변화가 되어야 한다."

BOOK IN BOOK 2

미래학 개론
Why Futures Studies?
A New Field of Inquiry

미래예측 능력의 핵심은 변화를 꿰뚫어 보는 '통찰력'이다. 그래서 미래예측 능력을 기르면 기업 경영의 핵심 능력인 통찰력도 저절로 향상 된다.

빛의 속도로 변화가 진행되는 지금, 한국에서도 전문적인 미래예측 기법과 미래학에 대한 관심이 점점 커지고 있다. 미래에 대한 관심을 넘어 '미래학'을 알고 싶어 하는 사람들도 늘고 있다. 그런 분들을 위해 "미래학이란 무엇인가?" "미래예측 능력과 통찰력이 어떻게 연결되는가?"라는 주제로 미래학 개론을 펼쳐보려 한다.

미래 연구Futures Studies가 학문이 될 수 있는지, 미래예측이 유용한지에 대해 의구심을 가지고 있는 사람들이 많다. 세계적 추세를 보면 미래학은 이제 실용적 기술의 수준을 넘어서 학문적 토대를 형성해 가는 단계로 발전하고 있다. 현대 미래학에서 시도하고 있는 미래예측의 철학과 방법론은 경영 통찰과 미래 준비에도 유용하게 사용되고 있다. 세계 유수의 기업들이 미래예측 능력의 훈련 방법을 임직원의 통찰력을 날카롭게 하는데 활용하기 시작했다. 미래예측과 대응 능력이 기업 경쟁력의 중요한 토대가 되기 때문이다.

사람, 사회, 역사, 자연, 우주 등 특정 영역에 대한 탐구가 학문이 되려면 탐구의 철학, 목적, 대상, 도구, 윤리적 가치를 분명히 해야 한다. 미래에 대한 탐구도 마찬가지다. 현대 미래학은 지난 50~60년 동안 탐구의 철학, 대상, 이론, 방법론, 협의회, 저널, 학과, 교수 등을 갖추어 왔다. 미래학에 관심을 갖는 국가들이 점점 늘어나고 있으며, 여러 문화 및 학문과 깊은 연관을 맺어가고 있다. 앞으로 40~50년 정도가 지나면 미래학은 하나의 고유하고 독특한 학문 영역으로 확실하게 인정을 받을 것이며, 통합하고 응용하는 미래 지향적 사회과학 분야로 분류될 것이다. 미래학은 통찰력을 향상하는 훈련에서부터 (더 큰 의미로는) 앞으로 있을 새로운 지적 관점의 선구자가 될 가능성까지 가지고 있기 때문이다.[1]

- **Futures Studies**
  ### 미래학에 대한 오해들 Misunderstanding of futures studies

미래학과 미래예측 Foresight 에 대한 가장 큰 오해는 '예언 Prediction, Prophacy 하는 학문'으로 보고 '주술적'이라고 생각하거나 미래학자를 '예언자 Prophet'로 보는 시각이다. 미래학자라고 불리는 일부 사람들이 위험한 예측들을 쏟아내고 있는 것도 오해를 키우는 요인이다.

예측에는 2가지가 있다. 하나는 '위험한 예측'이고 다른 하나는 '의미있는 예측'이다. 의미있는 예측은 '미래 연구Futures studies'로서의 예측이다. 오해를 불러일으키는 '위험한 예측'이란 무엇일까?

예언적 예측은 위험하다. 예언적 예측은 자신이 한 예측이 한 치의 오차도 없이 100% 정확하게 일어날 것이라고 주장하는 것이다. 앞으로 앨빈 토플러를 능가하는 그 어떤 미래학자가 나와도 이런 수준의 예측은 불가능하다. 누군가가 이런 수준의 예측을 할 수 있다고 하거나, 자신의 예측이 100% 정확하다고 주장하는 것은 예측의 적중률과 상관없이 '위험한 예측'이다.

예언과 예측의 차이는 무엇일까? 예언은 꼭 주술사나 예언가만 하는 것이 아니다. 주술이나 예언을 혐오한다고 말하는 이들조차 때때로 자기도 모르는 사이에 예언적 태도를 보인다. 전혀 의도하지 않아도 미래에 대해서 예언적 속성의 발언을 한다. 이처럼 의도하지 않더라도 '예언적 속성'을 가진 예측을 하게 되는 이유는 무엇일까?

첫째, (그 결과가 맞고 틀리고와 상관없이)예언은 하나의 시나리오만 이야기 한다. 만약 자신 혹은 자기 조직의 미래에 대해서 하나의 미래만을 생각하거나 주장한다면, 예언적 태도를 가진 사람이다. 이와 달리 통찰력을 주는 예측은 복수의 시나리오를 이야기 한다. 미래 시나리오가 맞을지 틀릴지는 그 다음 문제다. 통찰력을 주는 예측은 다양한 가능성을 제시하고 생각을 확장하도록 만들지만, 예언은 하나의 가능성에만 집중해서 믿느냐 아니냐의 선택만 강요한다. 우리나라가 1997년 IMF외환위기에 빠진 것도 하나의 시나리오에만 집중했기 때문이다. IMF외환위기가 일어나기 직전 우리나라 정부는

'OECD 가입'이라는 하나의 시나리오에만 사로잡혀 있었다. 외환위기의 가능성을 이야기하는 또 다른 시나리오들에 대해서는 관심을 갖지 않았다. 미국의 9.11사태도 마찬가지다. 그 당시 미국 정부는 '주적은 중국뿐'이라는 하나의 시나리오에만 빠져 있었다. 중국 이외의 다른 국가가 감히 미국을 공격할 것이라고는 전혀 생각하지 않아서, 사건 발생 7개월 전에 백악관에 전달된 테러 위험 시나리오를 무시해버렸다. 이처럼 하나의 시나리오에만 의지하면 대재앙을 맞을 가능성이 크다. 기업도 마찬가지다. 예언적 예측에서 벗어나려면 '복수의 미래 가능성들'을 생각하고 말해야 한다.

두 번째, 예언은 한 번 정하면 절대로 바꾸지 않는다. 혹은 자신이 말하는 미래가 언제부터 언제까지인지 '시간의 범위Time limit'를 말하지 않기 때문에 다른 사람으로 하여금 "내 예측은 시간과 상관없이 절대로 바꿀 필요가 없을 만큼 영원히 유효하다"고 오해하도록 만든다. 하지만 예측은 시나리오를 작성했더라도 지속적으로 변화하는 상황들을 모니터링하면서 시나리오를 바꾸어 나가는 최적화Optimizing futures 작업을 한다. 시나리오를 지속적으로 수정하는 시나리오 최적화 작업은 '말을 바꾸는 것'이 아니라, 미래에 대한 인간의 예측 한계를 인정하는 '겸손한 행위'다. 시간이 지나면서 자신의 예측이 틀렸다는 증거가 나오고, 자신이 과거에는 미처 반영하지 못한 새로운 미래 변화의 힘이 등장한다면 겸손하게 인정하는 태도다.

세 번째, 예언은 공포나 환상을 준다. 환상과 공포를 말하는 이유는, 대중을 선동하여 자신이 원하는 대로 이끌어서 자기 이득을 얻으려는 불순한 동기 때문이다. 반면에 예측은 대중을 공포로 위협하거나 환상으로 눈을 가리지 않는다. 미래에 발생할 수 있는 다양한 위기와 기회를 미리 알려서 더 나은 미래를 만들 수 있도록 돕는다. 예측은 특정한 미래에 대해서 위기와 기회를 동시에 말한다. 위기와 기회는 따로 오는 것이 아니라 언제나 공존한다. 아시아에서 금융위기가 발생하더라도 위기와 더불어 기회도 함께 온다. 올바른 예측은 그 어떤 상황에서도 위기와 기회를 함께 보도록 함으로써 맹목적인 환상이나 극도의 공포감에 빠지는 양극단의 사태를 미연에 방지하도록 돕는다. 필자가 '한국의 제2의 외환위기 가능성'을 이야기하는 이유는 공포감을 주기 위한 것이 아니다. 아무런 준비도 없이 금융위기나 잃어버린 10년의 상황을 맞는다면 공포에 빠질 수밖에 없다. 미리 예측할 수 있다면 위기 탈출의 해법을 찾고 새로운 기회를 발견하여 미래쇼크를 벗어날 길을 찾을 수 있다. 이것이 예측의 역할이다.

하지만 예언적 기업, 예언적 지도자는 최악의 기업, 최악의 지도자다. 예언적 지도자란 노스트라다무스 같은 말을 하는 지도자가 아니다. (그것이 긍정이든 부정이든) 하나의 시나리오만 고집하고, 그 시나리오를 절대로 안 바꾸고, 그 시나리오를 내세워 환상이나 공포를 주는 지도자다. 이런 지도자가 이끄는 회사에 다닌다면 빨리 배를 갈아타야 한다. 그런 회사는 한 순간에 무너질 수 있기 때문이다. 특히 패러다임 전환기에는 이런 지도자가 이끄는 기업은 한순간에 사라질 수 있다.

이처럼 미래에 대한 예언적 태도와 행동은 위험한 예측이다. 예언의 내용이 나쁜 것이기 때문에 위험하다는 말이 아니다. 예측의 결과가 맞고 틀리고를 떠나서 위험한 행동을 낳기 때문에 위험하다는 것이다.

같은 기준으로 보면 보통의 상식적인 생각과 다른 대담한 미래를 말하는 것은 '위험한 예측'에 들지 않는다. 가능성이 낮은 미래 시나리오를 말하는 것도 '위험한 예측'에 들지 않는다. 다양한 미래의 가능성으로 생각을 확장해주고, 그 과정에서 새로운 통찰을 주기 때문이다. 그리고 예상치 못한 위기가 닥쳐도 충분히 대응할 수 있는 준비를 할 수 있도록 해주기 때문에 오히려 '안전한 예측'이다.

인간이 예언적 주장을 하는 것은 '사기'이며 '위험한 주장'이다. 예언적 예측은 신(God)의 영역이며 인간이 감히 넘보거나 주장해서도 안 된다.

미래는 예언적으로 예측할 수 없다. 미래는 연구의 대상일 뿐이다. 그러나 사람들은 예언적 예측에 관심이 많다. 예언을 추종한다. 이런 태도는 주식 등의 투자 시장에서 빈번하게 일어난다. 통계학자들의 연구에 따르면, 특정 시간에 특정 주식의 가격을 정확하게 예측할 확률은 0.1%다. 0.1%의 확률을 두 번 연속으로 맞출 확률은 0.0001%다. 세 번 연속으로 맞출 확률은 0.0000001%(10억분의 1)다.[2] 따라서 주식 시장에서 예언은 불가능하다. 확률적으로 탁월한 예측도 어렵다. 아무리 탁월한 기술적 분석도 과거 주가의 움직임에 끼워맞추는 후행적 설명이 최선이다. 1961년 경제학자 시드니 알렉산더(Sidney Alexander)가 주가 예측의 실효성에 의문을 던지는 연구를 시작한 이래, 기술적 분석에 의존한 주식 투자 수익률이 평균적인 시장 수익률이나 원숭이의 투자 수익률[3]보다 높거나 탁월하지 않다는 연구 결과는 계속해서 쏟아져 나온다.[4] 기술적 분석이 금융 연금술에 불과하다는 주장을 하는 학자들도 있다.[5]

주식 가격에 대한 기술적 분석은 어제와 비교해서 오늘 시장 참여자들의 심리 상태를 후행적으로 설명하는 데 유익하다. 그 이상도 그 이하도 아니다. 설명이나 도움이 되는 미래 정보이지 예언은 아니다. 그러나 잘못된 목적을 가지고 잘못 사용하면 매우 위험하다. 많은 사람들은 주가 예언이라는 위험한 예측을 좇는다. 위험한 예측을 따르는 사람들이 많아지기에 예측을 무시하거나 예측과 반대로 움직이는 것이 차라리 유익하다는 어처구니 없는 분위기마저 만들어진다. 주식의 가격이나 코스피 지수, 환율, 기타 금융 상품의 미래 가격에 대해서는 예언이 아니라, 가능성의 범주에서 이야기되어야만 '안전한 예측'이 된다.

경제 분야에서도 무모한 예언이 사태를 악화시키는 경우가 종종 있다. 미국 FRB(연방준비제도이사회) 의장이었던 벤 버냉키도 서브프라임 시장의 문제는 절대로 금융 시스템으로 확산되지 않을 것이라고 예측했다.[6] 그러나 결과는 틀렸다. 노벨 경제학상 수상자를 16명이나 배출한 전미경제연구소도 경제 전환점에 대한 예측 적중률은 5% 미만에 불과하다. 한국은행이나 대기업 경제연구소의 경제 예측도 정확도 측면에서는 신뢰할만한 수준이 아니다. 1980년부터 1995년 사이의 미국 FRB의 예측 정확도는 38%에 불과했고, 미국의 대통령 경제자문위원회의 인플레이션 예측 적중률은 거의 제로였다.[7]

여기서 핵심을 명확하게 인식해야 한다. 경제 예측을 시도했다는 것이 문제가 아니다. 정확하게 예측했다고 자신하는 태도가 문제다. "논리적으로 몇 가지 조건들이 충족되면 가능하다, 확률적으로는 몇 퍼센트의 가능성이 있다, 가능성은 낮지만 발생하면 영향력이 크니 조심해야 한다"고 발표했어야 했다. 그랬다면 의사결정자들이 좀 더 현명한 판단을 하는 데 도움이 되었을 것이다. 자신의 예측이 마치 신의 계시처럼 들어맞을 것이라고 생각해서 다른 가능성을 무시하는 태도, 자신이 경제 움직임과 변화를 속속들이 들여다보고 있으며 충분히 통제할 수 있다는 태도가 위험한 예측을 만들어낸다. 신의 영역에 도전하려는 시도는 언제나 그 결과가 참담했다.

'조작적 예측'도 위험한 예측에 속한다. 특히, 통계를 활용한 조작적 예측은 사람들을 속이기에 매우 유용한 도구다. 통계가 나쁜 것이 아니라 통계라는 탈을 쓰고 자행하는 거짓 분석, 의도된 분석을 기반으로 한 조작적 예측이 사악하다. 자료의 수집에서부터 통계 자료의 해석과 예측 과정에 불순한 의도를 끼워넣는 것은 얼마든지 가능하다. 자의적으로 조작한 엉터리 자료 해석과 예측을 만들어서 대중의 분노와 두려움을 유발함으로써 자신의 특정한 경제적·정치적 목적을 달성하고자 하는 세력들이 존재한다. 그들은 전문가의 탈을 쓰고 이해하기 어려운 수학 함수와 계산, 방대한 수치를 들먹이며 문제를 왜곡하거나 잘못된 정책을 아름답고 멋지게 포장한다. '변이 통계'[8]를 활용해서 고의적으로 숫자의 의미를 바꾼다. 상황을 극적으로 보이게 꾸민다. 일반인의 수학에 대한 두려움과 약점을 교묘하게 이용한다. 의도된 변이 통계는 일부 언론의 불성실한 검증을 거쳐서 대중에게 확산된다. 그 과정에서 꼬리에 꼬리를 무는 엉터리 통계들이 확대재생산된다. 다분히 정치적이고 탐욕적인 프로세스가 작동하는 것이다. 이런 위험성을 꿰뚫어 본 소설가 마크 트웨인Mark Twain은 다음과 같은 말을 했다.

"세상에는 3가지 거짓말이 있다. 하나는 선의의 거짓말이고, 또 하나는 새빨간 거짓말이다. 그리고 마지막은 통계다"[9]

좋은 통계는 사실Fact에서 출발한다. 분명하고 합리적인 정의를 세우고, 분명하고 합리적인 측정을 생명처럼 중시한다. 표본의 중요성을 알고 훌륭한 표본을 만들기 위해 노력한다. 통계는 통계일 뿐이고, 전부를 완벽하게 보여 주는 것이 아님을 강조한다. 좀 더 나은 의사결정을 하는 데 유용한 정보, 그 이상도 그 이하도 아님을 강조한다. 미래에 대한 정보가 충분하지 않고 위험한 상황에서, 미래의 불확실성을 계량적으로 측정하여 불확실성의 정도에 대해 범주형으로 진술을 하면, 이를 통해 의사결정에 도움을 받는 선에서 만족해야 한다. 통계가 보여주는 '확률'을 이애하는 태도도 조심스러워야 한다. 확률에 대한 3가지 개념이 있다. 첫째, 도박에 바탕을 둔 개념으로 모든 게임은 공정하고 모든 근원 사건은 동일한 확률적 가능성을 가진다는 가정의 고전적 확률 개념이다. 둘째, 무한한 반복이 가능한 시행에서, 한 사건이 일어날 수학적 가능성을 말하는 통계적 확률 개념이다. 마지막으로, 일상생활에서는 대부분의 사건이 반복되어 발생하지 않는다는 전제에서, 어떤 사건이 일어날 가능성을 주관적으로 평가하는 개인적(주관적) 확률 개념이다. 미래예측에 사용되는 통계 자료나 확률도 이런 것들을 고려하여 사용해야 한다.

놀랍게도, 미래의 산업이나 인구에 대해서도 위험한 예측이 난무한다. 예측하는 사람들이 단 몇 가지의 변수들만을 고려해서 미래를 단정 짓기 때문이다. 예를 들어, 한국의 출산율이 1.1~1.3명이기 때문에 2300년이 되면 한국은 지구상에서 사라질 것이라는 예측이 있다. 좋은 예측이 아니며 별 의미도 없다. 세상은 그렇게 작동하지 않는다.

인구가 줄다보면 나라가 없어지기 전에 인간 스스로 출산율을 높이기 위한 다양한 행동을 하게 된다. 출산율 1.1~1.3명에 기반을 둔 예측이 유용하려면 극단적 미래를 투사하는 데 중심을 두어서는 안 된다. 대신, 출산률 저하가 언제까지 지속될 것이며, 인구 감소가 멈추거나 반전되기 전까지 어떤 부작용들이 일어날 것인지 등에 중점을 두어야 의미있는 예측이 된다. 미래예측은 가능성의 범주에서만 받아들여야 한다. 이를 예언적 수준으로 끌어올려 의사결정에 사용하면 한국이 지구상에서 살아지기 전에 나와 내 회사가 먼저 사라질 수 있다.

장기적 미래 기술에 대한 예측은 더욱 주의를 기울여야 한다. 미래는 우리가 알지 못하는 다양한 가능성과 변화를 내포하고 있다. 버룩칼리지의 마케팅 교수인 스티븐 슈나즈Steven P. Schnaars가 1959~1989년 사이에 발표된 장기적 미래 기술 예측에 대한 적중률을 분석했는데, 성공률은 20%에 불과했다. 세계미래협회WFS도 1976년 자신들이 예측한 1,556건의 미래 기술 예측 정확도가 일반인의 예측 수준과 큰 차이가 없다는 것을 고백한 적이 있다. 기술 전문가라도 다르지 않다. 최초의 자동계산기를 발명한 하워드 애이켄Howard Hathaway Aiken은 불과 4개의 전자식 컴퓨터만 있으면 미국 전체의 수요를 충족시키고 남을 것이라는 어처구니없는 예측을 했다. 미국 최초의 전기통신 회사인 웨스턴유니언 사는 1876년에, 전화기는 아무 쓸모가 없는 물건이라고 평가했다. 비행기를 발명한 윌버 라이트는 비행기가 뉴욕에서 파리를 비행하는 일은 일어나지 않을 것이라고 예측했다. 1932년의 알버트 아인슈타인은 인류가 가까운 미래에 핵에너지를 얻을 가능성은 전혀 없다고 예측했다. 1981년에 빌게이츠는 개인용 컴퓨터가 640kB 이상의 메모리를 필요로 하는 일은 없을 것이라고 예측했으며, 1943년에 IBM 회장인 토마스 J. 왓슨은 컴퓨터는 5대 밖에 팔리지 않을 물건이라는 황당한 예측을 했다. 놀라운 일이 아니다. 이것이 인간이 가진 예측 능력의 한계다. 전문가라도 마찬가지다. 이 한계를 무시하고 전문가의 견해를 예언으로 받아들이면 재앙이나 코미디가 된다.

    기술 발달이 특정한 국면에 도달하면 비선형적 진화나 퀀텀점프 Quantum jump를 하는 경우가 종종 있어서 초기 예측을 뛰어넘을 수 있다. 경제 상황이 악화되거나 새로운 대응 기술이 개발되면 속도가 늦어지거나 방향이 전환되어 예측이 빗나갈 경우도 많다. 기술이 사람의 생각을 바꿔 소비 패턴을 바꿀 수도 있다. 기술에 의해 환경 변화가 일어나고, 그것이 다시 기술의 방향을 재조정할 수도 있다. 이런 과정에서 비선형적 진화나 퀀텀점프가 발생한다. 비선형적 진화나 퀀텀점프는 인간의 예측 능력 밖에 존재한다. 하지만 특정 기술의 미래에서 최소 한 번 이상은 반드시 일어난다. 이런 발전 과정을 받아들여야 장기적 미래 기술 예측이 (적중률과 상관없이) 실제 도움이 된다. 미래예측 전문가들은 장기적인 기술 발달과 변화에 대해 연구할 때 복잡성과 비선형적 진화, 퀀텀점프를 임의의 변수 Wildcard로 상정하고 상상을 펼친다.

    이런 위험한 예측과 대비되는 '안전한 예측'이란 무엇일까? 안전한 예측은 '의미 있는 예측'을 말한다. 의미 있는 예측은 반드시 '현재 상황과 조건 하에서'라는 단서를 붙인다. 미래 변화에 대한 적중 확률을 높이는 것이 아니라 미래의 다양한 가능성들을 생각해보도록 해서 통찰력을 높일 수 있게 돕는 것을 목적으로 한다. 즉, 의미 있는 예측이란 미래가 예측한 대로 일어나든 안 일어나든 상관없이 좀 더 나은 의사결정을 하는데 도움이 되는 미래 정보를 포함한다. 필자는 미래에 대해서 다음과 같은 4가지 범주에서 미래 정보를 생산하거나 미래 가능성들을 연구하는 예측을 '안전하다' 혹은 '의미있다'고 평가한다.

첫째, 논리적으로 제법 그럴듯한 미래 a Plausible future
둘째, 확률적으로 일리가 있는(타당한) 미래 a Possible future
셋째, 확률적으로는 일어날 가능성이 낮지만, 일어날 경우 영향력이 큰 임의의 미래 a Wildcard or Unexpected future
넷째, (규범이나 비전에 따라) 선호하는 미래 a Preferred future

논리적으로 제법 그럴듯한 미래는 '일어날 개연성 Plausible 이 높은 미래'라고도 한다. 이것은 과거, 현재, 미래의 징후들을 논리적, 체계적, 생태학적으로 분석하여 볼 때, 가장 논리적으로 타당하고 이치에 맞아 수긍할 만한 미래다. 필자가 미래를 연구하고 예측할 때 이것을 기본미래 Baseline future 로 삼고 연구를 진행하는 경우가 많다. 발생의 '개연성'이 있다는 것은 미래의 어떤 시점에 반드시 한 번은 물리적으로 일어날 가능성이 있다는 말이다. 논리적으로 제법 그럴듯한 미래 시나리오를 작성할 때 사용되는 변수와 미래의 힘들은 무엇일까? 필자의 경우, 일어날 확률이 최소한 51% 이상(대개는 일어날 확률이 70~80%)의 확실성을 가진 요소들을 사용한다. 예를 들어 다음과 같은 것들이다.

- 트렌드 : 변화의 흐름, 변화의 1차, 2차, 3차 효력들

- 계획 : 정부 계획, 지자체 계획, 회사 계획, 가족의 계획 등
- 심층원동력 : 변화를 일으키는 숨어 있는 힘, 변화의 메커니즘, 패러다임, 역사적으로 반복되는 사이클, 세계관 등
- 현재 사람의 마음속에 가지고 있는 미래에 대한 이미지: 생각, 느낌, 기대 등

결국, 미래는 사람이 선택한다. 아무리 혁신적인 기술이나 상품이 나오더라도 결국은 사람이 선택을 해서 이것이 대중적으로 확산될 때 기술과 사회 변화가 일어난다. 거꾸로 사람들 사이에서 이런 기술이 나왔으면 좋겠다는 마음이 많아지면 즉, 대중의 마음이 그 쪽으로 움직이면 결국에는 그와 관련된 기술이 나오게 되어 미래가 변화한다.

위의 4가지 영역에서 확실성이 높은 요소들만 뽑아내서 이것들을 논리적, 체계적으로 묶고 재구성하여 '그럴듯하고 논리적으로 말이 되는' 시나리오를 작성한다. 이 경우 가장 일어날 확률이 높아서 상대적으로 신뢰할 만하고 확실성이 높은 시나리오가 도출될 수 있다. 이런 과정을 미래학자 제임스 마틴은 "꼭 수정 구슬을 보지 않더라도 세상에는 예측할 수 있는 흐름들이 있다. 왜냐하면 그것들은 막을 수 없을 정도로 큰 힘을 가지고 있기 때문이다…… 미래를 탐험하기 위해서는 많은 이런 장기적인 흐름을 하나로 묶는 엄정한 논리와 역사, 기술, 그리고 복잡한 조직의 움직임을 이해해야 한다. 이런 거대한 흐름이 합쳐져 미래의 골격을 형성한다. 그 다음에 우리는 그 골격에 다양한 방식으로 살을 붙여나갈 수 있다. 이렇게 막을 수 없는 힘을 가진 흐름으로 세계 지도를 그려보면, 그 가운데 실질적으로 어떤

것을 예측할 수 있는지 가늠할 수 있다"라고 했다. (이런 과정을 거치기 때문에 기본 시나리오를 작성하는 것은 비숙련자들보다는 전문적인 지식을 가지고 미래 예측 훈련을 받은 숙련자가 더 정확하게 접근할 수 있다)

　두 번째의, 확률적으로 일리가 있는(타당한) 미래 a Possible future 는 '일어날 가능성의 범위에 드는 미래'라고도 한다. 이 범위에 드는 시나리오는 어떻게 작성할까? 미래학자들마다 다른 나름의 노하우를 가지고 있다. 필자의 경우는, 기본 미래 a Plausible future 를 바탕으로 다양한 사람들의 상상력을 최대한 활용하여 좀 더 폭넓고 확장된 가능성과 옵션을 포함시켜 미래의 또 다른 가능성들을 연구한다. 발생 '가능성'이 있다는 의미는 '한 번쯤은 생각해 볼 수 있다'는 말이다. 그렇기 때문에 이 단계에서는 비숙련자들도 충분히 참여할 수 있다. 이를테면, 대중이 기본미래에 반대해서 현재의 시스템에 대하여 어떤 특정한 힘을 가해서 변화를 일으킴으로써, 기본미래와는 다른 미래를 만들 수 있다. 특히 기본미래가 비관적인 방향으로 전개된다는 것이 드러날 경우, 우리는 이 기본미래를 바꿀 새로운 계기를 만들어야 한다. 이대로 가면 직면할 가능성이 높은 위기와 위협을 극복할 수 있는 새로운 미래를 만들어야 한다. 그러기 위해 생각의 폭을 넓혀 기회와 성공의 가능성을 찾아내고, 위기와 위협을 극복할 창의적 미래를 구상해야 한다.

　가능성의 미래는 수렴하는 것이 아니라 확산하는 것이다. 기본미래에 존재하지 않았던 새로운 가능성을 찾아내야 한다. 확산을 통해 혁신이 촉진되고 경쟁자들이 갖지 못한 경쟁력을 갖게 된다. 이런 의미에서 가능성의 미래는 혁신이 일어나는 장이다. 인간의 창조 능력이 허락되는 장이다. 미래는 운명처럼 주어지는 것이 아니라, 변화시킬 수 있는 여지를 허락해 주는 장이다. 기본미래에서는 세상을 세분화하고 각각을 연결하여 문제를 찾아내고, 이미 있는 솔루션 가운데 가장 효과적인 것을 먼저 찾는다. 반면에 가능성의 미래는 풍부한 상상력을 발휘하여 미래 소비자들이 진정으로 느끼게 될 새로운 문제, 욕구, 결핍 등을 이해하고 이를 충족시킬 새로운 방법을 찾아낸다. 강한 기업, 강한 국가는 두 가지 미래를 모두 생각해야 한다.

위협이란 내가 어떤 변화를 수동적으로 경험할 때 만날 수 있는 어려움이고, 위험은 내가 어떤 변화를 능동적으로 추진할 때 만날 수 있는 어려움이다. 혜성 충돌은 위협이고, 인간이 이산화탄소를 많이 배출함으로 인해 발생하는 온난화는 위험이다. 비록 위협이라고 할지라도 미리 알아차릴 수만 있으면 위협의 수위를 낮추거나 제거할 기회를 만들 수 있다. 하지만 위협을 늦게 알아차릴수록 어려움은 더 커지고 제거하기 힘들어진다.

또한 기회란 어떤 변화가 진행될 때 자연적으로 나타나는 긍정적인 가능성에 대해 내가 능동적으로 대처할 때 만들어지는 것이다. 반면에 아무리 좋은 것이라도 내가 능동적으로 대응하지 않으면 '그냥 가능성'으로만 남아 있을 뿐이다. 긍정적인 가능성은 우리 주위에 언제나 존재한다. 그러나 가능성을 기회로 만들려면 '생산적인 창의성'을 발휘해야 한다. 당신이 돈을 벌 가능성은 경기 상승 국면이나 경기 폭락 국면에 모두 있다. 하지만 경기 상승의 국면일지라도 '생산적인 창의성'을 발휘하는 자만이 돈을 벌 기회를 포착하고 실제로 돈을 벌 수 있다. 생각을 넓힐수록 기회의 폭과 성공의 가능성은 그만큼 커진다. 이와 관련해서 또 하나 생각해야 할 점이 있다. 만약 당신 주위에 늘 존재하는 가능성을 당신이 기회로 사용하지 않는다면 언젠가 당신의 경쟁자가 이용할 수 있다는 점이다. 누군가 당신보다 빠르게 가능성을 현실화시키면 당신이 놓친 기회가 당신에게 비수가 되어 돌아올 수도 있다는 뜻이다.

그렇다면 생각을 어떻게 넓힐까? 아무렇게나 상상력을 발휘해서는 생각이 넓어지지 않는다. 극단적으로는 망상이나 몽상이 될 수도 있다. 비생산적인 창의성은 전혀 도움이 되지 않는다. 이런 문제를 피하기 위해서는 '기본미래'를 기준으로 상상력을 발휘해야 한다. 가장 먼저 작성했던 '기본미래가 만약 특정한 외부적인 요소에 의해 변화한다면 어떤 새로운 위협, 위기, 가능성, 기회가 나타날 수 있을까'에 대해서 상상을 해 보는 것이다.

이때 생산적인 창의성을 발휘하기 위해서는 좋은 예측 기법이 필요하다. 미래학에서는 이 단계에서 Futures Wheel, System Thinking, Social Change, IMPOS, Futures CES 등의 기법을 사용한다. Futures Wheel(미래수레바퀴) 기법은 비연속적 사고를 하도록 질문을 던짐으로써 기회를 발견하게 돕는다. System thinking(시스템사고) 기법은 시스템적 분석을 통해 기회를 발견하도록 돕는다. Social Change(사회변동연구) 기법은 거시적 사회변동을 연구하면서 유사한 패턴이나, 변하지 않는 것들을 찾고, 변하는 것들에 대한 상상력을 발휘해 기회를 발견하도록 돕는다. IMPOS 기법은 감정 이입을 통해 나와 정보, 사람, 장소, 조직, 사물 등의 변화를 유추하게 해서 새로운 가능성과 기회를 발견하도록 돕는다. Futures CES_{Creative Evolution Strategy} 기법은 진화의 과정을 통해 기회를 발견하도록 돕는다.

세 번째 미래는 확률적으로 일어날 가능성은 낮지만, 일어날 경우 영향력이 큰 임의의 미래_{a Wildcard or Unexpected future}다. 이런 미래는 '뜻밖의 미래Unexpected future'라고도 불린다. 임의의 미래 혹은 뜻밖의 미래란 와일드카드나 떠오르는 이슈Emerging issues로 인해 촉발되는 미래다. 일어날 가능성은 낮지만 발생할 경우 극단적일 수 있는 미래의 위협을 방지하기 위해 반드시 고려해 보아야 할 미래가 여기에 속한다. 뜻밖의 미래는 '창발적 미래Emerging future'라고도 한다.

　필자는 뜻밖의 미래를 다시 두 가지로 나눈다. 하나는 '비약적 진보Quantum progress에 의한 새로운 미래'다. 즉, 나노 기술과 같은 혁신적인 기술로 인해 지금의 변화 속도보다 훨씬 빠르게 인류가 진보할 수 있다는 가정 하에서 세운 미래 시나리오다. 그리고 다른 하나는 '붕괴Collapse 후 새로운New 미래'다. 기존의 것이 완전히 붕괴되고 새로운 것이 만들어지는 시나리오다. 이때 좋은 것Good도 안 좋은 것Bad도 발생할 수 있다. 예를 들어, 북한의 갑작스런 붕괴로 인해 새롭게 만들어지는 동아시아와 한반도의 미래가 여기에 속할 수 있다. 북한의 현재 정권이 무너지면 좋은 일도 일어날 수 있고 나쁜 일도 발생할 수 있다. 근래에 들어서 뜻밖의 미래가 현실화할 가능성이 높아지고 있다. 그 이유로는 복잡성의 증대, 구성 요소의 증가, 행위자들 사이의 네트워크 연결도의 증가, 피드백을 통한 연쇄작용과 누적작용 속도의 증가 등을 들 수 있다.

　4개의 미래 시나리오 중에서 '임의의 미래(뜻밖의 미래)'가 가장 예측하기 힘들다. 때문에 이런 범주의 미래를 예측할 때는 '임의의 현상', '뜻밖의 현상', '창발적 현상'이 언제 발생할 것인지를 예측하려고 하지 말아야 한다. 대신 특정한 현상이 일어난다는 전제를 우선하라. 무엇이 일어날 것이냐는 조금만 관심을 기울이면 충분히 찾을 수 있다. 시나리오 기법의 대가인 피터 슈워츠는 "미래의 골격이 될 거대한 흐름들의 방향을 바꿀 뜻밖의 강력한 사건들은, 기본적인 행동 유형을 살피다 보면 필연적으로 드러나게 마련"이라고 했다. 일어날 경우 영향력이 막대할 특정한 '뜻밖의 현상'을 선택하는 것은 조금만 관심을 가지면 그리 어렵지 않다. 일단, 특정 사건을 선택하고 나면 그것이 '언제 일어날 것이냐'에 관심을 갖지 말고, '그로 인한 잠재적 영향'에 대비하는 것에 더 집중하여 상상력을 발휘하고, 이때 발견한 것들을 미래 예측과 미래 전략에 포함시킨다. 그렇게 하면 미래에 대한 전략적 유연성을 증가시킬 수 있다.

임의의 미래, 뜻밖의 미래, 창발적 미래들을 상상해 보기 위해서는 다음과 같은 질문으로 시작하면 좋다.

- 10년 후에 현재 직업의 80%가 사라진다면?
- 대한민국이 한 달 이내에 갑작스럽게 통일이 된다면?
- 중국의 경제 거품이 갑작스럽게 붕괴된다면?
- H5N1과 같은 강력한 인플루엔자가 전세계적으로 창궐한다면?

이런 극단적 미래에 대한 질문에 집중하면 뜻밖의 미래에 대한 상상력을 촉진할 수 있다. 다른 미래 시나리오들도 마찬가지이지만, 특히 이런 극단적 미래는 미래에 대한 두려움을 극복하는 방법으로도 매우 유용하다.

네 번째 미래는 (규범이나 비전에 따라) 선호하는 미래 a Preferred future 다. 탁월한 리더나 기업은 자신의 미래에 대한 분명한 방향과 생각을 갖고 있다. 하지만 비전이라고 해서 무작정 이상적으로만 혹은 가슴 뛰는 것으로만 그려서는 안 된다. 필자가 조언하는 비전의 범위에 드는 미래는 현 상황을 좀 더 긍정적으로 진보시키고, 미래에 발생 가능성이 있는 위기와 위협들에 대비하면서, 리스크가 가장 적은 항로를 선택하고, 가장 바람직한 가치와 가장 바람직한 방향으로 전략적 진보를 이룰 수 있는 미래를 의미한다.

필자 같은 전문 미래학자 Professional futurist 나 현대 미래학은 이런 4가지 미래에 대해서 관심을 갖고 연구한다. 이런 4가지의 범주의 미래들 Futures 에 대해 '좀 더 나은 미래'를 만드는데 도움이 되는 '의미 있는 미래 정보'를 생산하려고 노력한다.

- **Futures Studies**

먼저 예측할 수 있는 것과 없는 것을 구별하라

안전한 미래예측은 예측 가능한 영역과 예측 불가능한 영역을 잘 구별하는 것에서 시작된다. 예측 가능한 영역의 미래는 인구 구조의 변화처럼 '이미 방향이 정해져서 단기적으로는 우리가 바꿀 수 없는 미래'와 앞에서 설명한 4가지 미래를 말한다. 예측 가능한 미래라고 해도 예언의 영역은 절대로 아니다. 예측 가능한 미래들은 예측의 영역이고, 동시에 (이미 정해져서 바꿀 수 없는 미래를 제외하고는) 여전히 창조를 통한 새로운 변화의 가능성이 열려 있는 영역이다.

예측 불가능한 미래는 (누군가는 예측할 수 있는 범위에 있을 수 있지만) 나의 지식과 정보의 한계로 '현재의 생각 밖에 있는 미래', 한 가지의 사건이 엄청난 수의 다양한 가능성을 품고 있기 때문에 '확률적으로도 나열하기 힘든 미래', '전혀 생각조차 할 수 없는 미래'들이다. 이런 미래들은 예측의 효과성이 별로 없다. 이런 미래 영역은 예측을 하려

예측 가능한 미래	예측 불가능한 미래
• 이미 정해져서 바꿀 수 없는 미래 • 논리적으로 제법 그럴듯한 미래 • 확률적으로 타당한 미래 • 확률적으로 일어날 가능성은 낮지만 일어나면 영향력이 큰 임의의 미래 • 선호하는 미래	• (누군가의 예측 범위에는 있지만 현재 나의 지식과 불충분한 정보의 한계로 인해) 현재의 생각 밖에 있는 미래들 • 한 사건이 엄청난 수의 다양성을 품고 있는 미래
확률적으로 일어날 가능성이 상당히 낮아서 나열해도 큰 의미와 효과가 없는 미래들 (이 영역에 있는 미래들은 예측하지 않고 무시해도 된다. 위의 5가지 범주의 미래를 예측하는 과정에서 자연스럽게 이 영역의 미래도 준비가 되기 때문이다. 또한 여기에 속한 미래는 실제로 현실이 되어 발생하더라도 영향력이 그리 크지 않기 때문에 미리 준비하지 않더라도 발생 즉시 대응 가능하거나 영향을 받더라도 생존에 큰 문제는 발생하지 않는다.)	전혀 생각조차 할 수 없는 미래
예언영역(×) 예측영역(○) 창조영역(○)	예언영역(×) 예측영역(×) 창조영역(○)

고 시도하면 안 된다. 이런 미래는 예측이 아니라 '창조'의 영역이다. 예측할 수 없는 미래는 무지, 불안, 공포의 영역이 아니라, 신이 우리에게 아름답게 창조하라고 허락한 영역이다. 미래를 예측하는 가장 확실한 방법은 미래를 창조하는 것이라는 말은 여기에 가장 잘 어울린다.

현대 미래학은 이런 틀을 가지고 불확실성이 가득한 미래를 통제 가능한 영역으로 만드는 데 관심을 둔다. 여기서 통제 가능하다는 말은 미래를 내 마음대로 주무를 수 있다는 말이 아니다. 미래를 통제할 수 있다는 말은 미래에 대해서 아무 것도 할 수 없다고 생각해서 체념한 채 모든 것을 운명에 맡기지 않는다는 말이다. 미래에 대해서 거울을 보듯이 정확하게 알 수는 없지만, 더 나은 미래를 만들기 위해서 좀 더 나은 의사결정을 할 수 있다는 말이다.

현대 미래학의 관심은 이런 틀을 통해 좀 더 나은 미래를 만들 수 있도록 기여하는 데 있다. 따라서 예언자가 되어 대중의 관심을 받으려는 것은 미래학과는 관련이 없다. 주가나 부동산 가격, 경제 지표를 맞추는 데도 관심이 없다. 미래는 얼마든지 인간의 준비와 대응, 도전과 응전, 우연한 성공과 어리석은 실수에 따라 바뀔 수 있기 때문에 자신이 한 예측에 대해서 적중 확률이 얼마나 되는지에도 큰 관심을 두지 않는다.

어리석은 사람은 예언이나 예언자를 찾는데 관심을 둔다. 정확한 주식 가격, 부동산 가격, 경제 지표의 적중에 관심을 둔다. 3번 연속으로 정확하게 맞출 확률이 0.0000001%(10억분의 1) 밖에 되지 않는 일에 관심을 갖고 꼬치꼬치 따져가며 추궁한다. 예측의 적중률을 계산해가며 미래학자나 예측 전문가들의 서열을 매긴다. 대중들은 미래학자들을 보며 예언자가 되기를 기대하고, 일부 미래학자들은 이런 부추김에 흔들린다. 예언을 하면 할수록 명성이 올라가기 쉽다. 미래를 이야기하는 사람들에게 이런 명성에의 유혹은 치명적이다. 하지만 어리석은 행동일 뿐이다. 이 모든 어처구니없는 일들은 현대 미래학이나 미래예측을 알지 못하거나 잘못 알아서 생기는 것들이다.

다시 한 번 강조한다. 안전한 미래예측, 의미 있는 미래예측은 '예측할 수 있는 것'과 '예측할 수 없는 것'을 구별하는 데서부터 시작해야 한다.

"선무당이 사람을 잡는다"는 말이 있다. 필자가 가르치는 학생들 중에서도 몇 가지 미래예측 기법을 배우기만 하면 주식, 부동산, 채권, 기타 경제 흐름, 사회 변화, 기술 변화, 산업 변화 등 미래 변화들을 모두 예측할 수 있으리라는 환상을 품는 사람들이 간혹 있다. 기존의 미래예측이 틀린 것은 예측 기법이 구식이었기 때문이라고 생각한다. 미래예측 기법들 중에서 좀 더 멋있어 보이는 기술, 복잡한 숫자를 다루어 예측하는 기술, 컴퓨터 시뮬레이션 기술들을 익히면 미래 변화를 모조리 예측할 수 있으리라 생각한다. 어리석은 생각이고 매우 위험한 태도다.

 세상은 우리가 알고 있는 것보다 더 크고 넓다. 미래에 관해 우리가 예측할 수 있는 것보다 예측할 수 없는 것 Unforeseeable and unpredictable future이 수십만 배, 수천만 배 많다. 미래에 아무리 탁월한 인공지능이나 컴퓨터 시뮬레이션 기법이 개발되어도 인간이 알 수 있는 것은 극히 제한적이다. 예측의 대상이 될 수 있는 것은 빙산의 일각에 불과하다. 그래서 전문 미래학자들은 먼저 예측할 수 있는 범위의 경계선을 그은 다음 미래 연구를 시작하는 것을 학문적 윤리로 삼는다.

 "저는 강력한 예측 기법을 가지고 있어요. 탁월한 수학적 모델을 가지고 미래 변화를 정량적 수준에서 정확하게 할 수 있어요"
 "제가 새로운 미래예측 기법을 개발했어요. 미래에 대해 궁금한 것을 정확하게 예측해 드릴 수 있습니다!"

 이렇게 말하는 사람은 확실한 가짜이니, 혹시 만난다면 뒤도 돌아보지 말고 벗어나야 한다.

• Futures Studies

미래 연구의 철학과 목적 Philosophy and Purpose of futures studies

"미래를 예측해 본다", "세상의 변화를 꿰뚫어 통찰한다"는 학문적 특성 때문에 많은 사람이 미래학에 매력을 느낀다. 동시에 미래를 신비적으로 예언Predict할 수 있을지도 모른다는 어리석은 유혹에 빠진다.

인간에게는 미래가 닥치기 전에 무슨 일이 발생할지를 미리 알아차리고 싶은 욕망이 있다. 미래에 대한 두려움이나 기대는 끊임없이 미래에 관심을 갖게 만든다. 감당하기 힘든 변화의 소용돌이를 헤쳐 나가기 위해 '눈에 보이는 현상 이면에 있는 것'을 꿰뚫어 보고 싶어 한다. '실질적인 변화를 만들어 내는 힘'을 볼 수 있는 통찰력을 원한다. '미래 변화의 조짐a Future signal'을 경쟁자들보다 먼저 알려고 한다. 미래예측 능력과 통찰력이 생존, 승리, 부의 크기까지 좌우할 수 있다고 믿기 때문이다.

이런 까닭에 오래전부터 사람들은 올바른 이론과 정교한 방법론, 충분한 자료와 자금만 있다면 미래를 완벽하게 예언할 수 있다는 환상을 키워왔다. 과학기술이 고도로 발달하면서 컴퓨터와 인공지능을 이용한 정교한 정량적 예측, 시뮬레이션, 미래 모형화 작업의 가능성이 열렸다. 그러자 예언의 수준은 아니더라도 미래를 정확하게 예측할 수 있다는 환상이 다시 생겨났다. 환상은 환상일 뿐이다. 정교한 방법론, 방대한 자료, 엄청난 자금이 지원되어도 미래는 예언Prediction, prophocy할 수 없다. 1971년 웬델 벨Wendell Bell과 제임스 마우James Mau가 말했던 것처럼, '미래의 사실'이란 현재에는 존재하지 않는 것이다. 아무리 좋은 예측 방법론이 개발된다 할지라도 '미래의 사실'을 알아낼 수는 없다.

이런 전제와 철학적 사유를 토대로 현대의 미래학은 '바로 그 미래The future'가 아닌, '대안적 미래들Alternative futures'과 '다양한 가능성의 미래들Possible futures'에 대한 예측Prospect, foresee, forecast과 연구Futures studies에 학문적 탐구 목적을 둔다.

가끔 "미래를 안다"라는 말을 사용해야 할 불가피한 때가 있다. 그럴 때에라도 미래학자들이 "미래를 안다"라고 말하는 것은 "미래를 형성하는데 영향을 미치는 원인을 안다"는 의미다. 세상의 변화를 꿰뚫어 보는 통찰력도 이런 수준에서 이해되어야 한다.

- **Futures Studies**

  **미래 연구의 기관(機關, Organ of foresight)과
  미래학의 기원(起源, origin of futures studies)**

모든 사람은 매일 예측을 한다. 자신의 예측을 기반으로 미래 목표와 전략을 수립하고 의사결정을 한다. 예를 들어 몇 시간 뒤의 점심 약속을 잡기 위해서도 우리는 몇 시간 후의 미래 가능성들을 예측한다. 자녀의 행동을 예측한 후 출근 전에 자녀에게 당부의 말을 한다. 이런 예측은 놀라운 적중률을 보인다. 보통사람들에게 이런 예측이 어떻게 가능할까?

첫째, 모든 사람은 미래예측 능력을 가지고 있기 때문이다. 뇌신경공학적으로 설명하면 전두엽이 예측 기능을 담당한다.

둘째, 전두엽에서는 과거의 패턴Pattern과 사이클Cycle, 근래의 일정

한 추세Trend나 계획Plan 등을 근거로 가장 일어날 가능성이 큰 미래를 먼저 예측한다. 미래학에서는 이런 미래를 '확실성 범주의 미래a Future in certainty'라고 부른다. 전두엽은 확실성 범주의 미래를 기초로 미래의 또 다른 가능성들을 조작한다. 미래학에서는 이런 미래를 '불확실성 범주의 미래a Future in uncertainty'라고 부른다. 전두엽은 이 두 가지 범주의 미래를 조합하여 가장 좋은 판단을 내리고 행동을 지시한다. 인간의 뇌에서는 '알고Knowing' '배우고Learning' '이해하고Understanding' '예측하는Foreseeing' 정신적 과정Mental process이 반복된다. 우리는 이것을 '인식 작용'이라고 부른다.

미래예측, 미래 연구의 기관(機關, Organ)은 인간의 몸 밖에 초자연적으로 존재하지 않는다. 인간 내부의 '인식 기관'에 자리 잡고 있다. 그래서 인식 능력의 차이는 예측과 통찰력의 차이로 이어진다. 성공하는 사람은 자신을 인식하고, 주변 환경을 인식하고, 미래를 인식하는 능력이 우수하다. 미래예측 능력의 차이가 성공 가능성과 깊게 관련되는 이유다.

세상이 어떻게 흘러가고, 자신이 취한 행동이 미래의 특정 시점에 어떤 결과를 발생시킬지를 시뮬레이션한 후에, (그에 맞추어) 현재를 적절하게 조정·통제하는 의사결정을 잘 한다는 것은 인식 능력과 의식 수준이 그만큼 높다는 뜻이다.

이에 대한 관심과 학문적 탐구는 고대의 철학자들까지 거슬러 올라간다.(미래학의 기원을 고대 그리스의 델파이 신전에 두는 사람도 있다) 고대 철학자들은 세상의 기원, 세상의 존재 방식, 세상의 미래 변화 모습 등에 관심을 가졌다. 세상 변화와 더 나은 미래를 만들기 위해서 인간이 어떻게 살아야 하는지, 국가는 어떠해야 하는지에 관심을 가졌다. 이 모든 것이 미래학자의 관심사와 같다. 때문에 필자 역시 미래학의 기원을 고대 철학자에서 찾는다.

"만물의 근원은 물이다"라고 했던 최초의 철학자 탈레스를 필두로 고대 철학자들은 미래학자의 원조이자 통찰력의 대가다. 철학은 예측 능력과 통찰력 훈련에 있어 뿌리가 되는 학문이다. 철학사들은 초과학(형이상학: 관념으로 얻어지는 지식, 이데아, 물 자체)과 과학(형이하학: 관찰과 경험으로 얻어지는 지식, 감각되는 세계, 현상)의 대상을 구분하고, 이 두 세계의 관계를 고려하면서 세상의 기원, 존재, 변화(현재 진행되는 변화, 미래 변화)에 대해서 연구했다. 이는 미래학의 접근과 같다.

고대 철학의 완성자인 아리스토텔레스는 세계의 원인을 4가지로 종합했다. 하나는 사물의 '실체(본질, 형상인 形相因)', 둘째는 물체의 '질료(질료인 質料因)', 셋째는 사물의 운동이 출발하는 '시작(운동인 運動因)', 마지막으로 (3번째 원인과 반대편 끝에 해당하는)사물의 생성이나 운동의 모든 것이 최종적으로 목표하는 바인 '목적(목적인 目的因)'이다. 현대의 미래학도 형상인, 질료인, 운동인, 목적인을 세상의 존재, 변화, 미래 방향 등을 이해하고 예측하는 데 중요한 기준으로 사용한다.

예를 들어, 필자는 "세상은 형상과 질료가 결합(연결)되어 목적을 향해 운동하는 그 무엇Matter이다"고 설명한다. 운동인과 목적인은 형상과 질료에 연결된 것이고, 이 4가지는 '변하지 않는 것'에 해당한다. 미래 세계의 형성에도 이 4가지는 매우 중요하다. 이 4가지를 알면 미래의 변화를 예측할 수 있는 통찰력이 높아진다. 예를 들어, 세상의 변화를 예측하기 위해서는 '형상과 질료가 결합(연결)되어 운동하는 그 무엇'을 모델링하여 '목적'을 부여하는 것이 필요하다. 목적을 향해 세상이 운동하고, 생성되고, 사라지는 것에서 '미래 변화의 현상'이 나타난다. 이것을 철학적 차원의 미래 모델이라고 한다.

아리스토텔레스는 세상의 '연결'을 알고Knowing, 배우고Learning, 이해하고Understanding, 예측Foreseeing하는 데 필요한 10가지의 범주론Categoriae을 가지고 있었다. 범주란 '술어述語'라는 뜻이다. 즉, "어떤 식으로 있는가?"에 관한 기본적인 '틀'이다. 아리스토텔레스의 10가지 범주는 다음과 같다.

- 실체
- 성질(어떤 성질로 있는가?)
- 양
- 관계(다른 무엇에 대해 어떤 관계인가?)
- 능동(그것이 하는 것)
- 수동(그것이 받는 것)
- 장소
- 시간
- 상황
- 상태(무엇을 가지고 있는가?)

실체를 제외한 나머지 9개는 '(질과 위치를 따라) 변하는 것'에 해당할 수 있다. 아리스토텔레스는 세상은 변하는 것과 변하지 않는 것이 함께 뒤섞여 있다는 것을 간파(통찰)하고 이들을 정교하게 분리해냈다. 아리스토텔레스는 형상과 질료의 결합 방법에 따른 '질적인 변화'를 '생성'이라고 보았고, '위치의 변화'를 '운동'이라고 보았다.

미래를 아리스토텔레스의 철학적 사유를 빌어 설명하면, "미래는 형상과 질료가 결합된 것들의, 목적을 향한 시간에 따른 질과 위치의 변화다"라고 말할 수 있다. 아리스토텔레스의 관점은 우리에게, 세상은 변하는 것과 변하지 않는 것이 서로 관계를 맺으면서 끊임없이 '생성'과 '운동'을 지속하면서 '변화(생성과 소멸, 위치 변화 등)'를 일으킨다는 미래예측 철학을 갖게 해 준다. 미래예측은 세상이나 사건의 생성과 운동을 통찰하는데서 시작한다. 아무리 규범적 미래나 선호하는 미래를 자유롭게 상상해 본다 하더라도, 이런 것들을 무시하고 미래를 그린다면 잘못된 오해와 환상을 주게 된다.

미래학은 미래를 만드는 '원인'과 '범주', 미래가 형성되는 '절차'를 통찰하고, 이를 활용해서 체계를 세워 흐트러지지 않는 언어와 이미지로 미래를 그린다. 단순히 몇 가지 기법으로 '상상의 장난'을 치는 것이 아니다. 필자는 미래에 대한 이런 식의 접근법을 '합리적 미래 구상Futures design with reason' 혹은 '모델적 미래 구상Futures design with modeling'이라고 부른다.

미래예측 능력을 날카롭게 하고, 통찰력을 향상시키고 싶다면, 오늘부터 신문기사, 블로그, 책과 미디어에서 흘러나오는 현상만을 쫓아다니는 일을 멈추어야 한다. 사건을 만드는 '원인(사건을 만든 힘),' '범주(변하는 것과 변하지 않는 것),' '(이를 통해)미래가 형성되는 절차'에 관심을 두어야 한다. 사건의 생성과 운동이 진행되는 방향과 변화의 가능성을 논리적으로 상상해 보고 철학적으로 생각해 보라. 그 사건의 미래 변화를 예언하려고 애쓰지 말고 사건과 세상에 대한 인식 능력과 의식 수준을 높이는 훈련을 하라. 날카로운 예측력과 통찰력은 이런 훈련의 결과물이다. 예측 능력과 통찰력은 신비한 능력도 천재들의 전유물도 아니다. 기법의 장난도 아니다. 누구나 가진 능력이며 훈련을 통해 높일 수 있는 대상이다. 미래 연구 훈련은 통찰력 훈련이 중심이다. 평소에 '훈련된 통찰력'을 기르면, 아르키메데스처럼 절체절명의 순간에 섬광처럼 내리 꽂히는 '직관적 통찰력'을 경험하게 될 뿐 아니라 세상 변화를 예측하는 통찰력을 얻게 된다.

- **Futures Studies**

  미래 연구의 대상 Subject of futures studies

미래학의 연구 대상은 당연히 '미래'다. 좀 더 엄밀하게 말하면, '미래의 다양한 가능성들 Possiblities of futures'이다. 미래의 다양한 가능성들은 (현실을 기반으로 하든 그렇지 않든 상관없이) 생각에서부터 시작된다. 그래서 미래학의 연구 대상은 '(사람들의 머릿속에 있는) 미래에 대한 다양한 생각들'이 된다. 미래학에서는 이것을 '미래 이미지들 Images of futures'이라고 부른다.

미래에 대한 모든 예측과 연구는 '미래의 사실 a Fact of a future'이라고 표현하지 않는다. 현재의 시점에서, 미래의 사실은 물리적으로 존재하지 않는다. 미래학의 연구 대상은 현재와 과거의 사람들 안에 이미 존재하는 Existing 미래에 대한 '마음속의 파편적 이미지, 미래상, 생각들'이다. 서로 다른 문화, 계층, 시기마다의 각기 다른 미래 이미지들, 미래학자들의 다양한 사상과 서로 다른 미래상들도 기본적인 연구 대상으로 삼는다.

미래에 대한 다양한 생각들은 아직 열리지 않은 채 미지의 두려움으로 둘러싸인 미래로 가는 길을 알려준다. 우리는 미래로 가는 '생각의 길the Way of thinking'을 통해 지금보다 '더 나은 미래'를 만들기 위한 용기 있고 적절한 행동을 할 수 있다.

미래에 대한 다양한 생각은 크게 두 가지에 영향을 받는다. '객관적 외부 환경'과 개인이나 집단의 의지나 심리와 같은 '주관적 요소'의 두 가지에 영향을 받는다. 필자는 객관적 외부 환경 요소들STEEP: Society, Technology, Economy, Ecology, Politics은 미래 변화의 가능성들을 만들어내고, 인간의 심리나 의지와 영성Spirituality이 미래를 결정한다고 생각한다. 이 두 가지는 미래 연구의 직접적 대상이다. 외부 환경 요소들STEEP 안에서 벌어지는 역동적인 상호관계와 거기서 발생하는 미래 변화 가능성들 속에서, 시간에 따라 다르게 반응하는 영적 인간Spiritual human being의 주관적인 '행동함Act'과 '행동하지 않음Do not act'은 미래 탐구의 중요한 대상이다.

사람들 마음(생각)에 존재하는 미래 이미지들은 사회 변화의 주요 동력인 과학, 기술, 법, 정치, 제도, 경제, 환경 생태계, 종교와 영성 등에 의해 영향을 받는다. 때문에 사회 변화의 주요 동력들의 본질을 식별하고 연구하는 것은 미래학의 기본이다. 필자는 이것을 미래 연구의 배경 지식Background knowledge이라고 부른다. 미래학이 종합 학문적 성격을 띠는 것도 이런 속성 때문이다.

미래 연구의 배경 지식은 크게 과학과 종교로 나눌 수 있다. 필자가 생각하는 미래 연구를 위한 학문적 체계는 다음과 같다. 가장 밑바닥에서 기초를 이루고 있는 것은 종교(신화, 예술 포함)다. 종교는 이성이 아닌 영적 신념이다. 그 위에 철학(수학 포함)이 세워진다.

철학은 신, 인간, 자연에 대한 최초의 이성적 인식이다. 칸트는 철학적 이성 인식과 수학적 이성 인식을 구분했다. 철학적 이성 인식은 신, 인간, 자연에 대한 '개념Concept'에 기초하고, 수학적 이성 인식은 개념을 기초로 새로운 개념을 만들어내는 '개념의 구성Concept formation'에 기초한다. 칸트는 순수 철학과 경험 철학을 구분했다. 순수 철학은 순수 이성에 기초하는 선험적 이성적 인식이고, 경험 철학은 경험적 자료와 원리에 기초하는 이성적 인식이다. 신에 대한 이성적 탐구를 할 때 철학은 신학의 신하가 된다. 인간과 자연에 대한 이성적 탐구를 할 때 철학은 신학과 경쟁한다.

철학 위에 관찰과 실험을 방법론으로 사용하는 과학이 자리를 잡는다. 자연과 생명체에 대한 이성적이며 실험적 탐구 과정에서 물리학(자연의 근원과 법칙), 화학과 생물학(생명의 근원과 법칙), 천문학(우주의 근원과 법칙)적 지식이 발생한다. 이런 지식들을 '자연과학Naturwissenschaften, natural science'이라 부른다. 이와 대등한 관계에 위치한 것은 '정신과학Geisteswissenschaften, moral science'이다. 정신과학은 탐구의 대상을 자연이 아닌 인간과 인간 세계에 둔다. 최초로 자연과학과 정신과학을 구별한 딜타이는 정신과학은 "역사적·사회적 현실을 대상으로 하는 과학들의 전체"라고 정의했다.[10] 정신과학은 크게는 인문과학과 사회과학으로 나뉘는데, 세부적으로는 인문학, 심리학, 사회학, 역사학, 정치학, 경제학 등이 여기에 속한다.

과학 위에 과학의 응용인 공학, 농학, 의학, 군사학 등의 기술(응용과학, Applied science)이 자리를 잡는다. 이 모든 것들이 미래 연구의 배경 지식Background knowledge이 된다.

응용과학(기술)	
자연과학	정신과학
철학(수학 포함)	
종교(신화, 예술 포함)	

모든 학문적 지식들은 인간과 자연에 대한 정보이지만 이들에 대한 '단순화된 모형', 즉 실재를 표현하는 모형이다. 이론의 경쟁은 모형의 경쟁이다. 인간은 인간 자신, 자연, 사회 등에 대한 다양한 모형을 만들고, 이것들을 유기적으로 연결시켜 세상의 근원이 무엇이고, 어떻게 작동하며, 어떻게 발전할 가능성이 있는지를 탐구하고 사색한다. 미래학도 다르지 않다.

미래는 지금까지 만들어진 세상과 현재 세상의 변화와 발전에 기초한다. 세상의 작동 구조, 변화와 발전을 설명하는 다양한 학문적 경험과 지식(모형)이 미래예측 능력이나 통찰력 향상에 중요한 이유다. 미래예측과 통찰은 지금까지 학교에서 배운 지식을 모두 활용한다. "내가 다른 사람들보다 더 멀리 앞을 내다 볼 수 있었던 것은 내가 거인들의 어깨 위에 서 있었기 때문이다"라는 뉴턴의 말은 미래학에도 적용된다. 좋은 미래 연구를 위해서는 다양한 예측 방법론도 중요하지만, 연구 영역STEEP에 대한 일정 수준의 지식이 반드시 필요하다. 이런 기초 실력 위에 인간의 무한한 상상력이 더해져서 미래의 가능성들이 만들어진다.

미래 연구가 다양한 학문의 지식에 기반을 두고 진행된다는 점을 좀 더 자세히 살펴보자. 먼저 미래학과 사회 변동론 사이의 연관관계를 살펴보자. 역사를 연구해 보면, 사회라는 커다란 공동체는 무질서하게 변하지 않았다. 사회변화에는 일정한 패턴이 있었다. 이것을 연구한 것이 사회 변동론 Social change 이다. '사회 변동'이란 한 사회 안의 정치, 경제, 가치 체계 등이 부분적으로나 전체적으로 변화하는 과정을 말한다. R. H. 라우어는 '사회 생활의 다양한 수준에서 일어나는 변화의 과정들'을 사회 변동이라고 보았다. 윌버트 모어 Wilbert Moore 는 어느 사회에서든지 끊임없이 급격한 변동이 일어난다고 가정하고, 변동은 가속적 연쇄적 누적적인 특성을 가진다고 보았다. 미래학자들은 각기 나름대로 사회 변화에 대한 이론을 가지고 있다.

필자도 독자적인 사회 변동 이론을 가지고 있다. 필자가 강조하는 것 중의 하나는 "미래는 갑자기 만들어지지 않는다"는 점이다. 미래는 현재와 완전히 별개의 상황으로 다가오지 않는다. 상상이 미래를 창조한다고 해서 상상의 세계가 곧 미래가 되는 것은 아니다. 미래는 과거와 현재에 대한 '연결'이나 '방향 전환' 그리고 (현재를 토대로 한) '반전'이나 '단절'을 통해 만들어진다. 이런 4가지 큰 틀의 변화는 저절로 나타나지 않는다. 객관적 외부 환경 요소들 STEEP 에 변화가 일어나면서 미래 변화의 가능성들이 만들어진다. 이런 변화 가능성들을 접한 인간이 어떤 가능성을 선택하느냐에 따라 실제 미래를 만든다. 미래의 사회 변동에 관한 필자의 4가지 틀은 여기서 형성된다.

1. 현 사회에서 지속되어 '연결'되는 미래 사회
2. 현 사회에서 예측 가능한 발전이나 쇠퇴가 진행되어 '방향 전환'되는 미래 사회
3. 현 사회에서 퀀텀점프나 뜻밖의 사태가 발생하여 '반전'되는 미래 사회
4. 현 사회에서 급격한 붕괴가 발생하여 '단절'되는 미래 사회

하와이대학교 정치학부 대안미래학 교수이며, 1967년 앨빈 토플러와 미래협회 창설을 주도했던 미래학의 대부인 제임스 데이터 교수는 과학기술을 사회 변화의 주요 동력으로 보았다. 데이터 교수는 기술의 변화가 개인이나 집단의 행동 변화를 촉진하고, 이런 상황이 오랫동안 지속되면 자의식과 사회의식이 변하면서 기존의 가치관과 규칙에 도전이 일어나고, 결국은 커다란 사회 변화가 발생한다고 보았다. 이런 이유로 제임스 데이터 교수는 역사 연구, 인류학, 문화 연구, 진화체제 이론 등에 깊은 관심을 가지고 있다.[11] 만약, 미래학자가 이런 사회 변동론을 가지고 있다면, 과거의 기술이 어떻게 사람들의 행동을 변화시켰고, 기존의 가치관과 규칙에 어떻게 도전했으며, 종국에는 어떤 사회 변화를 유도했는지를 연구할 것이다. 그리고 그 연구에서 얻은 통찰력을 새로 등장하는 기술에 적용하여 미래를 예측해 볼 것이다.

기술이 사회 변화에 직접적으로 영향을 미치기 시작한 때는 1550~1700년에 갈릴레이, 코페르니쿠스, 뉴턴 등을 중심으로 일어난 '과학 혁명 Scientific revolution'부터다. 과학 혁명이 일어나기 전, 인류의 삶을 지배한 것은 종교였다. 과학의 영역조차도 종교적 신념을 뒷받침하는 도구였다. 대표적인 것이 천동설이다.

그러나 신 중심의 세계관에서 인간 중심의 세계관, 자연 중심의 세계관으로의 전환이 일어나자 인류 발전의 방향이 바뀌기 시작했다. 신 중심의 세계에서는 종교가 미래 변화의 가장 큰 동력이었지만, 인간 중심의 세계에서는 인간과 과학이 미래 변화의 가장 큰 동력으로 자리매김하기 시작했다. 과학 혁명을 통해 자연과 인간의 현재와 미래에 대한 과학적 탐구 방법론이 확립되었다. 과학의 발달은 기술 발전으로 연결되었다. 기술은 과학적 발견의 응용이었기 때문이다. 기술 발전은 산업 발전을 촉진하여 인간 중심의 문명 발전을 가속화시켰다. 그런 과정을 통해 과학과 기술이 종교보다 우위에 서게 되었다. 종교도 계속 발전했지만, 과학과 기술의 발전을 앞서지는 못했다. 심지어 종교조차도 과학과 기술을 도구로 사용하여 변화를 꾀했다. 누가 보더라도, 과학과 기술이 주도하는 세상이기에 미래 연구도 종교보다는 과학과 기술이 중심이 되었다. 탁월한 미래학자들이 과학과 기술 영역에서 나오는 이유다. 과학과 기술의 발전을 예측하여 미래 사회의 모습을 소설의 형식으로 그리는데 탁월한 능력을 보였던 대표적인 사람은 아이작 아시모프다. 그는 화학을 전공했고, 물리 법칙을 근거로 설득력 있는 미래를 상상한 사람이었다. 신디사이저를 발명하고, 인공지능 분야에 탁월한 안목과 실력을 가진 미래학자 레이 커즈와일Ray Kurzweil도 과학자이며 발명가이다. 아서 클라크라는 SF 소설가는 물리학과 수학을 전공했다. 기술 발달이나 그에 따른 생산 기술의 변화가 사회 변동을 촉진한다는 이론은 다니엘 벨, 앨빈 토플러, 피터 드러커, 랄프 얀센, 다니엘 핑크 등의 학자들에게도 큰 지지를 받는다.

 하지만 여전히 사회 변화의 주요 동력으로 종교를 꼽는 미래학자도 있다. 그 외에도 이념, 경제, 힘(패권)의 이동, 우연한 사건, 자연적 환경 요인, 외래 문명과의 교류, 경제 역동성 등도 사회 변화의 주요 동력으로 거론된다. 이런 요소들을 적용하여 경기 순환론, 역사 순환론, 사회 발전론이 만들어진다. 콘트라티에프는 장기파동 이론을 주장하고, 슘페터는 창조적 파괴론을 사회 변동의 주요 동인으로 주장한다. 칼 마르크스Karl Marx는 변증법적 모순론을 가지고 사회 변동 이론을 형성했다. 마샬 맥루한이나 하워드 레인골드 등의 학자는 미디어나 가상현실 등의 커뮤니케이션 미디어의 변화를 사회 변동의 중요한 요인으로 간주한다. 이 모든 것들은 미래학에서 연구 대상이다.

일반인도 미래 사회의 변동에 대한 다양한 생각들을 가지고 있다. 평범한 사람들의 마음속에 있는 긍정적이거나 부정적인 이미지, 지속이나 붕괴 이미지, 낙관적이거나 염세적인 이미지, 전통적인 지배 가치를 중심으로 한 규율 잡힌 사회 이미지나 진취적이고 개방적인 사회 이미지 등도 미래 연구의 중요한 대상이다. 이런 미래 이미지들과 연관된 과거와 오늘의 행동함Act과 행동하지 않음Do not act도 연구 대상이다.

정치학은 미래학과 어떤 연관이 있을까? 아리스토텔레스는 "인간은 본성상, 폴리스적 동물이다"라고 했다. 폴리스란 도시국가를 뜻한다. 인간은 혼자 있을 때가 아니라, 폴리스 가운데 있어야 비로소 인간이 될 수 있다는 말이다. 다양한 미래 가능성들 중에서 최종적으로 어떤 미래가 결정되느냐는 인간의 선택에 달려 있다. 가정에서부터 국가 단위에 이르기까지 미래는 정치적 인간의 정치적 선택에 달려 있다는 뜻이다. 정치학이 미래 연구에서 중요한 연구 대상이 되는 이유다.

인간을 폴리스 안에 넣어 생각하는 것이 중요하다면, 자연스럽게 인간을 사회적 존재로 파악하는 것 또한 중요해진다. 인간이 사회적 존재라는 것은 본능적인 이합집산과 더불어 종교와 교육과 문화 등에 의해 본능을 통제하는 형태로서의 이합집산을 한다는 뜻이다. 그래서 미래를 선택하는 주체로서 인간에 대한 연구는 생물학, 심리학, 사회학뿐만 아니라 정치학 등의 관점에서도 다양하게 진행될 수밖에 없다.

경제학은 미래 연구와 어떻게 어울릴까? 경제학은 인문사회과학 영역에서 가장 먼저 계량화에 성공한 학문이다. 사회학의 정성적 모델에 기반을 두지만, 특정 부분을 상당히 정교한 수준으로 계량화한 덕택에 경제 현상에 관한 꽤 유용한 실험적 모형을 구축할 수 있게 되었다. 경제학은 정성적 인식의 모형을 벗어나 실험적 모형이라는 형식을 갖게 되면서 철학이 아닌 과학의 영역에 발을 담글 수 있게 되었다. 인간은 태초부터 경제 활동을 했다. 경제 활동은 인간의 행동에 영향을 미친다. 인간의 사회적 구조에 영향을 미친다. 인간의 사고 발전에도 영향을 미친다. 이 모든 것들은 인간이 만들어갈 미래 사회에 중요한 변수들이다. 특별히 경제학은 미래 사회 모델(모형) 구축 과정에서 계량적 접근을 가능케 하는 좋은 도구이다.

미래 통찰과 관련해 물리학의 도움도 받아보자. 미래는 현재와 같은 공간에 나타나지만, 엔트로피가 다르다. 열역학 제1법칙에 따르면 우주에 존재하는 에너지의 총량은 절대로 변하지 않는다. 에너지는 형태가 바뀔 뿐이지 기존의 총량을 넘어서 추가로 창조되거나 거꾸로 소멸하지 않는다. 이를 '에너지 보존의 법칙'이라고 한다. 미래도 마찬가지다. 겉으로 보이는 세상은 계속해서 변하는 것처럼 보이지만, 실제로는 변하지 않는 무엇이 세상을 떠받치고 있다. 무언가 변화한다고 해도 본질적인 총량이 변하는 것은 아니다.

반면 열역학 제2법칙에 따르면 자연 현상 대부분은 일정한 방향으로(무질서도를 높이는 쪽으로) 계속해서 변화한다. 게다가 그 변화는 반대 방향으로 되돌릴 수 없는 비가역적 반응이다. 즉 이미 진행된 변화는 본래의 모습으로 되돌릴 수 없다는 말이다. 이러한 변화의 과정에서 엔트로피Entropy의 총량은 증가한다. 이를 '엔트로피 증가의 법칙'이라고 한다. 엔트로피는 다시 가용할 수 있는 상태로 환원시킬 수 없는, 무용無用의 상태로 전환된 에너지의 총량이다. 그래서 엔트로피를 '무질서도'라고도 한다.

에너지 보존의 법칙은 미래예측에서 '변하지 않는 것'에 속하고, 엔트로피 증가의 법칙은 '변하는 것'에 속한다. 변하는 것과 변하지 않는 것이 서로 역동적으로 상호작용해 나타난 모습은 엔트로피 증가의 법칙을 따른다.

엔트로피를 확률적으로 정의한 오스트리아의 물리학자 볼츠만Ludvig Eduard Boltzmann은 계속해서 섞이는 방향으로 진행되는 것이 변화의 자연스러운 방향이라고 보았다. 자연은 엔트로피 증가의 법칙을 따른다. 엔트로피가 증가한다는 것은 계속해서 새롭게 잘 섞이는 방향으로 변화가 이루어진다는 것을 의미한다. 이 원리는 미래 변화의 방향성을 예측하고 통찰할 때 중요한 영감을 준다.

세상의 변화는 무언가 계속해서 섞이기 때문에 나타나는 것이다. 섞이는 속도가 빠르고 빈도가 높아질수록 변화의 속도와 빈도가 증가하며, 동시에 혼돈도 증가한다. 무질서도가 높아지기 때문에 불확실성도 증가한다. 열역학 제2법칙대로, 세상은 계속해서 무질서도가 증가하면서 복잡해진다. 질서를 형성하기 위해 자기조직화를 계속 시도하지만, 시간이 지나면 다시 무질서도가 증가하면서 복잡성은 더욱 커진다. 경계가 무너지면서 계속해서 섞이기 때문이다.

그러나 물리학의 원리에 의하면 변화가 영원한 것은 아니다. 엔트로피가 계속 증가한다는 것은 다른 물질이 계속 섞인다는 뜻이다. 하지만 언젠가 섞이고 섞여서 더 이상 섞일 수 없는 확률적 최대의 상태에 도달하면 변화는 멈춘다. 엔트로피의 증가도 멈춘다. 심지어 동위 원소도 섞이지 않을 정도로 다른 물질이 섞이는 것이 완전히 멈추어서 완전한 내부 평형을 이루면 변화는 멈춘다. 완전한 내부 평형은 물질에 전혀 결함이 없는 완전한 상태를 말한다. 계속해서 무언가가 계속 섞인다는 것은 결함이 해결되지 않았다는 것이다. 인간은 문제, 욕구, 결핍이라는 결함을 완전히 해결할 때까지 새로운 제품과 서비스를 만들어낸다. 계속해서 혁신과 변화를 추구한다. 무질서도만 봐서는 '천국'이란 완전한 내부 평형의 상태일지도 모른다.

열역학 제3법칙은 절대 온도 0도(-273.15 ℃)에 도달하면 모든 변화가 멈추고 완전한 내부 평형을 이룬다고 설명한다. 변화가 멈추었기에 엔트로피 증가가 0이 된다. 동시에 무질서도 사라진다. 열용량도 0이 된다. 절대 온도 0도에서는 모든 물체가 가장 잘 정리된 상태처럼 보이는 고체(완전한 결정 구조)로 변한다. (하지만 헬륨He은 절대 온도 0도 가까이에서도 액체 상태를 유지한다) 미래를 만들어가는 인간이 어느 부분에서 엔트로피의 증가 속도를 늦추거나 정지시키면 다른 부분에서 그보다 더 많은 양의 엔트로피가 증가한다. 이것이 바로 시간에 따라 계속해서 엔트로피가 증가하는 미래다.

미래예측 능력을 날카롭게 하고 미래 통찰력을 향상시키고 싶다면 다양한 학문에 관심을 가져야 한다. 다양한 학문에 대한 지식과 미래예측 기법의 조화가 예측 능력과 통찰력을 높이기 때문이다. 이쯤 되면 미래학이 경험적 사실을 연구의 대상으로 하지 않는다는 비판이 잘못된 것임을 알게 될 것이다. 지금까지 설명했듯이, 다양한 학문적 영역에 속한 전문가들의 연구와 생각, 일반인들의 미래 이미지와 행동 양식, 그리고 현재와 과거 속에서 일어났던 다양한 미래 이미지들과 '행동함과 행동하지 않음'이 미래학자가 연구하는 경험적 '사실'에 속한다.

미래학자는 아무런 근거도 없는 망상적 미래 이야기들을 떠벌리는 사람이 아니다. 사회과학처럼 '경험적 사실들'에 대한 연구를 기본으로 하고, 경험적 사실들 속에서 '변하지 않는 것들(Something not to change: 자연의 원리, 사회의 원리, 반복적인 패턴, 사이클 등)'과 '변하는 것들(Something to change: 새로운 원리, 새로운 패턴과 사이클, 특별한 조건 하에서 일어나는 특별한 일 등)'을 철학적이고 과학적으로 연구하고, 이것들에 의해서 미래로 '이끌리거나' 혹은 '밀고 갈' 과정들과 '예상되는' 결과물을 연구의 대상으로 삼는 사람들이다.[12] 미래 사회는 현재와 비교해서 변하지 않는 것과 변하는 것, 그리고 둘 간의 상관관계로 구성되기 때문에 이 모든 것들을 연구하지 않으면 미래에 대한 유용한 지식을 산출하기 힘들다.

미래학에서 변하지 않는 것은 '탐구(발견)'의 대상이고, 변하는 것은 '창조'의 대상이다. 이 둘 간의 상관관계는 '추론'의 대상이다. '변하지 않는 것'을 탐구(발견)한다는 것은 미래 안에서 변하지 않고 계속해서 존재하는, 플라톤이 말하는 이데아Idea 혹은 아리스토텔레스가 말하는 질료와 형상과 같은 모습을 연구하는 것이다. '변하는 것'을 창조한다는 것은 구성주의(환경과의 직접적인 상호작용에 의해서 스스로 지식을 구성한다) 관점으로 미래의 모습을 연구하는 것이다. 이 둘 간의 상관관계는 시스템적 관점에서 상호작용을 추론하는 것이다.

'시간'도 미래학의 중요한 관심사이자 연구 대상이다. 시간의 '개념'에서부터 '기간'에 이르기까지 모든 것들이 미래학의 연구 대상이다. 미래 변화는 물리적으로는 '시간에 따른' 변화이기 때문이다. 제임스 데이터 교수는 다음과 같은 말을 했다.

"미래학자는 자기가 속한 문화 집단의 시간 개념을 순진하게 받아들이지 말고, 시간 개념 자체를 반드시 문제로 삼아봐야 한다. '과거, 현재, 미래'는 모든 문화 집단에서 사용하는 말이 아니다. 시간 범주가 이 3가지만 존재하는지는 말할 것도 없고 '실제로' 존재하는지도 결코 분명하지 않다. 상호간의 경계 또한 극히 모호하다."[13]

제임스 데이터 교수는 자신이 미래라고 말할 때는 일반적으로 20~50년을 뜻한다고 했다. 그러나 기업이나 개인들을 돕는 미래학이 되려면 그들의 주된 관심사인 10년 이내의 미래에 대해서도 연구 영역으로 삼아야 한다. 미래학자들은 '지금으로부터 미래의 어느 시기까지'를 언급할 때는 그 시기가 언제인지를 분명히 해야 하고, 왜 그렇게 정했는지도 밝혀야 한다. 그리고 같은 10년의 기간이라도 시대와 상황에 따라 그 개념이나 정도의 차이가 어떻게 다른지도 안내해 주어야 한다.

- **Futures Studies**
  미래 형성 이론 a Theory how to build a future up

미래는 인간의 선택에 따라서 다양한 모습으로 나타날 수 있기 때문에 미래학에서 미래 형성 이론은 매우 중요하다. 전문 미래학자는 다양한 배경 지식에 대한 연구, 사람들 안에 존재하는 미래 이미지들의 연구를 토대로 나름대로의 '미래 형성 이론'을 제시할 수 있어야 한다. 여기서는 필자의 미래 형성 이론을 하나의 실례로 소개한다.

미래는 아직 우리의 실제 삶에 존재하지 않는다. 미래는 공기처럼 보이지 않는 무無의 존재로 느껴진다. 그래서 미래가 갑자기 나타나는 것처럼 느껴지기도 한다. 그런데 미래는 갑자기 나타나거나 현재와 전혀 상관없는 모습으로 등장하지 않는다. 미래는 아직 우리의 실제 삶에는 존재하지 않지만, 미래의 방향이 어디로 향하는지 통찰할 수 있는 충분한 '미래 징후Futures signals'를 나타내면서 우리에게 다가온다. 그래서 미래예측은 '미래 징후'를 파악하는 데서 시작한다.

미래학자는 감지된 미래 징후들을 '경험적 사실들'에 대한 연구, 경험적 사실들 속에서 발견한 '변하지 않는 것들'과 '변하는 것들'과 연결시킨다. 그리고 이런 상호작용에 의해서 미래로 '이끌리거나' 혹은 '밀고 갈' 과정들과 '예상되는' 결과물을 도출하기 위해 인과적 상상, 상관적 상상, 비약적 상상을 더해 그럴듯한 미래, 가능성의 미래, 생각해 보아야 할 미래 등으로 다양한 '미래 형상形象'을 구성한다. 이렇게 만들어진 미래 형상은 다시 세상의 변화, 사람들의 변화, 부의 변화, 사회의 변화 등을 통찰하는 좋은 안경으로 사용된다. 미래 형상은 미래라는 추상적 영역에 관한 특정한 주장(혹은 상상력)이다. 미래 형상은 다음의 3가지 요소를 갖추어 형성된다.

첫째, 미래예측의 전제로서의 '조건 가정If~, then~'이다. 이것은 미래예측의 한계선Limitation을 규정한다.

둘째, 미래예측 과정Process이다. 좋은 미래 이미지(미래상, 미래 모델)을 만들기 위해서는 논리적 함의Implication와 논리적 엄밀성Logically valid을 도출할 수 있는 '예측 법칙(기법)'이 가장 효과적인 프로세스를 통해 작동되어야 한다. 참고로, 함의란 어떤 개념(명제)이 다른 개념(명제)의 의미를 포함한다는 의미다. 특히, 미래학이 새로운 학문으로 성립되는 것은 2번째 요소인 (가능한 한) 논리적 엄밀성의 추구 과정을 목표로 하기 때문이다.

셋째, 미래예측의 내용인 '미래 형상(혹은 미래 이미지, 미래 모델)'이다. 이것은 특정한 미래 가능성을 사전에 재현한 모습이다. 이때 필자는 다음과 같은 5가지의 미래 모델을 주로 사용한다.

- (논리적으로) 일어날 가능성이 큰 세계 Plausible world
- 그럴듯한 세계 Possible world
- 꿈과 가치가 어우러진 바람직한 세계 Normative or preferred world
- 일어날 가능성은 매우 낮지만 특정한 조건이 충족되면 발생하는 뜻밖의 세계 Wildcard world
- 전혀 예측하거나 상상할 수 없는 세계 Unpredictable or unimaginable world.

미래를 통찰한다는 것은 이 5가지 가능성을 꿰뚫어 본다는 말이다. 미래 모델을 형성할 때 주의해야 할 점 중 하나가 역설적 미래 Future with paradox 다. 패러독스(Paradox, 역설)란 참과 거짓에 모두 오류가 포함되어서 참이나 거짓이라고 말하기 어려운 상태를 의미한다. 하지만 패러독스의 대부분은 '착각'이다.

다음과 같은 유명한 패러독스들이 있다.

- "지금 당신이 읽고 있는 이 글은 거짓말이다.(유클리드의 제자인 유불리데스의 패러독스 – 자기 모순 착각)"

- "한 발 앞에서 출발한 거북이를 아킬레스는 절대로 따라 잡을 수 없다.(제논의 패러독스 - 시간 개념을 고려하지 않은 착각)"
- "자기 스스로 수염을 깎지 않는 모든 사람만 수염을 깎아 주는 이발사(러셀의 패러독스 - 자기 모순 착각)"

이런 패러독스들은 많은 혼란을 일으킨다. 때로는 제논이 패러독스를 해결하는 과정에서 극한의 개념을 발견한 것처럼 새로운 발견을 이끌기도 하지만 (이런 장점에도 불구하고) 패러독스는 미래 변화의 통찰에 방해가 된다. 역설적 미래를 만드는 '미래 패러독스'는 들을 때는 그럴듯하다. 하지만 '시간을 고려하지 않아서' 발생하는 착각에 해당하는 예측임을 명심해야 한다. 대부분의 잘못된 미래예측이나 통찰은 '예언'을 하려고 들거나, '착각$_{Paradox}$'에서 비롯된다는 것을 잊지 마라.

주의해야 할 또 다른 것은 '미래 궤변$_{Sophistry\ of\ futures}$'이다. 전문적인 미래예측 프로세스에 의한 것이 아닌데도 처음 들을 때에는 그럴듯하거나 관심을 끌 수 있는 미래상을 미래 궤변이라고 한다. 미래 궤변은 미래 시나리오와 다르다. 궤변은 상대방의 사고를 혼란시키거나 감정적 호기심을 격발시켜 거짓을 참인 것처럼 꾸며서 말하는 근거 없는 '억지 주장'이다. 미래 궤변도 (예측이라는 탈을 쓰고 있지만) 논리적 전개를 기반으로 하기 때문에 속기 쉽다. 미래 궤변은 오류이거나 공포 또는 환상을 유발하는 초극단적 미래상일 뿐이다.

신비적 예언이나 착각, 미래 궤변(근거 없는 억지 주장)이 아니라도 종종 미래예측이나 통찰이 '터무니없게' 보이는 경우가 많다. 그렇다고 그런 예측을 착각이나 미래 궤변으로 몰아가면 안 된다. '터무니없는 미래'처럼 들리는 이유는 두 가지가 있다. 하나는 근거 자료와 논리가 부족할 경우이다. 이것은 미래학자의 책임이 크다. 다른 하나는 미래예측 프로세스에 의해 산출할 수 있음에도, 일반적인 사람들의 직관이나 경험으로 판단할 때는 터무니없어 보이는 미래예측이다. 이것은 미래학자의 책임이 아니다. 예를 들어 수학의 확률론에서 23명의 모임에서 적어도 어느 두 사람의 생일이 같을 확률은 (우리의 직관과는 다르게) '.507'의 확률을 가진다. 심지어 50명의 모임으로 늘어나면 '.970'의 확률을 갖는다. 이 확률은 언뜻 보기에는 '터무니없는 것'처럼 보이지만, 수학적 사실이다. 확률론적 미래에 대해서도 이런 일이 충분히 가능하다. 미래가 운명적으로 정해지지 않고, 확률적 접근이나 혹은 가설적 접근만이 가능한 대상이기 때문이다. 직관을 너무 믿지 마라. 사실과 큰 차이가 있는 직관도 많다. 그래서 예측이나 통찰도 직관에서 시작하는 것이 아니라 사실과 논리에서 시작해야 한다.

'미래 형상'은 이렇게 다양한 것들을 고려해서 나온 미래학자의 최종 창조물이다. 그러나 아무리 엄밀한 접근법과 과정을 거치더라도 미래는, 실제로 존재하고 만질 수 있는 현실이 되기 전까지는, 생각으로만 가능한 추상적 개념이며 관념의 세계에만 존재한다. 추상적이고 관념의 세계에만 존재하는 미래이기 때문에 작게는 '미래 형상'이라고 하며, 크게는 '미래 모델'이라고 부른다. 미래 시나리오는 이 둘을 모두 포함한다. 미래 형상은 순수한 사고의 단편들로 구성된다. 이런 단편들의 조합으로 구성된 것이 미래 모델이다. 필자는 여러 개의 미래 모델을 시스템적으로 조합하여 큰 미래 시나리오를 구축한다.

이 모든 것은 생물학적으로는 뇌가 만들어낸 것이며, 정신적으로는 관념이 만들어낸 가상의 세상이다. 그래서 모델이라고 부르며 얼마든지 재구성할 수 있다. 형상과 모델을 이리저리 조작하는 이유는 기회를 위기로, 위기를 기회로 재구성해 보면서 '더 나은 미래'의 모습을 설계하기 위해서다. 그래서 미래예측은 예언이 아니라 연구이며, 신비하거나 마법적인 능력이 아니어서, 사고의 수준과 다양성, 숙련도의 차이로 그 실력이 판가름된다.

미래 모델은 큰 유용성을 지닌 학문적 지식이다. 지식은 크게 두 가지로 나뉜다. 하나는 "A는 B다"라는 형식으로 어떤 사건, 사물, 형상 등을 설명하는 '명제적 지식'이다. 다른 하나는 "만약 A라면 B이다"라는 형식으로 조건을 가지고 절차에 따라 새로운 것을 설명하는 '절차적 지식'이다. 미래학은 명제적 지식을 기본으로 하며, 그것을 가지고 미래에 대해 추론하여 만든 절차적 지식으로 구성된다.

세계는 두 개로 나눌 수 있다. 하나는 실제 사물의 세계이고 다른 하나는 관념의 세계다. 지식으로 구성된 미래 모델은 관념으로 만든 가상의 세계에 존재한다. 수학 모델이 지식의 형태를 취하더라도 가상의 세계에 존재하는 것과 같다. 과학 모델은 실제 사물의 세계에 존재하지만, 아직 밝혀지지 않은 과학 가설은 여전히 관념의 세계에만 존재한다. 아인슈타인이 수학적으로 증명한 빛보다 빠른 물질은 없다는 특수상대성이론도 관념의 세계에서 출발했다. 아인슈타인은 특수상대성 이론을 응용하여 빛보다 빠른 상태라면 시간을 역행할 수 있다는 가설로 나아갔다. 물리학 이론으로는 논리적이지만, 이것은 여전히 관념의 세계에서만 존재한다. 시나 소설도 관념의 세계에만 존재한다. 미래 모델도 아직 '그 미래가 실현되지 않았기에' 관념의 세계에만 존재한다. 미래의 시간이 도래하더라도 최초의 미래 모델과는 100% 일치하지 않기에 여전히 최초의 미래 모델은 관념의 세계에만 존재할 수밖에 없다. 그러나 관념의 세계에 있다고 해서 증명할 수 없는 것은 아니다. 관념의 세계에 있지만 그 모델의 도출 과정, 절차, 방법론의 타당성이 검증되면 관념의 세계에만 존재하는 미래 모델이라도 현실 세계에서 유용한 통찰력으로 활용될 수 있다.

과학이나 수학이 학문적 활동 분야가 되는 것과 같은 이유에서 미래 모델을 연구하는 미래학도 학문적 활동이 충분히 가능하다. 예를 들어, 미래 모델이나 시나리오는 어떤 대상을 파악하기 위해 구축한 추상적 상황에서 핵심적이라고 생각되는 특징을 원소로 하는 집합에 비유할 수 있다. 이런 의미에서 "미래 모델은 미래 집합이다"라고 할 수 있다. 미래 모델을 만든다는 것은 미래의 어떤 대상들의 모임, 특정 미래 안에 있는 특정 모습들의 집합을 설정하는 것이다. 미래의 어느 '특정한 시점'에 '특정 성질들'을 가지고 있는 '특정 원소들'의 집합이다.

이를 수학적으로 '미래 $S_{Scenario}$ = {A, B, C}'로 표현할 수 있다. 또한 A∈미래S (A는 미래S에 속한다) 라고 표현하는 것도 가능하다. 그리고 미래 S = { x | P(x) } (S는 P(x)를 참이 되게 하는 모든 x들의 집합이다)라고도 표현할 수 있다. P(x)는 미래예측 한계선$_{Futures\ limitation}$이 될 수 있다. 즉, '미래 S'는 미래예측한계선 P(x)를 참이 되게 하는 모든 x들의 집합으로 만들어진 미래 모델이다. 예를 들어, 'x = 여성화 트렌드 ∩ 세계화 트렌드'로 정의할 경우 이 x를 Cross Impact Analysis를 사용하여 찾을 수 있다. 이처럼 미래를 표현하는 어떤 특정한 대상이 그 미래 집합에 속하는지 아닌지를 판정할 수 있는 규칙을 가지고 있다면 미래 모델이 적절하게 만들어진 것이라고 볼 수 있다.

인간의 미래예측에는 분명 '예측한계선'이 존재한다. 그러나 그 경계 안에서는 계속해서 확장될 수 있는 생명력과 아름다움을 갖는다. 미래학자들은 예측의 적중률보다는 더 좋은 미래, 더 아름다운 미래, 더 정교한 과정을 통해 구성된 미래들에 관심을 갖는다. 미래학은 미래를 예측할 수 있는 이론과 방법론을 형성하기 위한 자기 목적을 가짐에도 불구하고, 미래에 대한 '심미적 탐구'로 귀결될 수 있다. 미래학은 철학, 수학, 과학적 방법 등을 사용하지만, 미래가 오기까지는 예측의 내용을 증명할 수 없고, '실체가 없는 사고의 형상'이 논리적 추론에 의지해서 '눈에 그려지고 귀에 들리는 형상'을 갖기 때문에 예술에 가깝기도 하다. 미래학자들은 이런 과정에서 미래의 다양한 아름다움을 목격한다. 미래가 시간이 지나 인간의 손에 잡히기 전까지 신의 손에 있는 미래를 들여다 볼 수 있는 길은 이 것밖에는 없다. 신의 계시를 받거나 예지몽을 꾸지 않는 이상, 미래학자의 손 안에서 움직이는 추상적 미래의 모습들 속에서만 미래에 대한 유용하고 구체적인 이미지들을 볼 수 있다.

　이런 활동을 미래 탐구라고 부르고, 미래에 대한 탐구 활동을 하는 사람을 미래학자라고 한다. 미래 탐구 과정을 통해서 얻어진 미래에 대한 지식은 완전하거나 정확하지는 못하더라도 분명 더 나은 미래를 위한 의미 있는 성취다. 미래학자가 고안한 미래 모델은 새로운 통찰력과 안목을 준다. 현실에서도 적용해 볼 수 있다. 운이 좋을 경우, 나타날 미래의 모습이 매우 흡사할 수도 있다.

　그렇다고 미래학자들이 미래에만 갇혀 사는 것은 아니다. 그래서는 안 된다. 더 나은 미래를 만들기 위해서 미래학자들은 현실 세계도 꼼꼼히 본다. 무한한 미래 공간을 매우 작은 미래 모델 안에 구축해 넣고, 이를 기반으로 현실 변화의 방향, 속도, 타이밍, 지역화, 지속 가능성 등을 기술해야 하기 때문이다. 미래학자들은 자신들의 이런 일련의 모든 활동을 "미래 연구Futures studies를 한다" 혹은 "미래예측 Foresight futures을 한다"라고 표현한다.

• **Futures Studies**
  미래학적 진리와 검증 Truth of futures studies and Verification

미래학적 진리는 예측한 미래의 '내용'이 참이냐 아니냐의 영역에 있지 않다. 미래학적 진리는 '논리적 추론의 합당한 과정'을 필요로 한다. 논리적 추론의 합당성은 미래예측 알고리즘의 합당성이라고도 할 수 있다. 알고리즘이란 유한有限한 숫자의 단계를 거쳐 해(解, Value)를 구하는 과정이다. 미래예측 알고리즘은 유한한 숫자의 단계를 거쳐 미래의 모습을 그려보는 과정이다.

예를 들어, 필자가 가지고 있는 미래예측 알고리즘은 미래 변화의 징후나 아이디어를 발견하고, 이것들을 미래를 만드는 힘들로 일반화·추상화·기호화 하여 이미 존재하는 힘과 연결하고, 그것들을 세상과 우주 만물의 이치(理致, Reason; 다스림의 궁극적 원리), 본질(本質, Essence; 본디부터 가지고 있는 사물 자체의 성질이나 모습)과 작동 방식을 근거로 모델을 만들고, 모델의 구조와 흐름을 적절하게 조작하는 '정형화된 생각의 과정'이다.

미래학자들은 자신만의 독특한 예측 알고리즘을 '반복적으로' 진행하면서 간단한 이미지에서부터 더 이상 셀 수 없을 정도의 이미지들로 미래를 확장시키고, 이 많은 이미지들이 다양한 미래들Futures을 '

완벽하게 채울 수 있는 상황에 이를 때까지 작업을 한다. 이렇게 생산된 미래들이기에 현재를 사는 우리에게 미래에 대해 매우 풍부하게 확장된 생각들을 제공할 수 있다. 또한 미래에 대한 매우 풍부하고 의미 있는 생각들 속에서 현재 당면한 문제의 해解를 구할 수 있는 유용성을 준다.

역사에는 가정이 없다. 그러나 역사 연구에서 절대로 '가정'이 무의미한 것은 아니다. 이미 지나간 일이고 이미 확정된 일이지만, 인간은 이런 저런 가정을 반복하는 방식을 통해 중요한 교훈들을 얻을 수 있다. 과거가 기록이라는 형식으로 남아 있긴 하지만, 엄밀히 말하자면 지나간 일들 역시 미래와 마찬가지로 지금 우리 손에는 없는 시간이고 공간이다. 역사는 상당 부분이 승자의 기록이기 때문에 기록의 완벽성을 담보할 수 없다. 그렇기 때문에 '가정'을 완전히 배제한 역사 연구는 인식의 폭을 넓히는 데 금방 한계에 도달한다. 역사가 과거의 자료를 근거로 사고의 힘을 활용하여 인류 발전에 도움이 되는 '과거 교훈'을 얻는 것이라면, 미래학은 과거와 현재의 자료를 근거로 사고의 힘을 활용하여 인류 발전에 도움이 되는 '미래 교훈'을 얻는 학문이다.

그래서 미래학에서는 검증의 영역을 예측 '내용'의 현실 가능성에 두지 않는다. 특정한 예측 내용이 100% 정확하게 맞았느냐 틀렸느냐는 것을 검증의 대상으로 삼지 않는다. 그 이유는 미래 연구의 목적이 미래에 대한 다양한 가능성과 가정을 연구하여 통찰력을 높이는 데 있기 때문이다. 미래에 일어날 가능성에 대해 확률적 표현을 사용하는 것도 통찰력을 위해서일 뿐이다.

현재 시점에서는 예측 내용 자체의 정확성을 검증할 어떤 방법도 없다. 미래예측 내용 자체에 대한 검증의 유일한 방법은 그 미래가 시간적으로 현재가 되는 것이다. 따라서 예측 내용의 정확도를 검증의 대상으로 삼는 것은 예언을 대할 때의 자세일 뿐이다. 미래학은 예언을 하지도 않고, 예언적 방법론을 사용하지도 않는다. 예언의 방법은 계시, 투시, 환상, 예지몽, 점술 등이다. 미래예측과 미래 예언은 엄연히 다른 분야다. 미래학자들은 예언자가 아니라, 미래를 연구하는 사람들이다. 미래에 대한 좋은 태도를 갖고자 하는 사람들이다. 미래의 기회와 위기의 가능성을 탐구해 보려는 사람들이다. 미래를 운명처럼 정해진 곳으로 끌고 가려는 사람이 아니라, 운명론에 빠져 있거나 플라톤의 동굴에 갇혀 있는 사람들을 건져내고, 그들과 함께 지금보다 더 나은 미래를 만들어 보려고 노력하는 사람들이다.

결국 미래학에서 검증의 대상은 '미래예측 알고리즘, 예측의 과정Process, 절차Procedure 와 방법론Methodology의 타당성, 가설의 유효성'으로 귀결된다. 예측 모델(미래 모델)을 구축하는 과정이나 절차에 문제가 없었는지, 예측 모델을 구축할 때 사용한 방법론이 적절했는지를 검증의 대상으로 삼는다.

• Futures Studies
미래 연구 도구 Method of futures studies

미래학자는 전문적인 예측 기법과 프로세스를 동원해서 좀 더 먼 미래, 보다 광범위한 영역의 미래, 보다 복잡한 상황에 대해서, 논리적인 관점을 유지하면서 미래를 연구할 수 있는 능력을 훈련받은 사람들이다. 예측 기법의 개발과 훈련, 지속적인 미래 변화를 추적하는 모니터링, 다방면의 지식을 습득하는 노력과 훈련을 거듭하면서 미래에 대한 의미있는 정보를 생산해낸다. 그렇다면 미래학자들은 미래연구의 도구들을 어떻게 만들고 발전시킬까?

과학은 관찰에 의해 확립된다. 과학적 진리는 '증거'를 필요로 한다. 수학은 증명에 의해 확립된다. 수학적 진리는 '증명'을 필요로 한다. 증명할 수 있거나 증명된 생각을 '정리'라고 한다. 학문마다 고유의 연구 도구가 있지만, 모든 학문은 '추론推論'이라는 방법론을 기본으로 한다.

과학자들과 수학자들도 문제를 해결하거나 새로운 진리를 발견하는데 추론을 사용한다. 추론은 자체적으로는 증명할 수 없거나 증명되지 않은 '무엇Something'에 대해 그것 바깥에 있는 다른 판단을 근거로 삼아, 미루어 이끌어내는 '생각의 기술Thinking tool'이다. 논리적 추론은 인류가 태초부터 보이지 않는 미지의 세계를 탐구하거나 연구할 때 사용했던 방법이다. 추론에는 유추, 귀납, 연역이 있다. 수학자들은 "모든 수학적 증명은 연역적이어야 한다"고 주장한다. 과학자들은 귀납적 추론으로 발견한 법칙들도 주저없이 받아들인다.

미래학적 지식이나 미래 모델들 역시 기본적으로 추론에 의해 확립된다. 미래예측도 추론이 기본이 되어야만 자신 안에 있는 미래 이미지가 어디서 유래했으며, 설득력 있을 만큼 견고한지 판단할 수 있다. 그리고 미래 이미지를 담은 미래 모델을 다른 것과 비교하고, 안정적으로 변형 테스트할 수 있다. 미래학자들은 과거와 현재의 특정한 상황에서 적용된 패턴이나 해법을 비슷할 것으로 생각되는 미래의 특정한 환경에 적용하는 유추적 추론도 사용하며, 과감하게 예술적 상상력도 사용한다. 추론을 기본으로 관찰, 분석, 분류, 상상 등도 연구 도구로 삼는다. 40~50여 가지나 되는 미래예측 기법들은 추론, 관찰, 분석, 분류, 상상 등을 미래예측에 최적화해서 사용하기 편하도록 도구화한 것들이다.

물론 이런 예측 기법들을 만들 때도 몇 가지 과정이 있다. 가장 보편적으로는 기존의 학문들에서 검증된 방법론들을 차용한다. 예를 들어 가장 대중적으로 알려진 미래예측 기법이라고 할 수 있는 시나리오 기법은 피에르 왁이나 피터 슈워츠 등이 군사학에서 사용하던 것을 차용해서 미래예측에 최적화시킨 것이다. 그 다음, 차용한 방법론들을 서로 조합하여 미래예측만을 위한 독특한 방법론으로 개발하기도 한다. 필자가 개발한 '생태학적 사회구조 분석 기법'이나 '다층적 시스템 시나리오 기법' 등이 바로 그런 예이다.

미래학에서는 과학적 방법론과 인문사회과학적 방법론도 즐겨 차용하거나 변형하여 사용한다. 예측한 미래의 현실 가능성을 증명할 때에는 수학적 방법과 철학적 방법론도 종종 사용한다. 현대에 들어와서 미래를 만드는 힘의 복잡성이 증대됨에 따라 컴퓨터 시뮬레이션도 보조 수단으로 사용한다.

필자는 미래예측의 기초 모델을 수립할 때, 미래의 모델을 뉴턴 방정식에 기반을 두고 세울 것인지, 아니면 복잡계 Complex system 에 기반을 두고 세울 것인지, 둘 다를 사용할 것인지를 먼저 결정한다. 사람, 세상, 자연과 우주는 고전물리학의 핵심인 뉴턴 방정식에 따라서 작동하지만 동시에 복잡계 구조를 기반으로 서로 연결되어 있다.

뉴턴 방정식은 입력과 출력이, 일정한 법칙에 따라 균등하게 나타나는 선형적 행동 Linear behavior 을 보인다. 뉴턴은 시간에 대한 미분 방정식으로 나타나는 운동 방정식 Equations of motion; $F = ma = m(dv/dt)$ 을 가지고 물체에 작용하는 힘과 운동의 선형적 관계를 설명했다. 이 외에도 뉴턴은 관성의 법칙, 작용 반작용의 법칙, 만유인력의 법칙 등으로 대표되는 몇 가지 운동 법칙들을 밝혀냈다. 이런 법칙들을 통해 뉴턴은 시간과 공간은 절대성을 띠고 있으며, 작은 변화는 작은 결과를, 큰 변화는 큰 변화를 출력한다고 주장했다. 그리고 여러 개의 작은 변화를 합치면 그에 상응하는 큰 효과가 출력된다고 했다. 때문에 어떤 물체의 초기조건(위치와 속도)을 알면 그 물체의 미래를 알 수 있다고 확신했다. 고전역학 역시 뉴턴의 개념들을 확장하여 일상생활에서 일어나는 현상들을 매우 정확하게 설명하고 예측할 수 있다는 입장에 섰다. 뉴턴 방정식에서 미래는 결정론적이며, 분명한 질서에 따라 움직이기 때문에 예측 불확실성이 낮다. 고전경제학도 이런 전제에서 출발했고, 고전미래학도 결정론적 접근법을 사용했다.

 뉴턴의 수학은 우주의 움직임이든 하늘을 나는 독수리의 움직임이든 모든 운동은 완벽하게 예측할 수 있다는 전제 위에 수립되었다. 어떤 사물이 '지금 어디에 존재하는지'를 알고, 그 사물에 '작용하는 힘'을 알 수 있다면, 그 사물의 '다음 위치'를 충분히 계산할 수 있다고 확신했다. 미래예측에서도 상황에 따라서는 이와 비슷한 접근을 시도한다. 만약 어느 사건이 지금 어떤 상황에 존재하고 있는지를 정확하게 분석하고, 그 사건에 영향을 미치는 힘의 속성과 동적 역학관계Dynamics를 파악할 수 있다면, 그 사건이 초래할 수 있는 미래의 상황을 계산할 수 있다. 이런 예측을 위해서는 뉴턴적 세상을 지배하는 미적분학과 미분방정식을 방법론으로 활용한다.

 그러나 세상에는 뉴턴 방정식으로 설명할 수 없는 것들도 많다. 이를 위해서는 아인슈타인의 상대성이론[14]이나 양자역학[15] 등의 관점과 도구가 필요하다. 양자역학의 세계는 결정론적이 아니라 확률론적 운동으로 설명되는 세계이다. 원자보다 작은 세계에서 이루어지는 시간의 변화에 따른($T_1 \to T_2$) 입자들의 움직임은 정확하게 계산 가능한 규칙적 움직임이 아니다. 매우 불규칙한 이동이기 때문에 시간에 따른 특정 입자의 위치와 운동량을 동시에 정확하게 알 수 없다. 이것을 불확정성 원리라고 부른다. 운동량을 정확하게 측정하면 위치를 일정 오차 이하로 측정할 수 없고, 위치를 정확하게 측정하면 운동량을 정확하게 측정할 수 없다. 이처럼 정확한 측정이 불가능한 상태에 대해서는 범위로밖에 표현할 수 없게 된다. 하이젠베르크는 특정 시간에 물체가 존재하는 위치는 그곳에 존재할 확률로밖에 말할 수 없다고 했다. 이런 양자의 세계를 예측하기 위해서는 무작위성이 지배하는 확률론이 필요하다.

미래예측에서 무작위성이 지배하는 확률론을 사용한다면 다음과 같이 표시할 수 있다. '$P(A|B)$', 즉 B라는 조건 하에서 A의 확률적 기댓값은 P라는 뜻이다. 특히, 시간에 따른 미래 변화는 비복원추출 과정을 밟아간다. 비복원추출이란 꺼낸 공은 다시 집어넣지 않는 것과 같은 방식이다. 이러한 정량적 예측 기법들과 컴퓨터 시뮬레이션은 '예측 한계 공간' 안에서 뉴턴, 아인슈타인, 양자역학적 모델을 구현하는데 사용된다.

복잡계의 관점과 도구도 미래예측에 중요하다. 세상의 많은 일들은 일정한 시간이 지난 후에는 선형적 행동 양식을 벗어나 비선형적 Nonlinear 행동 양식을 보인다. 복잡도가 계속해서 증가하는 세계 경제와 금융 시장, 사회 변화, 기후 변화가 그러하다. 100조 개의 뉴런 집단으로 이루어진 인간의 뇌나 젊고 건강한 심장의 작동, 시각중추의 신경세포 등도 초기 값의 작은 변화가 특정한 시간이 지난 후에는 다른 변수에 대해 선형적 비례 관계를 벗어나 엄청나게 큰 변화를 출력한다.

뉴턴이 1727년 3월 20일 사망한 지 172년 뒤에, 뉴턴의 기계론적 세계관과 예측 개념에 도전하는 새로운 이론이 나타났다. 1898년 프랑스 수학자 자크 아다마르는 "만일 초기조건에 오차가 있다면, 그 계System의 행동은 장기적으로 예측하기 힘들다"는 카오스에 대한 초기 가설을 주장했다. 뒤를 이어 1908년 프랑스 수학자 앙리 푸앵카레, 1963년 미국의 기상학자 에드워드 로렌츠도 자크 아다마르의 가설을 증명하는 연구 결과물을 발표했다. 1975년 미국의 제임스 요크는 컴퓨터 시뮬레이션을 통해 카오스는 무질서가 아니라, 초기조건에 매우 민감한 의존성을 가진 시간 전개를 갖는 거대 무리라는 것을 증명했다.[16] 한국에는 1990년대 초반부터 이 이론이 소개되기 시작했다. 뉴턴 방정식으로 설명되지 않는 카오스도 결국은 겉으로 보이는 무질서의 이면에 질서와 규칙이 내재되어 있다는 사실이 밝혀진 것이다. 이것이 바로 복잡계 이론이다. 복잡계 이론은 인류에게 뉴턴 방정식으로는 해석할 수 없는 자연과 사회 현상을 이해하는 새로운 관점을 열어 주었다. 현대의 미래학도 복잡계 이론을 활용하여 세상을 이해하고 미래예측을 시도한다.

복잡계는 "복잡하고 역동적인 거대한 무리처럼 보이는 열린 시스템Open complex system"이다. 엄청난 규모의 노드Nodes, agents가 함께 뒤섞여 있어서 복잡하고 혼란스럽게 보이지만, 나름대로의 질서를 따라 '자원(에너지)'을 주고받는 상호작용을 하며, 역동적으로 움직이는 시스템이다. 이 시스템은 외부 환경에 열려 있어서 외부계와 끊임없이

에너지와 영향을 서로 주고받는 시스템이다. 그렇기 때문에 시간이 흐르면서 특정한 임계점Critical point에 이르게 되면 특이한 행동 양식을 보인다. 즉, 자발적 상호작용의 결과로 발생하는 작은 변동(섭동-외부에서 가해지는 변동, 요동-내부에서 발생하는 변동)에도 궤도의 큰 변화가 생기며 안정적 상태를 이탈하여 새로운 질서를 출현시키는 '창발Emergence'이 발생한다. 그러나 새로운 질서가 출현하더라도 각 구성요소들Agents은 새로 학습하고 변화하는 과정을 거치면서 '새로운 질서와 경계境界의 확장'에 '적응적'으로 되어 더 높은 수준의 행위자Meta-agent로 진화한다. 이를 복잡계의 '자기조직화Self-organization'라고 한다. 복잡계 내의 노드에 영향을 주는 질서와 시간에 따른 상호작용은 기본적으로 단순한 인과관계에서 나타나는 것처럼 선형적이지 않고, 거듭제곱법칙Power law을 따르며 비선형적이다.[17]

특이한 변화가 외부적으로 모습을 드러내는 '임계점'은 시스템 내의 구성 요소들을 서로 다른 방향으로 끌고 가려는 힘이 팽팽하게 맞서면서 '불안한 균형'이 형성되는 지점이다. 이 균형이 깨지면 거듭제곱법칙의 지수(임계지수, Critical exponent)가 적용되면서 거시적으로 새롭고 현격한 변화Phase transition, synergy가 일어난다. 이를 임계현상Critical phenomena이라고도 한다.[18] 임계현상이 일어나기 전까지는 뉴턴 방정식이 적용되는 것처럼 보인다. 그러나 임계점을 통과하며 균형이 깨지면서 뉴턴 방정식으로는 예측 불가능한 현격한 변화가 일어난다. 따라서 임계점 이전에는 뉴턴 방정식을 통한 예측이 가능하지만, 이후의 상태는 복잡계 이론을 통한 미래예측을 시도해야 한다.

현재 세계화, 융복합, 매시업Mashup 등이 빠르게 진행되고 있기 때문에 미래로 갈수록 세상과 사회의 복잡도는 더욱 증가할 것이다. 복잡도는 복잡성의 정도를 재는 척도다. 복잡성의 정도는 계를 바라보는 축척$_{Scale}$에 따라 달라진다. 복잡도가 높아질수록 계를 설명하는 데 필요한 관점과 정보는 더욱 다양하고 많은 양을 필요로 한다.[19]

우주와 자연 시스템도 복잡하고 다이내믹하다. 이런 우주의 다양한 변화를 설명하기 위한 이론 체계가 시스템 다이내믹스. 시스템 다이내믹스 이론도 복잡계 이론과 연관되어 있다. 시스템 다이내믹스의 복잡도가 높아질수록 예측은 어려워진다. 다이내믹스의 복잡도가 높아지는 원인은 다음과 같이 3가지가 있다.[20]

1. 관여하는 노드의 수와 종류가 많아지기 때문이다.
2. 전통적인 경계들이 파괴되면서 법칙의 복잡도도 함께 높아져서 노드들 각각의 행동을 지배하거나 영향을 미치는 규칙과 법칙 등을 이해하기 힘들어지기 때문이다.
3. 위의 2가지 이유 때문에 피드백이 일어나는 부분이 더 많아지고, 변화가 빨라지면서 피드백의 속도도 빨라지기 때문이다. 상호작용 구조가 복잡해지고 그 피드백의 속도도 빨라지기 때문에 작은 변화가 생태계 전체에 예기치 못한 엄청난 변화를 불러오는 원인으로 작용하는 일이 예전보다 많아진다. 작은 요동이 증가형 피드백을 거치면서 비선형적 증폭을 하게 되면 기존의 구조가 파괴되고 혼돈이 발생하지만, 자기조직화 과정을 거치면서 새로운 질서를 자발적으로 출현시킨다.

세상이 점점 예측 불가능하게 변해간다는 것은 변화의 속도가 빨라지고 연결의 범위가 넓어진 결과로 다이내믹스의 복잡도도 함께 높아졌다는 뜻이다. 하지만, 다이내믹한 현상 속에 숨어 있는 일련의 규칙과 패턴, 흐름을 통찰해 낸다면 예측 불확실성을 일정 부분 통제할 수 있다. 필자가 만든 '다층적 시스템 시나리오 기법' MSS; Multi-leveled Systemic Scenario 은 이런 복잡계적 관점을 미래예측에 접목한 시나리오 기법이다. 참고로 MSS의 마인드 셋을 소개하면 다음과 같다.

1. 거대 무리는 혼돈처럼 보이지만, 질서가 존재한다.
2. 거대한 무리라도 단순성에 기초를 둔다.
3. 세상(우주)은 모두 연결되어 있다. '세상의 동기화' – 6단계 법칙
4. 온 우주가 서로 연결되어 있기 때문에 복잡계는 자신의 계 외부와도 끊임없이 에너지와 영향을 주고받으면서 상호작용한다.
5. 하나하나의 개체들은 노드처럼 기능한다. 각각의 노드들은 매우 단순한 방식으로 상호간에 작동한다.
6. 그러나 '연결의 방식(연결의 패턴)', '집단의 상호작용(피드백)'에 따라 독특한 집단적 움직임이 나타난다.
7. 연결의 방식을 따라 단순한 구성 요소가 수많은 방식으로 상호작용(피드백)을 하면서 복잡성을 낳는다.
8. 노드의 연결은 작은 계를 만들고, 이 작은 계들은 유사한 성질을 띤 프랙탈 Fractal 구조로 되어 전체와 연결된다. 프랙탈은 무한히 자기 모습을 반복하는(자기 유사성을 갖는) 기하학적 구조이다. 프랙탈 차원이 높다는 것은 복잡성이 높다는 뜻이다.[21] 유대인인 베노이트 만델브로트는 모든 모양을 0차원의 직선, 1차원의 선, 2차원의 평면, 3차원의 원 등으로 표현하는 2천년 이상의 역사를 가진 유클리드 기하학을 뒤집는 프랙탈 기하학을 주장했다. 만델브로트는

"구름은 둥글지 않고, 산은 원추형이 아니며, 나무껍질은 반듯하지 않고, 번개는 직선으로 이동하지 않는다"고 보았다.[22] 그는 이런 세상을 표현하기 위한 새로운 기하학으로 1904년 스웨덴 수학자인 헬게 폰 코흐의 '코흐 곡선 Koch curve'에서 영감을 얻어 프랙탈 개념을 주장했다. 코흐 곡선은 각 변의 길이가 1인 정삼각형의 각 변에 1/3크기의 삼각형을 계속해서 추가해 나가면 둘레의 길이가 '무한'이 되는 곡선이다. 물론, 코흐 곡선도 유클리드 기하학의 1차원의 선으로 회귀되지만, 무한한 길이의 곡선이기 때문에 단순한 1차원의 선이 아니라는 패러독스를 갖거나 혹은 특이한 성격의 차원이 된다. 1967년 만델브로트는 이런 패러독스를 가진 코흐 곡선을 가지고 영국 해안선의 길이는 무한대라는 논문을 썼다. 그리고 멀리서 보면 0차원의 점이지만, 가까이서 보면 3차원의 원으로 보이는 공의 유효 차원은 관찰하는 위치에 따라서 0차원과 3차원 사이에서 분수로 표현할 수 있다는 주장을 했다. 그의 이론에 의하면, 영국의 해안선은 1.25차원, 코흐 곡선은 1,2618차원, 단백질 표면은 2.4차원이 된다.[23] 이것을 분수 Fraction 차원의 계산법이라고 부른다. 만델브로트는 이런 분수 차원의 개념을 기반으로 이 세상에 존재하는 모든 것들은 규칙적인 불규칙성 Regular irregularity 을 가지며, 그 불규칙성의 정도는 규모의 크기와 상관없이 일정한 '자기유사성 Self-similarity'을 갖는다는 개념도 도출해냈다. 즉, 자기유사성은 불규칙성의 특성을 분석하거나 예측하는 기준이 될 수 있다. 참고로 만델브로트는 '부수다 Break'의 뜻을 가진 라틴어 'Fract'에서 나온 단어인 'Fracture'를 가지고 프랙탈 Fractal이라는 새로운 단어를 만들어냈다. 프랙탈 이론은 반복적으로 나타나는 패턴을 활용한 컴퓨터 이미지의 압축, 서로 다른 프랙탈을 가진 지면이 서로 단층이 되는 것을 활용한 지진 예측, 심박동의 프랙탈 리듬 등의 신체 구조 분석 등에도 사용된다.[24]

9. 이렇게 연결된 전체는 거듭제곱법칙을 따르는 비선형적 법칙에 의해 개체의 산술적 합보다 더 많은 '창발 현상Emergent behavior 을 보인다. 집단 지성 효과도 여기에 속한다.

10. 혼돈에 질서를 부여하는 사건이 발생하면 법칙에 따라 패턴이 만들어진다. 많은 구성 요소를 포함하고 있더라도 거시적인 새로운 질서가 나타나지 않는다면 단지 복잡한 구조Complicated structure 일 뿐이다. 혼돈은 질서가 아직 부여되지 않는 거대한 무리, 질서가 아직 발견되지 않는 거대한 무리다. 복잡계는 겉으로는 혼돈처럼 보이지만 법칙에 따라 패턴이 존재하는 거대 무리다. 복잡성은 단순한 질서와 완전한 혼돈 사이에 있는 상태다. 복잡계는 완전히 정적인 상태나 완전히 무질서한 혼돈의 상태가 아니라, 혼돈과 질서가 균형을 이루는 경계면(혼돈의 가장자리, Edge of chaos)에서 나타나는 열린 시스템이다. 혼돈과 복잡계는 비선형계다.(복잡계, 복잡한 구조, 혼돈을 구별해야 한다)[25]

11. 법칙과 규칙은 패턴을 만드는 힘이다. 예를 들어, 각운동량 보존법칙, 중력의 법칙, 궤도 공명 법칙 등은 그에 따른 패턴을 만든다.

12. 법칙과 규칙에 의해 만들어진 패턴을 발견하더라도 완전한 것이라고 장담해서는 안 된다. 아직 발견되지 않고 숨어 있는 다른 법칙과 규칙에 영향을 받는 더 큰 패턴이 존재할 수 있기 때문이다. 예를 들어, 천체의 별들의 원운동 패턴을 보고 지구를 중심으로 우주가 돈다는 사상이 출현했다. 그러나 기존의 패턴과 다른 운동

패턴을 가진 별들이 발견되면서 태양을 중심으로 행성들이 돈다는 새로운 사상이 정립되었다.

13. 법칙과 패턴에 따라 수많은 노드들이 상호연결되어 거대한 무리(집단)을 이룬 것을 '네트워크' 되었다고 말한다. 복잡계는 네트워크 구조를 가진다. 복잡계 내의 노드와 링크의 구조를 네트워크라고 한다.

14. 노드의 연결인 네트워크(연결 정도, 교환하는 자원의 수준과 흐름, 연결 구조)를 이해하면 복잡계의 미래 행동 양식을 예측할 수 있다. 네트워크의 구조와 상호작용(어떻게 상호작용이 이루어지는지)을 알면 미래를 예측할 수 있다. 상호작용을 이해하려면 '네트워크 지도'가 필요하다. 지도가 있으면 미래에 어떤 일이 벌어질지를 예측할 수 있다. 네트워크의 역동성은 링크를 따라 발생한다.

15. 변화의 방향, 속도, 타이밍, 지역화, 지속가능성 중에서 '속도와 타이밍'은 다이내믹스를 이해하고 예측해야만 가능하다.

16. 네트워크에서는 허브가 매우 중요하다. 성장하는 모든 네트워크 안에는 허브(많은 연결고리를 가진 노드)가 되는 변수나 지점이 있다. 허브를 없애면 시스템이 산산조각이 난다. 허브를 통해 기회나 문제가 전체 네트워크로 전달된다. 예를 들어 세계 질서에서는 미국과 중국이 허브다. 유럽의 금융위기에서는 프랑스와 독일, 이탈리아가 허브다. 허브가 무너지지 않았기에 유럽의 위기가 더 커지지 않았다. 허브를 통해 위기 및 기회의 확산과 파급 정도를 예측할 수 있다.

17. 네트워크는 우연히 커지는 것이 아니다. 복잡계 네트워크는 형상인(이치), 질료인, 목적인(끌개 Attractor - 주어진 조건 하에서 물체의

운동이 귀결되는 상태), 운동인(법칙), 연결의 방식(네트워크 구조), 노드들의 상호작용(피드백), 특정한 패턴, 허브, 프랙탈 구조와 차원을 기반으로 자기조직화된 임계 현상을 거치며 계속해서 진화한다. 창발이 일어나면 자기조직화 과정을 통해 진화를 완성한 후, 또 다시 예정된 목표 혹은 재조정된 목표를 향해 나아간다. 살아있는 네트워크는 이 과정을 반복하면서 단백질에서 인간으로, 개인에서 기업으로, 기업에서 국가경제로 시스템 구조가 커지는 것처럼 '보다 높은 수준의 복잡한 구조'를 계속해서 만들어 간다. 예를 들어, 단독 개체로 떨어져 있던 사하라 사막의 메뚜기들이 사막에 가끔 내리는 비로 흠뻑 젖은 땅이라는 조건이 만들어지면 번식의 속도가 빨라진다. 번식이 빨라져서 사막메뚜기들의 밀도가 높아져 붐비게 되면 뒷다리들이 서로 자극이 되면서 놀라운 변화가 발생한다. 붐비는 메뚜기 떼는 다른 메뚜기를 유인하는 호르몬을 발산하여 더욱 더 많은 메뚜기들이 대규모 군집을 이룬다. 주변 메뚜기에 반응하는 단순한 행동만으로 한 차원 높은 새롭고 거대한 질서가 창발된 것이다.[26]

18. 복잡계 원리 중에서 '끌개Attractor'의 모습의 차이는 MSS 미래 모델을 작동Operate 하고 조작Manipulate 하는 원칙에 대한 통찰을 준다. 복잡계에서는 외부의 에너지를 조절하는 정도에 따라서 '끌개(목적인)'가 점 끌개, 한계 순환 끌개, 토러스 끌개, 기이한 끌개 등으로 변화된다. 에너지가 빠져 나가는 정도에 따라서 기이한 끌개에서 점 끌개로 변화되고, 에너지 공급을 늘리면 늘릴수록 안정성이 깨지는 점 끌개에서 기이한 끌개로 변화된다.[27] 즉, 복잡계의 관점에서 MSS 미래 모델을 작동하고 조작하는 원칙은 (창발이 가능하도

록 하는) '특정 상황'과 '에너지의 유출입 정도'를 인위적으로 조절 Operate & manipulate 하는 식이다. 참고로 심층원동력은 형상인, 질료인, 목적인, 운동인이 결합되어 만들어진다. 눈에 보이는 현상Event, fashion, trend 은 심층원동력들의 시간에 따른 상호작용과 움직임의 결과들이다.

19. 컴퓨터 시뮬레이션이 필요한 이유는 컴퓨터가 복잡한 계들의 무한한 연결로 되어 있는 사람, 세상, 자연과 우주의 미래를 좌우하는 지극히 많은 요소들을 인간보다 더 자세하고 심도 있게 분석할 수 있고, 이를 기반으로 패턴을 찾아내서 인간의 논리적 상상력으로 도달하지 못하는 먼 미래의 결과나 그 과정의 다이내믹스를 시뮬레이션하는 능력이 더 뛰어나기 때문이다.

복잡계 이론은 복잡한 세상의 변화를 이해하고 예측하려면 '연결'과 '운동 법칙(규칙)'과 '패턴'을 이해하는 것이 매우 중요하다는 것을 가르쳐 준다. 수학자도 규칙과 패턴을 탐구하거나 창조한다. 수학은 수와 도형을 다루는 학문이다. 피타고라스 학파는 수와 도형을 서로 연관지어 연구했다. 그들은 수는 도형처럼 생각할 수 있으며, 도형은 수의 규칙성을 발견하는 도구이기도 하다고 생각했다(도형수). 고대로부터 수학자들은 수학을 통해 우주의 규칙과 패턴을 찾아내고, 다시 이를 기준으로 다른 차원이나 대상으로 변형과 확장을 해나가면서 우주의 새로운 모습을 발견해 냈다. 그리고 똑같은 방법으로 미래도 예측했다.

미래학자도 과거와 현재의 법칙(규칙)과 패턴을 파악하고, 사고를 통해 미래의 새로운 패턴을 창조하는 사람이다. 과거와 현재 세상의 성질을 추상화하고, 이에 따라 보다 일반적인 집합으로 확장하고, 집합의 패턴을 파악하고, 그 패턴을 조작하여 새로운 미래를 창조한다. 수학이나 과학이 찾아낸 패턴은 확정적이지만, 미래학자가 만들어낸 패턴은 유동적이다. 미래가 유동적이기 때문이다.

미래학자들의 모든 관심이 변하는 것에만 있는 것은 아니다. 어떤 종류의 변화 물결 하에서도 변하지 않는 것들의 성질(위상적 성질)에 대한 연구도 중요하게 여긴다. 푸앵카레가 창시한 공간 속의 위상적 성질을 연구하는 위상기하학(位相幾何學, Topology)처럼, 미래학도 지금과는 다른 미래의 특정 공간 속에도 위상적 성질이 존재한다는 점을 분명히 한다.

수학과 미래예측은 밀접한 관계가 있다. 수학의 기본이 되는 숫자는 미래예측에서도 우주의 패턴을 찾아 변화의 방향을 읽는 도구 중의 하나다. 수가 있기 때문에 세상을 측정하고, 셈을 하고, 새로운 것을 만들고, 경제와 같은 체제를 운용하고, 문명 건설의 기초를 마련하고, 우리가 살고 있는 우주의 특성을 연구할 수 있다. 수학자들은 숫자의 특성을 연구하기도 하지만, 숫자를 더욱 효과적으로 사용하기 위한 복잡하면서도 정교한 계산법도 만든다. 숫자와 수학은 현실 세계의 사물이나 변화상(운동량의 변화 등)을 가상의 세계에서 (사물의 모양이나 특성을 숫자로 변환시킨 후, 단독으로 혹은 그룹으로 묶어) 정교하게 조작하거나, 다른 것과 비교하거나, 특별한 규칙성과 패턴을 찾아내는 데 유용하다.

수학에는 보이지 않는 것을 논리적으로 다루거나 확장시킬 수 있는 힘이 있다. 숫자의 이런 특성들과 복잡하지만 정교한 수학의 계산방법들을 사용하면, 현상 이면에 있어 보이지 않는 변화의 흐름과 미래의 패턴을 예측하는 통찰을 얻을 수 있다. 숫자만을 이용해 계산하는 여러 방법론을 다루는 것을 순수수학이고, 숫자나 수학을 경제, 건축, 천문 연구와 일기 변화 예측 등과 같이 현실의 문제, 사물, 변화 측정에 활용하는 것이 응용수학이다. 미래학에 응용되는 수학도 응용수학의 범주에 포함시킬 수 있다.

미래를 연구하는 것의 핵심 중 하나는 미래에 대한 '공리'와 '정리'를 만드는 것이다. 공리는 더 이상 쪼갤 수 없는 진리다. 예를 들어, '전체는 부분보다 크다'는 직관적 공리에 해당한다. 미래학의 공리들은 '세상은 질서 있게 움직인다.' '세상은 연결되어 있다' 등이다. 정리는 공리들을 가지고 증명이 이루어진 명제다. 예를 들어 S를 집합이라고 할 때, 'S가 유한집합이 아니라면, S는 무한집합이다'라는 명제는 정리에 속한다. 그러나 미래학에서 공리와 정리는 완벽하게 참으로서의 논리적 타당성이 확립된 수학에서와는 다른 논리적 함의를 가지고 있다. 미래학의 공리와 정리는 일정 수준의 예측의 오류를 내포하고 있기 때문이다. 오류를 인정하는 것은 예언이 아니라 의미 있는 미래 연구에 관심이 있기 때문이다. 미래가 현실이 되기 전까지는 완벽한 논리적 타당성을 규명할 방법이 없다. 또한 미래가 현실이 되더라도 현실 세계에서 수학 수준의 논리적 타당성을 규명하는 것은 가능하지 않다. 현실의 모든 것을 탐구하여 완벽한 증명이었음을 확인할 수는 없기 때문이다.

그런데도 미래학자가 수학적 표현을 미래예측의 방법으로 사용하려는 이유는 무엇일까? 먼저, 수학이 제공하는 예견력과 보이지 않는 것에 대한 설명력 때문이다. 이미 참이라고 알려진 현실에서 아직 알려지지 않은 미지의 미래로 방향을 가리킬 때 수학적 기호나 규칙을 사용할 수 있다. 단, 이때의 수학적 예측은 실제로서의 미래는 아니다. 또 다른 이유도 있다. 미래는 시처럼, 이야기나 그림처럼 미래학자의 묘사력 수준에 따라 실제로 살아있는 것처럼 손에 잡히는 모습으로 우리 곁에 불러올 수 있다. 수학도 미래학자의 손에서 미래를 그려주는 아름다운 도구가 될 수 있다. 미래를 수학을 사용하여 표현한다면 이렇게 된다.

"현재의 P로부터 유도되는 미래의 Q"
"미래의 Q는 현재의 P로부터 유도되는 미래다."

 필자가 수학적 표현을 미래예측의 방법으로 사용하려는 이유는 더 있다. 미래예측과 세상의 변화를 통찰하는 과정에서 미래학자는 수많은 변수의 조합과 변형, 그리고 상상을 가미한다. 이런 과정은 필연적으로 논리적 불일치성과 딜레마 등의 함정에 빠질 가능성을 높인다. 이와 관련하여 수학적 표현이 가진 단순명료함은 매력적이다. 세상을 단순한 표현식으로 바꾸면 추가로 변형을 가할 때 논리적 일관성을 유지하고 검증하기가 쉽기 때문에 오류에 빠질 위험을 줄여준다.
 수학에서 사용하는 '연결 규칙'이라는 관점도 미래예측에 유용하다. 새로운 미래예측 기법을 개발한다는 것은 단순명제로부터 '연결이라는 방식(교환법칙, 결합법칙, 분배법칙 등)'으로 결합되는 복합명제들을 구축하고 판별하는 형식적인 방법론을 개발해 가는 것이다.
 미래예측과 관련해서 수학의 또 다른 유용성은, 수학적 기계라고 불리는 '함수'를 활용해서 미래의 특정한 부분이나 혹은 미래를 향한 동적 변화Dynamic change의 행동 양식Behavior을 볼 수 있다는 점이다. 함수의 기원은 고대 바빌로니아의 천문학자들이 태양, 달, 별들의 위치가 일정한 주기에 따라 달라지는 것을 깨닫고, 발견한 자료들을 바탕으로 천체의 변화를 예측한데서 시작되었다. 바빌로니아의 천문학자들은 신이 특별한 비밀이나 우주를 지배하는 법칙을 어려운 공식으로 만들어 별들 속에 넣어 두었다고 믿었다. 이것을 밝혀내면 신의 뜻이나 미래를 예측할 수 있을 것이라 생각했다. 그들은 별들이 일직선상에 놓이는 것과 같은 중요한 특성들을 예측해 보기 위해 특별한 '식式'을 만들었다. 이것이 함수의 기원이다.

현대 수학에서 함수란 어느 집합에 있는 수Number나 사건Event들을 다른 집합에 있는 수나 사건으로 변환시키는 (적절하게 이동시키는) 기계적 장치다. '$y=f(x)$'라는 함수는 y값(사건)이 x(힘)가 변화할 때 어떤 정해진 규칙(함수)에 따라 일정한 모습으로 변화하도록 x값에 의존한다는 의미다. 이때, x에 따라 y가 결정되는 규칙인 함수에 해당하는 것이 미래예측 방법이다. 트렌드도 힘의 위치와 운동 상태로 바꾸어서 정의하면 일정 부분 수학적 접근이 가능해진다.

통계학도 정량적 미래예측에 사용되는 기본적 도구들 중의 하나다. 미래예측은 통계학의 두 기둥인 '기술통계(記述統計, Descriptive statistics)'와 '추리통계(추리통계, Deductive statistics)'를 모두 사용한다. 기술통계는 과거에 일어난 데이터들을 관찰하여 미래예측에 도움이 되는 정량적 특징들(패턴, 사이클, 숫자적 추세, 기타 의미들)을 통찰해내는 데 사용한다. 추리통계는 기술통계 방법론과 확률 이론을 혼합한 방법론이다.

정성적 예측과 기술통계에서 얻은 통찰 위에 통계적 추정을 활용하면 아직 일어나지 않은 미래를 확률적으로 예측할 수 있다. 예를 들어, 우리에게 주어진 데이터 자체는 단순한 숫자의 나열일 뿐이다. 하나의 데이터는 '현실이나 과거 그 자체'를 나타내기는 하지만 미래에 대한 통찰을 주지는 않는다. 오히려 데이터들이 모일수록 숫자들의 분포도가 넓어지면서 불확실성만 커진다. 그러나 겉으로 보이는 불확실성의 이면에는 숫자의 분포를 설명해 주는 일정한 특징(힘의 방향, 속도 등)과 반복되는 패턴이나 사이클 등이 있다. 기술통계는 이런 것들을 찾아내기 위해 표 또는 그래프를 만들거나 어떤 특징을 대표하는 숫자(통계량) 하나를 기준으로 삼는 등의 방법으로 숫자들을 정리 정돈하는 '축약(데이터의 요점 정리 - 평균값, 분산, 표준편차 등)'을 시도하여 불확실성을 통제해 간다.[28]

기술통계 방법의 축약 기술을 통해 불확실성이 주는 위험을 통제할 수 있는 가능성을 얻을 수 있다. 물론, 수많은 숫자들을 간단하게 축약하다보면 숫자의 다양성은 잃어버린다. 그 대신, 불규칙성 속에 숨어 있는 데이터의 상태나 이면을 추측하고 미래를 예측하는 데 도움이 되는 중요한 정보(힘의 방향, 속도, 패턴, 사이클 등)를 발견할 수 있다. 기술통계 기법으로 파악된 값을 통해 우리는 다음과 같은 정보를 얻을 수 있다.

- 평균값: 변화의 힘의 평균 방향선
- 편차 Deviation : 불확실성의 정도(범위)
- 분산 Variance : 불확실성의 상태
- 표준편차 Standard deviation : 불확실성 정도가 평균값(변화의 힘의 평균 방향선)에서 대략 어느 정도로 떨어져 있는지를 보여 주는 평균 변

동성Standard volatility(참고로, 불확실성의 시대는 표준편차 값이 크고, 확실성의 시대는 표준편차 값이 작다)

    이런 통찰을 통해 불확실성의 본질에 좀 더 가깝게 다가갈 수 있다. 이런 축약의 방법을 통해 데이터들을 재분류하면 다양한 미래 모델들을 만드는 데 도움이 된다. 다른 예를 들어 보자. 통계학에서는 세상에 존재하는 데이터 세트들을 정규분포, 카이제곱분포, t분포 등으로 분류한다. 만약 관측된 데이터들을 '축약'과 '통계 검정 (Statistical test – 가설의 타당성을 통계적으로 평가)'을 통해 특정 데이터 세트의 전체(모집단) 성질이 정규분포에 가깝다는 통찰(추론)을 얻었다고 해보자. 그러면, 종의 중심 부근에서 관찰된 표본 데이터들은 '추리통계("If ~, then a future will be ~". 특정 조건을 달고, 부분으로 전체를 예측)' 기법을 통해 '(논리적으로) 그럴듯한 미래Plausible future'를 예측하는 데 사용할 수 있다. 표준편차 ± 1~2 배의 범위 내에서 관찰된 표본 데이터들은 '확률적으로 가능한 미래들Possible futures'를 예측하는 데 사용할 수 있다. 그리고 ± 2 배를 넘어서는 범위에서 관찰된 표본 데이터들(좌우 2.5% 내외)은 '뜻밖의 미래Wildcard future'를 예측하는 데 사용할 수 있다. 이런 방법으로 데이터를 분류하게 되면, 각 분포 범위들을 대표하는 시나리오들(3~4개)만 세우면 되기 때문에 시나리오 구축의 효율성이 높아진다.

    정규분포를 보이는 데이터 세트인 경우에는 3~4개의 시나리오들만으로 미래예측과 준비가 충분할 수 있다. 표준편차 ± 2 배의 범위 안에 있는 시나리오들Plausible future + Possible futures은 통계학적으로도 0.9544%(상대도수)의 예측 적중률이라고 주장하는 것이 가능해진다.

표준편차 ± 2 배의 범위를 넘어서 있는 데이터들(좌우 2.5% 내외)은 통계학적으로 0.0456%의 일어날 확률을 가지고 있기 때문에 뜻밖의 미래Wildcard future 시나리오가 될 수 있다는 통계적 추정의 근거도 얻을 수 있다.[29]

이처럼 현대의 미래예측 기법은 단순, 정확성을 가진 '수학적 표현(수학적 기호화)', 내포된 비유인 은유와 겉으로 드러난 비유인 직유로 가득 찬 '시적 그림들', 경험적 원리(법칙)에 입각한 '과학적 분류', 컴퓨터 시뮬레이션으로 구현할 수 있는 수학 규칙이나, MSS를 구현할 수 있는 논리학적 연결 기반의 '논리적 구조'로 미래를 묘사하는 과정에서 자연스럽게 개발된다.

미래를 예측하는 데는 과학을 통해 밝혀진 자연의 법칙을 정확하게 이해하는 것도 중요하다. 미래는 밝혀지거나 앞으로 밝혀질 자연의 법칙들 위에서 시작된다. 이런 법칙들은 미래의 방향이나 구조를 형성한다. 과학을 통한 자연법칙의 발견은 각종 발명품과 새로운 서비스들에 응용되면서 미래의 형태들 만들어내는 데 기여한다. 원인이 무엇이었는지 몰라 생긴 두려움과 미스터리를 하나씩 해소하면서 더 나은 미래를 만들 수 있는 기회를 열어준다.

역사와 미래예측은 어떤 관계가 있을까? 뉴욕주립대학교 빙엄턴대학State University of New York at Binghamton의 역사학자인 워런 웨이거Warren Wager 교수는 '미래학은 미래에 대한 역사이므로 역사학 분야의 당연한 일부다'라고 주장한다. 그는 만일 과거에 대한 연구가 이론적 노력이라면, 미래도 용인할 수 있는 이론적 노력의 범주에 들 수 있다고 주장한다. 과거가 경험적 방법을 통해 알 수 없다는 것을 인정한다면, 미래가 경험적으로 알 수 없다는 이유로 연구 대상이 되지 못한다는 주장은 틀렸다는 것이다. 그는 과거를 가지고 논쟁하고 재해석할 수 있듯이 미래도 논쟁하고 재해석할 수 있으며, 과거에 대한 생각이 오늘 우리의 생각과 행동에 영향을 미치는 것처럼 미래에 대한 생각도 같은 영향력이 있다며 미래학의 학문적 가능성을 주장했다.[30]

특히, 거시사 Macro-history는 미래예측과 깊은 관련이 있다. 거시사는(작은 지역 내의 공시적 Synchronic 연구가 아니라) 통시적으로 사회 체계의 궤적을 따라가면서 사회 변화의 패턴이나 일정불변의 법칙을 발견하는 역사 연구 방법이다. 시작과 발전, 성숙과 쇠퇴를 그리는 궤적의 특징과 모습, 그리고 내부 메커니즘에 관심을 갖는다. 거시사는 한 가지 특징적 패턴을 지닌 여러 지역이나 제국들을 연구하거나, 여러 제국들의 흥망성쇠에 대해 개성기술적 Ideographic 이나 법칙설정적 Nomothetic 종합 연구를 한다. 거시사 연구가들은 역사가 어떻게 진화 발전하는지를 정의하는 주제를 찾는 것을 목적으로 한다. 이런 연구는 현재 제국들의 미래 모습을 예측하는 데 큰 통찰을 제공한다.

다른 모든 학문보다 철학은 미래예측 방법론과 가장 연관이 깊은 학문이다. 철학은 인간 '정신의 역사' 혹은 '사고 도식의 역사'라고 할 수 있다. 고대로부터 지금까지 철학자들은 인간과 자연에 대해서 보이는 것과 보이지 않는 것에 대해서 연구를 했다. 인간과 세상에 대한 총체적이고도 종합적인 인식을 다룬 것이 철학이다. 인간과 세상에 대해서 생각할 수 있는 모든 것, 즉 보이는 것과 보이지 않는 것들의 본질과 구조에 대한 사고의 역사가 철학의 역사이다. 인간과 사회를 받치고 있는 사상적 기반이 무엇인지를 알려 주는 것이 철학이다. 철학은 영혼이나 생명이 담긴 우주의 '근거'(물질적 근거, 비물질적 근거), 원리, 법칙을 탐구한다. 초기의 철학자들은 이 세계의 근거(아르케

Arkhe; 만물의 근본, 원래의 것)에 지대한 관심을 가졌다.

최초의 철학자 탈레스는 '물', 그의 제자 아낙시만드로스는 '무한', 그의 제자 아낙시메네스는 '공기'를 아르케로 보았다. 피타고라스는 '수'를 아르케로 보았다. 헤라클레이토스는 '(물질이 아닌 운동이나 에너지로서의) 불'을, 엠페도클레스는 물, 공기, 불에 흙을 더한 '4원소'를 만물의 뿌리라고 주장했다. 데모크리토스는 '아톰Atom'을 아르케로 보았다. 아톰은 더 이상 분해할 수 없는 것으로서 아톰이 결합과 분리를 계속하며 변화를 만든다고 보았다. 아톰이 움직이기 위해서는 공허(캐논: 없는 것)라는 장소가 필요했다. 공허가 있어야 '운동'이 생긴다. 데모크리토스는 세상은 아톰의 운동에 의해 만들어진 것이라고 생각했다. 밀레토스 학파의 3인방은 눈에 보이는 것에서 아르케를 찾으려 했고, 피타고라스는 눈에 보이지 않는 것에서 아르케를 찾으려 했다. 헤라클레이토스는 "만물은 불의 교환물이며, 불은 만물의 교환물이다"라고 주장하면서 물질과 비물질의 대립과 조화에서 아르케를 찾으려 했다. 아르케는 변화를 통해서도 변화하지 않는다. 철학자들은 아르케의 움직임에서 모든 변화가 시작된다고 생각했다. 이 외에도 철학자들은 생성의 법칙(세상이 어떻게 생겼으며), 구성의 법칙(어떻게 구조화 되어 있으며), 지배의 법칙(어떤 질서를 따르며)이 무엇이냐는 질문을 붙들고 변하지 않는 것을 탐구해 왔다.

철학자들은 "변하는 것은 무엇인가?"에 대한 질문도 던졌다. 세상이 어떻게 발전하는지에 대한 변화의 법칙에도 깊은 관심을 가졌다. "만물은 유전한다"는 말로 유명한 고대 변증법의 창시자 헤라클레이토스는 '우리는 같은 강물에 두 번 들어갈 수 없다'고 했다. 헤라클레이토스는 세상은 끊임없이 변화하고, 머무를 곳을 모르며, 다이내믹하다고 보았다. 그에 따르면 강은 존재한다고 해도, 존재하지 않는다고 해도 맞다. 세상은 변하는 것이며, 또한 변하지 않는 것이다. 그는 변화를 지배하는 것은 로고스이며 만물은 로고스에 따라 끊임없이 생성하고 있다고 생각했다. 헤라클레이토스에게는 로고스가 변증법적 세상의 지배법칙이었다. 헤라클레이토스는 로고스를 최초로 강조한 철학자라고 평가된다.

 소크라테스 역시 변하는 것과 변하지 않는 것에 관심을 가졌다. 산파술이라고 불리는 그의 철학 방법론은 당시에도 매우 독특했다. 소크라테스는 산파술을 통해 고대 변증법(dialectic)을 완성했다. 변증법은 대화, 문답의 기술이라는 의미인데, 대화를 통해 상대방의 주장에서 그것과 모순된 것을 이끌어내어 진실된 지식으로 유도하는 기술이다. 소크라테스에게 진실된 지식은 이데아였다. 과거 현재 미래에도 영원히 변하지 않는 것이 이데아였다. 때문에 소크라테스는 "만물의 척도는 사람이다"라는 말을 한 프로타고라스 같은 소피스트들의 진리 상대주의에 맞섰다. 소피스트들이 무엇이 인간에게 유용한지, 즉 "how to"를 고민했다면, 소크라테스는 무엇이 절대적인 것인지를 탐구했다. 둘 사이의 대립은 첨예했다. 소크라테스는 '덕 그 자체'가 무엇인지 모르면서 덕에 대해서 이것저것을 말하는 소피스트들에게 "너 자신을 알라(너 자신의 무지를 알라)"라며 맞섰다.

 스승 소크라테스의 가르침을 따라 최고의 이데아를 '선'의 이데아라고 믿었고 그 믿음을 근거로 유토피아(이상국가)를 동경했던 플라톤이나, 이상적 세계보다는 현실 세계에 더 관심을 가진 아리스토텔레스도 관점의 차이는 있지만 비슷한 질문들을 던졌다. "있다(존재)란 무엇인가?" "없다란 무엇인가?" "변하지 않고 완전무결한 완전한 존재는 무엇인가?" "동요되지 않고 끝나지 않는 것은 무엇인가?" "변하는 것은 진짜 있는 것이 아니지 않을까?" "인간은 불완전한 것인가?"

플라톤이 주장했던 이데아는 눈에 보이는 현실 세계를 넘어 그것의 근거가 되는 그 자체로서의 원형 혹은 각 존재의 본래적인 실체였다. 플라톤은 세상의 정의는 변해도 '정의 그 자체(이데아)'는 변하지 않는다고 믿었다. 플라톤에게는 이데아가 객관적인 존재였다. 플라톤에게 이데아는 감각으로는 얻어질 수 없고 지성만이 관여할 수 있는 존재이다. 이데아는 로고스의 활동(지성적 사유)에 의해서 분명해진다. 최초에 로고스가 있었고, 그 다음에 세상이 생겨났기 때문이다. 플라톤에게 이데아의 세계는 영혼이 돌아가는 고향이자 영원한 장소였다. 때문에 훗날 플라톤의 이데아 개념은 기독교 철학의 신존재 증명의 단초를 제공했다.

철학자들은 '인간-자연-우주'를 일체로 탐구하기도 하고, 때로는 분할하여 탐구하기도 한다. 최초의 철학자 탈레스는 일체로서의 자연을 탐구했고, 고대 철학의 완성자 아리스토텔레스는 분할하여 탐구했다. 아테네의 황금기가 저물고 플라톤의 이상국가 시도가 실패한 후, 제자인 아리스토텔레스는 세계를 말로 해석하고 체계화하려고 했다. 플라톤이 죽고 난 후, 기원전 342년 아리스토텔레스는 떠오르는 제국, 헬레니즘 문화의 중심인 마케도니아의 왕인 알렉산더의 가정교사가 되었다. 동물학, 자연학, 진기한 자료들에 관심이 많았던 그는 리케이온Lykeion이라는 학원을 설립하고 점점 넓어지는 제국 안에 있는 철학과 지식들을 정리하고 의미를 부여하는 데 관심을 가졌다. 물론, 아리스토텔레스도 스승의 가르침을 따라 이데아의 개념을 가지고 있었다.

　그러나 플라톤의 이데아는 이 세상 너머에 있지만, 아리스토텔레스의 이데아는 현실 세계 속에서 발견되는 것이다. 플라톤은 개체를 떠나 저 너머의 세계에 이데아(진정한 실체)가 있다고 믿었다. 이를 실체 형상설이라고 한다. 반대로 아리스토텔레스는 이 세상의 개체 안에 형상(이데아)이 있다고 믿었다. 이를 개체 형상설이라고 한다.

　아리스토텔레스에게 형상 Eidos 은 질료 Hyle 와 대립하는 개념이었다. 어원만 보면 이데아와 동의어이지만, 형상은 눈에 보이는 것은 물론이고, 눈에 보이지 않는 것까지를 포함한 넓은 의미의 '형태'였다. 형태가 포함되어 있는 '종자'라고도 설명했다. 플라톤도 이데아와 에이도스를 함께 사용한 것처럼, 아리스토텔레스는 형상을 본질과 같은 의미로 사용했다. 중세에 이르러 아리스토텔레스의 후계자인 토마스 아퀴나스는 형상을 본질과 존재로 분리시켰다.

　질료는 재목, 숲의 나무라는 뜻을 가진 단어다. 여기서 소재, 재료라는 뜻이 파생되었다. 즉, 질료는 어느 특정의 형태, 성질을 갖기 전의 것을 의미한다. 아리스토텔레스는 질료의 개념을 이오니아 자연학에서 가져왔다. 청동으로 만든 동상을 녹이면 형체가 없어진다. 그러나 동상의 재료인 청동(질료)은 남아 있다. 집의 형태나 구조, 기능 등이 형상이고, 돌이나 나무는 집의 질료다. 물론, 청동이나 나무 등도 일종의 형상이라고 볼 수 있다. 그러나 질료를 순수하고 엄밀하게 계속 생각하나가면 아무 것도 아닌 것(아낙시만드로서의 '무한정인 것')이 된다. 이것을 제1질료라고 한다. 참고로, 아리스토텔레스는 형상의 개념도 이렇게 거슬러 올라가 질료를 갖지 않고 운동도 없는 순수한 형상을 생각해 냈다. 이를 부동不動의 동자動子라고 불렀고, 영원한

천계天界 운동의 원인으로 보았다. 이것이 그의 '신神' 개념이다. 아리스토텔레스의 질료는 그 자체로는 아무 것도 아니고 아직 구체적인 무엇으로 한정받지 않지만, 형상과 결합하면 구체적인 무엇이 된다.

아리스토텔레스의 아르케는 형상과 질료다. 이 두 가지는 변화하지 않는 것이다. 나누어 서로 떼어낼 수도 없다. 변하는 것은 이 두 가지가 결합하는 방법이고, 여기서 수많은 세상의 변화가 발생한다. 훗날 플라톤의 영향을 받은 종교철학은 일체로서 세상을 탐구하고, 아리스토텔레스의 영향을 받은 근대철학은 인간과 자연을 엄밀하게 구별하여 탐구했다. 보이지 않는 데에서 아르케를 찾으려 했던 피타고라스의 사상은 플라톤의 이데아 사상, 기독교 철학, 데카르트의 신에 대한 사상으로 까지 이어졌다. 보이지 않는 것에 대한 동경, 혹은 근대철학의 보이지 않는 것에 대한 무시가 철학의 두 갈래 큰 물줄기를 형성하고 있다. 마치, 미래에 대한 동경, 혹은 미래에 대한 무시라는 두 갈래의 반응이 서로 복잡하게 얽혀 있듯이 말이다.

이런 노력들 때문에 철학자들은 사람과 세상에 대한 강한 호기심과 현명함을 소유한 이들로 칭해진다. 그리고 우리들은 철학자들의 물음과 탐구 노력 덕택에 보이는 것, 보이지 않는 것, 현상의 이면에 있는 만물의 근원, 지배 법칙, 세상의 구조 등에 대해 생각하는 사고 방법을 배울 수 있게 되었다. 철학과 철학자들이 탐구한 내용은 미래 모습의 기초를 구성하는 합리적 틀을 설계하는 데 큰 도움이 된다. 철학이 탐구해 놓은 우주의 근거, 원리, 법칙 등은 미래 사회의 근거, 원리, 법칙을 만드는데 도움이 된다.

철학적 사고의 시작은 기존 인식에 대한 의심과 비판적 사고다. 철학자들의 의심은 확실한 진리를 발견하는 방법으로서의 의심이다.

진리를 쌓을 굳건한 터를 확보하기 위해 의심하고 또 의심하는 것을 통해 의심할 수 없는 가장 원초적 기반을 찾는다. 데카르트 철학의 제1원리 '코기토 에르고 쑴'이 바로 그것이다. 데카르트는 "나는 조금이라도 의문을 가질 여지가 있는 것은 전부, 절대적으로 거짓된 것으로서 버려야만 한다. 그 후에 나의 신념 안에 조금도 의심의 여지가 없는 무엇인가가 남는지를 지켜보기 위해서다"[31]라고 주장했다. 데카르트는 자기 정신 안에 들어 온 모든 것이 거짓이라는 의심을 해보고 싶었다. 이런 합리적 의심을 기반으로 눈에 보이는 것에서 눈에 보이지 않는 것을 논리적으로 유추, 추론하는 방식을 선택했다.

유추Analogos란 다른 것 가운데 같은 로고스를 발견하는 사고 기술이다. 추론은 알려진 사실로부터 새로운 사실을 추출해내는 사고 기술이다. 최초의 명제 안에 잠재해 있는 사실을 매개 없이 도출하는 것을 지성적 추론이라 하고, 매개의 도움으로 새로운 사실을 도출하는 것을 이성적 추론이라 한다. 이런 방법론은 눈에 보이는 현재에서 눈에 보이지 않는 미래를 논리적으로 유추, 추론하는 데도 큰 도움이 된다. 이렇게 구성된 합리적 기초 위에 상상력을 발휘하여 다양한 미래 가능성들을 추가로 쌓아 올리면서, 미래의 다양성들을 실험하는 것이 미래학이기 때문이다.

미래학은 철학적 합리성을 기초로 한다. 여기서 철학과 과학이 추구하는 합리성의 차이를 구분할 필요가 있다. 철학이 추구하는 합리성은 무엇일까? 합리적이라는 말의 영어 단어는 'rational'이고 '할당, 분배'를 뜻하는 영어 단어는 'ratio'이다. 이 두 단어는 '이성, 이유'를 뜻 하는 라틴어 'ratio'에서 나왔다. 합리적이라는 말의 근원이 피타고라스가 중요하게 여겼던 '비율(로고스)을 발견하는 이성'인 이유다. 철학에서는 합리적이라는 말을 "눈에 보이는 것만이 현실적이다" "실험으로 증명할 수 있는 것만이 합리적이다"라고 의미를 축소하지 않는다. 철학자들은 눈에 보이든 보이지 않든 상관없이, 비율에 맞는 조화로움을 갖추고 있으면 합리적인 범주에 들 수 있다고 생각한다.

반면에 과학은 철학이 합리적 언어로 설명한 것들을 관찰과 실험을 통해 증명하려는 데서 시작했다. 그렇기 때문에 최초의 과학(수학을 포함한)은 자연스럽게 철학자들의 업무가 되었다. 수학을 창시한 피타고라스 학파에게 수학이란 눈에 보이지 않는 배후를 설명하는 도구였다. 그들은 현세에서는 사람의 영혼이 죄를 지어 신체에 묶여 있고, 신체의 감각은 불순한 것이기에, 수학이나 음악 등을 통해 정신을 정화하는 수행을 해야 한다고 믿었다. 그들은 영혼은 윤회한다고 믿었고, 시간은 직선적이지 않고 큰 원을 그리며 돈다고 믿었다. 그들은 수학을 통해 우주를 탐구했다. 피타고라스 학파의 일원인 피로라오스는 지구, 달, 태양, 별들이 세계의 중심인 불 주위를 수학적 규칙을 따라 움직인다고 믿었다. 우주를 지탱하고 있는 힘이 수학적 질서라고 생각한 것이다. 가장 완전한 존재인 우주는 가장 완전한 수학적 질서를 따라 운동한다고 믿었다. 수는 질서정연한 것이고 수학적 질서를 따른 우주는 무질서하지 않아야 한다고 생각했다. 그렇기 때문에 무리수를 발견한 히파소스를 죽일 수밖에 없었다. 무질서한 수가 있다면 무질서한 우주를 인정해야 했기 때문이다.

피타고라스 학파는 우주의 본질은 '조화'라고 믿었고, '비례'를 로고스라고 생각했다. 피타고라스 학파는 '비례 관계에 있는 조화로움'만이 영원한 것이며 세상을 구성하는 기초라고 생각했다. 그들은 현상의 이면에 있는 숨은 진리, 인간의 눈에 보이지 않는 세상에 있는 진리를 탐구하는 방법으로 수학을 연구했다.

아리스토텔레스는 과학의 창시자라고 해도 과언이 아니다. 스승과는 다르게 그의 연구는 천문학, 자연학, 정치학, 윤리학, 형이상학, 생물학뿐만 아니라 꿈과 해몽, 기억, 영혼, 삶과 죽음 등에 이르기까지 광범위했다. 아리스토텔레스는 자연에 존재하는 개체에 대한 연구인 형이하학Physics science을 연구의 중요한 영역으로 끌어 올렸다는 평가를 받는다. 아리스토텔레스는 과학적 합리성을 시도한 철학자였다. 하지만 그가 가장 높은 가치를 부여한 것은 사유의 세계에 해당하는 '실체(진짜로 있는 것)'을 연구하는 형이상학Metaphysics이었다.

미래학은 보이지 않는 미래의 세계에 대한 연구이므로 철학적 합리성을 주로 사용한다. 그러나 미래가 현재와 완전히 분리된 세계가 아니기 때문에 과학적 합리성도 중요한 도구로 사용한다. 미래학자들도 세상을 이해하고 변화를 해석하는 스타일인 형이상학과 형이하학, 신비주의와 합리주의, 실존과 역사적 진보, 상대주의와 절대주의, 관념과 경험 등의 틀(체계), 미래를 결정하는 열쇠를 들고 있는 인간의 사고와 정신에 대한 탐구를 계속한다.

가끔은 현대 미래학도 연구 차원에서 신화적 요소나 방법론을 다루기도 한다. 여기서 신화적 방법론이라고 해서, 예언과 동일시해서는 안 된다. 일반인들의 오해와는 달리, 고대 신화는 단순히 종교적 이야기나 허황된 망상이 아니다. 신화는 이 세계에 존재하는 불가해한 현상들을 최대한의 상상력과 합리성을 통해 설득력 있게 설명하기 위해 인간이 만들어낸 창의적 고안물이다. 신화의 최고 임무는 신으로부터 시작된 세계의 '기원'에 대한 이야기를 하는 것이었다. 그리스로마 신화는 그 당시 수준에서 시도할 수 있는 최고의 과학적 가설이었다. 그 가설을 뒷받침할 증거들의 수가 절대적으로 부족했을 뿐이다. 그러나 인간의 사유 능력이 발달하면서 가설을 뒷받침할 증거를 수집하는 기술도 발달했다. 그에 따라 신화라는 도구에 대한 도전이 시작되었고 그 첫 번째 도전이 철학이었다.

철학의 임무는 '왜?'라는 질문을 던지면서 '그 기원'을 합리적 언어로 설명하는 것이다. 철학은 신 중심에서 인간 중심의 세계관으로 전환하여, 인간이 사용하는 언어의 힘으로 세계를 합리적으로 설명해가는 과정에서 신화와 혼돈을 없애려는 투쟁을 시작했다.(물론 그리스 신화는 신들이 주인공으로 등장하지만 동시에 그리스 문명을 만들어 낸 인간의 힘을 표현한 이야기이기도 하다)[32] 근대에 들어 학문적 진보가 진행되면서 좀 더 많은 검증 가능한 증거들을 얻게 되자 이를 토대로 하는 학문적 시도가 가능해졌다. 그것이 바로 지금 우리에게 익숙한 '과학'이다. 과학적 방법론이 세계를 설명해오던 신화적 방법론을 자연스럽게 대체했다. 그러나 현대 과학에도 신화적 요소가 있다. 천문학, 진화론 등은 신화적 가설과 과학적 증거가 절묘하게 연결되어 있기도 하다. 미래학은 현대의 과학적 지식과 통계적 자료를 기반으로 하지만, 현 시점에서는 검증이 불가능한 미래에 대해서 인간의 최고의 사유 능력을 활용한 신화적 설명을 시도하기도 한다.

신화적 요소를 사용하는 것이 그다지 주요한 방법론으로 사용되지는 않지만, 종교에 대한 탐구는 미래학에서 점점 중요해진다. 종교도 궁극적으로는 아르케를 묻는 영역이고, 여전히 인간이 미래를 선택하는 데에 큰 영향을 주는 힘을 갖고 있기 때문이다. 종교는 한 사회나 집단의 문화의 핵심을 형성하는 중요한 힘이다. 종교는 삶의 한 면에 자리잡고 있으며, 가르침과 의식을 통해 정신적이고 영적인 영향을 미친다. 집단적 사상과 제도와 개인적 신념 형성에 기여하고, 마음속 깊은 곳에까지 들어가 양심과 본성을 건드린다. 언어와 행동의 변화를 추진하거나 강제하며, 이 모든 것들이 모이면서 집단과 사회에서 문화의 중핵을 형성한다. 한국의 경우 불교, 유교, 샤머니즘, 천주교, 기독교가 큰 영향을 미치고 있다. 서양의 경우 유대교, 천주교, 기독교, 이슬람교 등이 큰 영향을 미치고 있다. 그렇기 때문에 종교를 이해하고 연구하는 것은 그 사회나 집단의 가치관과 행동 관습의 변화를 이해하는 첩경이 된다.[33] 더불어 그 종교의 발전을 예측하는 것은 그 사회나 집단이 만들어 갈 새로운 미래를 구상하는 데 중요한 단초를 제공한다. 미래학은 이처럼 다양한 학문 분야에서 사용하는 방법론들을 차용하거나 변형시켜 고유한 미래예측 방법들을 개발한다. 다음의 내용은 필자가 송도에 있는 한국뉴욕주립대에서 가르치는 미래예측 방법론과 배경 학문 커리큘럼이다.

> **Required Courses 1: Basic Study & Background Knowledge**
>
> *** Introduction of Futures Studies(미래학 개론)**
> - 미래학이란 Why Futures Studies?: A New Field of Inquiry
> - 미래학의 필요성과 의의 The Purpose of Futures Studies
> - 미래학의 역사 The History of Futures Studies
> - 미래예측과 예언의 차이
> - 미래예측의 철학과 핵심 공리들 Philosophy and Premise of Futures Studies
> - 미래 인식론 An Epistemology for Futures Studies: From Positivism to Critical Realism
> - 미래 마인드 Minds for the Future
> - 각국의 미래예측 및 미래학파 분류

- 미래학자들 연구Social Critics, Scientists, Philosophers and Planners
- 과학기술과 미래 비즈니스
- 미래예측과 정책 연구
- 미래예측과 경영 리더십
- 미래연구 방법론 개관
- Understanding Change & Shaping the Future
- Systems, Chance, and Chaos
- 미래학자, 미래연구가, 미래관심가의 역할Role of the Futurist
- 미래학에 대한 다양한 오해들과 나쁜 예언들

* Background Knowledge for Futures Studies
  - 비판적 사고Critical Thinking 기술
  - 논리적 사고Logical Thinking 기술
  - 철학사 및 철학 이론
  - 문화 이론 및 종교학 이론
  - 거대사 및 문명사
  - 사회학 이론 및 사회 변동론
  - 과학사 및 과학 이론
  - 경제사
  - 경제 및 금융 기초

* Futures Information(미래 변화 및 미래 산업 예측 도서 학습)
  - 10년 후, 최고의 산업은 무엇일까?
  - 화석 에너지에서 천연 에너지로 넘어가는 시기, 생존을 위해서는 어떤 선택을 해야 하는가?
  - 저출산, 고령화가 가져올 미래 산업의 충격은 무엇일까?
  - 제2의 인터넷혁명이 가져 오는 미래 사회의 변화는 무엇일까?
  - 유비쿼터스 사회
  - 로봇, 사이보그 혁명

- 인공지능, 디지털지능 혁명
- 나노 테크놀로지
- 바이오 테크놀로지
- 양자역학과 미래 혁명
- 뇌공학과 신경공학을 통한 미래 혁명
- 미래의 도시
- 미래의 의료와 헬스케어
- 미래의 교육
- 미래의 노동 The Future fo Work
- 미래의 인구 변화에 의한 서비스산업의 변화
- 미래의 새로운 서비스와 소비자 변화
- 미래의 직업들과 일자리 변화들
- 미래의 가상기업들
- 여성의 미래
- 국가와 정치의 미래
- 미래의 에너지들과 환경 혁명
- 6도의 악몽, 기후대전
- 미래의 인터넷 산업들
- 변화되는 미래 인재의 조건들
- 기타 메가트랜드 등

Required Courses 2: Qualitative Methods for Futures Studies

* **Qualitative Methods**(정성적 미래예측 방법론)

[Methods 1]
- Environmental Scanning
- Ecological Social Structure Analysis
- Causal layered Analysis

- Futures Wheel
- IMPOS
- System Thinking
- Emerging Issue Analysis
- Trend Impact Analysis
- Cross-Impact Analysis
- The Delphi Method
- Backcasting
- Business Profiling
- Complex System
- Chaos Analysis in Forecasting
- Simulation and Games
- Wild Cards
- Using Vision in Futures
- Normative Forecasting

[Methods 2]
- Text Mining for Foresight
- The Futures Polygon
- Real-time Delphi
- Structural Analysis
- Decision Modeling
- Morphological Analysis
- Relevance Trees
- Participatory Methods
- Genius Forecasting
- Science and Technology Road-mapping
- Field Anomaly Relaxation
- Multiple Perspective Concept

* 시나리오 기법들

- Multi-leveled Systemic Scenarios
- Traditional Scenarios
- Futures Timeline Map Scenarios
- Interactive Scenarios
- A Toolbox for Scenario Planning
- Personal Futures with Scenarios

Required Courses 3: Quantitative Methods for Futures Studies

* 정량적 미래예측 방법론 Quantitative and Statistical Methods

[Methods 1]

- Time Series
- Exponential Smoothing Methods
- Simple Regression
- Multiple Regression
- Substitution Analysis
- The Box-Jenkins Methodology for ARIMA models

[Methods 2]

- Data Mining for Technology Foresight
- SOFI State Of the Future Index
- Technology Sequence Analysis
- Prediction Markets

* 컴퓨터 시뮬레이션 방법론 Computer simulation in Futures Studies

[Methods 1]

- System Dynamics
- Business Dynamics
- Agent Based Modeling
- Computer simulation with Game Theory

[Methods 2]
- World Dynamics
- Urban Dynamics
- Chaos and Non-Linear Dynamics
- Robust Decision-making
- Heuristic Modeling

Required Courses 4: Application Project of Futures Studies
(2년 스터디 후 관심사별 선택 과정)

- 미래예측을 활용한 기업의 미래전략론
  Advanced Strategies for Futures Application in Consumer Sciences and Retailing
  미래 테스트 시뮬레이션 Futures Test Simulation
  워게임 시뮬레이션 Wargame Simulation
  비즈니스 프로파일링 Business Profiling with foresight methods
  미래 비전과 전략 수립 방법론 Futuring and Visioning: strategic decision making
- 세계 미래 연구 Studies of World Futures
  규범적 세계 미래 연구 프로젝트
  화성 인류정착 프로젝트
  미래정부 시스템 구축 프로젝트
- 게임이론을 활용한 세계정세 예측하기 Forecasting Game in Politics
  북핵 문제에서 지구 온난화까지 게임이론을 통해 미래를 계산하다
  정치 변화 및 국제정세 예측 시뮬레이션
- 미래예측기법을 활용한 거시적 경제금융 및 투자예측 방법론

- 미래예측기법을 활용한 신상품 개발, 수요예측 Futures Creative Evolution Strategy
- 미래예측 프로젝트 Project in Futures Studies in Critical Issue
  전염병, 경제위기, 긴급 이슈들, 신산업 전개방향 등에 대한 예측 실제
- 글로벌 모니터링 Monitoring World
  미래 조기경보 시스템 구축(국내외 위협, 위기, 기회, 가능성 조기경보)
  최신 미래산업동향에 대한 한 발 빠른 정보 수집 시스템 구축 실제

현대의 미래학은 앞에서 소개한 수 십여 가지의 방법론을 사용해서 셜록 홈즈처럼 어떤 사건의 상황으로부터 생각할 수 있는 모든 가능성들을 치밀하게 생각해 본 후, 특정한 가정들과 논리적 엄밀성을 이용해서 예측 가능한 특정한 미래의 결론에 도달하려고 한다. 과학적 증거 자료와 논리적 추론에서 시작하지 않는 미래 연구는 의도하지 않게 예언으로 흐르거나 무의미한 공상으로 전락할 수 있기 때문이다.

마지막으로, 만약 이런 모든 방법론으로 설명할 수 없는 부분, 법칙과 법칙 사이의 빠진 부분들은 미래학자의 통찰력과 직관(가정)이 메워야 한다. 통찰력 있는 가정으로 메워야 한다. 이것이 Genius Forecasting이다.

- **Futures Studies**
  미래 연구의 가치와 윤리 Value and Ethic of futures studies

미래예측은 미래에 대한 좋은 태도와 좋은 미래 이지미를 얻게 함으로써 현실의 어려움에 당황하거나 함몰되지 않고 더 나은 미래를

희망할 수 있도록 돕는데 그 가치를 둔다. 잘못된 환상이나 공포에 휩쓸리지 않고 객관적인 시각으로 미래를 생각해 보고, 그 미래가 어떤 모습이든지 간에 '미래는 사람이 만든다'는 긍정적인 태도를 갖게 하는데 가치를 둔다. 미래학자들은 예언가와는 다르게 최고로 정확한 미래예측이 아니라, 부족하지만 최선의 미래예측을 하는 것을 중요하게 생각한다. 최선의 예측은 책임있는 인간을 만드는 데 기여하기 때문이다.

미래예측의 또 다른 가치는 미래가 현실이 되기 전에, 혹은 미래 대응력을 상실하기 전에 다양한 미래 가능성들을 통찰해 보도록 함으로써 미래를 좀 더 잘 준비하는 데 도움을 주는 것이다. 더 나아가, 개인이나 기업, 그리고 국가와 전인류가 '선호하는 미래a Preferred Future'가 현실이 될 수 있게 하는 전략적 가능성이나 수용 가능한 해법을 좀 더 빠른 시간에 간파할 수 있도록 하는 데 가치를 둔다.

선호하는 미래(비전의 범주로서의 미래)에는 반드시 윤리적 가치가 포함되어야만 한다. 그래야만 개인이나 특정 집단만을 위한 미래가 아니라 전인류를 위한 더 나은 미래를 만들 수 있기 때문이다. 이를 위해서 미래학자는 풍부한 도덕적 상상력을 가지고 있어야 한다. 도덕적 상상력은 윤리적 실천과 반성의 근거가 된다. 이런 측면에서 규범적 미래a Normative future와 선호하는 미래(a Preferred Future, 비전적 미래)는 서로 교집합을 이룬다. 규범적 미래는 비전적 미래(선호하는 미래)에 대해 가치 판단을 돕고, 비전적 미래(선호하는 미래)는 규범적 미래의 예측 한계를 보완한다는 측면에서 상호보완적이다.(참고로, 최악의 상황Wildcard의 미래를 최우선순위로 해 놓고 자유롭게 행동하는 원리를 맥시민원리the Maximin principle라고 한다. 반대로 가장 유리한 미래Preferred future나 가장 일어날 가능성이 큰 미래Plausible future를 최우선 순위로 해 놓고 이를 최대한 발전시키는 방향으로 행동하는 원리를 맥시맥스 원리the Maximax principle라고 한다.)

책임있는 인간이라면 미래의 다양한 가능성, 기회, 위협과 위기에 대해서 최선을 다해 생각해 본 후에 행동을 해야 한다. 만약 악한 결과를 초래하거나, 부정적인 결과가 예측됨에도 불구하고, 예측을 게을리 해서 그 결과를 초래하는 의사결정과 행동을 선택했다면 도덕적 책임을 면하기 어렵다.

미래예측을 하는 과정에서 자연스럽게 현재의 제도와 사회 모습에 대한 비판적 반성을 할 수 있다. 미래학자는 이런 비판적 성찰을 통해 책임있고 윤리적인 인간이 만드는 규범적 미래가 무엇인지를 탐구한다. 규범적 미래의 핵심적인 윤리 기준은 세계관의 틀에 영향을 받는다. 이슬람 세계관과 민주주의 세계관은 윤리 기준이 다르기 때문에 각각의 규범적 미래는 다를 수 있다. 개인의 비전적 미래는 내적인 덕(Virtue; 행동의 지속성, 조건반사적으로 나타날만큼의 성품)의 발전을 자극해야 하고, 좋은 덕을 필요로 한다.

마지막으로, 미래 연구에 있어서 예일대학교 사회학부 교수인 웬델 벨Wendell Bell의 주장처럼 어떤 특정한 종류의 윤리적·도덕적 절대주의가 좋은 것인지, 아니면 제임스 데이터James Dator처럼 다양한 종류의 윤리적·도덕적 상대주의가 좋은지는 학자들 간에 논쟁이 계속되고 있다. 어느 입장에 서든 공통적으로 미래학자들은 반드시 보통사람들보다는 뛰어난 관점과 가치를 가지고 행동해야 한다. 세상이 발전함에 따라 자신 안에 있는 가치 기준들도 끊임없이 재검토해야 한다.[34]

미 주

프롤로그
1. 한국 위키피디아, '스톡데일 패러독스' 항목

1부
1. 〈조선비즈〉, 'IMF의 변신? … 라가르드 총재, 소득불평등도 엄연한 과제', 2014년 4월 10일자
2. 지그문트 바우만, "방황하는 개인들의 사회", 봄아필, 2013년
3. 미치오 카쿠, "불가능은 없다", 박병철 역, (서울: 김영사, 2010) 68, 79, 107, 122, 165.
4. 〈서울경제〉, '벼랑 끝 8개국 단기외채가 뇌관, 2년 내 외환위기 올 수도', 2014년 1월 16일자
5. 〈월스트리트저널〉, '아시아 수출엔진 꺼지고 있다', 2014년 4월 28일자
6. 지니계수는 0~1사이 값을 가진다. 숫자가 높을수록 소득 분배가 불평등하다는 의미다.
7. 〈아주경제〉, '중국 공식 지니계수 0.473', 2014년 1월 20일자
8. 〈연합뉴스〉, '중국 빈부격차, 미국보다 심하다', 2014년 4월 29일자
9. 〈중앙일보〉, '2030년 톱 50 경제도시 중국이 17곳', 2014년 5월 9일자
10. 2012년 중국 주간지 '스다이저우바오'지 분석
11. 최윤식, "2030 대담한 미래", 지식노마드, 2013년
12. 〈연합뉴스〉, '중국 빈부격차, 미국보다 심하다', 2014년 4월 29일자
13. 〈매일경제〉, '진퇴양난에 빠진 세계의 공장 딜레마', 2014년 4월 14일자
14. 〈매일경제〉, '진퇴양난에 빠진 세계의 공장 딜레마', 2014년 4월 14일자
15. 최윤식, "2030 대담한 미래", 지식노마드, 2013년
16. 〈오마이뉴스〉, '백만장자만 101만명…', 2014년 4월 9일자
17. 〈인민일보 한국어판〉, '中, 올해 노인인구 2억 돌파… 노령화 14.8% 달해', 2013년 3월 1일자
18. 중국사회과학원 예측 자료. 〈서울경제〉, '늙어가는 중국', 2014년 2월 20일자에서 재인용.
19. NAO는 중국 정부 회계감사기구다.
20. 〈연합인포맥스〉, '피치, 중국 신용등급 'A+' 유지 전망 '안정적'', 2014년 4월 4일자
21. 〈매일경제〉, 2013년 11월 24일자 기사 재인용
22. 〈서울경제〉, '시장 위험에 노출되는 위안화', 2014년 4월 21일자
23. 〈매일경제〉, '중국 경제위기는 예고된 시한폭탄', 2014년 2월 25일자
24. 〈조선비즈〉, '중국 기업부채 증가세가 성싱 속도보다 빨라, 줄도산 우려도', 2014년 2월 11일자

25. 5,000만 달러 이상을 보유한 초특급 부자를 가장 많이 보유한 나라는 미국이다.
26. 이에 대한 자세한 내용은 필자의 '2030 대담한 미래'를 참고하라.
27. 이 부분은 '2030 대담한 미래'의 미·중 전쟁 시나리오를 참고하라.
28. 〈매일경제〉, '갈길 먼 중국경제 대국굴기', 2014년 4월 21일자
29. 〈서울경제〉, '기로에 선 중국경제, 혼돈의 부동산 시장', 2014년 4월 6일자
30. 〈서울경제〉, '중국 부동산 거품 붕괴 이미 시작됐다', 2014년 5월 6일자
31. 〈매일경제〉, '중국 부동산 개발사 부도 도미노 조짐', 2014년 4월 18일자
32. 〈한국경제〉, '중, 리코노믹스 1년 만에 종언 고하나', 2014년 5월 1일자
33. 〈서울경제〉, '중국 부동산 거품 붕괴 이미 시작됐다', 2014년 5월 6일자
34. 〈매일경제〉, '돈냄새 귀재 리카싱 중국 부동산 팔아치워', 2014년 4월 21일자
    〈조선일보〉, '글로벌 성장엔진 중국, 심상찮은 3대 리스크', 2014년 3월 15일자
35. 〈연합뉴스〉, '막대한 중국 그림자 금융, 공상은행장 20조 위안', 2014년 4월 21일자
36. 〈이데일리〉, '중국 그림자 금융 규모, GDP 40% 넘는다', 2014년 5월 12일자
37. 〈조선비즈〉, '최악은 세계 동반 침체, 중국 개혁이 관건', 2014년 5월 13일자
38. 〈서울경제〉, '중국 경기둔화 아베노믹스 실패, 아태경제 위협 최대 불안요인', 2014년 4월 28일자
39. 〈파이낸셜뉴스〉, '공기업 영업이익, PMI 반등했지만, 중국 제조업 경기 낙관 이르다', 2014년 4월 28일자
40. 〈조선비즈〉, '위안화 가치 왜 하락하나, 중국 정부 의도 가능성 높아', 2014년 4월 26일자
41. 〈서울경제〉, '시장 위험에 노출되는 위안화', 2014년 4월 21일자
42. 녹인 녹아웃(Knock-In, Knock-Out)의 영문 첫 글자에서 따온 말로서 환율변동에 따른 위험을 피하기 위한 환헤지 상품을 말한다. 약정환율과 변동의 상한(Knock-In, 및 하한(Knock-Out)을 정해놓고 환율이 일정한 구간 안에서 변동한다면 약정환율을 적용받는 대신, 하한 이하로 떨어지면 계약을 무효로 하고, 상한 이상으로 올라가면 약정액의 1~2배를 약정환율에 매도하는 방식이다.
43. 〈매일경제〉, '남의 닭 빌려다 계란장사 시작하더니', 2013년 1월 21일자
44. 〈JPNews〉, '크루그먼 '아베노믹스, 결과적으로 정답'', 2013년 1월 15일자
45. 〈내일신문〉, '아베 정권의 딜레마', 2013년 5월 16일자
46. 〈연합뉴스〉, '임금이 안 오르네...아베노믹스 딜레마', 2014년 2월 6일자
47. 〈데일리안〉, '일본 무력 도발 시 독도 하루 동안도 못 지킨다', 2012년 8월 23일자
48. 〈뉴시스〉, '500대 기업 실적 '빨간불' 매출 정체에 순익 12% 하락', 2014년 5월 14일자
49. 왜 금융위기가 발발하는지에 관한 내용은 전작 '2030 대담한 미래 1'을 참고하라.
50. 2030대담한 미래, 최윤식
51. 5~10년 후 먹고 살거리를 마련하기 위해 발굴, 육성하는 신규사업으로 삼성그룹이 쓰기 시작했다.

52. 2012년 삼성그룹 전체 매출 380조 원을 기준으로 매년 물가상승률을 겨우 이길 정도인 3% 성장을 지속한다면 2020년 그룹 전체 매출은 최소 480조 원이 되어야 한다. 투자자가 글로벌 1등 기업에 원하는 최소 수준 성장률인 5%를 지속한다면 560조 원이 되어야 한다. 2014년 기준 삼성전자 주식의 50%는 외국인이 보유하고 있다.
53. 이에 대한 자세한 설명과 예측은 전작 '2030 대담한 미래 1'를 참고하라.
54. 〈연합뉴스〉, '국민연금, 자산 35% 이상을 주식에 투자하기로', 2014년 5월 23일자
55. 2013년 기준, 한국의 총부채 규모는 3,783조 원(10년 전보다 2.2배 증가)으로 가계와 개인 소규모 영세사업자에서 1,223조 원, 정부 부채 500조 원, 나머지가 기업 부채다.
56. International Monetary Fund, World Economic Outlook Database, October 2013.
57. 〈서울경제〉, '국내 그림자 금융 1,500조원, 세계 7위', 2014년 4월 3일자
58. 〈서울경제〉, '우리나라 금융부채 1경', 2014년 5월 12일자
59. 〈서울경제〉, '한국 국부 규모 1경 630조원', 2014년 5월 14일자
60. 2013년 말 기준 4대 시중은행에서 자영업자(개인사업자)들이 빌린 돈은 106조 3,444억 원이다. 〈서울신문〉, '자영업자 '빚더미'… 2년 새 16조 늘어', 2014년 2월 28일자
61. 〈국민일보〉, '악성 가계 빚 느는데, 느긋한 당국 '관리 가능' 되풀이", 2014년 2월 28일자, 세계경제포럼(WEF)는 75% 수준을 임계점으로 제시했다.
62. 한국은 주택담보대출이 2012년 전년 대비 5.7% 증가한 26.8조 원 증가했고, 2013년에는 전년 대비 6.1% 늘어난 30.5조 원 증가하는 등 계속해서 증가 중이다.
63. Disposable income, 개인 소득에서 개인세금과 세외부담(이자 지급 등 비소비 지출)을 뺀 후 나머지와 이전소득(사회보장금, 연금)을 합한 것으로, 개인이 실질적으로 소비와 저축을 자유롭게 할 수 있는 소득을 말한다.
64. 〈헤럴드경제〉, '"최후의 대못' LTV, DTI 딜레마', 2014년 2월 27일자
65. 〈조선비즈〉, '가처분소득 40%를 빚 갚는 데 쓰는 저소득층', 2014년 2월 25일자
66. 〈SBSCNBC〉, '늘어난 다중채무자 빚… '시한폭탄' 터질라', 2014년 3월 24일자
67. 〈조선비즈〉, '가처분소득 40%를 빚 갚는 데 쓰는 저소득층', 2014년 2월 25일자
68. 〈이데일리〉, '급증하는 지방 가계대출, 빚의 질 악화되나', 2014년 3월 17일자
69. 〈연합뉴스〉, '수도권 아파트전세 상승률 1위 화성 65% 올라', 2013년 8월 4일자
70. 〈경제투데이〉, '박근혜통령 취임 1년, 전국 아파트 전세가 총액 151조 증가', 2014년 2월 25일자
71. 〈매일경제〉, '빚더미에 허리 휘는 가계… 금융위기 때보다 심각', 2014년 2월 17일자
72. 〈조선비즈〉, '가계 부채 1,000조, 요란한 경고등 '양보다 질이 더 큰 문제"', 2014년 2월 25일자
73. 〈헤럴드경제〉, '한국인의 소득구조… 전체 근로자 중 절반이 1,500~4,000만 원 사이 수입', 2013년 1월 14일자
74. 〈파이낸셜뉴스〉, '전체 가구 소득의 절반은 상위 20%가 벌었다', 2012년 12월 21일자
75. 〈동아일보〉, '서울 아파트 평균 매매가격… 사상 최고가의 97% 선 회복', 2011년 2월 9일자
76. 〈매일경제〉, '집값 상승은 금융시장에도 호재', 2014년 3월 31일자

77. 〈아시아경제〉, '경제 취약 고리 된 자영업자, 더 힘들어졌다', 2014년 5월 12일자
78. 필자는 이미 3~4년 전에 이 부분에 대한 예측을 발표했다.
79. 한국거래소 http://www.krx.co.kr
80. CCTV 경제30분팀, "화폐전쟁 진실과 미래", 랜덤하우스, 2011년
81. CCTV 경제30분팀, "화폐전쟁 진실과 미래", 랜덤하우스, 2011년
82. CCTV 경제30분팀, "화폐전쟁 진실과 미래", 랜덤하우스, 2011년
83. 류진뤄, "월스트리트의 반격", 에쎄, 2010년
84. 〈서울경제〉, '플라자합의 후 장기불황 일본 전철 우려', 2014년 5월 13일자
85. CCTV 경제30분팀, "화폐전쟁 진실과 미래", 랜덤하우스, 2011년
86. 쑹훙빙, "화폐전쟁1", 랜덤하우스, 2008년
87. 〈한국경제〉, '로버트 배로, 한국, 공공부채 비율 높은 일본 닮지 말아야', 2014년 6월 2일자
88. 미래 변화 지도에 나타난 각각의 글로벌 정세 변화에 대한 자세한 논리와 시스템적 연관성, 그리고 필자의 위기 경고를 뒷받침할 근거 자료는 전작에서 상세히 다루었다. 여기서는 2030년까지 한국을 둘러싼 주요 국가의 '변화 예측의 핵심'과 전작에 담지 못한 추가적인 '파생 변화'에 대해 간략히 다루면서 미래 변화 지도를 설명하고자 한다.
89. 이에 대한 자세한 내용은 전작 '2030 대담한 미래 1'을 참조하라.
90. 미국의 미래 전략과 제조업 역량에 대해서는 전작 '2030 대담한 미래 1'에서 자세히 다루었다. 그래서 여기서는 한국 제조업을 압박하는 또 다른 변수로 등장한 미국의 상황을 간략하게 기술했다.
91. MBTU는 물 100만 파운드의 온도를 화씨 1도만큼 올릴 수 있는 열량을 의미한다.
92. 〈아시아경제〉, '정부, 가스 트레이딩 허브 구축 추진', 2014년 3월 26일자
93. 〈매일경제〉, '셰일붐으로 에너지값 절감, 글로벌 200대 회사 중국 철수하고 미국으로 가자', 2014년 4월 24일자
94. 〈매일경제〉, '셰일붐으로 에너지값 절감, 글로벌 200대 회사 중국 철수하고 미국으로 가자', 2014년 4월 24일자

2부

1. 최윤식, "2030부의 전쟁" pp. 245-246, 지식노마드, 2013년
2. 최윤식, "10년 뒤에도 살아남을 직장인을 위한 안내서", 지식노마드, 2011년
3. 칼 마르크스, "자본론(상.", 비봉출판사, 1989년
4. 아담 스미스, "국부론", 동서문화사, 2009년
5. 칼 마르크스, "자본론(상.", 비봉출판사, 1989년
6. 찰스 P. 킨들버거, 로버트 Z. 알리버, "광기, 패닉, 붕괴: 금융위기의 역사", 굿모닝북스, 2006년

7. 칼 마르크스, "자본론(상.", 비봉출판사, 1989년
8. 아담 스미스, "국부론", 동서문화사, 2009년
9. 칼 마르크스, "자본론(상.", 비봉출판사, 1989년
10. 정운찬, 김영식, "거시경제론 제8판", 율곡출판사, 2009년
11. 아담 스미스, "국부론", 동서문화사, 2009년
12. 아담 스미스, "국부론", 동서문화사, 2009년
13. 아담 스미스, "국부론", 동서문화사, 2009년
14. 최윤식, "thinking tool box 생각이 미래다", 지식노마드, 2012년
15. 정운찬, 김영식, "거시경제론 제8판", 율곡출판사, 2009년
16. 최용식, "회의주의자를 위한 경제학", 알키, 2011년
17. 정운찬, 김영식, "거시경제론 제8판", 율곡출판사, 2009년
18. 정운찬, 김영식, "거시경제론 제8판", 율곡출판사, 2009년
19. 정운찬, 김영식, "거시경제론 제8판", 율곡출판사, 2009년
20. 정운찬, 김영식, "거시경제론 제8판", 율곡출판사, 2009년
21. 라스 트비드, "비즈니스 사이클", 위즈덤하우스, 2009년
22. 아담 스미스, "국부론", 동서문화사, 2009년
23. 나선, 이명로, "똑똑한 돈", 한빛비즈, 2009년
24. 누리엘 루비니, 스티븐 미흠, "위기 경제학", 청림, 2010년
25. 해리 덴트, "부의 패턴", 청림, 2001년
26. 누리엘 루비니, 스티븐 미흠, "위기 경제학", 청림, 2010년
27. 데이비드 웨슬, "살아있는 역사, 버냉키와 금융전쟁", 랜덤하우스, 2010년
28. 쑹훙빙, "화폐전쟁1", 랜덤하우스, 2008년
29. 데이비드 웨슬, "살아있는 역사, 버냉키와 금융전쟁", 랜덤하우스, 2010년
30. 조지 애커로프, 로버트 쉴러, "야성적 충동", 랜덤하우스, 2009년
31. 데이비드 웨슬, "살아있는 역사, 버냉키와 금융전쟁", 랜덤하우스, 2010년
32. 다니엘 그로스, "미국을 만든 비즈니스 영웅 20", 세종서적, 1997년
33. Adam Smith, Wealth of Nations, 1776, Chapter 1.
34. John Steele Gordon, Am Empire of Wealth: The Epic History of American Economic Power, Harper Collins: New York, 2004, p 262.
35. 리아콰트 아메드, "금융의 제왕", 다른세상, 2010년
36. Allan H. Meltzer, A History of the Federal Reserve, Volume 1: 1913-1951, University of Chicago Press: New York, 2004, p 65.
37. 찰스 P. 킨들버거, 로버트 Z. 알리버, "광기, 패닉, 붕괴: 금융위기의 역사", 굿모닝북스, 2006년
38. Simon Schama, The Embarrassment of Riches: An Interpretation of Dutch Culture

in the Golden Age, Knopf: New York, 1987, p 358.
39. 발터 비트만, "국가부도", 비전코리아, 2011년
40. 찰스 P. 킨들버거, 로버트 Z. 알리버, "광기, 패닉, 붕괴: 금융위기의 역사", 굿모닝북스, 2006년
41. 해리 덴트, "세계경제 대예측 2010 버블 붐", 청림, 2008년
42. 찰스 P. 킨들버거, 로버트 Z. 알리버, "광기, 패닉, 붕괴: 금융위기의 역사", 굿모닝북스, 2006년
43. 문재현, "지금 당장 환율공부 시작하라", 한빛비즈, 2008년
44. 최용식, "회의주의자를 위한 경제학", 알키, 2011년
45. 조명진, "우리만 모르는 5년 후 한국경제", 한국경제신문, 2010년
46. 이지효, "한국경제 기회는 어디에 있는가", 북포스, 2010년
47. 홍춘욱, "원화의 미래", 에이지, 2009년
48. 홍춘욱, "원화의 미래", 에이지, 2009년

3부

1. 올더스 헉슬리, 멋진 신세계, (서울: 문예출판사, 1998)
2. 참고로, 2030년 이후 펼쳐질 환상사회에 대한 미래 시나리오는 2030 시리즈의 3권에서 다룰 예정이다)
3. 케빈 켈리, "기술의 충격" 이한음 역, (서울: 민음사, 2011), 21.
4. 머니투데이 특별취재팀, "앞으로 5년 결정적 미래", 비즈니스북스, 2013년
5. 〈프리미엄조선〉, '삼성을 바꾼 이건희 회장의 신경영 대장정 4', 2014년 3월 3일자
6. 세스 고딘, "이카루스 이야기", 한국경제신문, 2014년
7. 존 나이스비트, "하이테크 하이터치", 한국경제신문, 2000년
8. 랄프 얀센, 미카 알토넨, "르네상스 소사이어티", 365, 2014년
9. 호드 립슨, 멜바 컬만, "3D프린팅의 신세계", 한스미디어, 2013년
10. 호드 립슨, 멜바 컬만, "3D프린팅의 신세계", 한스미디어, 2013년
11. 세스 고딘, "이카루스 이야기", 한국경제신문, 2014년
12. 크리스 앤더슨, "메이커스", 알에이치코리아, 2014년
13. 호드 립슨, 멜바 컬만, "3D프린팅의 신세계", 한스미디어, 2013년
14. 〈한국경제〉, '스마트폰, 공장을 빨아들이다', 2014년 7월 18일자
15. 〈매일경제〉, '3D프린팅 글로벌빅뱅 본격화', 2014년 6월 16일자
16. 〈The ScienceTimes〉, '5년후, 3D프린터 시대 도래', 2014년 7월 28일자
17. 〈인사이트〉, '3D프린터 요리사 시대 열려', 2014년 6월 11일자
18. 〈서울신문〉, '팬케이크 굽는 3D프린터 등장', 2014년 5월 19일자

19. 랜달 메이스, "생명공학의 세기와 인류의 미래", 세계미래포럼
20. 〈허핑턴포스트〉, '예술계를 바꾼 3D프린팅 14', 2014년 7월 1일자
21. 〈허핑턴포스트〉, '예술계를 바꾼 3D프린팅 14', 2014년 7월 1일자
22. 〈서울신문〉, '프로포즈용 보석반지, 이젠 3D프린터로 인쇄', 2014년 6월 27일자
23. 〈인데일리〉, '3D 프리터로 프린트한 플라스틱 두개골 임플란트가 가능해 졌다', 2013년 3월 19일자
24. 〈ZDNet Korea〉, '3D프린터 작업, 흡연보다 고위험', 2013년 8월 4일자
25. 제임스 캔턴, "극단적 미래예측", 김영사, 2007년
26. 〈서울경제〉, '아이폰 6, 로봇이 만든 최초의 스마트폰 된다', 2014년 7월 8일자
27. 〈Patent Shot〉, '트랜스포머 가구? 가구로 변신하는 자가 조립 로봇 등장', 2014년 5월 26일자
28. 〈로봇신문〉, '미국 로봇 시장, 서비스 분야가 주도한다', 2014년 5월 7일자
29. 〈로봇신문〉, '일본, 간호로봇 시장 연 2백~3백%씩 성장예고', 2014년 1월 7일자
30. 〈로봇신문〉, '2018년 세계 의료로봇시장 4조원', 2014년 3월 14일자
31. 〈파이낸셜뉴스〉, '로보시장 선점 나선 글로벌 IT공룡', 2014년 6월 15일자
32. 〈로봇신문〉, '로봇 기술은 국가 경쟁력', 2014년 6월 10일자
33. 이인식 외, "기술의 대융합", 고즈윈, 2010년
34. 트렌즈(Trends), "지금부터 10년 글로벌 트렌드", 일상이상, 2010년
35. 〈국민일보〉, '물로 보지마, 블루골드 산업 쑥쑥 커간다', 2014년 6월 11일자
36. 〈한국경제〉, '목타는 기업들, 물 확보에 86조원 쏟아붓다', 2014년 7월 16일자
37. 트렌즈(Trends), "지금부터 10년 글로벌 트렌드", 일상이상, 2010년
38. 〈서울신문〉, '전 세계인이 4kg씩 나눌 양, 해저 1,600m 골드러시', 2014년 5월 13일자
39. 〈서울신문〉, '전 세계인이 4kg씩 나눌 양, 해저 1,600m 골드러시', 2014년 5월 13일자
40. 〈국민일보〉, '우리의 미래를 좌우할 해양산업', 2013년 2월 13일자
41. KBS 네트워크 특선 다큐, "미래산업 스토리텔링", 2012년 6월 4일자.
42. 국제미래학회, "미래가 보인다. 글로벌 미래 2030", 박영사, 2013년
43. 미치오 카쿠, "미래의 물리학", 김영사, 2012년
44. 〈BIZION〉, '스마트폰 공중에 3D 영상을 띄우는 홀로그램 신기술', 2014년 6월 10일자
45. 미치오 카쿠, "미래의 물리학", 김영사, 2012년
46. 〈아시아경제〉, 2014.04.14. 정종오, "평범한 유리창에서도 TV를 본다" 기사 중에서.
47. 전자신문, 2014.07.05. 김창욱, "샤프, 모든 형태로 제작 가능한 LCD 패널 'FFD' 개발" 기사 중에서.
48. ITnews, 2014.05.31. 차원용, "애플, 프라임센스 인수 이유, 3D AR/VR로 간다" 기사 중에서.
49. 김영한, "사이버 트렌드" (서울: 고려원미디어, 1996), 12.
50. 미치오 카쿠, "미래외 물리학", 김영사, 2012년
51. 앨빈 토플러, "미래쇼크" 이규행 역, (서울: 한국경제신문사, 1989), 226.

52. 미치오 카쿠, "불가능은 없다", 김영사, 2010년
53. 미치오 카쿠, "미래의 물리학", 김영사, 2012년
54. 박영숙, 제롬 글렌, 테드 고든, 엘리자베스 플로레스큐, "유엔미래보고서 2030", 교보문고, 2013년
55. 미치오 카쿠, "미래의 물리학", 김영사, 2012년
56. 마이클 하임, "가상현실의 철학적 의미", 책세상, 1997년
57. 차원용, "미래기술경영 대예측", 굿모닝미디어, 2006년
58. 돈 탭스콧, "디지털 네이티브", 비즈니스북스, 2009년
59. 리처드 왓슨, 올리버 프리먼, "미래를 위한 선택", 청림출판, 2014년
60. 〈연합뉴스〉, '페이스북, 죽은 아들 모습 보여달라 요청에 화답', 2014년 2월 7일자
61. 〈사이언스타임즈〉, '가게에서 립스틱 찾다가 IoT 착안', 2014년 6월 5일자
62. 〈매일경제〉, '수하물 오류 유럽의 20분의 1, 인천공항에 숨은 첨단기술', 2014.07.01.
63. 〈아이뉴스24〉, '애플, 스마트홈 기기도 개발한다', 2014년 6월 27일자
64. 〈머니투데이〉, '제멋대로 가는 자동차, 스팸보내는 다리미까지 현실로', 2014년 6월 20일자
65. 〈MediaIT〉, '웨어러블 기기가 바꾸게 될 미래생활', 2014년 5월 7일자
66. 〈매일경제〉, '웨어러블이 만들어가는 신세계', 2014년 6월 27일자
67. 〈머니투데이〉, '로봇, 휴대폰, 게임판 흔들 '촉각센서' 나왔다', 2014년 6월 12일자
68. 〈매일경제〉, '초소형 마이크로 카메라를 장착한 구글 콘텍트 렌즈', 2014년 4월 26일자
69. 〈전자신문〉, '웨어러블 컴퓨터, 2018년까지 걸음마 단계', 2014년 2월 10일자
70. 〈연합뉴스〉, '10분내 고속충전 가능한 휘는 2차전지 개발', 2014년 7월 31일자
71. 〈연합뉴스〉, '효율 40배, 입는 나노발전기 개발', 2014년 5월 15일자
72. 〈문화일보〉, '국내 웨어러블 과학기술 어디까지 왔나', 2014년 5월 13일자
73. 〈아이뉴스 24〉, 'IBM-애플 제휴, 앗슨-시리 환상조합 뜬다', 2014년 7월 17일자
74. 〈BBC Horizon〉, 'The hunt for AI', 2012년
75. 승현준, "커넥톰, 뇌의 지도", 김영사, 2014년
76. 〈머니투데이〉, '컴퓨터 같은 인간, 인간 같은 컴퓨터', 2014년 5월 17일자
77. 레이 커즈와일, "특이점이 온다", 김영사, 2007년
78. 레이 커즈와일, "특이점이 온다", 김영사, 2007년
79. 레이 커즈와일, "특이점이 온다", 김영사, 2007년
80. 〈헤럴드경제〉, '6000조원대 블루오션, 인공지능 시대는 이미 시작', 2014년 6월 27일자
81. 〈머니투데이〉, '사람인 듯 사람아닌 유진은 어떤 컴퓨터', 2014년 7월 3일자
82. 〈Hearald Weekend〉, '2029년엔 사람과 같은 컴퓨터 등장할 수 있다', 2014년 6월 27일자
83. 〈중앙선데이〉, '하나 가르치면 열을 아는 로봇, 인간의 친구로 진화 중', 2014년 6월 22일자
84. 제임스 마틴, "미래학 강의", 김영사, 2009년
85. 〈전자신문〉, 'IT와 BT의 융합, 모바일 의학 열풍이 분다', 2014년 7월 15일자

19. 랜달 메이스, "생명공학의 세기와 인류의 미래", 세계미래포럼
20. 〈허핑턴포스트〉, '예술계를 바꾼 3D프린팅 14', 2014년 7월 1일자
21. 〈허핑턴포스트〉, '예술계를 바꾼 3D프린팅 14', 2014년 7월 1일자
22. 〈서울신문〉, '프로포즈용 보석반지, 이젠 3D프린터로 인쇄', 2014년 6월 27일자
23. 〈인데일리〉, '3D 프리터로 프린트한 플라스틱 두개골 임플란트가 가능해 졌다', 2013년 3월 19일자
24. 〈ZDNet Korea〉, '3D프린터 작업, 흡연보다 고위험', 2013년 8월 4일자
25. 제임스 캔턴, "극단적 미래예측", 김영사, 2007년
26. 〈서울경제〉, '아이폰 6, 로봇이 만든 최초의 스마트폰 된다', 2014년 7월 8일자
27. 〈Patent Shot〉, '트랜스포머 가구? 가구로 변신하는 자가 조립 로봇 등장', 2014년 5월 26일자
28. 〈로봇신문〉, '미국 로봇 시장, 서비스 분야가 주도한다', 2014년 5월 7일자
29. 〈로봇신문〉, '일본, 간호로봇 시장 연 2백~3백%씩 성장예고', 2014년 1월 7일자
30. 〈로봇신문〉, '2018년 세계 의료로봇시장 4조원', 2014년 3월 14일자
31. 〈파이낸셜뉴스〉, '로보시장 선점 나선 글로벌 IT공룡', 2014년 6월 15일자
32. 〈로봇신문〉, '로봇 기술은 국가 경쟁력', 2014년 6월 10일자
33. 이인식 외, "기술의 대융합", 고즈윈, 2010년
34. 트렌즈(Trends), "지금부터 10년 글로벌 트렌드", 일상이상, 2010년
35. 〈국민일보〉, '물로 보지마, 블루골드 산업 쑥쑥 커간다', 2014년 6월 11일자
36. 〈한국경제〉, '목타는 기업들, 물 확보에 86조원 쏟아붓다', 2014년 7월 16일자
37. 트렌즈(Trends), "지금부터 10년 글로벌 트렌드", 일상이상, 2010년
38. 〈서울신문〉, '전 세계인이 4kg씩 나눌 양, 해저 1,600m 골드러시', 2014년 5월 13일자
39. 〈서울신문〉, '전 세계인이 4kg씩 나눌 양, 해저 1,600m 골드러시', 2014년 5월 13일자
40. 〈국민일보〉, '우리의 미래를 좌우할 해양산업', 2013년 2월 13일자
41. KBS 네트워크 특선 다큐, "미래산업 스토리텔링", 2012년 6월 4일자.
42. 국제미래학회, "미래가 보인다. 글로벌 미래 2030", 박영사, 2013년
43. 미치오 카쿠, "미래의 물리학", 김영사, 2012년
44. 〈BIZION〉, '스마트폰 공중에 3D 영상을 띄우는 홀로그램 신기술', 2014년 6월 10일자
45. 미치오 카쿠, "미래의 물리학", 김영사, 2012년
46. 〈아시아경제〉, 2014.04.14. 정종오, "평범한 유리창에서도 TV를 본다" 기사 중에서.
47. 전자신문, 2014.07.05. 김창욱, "샤프, 모든 형태로 제작 가능한 LCD 패널 'FFD' 개발" 기사 중에서.
48. ITnews, 2014.05.31. 차원용, "애플, 프라임센스 인수 이유, 3D AR/VR로 간다" 기사 중에서.
49. 김영한, "사이버 트렌드" (서울: 고려원미디어, 1996), 12.
50. 미치오 카쿠, "미래의 물리학", 김영사, 2012년
51. 앨빈 토플러, "미래쇼크" 이규행 역, (서울: 한국경제신문사, 1989), 226.

52. 미치오 카쿠, "불가능은 없다", 김영사, 2010년
53. 미치오 카쿠, "미래의 물리학", 김영사, 2012년
54. 박영숙, 제롬 글렌, 테드 고든, 엘리자베스 플로레스큐, "유엔미래보고서 2030", 교보문고, 2013년
55. 미치오 카쿠, "미래의 물리학", 김영사, 2012년
56. 마이클 하임, "가상현실의 철학적 의미", 책세상, 1997년
57. 차원용, "미래기술경영 대예측", 굿모닝미디어, 2006년
58. 돈 탭스콧, "디지털 네이티브", 비즈니스북스, 2009년
59. 리처드 왓슨, 올리버 프리먼, "미래를 위한 선택", 청림출판, 2014년
60. 〈연합뉴스〉, '페이스북, 죽은 아들 모습 보여달라 요청에 화답', 2014년 2월 7일자
61. 〈사이언스타임즈〉, '가게에서 립스틱 찾다가 IoT 착안', 2014년 6월 5일자
62. 〈매일경제〉, '수하물 오류 유럽의 20분의 1, 인천공항에 숨은 첨단기술', 2014.07.01.
63. 〈아이뉴스24〉, '애플, 스마트홈 기기도 개발한다', 2014년 6월 27일자
64. 〈머니투데이〉, '제멋대로 가는 자동차, 스팸보내는 다리미까지 현실로', 2014년 6월 20일자
65. 〈MediaIT〉, '웨어러블 기기가 바꾸게 될 미래생활', 2014년 5월 7일자
66. 〈매일경제〉, '웨어러블이 만들어가는 신세계', 2014년 6월 27일자
67. 〈머니투데이〉, '로봇, 휴대폰, 게임판 흔들 '촉각센서' 나왔다', 2014년 6월 12일자
68. 〈매일경제〉, '초소형 마이크로 카메라를 장착한 구글 콘텍트 렌즈', 2014년 4월 26일자
69. 〈전자신문〉, '웨어러블 컴퓨터, 2018년까지 걸음마 단계', 2014년 2월 10일자
70. 〈연합뉴스〉, '10분내 고속충전 가능한 휘는 2차전지 개발', 2014년 7월 31일자
71. 〈연합뉴스〉, '효율 40배, 입는 나노발전기 개발', 2014년 5월 15일자
72. 〈문화일보〉, '국내 웨어러블 과학기술 어디까지 왔나', 2014년 5월 13일자
73. 〈아이뉴스 24〉, 'IBM-애플 제휴, 앗슨-시리 환상조합 뜬다', 2014년 7월 17일자
74. 〈BBC Horizon〉, 'The hunt for AI', 2012년
75. 승현준, "커넥톰, 뇌의 지도", 김영사, 2014년
76. 〈머니투데이〉, '컴퓨터 같은 인간, 인간 같은 컴퓨터', 2014년 5월 17일자
77. 레이 커즈와일, "특이점이 온다", 김영사, 2007년
78. 레이 커즈와일, "특이점이 온다", 김영사, 2007년
79. 레이 커즈와일, "특이점이 온다", 김영사, 2007년
80. 〈헤럴드경제〉, '6000조원대 블루오션, 인공지능 시대는 이미 시작', 2014년 6월 27일자
81. 〈머니투데이〉, '사람인 듯 사람아닌 유진은 어떤 컴퓨터', 2014년 7월 3일자
82. 〈Hearald Weekend〉, '2029년엔 사람과 같은 컴퓨터 등장할 수 있다', 2014년 6월 27일자
83. 〈중앙선데이〉, '하나 가르치면 열을 아는 로봇, 인간의 친구로 진화 중', 2014년 6월 22일자
84. 제임스 마틴, "미래학 강의", 김영사, 2009년
85. 〈전자신문〉, 'IT와 BT의 융합, 모바일 의학 열풍이 분다', 2014년 7월 15일자

86. 〈서울신문〉, 'IT, 의료기술: 사랑에 빠지다', 2014년 7월 5일자
87. 〈YTN〉, '병원에 안가도 정확하게 암 진단', 2014년 6월 15일자
88. 테오도르 핸슈, "세상을 뒤집을 100가지 미래상품", 콜로세움, 2008년
89. 피터 W. 허버, "의학의 미래를 진단한다", 세계미래포럼
90. 〈매일경제〉, '한국중심 1000km내 5억명, 원격의료 불붙으면 모두 고객', 2016년 6월 27일자
91. 미치오 카쿠, "미래의 물리학", 김영사, 2012년
92. 이인식 외, "기술의 대융합", 고즈원, 2010년
93. 존 나이스비트, "하이테크 하이터치", 한국경제신문, 2000년
94. 〈KBS 사이언스 21〉, "바이오 혁명, 제4편 – 0.1%의 비밀, 맞춤의학"
95. 〈KBS 사이언스 21〉, "바이오 혁명, 제4편 – 0.1%의 비밀, 맞춤의학"
96. 〈NHK〉, "글로벌 마켓 1부: 생명, 그 거대한 사업의 전쟁터"
97. 〈아시아경제〉, 정종오, "선택적이고 쉬운 유전자 가위 개발됐다" 기사 중에서, 2014.06.01.
98. 에릭 드렉슬러, "창조의 엔진: 나노기술의 미래", 김영사, 2011년
99. 〈한국일보〉, '인공 DNA 세포내 복제 첫 성공, 새 생명체 탄생 길 열리나', 2014년 5월 8일자
100. 〈한국일보〉, '인공 DNA 세포내 복제 첫 성공, 새 생명체 탄생 길 열리나', 2014년 5월 8일자
101. 에릭 드렉슬러, "창조의 엔진: 나노기술의 미래", 김영사, 2011년
102. 〈연합뉴스〉, "암 진단, 치료하는 박테리아 나노로봇 세계 최초 개발", 2013년 12월 16일자
103. 이인식 외, "기술의 대융합", 고즈원, 2010년
104. 테오도르 핸슈, "세상을 뒤집을 100가지 미래상품", 콜로세움, 2008년
105. 테오도르 핸슈, "세상을 뒤집을 100가지 미래상품", 콜로세움, 2008년
106. 승현준, "커넥톰, 뇌의 지도", 김영사, 2014년
107. NHK, "인간게놈 4부: 생명시계의 비밀", KBS 1999년 방송.
108. NHK, "인간게놈 4부: 생명시계의 비밀", KBS 1999년 방송.
109. 차원용, "미래기술경영 대예측" (서울: 굿모닝미디어, 2006), 296.
110. 〈The Science Times〉, 텔로머라제, 불로장생의 비밀을 푸는 열쇠, 2010년 12월 1일자
111. 뉴스위크 760호, 노화 속도 늦출 수 있을까
112. KBS, 2006. 3월, "유전자 혁명, 신의 축복인가 재앙인가?" 방송 중에서.
113. KBS, 2014.07.28. "9시 뉴스, 천연 치매 치료제 5년 내에 나온다"
114. KBS, 2006. 3월, "유전자 혁명, 신의 축복인가 재앙인가?" 방송 중에서.
115. 매일경제, 2013. 1. 23일, "유도만능줄기세포로 신장 조직 생성 성공" 기사 중에서.
116. 트렌즈(Trends)지 특별취재팀, "10년 후 일의 미래" 권춘오 역, (서울: 일상이상, 2013), 230–231.
117. YTN, 2014.05.11. 이성규, "줄기세포로 인공 코 재생 성공" 기사 중에서.
118. 주간조선, 2014.06.01. 황은순, "이건희 회장 위협하는 심부전, 10년 내에 줄기세포로 치료할 수 있다" 기사 중에서.

119. 주간조선, 2014.06.01. 황은순, "이건희 회장 위협하는 심부전, 10년 내에 줄기세포로 치료할 수 있다" 기사 중에서.
120. 마티아스 호르크스, "테크놀로지의 종말" 배명자 역, (서울: 21세기북스, 2009), 251.
121. 한겨레신문, 2014.07.25. 곽노필, "특허 논문 트렌드로 본 2025년 세상"
122. 중앙일보 중앙SUNDAY 미래탐사팀, 최재천, "10년 후 세상" (서울: 청림출판, 2012), 53.
123. 승현준, "커넥톰, 뇌의 지도" (서울: 김영사, 2014), 20, 21.
124. 연합뉴스, 2014.04.30. "머릿속 칩, 사지마비 환자에 희망? 미국 첫 시술" 기사 중에서.
125. 장 보드리야르, "시뮬라시옹" 하태환 역, (서울: 민음사, 2001), 185.
126. 자크 엘룰, "기술의 역사" 박광덕 역, (서울: 한울, 1996), 451.
127. 마티아스 호르크스, "위대한 미래" 이수연 역, (서울: 한국경제신문, 2010), 5–19.
128. 조선일보 편집국, "세계 석학들이 본 21세기" (서울: 조선일보사, 2000), 93.
129. 장 보드리야르, "시뮬라시옹" 하태환 역, (서울: 민음사, 2001), 185.
130. 이상욱, "욕망하는 테크놀로지" (서울: 동아시아, 2009), 70, 145, 166, 203, 209.
131. 매일경제, 2014.06.27. 박지훈, "웨어러블이 만들어가는 신세계" 기사 중에서.
132. 파이낸셜뉴스, 2014.04.16. 김현아, "충전속도 1000배 빠른 수직형 수퍼커패시터 전극 개발" 기사 중에서.
133. ZDNET Korea, 2014.06.11. 이재구, "지붕에 칠해 태양광전지 만드는 입자 개발" 기사 중에서.
134. ZDNet Korea, 2014.07.25. 이도원, "소금물로 달리는 전기차 공식 데뷔 초읽기"
135. 허핑턴포스트코리아, 2014.05.28. 허완, "완전히 새로운 무인자동차가 나왔다" 기사 중에서.
136. 연합뉴스, 2014.07.29. "바이두, 중국판 무인자동차 개발 나서"
137. ZDNet Korea, 2014.05.28. 이재구, "생각만으로 비행기 조종하는 실험 성공" 기사 중에서.
138. CNet, 2014.05.13. "Aerofex hoverbike could be yours by 2017" 기사 중에서. http://www.cnet.com/news/aerofex-hoverbike-headed-for-market-in-2017/?ttag=fbwp http://www.hemisferiocriativo.com
139. 머니투데이, 2014.05.02. 이봉준, "하늘 나는 전기차 현실이 되다" 기사 중에서.
140. OBS, "넥스트 월드: 친환경 미래 세계"
141. 한겨레, 2014.07.25. 곽노필, "특허 논문 트렌드로 본 2025년 세상"
142. YTN, 2014.06.30. 정재훈, "이르면 올해 안에 민간 우주여행이 시작될 전망" 보도 중에서.
143. 다케우치 가즈마사, "엘론 머스크, 대담한 도전" 이수형 역, (서울: 비즈니스북스, 2014), 10, 23.
144. 허핑턴포스트코리아, 2014.06.30. 김도훈, "2014년, 민간 우주여행이 시작된다" 기사 중에서.
145. 프리미엄 조선, 2014.06.6. "미국의 새 국가비전, 인류의 화성 거주" 기사 중에서.
146. 경향신문, 2014.06.13. 주영재, "NASA의 새로운 우주선 모델로 떠오른 '스타 트랙'과 UFO" 기사 중에서.
147. 중앙일보, 2014.07.30. 강찬수, 장세정, 박현영, "오늘도 덥다. 6년 뒤엔 폭염 재앙"
148. 조지 프리드먼, "넥스트 디케이드" 김홍래 역, (서울: 쌤앤파커스, 2011), 363.

149. www.techcast.org 국제미래학회, "미래가 보인다. 글로벌 미래 2030" (서울: 박영사, 2013), 98. 재인용.
150. 에릭 스피겔, 닐 맥아더, 랍 노턴, "2030 미래 에너지 보고서" 최준 역, (서울: 이스퀘어, 2011), 75.
151. 머니투데이, 2014.06.19. 양영권, "미국 매장량 2배, 셰일가스 무섭게 퍼올리는 중국" 기사 중에서.
152. KITA 자료 참고.
153. 제러미 리프킨, "노동의 종말" 이영호역, (서울: 민음사, 1996), 196.
154. 한국일보, 2014.07.14. 장학만, "장학만의 글로벌 기업속으로 - 3세기에 걸쳐 3번째 변신한 듀폰"
155. 제러미 리프킨, "노동의 종말" 이영호역, (서울: 민음사, 1996), 198, 199.
156. 중앙SUNDAY, 2013.12.01. 임미진, "누에 인공 뼈, 봉독 화장품 같은 게 우리 농업의 미래"

책 속의 책

1. Jame Dator, Advancing futures, 다가오는 미래, 우태정 역, (서울: 예문, 2008), 11.
2. 윌리엄 A. 서든, 미래를 알고 싶은 욕망을 파는 사람들, 최은정 역, (서울: 스마트 비즈니스, 2010), 170.
3. 월스트리트 저널이 원숭이들을 대상으로 주식투자 수익률 겨루기 실험을 했다. 1998년 10월부터 2002년 4월까지 총 142번에 걸쳐 투자 전문가들과 원숭이들이 주식투자 수익률 게임을 한 것이다. 원숭이들은 주식 종목들이 적힌 판에 다트를 던져서 투자 종목을 선택했다. 결과는 어떻게 되었을까? 같은 기간 투자 전문가들의 평균 수익률은 3.5%였고, 원숭이들은 10.2%였다. 자존심이 상한 투자 전문가들이 재도전을 했다. 원숭이는 -2.7%의 수익률이 나왔고, 전문가들은 같은 기간 -13.4%의 수익률을 기록했다. 비슷한 실험들도 있다. 이번에는 점성술사와 4살짜리 어린아이, 그리고 전문 투자자들과의 게임이었다. 금융점성술사들이 -10.1%의 수익률을 낼 때, 전문 투자자들은 -7.1%의 수익률을 냈다. 그러나 4살짜리 어린아이는 -4.6%의 수익률을 냈다. 한국에서 2002년에 비슷한 실험을 했다. 두 마리의 침팬지와 투자 전문가들의 대결이었다. 결과는 침팬치가 -17.3% 수익률, 투자 전문가들은 -23.8%였다. 출처: 고영성, 경제를 읽는 기술 HIT, (서울: 스마트북스, 2011), 141.
4. 1960년대 유명한 금융학자였던 아놀드 무어(Arnold Moore)와 유진 파마(Eugene Fama)는 1951~1962년의 주가를 면밀히 분석한 후, 연속한 두 날의 주식 가격이 밀접한 상관관계를 가진 것은 3%에 불과하다는 연구 결과를 발표했다.
5. 프린스턴대학교 경제학 교수인 버튼 G. 멜키엘 박사는 "치밀한 과학적 시각으로 볼 때, 기술적 분석이나 연금술은 기본적으로 다를 게 없다"고 평가했다.
6. 고영성, 경제를 읽는 기술 HIT, 64-65.

7. 윌리엄 A. 서든, 미래를 알고 싶은 욕망을 파는 사람들, 최은정 역, 18.
8. 변이 통계는 숫자를 왜곡시키고, 섣부른 일반화의 오류를 시도하고, 추측을 기반으로 시작되고, 모호한 정의와 의심스런 측정, 부적절한 비교 및 표본 추출에 문제를 가지고 있는 통계다. 또한 통계의 의미를 조작하는 변형, 복잡한 통계를 왜곡하여 혼동을 유발시키고, 비탈진 경사길의 오류처럼 꼬리에 꼬리를 물고 이어지는 엉터리 해석과 예측을 양산한다.
9. 조엘 베스트, 통계라는 이름의 거짓말, 노혜숙 역, (서울: 무우수, 2003)
10. 네이버 지식백과, http://terms.naver.com/entry.nhn?docId=1717851&cid=276&categoryId=1113
11. James Dator, Advancing futures, 17-18.
12. James Dator, Advancing Futures, 9.
13. James Dator, Advancing futures, 33.
14. 뉴턴의 고전 역학은 물체의 속도가 빛의 속도에 가까울 때의 현상을 설명할 수 없었다. 이에 대한 대안으로 1905년 아인슈타인이 발표한 상대성이론은 자연법칙이 관성계에 대해 불변하고, 시간과 공간이 관측자에 따라 상대적이라는 이론이다. 특수상대성이론은 좌표계의 변환을 등속운동이라는 특수한 상황에 한정하고 있으며, 일반상대성이론은 좌표계의 변환을 가속도 운동을 포함한 일반운동까지 일반화하여 설명한다. 고전역학은 현재의 상태를 정확하게 알고 있다면 미래의 어느 순간에 어떤 사건이 일어날지를 정확하게 예측할 수 있다는 결정론적(deterministic) 입장을 취한다. 고전역학은 인과법칙을 따르고 우연성을 배제한다. 이러한 물리학을 일반적으로 뉴턴 물리학이라고 하며, 뉴턴 물리학과 상대성이론을 합쳐서 고전역학이라고 한다. 출처: 네이버 지식백과 (두산백과)
15. 원자와 같은 매우 작은 물체인 미시세계에서의 실험 결과도 고전역학으로 설명할 수 없었다. 이에 1900년에서 1927년에 걸쳐 플랑크, 보어, 아인슈타인, 하이젠베르크, 드브로이, 슈뢰딩거 등의 많은 물리학자들이 그 대안으로 양자역학(quantum mechanics)이라는 새로운 역학체계를 제시하였다. 양자역학은 고전역학과 달리 확률론적(probabilistic) 입장을 취한다. 확률론적 입장은 비록 현재 상태에 대하여 정확하게 알 수 있더라도 미래에 일어나는 사실을 정확하게 예측하는 것은 불가능하다는 입장이다. '양자(量子)'로 번역된 영어의 quantum은 양을 의미하는 quantity에서 온 말로, 무엇인가 띄엄띄엄 떨어진 양으로 있는 것을 가리키는 말이다. '역학(力學)'은 말 그대로는 '힘의 학문'이지만, 실제로는 '이러저러한 힘을 받는 물체가 어떤 운동을 하게 되는지 밝히는 물리학의 한 이론'이라고 할 수 있다. 간단히 말해 '힘과 운동'의 이론이다. 이렇듯 양자역학이란 띄엄띄엄 떨어진 양으로 있는 것이 이러저러한 힘을 받으면 어떤 운동을 하게 되는지 밝히는 이론이라고 할 수 있다. 양자역학에 대한 두 공식인 행렬역학과 파동역학이 정립되자 양자이론은 급속도로 발전하여 원자, 분자, 고체에 적용되었고 헬륨, 별의 구조, 초전도체의 본질, 자석의 성질에 대한 문제를 해결하였다. 출처: 네이버 지식백과 (두산백과), 네이버캐스트
16. 이인식, 지식의 대융합, (서울: 고즈윈, 2008) 223, 227.

17. 윤영수, 채승병, 복잡계 개론, (서울: 삼성경제연구소, 2005), 39, 40, 42, 45, 55, 57, 91, 105, 110, 165, 166.
18. 윤영수, 채승병, 복잡계 개론, 143, 157.
19. 윤영수, 채승병, 복잡계 개론, 62.
20. 윤영수, 채승병, 복잡계 개론, 39-42.
21. 윤영수, 채승병, 복잡계 개론, 129.
22. 이인식, 지식의 대융합, 231에서 재인용.
23. 이인식, 지식의 대융합, 233-234.
24. 이인식, 지식의 대융합, 238-239.
25. 윤영수, 채승병, 복잡계 개론, 56, 48. / 이인식, 지식의 대융합, 241.
26. 윤영수, 채승병, 복잡계 개론, 137.
27. 윤영수, 채승병, 복잡계 개론, 114-117.
28. 고지마 히로유키, 세상에서 가장 쉬운 통계학 입문, 박주영 역, (서울: 지상사, 2009), 26.
29. 고지마 히로유키, 세상에서 가장 쉬운 통계학 입문, 박주영 역, (서울: 지상사, 2009), 100-108.
30. James Dator, Advancing futures, 32-33.
31. 데카르트, 방법서설.
32. 고사까 슈우헤이, 함께 가보는 철학사 여행, 방준필 역, 서울: 사민, 1990, 35.
33. 류대영, 한국 근현대사와 기독교, (서울: 푸른역사, 2009), 147, 151.
34. James Dator, Advancing Futures, 다가오는 미래, 우태정 역, 서울: 예문, 2008, 7-8.